巴渝文献总目
古代卷·单篇文献

任 竞　王志昆 ○ 主编

重庆出版集团
重庆出版社

图书在版编目(CIP)数据

巴渝文献总目·古代卷·单篇文献/任竞,王志昆主编.—重庆:重庆出版社,2017.1
ISBN 978-7-229-11909-6

Ⅰ.①巴… Ⅱ.①任… ②王… Ⅲ.①地方文献—图书目录—四川—古代②地方文献—图书目录—重庆—古代 Ⅳ.①Z812.271 ②Z812.271.9

中国版本图书馆CIP数据核字(2017)第004647号

巴渝文献总目·古代卷·单篇文献
BAYU WENXIAN ZONGMU·GUDAIJUAN·DANPIAN WENXIAN
任　竞　王志昆　主编

责任编辑：杨希之
责任校对：何建云
装帧设计：王芳甜

重庆出版集团
重庆出版社　出版

重庆市南岸区南滨路162号1幢　邮编：400061　http://www.cqph.com
重庆出版社艺术设计有限公司制版
重庆天旭印务有限责任公司印刷
重庆出版集团图书发行有限公司发行
E-MAIL:fxchu@cqph.com　邮购电话：023-61520646
全国新华书店经销

开本：787mm×1092mm　1/16　印张：44.5　字数：678千
2017年5月第1版　　2017年5月第1次印刷
ISBN 978-7-229-11909-6
定价：110.00元

如有印装质量问题，请向本集团图书发行有限公司调换：023-61520678

版权所有　侵权必究

编撰委员会

顾　　问	傅璇琮						
总 策 划 人	杨恩芳	周　勇					
学术牵头人	蓝锡麟	黎小龙					
主　　编	任　竞	王志昆					
副 主 编	袁佳红						
编 撰 人	袁志鹏	张海艳	谭小华	曾　妍	陈桂香	刘　威
	谭　翠	国　晖	李腾达	张　丁	周兴伟	张保强
学术审稿	刘明华	杨恩芳	张荣祥	黎小龙	周　勇	周晓风
	段　渝	韩云波	傅德岷	舒大刚	蓝锡麟	熊宪光
	曾代伟	唐润明	李茂康	潘　洵	何　兵	曹文富
	马　强	徐　立					

总序

蓝锡麟

两百多万字的《巴渝文献总目》即将出版发行。它标志着经过六年多的精准设计、切实论证和辛勤推进，业已明确写入《重庆市国民经济和社会发展第十三个五年规划》的《巴渝文库》编纂出版工程，取得了第一个硕重的成果。它也预示着，依托这部前所未有的大书已摸清和呈显的巴渝文献的厚实家底，对于巴渝文化的挖掘、阐释、传承和弘扬，都有可能进入一个崭新的阶段。

《巴渝文库》是一套以发掘梳理、编纂出版巴渝文献为主轴，对巴渝历史、巴渝人文、巴渝风物等进行广泛汇通、深入探究和当代解读，以供今人和后人充分了解巴渝文化、准确认知巴渝文化，有利于存史、传箴、资治、扬德、励志、育才的大型丛书。整套丛书都将遵循整理、研究、求实、适用的编纂方针，运用系统、发展、开放、创新的文化理念，力求能如宋人张载所倡导的"为天地立心，为生民立命，为往圣继绝学，为万世开太平"那样，对厘清巴渝文化文脉，光大巴渝文化精华，作出当代文化视野所能达致的应有贡献。

这其间有三个关键词，亦即"巴渝"、"文化"和"巴渝文化"。

"巴渝"称谓由来甚早。西汉司马相如的《上林赋》中，即有"巴渝宋蔡，淮南于遮"的表述，桓宽的《盐铁论·刺权篇》也有"鸣鼓巴渝，交作于堂下"的说法。西晋郭璞曾为《上林赋》作注，指认"巴西阆中有渝水，僚人居其上，皆刚勇好舞，汉高祖募取以平三秦，后使乐府习之，因名巴渝舞也。"从前后《汉书》至新旧《唐书》，以及《三巴记》、《华阳国志》等典籍中，都能见到"巴渝乐"、"巴渝舞"的记载。据之不难判定，"巴渝"是一个地域历史概念，它泛指的是先秦巴国、秦汉巴郡辖境所及，中有渝水贯注的广大区域。当今重庆市，即为其间一个至关重要的组成部分，并且堪称主体部分。

关于"文化"的界说，古今中外逾百种，我们只取在当今中国学界比较通用的一种。马克思在《1844年经济学哲学手稿》里指出："动物只生产自己本身，而人则再生产整个自然界。"因此，"自然的人化"，亦即人类超越本能的、有意识地作用于自然界和社会的一切创造性活动及其物质、精神产品，就是广义的文化。在广义涵蕴上，文化与文明大体上相当。广义文化的技术体系和价值体系建构两极，两极又经由语言和社会结构组成文化统一体。其中的价值体系，即与特定族群的生产方式和生活方式相适应，构成以语言为符号传播的价值观念和行为准则，通常被称为观念形态，就是狭义的文化。文字作为语言的主要记载符号，累代相积地记录、传播和保存人类文明的各种成果，则形成文献。文献直属于狭义文化，具有知识性特征，但同时又是广义文化的价值结晶。《巴渝文库》的"文"即专指文献，整部丛书都将遵循以上认知从文献伸及文化。

将"巴渝"和"文化"两个概念和合为一，标举出"巴渝文化"特指概念，乃是二十世纪中后期发生的事。肇其端，《说文月刊》1941年10月在上海，1942年8月在重庆，先后发表了卫聚贤的《巴蜀文化》一文，并以"巴蜀文化专号"名义合计发表了25篇文章，破天荒揭橥了巴蜀文化的基本内涵。从五十年代到九十年代，以成渝两地的学者群作为主体，也吸引了全国学界一些人的关注和参与，对巴蜀文化的创新探究逐步深化、丰富和拓展，并由"巴蜀文化"总体维度向"巴蜀文明"、"巴渝文化"两个向度切分、提升和衍进。在此基础上，以1989年11月重庆博物馆编辑、重庆出版社出版第一辑《巴渝文化》首树旗帜，经1993年秋在渝召开"首届全国巴渝文化学术研讨会"激扬波澜，到1999年间第四辑《巴渝文化》结集面世，确证了"巴渝文化"这一地域历史文化概念的提出和形成距今已达三十多年，并已获得全国学界的广泛认同。黎小龙所撰《"巴蜀文化"、"巴渝文化"概念及其基本内涵的形成与嬗变》一文，对其沿革、流变及因果考镜翔实，梳理通达，足可供而今而后一切关注巴渝文化的人溯源知流，辨伪识真。

从中不难看出，巴蜀文化与巴渝文化不是并列关系，而是种属关系，彼此间有同有异，可合可分。用系统论的观点考察种属，自古及今，巴蜀文化都是与荆楚文化、吴越文化同一层级的长江流域的一大地域历史文化，巴渝文化则是巴蜀文化的一个重要分支。自先秦迄于两汉，巴渝文化几近巴文化的同义语，与蜀文化共融而成巴蜀文化。魏晋南北朝以降，跟巴渝相对应的行政区划迭有变更，仅言巴渝渐次不能遍及巴，但是，在巴渝文化的核心区、主体圈和辐射面以内，巴文化与蜀文化的兼容性和互补性，或者一言以蔽之曰同质性，仍然不可移易地存在，任何时势下都毋庸置疑。而与之同时，大自然的伟力所造就的巴渝山水地质地貌，又以不依任何人的个人意志为转移的超然势能，对于生息其间的历代住民的生产方式和生活方式施予重大影响，从而决定了巴人与蜀人的观念取向和行为取向不尽一致，各有特色。再加上巴渝地区周边四向，东之楚、南之黔、北之秦以及更广远的中原地区的文化都会与之相互交流、渗透和浸润，巴渝文化之于巴蜀文化具有某些异质性，更加不可避免。既有同质性，又有异质性，就构成了巴渝文化的特质性。以此为根基，在尊重巴蜀文化对巴渝文化的统摄地位的前提下，将巴渝文化切分出来重新观照，合情合理，势在必然。

周边四向其他文化与巴渝文化交相作用，影响之大首推蜀文化自不待言，但对楚文化也不容忽视。《华阳国志·巴志》有言："江州以东，滨江山险，其人半楚，姿态敦厚。垫江以西，土地平敞，精敏轻疾。上下殊俗，情性不同。"正是这种交互性的生动写照。就地缘结构和族群渊源而言，理当毫不含糊地说，巴渝文化地域恰是巴蜀文化圈与荆楚文化圈的边缘交叉地域。既边缘，又交叉，正负两端效应都有。正面的效应，主要体现在有利于生成巴渝文化的开放、包容、多元、多样上。而负面的效应，则集中反映在距离两大文化圈的核心地区比较远，无论在广义层面，还是在狭义层面，巴渝文化的演进发展都难免于相对滞后。负面效应贯穿先秦以至魏晋南北朝时期，直至唐宋才有根本的改观。

地域历史的客观进程即是巴渝文化的理论基石。当第四辑《巴渝文化》出版面世时，全国学界已对巴渝文化概念及其基本内涵取得不少积极的研究成果，认为巴渝文化是指以今重庆为中心，辐射川东、鄂西、湘西这一广大地区内，从夏商直至明清时期的物质文化和精神文化的总和，已然成为趋近共识的地域历史文化界说。《巴渝文库》自设计伊始，便认同这一界说，并将其贯彻编纂全过程。但在时空界线上略有调整，编纂出版的主要内容已确认为，从有文物佐证和文字记载的上古时期开始，直至1949年9月30日为止，举凡曾对今重庆市以及周边相关的历代巴渝地区的历史进程产生过影响，具备文献价值，能够体现巴渝文化的基本内涵的各种信息记录，尤其是得到自古及今广泛认同的代表性著述，都在尽可能搜集、录入和整理、推介之列，当今学人对于巴渝历史、巴渝人文、巴渝风物等的研究性著述也将与之相辅相成。一定意义上，它也可以叫《重庆文库》，然而不忘文化初始，不忘文化由来，还是《巴渝文库》体现顺理成章。

须当明确指出，《巴渝文库》瞩目的历代文献，并非一概出自巴渝本籍人士的手笔。因为一切文化得以生成和发展，注定都是在其滋生的热土上曾经生息过的所有人，有所发现、有所创造的共生结果，决不应该分本籍或外籍。对巴渝文化而言，珍重和恪守这一理念尤关紧要。唐宋时期和民国年间，无疑是巴渝文化最辉煌的两大时段，非巴渝籍人士在这两大时段确曾有的发现和创造，明显超过了巴渝本籍人士，排斥他们便会自损巴渝文化。所以我们对于文献的收取原则，是不分彼此，一视同仁，尊重历史，敬畏前贤。只不过，有憾于诸多发抉限制，时下文本还做不到应收尽收，只能做到尽可能收。拾遗补阙之功，容当俟诸后昆。

还需要强调一点，那就是作为观念形态的狭义的文化，在其生成和发展的过程中，必然会受到一定时空的自然条件和社会条件，尤其是后者中的经济、政治等广义文化要素的多层多样性的制约和支配。无论是共时态还是历时态，都因之而决定，不同的地域文化会存在不平衡性和可变动性。但文化并不是经济和政治的单相式仆从，它也有自身的构成品质和运行规律。一方面，文化的发展与经济、政治的发展并不一定同步，通常呈现出相对滞后性和相对稳定性，而在特定的社会异动中又有可能凸显超前。另一方面，不管处于哪种状态下，文化都对经济、政治等等具有能动性的反作用，特别是反映优秀传统或先进理念的价值观念和行为准则，对整个社会多维度的，广场域的渗透影响十分巨大。除此而外，任何文化强势区域的产生和延续，决然都离不开文化贤良和学术精英的引领开拓。这一切，在巴渝文化的演进流程中都有长足的映现，而巴渝文献正是巴渝文化行进路线图的历史风貌长卷。

从这一长卷可以清晰地指认，巴渝文献为形，巴渝文化为神，从先秦迄于民国三千多年以来，历代先人所创造的巴渝地域历史文化，的确是源远流长，根深叶茂，绚丽多姿，历久弥新。尽管文献并不能够代替文物、风俗之类对于文化也具有的载记功能和传扬作用，但它作为最重要的传承形态，如今荟萃于一体，分明已经展示出了巴渝文化的四个行进阶段。

第一个阶段，起自先秦，结于魏晋南北朝。这一阶段长达千余年，前大半段恰为上古巴国、两汉巴郡的存在时期，因而正是巴渝文化的初始时期；后小半段则为三国蜀汉以降，多族群的十几个纷争政权先后交替分治时期，因而从文化看只是初始时期的迟缓延伸。巴国虽曾强盛过，却如《华阳国志·巴志》所记，在鲁哀公十八年（前477）以后，"楚主夏盟，秦擅西土，巴国分远，故于盟会希"，沦落为一个无足道的僻远弱国。政治上的边缘化，加之经济上的山林渔猎文明、山地农耕文明相交错，生产力低下，严重地桎梏了文化的根苗茁壮生长。其间最大的亮点，在于巴、楚共建而成的巫、神、辞、谣相融合的三峡文化，泽被后世，长久不衰。两汉四百年大致延其续，在史志、诗文等层面上时见踪影，但表现得相当零散，远不及以成都为中心的蜀文化在辞赋、史传等领域都蔚为大观。魏晋南北朝三百多年，社会大动荡，生产大倒退，文化生态极为恶劣，反倒陷入了裹足不前之状。较之西向蜀文化和东向楚文化，这一阶段的巴渝文化，明显地处于后发展态势。

第二个阶段，涵盖了隋唐、五代、两宋，近七百年。其中的前三百余年国家统一，带动了巴渝地区经济社会恢复性的良动发展，后三百多年虽然重现政治上的分合争斗，但文化驱动空前自觉，合起来都给巴渝文化注入了生机。特别是科举、仕宦、贬谪、游历诸多因素，促成了包括李白、"三苏"在内，尤其是杜甫、白居易、刘禹锡、黄庭坚、陆游、范成大等文学巨擘寓迹巴渝，直接催生出两大辉煌。一是形成了以"夔州诗"为品牌的诗歌胜境，流誉峡江，彪炳汗青，进入了唐宋两代中华诗歌顶级殿堂。二是发掘出了巴渝本土始于齐梁的民歌"竹枝词"，创造性转化为文人"竹枝词"，由唐宋至于明清，不仅传播到全中国的众多民族，而且传播到全球五大洲。与之相仿佛，宋代理学大师周敦颐、程颐先后流寓巴渝，也将经学、理学以及兴学施教之风传播到巴渝，迄及明清仍见光扬。在这两大场域内，中华诗歌界和哲学界，渐次有了巴渝本土文人如李远、冯时行、度正、阳枋等的身影和行迹。尽管只是局部范围的异军突起，卓尔不群，但这种文化突破，却比1189年重庆升府得名，进而将原先只有行政、军事功能的本城建成一座兼具行政、军事、经济、文化、交通等多功能的城市要早得多。尽有理由说，这个阶段显示着巴渝文化振起突升。

第三个阶段，贯通元明清，六百多年。在这一时期，中华民族国家的族群结构和版图结构最终底定，四川省内成渝之间的统属格局趋于稳固，经济社会发展进入了新的里程，巴渝文化也因之而拓宽领域沉稳地成长。特别是明清两代大量移民进入巴渝地区，晚清重庆开埠，带来新技术和新思想，对促进经济和文化繁荣起了大作用。本地区文化名人前驱后继，文学如邹智、张佳胤、傅作楫、周煌、李惺、李士棻、钟云舫，史学如张森楷，经学如来知德，佛学如破山海明，书画如龚晴皋，成就和影响都超越了一时一地，邹容宣传民主主义革命思想更是领异于时代。外籍的文化名人，诸如杨慎、曹学侄、王士祯、王尔鉴、李调元、张问陶、赵熙等,亦有多向的不俗建树。尽管除邹容一响绝尘之外,缺少了足以与唐宋高标相比并的全国一流性高峰,但认定这一阶段巴渝文化构筑起了有如地理学上所谓中山水准的文化高地,还是并不过分的。

第四个阶段,从1912年民国成立开始,到1949年11月30日国共易帜为止,不足四十年。虽然极短暂,社会历史的风云激荡却是亘古无二,重庆在抗日战争时期成为全中国的战时首都更是空前绝后。由辛亥革命到五四运动,重庆的思想、政治精英已经站在全川前列,家国情怀、革命意识已经在巴渝地区强势贲张。至抗战首都期间,数不胜数的全国一流的文化贤良和学术精英汇聚到了当时重庆和周边地区,势所必至地全方位、大纵深推动文化迅猛突进,就将重庆打造成了那个时期全中国的最大最高的文化高地,其间还耸出不少全国性的文化高峰。其先其中其后,巴渝本籍的文化先进也竞相奋起,各展风骚,如卢作孚、任鸿隽、刘雪庵就在他们所致力的文化领域高扬过旗帜,潘大逵、杨庶堪、吴芳吉、张锡畴、何其芳、李寿民等也声逾夔门,成就不凡。毫无疑问,这是巴渝文化凸显鼎盛、最为辉煌的一个阶段,前无古人,后世也难以企及。包括大量文献在内,它所留下的极其丰厚的思想、价值和精神遗产,永远都是巴渝文化最珍贵的富集宝藏。

由文献反观文化,概略勾勒出巴渝文化的四个生成、流变、发展阶段,指定会有助于今之巴渝住民和后之巴渝住民如实了解巴渝文化,切实增进对于本土文化的自知之明、自信之气和自强之力,从而做到不忘本来,吸收外来,面向未来,更加自觉地传承和弘扬巴渝文化,不懈地推动巴渝文化在新的语境中创造性转化,创新性发展。对于非巴渝籍人士,同样也有认识意义。《巴渝文献总目》没有按照这四个阶段划段分卷,而是依从学界通例分成"古代卷"和"民国卷",与如此分段并不相抵牾。四分着眼于细密,两分着眼于大观,各有所长,相得益彰。

《巴渝文献总目》作为《巴渝文库》起始发凡的第一部大书,基本的编纂目的在于摸清文献家底,这一个目的已然达到。但它展现的主要是数量。

反观于文化，数量承载的多半还是文化总体的支撑基座的长度和宽度，而并不是足以代表那种文化的品格和力量的厚度和高度。文化的品格和力量蕴含在创造性发现、创新性发展，浸透着质量，亦即思想、价值和精神的精华当中，任何文化形态均无所例外。因此，几乎与编纂《巴渝文献总目》同时起步，我们业已着手披沙拣金，精心遴选优秀文献，分门别类，钩玄提要，以编撰出第二部大书，亦即《巴渝文献要目提要》。明年或后年，当《巴渝文献要目提要》也编成出版以后，两部大书合为双璧，就将对传承和弘扬巴渝文化，持续地生发出别的文化样式所不可替代的指南工具书作用。即便只编辑出版这样两部大书，《巴渝文库》工程便建立了历代前人未建之功，足可以便利当代，嘉惠后人，恒久存传。

《巴渝文库》的期成目标，远非仅编辑出版上述两部大书而已。按既定设计，今后十年内外，还将以"文献"、"新探"两大编的架构形式，分三步走，继续推进，争取总体量达到300种左右。"文献"编拟称《历代巴渝文献集成》，旨在对著作类和单篇类的优秀的，或者有某种代表性的文献进行抉取、整理、注疏、翻印、选编或辑存，使之更适合古为今用，预计180种左右。"新探"编拟称《历代巴渝文化研究》，旨在延请本土学人和外地学人，在文献基础上，对巴渝历史、巴渝人文、巴渝风物等作出创造性研究和创新性诠释，逐步地产生出著述成果120种左右。与其相对应，第一步为基础性工作，即在配套完成两部大书的同时，至迟于2017年四季度前，确定"文献"编的所有子项目和项目承担人。第二步再用三至五年时间，集中精力推进"文献"编的分项编辑出版，力争基本完成，并至迟于2020年四季度前，确定"新探"编的所有子项目和项目承担人。第三步另用五年或者略多一点时间，完成"新探"编，力争2027年前后能竟全功。全过程都要坚持责任至上、质量第一原则，确保慎始慎终，以达致善始善终。能否如愿以偿，有待多方协力。

总而言之，编辑出版《巴渝文库》是一项重大文化建设工程，需要所有参与者自始至终切实做到有抱负，有担当，攻坚克难，精益求精，前赴后继地为之不懈努力，不竟全功，决不止息。它也体现着党委意向和政府行为，对把重庆建设成为长江上游的文化高地具有不容低估的深远意义，因而也需要党委和政府高屋建瓴，贯穿全程地给予更多关切和支持。它还具备了公益指向，因而尽可能地争取社会各界关注和支持，同样不可或缺。事关立心铸魂，必须不辱使命，前无愧怍于先人，后无愧怍于来者。初心长在，同怀勉之！

2016 年 12 月 16 日于淡水轩

前言

人类文明的传承主要依托三个方面的载体，一是传世文献；二是地下文物；三是民间传说。就重庆现状看，关于巴渝历史文化的考古发现、民间传说虽然不少，但比较零碎，不成系统；而大量的传世文献，源远流长，比较完整地保存了巴渝历史文化。我国自《汉书·艺文志》起，目录学发展颇具规模，如人所熟知的《隋书·经籍志》、《旧唐书·经籍志》等，随正史得以广泛流传。宋代以后，雕版印刷开始普及，传世目录大行其道，其经典如《新唐书·艺文志》、《郡斋读书志》、《遂初堂书目》等，检索便利，为士人称道。重庆的传世文献，虽然较为宏富，但是却无一部较为完整的书目。迄今为止，我们所见最早的书目，当数清嘉庆十九年（1814）四川邻水人、清乾隆后期举人廖寅（字亮工）的《补〈华阳国志〉三州郡县目录》。其后，在民国初年有合川人张森楷的《通史堂书库目录》、《赍园书库目录辑略》问世，但均不能涵盖重庆的传世文献。

重庆大学成立后，先后编辑过《重庆大学图书馆图书目录》（1935）、《四川省立重庆大学图书馆图书目录》（1935）、《四川省立重庆大学图书馆中文书籍目录》（1935），这些目录虽然只包括该校藏书，但其中也有部分记载有四川、重庆的历史文化。

抗战期间，重庆有几部目录值得重视。一是国立中央图书馆筹备处编《（重庆各图书馆所藏）西南问题期刊联合目录》（1938）及《（重庆各图书馆所藏）西南问题联合书目初稿续》（1938）；一是《抗战地方史书目》（1939），二者均有不少涉及四川、重庆的历史文化。此外，《抗战地方史书目》（国立中央图书馆筹备处编，1939.4）、《抗战地方史书目　军事史书目　社会史书目》

（国立中央图书馆筹备处编，1939）、《抗战社会史书目》（国立中央图书馆筹备处编，1939.6）、《抗战文艺书目抗战史书目补遗》（国立中央图书馆筹备处编，1939）等，保留了不少记载四川、重庆历史文化的书籍，值得参考。

巴渝历代典籍，数量甚为宏富。在启动《巴渝文库》工程之前，实有必要首先编纂一部全面搜集、系统整理巴渝文献的总目录，以便彻底摸清新中国成立以前历代巴渝文献的存佚状况，为顺利完成《巴渝文库》工程奠定基础。历史上的目录学，要么记一代著述之盛，要么记一代藏书之精，要么"辨章学术，考镜源流"。《巴渝文献总目》在"辨章学术，考镜源流"方面，将为《巴渝文库》提供重要的内容支撑，从而有利于确定后续的具体选题品种，进而组织完成各门类图书的编纂和出版。可以说，《巴渝文献总目》是关乎整个《巴渝文库》工程成败的关键。

专录一书以述一地著作，据《千顷堂书目》记载，始于明万历年间祁承㸁的《两浙著作考》。明代四川新都杨慎有《全蜀艺文志》六十四卷，收录范围以与蜀有关为准，共收有名氏的作者630人，诗文1873篇，按文体编排，以时间先后为序。附引用书目、作者篇名索引。杨慎在正德六年（1511）殿试第一，考中状元，是四川人的骄傲，所以，他的作品在巴蜀大地影响深远。《四库全书总目提要》评："博采汉、魏以降诗文之有关于蜀者汇为此书，包括网罗，极为赅洽。……如斯之类，皆足以资考核。……详略异同，彼此互见，亦颇有所辨证。"

明末曹学佺撰《蜀中著作记》十二卷，专记巴蜀文献，或征引古书，述其撰人及内容，或据实书，钞其序跋，后世留下了宝贵的参考资料。近人王晓波编纂有《清代蜀人著述总目》，许肇鼎编纂有《宋代蜀人著作存佚录》和《中国地方志集成四川府县志辑》，也是极有参考价值的重要目录。

特别值得一提的是仅见于重庆图书馆收藏的《四川丛书采访书目录》。此目录系民国六年（1917）四月胡淦等四川同仁在成都浙江会馆的"四川丛书编纂处"编纂而成根据省志、县志和各家藏书目杂记诸书，收集、整理四川人所著，及宦迹四川的学人有关四川的所有文献。全书共3册，收罗作者约2500多人，超过4000条书目。全书的书名、著者，按县份逐一统计，主要记录有书名、著者和出处三项。这个目录，为考察清末民初四川所有文献的存佚，提供了极大便利。

重庆图书馆从接受编纂《巴渝文献总目》的艰巨任务以来，各位同仁在长达5年多的时间里，以筚路蓝缕之精神，终日在书山文海中爬罗剔抉，最终遴选出新中国成立以前的历代巴渝著作文献7212种，单篇文献29479条。《巴渝文献总目》必将成为检寻巴渝文献的新钥匙，研究巴渝历史文化的新向导，为今后《巴渝文库》的编纂，无疑奠定了一块坚实的基石，值得一书。

2016年6月19日

凡例

《巴渝文库》是一套以系统整理、编纂和出版巴渝历史文献为主的大型文化丛书，是巴渝文化的百科全书。《巴渝文献总目》则是《巴渝文库》的总书目和总纲领，旨在摸清家底、正本清源、提纲挈领、有的放矢。该《总目》按文献出版时间分为"古代卷"和"民国卷"；无出版时间的按写作时间归类。其中"古代卷·单篇文献"的编写情况如下：

一、收录原则

1. 内容原则

①凡与巴渝历史文化直接相关的单篇文献，原则上均全面收录；②巴渝籍人士（包括在重庆出生的非巴渝籍人士）的单篇文献，收入本《总目》；③非巴渝人士在巴渝生活或者任职期间所撰写的单篇文献，尽可能收入本《总目》。

2. 地域范围

原则上古代巴渝地域，以秦汉时期的巴郡、晋《华阳国志》所指"三巴"为限。

3. 时间范围

原则上沿用中国传统断代，即上溯有文字记载、有文物佐证的先秦时期，下迄1911年12月31日。

二、收录规模

本卷共收录单篇文献8989条，按内容划分为诗词歌赋类（6407条）、人物传记类（203条）、碑刻文献类（1285条）、序跋赠题类（253条）、历史地理类（38条）和杂记综合类（803条）六个大类。

三、著录体例

本书采用通行的标准简化字著录。按照古籍著录规则，某些必须使用繁体

字、异体字的情况除外。

　　每类文献按作者生卒年或大约生活年代先后依次排序，作者名前冠以卒年朝代号。若撰述人不详，则依文献史料等旁证，考证其大致撰写时代。若史料不足，不可稽考，则置于每类之后，分别按作者生活时代或题名音序排列，集中著录。

　　每条单篇文献的著录项包括：题名、作者、出处、作者简介、综合备注等内容。若连续出现相同作者的不同篇目，一般统一在同一作者名下，并根据情况保留第一条作者的简介，省略其他条作者简介。若著作人不详，则在著作项标识"作者不详"；其余信息若不详或暂无则付阙如。

　　具体格式为：题名/（朝代）作者. ——出处. 作者简介。综合备注。

　　示例：

　　灵云洞/（南宋）李焘. ——清道光《南部县志》卷三十《艺文志》。李焘（1115—1184），字仁甫，一字子真，号巽（xùn）岩，眉州丹棱（今四川省眉山市丹棱县）人，南宋官员、著名历史学家、目录学家、诗人，唐太宗第十四子曹王李明之后。有《续资治通鉴长编》五百二十卷传世。灵云洞，位于今四川南充市南部县境内。

　　碑刻文献类因其特殊性，具体格式为：题名/（朝代）作者. ——时间. ——出处. ——综合备注。一般依据实际镌刻时间排序，若时间无考，而知晓作者生活时间信息者，则以其为据；时间信息全无者，则仍以题名音序为据，集中排列于其朝代之后。

　　示例：

　　杨量买山刻石/［作者不详］. ——东汉地节二年（前68）. ——《八琼石》卷2；《四川碑刻》第3页；《秦汉碑述》第56页；《中国书法》1994年第1期：《谈买地券》. ——清道光年间移湖州，为归安钱安父所得，后又归吴重光，清咸丰十年（1860）石毁。

四、索引及字体

　　本书后附"作者索引"，可供读者检索使用。

目录
CONTENTS

总序/蓝锡麟◎1
前言◎1
凡例◎1

诗词歌赋类◎1
人物传记类◎409
碑刻文献类◎429
序跋赠题类◎544
历史地理类◎567
杂记综合类◎571

后记◎632

作者索引◎635

诗词歌赋类

诗词歌谣

◎先秦两汉至南北朝

涂山歌／[作者不详].——《吴越春秋》卷六《越王吴余外传》。

涂山女歌／涂山女.——逯钦立辑校《先秦汉魏晋南北朝诗·先秦诗》。

山鬼／（战国楚）屈原.——《楚辞·九歌》。屈原（前340—前278），名平，字原，战国末期楚国人，政治家和爱国诗人。一般认为文中的山鬼特指巫山女神。

巴谣歌／[作者不详].——沈德潜选编《古诗源》卷一《古逸》。

巫山高／[作者不详].——逯钦立辑校《先秦汉魏晋南北朝诗·汉诗》。

好古乐道诗／[作者不详].——《华阳国志·巴志》、民国新修《合川县志·文在一》，卷六十九《诗一·四言》。

祭祀诗／[作者不详].——《华阳国志·巴志》、民国新修《合川县志·文在一》，卷六十九《诗一·四言》。

土风诗／[作者不详].——《华阳国志·巴志》、民国新修《合川县志·文在一》，卷六十九《诗一·四言》。

巴人咏樵君诗／（西汉）[作者不详].——《华阳国志·巴志》、民国新修《合川县志·文在一》，卷六十九《诗一·五言古》。

汉安帝时巴郡民谣/（东汉）［作者不详］．——民国《巴县志》卷二十三《文征》。

丰年诗/（东汉）［作者不详］．——《华阳国志·巴志》、民国新修《合川县志·文在一》，卷六十九《诗一·五言古》。

思慕郡守吴元约诗/（东汉）［作者不详］．——《华阳国志·巴志》、民国新修《合川县志·文在一》，卷六十九《诗一·五言古》。

思治/（东汉）［作者不详］．——《华阳国志·巴志》、民国新修《合川县志·文在一》，卷六十九《诗一·五言古》。

步符刺史游双桂堂元韵/（东汉）吴伉．——清光绪《梁山县志》卷十《艺文·诗》。吴伉，生卒年不详，甘陵（今临清市）人，灵帝时为小黄门，善占卜。

刺郡守李盛/（东汉末）［作者不详］．——《华阳国志·巴志》、民国新修《合川县志·文在一》，卷六十九《诗一·五言古》。

陈纪山颂/（汉）［作者不详］．——民国《南充县志》卷十二《艺文志·颂》。

讽巴郡太守诗/（汉）巴人．——民国新修《合川县志·文在一》，卷六十九《诗一·四言》。

伤三贞诗/巴人．——民国新修《合川县志·文在一》，卷六十九《诗一·四言》。

汉乐府·有所思/［作者不详］．——民国《巴县志》卷五《礼俗·方言》。

美严王思诗/（汉）应承．——民国新修《合川县志·文在一》，卷六十九《诗一·四言》。应承，生卒年不详，字季先，汝南（今河南平舆）人，曾为巴郡太守。

流滩头歌/［作者不详］．——（东晋）《水经注》卷三十四《江水》。

渔者歌一首/［作者不详］．——（东晋）《水经注》卷三十四《江水》。

渔者歌一首/［作者不详］．——逯钦立辑校《先秦汉魏晋南北朝诗·晋诗》。

女儿子二首／［作者不详］. ——《乐府诗集》卷四十九。

咏陈纪山诗／［作者不详］. ——《华阳国志·巴志》、民国新修《合川县志·文在一》，卷六十九《诗一·五言古》。

古谶／（西晋）谯周. ——清光绪《西充县志》卷十三《艺文志·中》。谯周（201—270），字允南，巴西西充国（今四川西充）人，三国时期蜀汉地区著名的儒学大师、史学家。

八阵图／（东晋）桓温. ——《全蜀艺文志》卷十五。桓温（312—373），字元子，一作符子，东晋谯国龙亢（今安徽省怀远县）人。

巴俗谣四首／（东晋）［作者不详］. ——《华阳国志·巴志》。

滟预歌一首／（东晋）［作者不详］. ——逯钦立辑校《先秦汉魏晋南北朝诗·晋诗·杂歌谣辞》。

滟预歌一首／（东晋）［作者不详］. ——《全蜀艺文志》卷三。

流头滩歌／［作者不详］. ——《水经注》卷三十四《江水》。

淫预歌一首／［作者不详］. ——逯钦立辑校《先秦汉魏晋南北朝诗·晋诗·杂歌谣辞》。

淫滪歌（乐府）／［作者不详］. ——清光绪《奉节县志》卷三十六《艺文志·诗汇》。

巫山高篇／（南朝宋）何承天. ——《宋书》卷二十二《乐志》。何承天（370—447），东晋、南朝时期天文学家、史学家、文人，东海郯（今属山东）人，南朝宋初领著作郎，官至御史中丞。《宋书》有其传。

白帝城／（南朝宋）胡藩. ——清光绪《奉节县志》卷三十六《艺文·诗汇》。胡藩（371—433），字道序，豫章南昌（今江西南昌）人，南朝宋初将领。

巫山高／（南朝齐）虞羲. ——清光绪《巫山县志》卷三十二《艺文志》。

蓝溪渔话／（南朝齐）苏恒. ——民国新修《合川县志·文在二》，卷七十《诗一·律诗》。苏恒，生卒年不详，字娥妃，河南洛阳人，齐武阳县令张冈之妻。

巫山高／（南朝齐）刘绘. ——清道光《夔州府志》卷三十六、清光绪

《巫山县志》卷三十二《艺文志》。刘绘（？—502），字士章，彭城人。

饯谢文学/（南朝梁）沈约.——清光绪《巫山县志》卷三十二《艺文志》。沈约（441—513），字休文，南朝吴兴武康（今浙江德清县）人，历仕宋、齐、梁三朝，以诗、文、史学称于世。

巫山高/（南朝梁）范云.——清光绪《巫山县志》卷三十二《艺文志》。范云（451—503），字彦龙，南乡舞阴（今河南沁阳西北）人。

巫山高/（南朝梁）费昶.——清光绪《巫山县志》卷三十二《艺文志》。费昶，约梁武帝天监九年（510）前后在世，梁江夏（今湖北武汉）人，曾官新田令，善作乐府。

巫山高/（南朝梁）王泰.——清光绪《巫山县志》卷三十二《艺文志》。王泰，字伊通，琅琊临沂（今山东临沂）人，齐司空王僧虔之孙，梁天监中为秘书丞。

巫山高/（南朝齐）王融.——清光绪《巫山县志》卷三十二《艺文志》。王融（467—493），字元长，祖籍琅琊临沂，曾祖王弘。

临江王节士歌/（南朝齐）陆厥.——清乾隆《忠州志》卷八。陆厥（473—499），字韩卿，吴郡吴（今吴县）人，齐武帝永明九年（491）举秀才。

琵琶峡/（南朝梁）简文帝.——清光绪《巫山县志》卷三十二《艺文志》。简文帝（503—551），即萧纲，字世缵，小字六通，南兰陵（今常州西北）人，武帝第三子，南朝梁文学家。

蜀道难（二首）/（南朝梁）简文帝.——（明）冯惟讷《古诗纪》卷七十七、清光绪《巫山县志》卷三十二《艺文志》。

滟滪歌/（南朝梁）简文帝.——清光绪《奉节县志》卷三十六《艺文·诗汇》。

与萧纪/（南朝梁）元帝.——清光绪《巫山县志》卷三十二《艺文志》。梁元帝（508—554?），即萧绎，字世诚，梁武帝之第七子，初封湘东王，曾任荆州刺史，后在江陵称帝，为西魏战败被杀。好文艺，工诗。

巫山高/（南朝梁）元帝.——清道光《夔州府志》卷三十六。

折杨柳/（南朝梁）元帝.——（唐）欧阳询《艺文类聚》卷八十九、清光绪《巫山县志》卷三十二《艺文志》。

奉和泛江诗/（南朝）王台卿. ——逯钦立辑校《先秦汉魏晋南北朝诗·梁诗》卷二十七。王台卿，生卒年不详，襄阳人，梁武帝时曾任刑狱参军，雍州刺史南平王萧恪门下宾客。

巫山高/（南朝陈）萧诠. ——清光绪《巫山县志》卷三十二《艺文志》。萧诠，仕陈为黄门郎。

巴东行人为庾子舆语/（南朝）[作者不详]. ——《南史》卷五十六《庾子舆传》。

◎隋唐五代

巫山高/（隋）崔仲方. ——清光绪《巫山县志》卷三十二《艺文志》。崔仲方（529—604），字不齐，博陵安平（今河北）人，有文才武略，历仕周、齐、隋三朝。

巫山高/（隋）李元操. ——清光绪《巫山县志》卷三十二《艺文志》。李元操，生卒年不详，本名孝贞，避隋文帝祖讳，以字行，历仕北齐、北周、隋三朝，隋文帝时，官至金州刺史，卒于任。

巫山高/（隋）陈叔宝. ——清光绪《巫山县志》卷三十二《艺文志》。陈叔宝（553—604），即陈后主，字元秀，小字黄奴，陈宣帝陈顼长子，南北朝陈朝最后一位皇帝，582年至589年在位。

巫山高/（唐）阎立本. ——清光绪《巫山县志》卷三十二《艺文志》。阎立本（601—673），雍州万年（今西安）人，工书法，尤以绘画见长，唐时官至刑部侍郎、中书令等职。

巫山高/（唐）陆敬. ——清光绪《巫山县志》卷三十二《艺文志》。陆敬（一作凌敬），生卒年不详，仕窦建德为祭酒。

巫山高/（唐）郑世翼. ——《全唐诗》卷十七、清光绪《巫山县志》卷三十二《艺文志》。郑世翼，生卒年不详，一作郑翼，荥阳人，武德中，历万年丞、扬州录事参军，数以言辞忤物，贞观中，坐怨谤，流嶲州卒。

巫山高／（唐）卢照邻. ——《全唐诗》卷十七、清光绪《巫山县志》卷三十二《艺文志》。卢照邻（634?—686?），字升之，自号幽忧子，幽州范阳（今涿州）人，因不堪病痛，投颍水而死，诗人，"初唐四杰"之一。

广溪峡／（唐）杨炯. ——《全唐诗》卷五十。杨炯（650—695），陕西华阴人，唐文学家、诗人，"初唐四杰"之一。

巫峡／（唐）杨炯. ——清光绪《巫山县志》卷三十二《艺文志》。

巫山怀古／（唐）刘希夷. ——清光绪《巫山县志》卷三十二《艺文志》。刘希夷（651—680?），一名庭芝，字延之，汝州（今临汝）人，少有才华，后落魄，工诗。

十三四时尝从巫峡过他日偶然有思／（唐）沈佺期. ——《全唐诗》卷九十六。沈佺期（约656—714），字云卿，唐相州内黄（今属河南）人，高宗上元年间（675—676）进士。

巫山高（二首）／（唐）沈佺期. ——《全唐诗》卷九十六、清光绪《巫山县志》卷三十二《艺文志》。

巫山高不极／（唐）沈佺期. ——《全唐诗》卷九十六。

巫山高／（唐）张循之. ——《全唐诗》卷十七。张循之，一作张循，生卒年不详，洛阳人，与弟仲之皆以学业而著名，武则天时，因上书忤旨，被诛。

白帝城怀古／（唐）陈子昂. ——《全唐诗》卷八十四、清光绪《奉节县志》卷三十六《艺文·诗汇》。陈子昂（659—700），字伯玉，梓州射洪（今属四川）人，睿宗年间进士。

初入峡苦风寄故乡亲友／（唐）陈子昂. ——《全唐诗》卷八十四。

度荆门望楚／（唐）陈子昂. ——《全唐诗》卷八十四。

感遇／（唐）陈子昂. ——清光绪《巫山县志》卷三十二《艺文志》。

合川津口别舍弟至东阳峡步趁不及眷然有怀作以示之／（唐）陈子昂. ——《重庆题咏录》第4页。

入东阳峡与李明府舟前后不相及／（唐）陈子昂. ——清同治《巴县志》卷四下《艺文志·五言排律》。

宿空船峡青树村浦／（唐）陈子昂. ——清光绪《巫山县志》卷三十二

《艺文志》。

巫山高／（唐）王无竞．——清光绪《巫山县志》卷三十二《艺文志》。王无竞，初唐诗人，其他不详。

下江南向夔州／（唐）张说．——《全唐诗》卷八十七。张说（667—730），字道济，一字说之，原籍范阳（今涿州），后徙洛阳，唐玄宗时宰相，中唐文学家。

巫山高／（唐）张九龄．——清光绪《巫山县志》卷三十二《艺文志》。张九龄（678—740），一名博物，字子寿，韶州曲江人，流放夜郎（今贵州桐梓），乾元二年（759）行至巫山遇大赦。

巫山高／（唐）张子容．——清光绪《巫山县志》卷三十二《艺文志》。张子容，生卒年不详，唐玄宗时人，先天二年（713）进士。

入峡寄弟／（唐）孟浩然．——《全唐诗》卷一百六十。孟浩然（689—740），名浩，字浩然，襄州襄阳（今属湖北）人，世称"孟襄阳"，应考未成，以隐士终身，诗人，与王维齐名，并称"王孟"。

岘山送张去非游巴东／（唐）孟浩然．——《全唐诗》卷一百五十九。

送崔员外黔中监选／（唐）綦毋潜．——《彭水县志》第953页。綦毋潜（691—756），字孝通（一说季通），虔州（今南康市）人，唐代诗人，开元十四年（726）进士。

峡中山／（唐）卢象．——清光绪《巫山县志》卷三十二《艺文志》。卢象，生卒年不详，约741年前后在世，字纬卿，汶水人，玄宗开元进士，官终主客员外郎。

峡中作／（唐）卢象．——《全唐诗》卷一百二十二。

度涂山／（唐）寇泚．——清同治《巴县志》卷四下《艺文志·五古》。寇泚，生卒年不详，唐中宗朝为长安尉。开元十三年（725）玄宗自择刺史，泚由兵部侍郎出守宋州。

出峡／（唐）胡皓．——（明）曹学佺《石仓历代诗选》卷三十。胡皓，生卒年不详，洛阳人，开元时期为朝请大夫秘书丞，兼昭文馆学士。

送李少府贬峡中王少府贬长沙／（唐）高适．——清光绪《巫山县志》卷三十二《艺文志》。高适（700—765），字达夫、仲武，沧州人，唐天宝八年（749）举人。

晓行巴峡/（唐）王维. ——清同治《巴县志》卷四下《艺文志·五言排律》。王维（701—761），字摩诘，祖籍太原祁（今祁县）人，其父迁家蒲州（今永济市），开元九年（721）进士。

燕子龛禅师/（唐）王维. ——民国《云阳县志》卷四十二《文录上·古近体诗》。

巴女词/（唐）李白. ——清同治《巴县志》卷四下《艺文志·五古》。李白（701—762），字太白，号青莲居士，又号"谪仙人"，唐代伟大的浪漫主义诗人，被誉为"诗仙"。

白云寺/（唐）李白. ——清嘉庆《达县志》卷四十六《艺文志》。

长干行/（唐）李白. ——《全唐诗》卷一百六十三。

窜夜郎于乌江留别宗十六璟/（唐）李白. ——《全唐诗》卷一百七十四。

渡荆门送别/（唐）李白. ——《李太白文集》卷十二。

峨眉山月歌/（唐）李白. ——《全唐诗》卷一百六十七。

感兴/（唐）李白. ——清光绪《巫山县志》卷三十二《艺文志》。

感遇（四首选一）/（唐）李白. ——清光绪《巫山县志》卷三十二《艺文志》。

古风/（唐）李白. ——清光绪《巫山县志》卷三十二《艺文志》。

观元丹邱坐巫山屏风/（唐）李白. ——清光绪《巫山县志》卷三十二《艺文志》。

江上寄巴东故人/（唐）李白. ——清光绪《巫山县志》卷三十二《艺文志》。

荆州歌/（唐）李白. ——《全唐诗》卷一百六十三。

留别龚处士/（唐）李白. ——《全唐诗》卷一百七十四。

上李邕/（唐）李白. ——《全唐诗》卷一百六十九。

上三峡/（唐）李白. ——清光绪《巫山县志》卷三十二《艺文志》。

送友生游峡中/（唐）李白. ——《全唐诗》卷一百八十三。

送赵判官赴黔府中丞叔幕／（唐）李白．——《李太白文集》卷十五、《全唐诗》卷一百七十七。

宿巫山／（唐）李白．——清光绪《巫山县志》卷三十二《艺文志》。

巫山枕嶂／（唐）李白．——清光绪《巫山县志》卷三十二《艺文志》。

献从叔当涂宰阳冰诗／（唐）李白．——民国新修《合川县志·文在一》，卷六十九《诗一·五言古》。

早发白帝城／（唐）李白．——《全唐诗》卷一百八十一、清光绪《奉节县志》卷三十六《艺文·诗汇》。

自巴东舟行经瞿塘峡登巫山最高峰晚还题壁／（唐）李白．——《全唐诗》卷一百八十一。

送王判官／（唐）徐安贞．——（明）曹学佺《石仓历代诗选》卷三十。徐安贞，生卒年不详，开元、天宝时期人。

古意／（唐）常建．——清光绪《巫山县志》卷三十二《艺文志》。常建（708—约765），邢台人或说长安人，唐玄宗开元十五年（727）中进士，诗人。

赴巴南书情寄故人／（唐）刘长卿．——《全唐诗》卷一百四十七。刘长卿（约709—约785），字文房，玄宗开元二十一年（733）进士，唐代诗人。

送任侍郎黔中充判官／（唐）刘长卿．——《刘随州集》卷二、《全唐诗》卷一百四十七。

大历中巡历至铜梁登望仙台／（唐）赵延之．——民国新修《合川县志·文在二》，卷七十《诗一·律诗》。赵延之，生卒年不详，璧山人，唐代宗大历年间任巴川（今重庆铜梁区）县令。

望仙楼／（唐）赵延之．——清光绪《铜梁县志》卷十四《艺文志·四》。

八哀诗／（唐）杜甫．——《全唐诗》卷二百二十二。杜甫（712—770），字子美，祖籍襄阳，生于河南巩县，自号少陵野老，世称杜少陵、杜工部，唐代现实主义诗人。杜甫曾寓居今重庆万州、忠县、云阳、奉节等地两年有余，留下了大量优秀诗篇。

八月十五夜月二首／（唐）杜甫．——《全唐诗》卷二百三十。

八阵图／（唐）杜甫．——清光绪《奉节县志》卷三十六《艺文·诗汇》。

白帝/（唐）杜甫．——《全唐诗》卷二百二十九。

白帝城楼/（唐）杜甫．——清光绪《奉节县志》卷三十六《艺文·诗汇》。

白帝城最高楼/（唐）杜甫．——清光绪《奉节县志》卷三十六《艺文·诗汇》。

白帝楼/（唐）杜甫．——清光绪《奉节县志》卷三十六《艺文·诗汇》。

白露/（唐）杜甫．——《全唐诗》卷二百三十。

白小/（唐）杜甫．——《全唐诗》卷二百三十一。

白盐山/（唐）杜甫．——《全唐诗》卷二百二十九。

柏学士茅屋/（唐）杜甫．——《全唐诗》卷二百三十一。

别蔡十四著作/（唐）杜甫．——《全唐诗》卷二百二十。

别常征君诗/（唐）杜甫．——《全唐诗》卷二百二十九、清咸丰《开县志》卷二十七《艺文下》。

别崔潩因寄薛据孟云卿/（唐）杜甫．——《全唐诗》卷二百三十一。

李秘书始兴寺所居/（唐）杜甫．——《全唐诗》卷二百二十二。

别李义/（唐）杜甫．——《全唐诗》卷二百二十二。

别苏徯/（唐）杜甫．——《全唐诗》卷二百三十一。

拨闷/（唐）杜甫．——《全唐诗》卷二百二十九、民国《云阳县志》卷四十二《文录上·古近体诗》。

卜居/（唐）杜甫．——《全唐诗》卷二百二十六、清光绪《奉节县志》卷三十六《艺文·诗汇》。

不离西阁二首/（唐）杜甫．——《全唐诗》卷二百二十九。

不寐/（唐）杜甫．——《全唐诗》卷二百三十。

蚕谷行/（唐）杜甫．——《补注杜诗》卷十五、民国《云阳县志》卷四十二《文录上·古近体诗》。

草阁/（唐）杜甫．——《全唐诗》卷二百三十、清光绪《奉节县志》卷三十六《艺文·诗汇》。

柴门/（唐）杜甫．——《全唐诗》卷二百二十一。

长江二首/（唐）杜甫. ——《全唐诗》卷二百二十九。

朝二首/（唐）杜甫. ——《全唐诗》卷二百三十。

晨雨/（唐）杜甫. ——《全唐诗》卷二百三十。

承闻河北诸道节度入朝欢喜口号绝句十二首/（唐）杜甫. ——《全唐诗》卷二百三十。

赤甲/（唐）杜甫. ——《全唐诗》卷二百二十九。

愁/（唐）杜甫. ——《全唐诗》卷二百三十一。

船下夔州郭宿雨湿不得上岸别王十二判官/（唐）杜甫. ——民国《云阳县志》卷四十二《文录上·古近体诗》。

吹笛/（唐）杜甫. ——《全唐诗》卷二百三十一。

垂白（一作白首）/（唐）杜甫. ——《全唐诗》卷二百三十。

春夜峡州田侍御长史津亭留宴/（唐）杜甫. ——《全唐诗》卷二百三十二。

从驿次草堂复至东屯二首/（唐）杜甫. ——《全唐诗》卷二百二十九。

崔评事弟许相迎不到应虑老夫见泥雨怯出必愆佳期走笔戏简/（唐）杜甫. ——《全唐诗》卷二百二十九。

崔宗文树鸡栅/（唐）杜甫. ——《全唐诗》卷二百二十一。

村雨/（唐）杜甫. ——《全唐诗》卷二百三十。

存殁口号二首/（唐）杜甫. ——《全唐诗》卷二百三十一。

答郑十七郎一绝/（唐）杜甫. ——民国《云阳县志》卷四十二《文录上·古近体诗》。

大觉高僧兰若/（唐）杜甫. ——《全唐诗》卷二百二十二。

大历二年九月三十日/（唐）杜甫. ——《全唐诗》卷二百三十一。

大历三年春白帝城放船出瞿塘峡久居夔府将适江陵漂泊有诗凡四十韵/（唐）杜甫. ——《全唐诗》卷二百三十二。

得舍弟观书自中都已达江陵今兹暮春月末行李合到夔州悲喜相兼团圆可待赋诗即事情见乎词/（唐）杜甫. ——《全唐诗》卷二百三十一。

登高/（唐）杜甫. ——《全唐诗》卷二百二十七。

第五弟丰独在江左近三四载寂无消息觅使寄此二首/（唐）杜甫. ——《全唐诗》卷二百三十一。

殿中杨监见示张旭草书图/（唐）杜甫. ——《全唐诗》卷二百二十一。

冬至/（唐）杜甫. ——《全唐诗》卷二百三十一。

东屯北崦/（唐）杜甫. ——清光绪《奉节县志》卷三十六《艺文·诗汇》。

东屯月夜/（唐）杜甫. ——清光绪《奉节县志》卷三十六《艺文·诗汇》。

洞房/（唐）杜甫. ——《全唐诗》卷二百三十。

斗鸡/（唐）杜甫. ——《补注杜诗》卷三十。

毒热寄简崔评事十六弟/（唐）杜甫. ——《全唐诗》卷二百三十。

独坐二首/（唐）杜甫. ——《全唐诗》卷二百三十。

杜鹃/（唐）杜甫. ——民国《云阳县志》卷四十二《文录上·古近体诗》。

短歌行送祁录事归合州因寄苏使君/（唐）杜甫. ——民国新修《合川县志·文在一》，卷六十九《诗一·七言歌行》。

耳聋/（唐）杜甫. ——《全唐诗》卷二百三十。

返照/（唐）杜甫. ——《全唐诗》卷二百三十。

放船/（唐）杜甫. ——民国《云阳县志》卷四十二《文录上·古近体诗》。

奉酬薛十二丈判官见赠/（唐）杜甫. ——《全唐诗》卷二百二十二。

奉汉中王手札/（唐）杜甫. ——民国《云阳县志》卷四十二《文录上·古近体诗》。

奉汉中王手札报韦侍御萧尊师亡/（唐）杜甫. ——《全唐诗》卷二百三十一。

奉贺城阳郡王太夫人恩命加邓国太夫人/（唐）杜甫. ——《全唐诗》卷二百三十二。

奉寄李十五秘书文嶷二首/（唐）杜甫. ——《全唐诗》卷二百三十一。

奉送卿二翁统节度镇军还江陵/（唐）杜甫. ——《全唐诗》卷二百三十一。

奉送十七舅下邵桂/（唐）杜甫. ——《全唐诗》卷二百三十一。

奉送蜀州柏二别驾将中丞命赴江陵起居卫尚书太夫人因示从弟行军司马位/（唐）杜甫. ——《全唐诗》卷二百三十二。

复愁十二首/（唐）杜甫. ——《全唐诗》卷二百三十。

复阴/（唐）杜甫. ——《全唐诗》卷二百二十二。

负薪行/（唐）杜甫. ——清光绪《巫山县志》卷三十二《艺文志》。

缚鸡行/（唐）杜甫. ——《全唐诗》卷二百二十一。

覆舟二首/（唐）杜甫. ——《全唐诗》卷二百三十。

柑林/（唐）杜甫. ——《全唐诗》卷二百二十一。

阁夜/（唐）杜甫. ——《全唐诗》卷二百二十九。

更题/（唐）杜甫. ——《全唐诗》卷二百三十。

孤雁/（唐）杜甫. ——《全唐诗》卷二百三十一。

古柏行/（唐）杜甫. ——清光绪《奉节县志》卷三十六《艺文·诗汇》。

观公孙大娘弟子舞剑器行/（唐）杜甫. ——《全唐诗》卷二百二十二。

归/（唐）杜甫. ——《全唐诗》卷二百三十。

过客相寻/（唐）杜甫. ——《全唐诗》卷二百三十一。

寒雨朝行视园树/（唐）杜甫. ——《全唐诗》卷二百二十九。

后苦寒行二首/（唐）杜甫. ——《全唐诗》卷二百二十二。

虎牙行/（唐）杜甫. ——《全唐诗》卷二百二十二。

槐叶冷淘/（唐）杜甫. ——《全唐诗》卷二百二十一。

怀灞上游/（唐）杜甫. ——《全唐诗》卷二百三十一。

怀锦水居止二首/（唐）杜甫. ——民国《云阳县志》卷四十二《文录上·古近体诗》。

黄草/（唐）杜甫. ——《全唐诗》卷二百二十七。

黄鱼/（唐）杜甫. ——《全唐诗》卷二百三十一。

火/（唐）杜甫. ——《全唐诗》卷二百二十一。

鸡/（唐）杜甫．——《全唐诗》卷二百三十一。

即事/（唐）杜甫．——清光绪《巫山县志》卷三十二《艺文志》、《全唐诗》卷二百三十。

麂/（唐）杜甫．——《全唐诗》卷二百三十一。

季秋江村/（唐）杜甫．——《全唐诗》卷二百二十九。

季秋苏五弟缨江楼夜宴崔十三评事韦少府侄三首/（唐）杜甫．——《全唐诗》卷二百三十一。

季夏送乡弟韶陪黄门从叔朝谒/（唐）杜甫．——《全唐诗》卷二百三十一。

寄柏学士林居/（唐）杜甫．——《全唐诗》卷二百二十二。

寄岑嘉州/（唐）杜甫．——民国《云阳县志》卷四十二《文录上·古近体诗》。

寄常征君/（唐）杜甫．——民国《云阳县志》卷四十二《文录上·古近体诗》。

寄从孙崇简/（唐）杜甫．——《全唐诗》卷二百二十二。

寄狄明府博济/（唐）杜甫．——《全唐诗》卷二百二十二。

寄杜位/（唐）杜甫．——《全唐诗》卷二百三十一。

寄韩谏议泫/（唐）杜甫．——《全唐诗》卷二百二十。

寄刘峡州伯华使君四十韵/（唐）杜甫．——《全唐诗》卷二百三十。

寄裴施州/（唐）杜甫．——《全唐诗》卷二百二十一。

寄韦夏有郎中/（唐）杜甫．——《全唐诗》卷二百三十一。

寄薛三郎中据/（唐）杜甫．——《全唐诗》卷二百二十二。

简吴郎司法/（唐）杜甫．——《全唐诗》卷二百三十一。

见王监兵马使说近山有黑白二鹰罗者久取竟未能得王以为毛骨有异他鹰恐腊后春生骞飞避暖劲翮思秋之甚眇不可见请余赋诗/（唐）杜甫．——《全唐诗》卷二百三十一。

见萤火/（唐）杜甫．——清光绪《巫山县志》卷三十二《艺文志》、《全唐诗》卷二百三十一。

江梅／（唐）杜甫．——《全唐诗》卷二百三十二。

江上／（唐）杜甫．——《全唐诗》卷二百三十。

江雨有怀郑典设／（唐）杜甫．——《全唐诗》卷二百三十一。

江月／（唐）杜甫．——《全唐诗》卷二百三十。

将别巫峡赠南卿兄瀼西果园四十亩／（唐）杜甫．——《全唐诗》卷二百三十二。

将晓二首／（唐）杜甫．——民国《云阳县志》卷四十二《文录上·古近体诗》。

解闷十二首／（唐）杜甫．——《全唐诗》卷二百三十。

锦树行／（唐）杜甫．——《全唐诗》卷二百二十二。

近闻／（唐）杜甫．——民国《云阳县志》卷四十二《文录上·古近体诗》。

荆南兵马使太常卿赵公大食刀歌／（唐）杜甫．——《全唐诗》卷二百二十二。

敬寄族弟唐十八使君／（唐）杜甫．——《全唐诗》卷二百二十三。

九日五首之一二三四／（唐）杜甫．——《全唐诗》卷二百三十一。

九日诸人集于林／（唐）杜甫．——《全唐诗》卷二百三十一。

九月一日过孟十二仓曹十四主簿兄弟／（唐）杜甫．——《全唐诗》卷二百三十一。

久雨期王将军不至／（唐）杜甫．——《全唐诗》卷二百二十二。

君不见简苏徯／（唐）杜甫．——《全唐诗》卷二百二十二。

可叹／（唐）杜甫．——《全唐诗》卷二百二十二。

客居／（唐）杜甫．——民国《云阳县志》卷四十二《文录上·古近体诗》。

客堂／（唐）杜甫．——民国《云阳县志》卷四十二《文录上·古近体诗》。

课伐木／（唐）杜甫．——《全唐诗》卷二百二十一。

课小竖□斫舍北果林枝蔓荒秽净讫移床三首／（唐）杜甫．——《全唐诗》卷二百二十九。

哭王彭州抡/（唐）杜甫. ——《全唐诗》卷二百三十一。

哭严仆射归榇/（唐）杜甫. ——《全唐诗》卷二百二十九。

夔府书怀四十韵/（唐）杜甫. ——《全唐诗》卷二百三十。

夔州歌十绝句/（唐）杜甫. ——《全唐诗》卷二百二十九。

览柏中丞兼子侄数人除官制词因述父子兄弟四美载歌丝纶/（唐）杜甫. ——《全唐诗》卷二百二十二。

镜呈柏中丞览/（唐）杜甫. ——《全唐诗》卷二百三十一。

老病/（唐）杜甫. ——清光绪《巫山县志》卷三十二《艺文志》。

雷/（唐）杜甫. ——清光绪《巫山县志》卷三十二《艺文志》。

骊山/（唐）杜甫. ——《全唐诗》卷二百三十。

李潮八分小篆歌/（唐）杜甫. ——《全唐诗》卷二百二十二。

立春/（唐）杜甫. ——《全唐诗》卷二百二十九。

历历/（唐）杜甫. ——《全唐诗》卷二百三十。

柳司马至/（唐）杜甫. ——《全唐诗》卷二百三十一。

龙兴寺题壁/（唐）杜甫. ——清同治《忠州直隶州志》卷十二《艺文志·诗（五律）》。

旅夜书怀/（唐）杜甫. ——《全唐诗》卷二百二十九。

洛阳/（唐）杜甫. ——《全唐诗》卷二百三十。

漫成一绝/（唐）杜甫. ——民国《云阳县志》卷四十二《文录上·古近体诗》。

茅堂检校收稻二首/（唐）杜甫. ——《全唐诗》卷二百二十九。

闷/（唐）杜甫. ——《全唐诗》卷二百三十一。

孟仓曹步趾领新酒酱二物满器见遗老夫/（唐）杜甫. ——《全唐诗》卷二百三十一。

孟冬/（唐）杜甫. ——《全唐诗》卷二百三十。

孟氏/（唐）杜甫. ——《全唐诗》卷二百三十。

暝/（唐）杜甫. ——《全唐诗》卷二百三十。

暮春/（唐）杜甫. ——清光绪《巫山县志》卷三十二《艺文志》。

暮春题瀼西新赁草屋五首/（唐）杜甫. ——《全唐诗》卷二百二十九。

南楚/（唐）杜甫. ——民国《云阳县志》卷四十二《文录上·古近体诗》。

南极/（唐）杜甫. ——《全唐诗》卷二百三十。

能画/（唐）杜甫. ——《全唐诗》卷二百三十。

鸥/（唐）杜甫. ——《全唐诗》卷二百三十一。

偶题/（唐）杜甫. ——《全唐诗》卷二百三十。

陪柏中丞观宴将士二首/（唐）杜甫. ——《全唐诗》卷二百三十一。

陪诸公上白帝城头宴越公堂之作/（唐）杜甫. ——《全唐诗》卷二百二十九。

凭孟仓曹将书觅土娄旧庄/（唐）杜甫. ——《全唐诗》卷二百三十一。

七月三日亭午已后较热退晚加小凉稳睡有诗因论壮年乐事戏呈元二十一曹长/（唐）杜甫. ——《全唐诗》卷二百二十一。

七月一日题终明府水楼二首/（唐）杜甫. ——《全唐诗》卷二百三十一。

牵牛织女/（唐）杜甫. ——《全唐诗》卷二百二十一。

前苦寒行二首/（唐）杜甫. ——《全唐诗》卷二百二十二。

遣怀/（唐）杜甫. ——《全唐诗》卷二百二十二。

遣闷戏呈路十九曹长/（唐）杜甫. ——《全唐诗》卷二百三十四。

覃山人隐居/（唐）杜甫. ——清咸丰《开县志》卷二十七《艺文下》。

青丝/（唐）杜甫. ——民国《云阳县志》卷四十二《文录上·古近体诗》。

晴二首/（唐）杜甫. ——《全唐诗》卷二百三十。

秋风二首/（唐）杜甫. ——《全唐诗》卷二百二十二。

秋清/（唐）杜甫. ——《全唐诗》卷二百三十。

秋日寄题郑监湖上亭三首/（唐）杜甫. ——《全唐诗》卷二百三十一。

秋日夔府咏怀奉寄郑监李宾客一百韵/（唐）杜甫. ——《全唐诗》卷二百三十。

秋峡/（唐）杜甫.——《全唐诗》卷二百三十。

秋兴八首/（唐）杜甫.——《全唐诗》卷二百三十。

秋行官张望督促东渚耗稻向毕清晨遣女奴阿稽竖子阿段往问/（唐）杜甫.——《全唐诗》卷二百三十。

秋野五首/（唐）杜甫.——《全唐诗》卷二百二十九。

驱竖子摘苍耳/（唐）杜甫.——《全唐诗》卷二百二十一。

瞿塘怀古/（唐）杜甫.——《全唐诗》卷二百三十四。

瞿塘两崖/（唐）杜甫.——《全唐诗》卷二百二十九。

瀼西寒望/（唐）杜甫.——清光绪《奉节县志》卷三十六《艺文·诗汇》。

热三首/（唐）杜甫.——《全唐诗》卷二百三十。

人日两篇/（唐）杜甫.——《全唐诗》卷二百三十二。

日暮/（唐）杜甫.——《全唐诗》卷二百三十。

入宅三首/（唐）杜甫.——《全唐诗》卷二百二十九。

三绝句（一）/（唐）杜甫.——《全唐诗》卷二百二十九。

三韵三篇/（唐）杜甫.——民国《云阳县志》卷四十二《文录上·古近体诗》。

散句二则/（唐）杜甫.——《全唐诗》卷二百三十一。

伤秋/（唐）杜甫.——《全唐诗》卷二百三十。

上白帝城/（唐）杜甫.——清光绪《奉节县志》卷三十六《艺文·诗汇》。

上白帝城二首/（唐）杜甫.——清光绪《奉节县志》卷三十六《艺文·诗汇》。

上后园山脚/（唐）杜甫.——《全唐诗》卷二百二十一。

上翁卿请修武侯庙遗像缺落/（唐）杜甫.——《全唐诗》卷二百二十九。

舍弟观赴蓝田取妻子到江陵喜寄三首/（唐）杜甫.——《全唐诗》卷二百三十一。

舍弟观归蓝田迎新妇送示两篇/（唐）杜甫.——《全唐诗》卷二百三

十一。

社日两篇/（唐）杜甫. ——《全唐诗》卷二百三十一。

十二月一日三首/（唐）杜甫. ——民国《云阳县志》卷四十二《文录上·古近体诗》。

十六夜玩月/（唐）杜甫. ——《全唐诗》卷二百三十。

十七夜对月/（唐）杜甫. ——《全唐诗》卷二百三十。

十月一日/（唐）杜甫. ——《全唐诗》卷二百三十一。

石砚诗/（唐）杜甫. ——民国《云阳县志》卷四十二《文录上·古近体诗》。

示獠奴阿段/（唐）杜甫. ——《全唐诗》卷二百二十九。

熟食日示宗文宗武/（唐）杜甫. ——《全唐诗》卷二百三十一。

竖子至/（唐）杜甫. ——《全唐诗》卷二百二十九。

树间/（唐）杜甫. ——《全唐诗》卷二百二十九。

率题小诗留于壁上/（唐）杜甫. ——清光绪《巫山县志》卷三十二《艺文志》。

水阁朝霁奉简严云安/（唐）杜甫. ——民国《云阳县志》卷四十二《文录上·古近体诗》。

送大理封主簿五郎亲事不合却赴通州主簿前阆州贤子余与主簿平章郑氏女子垂欲纳郑氏伯父京书至女子已许他族亲事遂停/（唐）杜甫. ——《全唐诗》卷二百三十二。

送殿中杨监赴蜀中见相公/（唐）杜甫. ——《全唐诗》卷二百二十一。

送高司直寻封阆州/（唐）杜甫. ——《全唐诗》卷二百二十二。

送李八秘书赴杜相公幕/（唐）杜甫. ——清光绪《巫山县志》卷三十二《艺文志》。

送李功曹之荆州充郑侍御判官重赠/（唐）杜甫. ——《全唐诗》卷二百三十一。

送孟十二仓曹赴东京选/（唐）杜甫. ——《全唐诗》卷二百三十一。

送十五弟侍御使蜀/（唐）杜甫. ——《全唐诗》卷二百三十一。

送田四弟将军将夔州柏中丞命起居江陵节度城阳郡王卫公幕/（唐）杜甫. ——《全唐诗》卷二百三十一。

送王十六判官/（唐）杜甫. ——《全唐诗》卷二百三十一。

送王十五判官扶持还黔中/（唐）杜甫. ——《全唐诗》卷二百二十七。

送鲜于万州迁巴州/（唐）杜甫. ——《全唐诗》卷二百三十一。

素闻故房相公灵榇自阆州启殡归葬东都有作二首/（唐）杜甫. ——《全唐诗》卷二百二十九。

宿江边阁/（唐）杜甫. ——《全唐诗》卷二百二十九。

宿昔/（唐）杜甫. ——《全唐诗》卷二百三十。

太岁日/（唐）杜甫. ——《全唐诗》卷二百三十二。

提封/（唐）杜甫. ——《全唐诗》卷二百三十。

题柏大弟兄山居屋壁二首/（唐）杜甫. ——《全唐诗》卷二百三十一。

天池/（唐）杜甫. ——《全唐诗》卷二百二十九。

听杨氏歌/（唐）杜甫. ——《全唐诗》卷二百二十二。

庭草/（唐）杜甫. ——《全唐诗》卷二百三十二。

同元使君舂陵行/（唐）杜甫. ——《全唐诗》卷二百二十二。

晚/（唐）杜甫. ——《全唐诗》卷二百三十。

晚登瀼上堂/（唐）杜甫. ——《全唐诗》卷二百二十一。

晚晴（两首）/（唐）杜甫. ——《全唐诗》卷二百二十二、二百三十。

王兵马使二角鹰/（唐）杜甫. ——《全唐诗》卷二百二十二。

王十五前阁会/（唐）杜甫. ——《全唐诗》卷二百三十一。

往在/（唐）杜甫. ——《全唐诗》卷二百二十二。

闻惠二过东溪/（唐）杜甫. ——《全唐诗》卷二百三十四。

巫山八月十五夜月/（唐）杜甫. ——清光绪《巫山县志》卷三十二《艺文志》。

巫山县汾州唐使君十八弟宴别兼诸公携酒乐相送率题小诗留于屋壁/（唐）杜甫. ——《全唐诗》卷二百三十二。

巫峡蔽庐奉赠侍御四舅别之澧湖/（唐）杜甫. ——清光绪《巫山县志》

卷三十二《艺文志》。

　　吾宗/（唐）杜甫. ——《全唐诗》卷二百三十。

　　武侯庙/（唐）杜甫. ——清光绪《奉节县志》卷三十六《艺文·诗汇》。

　　西阁二首/（唐）杜甫. ——《全唐诗》卷二百二十九。

　　西阁口号呈元二十一/（唐）杜甫. ——《全唐诗》卷二百二十九。

　　西阁曝日/（唐）杜甫. ——《全唐诗》卷二百二十一。

　　西阁三度期大昌严明府同宿不到/（唐）杜甫. ——《全唐诗》卷二百二十九。

　　西阁夜/（唐）杜甫. ——清光绪《奉节县志》卷三十六《艺文·诗汇》。

　　西阁雨望/（唐）杜甫. ——清光绪《奉节县志》卷三十六《艺文·诗汇》。

　　西园二首/（唐）杜甫. ——清光绪《奉节县志》卷三十六《艺文·诗汇》。

　　西园曝日/（唐）杜甫. ——清光绪《奉节县志》卷三十六《艺文·诗汇》。

　　昔游（两首）/（唐）杜甫. ——《全唐诗》卷二百十八、二百二十二。

　　溪上/（唐）杜甫. ——《全唐诗》卷二百二十九。

　　喜观即到复题短篇二首/（唐）杜甫. ——《全唐诗》卷二百三十一。

　　喜闻盗贼蕃寇总退口号五首/（唐）杜甫. ——《全唐诗》卷二百三十。

　　戏寄崔评事表侄苏五表弟韦大少府诸侄/（唐）杜甫. ——《全唐诗》卷二百三十一。

　　戏作俳谐体遣闷二首/（唐）杜甫. ——《全唐诗》卷二百三十一。

　　峡隘/（唐）杜甫. ——《全唐诗》卷二百二十九。

　　峡口二首/（唐）杜甫. ——清光绪《奉节县志》卷三十六《艺文·诗汇》。

　　览物（一作峡中览物）/（唐）杜甫. ——《全唐诗》卷二百三十一。

　　峡中铁锁/（唐）杜甫. ——清光绪《奉节县志》卷三十六《艺文·诗汇》。

峡中铁柱/（唐）杜甫. ——清光绪《奉节县志》卷三十六《艺文·诗汇》。

暇日小园散病将种秋菜督勒耕牛兼书触目/（唐）杜甫. ——《全唐诗》卷二百二十一。

向夕/（唐）杜甫. ——《全唐诗》卷二百三十。

小园/（唐）杜甫. ——清光绪《巫山县志》卷三十二《艺文志》。

小至/（唐）杜甫. ——《全唐诗》卷二百三十一。

晓望/（唐）杜甫. ——《全唐诗》卷二百三十。

晓望白帝城盐山/（唐）杜甫. ——《全唐诗》卷二百二十九。

写怀二首/（唐）杜甫. ——《全唐诗》卷二百二十二。

信行远修水筒/（唐）杜甫. ——《全唐诗》卷二百二十一。

行官张望补稻畦水归/（唐）杜甫. ——《全唐诗》卷二百二十一。

续得观书迎就当阳居止正月中旬定出峡/（唐）杜甫. ——《全唐诗》卷二百三十二。

宴忠州使君侄宅/（唐）杜甫. ——《全唐诗》卷二百三十二。

滟滪/（唐）杜甫. ——《杜诗详注》卷十九。

滟滪堆/（唐）杜甫. ——清光绪《奉节县志》卷三十六《艺文·诗汇》。

杨监又出画鹰十二扇/（唐）杜甫. ——《全唐诗》卷二百二十一。

摇落/（唐）杜甫. ——《全唐诗》卷二百三十。

野望因过常少仙诗/（唐）杜甫. ——清咸丰《开县志》卷二十七《艺文下》。

夜/（唐）杜甫. ——《全唐诗》卷二百三十。

夜二首/（唐）杜甫. ——《全唐诗》卷二百三十。

夜归/（唐）杜甫. ——《全唐诗》卷二百二十二。

夜宿西阁晓呈元二十一曹长/（唐）杜甫. ——《全唐诗》卷二百二十九。

夜雨/（唐）杜甫. ——《全唐诗》卷二百三十。

谒先主庙/（唐）杜甫. ——清光绪《奉节县志》卷三十六《艺文·诗汇》。

移居夔州郭/（唐）杜甫. ——《全唐诗》卷二百二十九。

贻华阳柳少府/（唐）杜甫. ——《全唐诗》卷二百二十一。

刈稻了咏怀/（唐）杜甫. ——《全唐诗》卷二百二十九。

引水/（唐）杜甫. ——民国《云阳县志》卷四十二《文录上·古近体诗》、清光绪《奉节县志》卷三十六《艺文·诗汇》。

鹦鹉/（唐）杜甫. ——《全唐诗》卷二百三十。

咏怀古迹五首/（唐）杜甫. ——《全唐诗》卷二百三十。

又上后园山脚/（唐）杜甫. ——《全唐诗》卷二百二十一。

有叹/（唐）杜甫. ——《全唐诗》卷二百三十。

又呈吴郎/（唐）杜甫. ——《全唐诗》卷二百三十一。

又上后园山脚/（唐）杜甫. ——《全唐诗》卷二百二十一。

又示两儿/（唐）杜甫. ——《全唐诗》卷二百三十一。

又示宗武/（唐）杜甫. ——《全唐诗》卷二百三十一。

又雪/（唐）杜甫. ——民国《云阳县志》卷四十二《文录上·古近体诗》。

渝州侯严六侍御不到先下峡/（唐）杜甫. ——清同治《巴县志》卷四下《艺文志·五言律》、民国《巴县志》卷一《疆域下·水道》。

雨二首/（唐）杜甫. ——《全唐诗》卷二百二十一。

雨不绝/（唐）杜甫. ——《全唐诗》卷二百二十九。

雨晴/（唐）杜甫. ——《全唐诗》卷二百二十五。

雨四首/（唐）杜甫. ——《全唐诗》卷二百三十。

禹庙/（唐）杜甫. ——清同治《忠州直隶州志》卷十二《艺文志·诗（五律）》。

玉腕骝/（唐）杜甫. ——《全唐诗》卷二百三十一。

元日示宗武/（唐）杜甫. ——《全唐诗》卷二百三十二。

园/（唐）杜甫. ——《全唐诗》卷二百二十九。

园官送菜/（唐）杜甫. ——《全唐诗》卷二百二十一。

园人送瓜/（唐）杜甫. ——《杜诗详注》卷十九。

猿/（唐）杜甫. ——《全唐诗》卷二百三十一。

远怀舍弟颖观等/（唐）杜甫. ——《全唐诗》卷二百三十二。

远游/（唐）杜甫. ——《全唐诗》卷二百三十。

月三首/（唐）杜甫. ——《全唐诗》卷二百三十。

月三首之二/（唐）杜甫. ——《全唐诗》卷二百三十一。

月圆/（唐）杜甫. ——《全唐诗》卷二百二十九。

云/（唐）杜甫. ——《全唐诗》卷二百二十九。

云安九日郑十八携酒陪诸公宴/（唐）杜甫. ——民国《云阳县志》卷四十二《文录上·古近体诗》。

暂往白帝复还东屯/（唐）杜甫. ——清光绪《奉节县志》卷三十六《艺文·诗汇》。

赠崔十三评事公辅/（唐）杜甫. ——民国《云阳县志》卷四十二《文录上·古近体诗》。

赠李八秘书别三十韵/（唐）杜甫. ——《全唐诗》卷二百二十九。

赠李十五丈别/（唐）杜甫. ——《全唐诗》卷二百二十九。

赠蜀僧闾丘师兄/（唐）杜甫. ——《全唐诗》卷二百一十九。

赠苏四徯/（唐）杜甫. ——《全唐诗》卷二百二十九。

赠郑十八贲/（唐）杜甫. ——民国《云阳县志》卷四十二《文录上·古近体诗》。

折槛行/（唐）杜甫. ——民国《云阳县志》卷四十二《文录上·古近体诗》。

郑典设自施州归/（唐）杜甫. ——《全唐诗》卷二百二十九。

中宵/（唐）杜甫. ——《全唐诗》卷二百二十九。

中夜/（唐）杜甫. ——《全唐诗》卷二百二十九。

种莴苣/（唐）杜甫. ——《全唐诗》卷二百二十九。

昼梦/（唐）杜甫. ——《全唐诗》卷二百二十九。

诸葛庙/（唐）杜甫. ——清光绪《奉节县志》卷三十六《艺文·诗汇》。

诸将五首/（唐）杜甫. ——《全唐诗》卷二百二十八。

壮游/（唐）杜甫.——《全唐诗》卷二百二十八。

子规/（唐）杜甫.——民国《云阳县志》卷四十二《文录上·古近体诗》。

自平/（唐）杜甫.——《全唐诗》卷二百二十八。

自瀼西荆扉且移居东屯茅屋四首/（唐）杜甫.——清光绪《奉节县志》卷三十六《艺文·诗汇》。

宗武生日/（唐）杜甫.——《全唐诗》卷二百二十八。

最能行/（唐）杜甫.——清光绪《巫山县志》卷三十二《艺文志》。

阻雨不得归瀼西甘林/（唐）杜甫.——《全唐诗》卷二百三十一。

醉为马坠诸公携酒相看/（唐）杜甫.——《全唐诗》卷二百三十一。

送上官侍郎赴黔中/（唐）李嘉祐.——《彭水文史资料》第六辑第115页。李嘉祐（719—781），字从一，赵州（今河北）人，天宝七年（748）进士。

发渝州却寄韦判官/（唐）司空曙.——清同治《巴县志》卷四下《艺文志·七言绝》。司空曙（约720—790），字文明或文初，广平（今河北永年）人，唐代诗人。

送夔州班使君/（唐）司空曙.——《全唐诗》卷二百九十二。

送卢使君赴夔州/（唐）司空曙.——《全唐诗》卷二百九十二。

送庞判官赴黔中/（唐）司空曙.——《彭水县志》第956页。

峡口送友人/（唐）司空曙.——《全唐诗》卷二百九十二。

别韦郎中/（唐）张谓.——《全唐诗》卷一百九十七。张谓（约721—780），字正言，河内（今河南沁阳）人，天宝二年（743）进士。

送夔州班使君/（唐）皇甫冉.——《全唐诗》卷二百五十。皇甫冉（722—767），字茂政，丹阳（今镇江）人，少即能文，张九龄呼为小友，天宝十五载（756）进士第一。

巫山高/（唐）皇甫冉.——清光绪《巫山县志》卷三十二《艺文志》。

巫山峡/（唐）皇甫冉.——《全唐诗》卷二百四十九。

严孝子墓/（唐）刘湾.——清同治《巴县志》卷四下《艺文志·五古》。刘湾（？—约783），字灵源，西蜀人，唐玄宗天宝年间进士。

巫山高／（唐）刘方平. ——《全唐诗》卷十七、清光绪《巫山县志》卷三十二《艺文志》。刘方平，生卒年不详，河南人，唐邢国公刘政会玄孙，天宝九年（750）应进士举，不第，善画，能诗。

竹枝曲一首／（唐）顾况. ——《全唐诗》卷二百六十七。顾况（727—815），字逋翁，号华阳真逸（一说华阳真隐、华阳山人），晚年自号悲翁，苏州人，一说海盐人，肃宗至德二载（757）进士，唐代诗人、画家、鉴赏家。

从萧淑子听弹琴赋得三峡流泉歌／（唐）李冶. ——《全唐诗》卷二十三。李冶（？—784），字秀兰，名冶，乌程（今浙江吴兴）人，女道士，善弹琴，诗人。

送李敖湖南书记／（唐）郎士元. ——《全唐诗》卷二百四十八。郎士元，生卒年不详，字君胄，中山（今河北定县）人，天宝十五年（756）进士。

经巴东岭／（唐）戴叔伦. ——《全唐诗》卷二百七十三。戴叔伦（732—789），字幼公、次公，润州金坛人，唐代诗人。

渐至涪州先寄王员外使君纵／（唐）戴叔伦. ——《涪陵市志》第1364页。

巫山高／（唐）戴叔伦. ——《全唐诗》卷二百七十三。

送孙德谕罢官往黔州／（唐）苗发. ——《彭水县志》第954页。苗发，潞州壶关（今山西）人，宰相晋卿之子，终都官员外郎，卒于贞元二年（786）前，"大历十才子"之一。

巴江雨夜／（唐）杨凭. ——《全唐诗》卷二百八十九。杨凭（？—817），字虚受，一字嗣仁，弘农（今河南灵宝县）人，大历年间进士，唐文学家。

蜀江水／（唐）熊孺登. ——《全唐诗》卷四百七十六。熊孺登，生卒年不详，钟陵（今江西省进贤县）人，进士，元和中终藩镇从事。

黔中书事／（唐）许琳. ——《彭水文史资料》第六辑第116页。许琳，中唐诗人，生卒年不详。

送人随姊夫任云安令／（唐）刘言史. ——《全唐诗》卷四百六十八。刘言史（约742—813），邯郸人，中唐诗人，与李贺同时，与孟郊友善。

荆门歌送兄赴夔州／（唐）李端. ——《全唐诗》卷二百八十四。李端

（约743—约782），字正己，河北赵州人，大历五年（770）进士，唐代诗人。

送友人游蜀／（唐）李端．——《全唐诗》卷二百八十四。

巫山高／（唐）李端．——《全唐诗》卷二百八十四、清光绪《巫山县志》卷三十二《艺文志》。

哭黔中薛大夫／（唐）戎昱．——《彭水县志》第955页。戎昱（约744—约800），荆南荆门（今湖北江陵一带）人，少举进士，不中，大历后入蜀。

云安阻雨／（唐）戎昱．——《全唐诗》卷二百四十四。

送夔州班使君／（唐）卢纶．——《全唐诗》卷二百七十六。卢纶（约748—约800），字允言，河中蒲（今永济）人，"大历十才子"之一。

送内弟韦宗仁归信州觐省／（唐）卢纶．——《全唐诗》卷二百八十。

送信州姚使君／（唐）卢纶．——《全唐诗》卷二百七十六。

江南词／（唐）李益．——《全唐诗》卷二百八十三。李益（748—827），字君虞，陇西姑臧（今甘肃武威市）人，唐代诗人，大历四年（769）进士。

秋夜听严绅巴童唱竹枝歌／（唐）刘商．——《全唐诗》卷三百三十。刘商，字子夏，生卒年不详，彭城（今江苏徐州市）人，大历年间进士，中唐诗人、画家。

巫山高二首／（唐）孟郊．——《全唐诗》卷三百七十二、清光绪《巫山县志》卷三十二《艺文志》。孟郊（751—814），字东野，湖州武康（今浙江德清市）人，贞元年间进士。

峡哀／（唐）孟郊．——《全唐诗》卷三百八十一。

赠黔府王中丞楚／（唐）孟郊．——《彭水文史资料》第六辑第115页。

谒诸葛武侯庙／（唐）窦常．——《全唐诗》卷二百七十一。窦常，字中行，生卒年不详，平陵（今陕西咸阳西北）人，大历十四年（779）登进士第。

送李正字之蜀／（唐）武元衡．——《全唐诗》卷三百十六。武元衡，字伯苍，生卒年不详，河南缑氏人，建中四年（783）进士。

同苗郎中送严侍御赴黔中因访仙源之事／（唐）武元衡．——《彭水县志》第955页。

送黔府裴中丞阁老赴任/（唐）权德舆. ——《彭水县志》第 955 页。权德舆（759—818），字载之，天水略阳（今甘肃秦安市）人，唐德宗、宪宗时政治家、文学家。

送人赴黔中/（唐）权德舆. ——《彭水文史资料》第六辑第 116 页。

黔中书事/（唐）窦群. ——《全唐诗》卷二百七十一、《彭水文史资料》第六辑第 117 页。窦群（760—814），字丹列，扶风平陵（今陕西咸阳）人，进士。

自京赴黔南/（唐）窦群. ——《全唐诗》卷二百七十一、《彭水县志》第 954 页。

和萧侍御监祭白帝城西村寺斋沐览镜有怀吏部孟员外并见赠/（唐）羊士谔. ——《全唐诗》卷三百三十二。羊士谔（762？—822？），字谏卿，泰山人，贞元元年（785）进士，官监察御史。

寄黔府窦中丞/（唐）羊士谔. ——《全唐诗》卷三百三十二。

盛山十二景和诗/（唐）张籍. ——清咸丰《开县志》卷二十七《艺文下》。张籍（766—830），字文昌，和州乌江（今安徽和县）人，贞元十五年（799）进士。

巴女谣/（唐）于鹄. ——《全唐诗》卷三百一十。于鹄（767—794），代宗大历、德宗建中年间久居长安，应举未第，退隐汉阳（今湖北武汉市）山中，曾至荆南、襄阳、夔州等地。

竹枝词四首/（唐）李涉. ——《全唐诗》卷四百七十七。李涉（767？—806？），字不详，自号清溪子，今河南洛阳人，初与弟渤同隐庐山，后中进士，宪宗时，为太子通事舍人，寻谪峡州司仓参军，太和中，为太学博士，复流康州。

酬雍秀才贻巴峡图/（唐）薛涛. ——《全唐诗》卷八百零三。薛涛（768？—832），字洪度（宏度），长安（今陕西西安市）人，幼年随父到成都，中晚唐诗人、名妓。

海棠溪/（唐）薛涛. ——清乾隆《巴县志》卷十七《艺文补遗》。

谒巫山庙/（唐）薛涛. ——《全唐诗》卷八百零三。

谒先主庙／（唐）张俨．——清光绪《奉节县志》卷三十六《艺文·诗汇》。张俨，生卒年不详，唐贞元中人。

贞元八年十二月谒先主庙绝句三首／（唐）张俨．——《全唐诗》卷四百七十二。

步虚峰／（唐）程太虚．——清光绪《西充县志》卷十三《艺文志·中》。程太虚（？—809），今四川西充人，唐代著名道士，卒于唐宪宗元和四年（809）。

丹霞峰／（唐）程太虚．——清光绪《西充县志》卷十三《艺文志·中》。

洞阳峰／（唐）程太虚．——清光绪《西充县志》卷十三《艺文志·中》。

伏龙峰／（唐）程太虚．——清光绪《西充县志》卷十三《艺文志·中》。

醮坛峰／（唐）程太虚．——清光绪《西充县志》卷十三《艺文志·中》。

磨剑井／（唐）程太虚．——清光绪《西充县志》卷十三《艺文志·中》。

清心井／（唐）程太虚．——清光绪《西充县志》卷十三《艺文志·中》。

漱玉井／（唐）程太虚．——清光绪《西充县志》卷十三《艺文志·中》。

宿鹤峰／（唐）程太虚．——清光绪《西充县志》卷十三《艺文志·中》。

驭仙峰／（唐）程太虚．——清光绪《西充县志》卷十三《艺文志·中》。

蘸月井／（唐）程太虚．——清光绪《西充县志》卷十三《艺文志·中》。

濯印井／（唐）程太虚．——清光绪《西充县志》卷十三《艺文志·中》。

嘲南卓／（唐）吕温．——《彭水县志》第954页。吕温（772—811），字和叔，一字化光，河中（今山西永济市）人，唐德宗贞元十四年（798）进士。

郡内书怀寄刘连州窦夔州／（唐）吕温．——《全唐诗》卷三百五十六。

别夔州官吏／（唐）刘禹锡．——《全唐诗》卷三百六十一。刘禹锡（772—842），字梦得，祖籍洛阳，后迁彭城（今江苏徐州市），唐德宗贞元九年（793）进士。

窦夔州见寄寒食日忆故姬小红吹笙因和之／（唐）刘禹锡．——《全唐诗》卷三百五十九。

观八阵图／（唐）刘禹锡．——清光绪《奉节县志》卷三十六《艺文·诗汇》。

江陵严司空见示与成都武相公唱和因命同作/（唐）刘禹锡. ——《全唐诗》卷三百五十九。

夔州窦员外使君见示悼妓诗顾余赏识之因命同作/（唐）刘禹锡. ——《全唐诗》卷三百五十九。

畲田行/（唐）刘禹锡. ——《全唐诗》卷三百五十四。

神女庙/（唐）刘禹锡. ——清光绪《巫山县志》卷三十二《艺文志》。

始至云安寄兵部韩侍郎中书白舍人二公近曾远守故有属焉/（唐）刘禹锡. ——《全唐诗》卷三百五十五。

蜀先主庙/（唐）刘禹锡. ——清光绪《奉节县志》卷三十六《艺文·诗汇》。

松滋渡望峡中/（唐）刘禹锡. ——《全唐诗》卷三百五十九。

送鸿举师游江西并引/（唐）刘禹锡. ——《全唐诗》卷三百七十一。

送裴处士应制举并引/（唐）刘禹锡. ——《全唐诗》卷三百五十六。

送义州师却还黔南/（唐）刘禹锡. ——《彭水文史资料》第六辑第115页。

送周使君罢渝州归郢中别墅/（唐）刘禹锡. ——清同治《巴县志》卷四下《艺文志·七律》。

踏歌词四首/（唐）刘禹锡. ——《全唐诗》卷三百六十五。

望峡中/（唐）刘禹锡. ——清光绪《巫山县志》卷三十二《艺文志》。

巫山神女庙/（唐）刘禹锡. ——《全唐诗》卷三百六十五。

因论/（唐）刘禹锡. ——《全唐诗》卷三百六十五。

鱼复江中/（唐）刘禹锡. ——《全唐诗》卷三百六十一。

竹枝词二首/（唐）刘禹锡. ——《全唐诗》卷三百六十五。

竹枝词九首并引/（唐）刘禹锡. ——《刘宾客文集》卷二十七。

巴水/（唐）白居易. ——清同治《忠州直隶州志》卷十二《艺文志·诗（五律）》。白居易（772—846），字乐天，自号香山居士，唐朝诗人，曾任忠州（今重庆忠县）刺史。

别桥上竹/（唐）白居易. ——《白氏长庆集》卷十八。

别种东坡花树二首／（唐）白居易．——清同治《忠州直隶州志》卷十二《艺文志·诗（七绝）》。

不二门／（唐）白居易．——《白氏长庆集》卷十一。

步东坡／（唐）白居易．——《白氏长庆集》卷十一。

重寄荔枝与杨使君时闻使君欲种故有落句之戏／（唐）白居易．——清同治《忠州直隶州志》卷十二《艺文志·诗（七律）》。

重赠李大夫／（唐）白居易．——《白氏长庆集》卷十七。

酬严中丞晚眺黔江见寄／（唐）白居易．——《白氏长庆集》卷十八。

初除尚书郎脱刺史绯／（唐）白居易．——《白氏长庆集》卷十八。

初到忠州赠李六／（唐）白居易．——清同治《忠州直隶州志》卷十二《艺文志·诗（七律）》。

初登东楼寄杨八使君／（唐）白居易．——清同治《忠州直隶州志》卷十二《艺文志·诗》。

初入峡有感／（唐）白居易．——清光绪《奉节县志》卷三十六《艺文·诗汇》。

除夜／（唐）白居易．——《白氏长庆集》卷十八。

春江／（唐）白居易．——清同治《忠州直隶州志》卷十二《艺文志·诗（七律）》。

春至／（唐）白居易．——清同治《忠州直隶州志》卷十二《艺文志·诗（七律）》。

答杨使君登楼见忆／（唐）白居易．——《白氏长庆集》卷十八。

答州民／（唐）白居易．——《白氏长庆集》卷十八。

代州民问／（唐）白居易．——《白氏长庆集》卷十八。

得行简书闻欲下峡先以此寄／（唐）白居易．——《白氏长庆集》卷十七、《全唐诗》卷四百四十。

登城中古台／（唐）白居易．——清同治《忠州直隶州志》卷十二《艺文志·诗》。

登龙昌上寺望江南山怀钱舍人／（唐）白居易．——清同治《忠州直隶州志》卷十二《艺文志·诗》。

登西楼忆行简/（唐）白居易.——清同治《忠州直隶州志》卷十二《艺文志·诗（七律）》。

冬至夜/（唐）白居易.——《白氏长庆集》卷十八。

东城春意/（唐）白居易.——清同治《忠州直隶州志》卷十二《艺文志·诗（五律）》。

东城寻春/（唐）白居易.——《白氏长庆集》卷十一。

东涧种柳/（唐）白居易.——清同治《忠州直隶州志》卷十二《艺文志·诗》。

东楼晓/（唐）白居易.——清同治《忠州直隶州志》卷十二《艺文志·诗（五律）》。

东楼招客夜饮/（唐）白居易.——《白氏长庆集》卷十八。

东楼竹/（唐）白居易.——清同治《忠州直隶州志》卷十二《艺文志·诗》。

东楼醉/（唐）白居易.——清同治《忠州直隶州志》卷十二《艺文志·诗（七绝）》。

东坡种花二首/（唐）白居易.——清同治《忠州直隶州志》卷十二《艺文志·诗》。

东亭闲望/（唐）白居易.——《白氏长庆集》卷十八。

对镜吟/（唐）白居易.——《白氏长庆集》卷十八。

发白狗峡次黄牛峡登高寺却望忠州/（唐）白居易.——《白氏长庆集》卷十八。

房家夜宴喜雪戏赠主人/（唐）白居易.——《白氏长庆集》卷十八。

奉酬李相公见示绝句（时初闻国哀）/（唐）白居易.——《白氏长庆集》卷十八。

负冬日/（唐）白居易.——《白氏长庆集》卷十八。

赋七言十七韵以赠微之/（唐）白居易.——《白氏长庆集》卷十七。

感春/（唐）白居易.——清同治《忠州直隶州志》卷十二《艺文志·诗

(五律)》。

感樱桃花因招饮客诗/（唐）白居易．——清同治《忠州直隶州志》卷十二《艺文志·诗（七律)》。

过昭君村/（唐）白居易．——清光绪《巫山县志》卷三十二《艺文志》。

和李澧州题韦开州经藏诗/（唐）白居易．——《白氏长庆集》卷十七。

和万州杨使君四绝句/（唐）白居易．——《白氏长庆集》卷十七。

和行简望郡南山/（唐）白居易．——清同治《忠州直隶州志》卷十二《艺文志·诗（七绝)》。

花下对酒二首/（唐）白居易．——《白氏长庆集》卷十八。

画木莲花图寄元郎中/（唐）白居易．——《白氏长庆集》卷十八。

即事寄微之/（唐）白居易．——《白氏长庆集》卷十八。

寄胡麻饼与杨万州诗/（唐）白居易．——清同治《忠州直隶州志》卷十二《艺文志·诗（七绝)》。

寄黔州马常侍/（唐）白居易．——《白氏长庆集》卷三十七、《全唐诗》卷四百六十。

寄题小楼桃花/（唐）白居易．——清同治《忠州直隶州志》卷十二《艺文志·诗（七绝)》。

寄题杨万州四望楼/（唐）白居易．——《白氏长庆集》卷三十七。

寄王质夫/（唐）白居易．——《白氏长庆集》卷三十七。

寄微之/（唐）白居易．——《白氏长庆集》卷三十七

江上送客/（唐）白居易．——《白氏长庆集》卷十一。

江州赴忠州至江陵以来舟中示舍弟五十韵/（唐）白居易．——《白氏长庆集》卷十七。

郊下/（唐）白居易．——《白氏长庆集》卷十一。

九日登巴台/（唐）白居易．——清同治《忠州直隶州志》卷十二《艺文志·诗》。

九日题涂溪/（唐）白居易．——清同治《忠州直隶州志》卷十二《艺文志·诗（七绝)》。

郡斋暇日忆庐山草堂/（唐）白居易．——《白氏长庆集》卷十八。

郡中/（唐）白居易．——《白氏长庆集》卷二十。

郡中春宴因赠诸客/（唐）白居易．——清同治《忠州直隶州志》卷十二《艺文志·诗》。

开元寺东池早春/（唐）白居易．——清同治《忠州直隶州志》卷十二《艺文志·诗》。

哭王质夫/（唐）白居易．——《白氏长庆集》卷十一、《全唐诗》卷四百三十四。

哭诸故人因寄元八/（唐）白居易．——《全唐诗》卷四百三十四。

荔枝楼对酒/（唐）白居易．——清同治《忠州直隶州志》卷十二《艺文志·诗（七绝）》。

留北客/（唐）白居易．——《白氏长庆集》卷十八、《全唐诗》卷四百四十一。

留题开元寺上方/（唐）白居易．——清同治《忠州直隶州志》卷十二《艺文志·诗（五律）》。

龙昌寺荷池/（唐）白居易．——清同治《忠州直隶州志》卷十二《艺文志·诗（五绝）》。

洛中偶作/（唐）白居易．——《全唐诗》卷四百三十一。

木莲三绝句/（唐）白居易．——《全唐诗》卷四百四十一。

木莲图诗/（唐）白居易．——清同治《忠州直隶州志》卷十二《艺文志·诗（七绝）》。

南宾花下对酒/（唐）白居易．——清同治《忠州直隶州志》卷十二《艺文志·诗》。

南宾郡斋即事寄杨万州/（唐）白居易．——清同治《忠州直隶州志》卷十二《艺文志·诗》。

钱虢州以三堂绝句见寄因以本韵和之/（唐）白居易．——《白氏长庆集》卷十八、《全唐诗》卷四百四十一。

遣怀/（唐）白居易．——《白氏长庆集》卷六、《全唐诗》卷四百二十九。

曲江感秋二首并序／（唐）白居易．——《全唐诗》卷四百三十四。

入峡次巴东／（唐）白居易．——《全唐诗》卷四百四十。

三月三日／（唐）白居易．——《白氏长庆集》卷十八。

送高侍御使回寄杨八／（唐）白居易．——《白氏长庆集》卷三十七。

送客归京／（唐）白居易．——《白氏长庆集》卷十八、《全唐诗》卷四百四十一。

送客回晚兴／（唐）白居易．——《白氏长庆集》卷十一、《全唐诗》卷四百三十四。

送肖处士游黔中／（唐）白居易．——《彭水文史资料》第六辑第116页。

送萧处士游黔南／（唐）白居易．——《白氏长庆集》卷十八。

送友人上峡赴东川辟命／（唐）白居易．——《全唐诗》卷四百四十。

宿溪翁（时初除郎官赴朝）／（唐）白居易．——《白氏长庆集》卷十一、《全唐诗》卷四百三十四。

岁晚／（唐）白居易．——《全唐诗》卷四百五十九。

题东楼前李使君所种樱桃花／（唐）白居易．——《白氏长庆集》卷十八、《全唐诗》卷四百四十一。

题郡中荔枝诗十八韵并寄万州杨八使君／（唐）白居易．——《全唐诗》卷四百五十九。

题楼前李使君种樱桃花／（唐）白居易．——清同治《忠州直隶州志》卷十二《艺文志·诗（七绝）》。

题牛相公归仁里宅新成小滩／（唐）白居易．——《全唐诗》卷四百五十九。

题峡中石／（唐）白居易．——《全唐诗》卷四百四十一。

题岳阳楼／（唐）白居易．——《全唐诗》卷四百四十一。

听竹枝赠李侍御／（唐）白居易．——《全唐诗》卷四百五十九。

庭槐／（唐）白居易．——清同治《忠州直隶州志》卷十二《艺文志·诗》。

桐花/（唐）白居易. ——《全唐诗》卷四百五十九。

涂山寺独游/（唐）白居易. ——清同治《巴县志》卷四下《艺文志·五言绝》。

望郡南山/（唐）白居易. ——清同治《忠州直隶州志》卷十二《艺文志·诗（七绝）》。

委顺/（唐）白居易. ——《全唐诗》卷四百四十八。

魏堤有怀/（唐）白居易. ——《全唐诗》卷四百四十八。

蚊蟆/（唐）白居易. ——清同治《忠州直隶州志》卷十二《艺文志·诗》。

闻雷/（唐）白居易. ——《全唐诗》卷四百四十八。

我身/（唐）白居易. ——《全唐诗》卷四百四十八。

卧小斋/（唐）白居易. ——《全唐诗》卷四百四十八。

西楼/（唐）白居易. ——清同治《忠州直隶州志》卷十二《艺文志·诗（五律）》。

西楼月/（唐）白居易. ——清同治《忠州直隶州志》卷十二《艺文志·诗（五律）》。

西省忆忠州东坡花树因寄题东楼/（唐）白居易. ——清同治《忠州直隶州志》卷十二《艺文志·诗（七律）》。

喜山石榴花开/（唐）白居易. ——《白氏长庆集》卷十八、《全唐诗》卷四百四十一。

戏赠户部李巡官/（唐）白居易. ——《白氏长庆集》卷十七、《全唐诗》卷四百四十。

戏赠萧处士清禅师/（唐）白居易. ——清同治《忠州直隶州志》卷十二《艺文志·诗（七绝）》。

新秋/（唐）白居易. ——《全唐诗》卷四百四十八。

行次夏口先寄李大夫/（唐）白居易. ——《全唐诗》卷四百四十八。

滟滪堆/（唐）白居易. ——《全唐诗》卷四百四十八。

野行/（唐）白居易. ——《全唐诗》卷四百四十一。

夜入瞿塘峡／（唐）白居易．——《全唐诗》卷四百四十一。

夜上瞿塘／（唐）白居易．——《全唐诗》卷四百四十八。

阴雨／（唐）白居易．——《全唐诗》卷四百六十三。

又画木莲花图寄元郎中／（唐）白居易．——清同治《忠州直隶州志》卷十二《艺文志·诗（七绝）》。

早祭风伯因怀李十一舍人／（唐）白居易．——《全唐诗》卷四百四十八。

赠康叟／（唐）白居易．——《全唐诗》卷四百四十八。

招客夜饮／（唐）白居易．——清同治《忠州直隶州志》卷十二《艺文志·诗（七绝）》。

招萧处士／（唐）白居易．——清同治《忠州直隶州志》卷十二《艺文志·诗（五绝）》。

征秋税毕题郡南亭／（唐）白居易．——《全唐诗》卷四百四十八。

种荔枝／（唐）白居易．——清同治《忠州直隶州志》卷十二《艺文志·诗（七绝）》。

种桃杏／（唐）白居易．——《全唐诗》卷四百四十八。

竹枝词四首／（唐）白居易．——《全唐诗》卷四百四十。

自江州至忠州／（唐）白居易．——《全唐诗》卷四百三十四。

醉后戏题／（唐）白居易．——《全唐诗》卷四百三十四。

闻猿／（唐）李绅．——《全唐诗》卷四百八十三。李绅（772—846），字公垂，润州无锡（今无锡市）人。

送皇甫司录赴黔南幕／（唐）顾非熊．——《彭水县志》第957页。顾非熊（？—854？），顾况之子，早有诗名，晚年登进士第，苏州人。

送皇甫司录赴黔中幕／（唐）顾非熊．——《彭水文史资料》第六辑第115页。

盛山十二景诗／（唐）韦处厚．——清咸丰《开县志》卷二十七《艺文下》。韦处厚（773—828），本名淳，避宪宗李纯讳，改处厚，字德载，京兆万年（今西安市）人，元和初举进士。

望郡南山／（唐）白行简．——《全唐诗》卷四百八十五。白行简（约

776—826），字知退，华州下邽人，白居易之弟，元和二年（807）进士，授秘书省校书郎等职，唐代文学家。

表夏十首（其一）/（唐）元稹．——《全唐诗》卷四百零二。元稹（779—831），字微之，别字威明，唐代洛阳人。

酬白乐天/（唐）元稹．——清嘉庆《达县志》卷四十六《艺文志》。

楚歌/（唐）元稹．——《全唐诗》卷三百九十九。

和乐天重题别东楼/（唐）元稹．——《全唐诗》卷三百九十九。

南昌滩/（唐）元稹．——清嘉庆《达县志》卷四十六《艺文志》。

巫山高/（唐）李贺．——《全唐诗》卷三百九十三。李贺（790—816），字长吉，祖籍陇西，生于福昌县昌谷（今河南宜阳），唐宗室郑王李亮后裔，自称皇孙、宗孙、唐诸王孙等，世称李长吉、鬼才、诗鬼、李昌谷、李奉礼，与李白、李商隐三人并称唐代"三李"。

酬李当/（唐）许浑．——《全唐诗》卷五百三十八。许浑（约791—858），字用晦，一作仲晦，祖籍安州安陆，迁润州丹阳（今属江苏），文宗大和六年（832）进士。

归长安/（唐）许浑．——《全唐诗》卷五百三十六。

送李长史归涪州/（唐）张祜．——清同治重修《涪州县志》卷十五《艺文志·古今体诗一百八十五首》。张祜（约792—853），一作张佑，字承吉，南阳（今属河南）人，唐才子，工诗，以宫词得名。

送蜀客/（唐）张祜．——《全唐诗》卷五百一十。

送杨秀才往夔州/（唐）张祜．——《全唐诗》卷五百一十。

送杨秀才游蜀/（唐）张祜．——《全唐诗》卷五百一十。

送曾黯游夔州/（唐）张祜．——《全唐诗》卷五百一十。

滟滪堆/（唐）张祜．——清光绪《奉节县志》卷三十六《艺文·诗汇》。

忆云阳宅/（唐）张祜．——《全唐诗》卷五百一十。

暮上瞿塘峡/（唐）项斯．——《全唐诗》卷五百五十四。项斯（795？—849？），字子迁，江东人，会昌四年（844）登进士第，《全唐诗》存其诗一卷。

巴江夜猿/（唐）马戴．——《全唐诗》卷五百五十五。马戴（799—

869），字虞臣，定州曲阳（今江苏省东海县）人，中晚唐诗人。

及第后送家兄还蜀／（唐）李远. ——民国《云阳县志》卷四十二《文录上·古近体诗》。李远，生卒年不详，字求（一作承），古蜀人（一说今重庆云阳人），太和进士，历忠、建、江三州刺史，终御史中丞。

陪新及第赴同年会／（唐）李远. ——民国《云阳县志》卷四十二《文录上·古近体诗》。

送人入蜀／（唐）李远. ——《全唐诗》卷五百一十九。

古柏／（唐）雍陶. ——清光绪《奉节县志》卷三十六《艺文·诗汇》。雍陶，字国钧，成都人，生卒年不详，唐文宗大和八年（834）进士。

及第后送家兄游蜀／（唐）雍陶. ——《全唐诗》卷五百一十九。

峡中行／（唐）雍陶. ——《全唐诗》卷五百一十八。

巴江柳／（唐）李商隐. ——清同治《巴县志》卷四下《艺文志·五言绝》。李商隐（812—858），字义山，号玉谿生、樊南生，祖籍怀州河内，生于河南荥阳，唐代诗人。

过楚王宫／（唐）李商隐. ——清光绪《巫山县志》卷三十二《艺文志》。

送丰都李尉／（唐）李商隐. ——清光绪《丰都县志》卷四《艺文志》。

夜雨寄北／（唐）李商隐. ——《丰都文史资料选辑》第十一辑第118页。

咏楚王宫／（唐）李商隐. ——清光绪《巫山县志》卷三十二《艺文志》。

神女庙／（唐）温廷筠. ——清光绪《巫山县志》卷三十二《艺文志》。温廷筠（812—870），原名歧，字飞卿，山西太原人，唐代诗人。

巫山高／（唐）陈陶. ——清光绪《巫山县志》卷三十二《艺文志》。陈陶（约812—885），字嵩伯，自号三教布衣，岭南（今两广一带）人，一作鄱阳（今湖南鄱阳）人，又作剑浦（今福建南平）人，好山水，唐代诗人。

神女庙二首／（唐）李群玉. ——清光绪《巫山县志》卷三十二《艺文志》。李群玉（约813—862），字文山，澧州（今澧县）人，善吹笙，工书法。

送郑京昭之云安／（唐）李群玉. ——《全唐诗》卷五百六十八。

宿神女庙二首／（唐）李群玉. ——《全唐诗》卷五百七十。

由三峡逆流而上抵云安后题横石滩／（唐）李群玉. ——《云阳县志》第

1298—1301 页。

云安/（唐）李群玉. ——《全唐诗》卷五百六十九。

嘲游使君并序/（唐）卢肇. ——《全唐诗》卷八百七十。卢肇（818—882），字子发，江西宜春人，会昌三年（843）进士。

八月上峡/（唐）李频. ——清光绪《巫山县志》卷三十二《艺文志》。李频（818—876），字德新，寿昌（今浙江省寿昌县）人，唐代诗人，唐宣宗大中八年（854）进士。

过巫山峡/（唐）李频. ——清光绪《巫山县志》卷三十二《艺文志》。

将赴黔州先寄本府中丞/（唐）李频. ——《全唐诗》卷五百八十七。

黔江罢职泛江东/（唐）李频. ——《彭水县志》第957页。

黔中酬同院韦判官/（唐）李频. ——《彭水县志》第957页。

峡客行/（唐）陆龟蒙. ——《全唐诗》卷六百二十九。陆龟蒙（？—约881），字鲁望，自号天随子、江湖散人、甫里先生等，姑苏（今苏州市）人，举进士不中，曾任湖州、苏州二郡从事，后隐居松江甫里。

寄黔南李校书/（唐）许棠. ——《全唐诗》卷六百零三。许棠（822—862?），字文化，安徽宣州泾县人，咸通十二年（871）进士。

送卢使君赴夔州/（唐）刘驾. ——《全唐诗》卷五百八十五。刘驾（822—?），字司南，江东（今长江下游）人，宣宗大中六年（851）进士。

晚春寄张侍郎/（五代梁）贯休. ——《全唐诗》卷八百三十一。贯休（823—912），俗姓姜，字德隐，婺州兰豁（今浙江兰溪）人，著名画僧、诗僧，曾往南岳隐居。

神女庙/（唐）刘沧. ——清光绪《巫山县志》卷三十二《艺文志》。刘沧，生卒年不详，字蕴灵，鲁人，大中八年（854）进士。

巫山高/（唐）于濆. ——《全唐诗》卷五百九十九、清光绪《巫山县志》卷三十二《艺文志》。于濆（832—?），字子漪，唐懿宗咸通二年（861）进士，官终泗州判官。

寄黔中王从事/（五代梁）罗隐. ——《罗昭谏集》卷三、《全唐诗》卷六百六十二。罗隐（833—910），原名横，后因屡试不第，改名为隐，字昭谏，号江东生，余杭人，唐末文学家。

巫山高／（五代梁）罗隐. ——清光绪《巫山县志》卷三十二《艺文志》。

游江夏口／（五代梁）罗隐. ——《全唐诗》卷六百六十。

望巫山／（唐）张乔. ——清光绪《巫山县志》卷三十二《艺文志》。张乔，生卒年不详，今安徽贵池人，懿宗咸通年间进士。

神女庙／（五代梁）韦庄. ——清光绪《巫山县志》卷三十二《艺文志》。韦庄（约836—约910），字端己，杜陵人，诗人。

下峡／（五代梁）韦庄. ——《石仓历代诗选》卷一百二十。

三峡闻猿／（唐）王棨. ——《麟角集·附录·省题诗》。王棨（约873年前后在世），字辅之，福清（今属福建）人，咸通三年（862）进士。

白帝城／（唐）胡曾. ——《全唐诗》卷六百四十七。胡曾，生卒年不详，唐代诗人，邵阳人，咸通年间举进士，不第。

过黄牛峡／（五代唐）张蠙. ——清光绪《巫山县志》卷三十二《艺文志》。张蠙，字象文，生于唐武宗年间，卒于前蜀后主王衍当政时期，清河或池州人，入蜀生活，晚唐五代诗人。

送人尉黔中／（唐）周繇. ——《全唐诗》卷六百三十五、《彭水县志》第957页。周繇，生卒年不详，约876年前后在世，字为宪，池州青阳（今属安徽）人，咸通十二年（871）进士，唐诗人。

巫峡／（唐）曹松. ——《全唐诗》卷七百一十七。曹松（约848—约903），字梦徵，舒州（今桐城）人，光化四年（901）进士。

猿／（唐）曹松. ——《全唐诗》卷七百一十六。

巫山高／（唐）李沇. ——清光绪《巫山县志》卷三十二《艺文志》。李沇，字东济，江夏人，生卒年不详，唐宪宗时丞相李郾之孙。

菩萨蛮／（五代梁）牛峤. ——《全唐诗》卷八百九十二。牛峤（850？—920），字松卿，一字延峰，陇西人，唐僖宗乾符五年（878）进士。

平都山／（五代唐）杜光庭. ——清光绪《丰都县志》卷四《艺文志》。杜光庭（850—933），字宾圣（一作宾至），京兆杜陵（今西安东南）人，应举不中，入天台山为道士，后隐青城山白云溪，号青城道士，自称东瀛子。

黔南李令公安宅醮词/（五代唐）杜光庭. ——《彭水县志》第929页。

题仙都观/（五代唐）杜光庭. ——清光绪《丰都县志》卷四《艺文志》。

入夔州/（五代梁）郑谷. ——《全唐诗》卷六百七十五。郑谷（约851—910），字守愚，宜春（今江西宜春）人，光启年间登进士第，官都官郎中，人称郑都官；又以《鹧鸪诗》得名，人称郑鹧鸪，唐末诗人。

峡中/（五代梁）郑谷. ——《全唐诗》卷六百七十五。

下峡/（五代梁）郑谷. ——《全唐诗》卷六百七十五。

巴山道中除夜有怀/（唐）崔涂. ——《全唐诗》卷六百七十九。崔涂（854—?），字礼山，浙江省富春江人，晚唐诗人，光启四年（888）进士。

过昭君故宅/（唐）崔涂. ——清光绪《巫山县志》卷三十二《艺文志》。

神女庙/（唐）崔涂. ——清光绪《巫山县志》卷三十二《艺文志》。

巫山旅别/（唐）崔涂. ——清光绪《巫山县志》卷三十二《艺文志》。

发邛州寄故人/（五代梁）唐求. ——民国新修《合川县志·文在二》，卷七十《诗一·补遗·补录五律》。唐求，生卒年不详，一作唐球，唐末蜀州人，主要活动于唐昭宗龙纪前后。

神女庙/（五代梁）唐求. ——清光绪《巫山县志》卷三十二《艺文志》。

题花贤观/（五代梁）唐求. ——清同治重修《涪州县志》卷十五《艺文志·古今体诗一百八十五首》。

题郑处士隐居/（五代梁）唐求. ——民国新修《合川县志·文在二》，卷七十《诗一·补遗·补录五律》。

巫山高/（五代梁）唐求. ——清光绪《巫山县志》卷三十二《艺文志》。

晓发/（五代梁）唐求. ——民国新修《合川县志·文在二》，卷七十《诗一·补遗·补录五律》。

舟行夜泊夔州/（五代梁）唐求. ——《全唐诗》卷七百二十四。

送僧上峡归东蜀/（唐）吴融. ——清同治《巴县志》卷四下《艺文志·七言绝》。吴融（?—903），字子华，越州山阴（今浙江绍兴）人，昭宗龙纪元年（889）进士。

送周秀游峡/（五代晋）释齐己. ——《全唐诗》卷八百四十一。释齐己

（864—943），俗名胡得生，潭州益阳（今湖南宁乡）人，晚年自号衡岳沙门，精研佛理，诗歌，是中晚唐与皎然、贯休齐名的三大诗僧之一。

巫山高/（五代晋）释齐己．——《全唐诗》卷十七。

巫山一段云/（唐）昭宗．——清光绪《巫山县志》卷三十二《艺文志》。唐昭宗（867—904），懿宗第七子，初名杰，后名李晔，封寿王，文德元年（888）立为皇太弟，在位十四年，工书好文。

宿巴江/（唐）栖蟾．——《全唐诗》卷八百四十八。

寄孙储/（唐）孙定．——《涪陵市志》第1364页。孙定，生卒年不详，字志元，涪州人，晚唐才子。

别李源/（唐）曹生．——《石仓历代诗选》卷一百二十三。

巴峡夜吟/（唐）巴峡鬼．——《全唐诗》卷八百六十五、清光绪《巫山县志》卷三十《古迹志·金石》。

草堂寺雪梅/（唐）何炯．——清光绪《西充县志》卷十三《艺文志·中》。

岑公洞/（唐）马冉．——《万县志》第789页。马冉，生卒年不详，唐末曾任万州刺史。

浮屠颂/（唐）间邛均．——清光绪《铜梁县志》卷十四《艺文志·四》。间邛均，生卒年不详，蜀僧。

临水亭/（唐）间邛均．——清光绪《铜梁县志》卷十四《艺文志·四》。

过黄陵庙/（唐）李于村．——清光绪《巫山县志》卷三十二《艺文志》。李于村，生卒年不详，唐代诗人。

三峡闻猿/（唐）释慕幽．——清光绪《巫山县志》卷三十二《艺文志》。释慕幽，生卒年不详，唐代诗僧，工书诗。

神女庙/（唐）繁知一．——清光绪《巫山县志》卷三十二《艺文志》。繁知一，生卒年不详，唐代蜀之巫山人（或说秭归人），秭归令。

送客之蜀/（唐）杨凌．——《全唐诗》卷二百九十。杨凌，生卒年不详，字恭履，唐代人，少以篇什著声，官终侍御史。

送远/（唐）刘媛．——《全唐诗》卷八百零一。刘媛，女诗人，生平不详。

巫山高/（唐）乔和之. ——清光绪《巫山县志》卷三十二《艺文志》。

巫峡/（唐）曾松. ——清光绪《巫山县志》卷三十二《艺文志》。

巫峡听猿/（唐）吴商浩. ——清光绪《巫山县志》卷三十二《艺文志》。吴商浩，生卒年不详，唐明州（今浙江宁波）人，举进士，不第，游蜀中、塞上。

玉光亭/（唐）青杨楷. ——清光绪《巫山县志》卷三十二《艺文志》。

竹枝六首/（唐）皇甫松. ——《全唐诗》卷八百九十一。皇甫松，一作皇甫嵩，生卒年不详，字子奇，自号檀栾子，睦州新安（今浙江淳安）人，皇甫湜之子，终身未仕，唐昭宗光化三年（900）追赐进士，花间派词人之一。

白盐山/（五代唐）刘隐辞. ——《五代诗话》卷四。刘隐辞，生卒年不详，五代前蜀时人，王建武成年间为举子，仕蜀至员外郎，后为宁江节度使（镇守夔州）掌书记。

滟滪堆/（五代唐）刘隐辞. ——《五代诗话》卷四。

答龙女诗/（五代）何光远. ——清同治重修《涪州县志》卷十五《艺文志·古今体诗一百八十五首》。何光远，生卒年不详，字辉夫，东海（今连云港）人，后蜀孟昶时官普州军事判官，文学家。

催妆诗二首/（五代）何光远. ——清同治重修《涪州县志》卷十五《艺文志·古今体诗一百八十五首》。

临江仙/（五代唐）阎选. ——清光绪《巫山县志》卷三十二《艺文志》。阎选，生卒年不详，约后唐明宗长兴中前后在世，善小调，人称阎处士。

巫山一段云/（五代唐）李珣. ——清光绪《巫山县志》卷三十二《艺文志》。李珣，生卒年不详，字德润，梓州（今四川三台）人，五代前蜀词人。

巫山一段云/（五代唐）毛文锡. ——清光绪《巫山县志》卷三十二《艺文志》。毛文锡，生卒年不详，字平珪，高阳人，随王衍降唐，又事蜀主孟昶，以工小词见长。

临江仙/（五代）牛希济. ——清光绪《巫山县志》卷三十二《艺文志》。牛希济，生卒年不详，牛峤之侄，陇西人，前蜀时任起居郎、翰林学士，后蜀时入洛。

还丹歌/（五代）尔朱先生.——清同治重修《涪州县志》卷十五《艺文志·古今体诗一百八十五首》。尔朱先生，生卒年不详，蜀人，居雅州，蜀之八仙之一。

留别光远/（五代）龙女.——清同治重修《涪州县志》卷十五《艺文志·古今体诗一百八十五首》。

赠光远/（五代）龙女.——清同治重修《涪州县志》卷十五《艺文志·古今体诗一百八十五首》。

◎宋代

归隐/（北宋）陈抟.——《潼南文史资料》第三辑第100页。陈抟（871—989），字图南，自号"扶摇子"，宋太宗赐号"希夷先生"，今重庆潼南（一说今河南鹿邑，又一说今四川资阳）人，善易学、老学和内丹学，人称"陈抟老祖"。

竹枝词二首/（北宋）孙光宪.——《全唐诗》卷七百六十二。孙光宪（约900—968），字孟文，自号葆光子，宋时陵州贵平（今仁寿）人，唐末为陵州判官，后唐时累官荆南节度副使、检校秘书少监兼御史大夫，入宋授黄州刺史，博通经史，聚书数千卷。

登戎州江楼闲望/（北宋）幸夤逊.——《全宋诗》卷一、《宋诗纪事》卷三、《宋诗纪事补遗》卷二、《后村千家诗》卷十二。幸夤逊，一作幸寅逊，生卒年不详，夔州云安（今重庆云阳）人，一作成都人，仕五代后蜀，善诗文。

雪/（北宋）幸夤逊.——《全宋诗》卷一、《宋诗纪事》卷三、《宋诗纪事补遗》卷二、《后村千家诗》卷十二。

云/（北宋）幸夤逊.——《全宋诗》卷一、《宋诗纪事》卷三、《宋诗纪事补遗》卷二、《后村千家诗》卷十二。

巴东有感/（北宋）寇准.——《寇忠愍集》卷中。寇准（961—1023），字平仲，华州下邽（今陕西渭南）人，宋太宗太平兴国五年（980）进士。

东归再经峡口／（北宋）寇准．——《寇忠愍集》卷中

南浦／（北宋）寇准．——《万县志》第790页。

峡中春感／（北宋）寇准．——《寇忠愍集》卷中。

游卧龙山／（北宋）寇准．——《全蜀艺文志》卷九。

卧龙山／（北宋）丁谓．——清光绪《奉节县志》卷三十六《艺文·诗汇》。丁谓（966—1037），字谓之、公言，北宋长洲人，太宗淳化三年（992）进士。

游温泉寺／（北宋）丁谓．——《北碚区志》第588页。

梁舍人奉使巴中／（北宋）杨亿．——《武夷新集》卷二。杨亿（974—1020），字大年，建州浦城人，淳化三年（992）进士，北宋文学家。

水帘／（北宋）虞大博．——《云阳县志》第1298—1301页。虞大博，生卒年不详，仁宗时常州人。

巴江／（北宋）王周．——《全唐诗》卷七百六十五、《石仓历代诗选》卷九十一。王周，生卒年不详，约五代末至宋初在世，明州奉化（今属浙江）人，宋大中祥符五年（1012）进士，曾官巴蜀。

泊巴东／（北宋）王周．——《全唐诗》卷七百六十五。

会唅岑山人／（北宋）王周．——清同治《巴县志》卷四下《艺文志·七言绝》。

金盘草／（北宋）王周．——清光绪《巫山县志》卷三十二《艺文志》。

夔州病中／（北宋）王周．——《全唐诗》卷七百六十五。

路次覆盆驿／（北宋）王周．——《全唐诗》卷七百六十五。

神女庙／（北宋）王周．——清光绪《巫山县志》卷三十二《艺文志》。

峡船具诗并序／（北宋）王周．——《全唐诗》卷七百六十五。

下瞿塘寄时同年／（北宋）王周．——《全唐诗》卷七百六十五。

志峡船具诗／（北宋）王周．——《全唐诗》卷七百六十五。

渔家傲·和程公辟赠别／（北宋）张先．——《安陆集》。张先（990—1078），字子野，湖州乌程（今浙江吴兴）人，北宋词人，天圣八年（1030）

进士，曾任安陆知县，因此人亦称"张安陆"，著有《安陆集》一卷。

峡山古调／（北宋）杜曾．——《全蜀艺文志》卷九。杜曾（？—1043），濮州雷泽（今鄄城东南）人，宋仁宗庆历三年（1043）以权判大理寺知曹州。

子昔游云台观谒希夷先生陈抟祠缅想其人追作此诗／（北宋）宋祁．——清光绪《铜梁县志》卷十四《艺文志·四》。宋祁（998—1061），字子京，安州安陆人，与其兄宋庠同举进士。

送洪秘丞知大宁监／（北宋）梅尧臣．——《宛陵集》卷五十七。梅尧臣（1002—1060），字圣俞，安徽宣城人，宣城古称宛陵，故世称梅宛陵，赐进士出身。

闻欧阳永叔谪夷陵／（北宋）梅尧臣．——《宛陵集》卷四。

黄牛峡祠／（北宋）欧阳修．——清光绪《巫山县志》卷三十二《艺文志》。欧阳修（1007—1072），字永叔，号醉翁，晚号六一居士，吉州永丰（今属江西）人，北宋政治家、文学家，唐宋八大家之一。

黄溪夜泊／（北宋）欧阳修．——《欧阳文忠全集》卷十。

平都山／（北宋）苏洵．——《丰都文史资料选辑》第十一辑第121—123页。苏洵（1009—1066），字明允，号老泉，眉州眉山人，通六经百家之说，嘉祐二年（1057）进士。

题白帝庙／（北宋）苏洵．——孔凡礼《三苏年谱》卷九。

仙都山鹿／（北宋）苏洵．——《丰都文史资料选辑》第十一辑第121—123页。

过云安军下岩僧舍／（北宋）赵汴．——民国《云阳县志》卷四十二《文录上·古近体诗》。赵汴，生卒年不详，生活于宋朝神宗年间，曾任越州知州。

和夔峡张宪白帝城怀古／（北宋）邵雍．——《击壤集》卷六。邵雍（1011—1077），字尧夫，谥康节，祖籍范阳（今涿县），后随父迁共城（今河南辉县），隐居苏门山百源之上，人称百源先生，北宋哲学家。

爱莲说／（北宋）周敦颐．——四库全书本《周元公集》卷二。周敦颐（1017—1073），字茂叔，道州营道（今湖南道县）人，北宋著名哲学家，理学的开山之祖，人称濂溪先生。周敦颐曾于北宋嘉祐元年至五年（1056—1061）

在今重庆合川任判官，《爱莲说》即作于合川判官任上。

冠鳌亭／（北宋）周敦颐．——民国新修《合川县志·文在二》，卷七十《诗一·绝句》。

宿崇圣院（原注：渝州温泉佛寺）／（北宋）周敦颐．——清同治《巴县志》卷四下《艺文志·五言律》。

题丰都观三首刻石观中／（北宋）周敦颐．——《周元公集》卷六，宋刻本。

铜梁山木莲花诗／（北宋）周敦颐．——民国新修《合川县志·文在二》，卷七十《诗一·律诗》。

游南峰天池／（北宋）周敦颐．——清光绪《铜梁县志》卷十四《艺文志·四》。

游大林寺／（北宋）周敦颐．——清同治《巴县志》卷四下《艺文志·五言律》。

闻周茂叔中年有嗣以诗贺之／（北宋）何平仲．——《宋诗纪事》卷二十三。何平仲，北宋合州人。

赠周茂叔／（北宋）何平仲．——《濂溪志》（八种汇编）卷八。

凝香堂／（北宋）文同．——清光绪《大宁县志》卷八《艺文志》。文同（1018—1079），字与可，号笑笑居士、笑笑先生、锦江道人，世称石室先生，梓州永泰（今四川盐亭东）人，仁宗皇祐元年（1049）进士。

子平寄惠希夷陈先生服唐福山药方／（北宋）文同．——清光绪《铜梁县志》卷十四《艺文志·四》。

自蜀江下南郡寄袁陟／（北宋）刘敞．——清光绪《巫山县志》卷三十二《艺文志》。刘敞（1019—1068），字原父，临江新喻（今新余）人，学识渊博，自佛老、卜筮、天文、医药、山经、地志，皆究知大略，北宋史学家、经学家、散文家、金石学家，人称公是先生。

巫山高／（北宋）王安石．——清光绪《巫山县志》卷三十二《艺文志》。王安石（1021—1086），字介甫，号半山，抚州临川人，世称临川先生，庆历二年（1042）进士。

巫峡/（北宋）王安石. ——《临川文集》卷三十三。

丰都观/（北宋）冯山. ——王朝谦、林惠君主编：《巴蜀古诗选解》第423页。冯山（？—1094），初名献能，字允南，普州安岳（今安岳）人，嘉祐二年（1057）进士。

瞿塘峡/（北宋）冯山. ——《安岳集》卷十并参校《两宋名贤小集》卷七十六。

题鲜于秀才所居/（北宋）冯山. ——清道光《南部县志》卷三十《艺文志》。

白帝祠一绝/（北宋）韦骧. ——《钱塘集》卷七。韦骧（1033—1105），字子骏，钱塘（今浙江杭州）人，皇祐五年（1053）进士。

制胜楼/（北宋）王延禧. ——《全蜀艺文志》卷六。王延禧，生卒年不详，字仲祥，巨野人，王禹偁孙，熙宁九年（1076）、十年，元丰元年（1078）、二年知夔州。

八阵碛/（北宋）苏轼. ——《东坡全集》卷二十七。苏轼（1037—1101），字子瞻，号东坡居士，眉州眉山（今属四川）人，仁宗嘉祐二年（1057）进士。

白帝庙/（北宋）苏轼. ——清光绪《奉节县志》卷三十六《艺文·诗汇》。

白鹿山颂诗/（北宋）苏轼. ——《丰都文史资料选辑》第八辑第46页。

出峡/（北宋）苏轼. ——《东坡全集》卷二十七。

次京师韵送表弟程懿叔赴夔州运判/（北宋）苏轼. ——《东坡全集》卷二十八。

涪州得山胡次子由韵/（北宋）苏轼. ——清同治重修《涪州县志》卷十五《艺文志·古今体诗一百八十五首》。

过木枥观/（北宋）苏轼. ——《东坡全集》卷二十八。

荆州十首/（北宋）苏轼. ——《东坡全集》卷二十八。

荔枝叹/（北宋）苏轼. ——清同治重修《涪州县志》卷十五《艺文志·古今体诗一百八十五首》。

平都山/（北宋）苏轼.——清光绪《丰都县志》卷四《艺文志》。

屈原塔/（北宋）苏轼.——清同治《忠州直隶州志》卷十二《艺文志·诗》。

入峡/（北宋）苏轼.——《东坡全集》卷二十八。

神女庙/（北宋）苏轼.——清光绪《巫山县志》卷三十二《艺文志》。

失题二首/（北宋）苏轼.——《东坡全集》卷二十八。

题平都山（二首）/（北宋）苏轼.——清光绪《丰都县志》卷四《艺文志》。

望夫台/（北宋）苏轼.——清同治《忠州直隶州志》卷十二《艺文志·诗（七律）》。

巫山/（北宋）苏轼.——《东坡全集》卷二十七。

巫山高/（北宋）苏轼.——清光绪《巫山县志》卷三十二《艺文志》。

巫山庙上下数十里有乌鸢无数取食于行舟之上舟人神之故亦不敢害/（北宋）苏轼.——《东坡全集》卷二十八。

仙都山鹿/（北宋）苏轼.——清光绪《丰都县志》卷四《艺文志》。

滟滪堆/（北宋）苏轼.——《东坡全集》卷二十七。

养生□□诀/（北宋）苏轼.——（明）龚自成《平都山志》，万历刻本。

永安宫/（北宋）苏轼.——《东坡全集》卷二十七、清光绪《奉节县志》卷三十六《艺文·诗汇》。

咏涂山之诗/（北宋）苏轼.——清同治《巴县志》卷四上《艺文志·记》。

渝州寄王道矩/（北宋）苏轼.——清同治《巴县志》卷四下《艺文志·七律》。

竹枝歌九首并引/（北宋）苏轼.——《全宋诗》卷七百八十四。

八阵碛/（北宋）苏辙.——《栾城集》卷一。苏辙（1039—1112），字子由，自号颖滨遗老，眉州眉山（今属四川）人，嘉祐二年（1057）进士。

荔枝叹/（北宋）苏辙.——《宋文鉴》卷十三。

入峡/（北宋）苏辙.——清光绪《奉节县志》卷三十六《艺文·诗汇》。

仙都山鹿/（北宋）苏辙.——《丰都文史资料选辑》第十一辑第121—123页。

山胡/（北宋）苏辙.——清同治重修《涪州县志》卷十五《艺文志·古今体诗一百八十五首》。

巫山庙/（北宋）苏辙.——《栾城集》卷一。

巫山庙乌/（北宋）苏辙.——《栾城集》卷一。

严颜碑/（北宋）苏辙.——清同治《忠州直隶州志》卷十二《艺文志·诗》。

滟滪堆/（北宋）苏辙.——《栾城集》卷一。

竹枝歌九首/（北宋）苏辙.——《全宋诗》卷八百四十九。

游仙人洞/（北宋）李宏.——清光绪《大宁县志》卷八《艺文志》。李宏（1042—1083），北宋水利工程专家，侯官（今福建福州）人，乐善好施，重兴修水利，造福人民。

次韵茂宗送别（二首）/（北宋）黄庭坚.——《彭水县志》第962页。黄庭坚（1045—1105），即黄山谷，字鲁直，号山谷道人、涪翁，分宁（今江西修水）人，治平年间进士，北宋诗人、书法家，曾被贬于今重庆彭水为官。

次韵杨明淑（二首）/（北宋）黄庭坚.——《彭水县志》第963页。

定风波·次高左藏使君韵/（北宋）黄庭坚.——《山谷词》。

鼓笛慢·黔守曹伯达供备生日/（北宋）黄庭坚.——《彭水县志》第963页。

和答孙不愚见赠/（北宋）黄庭坚.——民国《云阳县志》卷四十二《文录上·古近体诗》。

和答元明黔南赠别/（北宋）黄庭坚.——《万有文库第一集一千种黄山谷诗》第84页。

画堂春/（北宋）黄庭坚.——《彭水文史资料》第六辑第118页。

减字木兰花/（北宋）黄庭坚.——《山谷词》。

减字木兰花·次韵赵文仪/（北宋）黄庭坚.——《山谷词》。

减字木兰花·巫山县追怀老杜/（北宋）黄庭坚.——《山谷词》。

减字木兰花·襄王梦里/（北宋）黄庭坚. ——《山谷词》。

路入云安绝顶西/（北宋）黄庭坚. ——《云阳县志》第1298—1301页。

绿阴轩/（北宋）黄庭坚. ——《彭水文史资料》第六辑第119页。

梦李白诵竹枝词三叠/（北宋）黄庭坚. ——《山谷内集诗注》卷十二、《全宋诗》卷九百九十。

木兰花令/（北宋）黄庭坚. ——《山谷词》。

南歌子/（北宋）黄庭坚. ——《山谷词》。

阮郎归·茶/（北宋）黄庭坚. ——《山谷词》。

送曹黔南口/（北宋）黄庭坚. ——《彭水县志》第962页。

送黔南贾使君/（北宋）黄庭坚. ——《彭水县志》第963页。

踏莎行·茶/（北宋）黄庭坚. ——《山谷词》。

下岩二首并序/（北宋）黄庭坚. ——民国《云阳县志》卷四十二《文录上·古近体诗》。

夜雨达旦戏赠小诗二首/（北宋）黄庭坚. ——《山谷内集诗注》卷十四、《万县志》第790页。

忆帝京·黔守张倅生日/（北宋）黄庭坚. ——《彭水县志》第963页。

予既作竹枝词夜宿歌罗驿梦李白相见于山间曰予往谪夜郎于此闻杜鹃作竹枝词三叠世传之不予细忆集中无有请三诵乃得之/（北宋）黄庭坚. ——《山谷集》卷五。

谪居黔南（十首）/（北宋）黄庭坚. ——《彭水县志》第962页。

竹枝词二首/（北宋）黄庭坚. ——《全宋诗》卷九百九十、卷一千零二十二。

竹枝词一首/（北宋）黄庭坚. ——《全宋诗》卷一千四百四十四。

醉蓬莱/（北宋）黄庭坚. ——《彭水县志》第963页。

春社出郊/（北宋）李公麟. ——《璧山文史》第十一辑第4页。李公麟，生卒年不详，字伯时，号龙眠居士，舒州（今安徽舒城）人，宋神宗熙宁三年（1070）进士。

题龙门山佛岩/（北宋）米芾. ——清光绪《铜梁县志》卷十四《艺文志

·四》。米芾（1051—1107），初名黻，字元章，号襄阳漫士，又号鹿门居士、无碍居士、海岳外史，襄阳人，北宋书画家。

远景堂次韵二首／（北宋）杨皓．——民国《潼南县志》卷六《艺文志下·二诗》。杨皓，生卒年不详，字明叔，眉州丹棱人，官于黔中、彭水，是黄庭坚、米芾的朋友。

别夔州众官／（北宋）李复．——《潏水集》卷十六。李复，约生活于1093年前后，字履中，号潏水先生，原籍开封祥符，神宗元丰年间进士。

答夔州旧僚被召见寄／（北宋）李复．——《潏水集》卷十四。

大江／（北宋）李复．——《潏水集》卷十四。

登夔州城楼／（北宋）李复．——《潏水集》卷十四。

赋杜子美刘梦得遗事／（北宋）李复．——《潏水集》卷十五。

夔州旱／（北宋）李复．——《潏水集》卷十一。

夔州制胜楼／（北宋）李复．——《潏水集》卷十四。

题武侯庙二首／（北宋）李复．——《潏水集》卷十四。

送外舅郭大夫夔路提刑／（北宋）陈师道．——《后山集》卷四。陈师道（1053—1101），字履常，一字无己，别号后山居士，彭城（今江苏徐州市）人，受业于曾巩，北宋诗人，为苏门六君子之一。

白帝城／（北宋）宋肇．——清光绪《奉节县志》卷三十六《艺文·诗汇》。宋肇，生卒年不详，字桥宗或楸宗，哲宗元祐九年（1094）充夔州路转运判官。

杜鹃／（北宋）宋肇．——《全蜀艺文志》卷十九。

夔冬暖雪不到地唯山高处尽白它皆霈雨而已／（北宋）宋肇．——《全蜀艺文志》卷十七。

三峡堂二首／（北宋）宋肇．——《全蜀艺文志》卷十三。

峡口／（北宋）宋肇．——清光绪《奉节县志》卷三十六《艺文·诗汇》。

下岩四首／（北宋）宋肇．——民国《云阳县志》卷四十二《文录上·古近体诗》。

江上逢曹适道／（北宋）崔子方．——《宋诗纪事》卷四十一。崔子方，生卒年不详，字彦直、伯直，号西畴居士，今重庆涪陵人。

程高承议赴夔路转运判官求诗／（北宋）李廌．——《济南集》卷四。李廌（1059—1109），字方叔，号太华逸民，祖先由郓州迁华州，遂为华州（今陕西华县）人。

游峰灵观／（北宋）岑象求．——清光绪《大宁县志》卷八《艺文志》。岑象求，四川梓州人，进士，历神宗、哲宗、徽宗三朝，以宝文阁待制致仕。

神女庙／（北宋）唐耜．——清光绪《巫山县志》卷三十二《艺文志》。唐耜，生卒年不详，北宋末人，太常博士，知邛州郡。

题西山临江亭／（北宋）张俞．——《万县志》第790页。张俞，生卒年不详，字少愚，又字才叔，益州郫（今四川郫县）人，屡考进士不中，曾被推荐入朝做官，未应召，隐居青城山白云溪，自号白云先生，北宋文学家。

谒白帝庙／（北宋）张俞．——《全蜀艺文志》卷十一。

宿温泉佛寺／（北宋）彭应求．——《巴蜀古诗选解》第368页。彭应求，生卒年不详，江西庐陵（今江西吉安）人，官至推官，曾任职合州（今重庆合川）。

峡底渊流泽益深／（北宋）陈似．——《云阳县志》第1287页。陈似，生卒年不详，曾任云安县刑曹。

与秦少章题汉江远帆（四）／（南宋）晁冲之．——《宋诗钞》卷三十二。晁冲之（1072—1127），字用道，改字叔用，济州巨野（今属山东）人，晁家世居澶州清丰（今河南濮阳），北宋词人，不乐仕进，毕生没有功名，因党祸牵连，隐居具茨山（今新郑西），自号具茨先生，后参加抗金战争，兵败病死于宁陵（今属河南）。

诗一首／（南宋）释显嵩．——清嘉庆《四川通志》卷一百六十七。释显嵩（？—1137），俗姓李，今重庆铜梁人，宋绍兴年间僧人，后返川住巴州（今巴中）宣密院。

北崖／（南宋）王庶．——清同治重修《涪州县志》卷十五《艺文志·古今体诗一百八十五首》。王庶（？—1142），字子尚，自号当叟，庆阳（今甘肃庆阳市）人，崇宁年间进士。

合川道中／（南宋）喻汝砺. ——民国新修《合川县志·文在二》，卷七十《诗一·补遗·补录五律》。喻汝砺（？—1143），字迪儒，仁寿人，北宋崇宁五年（1106）赐学究出身，知阆中县。

云安下岩次涪翁四首／（南宋）喻汝砺. ——民国《云阳县志》卷四十二《文录上·古近体诗》。

露香亭／（南宋）王灼. ——民国《潼南县志》卷六《艺文志下·二诗》。王灼（约1081—1160），字晦叔，号颐堂，今四川遂宁人。

题荣首座巴东三峡图／（南宋）王灼. ——《王灼集校辑》第一一四页。

泊云安下十八凤骤雨作柏梁体一篇／（南宋）邵博. ——民国《云阳县志》卷四十二《文录上·古近体诗》。邵博（？—1158），字公济，号西山，洛阳人。

云安下偶成／（南宋）邵博. ——民国《云阳县志》卷四十二《文录上·古近体诗》。

读涪翁黔南诗作／（南宋）周紫芝. ——《太仓稊米集》卷六。周紫芝（1082—1155），字少隐，自号竹坡居士，宣城（今安徽宣城）人，宋绍兴年间进士。

挽黄忠文公（二首）／（南宋）家诚之. ——《宋诗纪事补遗》卷三十四。家诚之，生卒年不详，字宜父，宋大观进士，籍贯重庆（或说四川眉山）。

出峡题舟中／（南宋）郑刚中. ——《北山集》卷二十三。郑刚中（1088—1154），字亨仲，号北山，婺州金华（今浙江金华市）人，宋高宗绍兴二年（1132）进士。

送何元英出峡三绝／（南宋）郑刚中. ——《北山集》卷二十三。

忠州丰都观乃阴长生之地山最高处栏槛围一古井谓是真人丹成乘云仙去之遗迹道士云时有云气出井中过而赋之／（南宋）郑刚中. ——《北山集》卷二十三。

按部下至下岩命男明复同赋／（南宋）郭印. ——民国《云阳县志》卷四十二《文录上·古近体诗》。郭印（1090—1165），字信可，号亦乐居士，成都人，北宋徽宗政和五年（1115）进士，曾任今重庆铜梁等地县令，一生主要活动在巴蜀大地。

八阵台／（南宋）郭印．——《云溪集》卷十一。

次韵曾端伯早春即事五首／（南宋）郭印．——《云溪集》卷十二。

夔州／（南宋）郭印．——《全蜀艺文志》卷十六。

夔州元宵和曾端伯韵四首／（南宋）郭印．——《云溪集》卷十二。

留云安驿（二首）／（南宋）郭印．——民国《云阳县志》卷四十二《文录上·古近体诗》。

秋日即事八首／（南宋）郭印．——《云溪集》卷十二。

上郑漕二首／（南宋）郭印．——《云溪集》卷十。

送戴子厚赴张夔州之辟／（南宋）郭印．——《云溪集》卷十。

送韩美成都大赴夔帅／（南宋）郭印．——《云溪集》卷一。

送张道从上行起复帅夔二首／（南宋）郭印．——《云溪集》卷十。

晚望江南／（南宋）郭印．——《云溪集》卷八。

下岩／（南宋）郭印．——民国《云阳县志》卷四十二《文录上·古近体诗》。

宪司后园葺旧亭榜以明秀元少监有诗次韵／（南宋）郭印．——《云溪集》卷十。

游丰都观二首／（南宋）郭印．——《云溪集》卷九。

又次曾端伯春日韵四首／（南宋）郭印．——《云溪集》卷十二。

张都统怀古四首／（南宋）郭印．——《云溪集》卷十二。

再和四首（四）／（南宋）郭印．——《云溪集》卷十。

再用前韵四首／（南宋）郭印．——《云溪集》卷八。

绍兴丁巳二月同晏元老冯应礼罗君瑞游龙多山访飞仙遗迹／（南宋）何麒．——民国《潼南县志》卷六《艺文志下·二诗》。何麒，生卒年不详，字子应，宋绍兴年间长安人。

登白帝城／（南宋）张嵲．——《紫微集》卷七。张嵲（1096—1148），字巨山，南宋襄阳（今湖北襄阳）人。

过屈平昭君故宅／（南宋）张嵲．——《紫微集》卷五。

入瞿塘峡/（南宋）张嵲. ——《紫微集》卷六。

入峡/（南宋）张嵲. ——《紫微集》卷四。

望瞿塘峡/（南宋）张嵲. ——《紫微集》卷六。

题涪陵郡/（南宋）宋翰. ——《全宋诗》卷一七八八。宋翰，生卒年不详，南昌（今江西南昌）人，徽宗宣和三年（1121）进士。

三峡流泉歌/（南宋）曹勋. ——《松隐集》卷二。曹勋（1098—1174），字公显，号松隐，颍昌阳翟（今河南禹县）人，北宋宣和五年（1123）进士。

续巴东三峡歌/（南宋）曹勋. ——《松隐集》卷二。

跋会景堂记/（南宋）冯时行. ——民国《巴县志》卷三《古迹》。冯时行（1100—1163），字当可，号缙云，重庆北碚（一说重庆璧山）人。

白云安尉出戍至夔州/（南宋）冯时行. ——《缙云文集》卷三。

策师南游过三峡见予求施以诗会余忧悲苦恼无意赋咏姑借梅为喻送行则无一字不着题此本分事不妨大亲切也策将安取绍兴十四年十二月一日/（南宋）冯时行. ——《缙云文集》卷一。

岑公岩/（南宋）冯时行. ——清同治《璧山县志》卷十《艺文志·诗·五言律》。

出郊题瀼东人家屋壁/（南宋）冯时行. ——清同治《璧山县志》卷十《艺文志·诗·六言绝句》。

峨眉光明岩/（南宋）冯时行. ——清同治《璧山县志》卷十《艺文志·诗·五言律》。

冯当可留题龙多山诗（三绝）/（南宋）冯时行. ——民国新修《合川县志》第17册《掌录十九》，卷三十六《金石》。

伏虎寺/（南宋）冯时行. ——清同治《璧山县志》卷十《艺文志·诗·五言律》。

涪州北岩/（南宋）冯时行. ——《缙云文集》卷三。

甘宁庙/（南宋）冯时行. ——清同治《璧山县志》卷十《艺文志·诗·五言诗》。

观音寺/（南宋）冯时行. ——清同治《璧山县志》卷十《艺文志·诗·

五言律》。

过文氏庄留五言律诗以识其事/（南宋）冯当可.——民国《潼南县志》卷六《艺文志下·二诗》。

见张魏公二首/（南宋）冯时行.——《缙云文集》卷三。

缙云寺/（南宋）冯时行.——《缙云文集》卷三。

就得胜寨遣入巫山买酒/（南宋）冯时行.——《缙云文集》卷三。

夔帅范太尉生日/（南宋）冯时行.——《缙云文集》卷三。

夔州抚属陈行之座上作/（南宋）冯时行.——《缙云文集》卷三。

梅林分韵得梅字/（南宋）冯时行.——清同治《璧山县志》卷十《艺文志·诗·七言古》。

牛心寺/（南宋）冯时行.——清同治《璧山县志》卷十《艺文志·诗·五言律》。

青玉案·和贺方回青玉案寄果山诸公/（南宋）冯时行.——《缙云文集》卷三。

双飞桥/（南宋）冯时行.——清同治《璧山县志》卷十《艺文志·诗·五言诗》。

思归/（南宋）冯时行.——民国《巴县志》卷二十三《文征》。

送张卿赴西路宪/（南宋）冯时行.——《缙云文集》卷三。

题缙云山/（南宋）冯时行.——《巴蜀古诗选解》第369页。

题友人南北江山图/（南宋）冯时行.——民国《巴县志》卷二十三《文征》。

温泉寺/（南宋）冯时行.——清同治《璧山县志》卷十《艺文志·诗·七言律》。

下岩/（南宋）冯时行.——民国《云阳县志》卷四十二《文录上·古近体诗》。

谢友人惠酒/（南宋）冯时行.——民国《巴县志》卷二十三《文征》。

信相院水亭/（南宋）冯时行.——清同治《璧山县志》卷十《艺文志·诗·七言古》。

遗夔门故旧／（南宋）冯时行．——《缙云文集》卷一。

寓兴／（南宋）冯时行．——民国《巴县志》卷二十三《文征》。

云安下岩二首／（南宋）冯时行．——民国《云阳县志》卷四十二《文录上·古近体诗》。

赠何信叔长卿诗／（南宋）冯时行．——民国新修《合川县志·文在二》，卷七十《诗一·律诗》。

赠李西台／（南宋）冯时行．——民国《巴县志》卷二十三《文征》。

张明远自持其所居萃阳亭记来求诗为赋三篇／（南宋）冯时行．——民国《巴县志》卷二十三《文征》。

自云安尉出戍至夔州／（南宋）冯时行．——民国《云阳县志》卷四十二《文录上·古近体诗》。

次伯高弟韵／（南宋）阳景春．——《宋诗纪事补遗》卷五十二。阳景春，生卒年不详，字伯夔，乾道时合州（今重庆合川）人。

宗骥周晬陈物试之惟取墨／（南宋）阳景春．——《宋诗纪事补遗》卷五十二。

白帝城／（南宋）曾慥．——《全蜀艺文志》卷六。曾慥（？—1155或1164），字端伯，号至游子，晋江（今福建泉州）人，南宋道教学者、诗人。

到夔州／（南宋）曾慥．——《全蜀艺文志》卷九。

巫山／（南宋）曾慥．——清光绪《巫山县志》卷三十二《艺文志》。

八阵图／（南宋）张表臣．——《珊瑚钩诗话》卷二。张表臣，生卒年不详，字正民，单州单父县人。

滩石八阵图／（南宋）王刚中．——清光绪《奉节县志》卷三十六《艺文·诗汇》。王刚中（1103—1165），字时亨，绍兴进士，饶州乐平人，曾官成都府、四川制置使。

次十二峰韵／（南宋）毋邱恪．——清光绪《巫山县志》卷三十二《艺文志》。毋邱恪，生卒年不详，字厚卿，绍兴年间进士。

东坡／（南宋）樊汉炳．——清同治《忠州直隶州志》卷十二《艺文志·诗（七绝）》。樊汉炳，生卒年不详，宋代绍兴进士。

奉和冯使君诗/（南宋）樊汉炳. ——民国新修《合川县志·文在二》，卷七十《诗一·绝句》。

题白帝庙并序/（南宋）元勋. ——《全蜀艺文志》卷十一。元勋，生卒年不详，字不伐，河南阳翟（今禹县）人，自称京兆人。

峡中铁柱/（南宋）元勋. ——《三峡通志》卷二、清光绪《奉节县志》卷三十六《艺文·诗汇》。

送范志能制置/（南宋）李石. ——《方舟集》卷一。李石（1108—1181），字知几，号方舟子，资州人，著有《方舟集》。

次韵孙决□尉/（南宋）李石. ——《方舟集》卷五。

到夔门呈王侍制/（南宋）李石. ——《宋诗纪事》卷五十四。

瞿塘峡/（南宋）李石. ——《全蜀艺文志》卷九。

峡中/（南宋）李石. ——《全蜀艺文志》卷九。

谒武侯庙/（南宋）李石. ——《方舟集》卷五。

与程端卿相另峡中共系船瀼东留一日/（南宋）李石. ——《方舟集》卷三。

再以韵谢吴美仲和篇茶樽之贶/（南宋）李石. ——《方舟集》卷五。

八月十二日雨/（南宋）王十朋. ——《梅溪后集》卷十三。王十朋（1112—1171），字龟龄，号梅溪，乐清四都左原（今浙江省乐清市）人，南宋绍兴二十七年（1157）中进士，孝宗时曾知夔州。

八阵图/（南宋）王十朋. ——清光绪《奉节县志》卷三十六《艺文·诗汇》。

巴东之西近江有夫子洞亦曰圣洞巫山县有孔子泉说者谓旱而祈则应泉旁之民虽童子皆能书夫子胡为洞于此且有泉耶诗以辨之/（南宋）王十朋. ——《梅溪后集》卷十一。

白云楼赴周漕饭追念行可/（南宋）王十朋. ——《梅溪后集》卷十四。

柏架/（南宋）王十朋. ——《梅溪后集》卷十四。

别夔州三绝/（南宋）王十朋. ——《梅溪后集》卷十四。

别同官/（南宋）王十朋. ——《梅溪后集》卷十四。

丙戌冬十月阎惠夫梁子绍得郡还蜀联舟过访予于郡斋修同年之好也因观太上皇帝亲擢御札及馆阁题名感叹良久辄成恶诗一章以纪陈迹且志吾侪会合之异/（南宋）王十朋.——《梅溪后集》卷十三。

采菊图/（南宋）王十朋.——《梅溪后集》卷十三。

漕台赏荷花因诵昌黎太华峰头玉井莲句遂用其韵呈行可/（南宋）王十朋.——《梅溪后集》卷十三。

查漕元章生日/（南宋）王十朋.——《梅溪后集》卷十二。

呈同官/（南宋）王十朋.——《梅溪后集》卷十二。

齿落用昌黎韵/（南宋）王十朋.——《梅溪后集》卷十二。

酬行可惠白酒/（南宋）王十朋.——《梅溪后集》卷十二。

出郊送虞参政因游竹亭小饮与者九人/（南宋）王十朋.——《梅溪后集》卷十二。

初到夔州/（南宋）王十朋.——《梅溪后集》卷十一。

初入巫山界登罗护关云雾晦暝默祷之因成一绝/（南宋）王十朋.——《梅溪后集》卷十一。

除日/（南宋）王十朋.——《梅溪后集》卷十四。

春雪/（南宋）王十朋.——《梅溪后集》卷十四。

次韵林江州题高远亭/（南宋）王十朋.——《梅溪后集》卷十四。

次韵韶美失舟闵书/（南宋）王十朋.——《梅溪后集》卷十二。

次韵喻叔奇松竹图/（南宋）王十朋.——《梅溪后集》卷十四。

次韵元章留别/（南宋）王十朋.——《梅溪后集》卷十二。

悼巫山赵宰/（南宋）王十朋.——《梅溪后集》卷十五。

登古峰岭望夔州/（南宋）王十朋.——《梅溪后集》卷十五。

登诗史堂观少陵画像/（南宋）王十朋.——《梅溪后集》卷十二。

登燕子坡前有一岩在江之旁如天台赤城名鸟飞岩/（南宋）王十朋.——《梅溪后集》卷十一。

登真武山/（南宋）王十朋.——《梅溪后集》卷十二。

登制胜楼/（南宋）王十朋.——《梅溪后集》卷十四。

东屯溪山之胜似吾家左原/（南宋）王十朋. ——《梅溪后集》卷十五。

杜殿院挽词/（南宋）王十朋. ——《梅溪后集》卷十三。

杜甫宅/（南宋）王十朋. ——清光绪《奉节县志》卷三十六《艺文·诗汇》。

杜工部祠二首/（南宋）王十朋. ——清光绪《奉节县志》卷三十六《艺文·诗汇》。

二月朔日诣学讲堂前杏花正开呈教授/（南宋）王十朋. ——《梅溪后集》卷十四。

分韵得炎字/（南宋）王十朋. ——《梅溪后集》卷十四。

伏日怀番阳同僚/（南宋）王十朋. ——《梅溪后集》卷十二。

伏日与同官小饮瑞白堂观跳珠分韵赋诗/（南宋）王十朋. ——《梅溪后集》卷十二。

伏日与同僚游三友亭/（南宋）王十朋. ——《梅溪后集》卷十四。

甘露降于宅堂竹间凡半月三经雨乃止州宅有甘露堂昔周侍郎为郡露降焉易见山堂以名之予无善政惧其为灾记以二绝/（南宋）王十朋. ——《梅溪后集》卷十二。

甘露堂前有杏花一株在修竹之外殊有风味用昌黎韵/（南宋）王十朋. ——《梅溪后集》卷十四。

给水/（南宋）王十朋. ——清光绪《奉节县志》卷三十六《艺文·诗汇》。

古峰驿小饮/（南宋）王十朋. ——《梅溪后集》卷十五。

谷日立春/（南宋）王十朋. ——《梅溪后集》卷十四。

过大拽/（南宋）王十朋. ——《梅溪后集》卷十五。

过风口望巫峡岩嶂如雁山祥云峰经行峡烟霞障/（南宋）王十朋. ——《梅溪后集》卷十一。

过客谈梁彭州之政不容口闻为虚额所困欲引去予愿其少留以福千里辄寄恶诗/（南宋）王十朋. ——《梅溪后集》卷十四。

和喻叔奇宿大木寺/（南宋）王十朋. ——《梅溪后集》卷十二。

怀二叔/（南宋）王十朋. ——《梅溪后集》卷十四。

怀番阳/（南宋）王十朋. ——《梅溪后集》卷十二。

黄牛庙/（南宋）王十朋. ——《梅溪后集》卷十五。

惠夫子绍二年怀章过夔宗英赵若拙联舟西上赋诗二首记吾三人会合之异次韵仍简二同年/（南宋）王十朋. ——《梅溪后集》卷十三。

会同僚于郡斋煮惠山泉烹建溪茶酌瞿塘春/（南宋）王十朋. ——《梅溪后集》卷十三。

寄夔州张君玉抚干/（南宋）王十朋. ——《梅溪后集》卷十六。

寄刘侍郎韶美/（南宋）王十朋. ——《梅溪后集》卷十二。

寄书与二叔二弟/（南宋）王十朋. ——《梅溪后集》卷十二。

寄巫山图与林致一喻叔奇/（南宋）王十朋. ——《梅溪后集》卷十四。

寄阎普州/（南宋）王十朋. ——《梅溪后集》卷十三。

寄赵果州/（南宋）王十朋. ——《梅溪后集》卷十三。

嘉叟和黯字诗再用前韵以寄/（南宋）王十朋. ——《梅溪后集》卷十二。

江陵舟中作/（南宋）王十朋. ——《梅溪后集》卷十五。

江月亭二绝/（南宋）王十朋. ——《梅溪后集》卷十二。

静晖楼前有荔枝一株木老矣犹未生予去其枯枝今岁遂生一二百颗至六月方熟/（南宋）王十朋. ——《梅溪后集》卷十二。

九日登卧龙山呈同官/（南宋）王十朋. ——《梅溪后集》卷十三。

郡圃无海棠买数根植之/（南宋）王十朋. ——《梅溪后集》卷十四。

哭纯老/（南宋）王十朋. ——《梅溪后集》卷十四。

夔路十贤及续访得七人/（南宋）王十朋. ——《梅溪后集》卷十四。

夔砚/（南宋）王十朋. ——《梅溪后集》卷十四。

夔州祀社稷于州之西五里地不盈亩坛宇庳陋垣墙颓圮非所以崇明祀也买地易路筑屋增坛命同僚董其事不逾月告成二月戊子祀事即毕以记之/（南宋）王十朋. ——《梅溪后集》卷十二。

腊日与同官小集八阵台观武侯新祠/（南宋）王十朋. ——《梅溪后集》卷十四。

蜡梅/（南宋）王十朋. ——《梅溪后集》卷十三。

雷声/（南宋）王十朋. ——《梅溪后集》卷十四。

立春/（南宋）王十朋. ——《梅溪后集》卷十二。

立秋/（南宋）王十朋. ——《梅溪后集》卷十二。

连日鹊喜东归之祥也诗寄二弟/（南宋）王十朋. ——《梅溪后集》卷十四。

连日至瞿塘谒白帝祠登越公三峡堂徘徊览古共成十二绝/（南宋）王十朋. ——《梅溪后集》卷十三。

梁彭州归道溯流入峡以二诗见寄因次其韵脚/（南宋）王十朋. ——《梅溪后集》卷十三。

梁彭州与客登卧龙山送酒二尊/（南宋）王十朋. ——《梅溪后集》卷十三。

刘韶美至巫山寄诗因次其韵/（南宋）王十朋. ——《梅溪后集》卷十二。

六月一日/（南宋）王十朋. ——《梅溪后集》卷十四。

芦花/（南宋）王十朋. ——《梅溪后集》卷十一。

买山/（南宋）王十朋. ——《梅溪后集》卷十二。

梅雪/（南宋）王十朋. ——《梅溪后集》卷十四。

梦观八阵图/（南宋）王十朋. ——《梅溪后集》卷十。

梦觉偶成/（南宋）王十朋. ——《梅溪后集》卷十三。

某二年于夔窃食而已无德于民尤无功于学校泮宫诸生相与肖其象而祠之意固厚矣然非所宜得呈苏校授/（南宋）王十朋. ——《梅溪后集》卷十四。

纳凉/（南宋）王十朋. ——《梅溪后集》卷十二。

盘古庙/（南宋）王十朋. ——《梅溪后集》卷十三。

泮宫杏花乃阁紫薇为教官时所殖复用前韵/（南宋）王十朋. ——《梅溪后集》卷十四。

葡萄/（南宋）王十朋. ——《梅溪后集》卷十三。

七夕/（南宋）王十朋. ——《梅溪后集》卷十二。

七夕呈同官/（南宋）王十朋. ——《梅溪后集》卷十四。

七月十七日离夔州是夜宿瞿塘/（南宋）王十朋. ——《梅溪后集》卷十五。

人日游碛/（南宋）王十朋. ——《梅溪后集》卷十四。

三友堂阁梁二同年过夔把酒论文于小书室即别因目之曰三友/（南宋）王十朋. ——《梅溪后集》卷十三。

上元山中百姓出游作三章谕之/（南宋）王十朋. ——《梅溪后集》卷十二。

韶美归舟过夔留半月语离作恶诗二章以送/（南宋）王十朋. ——《梅溪后集》卷十二。

韶美至云安寄二首再用诗字韵以寄出/（南宋）王十朋. ——《梅溪后集》卷十二。

神女庙/（南宋）王十朋. ——《梅溪后集》卷十五。

生日/（南宋）王十朋. ——《梅溪后集》卷十三。

诗史堂荔枝歌/（南宋）王十朋. ——《梅溪后集》卷十四。

诗史堂荔枝晚熟过而佳预约同官共赏偶成参差摘实分饷因诵庐陵先生诗云人生此事尚难必欲功名书鼎彝复用前韵以歌之/（南宋）王十朋. ——《梅溪后集》卷十四。

十八坊诗/（南宋）王十朋. ——《梅溪后集》卷十三。

十八日迓虞参政于西城竹亭去岁亦以此日送之/（南宋）王十朋. ——《梅溪后集》卷十四。

十日买黄菊二株/（南宋）王十朋. ——《梅溪后集》卷十三。

十四日登真武山/（南宋）王十朋. ——《梅溪后集》卷十四。

十贤堂栽竹/（南宋）王十朋. ——《梅溪后集》卷十四。

十月九日雪/（南宋）王十朋. ——《梅溪后集》卷十三。

石门/（南宋）王十朋. ——《梅溪后集》卷十五。

石渔翁/（南宋）王十朋. ——《梅溪后集》卷十五。

拾荔枝核欲种之戏成一首/（南宋）王十朋. ——《梅溪后集》卷十四。

食柑/（南宋）王十朋. ——《梅溪后集》卷十三。

食荔枝/（南宋）王十朋. ——《梅溪后集》卷十四。

食笋/（南宋）王十朋. ——《梅溪后集》卷十四。

食薏苡粥/（南宋）王十朋. ——《梅溪后集》卷十四。

双鹊/（南宋）王十朋. ——《梅溪后集》卷十四。

送参议吴郎中/（南宋）王十朋. ——《梅溪后集》卷十二。

送大宁监张椿往摄秭归郡/（南宋）王十朋. ——清光绪《大宁县志》卷八《艺文志》。

送何希深舍人赴召/（南宋）王十朋. ——《梅溪后集》卷十三。

送如上人/（南宋）王十朋. ——《梅溪后集》卷十三。

送宋山甫知县/（南宋）王十朋. ——《梅溪后集》卷十四。

送王抚干行甫/（南宋）王十朋. ——《梅溪后集》卷十四。

送喻令/（南宋）王十朋. ——《梅溪后集》卷十三。

送元章改漕成都/（南宋）王十朋. ——《梅溪后集》卷十二。

题卧龙山观音泉呈行可元章/（南宋）王十朋. ——《梅溪后集》卷十二。

题无隐斋/（南宋）王十朋. ——《梅溪后集》卷十三。

题无隐斋寄交代张真父舍人/（南宋）王十朋. ——《梅溪后集》卷十三。

题诸葛武侯祠/（南宋）王十朋. ——《梅溪后集》卷十二。

同僚和诗复用前韵/（南宋）王十朋. ——《梅溪后集》卷十三。

同行可元章报恩寺行香登佛牙楼望胜已山/（南宋）王十朋. ——《梅溪后集》卷十二。

秃笔/（南宋）王十朋. ——《梅溪后集》卷十四。

王抚干赠苏黄真迹酬以建茶/（南宋）王十朋. ——《梅溪后集》卷十四。

王嘉叟和读楚东诗复用前韵以寄/（南宋）王十朋. ——《梅溪后集》卷十二。

望洞庭/（南宋）王十朋. ——《梅溪后集》卷十五。

闻得吴兴/（南宋）王十朋. ——《梅溪后集》卷十四。

闻诗得男名夔/（南宋）王十朋. ——清光绪《巫山县志》卷三十二《艺文志》。

卧龙山有武侯新祠再用前韵/（南宋）王十朋. ——《梅溪后集》卷十二。

巫峡/（南宋）王十朋. ——《梅溪后集》卷十五。

五月四日与同僚南楼观竞渡因成小诗四首明日同行可元章登楼又成五首/（南宋）王十朋. ——《梅溪后集》卷十二。

雾开复成一绝/（南宋）王十朋. ——《梅溪后集》卷十一。

行可骨月自西州来用门字韵赞喜/（南宋）王十朋. ——《梅溪后集》卷十二。

行可和诗再用前韵/（南宋）王十朋. ——《梅溪后集》卷十二。

行可生日/（南宋）王十朋. ——《梅溪后集》卷十二。

行可元章再赋二诗依韵以酬前篇寓二后篇寓三/（南宋）王十朋. ——《梅溪后集》卷十二。

行可再和因思前日与韶美同饮计台临池摘实复用前韵/（南宋）王十朋. ——《梅溪后集》卷十二。

行可再和用其韵以酬/（南宋）王十朋. ——《梅溪后集》卷十二。

修垒/（南宋）王十朋. ——《梅溪后集》卷十二。

阎普州赵果州中唱和以巨轴见寄酬以二首/（南宋）王十朋. ——《梅溪后集》卷十三。

燕子坡/（南宋）王十朋. ——《梅溪后集》卷十五。

夜与韶美饮酒瑞白堂秉烛观跳珠分韵得跳字/（南宋）王十朋. ——《梅溪后集》卷十二。

谒清烈庙登独醒亭/（南宋）王十朋. ——《梅溪后集》卷十五。

仪凤得珠字/（南宋）王十朋. ——《梅溪后集》卷十二。

义正祠/（南宋）王十朋. ——清光绪《奉节县志》卷三十六《艺文·诗汇》。

用读楚东集韵寄元章/（南宋）王十朋. ——《梅溪后集》卷十二。

游卧龙山呈行可元章/（南宋）王十朋. ——《梅溪后集》卷十二。

又酬元章/（南宋）王十朋. ——《梅溪后集》卷十二。

又答行可/（南宋）王十朋. ——《梅溪后集》卷十二。

又一绝/（南宋）王十朋. ——《梅溪后集》卷十三。

又用行可韵/（南宋）王十朋. ——《梅溪后集》卷十二。

又用韵呈行可/（南宋）王十朋. ——《梅溪后集》卷十二。

幼女生日/（南宋）王十朋. ——《梅溪后集》卷十四。

予雪诗云不来平地只山巅朱钤干和云不能下乞俗人怜志在洁己陈知录云只可在山如去年在恤民王抚干云散作人间大有年志在润物三子之志虽不同皆可嘉也各用其句作三绝以赠之又以一绝自贶/（南宋）王十朋. ——《梅溪后集》卷十四。

余干翁簿以去饶之日郡人断桥见留画图赋诗见寄因次其韵/（南宋）王十朋. ——《梅溪后集》卷十二。

与二同年观雪于八阵台果州会焉酌酒论文煮惠山泉瀹建溪茶诵少陵江流石不转之句复用前韵/（南宋）王十朋. ——《梅溪后集》卷十三。

与惠夫子若拙小酌郡斋再用联字韵并寄子绍/（南宋）王十朋. ——《梅溪后集》卷十三。

元日/（南宋）王十朋. ——《梅溪后集》卷十四。

元章赠笔戏成一绝/（南宋）王十朋. ——《梅溪后集》卷十二。

元章赠兰/（南宋）王十朋. ——《梅溪后集》卷十二。

元章赠余甘子用前韵/（南宋）王十朋. ——《梅溪后集》卷十二。

元章至云安用送韶美韵见寄次韵以酬/（南宋）王十朋. ——《梅溪后集》卷十二。

再酬元章/（南宋）王十朋. ——《梅溪后集》卷十二。

再用前韵（两首）/（南宋）王十朋. ——《梅溪后集》卷十三、十四。

糟蟹荐杯/（南宋）王十朋. ——《梅溪后集》卷十三。

赠牟童子/（南宋）王十朋. ——《梅溪后集》卷十四。

赠裴童子/（南宋）王十朋. ——《梅溪后集》卷十二。

张主管摄郡秭归赠以三绝/（南宋）王十朋. ——《梅溪后集》卷十三。

章至万州湖滩寄六言一绝云满目模山平远一池云锦清酣忽有钟声林际直疑梦到江南某六月朔日登开静晖楼观江涨望西南碧远峰乃前日送别处也为之

黯然楼前荔枝初丹次韵寄元章/（南宋）王十朋. ——《梅溪后集》卷十二。

昭君村/（南宋）王十朋. ——《梅溪后集》卷十五。

赵果州之子年十四能作大字果州自荆南以诗寄予命书之字画成老虎异日必名家因赠以诗/（南宋）王十朋. ——《梅溪后集》卷十三。

正月六日游碛呈行可元章/（南宋）王十朋. ——《梅溪后集》卷十二。

至东屯谒少陵祠/（南宋）王十朋. ——《梅溪后集》卷十五。

至日寄二弟/（南宋）王十朋. ——《梅溪后集》卷十四。

制胜楼/（南宋）王十朋. ——《梅溪后集》卷十三、清光绪《奉节县志》卷三十六《艺文·诗汇》。

制胜楼有元丰太守王延禧即计台郡僚过客唱和诗大书于版岁久字漫命笔吏再书之记以数语/（南宋）王十朋. ——《梅溪后集》卷十四。

中秋对月用昌黎赠张功曹韵呈同官/（南宋）王十朋. ——《梅溪后集》卷十三。

中元日得雨/（南宋）王十朋. ——《梅溪后集》卷十三。

种柳/（南宋）王十朋. ——《梅溪后集》卷十二。

州宅杂咏/（南宋）王十朋. ——《梅溪后集》卷十三。

周漕行可和诗复用前韵并简元章/（南宋）王十朋. ——《梅溪后集》卷十二。

周行可挽诗/（南宋）王十朋. ——《梅溪后集》卷十四。

子绍至云安复和前韵见寄酬以二首/（南宋）王十朋. ——《梅溪后集》卷十三。

自鄂渚至夔府途中记所见一百十韵/（南宋）王十朋. ——《梅溪后集》卷十一。

巴城/（南宋）晁公溯. ——《嵩山集》卷十三。晁公溯，一写晁公遡，生卒年不详，字子西，济州巨野（今属山东）人，高宗绍兴八年（1138）进士，曾任涪州军事判官。

巴江/（南宋）晁公溯. ——《嵩山集》卷十四。

送李检法赴夔州任/（南宋）晁公溯. ——《嵩山集》卷四。

送李绍祖通判宁江/（南宋）晁公溯. ——《嵩山集》卷十二。

送张君玉赴宁江幕府七首/（南宋）晁公溯. ——《嵩山集》卷九。

题先主庙/（南宋）晁公溯. ——清光绪《奉节县志》卷三十六《艺文·诗汇》。

先主庙/（南宋）晁公溯. ——清光绪《奉节县志》卷三十六《艺文·诗汇》。

张君玉用伯浑韵见示次韵为谢/（南宋）晁公溯. ——《嵩山集》卷二。

灵云洞/（南宋）李焘. ——清道光《南部县志》卷三十《艺文志》。李焘（1115—1184），字仁甫，一字子真，号巽（xùn）岩，眉州丹棱（今四川省眉山市丹棱县）人，南宋官员、著名历史学家、目录学家、诗人，唐太宗第十四子曹王李明之后。有《续资治通鉴长编》五百二十卷传世。灵云洞，位于今四川南充市南部县境内。

下岩和黄豫章韵/（南宋）李焘. ——民国《云阳县志》卷四十二《文录上·古近体诗》。

制胜楼/（南宋）李焘. ——《全蜀艺文志》卷六、清光绪《奉节县志》卷三十六《艺文·诗汇》。

楚塞亭/（南宋）陈柏年. ——清光绪《内江县志》卷三。陈柏年，生卒年不详，内江人，高宗绍兴五年（1135）进士。

尝云安曲米春/（南宋）邓深. ——《大隐居士诗集》卷下。邓深，生卒年不详，字资道，一字绅伯，湘阴人，绍兴十二年（1142）进士，曾任潼川路转运使。

次正臣韵/（南宋）邓深. ——《大隐居士诗集》卷下。

即事六绝/（南宋）邓深. ——《大隐居士诗集》卷下。

寄清旷兄弟/（南宋）邓深. ——《大隐居士诗集》卷上。

江亭/（南宋）邓深. ——《大隐居士诗集》卷下。

夔府长至诸州之酒毕集每品尝之或有味而无香或有香而无色月湖一日命酒匠置大瓮悉以酒投其中而和之不费曲蘖逡巡而化洗盏一吸奇绝出于意外于是从新封泥名之曰十州春请以七言赋之/（南宋）邓深. ——《大隐居士诗

集》卷下。

六言四首／（南宋）邓深. ——《大隐居士诗集》卷下。

七夕竞渡／（南宋）邓深. ——《大隐居士诗集》卷下。

瀼西亭即事／（南宋）邓深. ——《大隐居士诗集》卷下。

柔远楼／（南宋）邓深. ——《大隐居士诗集》卷下。

溯峡诗／（南宋）邓深. ——《大隐居士诗集》卷下。

峡江／（南宋）邓深. ——《大隐居士诗集》卷下。

滟滪堆／（南宋）邓深. ——《大隐居士诗集》卷下。

赠梅／（南宋）邓深. ——《大隐居士诗集》卷下。

云安监劝学诗并序／（南宋）王日犟. ——《全蜀艺文志》卷十。王日犟，生卒年不详，潼川（今四川三台）人，高宗绍兴二十九年（1159）曾因官事至云安。

鳌溪／（南宋）谢谔. ——《宋诗纪事》卷五十一。谢谔（1121—1194），渝州人，进士，历官监察御史，籍贯或作新喻（今属江西）。

清常寺／（南宋）谢谔. ——《宋诗纪事》卷五十一。

玉山观／（南宋）谢谔. ——《宋诗纪事》卷五十一。

次黄仲甄峡中韵（二首）／（南宋）李流谦. ——《澹斋集》卷五、卷六。李流谦（1123—1176），字无变，号澹斋，汉州德阳（今属四川）人。著有《澹斋集》八十九卷，今仅十八卷。

次黄仲甄峡中韵二绝／（南宋）李流谦. ——《澹斋集》卷八。

费文达除夔漕作此贺之（三首）／（南宋）李流谦. ——《澹斋集》卷六。

送李仁甫运判赴召三首／（南宋）李流谦. ——《澹斋集》卷五。

宿白羊二绝／（南宋）李流谦. ——《澹斋集》卷六。

峡中赋百韵／（南宋）李流谦. ——《澹斋集》卷二。

新滩三首／（南宋）李流谦. ——《澹斋集》卷八。

枕上闻橹声／（南宋）李流谦. ——《澹斋集》卷四。

游东屯／（南宋）关耆孙. ——《全蜀艺文志》卷十五。关耆孙，生卒年不详，字寿卿，青城（今四川灌县东南）人，高宗绍兴十八年（1148）进士。

安流亭俟客不至独坐成咏/（南宋）陆游. ——《剑南诗稿》卷十八。陆游（1125—1209），字务观，号放翁，越州山阴（今浙江绍兴）人，南宋诗人，孝宗时赐进士出身，中年曾入蜀为官。

巴东遇小雨/（南宋）陆游. ——《剑南诗稿》卷二。

白帝泊舟/（南宋）陆游. ——《剑南诗稿》卷十。

白帝庙/（南宋）陆游. ——清光绪《奉节县志》卷三十六《艺文·诗汇》。

暴雨/（南宋）陆游. ——《剑南诗稿》卷二。

北岩/（南宋）陆游. ——清同治重修《涪州县志》卷十五《艺文志·古今体诗一百八十五首》。

别王伯高/（南宋）陆游. ——《剑南诗稿》卷二。

拆号前一日作/（南宋）陆游. ——《剑南诗稿》卷二。

初冬野兴/（南宋）陆游. ——《剑南诗稿》卷二。

初夏怀故山/（南宋）陆游. ——《剑南诗稿》卷二。

初夏新晴/（南宋）陆游. ——《剑南诗稿》卷二。

答王樵秀才/（南宋）陆游. ——《剑南诗稿》卷二。

登城/（南宋）陆游. ——《剑南诗稿》卷二。

登江楼/（南宋）陆游. ——《剑南诗稿》卷二。

定拆号日喜而有作/（南宋）陆游. ——《剑南诗稿》卷二。

东屯呈同游诸公/（南宋）陆游. ——《剑南诗稿》卷二。

焚香昼睡比觉香犹未散戏作/（南宋）陆游. ——《剑南诗稿》卷十二。

风雨中望峡口诸山奇甚戏作短歌/（南宋）陆游. ——《剑南诗稿》卷二。

涪州/（南宋）陆游. ——清同治重修《涪州县志》卷十五《艺文志·古今体诗一百八十五首》。

涪州道中/（南宋）陆游. ——清同治重修《涪州县志》卷十五《艺文志·古今体诗一百八十五首》。

感昔／（南宋）陆游．——清光绪《巫山县志》卷三十二《艺文志》。

观画山水／（南宋）陆游．——《剑南诗稿》卷六十。

寒食／（南宋）陆游．——《剑南诗稿》卷二。

黄牛峡庙／（南宋）陆游．——《剑南诗稿》卷二。

急雨／（南宋）陆游．——《剑南诗稿》卷二。

记梦／（南宋）陆游．——《剑南诗稿》卷二。

寄谯先生／（南宋）陆游．——清同治重修《涪州县志》卷十五《艺文志·古今体诗一百八十五首》。

寄杨济伯／（南宋）陆游．——《放翁诗选》后集卷八。

寄张真父舍人／（南宋）陆游．——《剑南诗稿》卷一。

假日书事／（南宋）陆游．——《剑南诗稿》卷二。

江陵道中作／（南宋）陆游．——《剑南诗稿》卷二。

将赴官夔府书怀／（南宋）陆游．——《剑南诗稿》卷二。

荆溪馆夜坐／（南宋）陆游．——《剑南诗稿》卷十。

荆州歌／（南宋）陆游．——《剑南诗稿》卷十九。

九月十三日登城门东望凄然有感／（南宋）陆游．——《剑南诗稿》卷二。

久病灼艾后独卧有感／（南宋）陆游．——《剑南诗稿》卷二。

苦热／（南宋）陆游．——《剑南诗稿》卷二。

夔州劝农文／（南宋）陆游．——《渭南文集》卷二十五。

夔州重阳／（南宋）陆游．——《剑南诗稿》卷二。

荔枝楼小酌／（南宋）陆游．——《剑南诗稿》卷三。

林亭书事／（南宋）陆游．——《剑南诗稿》卷二。

龙兴寺吊少陵先生寓居／（南宋）陆游．——清同治《忠州直隶州志》卷十二《艺文志·诗（七绝）》。

南窗／（南宋）陆游．——《剑南诗稿》卷二。

偶忆万州短歌／（南宋）陆游．——《剑南诗稿》卷三。

蟠龙瀑布／（南宋）陆游．——《剑南诗稿》卷三。

平都山/（南宋）陆游. ——《剑南诗稿》卷十。

遣兴/（南宋）陆游. ——《剑南诗稿》卷二。

秋怀/（南宋）陆游. ——《剑南诗稿》卷七十七。

秋晴欲出城以事不果/（南宋）陆游. ——《剑南诗稿》卷二。

秋思/（南宋）陆游. ——《剑南诗稿》卷二。

秋晚病起/（南宋）陆游. ——《剑南诗稿》卷二。

瞿塘行/（南宋）陆游. ——《剑南诗稿》卷二。

瀼西/（南宋）陆游. ——《剑南诗稿》卷二。

入瞿塘登白帝庙/（南宋）陆游. ——《剑南诗稿》卷二。

三峡歌九首/（南宋）陆游. ——《剑南诗稿》卷三十。

山寺/（南宋）陆游. ——《剑南诗稿》卷二。

十二月十九日晚巫山送客归回望西寺小阁缥缈可爱遂与赵郭二教授同游抵夜乃还楚乡偶得长句呈二君/（南宋）陆游. ——《剑南诗稿》卷二。

试院春晚/（南宋）陆游. ——《剑南诗稿》卷二。

书驿壁/（南宋）陆游. ——《剑南诗稿》卷二。

水亭有怀/（南宋）陆游. ——《剑南诗稿》卷二。

睡起/（南宋）陆游. ——《剑南诗稿》卷二。

思夔州/（南宋）陆游. ——《剑南诗稿》卷七十五。

思蜀/（南宋）陆游. ——《剑南诗稿》卷七十三。

四月二十九日作/（南宋）陆游. ——《剑南诗稿》卷二。

送查元章赴夔漕/（南宋）陆游. ——《剑南诗稿》卷一。

踢碛/（南宋）陆游. ——《剑南诗稿》卷二。

探梅/（南宋）陆游. ——《剑南诗稿》卷六十。

题梁山军瑞丰亭/（南宋）陆游. ——《剑南诗稿》卷三。

万州放船至下岩小留/（南宋）陆游. ——民国《云阳县志》卷四十二《文录上·古近体诗》。

闻猿/（南宋）陆游. ——清光绪《巫山县志》卷三十二《艺文志》。

午兴/（南宋）陆游. ——《剑南诗稿》卷二。

西斋雨后/（南宋）陆游. ——《剑南诗稿》卷二。

系舟下牢溪游三游洞二十八韵/（南宋）陆游. ——《剑南诗稿》卷二。

虾蟆碚/（南宋）陆游. ——《剑南诗稿》卷二。

峡口夜坐/（南宋）陆游. ——《剑南诗稿》卷十。

峡州东山/（南宋）陆游. ——《剑南诗稿》卷十。

峡州甘泉寺/（南宋）陆游. ——《剑南诗稿》卷十。

夏夜起坐南亭达晓不复寐/（南宋）陆游. ——《剑南诗稿》卷二。

乡中每以寒食立夏之间省坟客夔适逢此时凄然感怀/（南宋）陆游. ——《剑南诗稿》卷二。

谢张廷老司理录示山居诗/（南宋）陆游. ——《剑南诗稿》卷二。

新蔬/（南宋）陆游. ——《剑南诗稿》卷二。

新滩舟中作/（南宋）陆游. ——《剑南诗稿》卷十。

雪晴/（南宋）陆游. ——《剑南诗稿》卷二。

雪中卧病在告戏作/（南宋）陆游. ——《剑南诗稿》卷二。

夜登白帝城楼怀少陵先生/（南宋）陆游. ——《剑南诗稿》卷二。

夜坐庭中/（南宋）陆游. ——《剑南诗稿》卷二。

谒巫山庙两虎碑版甚众皆言神佐禹开峡之功而诋宋玉高唐赋之妄予亦赋诗一首/（南宋）陆游. ——《剑南诗稿》卷二。

一病四十日天气遂寒感怀有赋/（南宋）陆游. ——《剑南诗稿》卷二。

倚阑/（南宋）陆游. ——《剑南诗稿》卷二。

倚天山/（南宋）陆游. ——清同治《忠州直隶州志》卷十二《艺文志·诗（七绝）》。

忆昔/（南宋）陆游. ——民国《云阳县志》卷四十二《文录上·古近体诗》。

游卧龙寺/（南宋）陆游. ——《剑南诗稿》卷二。

雨中游东坡/（南宋）陆游. ——清同治《忠州直隶州志》卷十二《艺文志·诗（七绝）》。

禹祠/（南宋）陆游. ——《剑南诗稿》卷二十二。

禹庙诗/（南宋）陆游. ——清同治《忠州直隶州志》卷十二《艺文志·诗（五律）》。

玉笈斋书事/（南宋）陆游. ——《剑南诗稿》卷二。

杂感十首以野旷沙岸天高秋月明为韵/（南宋）陆游. ——《剑南诗稿》卷七十七。

致仕后述怀/（南宋）陆游. ——《剑南诗稿》卷三十九。

忠州醉归舟中作/（南宋）陆游. ——清同治《忠州直隶州志》卷十二《艺文志·诗（七律）》。

拄杖示子遹/（南宋）陆游. ——《剑南诗稿》卷七十二。

追怀曾文清公呈赵教授赵近尝示诗/（南宋）陆游. ——《剑南诗稿》卷二。

自咏/（南宋）陆游. ——《剑南诗稿》卷二。

醉归舟中/（南宋）陆游. ——《剑南诗稿》卷二。

醉中到白崖而归/（南宋）陆游. ——《剑南诗稿》卷二。

醉中下瞿塘峡中流观石壁飞泉/（南宋）陆游. ——《剑南诗稿》卷十。

江郊亭新成赋二十三韵/（南宋）杨咸亨. ——《宋诗纪事》卷四十九。杨咸亨，生卒年不详，号夜郎野老，宋孝宗乾道年间人，进士，今重庆綦江人。

"山盘四十八面险，云暗三百六旬秋。"/（南宋）刘望之. ——清同治《巴县志》卷四下《艺文志·赋（〈涂山赋〉）》。刘望之（？—1159），字夷叔，一字叔仪，自号观堂，合江（今四川合江）人，高宗绍兴二十一年（1151）进士。

水调歌头·夜郎溪春泛/（南宋）刘望之. ——清道光《綦江县志》卷十二《艺文下》。

嘲峡石并序/（南宋）范成大. ——《石湖诗集》卷十六。范成大（1126—1193），字致能，号石湖居士，吴郡（今江苏苏州）人，绍兴二十四年（1154）进士，曾任四川制置使。

初入巫峡/（南宋）范成大. ——清光绪《巫山县志》卷三十二《艺文志》。

刺涪并序/（南宋）范成大．——《石湖诗集》卷十六。

大热泊乐温有怀商卿德称/（南宋）范成大．——民国《长寿县志》卷十五《文征下》。

垫江县/（南宋）范成大．——清道光《垫江县志》卷十《诗·七言律诗》。

峰门岭遇雨泊梁山/（南宋）范成大．——《梁平县志》。

丰都观/（南宋）范成大．——《范石湖集》之《诗集》卷十九。

涪州江险不可泊入黔江舣舟/（南宋）范成大．——清同治重修《涪州县志》卷十五《艺文志·古今体诗一百八十五首》。

恭州夜泊/（南宋）范成大．——清同治《巴县志》卷四下《艺文志·七律》。

鬼门关/（南宋）范成大．——《石湖诗集》卷十六。

过江津县睡熟不暇梢船/（南宋）范成大．——《范成大集》卷十九。

后巫山高/（南宋）范成大．——清光绪《巫山县志》卷三十二《艺文志》。

将至巫山遇雨/（南宋）范成大．——《石湖诗集》卷十六。

巾子山又雨/（南宋）范成大．——民国《长寿县志》卷十五《文征下》。

夔门即事/（南宋）范成大．——《石湖诗集》卷十九。

夔州竹枝歌九首/（南宋）范成大．——《石湖诗集》卷十六。

劳畲耕并序/（南宋）范成大．——《石湖诗集》卷十六。

离巫山好晴午后入瞿塘关憩高斋半日/（南宋）范成大．——《石湖诗集》卷十六。

平都观/（南宋）范成大．——清光绪《丰都县志》卷四《艺文志》。

瞿塘行并序/（南宋）范成大．——清光绪《奉节县志》卷三十六《艺文·诗汇》。

万州/（南宋）范成大．——《万县志》第791页。

望合州/（南宋）范成大．——民国新修《合川县志·文在二》，卷七十《诗一·律诗》。

巫山高并序/（南宋）范成大．——《石湖诗集》卷十六。

巫山县/（南宋）范成大．——《石湖诗集》卷十六。

下岩/（南宋）范成大．——民国《云阳县志》卷四十二《文录上·古近体诗》。

燕子坡/（南宋）范成大．——清光绪《巫山县志》卷三十二《艺文志》。

滟滪堆/（南宋）范成大．——《石湖诗集》卷十六。

鱼复浦泊舟望月出赤甲山形断缺如□龙坐而张颐月自缺中腾上山顶/（南宋）范成大．——《石湖诗集》卷十九。

云安县/（南宋）范成大．——《石湖诗集》卷十六、民国《云阳县志》卷四十二《文录上·古近体诗》。

云安竹枝歌/（南宋）范成大．——民国《云阳县志》卷四十二《文录上·古近体诗》。

竹枝歌/（南宋）范成大．——清光绪《奉节县志》卷三十六《艺文·诗汇》。

自巫山遵陆以避黑石诸滩大雨不可行泊驿中一日吏士自稀归陆行者亦会/（南宋）范成大．——《石湖诗集》卷十六。

访苏黄遗墨/（南宋）查龠．——清同治重修《涪州县志》卷十五《艺文志·古今体诗一百八十五首》。查龠，生卒年不详，宋代诗人，曾在今重庆地区任职。

湖滩/（南宋）查龠．——《万县志》第791页。

题卧龙山/（南宋）查龠．——《全蜀艺文志》卷十五。

卧龙山/（南宋）查龠．——清光绪《奉节县志》卷三十六《艺文·诗汇》。

出峡/（南宋）杨万里．——《诚斋集》卷十五。杨万里（1127—1206），字廷秀，号诚斋，吉州吉水（今江西吉水）人，南宋诗人。

控巴台诗/（南宋）何异．——《全蜀艺文志》卷十三。何异，生卒年不详，字同叔，号月湖，抚州崇仁人，绍兴二十四年（1154）进士，曾官夔州知州兼本路安抚使。

过峡州宿青草滩 /（南宋）项安世. ——《全宋诗》卷四百二十四。项安世（1129—1208），字平父、平甫，号平庵，括苍（今浙江丽水）人，后家江陵，孝宗淳熙二年（1175）进士，曾通判重庆府。

荆门十二背诗 /（南宋）项安世. ——《全宋诗》卷四百二十五。

夔州永安宫词 /（南宋）项安世. ——《全宋诗》卷四百二十五。

瞿塘峡 /（南宋）项安世. ——《全宋诗》卷四百二十五。

送夔帅杨校书解印还乡（四首） /（南宋）项安世. ——《全宋诗》卷四百二十六。

峡内三绝句（三首） /（南宋）项安世. ——《全宋诗》卷四百二十七。

治装将归 /（南宋）项安世. ——《全宋诗》卷四百二十七。

忠州 /（南宋）项安世. ——《全宋诗》卷四百二十七。

涂中杂兴（第一、三首） /（南宋）李洪. ——《芸庵类稿》卷五。李洪（1129—？），字可大，扬州人，正民子，宋室南渡后侨寓海盐、湖州。著有诗文集共二十卷，今仅存《芸庵类稿》六卷。

北岩题壁 /（南宋）朱熹. ——清同治重修《涪州县志》卷十五《艺文志·古今体诗一百八十五首》。朱熹（1130—1200），字元晦，号晦庵，福建尤溪人，宋代著名理学家。

龙多山 /（南宋）何师亮. ——民国《潼南县志》卷六《艺文志下·二诗》。何师亮，生卒年不详，今重庆潼南人，生活于乾道庚寅年（1170）前后，曾官资中。

次袁说友巫山十二峰古风二十五韵 /（南宋）张缙. ——《全蜀艺文志》卷十九。张缙（约1131—1207），字季长，别署懿文，晚年号饰庵，南宋孝宗隆兴元年（1163）进士。

奉陪安抚大卿登八阵台览观忠武侯诸葛公遗像偶成长句 /（南宋）张缙. ——《全蜀艺文志》卷十五。

题三峡堂 /（南宋）张缙. ——《四川通志》卷三十九。

挽夔路帅韩徽猷 /（南宋）员兴宗. ——《九华集》卷三。员兴宗（？—1170），字显道，绍兴二十七年（1157）进士，今四川仁寿人。

次韵夔府王待制寄示巫山图／（南宋）喻良能．——《香山集》卷十五。喻良能，字叔奇，号香山，生卒年不详，义乌人，绍兴二十七年（1157）进士。

奉和赵大本教授何处春深好二首／（南宋）喻良能．——《香山集》卷五。

华峰亭／（南宋）喻良能．——《香山集》卷二。

怀东嘉先生因诵老坡今谁主文字公合把旌旄作十小诗奉寄／（南宋）喻良能．——《香山集》卷十二。

寄张君玉／（南宋）喻良能．——《香山集》卷九。

送侍御帅夔府／（南宋）喻良能．——《香山集》卷五。

送阎紫微归蜀／（南宋）喻良能．——《香山集》卷八。

喜待制王丈归自夔门／（南宋）喻良能．——《香山集》卷十。

登制胜楼次韵／（南宋）阎苍舒．——清光绪《奉节县志》卷三十六《艺文·诗汇》。阎苍舒，生卒年不详，字才元，一作字惠夫，蜀州晋原（今崇庆县东十里）人，绍兴二十七年（1157）进士。

复次韵四首／（南宋）陈造．——《江湖长翁集》卷十九。陈造（1133—1203），字唐卿，号江湖长翁，高邮（今江苏）人，孝宗淳熙年间进士。

杜甫游春／（南宋）来梓．——《宋诗纪事》卷五十七。来梓，生卒年不详，字子仪，孝宗淳熙年间人。

约同色蜀人王德修三首／（南宋）陈傅良．——《止斋集》卷二。陈傅良（1137—1203），字君举，号止斋，人称止斋先生，浙江瑞安人，乾道八年（1172）进士。

次十二峰韵／（南宋）许及之．——清光绪《巫山县志》卷三十二《艺文志》。许及之（？—1209），字深甫，今浙江温州人，孝宗隆兴元年（1163）进士。

按部至下严命男明复同赋／（南宋）郭明复．——民国《云阳县志》卷四十二《文录上·古近体诗》。郭明复，生卒年不详，字中行，成都人，南宋孝宗隆兴元年（1163）进士。

题三峡堂／（南宋）郭明复．——《全蜀艺文志》卷十三。

楚楼/（南宋）袁说友. ——《东塘集》卷七。袁说友（1140—1204），字起岩，自号东塘居士，建安（今福建建瓯）人，寓居湖州，隆兴元年（1163）进士。

过新滩百里小驻峡州城/（南宋）袁说友. ——《东塘集》卷一。

过忠州丰都观/（南宋）袁说友. ——《东塘集》卷七。

和赵周锡制干峡中韵四首/（南宋）袁说友. ——《东塘集》卷四。

孔明庙柏/（南宋）袁说友. ——《东塘集》卷二。

巫山十二峰古风二十五韵/（南宋）袁说友. ——清光绪《巫山县志》卷三十二《艺文志》。

峡路山行即事十首/（南宋）袁说友. ——《东塘集》卷七。

峡中瀑布泉/（南宋）袁说友. ——《东塘集》卷二。

峡中闻杜鹃/（南宋）袁说友. ——《东塘集》卷二。

次袁说友巫山十二峰二十五韵/（南宋）丁逢. ——《全蜀艺文志》卷九、《宋诗纪事》卷五十四。丁逢（1140—?），晋陵人，乾道年间进士，官至宝谟阁待制，知郴州。

东屯行/（南宋）白巽. ——《宋诗纪事》卷五十四。白巽，生卒年不详，成都人，孝宗乾道年间进士。

三峡吟/（南宋）徐照. ——《宋诗钞》卷八十六。徐照（?—1211），字道晖，一字灵晖，号山民，永嘉（今属浙江）人，工诗，永嘉四灵之一，终身布衣。

送陈择之从留尚书辟便呈鄂州刘别驾/（南宋）赵蕃. ——《章泉稿》卷三。赵蕃（1143—1229），字昌父，号章泉，原籍郑州，南渡后侨居信州玉山（今属江西），为太和主簿，谥文节，与韩淲（涧泉）有"二泉先生"之称。

自桃川至辰州绝句四十有二/（南宋）赵蕃. ——《章泉稿》卷四。

八阵图/（南宋）陈谦. ——《全蜀艺文志》卷十五。陈谦（1144—1216），字益之，号水云，又号易庵，永嘉（今温州）人，孝宗乾道八年（1172）进士。

白帝城/（南宋）陈谦. ——《全蜀艺文志》卷六。

瞿塘峡/（南宋）陈谦. ——《全蜀艺文志》卷九。

谒丞相祠观八阵图/（南宋）李沈. ——《宋诗纪事》卷六十二。李沈（1144—1220），字诚之，自号山泽道人，晋江（今属福建）人，南宋官员，以祖荫补承务郎，后迁夔州路提点刑狱。

次瞿塘寄呈杨帅/（南宋）沈继祖. ——《永乐大典》一万五千一百三十八卷。沈继祖，生卒年不详，字述之，兴国（今属江西）人，孝宗乾道五年（1169）进士。

次十二峰韵/（南宋）黄人杰. ——清光绪《巫山县志》卷三十二《艺文志》。黄人杰，生卒年不详，字叔万，南宋盱江（今属江西省）人，乾道五年（1169）进士。

下岩/（南宋）黄人杰. ——民国《云阳县志》卷四十二《文录上·古近体诗》。

留题龙多山水调歌头并序/（南宋）张祥. ——民国新修《合川县志·文在二》，卷七十《诗一·补遗》。张祥，生卒年不详，淳熙十三年（1186）任合州（今重庆合川）太守。

白帝庙诗并序/（南宋）杨安诚. ——《宋诗纪事》卷五十五、清光绪《奉节县志》卷三十六《艺文·诗汇》。杨安诚，生卒年不详，字道父，蜀人，孝宗淳熙十六年（1189）提点成都府路刑狱。

对读文选杜诗成四绝句/（北宋）叶适. ——《水心集》卷八。叶适（1150—1223），字正则，号水心，浙江永嘉人，南宋哲学家，孝宗淳熙五年（1178）进士。

云安龙脊滩/（南宋）杨济. ——民国《云阳县志》卷四十二《文录上·古近体诗》。杨济，字济道，号钝斋，生卒年不详，晋源（今四川崇州）人，孝宗淳熙五年（1178）进士。

八阵碛诗/（南宋）孙应时. ——《烛湖集》卷十七。孙应时（1154—1206），字季和，号烛湖居士，余姚人，南宋淳熙二年（1175）进士。

寄咏东屯/（南宋）孙应时. ——《烛湖集》卷十七。

送刘苏州诚之帅夔门/（南宋）孙应时. ——《烛湖集》卷十六。

巫山歌/（南宋）孙应时．——《烛湖集》卷十五。

峡中歌/（南宋）孙应时．——《烛湖集》卷十五。

次袁尚书巫山十二峰二十五韵/（南宋）李嘉谋．——《全蜀艺文志》卷九。李嘉谋，生卒年不详，今四川成都人，进士，南宋枢密院编修官。

十二峰诗/（南宋）阎伯敏．——《全蜀艺文志》卷九。阎伯敏，字子功，生卒年不详，晋原（今四川崇州）人，宁宗庆元初通判眉州。

巫山十二峰/（南宋）阎伯敏．——清光绪《巫山县志》卷三十二《艺文志》。

次袁尚书巫山十二峰二十五韵/（南宋）钱鍪．——《全蜀艺文志》卷九、《宋诗纪事》卷五十九。钱鍪，生卒年不详，宁宗庆元二年（1196）知衡州。

二月晦游东屯拜少陵像/（南宋）陈邕．——《全蜀艺文志》卷十五。陈邕，生卒年不详，衡山人，孝宗淳熙八年（1181）进士。

庆元戊午正月二十一独游龙多山族子兢之尧道自青石载酒来访因作古风/（南宋）冯侠．——民国《潼南县志》卷六《艺文志下·二诗》。冯侠，宋代人，生卒年不详，疑为安岳冯伉、冯俨族人。

留题东屯诗/（南宋）李壁．——《永乐大典》卷三五八七引《雁湖集》。李壁（1159—1222），字季章，号雁湖居士，眉州丹棱人，淳熙进士，南宋经学家，有《雁湖集》，已佚。

送梁漕帅夔二首/（南宋）李壁．——《永乐大典》卷一五一三八引《雁湖集》。

牧牛图诗/（南宋）谯定．——《诗话总龟》后集卷七。谯定，生卒年不详，字天授，今重庆涪陵人，宋代隐士。

离巫山晚泊跳石滩下/（南宋）李垕．——清光绪《巫山县志》卷三十二《艺文志》、《全蜀艺文志》卷九。李垕（1161—1238），字季允，号悦斋，四川丹棱人。绍熙年间（1190—1194）进士，后任夔州知州。

上巳从史巫山饮江皋/（南宋）李垕．——清光绪《巫山县志》卷三十二《艺文志》、《全蜀艺文志》卷十七。

巫山竹枝（二首）/（南宋）李埴. ——《全蜀艺文志》卷十八、清光绪《巫山县志》卷三十二《艺文志》。

留题濂溪书堂（二首）/（南宋）度正. ——《濂溪志》（八种汇编）卷八。度正（1166—1235），字周卿，号性善、乐活，合州（今重庆合川）人。

奉谒夔州何异侍郎/（南宋）度正. ——《性善堂稿》卷三。

送别罗坚文（二首）/（南宋）度正. ——《宋诗纪事补遗》卷五十九。

次韵/（南宋）费士戣. ——《全蜀艺文志》卷十七。费士戣，生卒年不详，字达可，广都（今四川成都）人，宁宗嘉定（1208—1224）年间曾任夔州知州。

摘东坡山谷诗句集成四章题石壁以纪行/（南宋）苏植. ——民国《潼南县志》卷六《艺文志下·二诗》。苏植，生卒年不详，今四川眉山人，嘉定年间知新繁县。

八阵图/（南宋）苏泂. ——《泠然斋诗集》卷七。苏泂（1170—?），字召叟，山阴（今浙江绍兴）人。

大仙庙/（南宋）苏泂. ——《泠然斋诗集》卷七。

梦峡/（南宋）苏泂. ——《泠然斋诗集》卷四。

三峡/（南宋）苏泂. ——《泠然斋诗集》卷四。

十二峰/（南宋）苏泂. ——《泠然斋诗集》卷七。

巫山峡/（南宋）苏泂. ——《泠然斋诗集》卷七。

峡险/（南宋）苏泂. ——《泠然斋诗集》卷四。

滟滪堆/（南宋）苏泂. ——《泠然斋诗集》卷七。

忠州丰都观乃平都洞天也题一首/（南宋）苏泂. ——《泠然斋诗集》卷七。

观八阵图有感/（南宋）李兴宗. ——《蜀中广记》卷二十一。李兴宗，生卒年不详，字谦斋，今重庆丰都县人，嘉定三年（1210）提点成都刑狱。

岑公洞/（南宋）赵善赣. ——《万县志》第789页。赵善赣，南宋宁宗庆元三年（1197）为万州郡守。

八阵图/（南宋）洪咨夔. ——《平斋文集》卷三。洪咨夔（1176—1244），字舜俞，号平斋，于潜（今浙西临安县）人，南宋嘉定二年（1209）

进士。

东屯／（南宋）洪咨夔.——《平斋文集》卷五。

开济堂／（南宋）洪咨夔.——《平斋文集》卷五。

十月晦过巫山／（南宋）洪咨夔.——《平斋文集》卷三。

送游考功将漕夔门七绝／（南宋）洪咨夔.——《平斋文集》卷七。

题李杜苏黄像／（南宋）洪咨夔.——《平斋文集》卷六。

温泉院二绝／（南宋）洪咨夔.——《平斋文集》卷五。

峡中／（南宋）洪咨夔.——《平斋文集》卷三。

怀何月湖／（南宋）周文璞.——《两宋名贤小集》卷二百六十二。周文璞（1216年前后在世），字晋仙，号方泉、野斋，阳谷（今属山东）人。

江南曲／（南宋）周文璞.——《方泉诗集》卷二。

瞿塘神君歌／（南宋）周文璞.——《两宋名贤小集》卷二百六十四。

宋嘉定丙午秋借弟师诚师圣来游赋诗／（南宋）文思敬.——民国《潼南县志》卷六《艺文志下·二诗》。文思敬，生卒年不详，一作文师敬，嘉定时人。

文思敬诗／（南宋）文思敬.——民国新修《合川县志》第17册《掌录十九》，卷三十六《金石》。

宋嘉定丙午秋偕弟师诚师圣来游赋诗／（南宋）姚孺.——民国《潼南县志》卷六《艺文志下·二诗》。姚孺，生卒年不详，蜀人，嘉定时人。

凌丹亭／（南宋）方信孺.——《南海百咏》。方信孺（1177—1222），字孚若，宋兴化军（今福建莆田）人。

宁宗皇帝明德颂／（南宋）冉木.——民国《潼南县志》卷六《艺文志下·二诗》。冉木，生卒年不详，字震甫，宋宁宗嘉泰二年（1202）进士。

建士施霆亨自夔以诗相迓／（南宋）魏了翁.——《鹤山集》卷十二。魏了翁（1178—1237），字华父，号鹤山，邛州蒲江（今属四川）人，南宋庆元五年（1199）进士。

游飞练亭／（南宋）魏了翁.——《梁平县志》。

夔门邂逅同年汪丈奉议示诗和吟三首／（南宋）程公许.——《沧州尘缶

集》卷十二。程公许（1182—1251），字季与、希颖，号沧州，眉州眉山人，嘉定年间进士。

连日驻白帝城怀古感事阅陆放翁诗集追和其韵/（南宋）程公许. ——《沧州尘缶集》卷三。

观八阵图说/（南宋）岳珂. ——《玉楮集》卷三。岳珂（1183—1243），字肃之，号亦斋，又号倦翁，岳飞之孙，相州汤阴（今属河南）人，南宋诗人。

贺新凉·送游景仁赴夔漕/（南宋）吴泳. ——《鹤林集》卷四十。吴泳，字叔永，潼川人，约宋宁宗嘉定末前后在世，嘉定二年（1209）进士。

庚子叨贽合州甘守/（南宋）阳枋. ——《字溪集》卷十一。阳枋（1187—1267），字正父、宗骥，初名昌期，号字溪先生，淳祐四年（1244）赐同进士出身，巴川（今重庆铜梁区）人。

和夔州李约斋灯宵/（南宋）阳枋. ——《字溪集》卷十。

和王南运八阵碛/（南宋）阳枋. ——《字溪集》卷十一。

临江仙·涪州北岩玩易有感/（南宋）阳枋. ——《字溪集》卷十一。

念奴娇·丁卯中元作示儿/（南宋）阳枋. ——《字溪集》卷十一。

瞿塘峡（三首）/（南宋）阳枋. ——《字溪集》卷十及十一。

下瞿塘/（南宋）安如山. ——《宋诗纪事》卷六十四。安如山，生卒年不详，字汝止，广汉人，理宗端平元年（1234）安抚曹友闻辟为掌书记，不起，后闻友战死三泉，独往收其骨，乃东下，老于会稽。

题长江图三绝/（南宋）王柏. ——《鲁斋集》卷三。王柏（1197—1274），字会之，一字柏会，号长啸，又号鲁斋，学者称"鲁斋先生"，婺州（今浙江金华）人，从学于朱熹门人何基，"金华四先生"之一，是南宋金华朱学的传人。

黄葛（桷）晚渡/（南宋）余玠. ——清同治《巴县志》卷四下《艺文志·七言绝》。余玠（1198—1253），字义夫，号樵隐，南宋大臣，蕲州（今湖北蕲春县南）人。

觉林晓钟/（南宋）余玠. ——清同治《巴县志》卷四下《艺文志·七

言绝》。

偈颂七十一首（选第五十七首）／（南宋）释了惠．——《西岩了惠禅师语录》。释了惠（1198—1262），南宋蓬州蓬池（今四川仪陇南）人，曾出三峡，游历湖湘、江浙一带。所选诗描写了三峡的险。

过忠州访丰都观二首／（南宋）李曾伯．——（南宋）李曾伯撰：《可斋杂稿》卷二十六，（清）永瑢、纪昀等总纂：《文渊阁四库全书》，第1179册第442页。李曾伯（1198—约1275），字长孺，号可斋，原籍覃怀（今属河南），寓居嘉兴，后官重庆。

和夔门开济堂韵／（南宋）李曾伯．——《可斋杂稿》卷二十八。

和周畇仲过踏洞滩／（南宋）李曾伯．——《可斋杂稿》卷二十八。

蜀江和周畇仲百丈韵／（南宋）李曾伯．——《可斋杂稿》卷二十八。

水调歌头·暑中得雨／（南宋）李曾伯．——《可斋杂稿》卷二十八。

题孔明白底二祠／（南宋）李曾伯．——《可斋杂稿》卷二十八。

僧至／（南宋）方岳．——《秋崖集》卷五。方岳（1199—1262），字巨山，自号秋崖，祁门人，理宗绍定五年（1232）进士。

猿／（南宋）方岳．——《秋崖集》卷五。

孔明八阵石／（南宋）孙锐．——《孙耕闲集》。孙锐（1199—1277），字颖叔，号耕闲，吴江人，度宗咸淳十年（1274）进士，遗著由友人编为《孙耕闲集》。

马大师与西堂百丈南泉玩月／（南宋）释道隆．——《铜梁文史资料》第五辑第37页，该诗内容亦载于《大正藏》第八十册《大觉禅师语录》中。释道隆（1213—1278），俗姓冉，涪州（今重庆涪陵）兰溪人，故亦称兰溪道隆，曾东渡日本弘扬禅学。

游观音崖／（南宋）王坚．——清道光《綦江县志》卷十二《艺文下》。王坚（？—1264），南宋将领，宝祐二年（1254）任合州（今重庆合川）知州，扩建钓鱼城（今合川东），多次击败蒙古军。

大善寺／（南宋）刘黻．——民国《潼南县志》卷六《艺文志下·二诗》。刘黻（1217—1276），字声伯（一作升伯），号质翁，学者称蒙川先生，浙江温州人，景定年间进士。

裂衣书诗寄弟/（南宋）赵卯发．——《宋诗纪事》卷七十九。赵卯发（？—1275），字汉卿，昌州（今属重庆）人，淳祐十年（1250）进士。

悼制置使张珏/（南宋）文天祥．——清同治《巴县志》卷四下《艺文志·五古》。文天祥（1236—1283），初名云孙，字履善，自号文山，吉州庐陵（今江西吉安）人，宋理宗宝祐四年（1256）进士。

读杜诗/（南宋）文天祥．——《奉节县志》卷三十四《艺文》。

泸州/（南宋）文天祥．——《永川县志》艺文卷。

摩尼洞/（南宋）魏汝功．——《彭水县志》第965页。魏汝功，或作卫汝功，生卒年不详，彭水人，咸淳十年（1274）进士。

淳熙丙申三月二十三日侍亲游漱玉岩（四首）/（南宋）杨异悚．——清道光《南部县志》卷三十《艺文志》。

道过下县泊舟瞻大像有作/（南宋）赵夔．——民国《潼南县志》卷六《艺文志下·二诗》。赵夔，生卒年不详，字尧卿，南宋人。

涪州十韵/（南宋）马提干．——清同治重修《涪州县志》卷十五《艺文志·古今体诗一百八十五首》。马提干，南宋诗人。

梦宗氏子来兄舍寄生九月初七果生侄子/（南宋）阳伯高．——《宋诗纪事补遗》卷五十二。阳伯高，生卒年不详，号斗山，巴川（今重庆铜梁区）人。

洴溪桥/（南宋）赵渥．——清光绪《西充县志》卷十三《艺文志·中》。赵渥，今四川西充人。

题巫山瞻华亭/（南宋）邓谏从．——清光绪《巫山县志》卷三十二《艺文志》。邓谏从，生卒年不详，字元卿，嘉州（今四川乐山）人，著名书画家，南宋淳熙五年（1178）进士。

白帝祠/（宋）冉居常．——《全蜀艺文志》卷十一。

到夔州/（宋）冉居常．——《全蜀艺文志》卷九。

夔州试院呈诸公二首/（宋）冉居常．——《全蜀艺文志》卷十。

白鹤梁观石鱼/（宋）高应乾．——清同治重修《涪州县志》卷十五《艺文志·古今体诗一百八十五首》。高应乾，生卒年不详，字侣叔，涪州（今重庆涪陵）人。

长溪九曲/（宋）项德. ——《彭水县志》第965页。项德，生卒年不详，宋代彭水（今重庆彭水）进士。

陈烈妇徇夫八首并序/（宋）崇德. ——清光绪《铜梁县志》卷十四《艺文志·四》。崇德，生卒年不详，字敬六，宋代铜梁县（今重庆铜梁）文生。

次韵/（宋）宇文绍庄. ——《全蜀艺文志》卷十七。宇文绍庄，生卒年不详，广都（今四川双流）人，曾官知州。此诗为次韵张晋的《踏碛》诗。

次韵和漕司小红翠亭/（宋）刘士季. ——《全蜀艺文志》卷十三、《宋诗纪事》卷四十九。

东岩泉/（宋）于叔向. ——民国《潼南县志》卷六《艺文志下·二诗》。

冯公祠/（宋）王行. ——民国《潼南县志》卷六《艺文志下·二诗》。

鹫台院/（宋）王行. ——民国《潼南县志》卷六《艺文志下·二诗》。

龙洞/（宋）王行. ——民国《潼南县志》卷六《艺文志下·二诗》。

石囷/（宋）王行. ——民国《潼南县志》卷六《艺文志下·二诗》。

望乡台/（宋）王行. ——民国《潼南县志》卷六《艺文志下·二诗》。

至道观/（宋）王行. ——民国《潼南县志》卷六《艺文志下·二诗》。

伏虎寺/（宋）［作者不详］. ——清同治《璧山县志》卷十《艺文志·诗·五言古》。

涪州/（宋）宋输. ——清同治重修《涪州县志》卷十五《艺文志·古今体诗一百八十五首》。

庚午春之七日前成都通判陵阳程遇孙舣东去之舟涪陵岸下太守谢宋卿以踏碛故事招饮北岩谒伊川先生像于钩深堂敬赋五古一章刻诸岩石/（宋）程遇孙. ——清同治重修《涪州县志》卷十五《艺文志·古今体诗一百八十五首》。程遇孙，生卒年不详，宋人，曾任潼川府路转运判官、权府事，编《成都文类》五十卷。

和冯使君诗原韵/（宋）费勉中. ——民国《潼南县志》卷六《艺文志下·二诗》。

观堂老人诗/（宋）观堂老人.——民国新修《合川县志》第17册《掌录十九》，卷三十六《金石》。

寄蒋世范/（宋）彭景行.——清光绪《大宁县志》卷八《艺文志》。

降真岩/（宋）何群.——清光绪《西充县志》卷十三《艺文志·中》。何群，四川西充人。

就铨西归过下岩寺/（宋）杜世东.——民国《云阳县志》卷四十二《文录上·古近体诗》。

绝句/（宋）谢慧卿.——《宋诗纪事》卷八十七。谢慧卿，生卒年不详，重庆巴县人，诗人。

夔州苦雨/（宋）黄仁杰.——（明）杨慎《升庵集》卷七十五。

夔州歌简晁子西/（宋）王从道.——《全蜀艺文志》卷九。王从道，生卒年不详，与晁公溯有唱和。

龙脊滩头春已归/（宋）沈安义.——《云阳县志》第1287页。

南征/（宋）何泰然.——清同治《璧山县志》卷十《艺文志·诗·五言诗》。何泰然，生卒年不详，字保之，今重庆璧山人。

题庸行图/（宋）何泰然.——清同治《璧山县志》卷十《艺文志·诗·五言诗》。

如梦令·题龙脊石/（宋）冯镕.——《全宋词》第四册第3162页。冯镕，生卒年不详，字景范，宋夔州（今重庆奉节）人。

漱玉岩（二首）/（宋）黄敦礼.——清道光《南部县志》卷三十《艺文志》。

漱玉岩晚宿迴峦寺/（宋）朱愿.——清道光《南部县志》卷三十《艺文志》。

苏君俞通判愚斋二首/（宋）唐庚.——清道光《南部县志》卷三十《艺文志》。

通判苏君俞见和复次韵答之/（宋）唐庚.——清道光《南部县志》卷三十《艺文志》。

踏碛/（宋）张晋.——《全蜀艺文志》卷十七。

题龙多山远景堂/（宋）詹勤国. ——民国《潼南县志》卷六《艺文志下·二诗》。

题平都山/（宋）赵遇. ——清光绪《丰都县志》卷四《艺文志》。

题盐泉/（宋）宋永孚. ——清光绪《大宁县志》卷八《艺文志》。

下岩/（宋）宋永孚. ——民国《云阳县志》卷四十二《文录上·古近体诗》。

下岩逢雨/（宋）宋永孚. ——民国《云阳县志》卷四十二《文录上·古近体诗》。

武侯祠/（宋）张震. ——清光绪《奉节县志》卷三十六《艺文·诗汇》。张震，生卒年不详，字真父，四川广汉人，赵逵榜进士及第，曾知夔州。

巫山/（宋）邹登龙. ——清光绪《巫山县志》卷三十二《艺文志》。邹登龙，生卒年不详，字震父，号梅屋，宋诗人，临江军（今江西清江）人。

巫山十二峰分韵/（宋）吴世延. ——清光绪《巫山县志》卷三十二《艺文志》。

无题/（宋）杜如篪. ——清光绪《大宁县志》卷八《艺文志》。

五云洞歌/（宋）丁尉侯. ——清光绪《丰都县志》卷四《艺文志》。

五云楼/（宋）牟虚心. ——清光绪《丰都县志》卷四《艺文志》。

下岩/（宋）令狐庆誉. ——民国《云阳县志》卷四十二《文录上·古近体诗》。

下岩/（宋）杨迈. ——民国《云阳县志》卷四十二《文录上·古近体诗》。

下岩避暑留题/（宋）杨迈. ——民国《云阳县志》卷四十二《文录上·古近体诗》。

下岩/（宋）杜东之. ——民国《云阳县志》卷四十二《文录上·古近体诗》。

云安玉虚观南轩感事五首/（宋）杜东之. ——民国《云阳县志》卷四十二《文录上·古近体诗》。

姚蔚张橄纪游诗/（宋）姚文儒，（宋）张信甫. ——民国新修《合川县志》第 17 册《掌录十九》，卷三十六《金石》。

谒耀灵殿/（宋）魏澣. ——清光绪《丰都县志》卷四《艺文志》。魏澣，即魏浣，生平不详。

游龙多山/（宋）六观堂老人. ——民国《潼南县志》卷六《艺文志下·二诗》。六观堂老人，即僧了性，生卒年不详，精于医而善草书，下笔有远韵。

下岩次令狐庆誉韵/（宋）朱焕. ——民国《云阳县志》卷四十二《文录上·古近体诗》。朱焕，生卒年不详，字文伯，进士。

张桓侯刁斗/（宋）张士环. ——清同治重修《涪州县志》卷十五《艺文志·古今体诗一百八十五首》、民国《长寿县志》卷十五《文征下》。

中岩石筍/（宋）[作者不详]. ——清同治《璧山县志》卷十《艺文志·诗·七言绝》。

◎元代

送程桂轩子方还蜀治先墓/（元）方回. ——《桐江续集》卷二十八。方回（1227—1307），字万里，一字渊甫，号虚谷，别号紫阳山人，歙县（今安徽歙县）人，南宋时为严州知府，入元，授建德路总管，不久罢官。

瞿塘图/（元）魏初. ——《青崖集》卷二。魏初（1232—1292），字太初，号青崖，宏州（一作弘州）顺圣（今河北张家口）人，宋末元初曲辞家。

书大佛寺石壁/（元）王恂. ——民国《潼南县志》卷六《艺文志下·二诗》。王恂（1235—1281），字敬甫，中山唐县（今河北唐县）人，数学家、文学家。

八阵图说二首/（元）侯克中. ——《艮斋诗集》卷十二。侯克中（约1235—约1315），字正卿，号艮斋，元代戏曲作家，今河北正定县人。

竹枝歌八首/（元）孙嵩. ——《新安文献志》卷五十九。孙嵩（1238—1292），字元京，休宁（今属安徽）人，以荐入太学，宋亡隐居海宁山中，自号艮山。

竹枝歌九首/（元）孙嵩. ——《全宋诗》卷三千六百零三。

挽制置使张珏／（元）刘埙. ——清同治《巴县志》卷四下《艺文志·五古》、民国新修《合川县志·文在一》，卷六十九《诗一·五言古》。刘埙（1240—1319），字起潜，号水村，江西南丰人，工诗文。

涪州／（元）汪元量. ——《水云集》卷一。汪元量（1241—1317），字大有，号水云，宋末元初钱塘（今浙江杭州）人。

夔门／（元）汪元量. ——《全宋诗》卷三千六百六十九。

夔门驿／（元）汪元量. ——《全宋诗》卷三千六百六十九。

永安宫／（元）汪元量. ——《全宋诗》卷三千六百六十九。

云安闻鹃／（元）汪元量. ——《全宋诗》卷三千六百六十九。

忠武侯庙／（元）汪元量. ——《全宋诗》卷三千六百六十九。

竹枝歌十首／（元）汪元量. ——《全宋诗》卷三千六百六十九。

南吕·四块玉·巫山庙／（元）马致远. ——《东篱乐府·小令》。马致远（约1250—约1324），号东篱，大都（今北京）人，曾参加大都的元贞书会，被推为"曲状元"，后曾出任江浙行省官吏。

巫山十二峰／（元）赵孟頫. ——清光绪《巫山县志》卷三十二《艺文志》。赵孟頫（1254—1322），字子昂，号松雪道人，宋宗室，入元累官翰林学士承旨，封魏国公，工书法、篆刻、绘画。

巫山一段云十二首／（元）赵孟頫. ——《花草粹编》卷四。

伯生约赋竹枝词因再用韵四首／（元）袁桷. ——《清容居士集》卷十三。袁桷（1266—1327），字伯长，号清容居士，庆元路鄞县（今属浙江）人，元代著名学者。

蜀江图／（元）袁桷. ——《清容居士集》卷十三。

出峡图／（元）腾宾. ——（明）曹学佺《石仓历代诗选》卷二百八十。滕宾，一作腾斌，生卒年不详，字玉霄，黄冈人，元代时曾任江西儒学提举。

挽四川制置使张珏／（元）刘麟瑞. ——民国新修《合川县志·文在一》，卷六十九《诗一·七言》。刘麟瑞，元英宗至治年间人，号如村，南丰（今江西）人，刘埙次子。工诗。

吹箫出峡图／（元）王冕. ——《竹斋集》卷下。王冕（1287—1359），字元章，号煮石山农、会稽外史、梅花屋主、饭牛翁，今浙江诸暨人，元朝诗人、画家。

张万户夫人贞节/（元）贡师泰. ——清道光《夔州府志》卷三十六。贡师泰（1298—1362），字泰甫，宣城人，官至礼部、户部尚书，元末以诗文擅名。

长相思/（元）周巽. ——《性情集》卷二。周巽，生卒年不详，约1341年前后在世，字巽享，一字巽泉，有《性情集》。

巫山高/（元）周巽. ——《性情集》卷一。

昭君怨/（元）周巽. ——《性情集》卷一。

竹枝歌十首/（元）周巽. ——《性情集》卷六。

题书船入蜀图送黄尚质赴夔州蒙古教授/（元）傅若金. ——《元诗选》二集卷十。傅若金（1303—1342），初字汝砺，改字与砺，新喻县（今新余市）人。

送杨知府之夔州/（元）释大圭. ——《石仓历代诗选》卷三百六十六。释大圭（1304—1362），俗姓廖，字恒白，号梦观，元代诗人，福建泉州人，及长出家泉州开元寺为僧。

圣水三潮/（元）向舞凤. ——《彭水县志》第965页。向舞凤，生卒年不详，江南上元（今南京）人，廷试第一，元惠宗时曾为绍庆府总管，离任后居今重庆彭水。

秋兴/（元）释宗衍. ——《石仓历代诗选》卷三百六十六。释宗衍，生卒年不详，字道原，吴县（今江苏苏州）人，元代僧人，至正（1341—1368）初住石湖楞伽寺，年四十三而殁，善书法。

题川船出峡图/（元）释宗衍. ——《石仓历代诗选》卷三百六十六。

涪陵江/（元）尔朱迈人. ——清同治重修《涪州县志》卷十五《艺文志·古今体诗一百八十五首》。

长溪九曲/（元）王师能. ——《彭水县志》第965页。王师能，元代河南祥符（今开封）进士，绍庆府（治所今重庆彭水）第一任总管，久居彭水。

过木枥山诗/（元）王师能. ——《四川森林》第885页。

送李提举归／（元）子贤．——《御选元诗》卷六十。子贤，生卒年不详，字一愚，天台（今浙江）人，约1354年前后在世，元僧人，隐居天台山中，禅定之余，肆志作诗，著有《一愚集》。

竹枝词一首／（元）陶孟恺．——《元诗体要》卷四。

◎明代

巴岳山赠僧定一／（明）张三丰．——清光绪《铜梁县志》卷十四《艺文志·四》。张三丰，生卒年不详，名全一、君宝、玄化，字山峰、昆阳，辽宁彰武人，明代武当山道士。

望江／（明）张三丰．——清同治重修《涪州县志》卷十五《艺文志·古今体诗一百八十五首》。

咏五福宫诗／（明）张三丰．——民国《巴县志》卷三《古迹》。

元天观／（明）张三丰．——清光绪《铜梁县志》卷十四《艺文志·四》。

赠开元寺僧广海善／（明）张三丰．——《峨眉山志》卷八。

峡川／（明）张昱．——《可闲老人集》卷一。张昱（1289—1371），字光弼，自号一笑居士，庐陵（今江西吉安）人，官至左右司员外郎、行枢密院判官，元末，弃官不仕，放浪山水，更号可闲老人。

西瀼杜少陵祠／（明）陈南宾．——《杜诗详注·补注》卷上。陈南宾，生卒年不详，名光裕，以字行，元末明初茶陵人。

题诸葛武侯庙／（明）刘炳．——《刘彦昺集》卷五。刘炳，字彦炳，一作彦昺，生卒年不详，鄱阳人，洪武初，献书言事，平江西，授中书博士厅谘议典签，出为大都督府掌记。

田家乐为陈孟言赋／（明）邵升远．——《明诗综》卷七十四。邵升远，生卒年不详，元末明初诗人。

赠张鸣善／（明）袁凯．——《海叟集》卷三。袁凯，生卒年不详，字景文，别号海叟，松江人，明初诗人。

汤峡口诗和吴皋侍御之作／（明）孟淮．——清光绪《铜梁县志》卷十四

《艺文志·四》。孟淮，生卒年不详，元明间诗人。

答邵三人三首／（明）沈梦麟．——《花溪集》卷三。沈梦麟（1297—1389），字原昭（或元昭），浙江吴兴人，元末，以乙科授婺源州学正，迁武康令，至正中，解官归隐，明初以贤良征，辞不起，尤工七言律，时称"沈八句"。

荆州歌／（明）梁寅．——《石门集》卷三。梁寅（1303—1389），字孟敬，新喻（今江西省新余县）人，元末明初曲辞家，元末被征召为集庆路儒学训导。

竹枝词／（明）陶凯．——《御选明诗》卷二。陶凯（1304—1376），字中立，自号耐久道人，临海县人，元至正间中乡试，任江西永丰县教谕。

清江曲送宋尚德自峡中回／（明）詹同．——清同治重修《涪州县志》卷十五《艺文志·古今体诗一百八十五首》。詹同（约1305—?），字同文，浙江婺源人，元末任彬州学正，入明为国子监博士，累官至吏部尚书。

无题／（明）顾瑛．——《玉山璞稿》。顾瑛（1310—1369），元文学家，江苏昆山人。

观化帖／（明）宋濂．——《金华征献略》卷六。宋濂（1310—1381），字景濂，号潜溪，浦江人。

巫山高／（明）刘基．——清光绪《巫山县志》卷三十二《艺文志》。刘基（1311—1375），字伯温，处州青田（今属浙江）人，元文宗至顺四年（1333）进士。

竹枝歌／（明）刘基．——《诚意伯文集》卷二。

竹枝歌一首／（明）刘基．——《诚意伯文集》卷十。

郭忠恕出峡图／（明）贝琼．——《清江诗集》卷五。贝琼（1315—1378），又名阙，字廷臣，号海鹤生，浙江崇德（今桐乡）人。

出峡图／（明）释宗泐．——《列朝诗集》丁集第十六。释宗泐（1318—1391），字季潭，别号全室，俗姓陈，后随养父姓周，临海人，元末明初僧人。

送杨子震之夔州知府／（明）释宗泐．——《全室外集》卷五。

千尺井／（明）释道智．——清同治《巴县志》卷四下《艺文志·七律》。

释道智，生卒年不详，字愚溪，归安（今江苏湖州）人，僧人，住法宝寺，明洪武末年沐浴端坐而寂，享年 80 余岁。

华岩八景／（明）释道智. ——《桂月集》第 230—231 页。

吟石林山石林寺诗／（明）释道智. ——民国《巴县志》卷一《疆域·山脉》。

长江万里图／（明）杨基. ——《眉庵集》卷三。杨基（1326—1378），字孟载，号眉庵，嘉州（今四川乐山市）人，诗人。

白帝城／（明）史谨. ——《独醉亭集》卷上。史谨，生卒年不详，约 1367 年前后在世，字公谨，号吴门野樵，昆山（今属江苏）人，明代诗人、画家。

白帝城晚眺／（明）史谨. ——《独醉亭集》卷下。

过瀼西／（明）史谨. ——《独醉亭集》卷下。

夔府／（明）史谨. ——《独醉亭集》卷下。

闻猿／（明）史谨. ——《独醉亭集》卷下。

午日瞿塘观竞渡／（明）史谨. ——《独醉亭集》卷下。

峡中和裴日英韵／（明）史谨. ——《独醉亭集》卷中。

江心石鱼／（明）黄寿. ——清同治重修《涪州县志》卷十五《艺文志·古今体诗一百八十五首》。黄寿，生卒年不详，字永龄、采广，明洪武年间南京人。

龙多唱和十咏／（明）王振、（明）王行、（明）张雯、（明）于向等. ——民国新修《合川县志》第 17 册《掌录十九》，卷三十六《金石》。王行（1331—1395），字止仲，自号澹如居士，又号半轩，亦号楮园，吴县（今属江苏）人。王振、张雯、于向，生平不详。

京邸思亲／（明）曾镒. ——清道光《万州志》卷八《艺文略》。曾镒，明代万州人，进士。

送章彦端赴夔州太守／（明）丁鹤年. ——《鹤年诗集》卷一。丁鹤年（1335—1424），名不详，以字行，一字永庚，号友鹤山人，湖广武昌（今湖北武汉）人，西域色目人后裔。

竹枝词二首/（明）丁鹤年. ——《鹤年诗集》卷二、《元诗自携》卷五。

竹枝词六首/（明）高启. ——《列朝诗集》卷十七，甲集第四。高启（1336—1374），字季迪，号槎轩，长洲（今江苏苏州）人，元末隐居吴淞青丘，因自号青丘子，明初召修《元史》，授翰林院编修，元末明初诗人，"吴中四杰"之一。

竹枝歌六首/（明）高启. ——《高太史大全集》卷二。

出蜀二首/（明）孙蕡. ——《西庵集》卷七。孙蕡（1338—1393）或（1334—1389），字仲衍，南海（今广东顺德）人，元末明初诗人，洪武三年（1370）进士，时人称其为西巷先生，"南园五子"之一。

过瞿塘/（明）孙蕡. ——《西庵集》卷四。

发忠州/（明）孙蕡. ——清同治《忠州直隶州志》卷十二《艺文志·诗（七古）》。

瞿塘峡/（明）孙蕡. ——清光绪《奉节县志》卷三十六《艺文·诗汇》。

巫峡秋怀/（明）孙蕡. ——《西庵集》卷六。

下瞿塘/（明）孙蕡. ——《西庵集》卷四。

盐井/（明）孙蕡. ——《西庵集》卷四。

题陆太守瞿塘日暮图/（明）王恭. ——《白云樵唱集》卷一。王恭（约1346—1411），字安中，号皆山樵者，闽县人，元末明初诗人，明永乐初以儒士荐修《永乐大典》，授翰林院典籍，不久辞归乡里。

题秋江待渡扇面/（明）王恭. ——《石仓历代诗选》卷二百九十八。

瞿塘贾/（明）周是修. ——《刍荛集》卷二。周是修（1354—1402），名德，以字行，泰和县人，洪武末举明经。

蜀相像/（明）方孝孺. ——《逊志斋集》卷二十四。方孝孺（1357—1402），字希直，一字希古，号正学，别号逊志，时称正学先生，宁海（今浙江象山）人，明代大臣、著名学者。

入峡/（明）王绅. ——《继志斋集》卷二。王绅（1360—1400），字仲缙，义乌（今属浙江）人，受业于宋濂，建文帝时，以荐受国子监博士，与方孝孺友善，卒于官。

舟次瞿塘/（明）王绅. ——《继志斋集》卷二。

临刑绝命/（明）胡子昭. ——《大足文史》第23辑第48页。胡子昭（1362—1402），字仲常，一字伯尚，原名志高，今重庆大足人。

月夜过瞿塘/（明）王绂. ——《王舍人诗集》卷四。王绂（1362—1416），字孟端，号友石生、九龙山人、青城山人，今江苏无锡人，官至中书舍人，明代画家，工山水，善诗。

大祀/（明）蹇义. ——民国《巴县志》卷二十三《文征》。蹇义（1363—1435），字宜之，初名瑢，重庆巴县人，明洪武十八年（1385）进士。

早朝应制/（明）蹇义. ——民国《巴县志》卷二十三《文征》。

赠杨员外归蜀省墓/（明）蹇义. ——《重庆题咏录》第43页。

孔明/（明）夏原吉. ——《忠靖集》卷六。夏原吉（1366—1430），字维酷，祖籍江西德兴，洪武中被举荐到太学。

题孔明像/（明）夏原吉. ——《忠靖集》卷四。

瞿塘天下险/（明）解缙. ——《文毅集》卷五。解缙（1369—1415），字大绅，又字缙绅，号春雨，又号喜易，明育水鉴湖（今江西吉水县）人，明洪武年乡试解元，翌年成进士。

访张三丰/（明）胡濙. ——清光绪《铜梁县志》卷十四《艺文志·四》。胡濙，生卒年不详，字源洁，南直武进（今属江苏）人，建文二年（1400）进士，授兵科给事中。

舟人竹枝词五首/（明）王洪. ——《毅斋集》卷四。王洪（1379—1420），字希范，号毅斋，钱塘（今浙江杭州）人，洪武三十年（1397）进士，《永乐大典》副总裁。

竹枝词二首/（明）朱有燉. ——《御选明诗》卷二。朱有燉（1379—1439），别号诚斋，明太祖朱元璋之孙，周定王朱楠之长子，工词曲，长杂剧。

县治八景之牛冈雪牧/（明）綦冕. ——清道光《綦江县志》卷十二《艺文下》。綦冕，生卒年不详，今重庆綦江县人，永乐二十一年（1423）兵备金事。

县治八景之月涵湖水/（明）綦冕. ——清道光《綦江县志》卷十二《艺

文下》。

巴王祠／（明）舒容．——清同治《忠州直隶州志》卷十二《艺文志·诗（七律）》。舒容，生卒年不详，字仲和，忠州（今重庆忠县）人，明永乐六年（1408）举人。

玉镜天成／（明）舒容．——清同治《忠州直隶州志》卷十二《艺文志·诗（七律）》。

严颜桥／（明）舒容．——清同治《忠州直隶州志》卷十二《艺文志·诗（七律）》。

紫极晚烟／（明）舒容．——清同治《忠州直隶州志》卷十二《艺文志·诗（七律）》。

竹枝词一首／（明）万武．——《甬上耆旧诗》卷二十八。万武（1386—1408），字世忠，万钟的长子，袭父职，永乐时任宁波卫指挥佥事，从征云南，战死。

严颜桥／（明）宋广．——清同治《忠州直隶州志》卷十二《艺文志·诗（七律）》。宋广，生卒年不详，江西新淦（今新干县）人，举人，宣德时任忠州训导。

谒宣公祠／（明）宋广．——清同治《忠州直隶州志》卷十二《艺文志·诗（七律）》。

送孙辀之夔州同知／（明）薛瑄．——《敬轩文集》卷十。薛瑄（1389—1464），字德温，号敬轩，今山西万荣人，永乐十九年（1419）进士。

题罗侍御仙舟出峡图／（明）薛瑄．——《敬轩文集》卷三。

竹枝词四首／（明）陈贽．——《石仓历代诗选》卷三百八十四。陈贽（1392—1466），字维成，号稼轩，余姚（今属浙江）人，以荐授训导，入为翰林待诏，迁广东参议，进太常少卿。

严颜桥怀古／（明）陈瑞．——清同治《忠州直隶州志》卷十二《艺文志·诗》。陈瑞，生卒年不详，字辑五，忠州（今重庆忠县）人，明成化七年（1417）进士，任光禄寺正卿。

过元天观／（明）朱友垓．——清光绪《铜梁县志》卷十四《艺文志·

四》。朱友垓（？—1463），明濠州钟离人，明宗室，封蜀定王。

竹枝词／（明）张楷．——《石仓历代诗选》卷三百三十五、《明诗归》卷八。张楷（1399—1460），字式之，浙江慈溪人，永乐二十二年（1424）进士，官都察院右佥都御史。

江津八景／（明）江渊．——《江津文史资料选辑》第九辑。江渊，生卒年不详，字世用，江津人，明宣德五年（1430）选庶吉士，授官编修。

题莲花石／（明）江渊．——《江津文史资料选辑》第六辑第132页。

忆黄州／（明）江渊．——《江津文史资料选辑》第三辑第67页。

吊宣公墓／（明）姚夔．——清同治《忠州直隶州志》卷十二《艺文志·诗（七绝）》。姚夔（1414—1473），字大章，号损庵，浙江桐庐人，明正统七年（1442）会试第一。

下峡二首／（明）姚夔．——《明诗综》卷二十四。

题龙女庙／（明）王俭．——清光绪《铜梁县志》卷十四《艺文志·四》。王俭，生卒年不详，今重庆铜梁区人，明正统四年（1439）进士。

使北迎上皇即事／（明）李实．——民国新修《合川县志·文在二》，卷七十《诗一·律诗》。李实（约1417—1482），字孟诚，号虚庵，合州（今重庆合川）人，明英宗正统七年（1442）进士。

游濮岩寺／（明）李实．——民国新修《合川县志·文在一》，卷六十九《诗一·七言古》。

赠松隐圆聪上人／（明）曾昂．——清光绪《铜梁县志》卷十四《艺文志·四》。曾昂，生卒年不详，今重庆铜梁人，明正统七年（1442）进士。

巫山天下奇／（明）周洪谟．——清光绪《巫山县志》卷三十二《艺文志》。周洪谟（1420—1491），字尧弼，号箐斋，又号南皋子，正统十年（1445）进士，今四川长宁人。

瞿塘天下险／（明）周洪谟．——清光绪《奉节县志》卷三十六《艺文·诗汇》。

吊邹立斋／（明）陈宪章．——民国新修《合川县志·文在二》，卷七十《诗一·律诗》。陈宪章，生卒年不详，字公甫，世称白沙先生，新会人，明英宗正统十二年（1447）举人，理学家。

平都山／（明）李本．——清光绪《丰都县志》卷四《艺文志》。李本，生卒年不详，潜江人，明朝成化间任忠州判官。

题定明大像／（明）阎禹锡．——民国《潼南县志》卷六《艺文志下·二诗》。阎禹锡（1426—1464），字子与，洛阳人，正统中由举人授昌黎训导，擢御史，督畿内学政。

送陶主事崇岳出使西蜀／（明）樊昌．——《石仓历代诗选》卷四百三十七。樊昌（1430—1493），字时登，号古压，缙云（今属浙江）人，明成化四年（1468）举人，官延平训导。

月镜凝山／（明）杨大荣．——清光绪《丰都县志》卷四《艺文志》。杨大荣，生卒年不详，字崇仁，今重庆丰都人，明天顺丁丑（1457）进士。

白帝城用杜工部秋兴韵／（明）潘恩．——《潘笠江先生集》卷三。潘恩（？—1486），字从礼，淮安山阳人，景泰丙子（1456）举人。

闻子规／（明）潘恩．——《明诗综》卷二十三。

西瀼怀古／（明）潘恩．——《潘笠江先生集》卷三。

寄子刘春登第／（明）刘规．——《重庆市九龙坡区志》第二十八篇《杂志》。刘规（1435—1508），字应乾，重庆巴县乡贤，明宪宗成化五年（1469）进士，卒后赠礼部尚书。

送柳聪千户袭职还瞿塘／（明）黄仲昭．——《未轩文集》卷十。黄仲昭（1435—1508），名潜，以字行，号未轩，别号退岩居士，称未轩先生，福建莆田人，明成化二年（1466）进士。

八阵图／（明）张瓒．——《三国诗集》明代卷。张瓒，生卒年不详，字宗器，今湖北孝感人，英宗天顺四年（1460）进士。

武侯祠／（明）张瓒．——清光绪《奉节县志》卷三十六《艺文·诗汇》。

夔州述怀二首／（明）洪钟．——《夔门诗粹》。洪钟（1443—1524），字宣之，晚号两峰居士，钱塘（今浙江杭州）人，明成化十一年（1475）进士。

送汪侍御文粲出判夔州／（明）程敏政．——《篁墩文集》卷七十七。程敏政（1444—1499），字克勤，号篁墩，休宁县城北郭人，成化二年（1466）

进士，明文学家。

夔府道中／（明）王格. ——《少泉集》。王格，生卒年不详，字汝化，今湖北人，嘉靖五年（1526）进士，著有《少泉集》。

夔门关／（明）王格. ——《少泉集》。

悯行／（明）王格. ——《少泉集》。

西瀼／（明）王格. ——《少泉集》。

赠刘春刘台／（明）李东阳. ——《重庆题咏录》第 44 页。李东阳（1447—1516），字宾之，号西涯，茶陵人，天顺八年（1464）进士，明中后期茶陵诗派的核心人物，诗人、书法家、政治家。

侍御梅国楼宴龚侍御文选于北山／（明）戴锦. ——民国《长寿县志》卷十五《文征下》。戴锦（1447—1517），字伯绸，号纲庵，又号白斋，今重庆长寿人，明成化乙未（1475）进士。

赠刘春刘台／（明）谢迁. ——《重庆题咏录》第 45 页。谢迁（1449—1531），字于乔，号木斋，余姚（今属浙江）人，成化十一年（1475）进士。

送高良新知归州／（明）王鏊. ——《震泽集》卷二。王鏊（1450—1524），字济之，吴县（今江苏苏州）人。

古洞蟠龙诗四首／（明）王嘉言、（明）徐应侯、（明）林俊、（明）徐原本. ——《梁平县志》。王嘉言，生卒年不详，字孔彰，河北东光县人，嘉靖四十四年（1565）进士。徐应侯，生卒年不详，明代官员，曾到梁山视察。林俊（1452—1527），字待用，号见素，福建莆田人，成化十四年（1478）进士，正德时以右副都御史巡抚四川。徐原本，明三韩诗人，其他不详。

白帝城春望／（明）程诰. ——《霞城集》卷十一。程诰，生卒年不详，字自邑，歙县（今安徽歙县）人，约明孝宗弘治前后在世，生平好游。

泊瞿塘峡东浦／（明）程诰. ——《霞城集》卷十八。

夔州诸葛武侯祠／（明）程诰. ——《霞城集》卷十一。

夔州阻水憩开元寺／（明）程诰. ——《霞城集》卷十四。

上峡次鱼复浦／（明）程诰. ——《霞城集》卷十八。

晚过夔州／（明）程诰. ——《霞城集》卷二十三。

峡夕／（明）程诰. ——《御选明诗》卷五十六。

峡中旅怀／（明）程诰. ——《霞城集》卷十四。

峡中纵目／（明）程诰. ——《霞城集》卷十一。

峡中阻水／（明）程诰. ——《霞城集》卷十四。

题诸葛祠／（明）胡希颜. ——《三国诗集》明代卷。胡希颜，生卒年不详，明弘治年间监察御史。

钓鱼城／（明）冯衡. ——明万历《合州志》卷一。冯衡，生卒年不详，明代合州（今重庆合川）人，成化十一年（1475）进士。

夔州书怀二首／（明）林俊. ——《见素集》卷一。林俊（1452—1527），字待用，号见素，福建莆田人，成化十四年（1478）进士，正德时以右副都御史巡抚四川。

铁门扇／（明）林俊. ——《御选明诗》卷二十二。

右垭写怀／（明）林俊. ——《石仓历代诗选》卷四百一十五。

云阳八景／（明）王彦奇、（明）黄佑等. ——《云阳县志》第1301—1303页。王彦奇，生卒年不详，明弘治年间进士，官至左金都御史。

感寓／（明）朱诚泳. ——《小鸣稿》卷二。朱诚泳（1458—1498），号宾竹道人，明太祖五世孙。

晖都纲授职还渝／（明）刘春. ——《重庆市九龙坡区志》第二十八篇《杂志》。刘春（1459—1521），字仁仲，号东川，一号樗庵，重庆巴县人，明宪宗成化二十三年（1487）进士。

赠刘春刘台／（明）杨廷和. ——《重庆题咏录》第49页。杨廷和（1459—1529），字介夫，号石斋，新都（今四川成都）人，成化十四年（1478）进士。

思东为王世臣题／（明）邵宝. ——《容春堂集》续集卷三。邵宝（1460—1527），字国贤，号二泉，今江苏无锡人，成化二十年（1484）进士。

平都山书院记／（明）钱福. ——（明）龚自成《平都山志》，万历刻本。钱福（1461—1504），字与谦，号鹤滩，明直隶华亭人，弘治三年（1490）状元，授翰林修撰。

夔峡舟中述怀三首／（明）刘丙. ——《夔门诗粹》。刘丙（？—1518），字文焕，今江西安福县人，成化二十三年（1487）进士，历四川副使，三迁四川左布政使。

题流杯池／（明）王彦奇. ——明正德《夔州府志》卷十二。王彦奇，生卒年不详，明弘治年间进士，官至左佥都御史。

题总真桥／（明）杨孟瑛. ——清光绪《丰都县志》卷四《艺文志》。杨孟瑛，生卒年不详，字温甫，号平山，今重庆丰都人。

鲍家庄／（明）吴潜. ——《夔州府志·艺文》。吴潜，生卒年不详，字毅夫，江西临川人，明弘治三年（1490）进士，正德四年（1508）曾任夔州知府，撰有《夔州府志》十二卷。

读杜五绝／（明）吴潜. ——《夔门诗粹》。

莲花寺／（明）吴潜. ——《夔门诗粹》。

武侯阵图／（明）吴潜. ——《夔门诗粹》。

丙午领解马上口占／（明）邹智. ——民国新修《合川县志·文在二》，卷七十《诗一·绝句》。邹智（1466—1491），字汝愚，号立斋，合州（今重庆合川）人，明诗文家。

辞朝／（明）邹智. ——民国新修《合川县志·文在二》，卷七十《诗一·律诗》。

水调歌头／（明）邹智. ——《历代蜀词辑校》第407页。

咏怀／（明）邹智. ——民国新修《合川县志·文在二》，卷七十《诗一·律诗》。

题流杯池／（明）[作者不详]. ——明正德《夔州府志》卷十二。

八阵图／（明）王崇文. ——《三国诗集》明代卷。王崇文（1468—1520），字叔武，号兼山，明代山东曹县人。

白帝城／（明）王崇文. ——《三国诗集》明代卷。

送石斋太傅致仕还蜀／（明）文征明. ——《甫田集》卷十。文征明（1470—1559），初名壁，以字行，又字征仲，别号衡山居士，长洲（今江苏苏州）人，明书画家。

白帝城/（明）陈洪谟．——《石仓历代诗选》卷四百七十五。陈洪谟，生卒年不详，字宗禹，明武陵县（今湖南常德市）人，弘治九年（1496）进士。

播南吟/（明）刘瑞．——清道光《綦江县志》卷十二《艺文下》。刘瑞，生卒年不详，字德符，今四川内江人，弘治九年（1496）进士。

东溪驿/（明）刘瑞．——清道光《綦江县志》卷十二《艺文下》。

松坎驿/（明）刘瑞．——清道光《綦江县志》卷十二《艺文下》。

谒张桓侯庙/（明）刘瑞．——民国《云阳县志》卷四十二《文录上·古近体诗》。

登蟆矶次草泉心刘石门韵二首/（明）王守仁．——《王文成全书》卷二十。王守仁（1472—1528），字伯安，今浙江余姚人，自号阳明子，世称阳明先生，哲学家、教育家。

又赠刘秋佩/（明）王守仁．——清同治重修《涪州县志》卷十五《艺文志·古今体诗一百八十五首》。

赠刘秋佩/（明）王守仁．——清同治重修《涪州县志》卷十五《艺文志·古今体诗一百八十五首》。

乙卯新正重经温泉/（明）卢雍．——清同治《璧山县志》卷十《艺文志·诗·七言律》。卢雍（1474—1521），字师邵，直隶吴县石湖人，正德六年（1511）进士。

巴人竹枝歌六首/（明）王廷相．——《御选明诗》卷九。王廷相（1474—1544），字子衡，号浚川，河南仪封（今兰考）人，明弘治十五年（1502）进士。

巴峡/（明）王廷相．——《王氏家藏集》卷十四。

登瞿塘城望杜工部故迹/（明）王廷相．——《王氏家藏集》卷十八。

发白崖/（明）王廷相．——《王氏家藏集》卷十四。

夔州/（明）王廷相．——《王氏家藏集》卷十四。

夔州简卢朝言/（明）王廷相．——《石仓历代诗选》卷四百七十三。

明月沱/（明）王廷相．——《王氏家藏集》卷十四、民国《巴县志》卷一《疆域下·水道》。

木洞驿／（明）王廷相.——《王氏家藏集》卷十四。

秋日巴中旅行／（明）王廷相.——清同治《巴县志》卷四下《艺文志·五言律》。

望峡／（明）王廷相.——《王氏家藏集》卷十六。

昭烈庙／（明）王廷相.——《王氏家藏集》卷十八。

盐场／（明）黄衷.——《万县志》第791页。黄衷（1474—1553），字子和，别号病叟，广东南海人，明代弘治年间进士，授南京户部主事，官终兵部右侍郎，工诗。

题敖处士幽居诗处士名桂高／（明）喻茂坚.——清光绪《荣昌县志》卷二十二《艺文·明诗》。喻茂坚（1474—1566），字月梧，今四川荣昌县人，明正德六年（1511）进士。

九炁亭／（明）周尚文.——（明）龚自成《平都山志》，万历刻本。周尚文（1475—1549），字彦章，西安（今陕西西安）人，明代将领。

温泉寺（二首）／（明）刘大谟.——清同治《璧山县志》卷十《艺文志·诗·五言律》。刘大谟（1476—1543），字远夫，号东皋，今河南仪封人，正德三年（1508）进士，曾任四川巡抚，主修《四川总志》。

武溪滩／（明）顾璘.——《凭几集》卷三。顾璘（1476—1547），字华玉，别号东桥居士，长洲（今江苏吴县）人，徙上元（今南京），弘治九年（1496）进士，文学家。

白帝城／（明）刘节.——《梅国前集》卷二十一。刘节（1476—1555），字介夫，号梅国，又号雪台，今江西南昌人，弘治十八年（1505）进士。

巫山感怀／（明）刘节.——清光绪《巫山县志》卷三十二《艺文志》。

游白岩寺和副史夏公韵／（明）刘节.——清嘉庆《达县志》卷四十六《艺文志》。

送客／（明）陆深.——《御选明诗》卷一百零七。陆深（1477—1544），初名荣，字子渊，号俨山，上海人，弘治十八年（1505）进士。

送刘德征赴夔州／（明）陆深.——《俨山集·续集》卷六。

谒诸葛武侯庙/（明）陆深. ——《俨山集》卷十五。

过瞿塘峡/（明）李中. ——《谷平文集》卷四。李中（1478—1542），字子庸，号谷平，吉水（今属江西）人，明正德进士。

白鹿夜鸣/（明）卢雍. ——清光绪《丰都县志》卷四《艺文志》。卢雍，生卒年不详，东关（今江苏南京）人，曾任四川巡按御史，明正德十三年（1518）曾巡察丰都。

灵云洞/（明）卢雍. ——清道光《南部县志》卷三十《艺文志》。

龙床夜雨/（明）卢雍. ——清光绪《丰都县志》卷四《艺文志》。

题平都山/（明）卢雍. ——《丰都文史资料选辑》第十一辑《名人莅丰剪影》第130页。

同致仕金华守刘范游平都山/（明）卢雍. ——清光绪《丰都县志》卷四《艺文志》。

温泉题壁/（明）卢雍. ——清同治《璧山县志》卷十《艺文志·诗·七言律》。

雨中泊温泉寺下/（明）卢雍. ——《北碚区志》第588页。

遣兴/（明）张含. ——《列朝诗集》卷六十三。张含（1479—1565），字愈光，号禺山，张志淳子，明正德二年（1507）举人，善诗。

巫峡/（明）张含. ——清道光《夔州府志》卷三十六、清光绪《巫山县志》卷三十二《艺文志》。

送顾马胡孔昭（三首）/（明）徐祯卿. ——《迪功集》卷三。徐祯卿（1479—1511），字昌谷，一字昌国，原籍常熟（今属江苏），后迁吴县（今江苏苏州），弘治十八年（1505）进士。

送客/（明）徐祯卿. ——（清）王士祯《二家诗选》卷上。

送萧若愚/（明）徐祯卿. ——清同治《巴县志》卷四下《艺文志·七言绝》。

游温汤寺浣温汤/（明）范永銮. ——清同治《璧山县志》卷十《艺文志·诗·五言律》。范永銮，生卒年不详，字汝和，明桂阳（今河南汝城）人，正德九年（1514）进士，官至四川右布政使。

登白帝城/（明）安盘. ——白帝城碑园。安盘，亦作安磐，生卒年不详，字公石，号颐山，嘉定州（今四川乐山）人，诗人，明弘治十八年（1505）进士。

瞿塘峡/（明）安盘. ——清光绪《奉节县志》卷三十六《艺文》。

十三日入巫峡次黑石岩次瞿塘次滟滪泊夔府西门下/（明）欧阳铎. ——《欧阳恭简公遗集》卷二十一。欧阳铎（约1481—1544），字崇道，号石江（或石岗），今江西泰和人，正德三年（1508）进士。

十四日搬舟驻/（明）欧阳铎. ——《御选明诗》卷六十。

十一日次万流入巫峡用前韵/（明）欧阳铎. ——《欧阳恭简公遗集》卷二十一。

北福禅关/（明）杨瞻. ——清光绪《西充县志》卷十三《艺文志·中》。杨瞻（？—1555），字叔后，号舜原，嘉靖年间蒲阪（今属山西）人，历御史，终四川佥事。

大佛寺次素渠韵/（明）杨瞻. ——民国《潼南县志》卷六《艺文志下·二诗》。

大佛寺二檀韵/（明）杨瞻. ——民国《潼南县志》卷六《艺文志下·二诗》。

古风吹童掌科韵/（明）杨瞻. ——民国《潼南县志》卷六《艺文志下·二诗》。

将军神宇/（明）杨瞻. ——清光绪《西充县志》卷十三《艺文志·中》。

锦水棠风/（明）杨瞻. ——清光绪《西充县志》卷十三《艺文志·中》。

梁司马侯瑱墓/（明）杨瞻. ——清光绪《西充县志》卷十三《艺文志·中》。

南岷仙境次方山题/（明）杨瞻. ——清光绪《西充县志》卷十三《艺文志·中》。

上乘古寺虚白堂/（明）杨瞻. ——清道光《南部县志》卷三十《艺文志》。

上乘寺次壁问韵（十首）/（明）杨瞻. ——清道光《南部县志》卷三十

《艺文志》。

玉台观／（明）杨瞻. ——清道光《南部县志》卷三十《艺文志》。

巴川竹枝词／（明）王泮. ——清光绪《铜梁县志》卷十四《艺文志·四》。王泮，生卒年不详，字芹村，原名柴朝，嘉靖年间铜梁（今重庆铜梁）人。

重庆／（明）吴皋. ——《重庆题咏录》第62页。吴皋，生卒年不详，生活于嘉靖年间。

过滩／（明）吴皋. ——《重庆题咏录》第41页。

舟夜／（明）吴皋. ——《重庆题咏录》第41页。

登白帝城／（明）程启允. ——清道光《夔州府志》卷三十六。程启允，生卒年不详，明嘉靖年间御史。

登夔门关和张兵宪原明韵／（明）邵经济. ——《西浙泉厓邵先生诗集》卷九。邵经济，生卒年不详，仁和（今属浙江）人，明嘉靖年间人，曾任成都郡守。

嘉靖癸亥春偕郡伯陈柳冈登白帝城次星野卢宪长韵／（明）徐惟贤. ——清道光《夔州府志》卷三十六。徐惟贤，生卒年不详，明嘉靖年间钦差抚治重夔兵备道四川按察司副使。

雄跨云安控瀼西／（明）杨东山. ——《云阳县志》第1298—1301页。杨东山，生卒年不详，云南嵩明人，明嘉靖年间云阳（今重庆云阳）知县。

游平都山／（明）孙芝. ——清光绪《丰都县志》卷四《艺文志》。孙芝，生卒年不详，字鹤仙，明代嘉靖年间任忠州（今重庆忠县）知州。

高夔州先生示赏李秀才园中芍药诗用韵奉答／（明）何景明. ——《大复集》卷二十四。何景明（1483—1521），字仲默，号大复山人，今河南信阳人，诗人。

寄怀端虚堂／（明）何景明. ——《大复集》卷二十四。

秋兴八首／（明）何景明. ——《大复集》卷二十四。

巫山高／（明）何景明. ——清光绪《巫山县志》卷三十二《艺文志》。

峡中／（明）何景明. ——《大复集》卷十五。

先主庙/（明）何景明. ——清道光《夔州府志》卷三十六。

滟滪/（明）何景明. ——《大复集》卷二十五。

滟滪/（明）何景明. ——《大复集》卷十五。

义正祠/（明）何景明. ——《大复集》卷二十二。

竹枝词/（明）何景明. ——《大复集》卷六。

蜀中歌（三首）/（明）郑善夫. ——《少谷集》卷八。郑善夫（1485—1523），字继之，号少谷，福建闽县人，弘治十八年（1505）进士，明儒学家，著有《少谷集》传世。《少谷集》卷八有蜀中歌五首，今择取内容上直接描写巴渝的三首。

滩上/（明）郑善夫. ——《少谷集》卷八。

赠潜江田侯赴夔州别驾六首并序/（明）孙承恩. ——《文简集》卷二十五。孙承恩（1485—1565），字贞父，号毅斋，华亭（今上海松江）人，正德六年（1511）进士。

巴田/（明）刘天民. ——《明诗综》卷四十。刘天民（1486—1541），字希尹，今山东历城人，武宗正德九年（1514）进士，曾官四川按察司副使。

过瀼东/（明）周廷用. ——《明诗综》卷三十九。周廷用，生卒年不详，字子贤，华容（今属湖南）人，明正德六年（1511）进士，巡按贵州。

楼桑庙迎送神曲/（明）顿锐. ——《三国诗集》明代卷第六。顿锐，生卒年不详，字叔养，涿州（今河北涿县）人，正德六年（1511）进士，工诗。

温塘峡/（明）刘成德. ——清同治《巴县志》卷四下《艺文志·五古》。刘成德，生卒年不详，字润之，明河中（今山西永济县）人，正德六年（1511）进士。

谒昭烈庙/（明）张璧. ——《阳峰家藏集》。张璧（？—1545），字崇象，今湖北石首人，正德六年（1511）进士。

出嘉陵江/（明）杨慎. ——民国新修《合川县志·文在一》，卷六十九《诗一·五言古》。杨慎（1488—1559），字用修，号升庵，四川新都（今四川成都）人，正德六年（1511）进士，文学家。

楚江曲/（明）杨慎. ——《升庵集》卷三十。

大华山歌送陈子学巡方三秦/（明）杨慎. ——民国《潼南县志》卷六《艺文志下·二诗》。

涪江泛舟/（明）杨慎. ——清同治重修《涪州县志》卷十五《艺文志·古今体诗一百八十五首》。

寄任少海李仁夫/（明）杨慎. ——民国《南充县志》卷十二《艺文志·诗》。

寄夏松泉/（明）杨慎. ——清同治重修《涪州县志》卷十五《艺文志·古今体诗一百八十五首》。

青城五老赞谯定/（明）杨慎. ——民国《长寿县志》卷十五《文征下》。

圣泉篇赠韩石溪/（明）杨慎. ——民国《南充县志》卷十二《艺文志·诗》。

寿菴禅师招饮治平寺禅澡亭次方洲杨探花韵/（明）杨慎. ——清同治《巴县志》卷四下《艺文志·五言律》。

寿夏松泉太宰/（明）杨慎. ——清同治重修《涪州县志》卷十五《艺文志·古今体诗一百八十五首》。

铜罐驿/（明）杨慎. ——清同治《巴县志》卷四下《艺文志·七律》。

峡东曲/（明）杨慎. ——《升庵集》卷十四。

咏卧龙山诗/（明）杨慎. ——民国《巴县志》卷一《疆域·山脉》。

夜郎曲三章/（明）杨慎. ——清道光《綦江县志》卷十一《艺文上·古体诗》。

夜郎溪/（明）杨慎. ——清道光《綦江县志》卷十二《艺文下》。

渝江登陆二首/（明）杨慎. ——清同治《巴县志》卷四下《艺文志·五言绝》。

曾少岷惠忠州新琢云根笔/（明）杨慎. ——清同治《忠州直隶州志》卷十二《艺文志·诗（七律）》。

赠张生一鹏归涪江并柬夏松泉/（明）杨慎. ——清同治重修《涪州县志》卷十五《艺文志·古今体诗一百八十五首》。

竹枝词九首/（明）杨慎. ——《升庵集》卷三十四。

桂楼秋月／（明）夏邦谟. ——清同治重修《涪州县志》卷十五《艺文志·古今体诗一百八十五首》。夏邦谟（1488—1566），字舜俞，号松泉，四川涪州（今重庆涪陵）人，明正德元年（1506）进士，官至吏部尚书，人称夏天官，善文、工书。

荔圃春风／（明）夏邦谟. ——清同治重修《涪州县志》卷十五《艺文志·古今体诗一百八十五首》。

黔水澄清／（明）夏邦谟. ——《彭水文史资料》第六辑第 120 页。

开境即事／（明）倪组. ——清咸丰《开县志》卷二十七《艺文下》。倪组，生卒年不详，今福建闽县人，嘉靖八年（1529）任巡按西关御史。

五岳山人诗／（明）五岳山人. ——民国新修《合川县志》第 17 册，《掌录十九》，卷三十六《金石》。五岳山人（1490—1540），即黄省曾，字勉之，号五岳山人，吴县人，嘉靖十年（1531）中举。

君臣诗对／（明）聂贤、（明）正德皇帝. ——《长寿县志》。聂贤，生卒年不详，字承之，今重庆长寿人，进士，生活在正德年间。正德皇帝（1491—1521），即明武宗朱厚照，1506—1521 年在位，明代第十位皇帝。

巫山感怀／（明）邱道隆. ——清光绪《巫山县志》卷三十二《艺文志》。邱道隆，生卒年不详，明代嘉靖监察御史，嘉靖十年（1531）巡按合州（今重庆合川），倡建了合宗书院。

夔府谒武侯濂溪潜诸祠登白帝城望少陵草堂／（明）朱廷立. ——《夔门诗粹》。朱廷立（1492—1566），字子礼，号两崖，今湖北通山县人，明嘉靖初年进士，曾任夔州巡府。

题萧栢园孀母程孺人节孝坊／（明）吴鼎. ——清道光《垫江县志》卷十《诗·七言古风》。吴鼎，生卒年不详，约明弘治至嘉靖期间在世，字维新，号泉亭，又自号支离子，钱塘（今浙江杭州）人，正德十二年（1517）进士，长散文。

竹枝词四首／（明）苏祐. ——《谷原集》卷八。苏祐（1493—1573），字允吉，号舜泽，蒙古苏氏五世，濮州（今濮城镇）人，嘉靖十二年（1526）进士，官至兵部尚书，文学家。

癸未九秋按试思州重阳至牛岍铺次杨雨南别驾韵/（明）吴杰. ——《彭水县志》第 977 页。吴杰，生卒年不详，字汉甫，明武宗正德十四年（1519）被州县荐举。

青牛野唔/（明）黄景夔. ——清光绪《丰都县志》卷四《艺文志》。黄景夔，生卒年不详，今重庆丰都人，明朝正德九年（1514）进士，曾任户部主事、兵部员外郎。

游龙墩/（明）黄景夔. ——清光绪《丰都县志》卷四《艺文志》。

珠帘映日/（明）黄景夔. ——清光绪《丰都县志》卷四《艺文志》。

大佛岩写景/（明）陈讲. ——民国《潼南县志》卷六《艺文志下·二诗》。陈讲，生卒年不详，名子学，今四川遂宁县人，明正德十五年（1520）进士。

登梅山书屋/（明）陈讲. ——民国《潼南县志》卷六《艺文志下·二诗》。

崆峒/（明）陈讲. ——民国《潼南县志》卷六《艺文志下·二诗》。

偕席太常中大佛寺前游眺/（明）陈讲. ——民国《潼南县志》卷六《艺文志下·二诗》。

白帝城览古/（明）周复俊. ——《泾林集》卷三。周复俊（1496—1574），初名复辰，字子枢、子吁，号木泾子，昆山（今属江苏）人，嘉靖十一年（1532）进士。

白帝城西观潋滟石/（明）周复俊. ——《泾林集》卷二。

滟滪/（明）周复俊. ——《泾林集》卷二。

春日偕友人登宝和寺/（明）李默. ——清道光《垫江县志》卷十《诗·五言律诗》。李默（？—1556），字时言，正德十六年（1521）进士，今福建瓯宁人。

咏楚王宫/（明）缪宗周. ——清光绪《巫山县志》卷三十二《艺文志》。缪宗周，生卒年不详，字碌溪，通海人，正德十六年（1521）进士，历官户部主事、四川右布政使等。

咏昭君村/（明）缪宗周. ——清光绪《巫山县志》卷三十二《艺文志》。

寄许夔州／（明）皇甫汸．——《皇甫司勋集》卷二十六。皇甫汸（1497—1582），字子循，号白泉、白泉子，斋名浩歌亭，长洲（今江苏苏州）人，工诗，"皇甫四杰"之一。

巫山高／（明）皇甫汸．——《皇甫司勋集》卷十。

登白帝城／（明）甘为霖．——清光绪《奉节县志》卷三十六《艺文·诗汇》。甘为霖，生卒年不详，今四川富顺人，嘉靖年间进士，任华州知州。

登白帝城送大司徒梧冈陈公以抚台之蜀都次韵识别／（明）郑洛．——清道光《夔州府志》卷三十六。郑洛，生卒年不详，字禹秀，安肃（今徐水）人，明嘉靖年间进士。

禹庙／（明）张四知．——清同治《忠州直隶州志》卷十二《艺文志·诗（五律）》。张四知，生卒年不详，字子畏，信阳（今河南信阳）人，嘉靖年间进士，历官浙江、四川按察司佥事。

春日登平都山／（明）古养敬．——清光绪《丰都县志》卷四《艺文志》。古养敬，生卒年不详，今重庆丰都县人，明嘉靖四年（1525）举人。

秋江欸乃曲为诸生送司述斋节推之商州／（明）任瀚．——民国《南充县志》卷十六《艺文志外纪》。任瀚（1501—1592），字少海，今四川南充人，嘉靖八年（1529）进士，历任吏部主事、考功郎中、翰林院检讨等职。瀚为人正直，不适应当时的官场生活，四十岁即辞职归家，但其天资聪颖，才思过人，在文学上取代了巨大的成就，诗、文、联俱佳，为"嘉靖八才子"、"蜀中四大家"之一。《明史》有其传。

书乳泉壁送客／（明）任瀚．——清光绪《西充县志》卷十三《艺文志·中》。

寄杨升庵／（明）任瀚．——民国《南充县志》卷十二《艺文志·诗》。

送张铎试礼部／（明）任瀚．——民国《南充县志》卷十二《艺文志·诗》。

赠韩石谿起复赴京晋司空／（明）任瀚．——民国《南充县志》卷十二《艺文志·诗》。

癸未公车有阻于道归里途中感赋／（明）李开先．——民国《长寿县志》

卷十五《文征下》。李开先（1502—1568），字伯华，号中麓，别署中麓子、中麓山人、中麓放客，世称中麓先生，今山东济南人，嘉靖八年（1529）进士。

使者归自滇南/（明）李开先.——民国《长寿县志》卷十五《文征下》。

龙床夜雨/（明）黄洵.——清光绪《丰都县志》卷四《艺文志》。黄洵，生卒年不详，丰都人，嘉靖七年（1528）举人。

送客晴澜/（明）黄洵.——清光绪《丰都县志》卷四《艺文志》。

游平都山/（明）周包荒.——清光绪《丰都县志》卷四《艺文志》。周包荒，字练江，嘉靖七年（1528）举人，曾知重庆江津、丰都、涪州等州县。

黑龙潭/（明）杨名.——民国《潼南县志》卷六《艺文志下·二诗》。杨名（1505—1559），字实卿，号芳洲，今四川遂宁人，嘉靖八年（1529）进士，授编修。

嵩公别业/（明）杨名.——清同治《巴县志》卷四下《艺文志·七律》。

重庆演武场呈夏兵宪/（明）刘绘.——清乾隆《巴县志》卷十七《艺文补遗》。刘绘（1505—1573），字子素，一字少质，今河南潢川人，嘉靖年间进士，官至重庆府知府。

秋夜登重庆澄清楼/（明）刘绘.——《巴县志选注》第1051页。

渝州送别驾周子东擢工部员外郎/（明）刘绘.——清乾隆《巴县志》卷十七《艺文补遗》。

嘉靖丙午余以赈饥来龙多用偿宿愿重有感/（明）刘士逵.——民国新修《合川县志·文在二》，卷七十《诗一·律诗》。刘士逵，生卒年不详，字伯鸿，慈溪人，嘉靖年间进士，嘉靖二十四年（1545）任合州（今重庆合川）知州，工诗文，以为官清著称。

远眺/（明）刘士逵.——民国新修《合川县志·文在二》，卷七十《诗一·律诗》。

白帝怀古/（明）靳学颜.——《两城集》。靳学颜，生卒年不详，字子愚，济宁（今山东济宁）人，嘉靖十三年（1534）乡试第一，次年中进士，著有《两城集》。

发成都当自渝入夔/（明）靳学颜.——《两城集》。

开元寺/（明）靳学颜. ——《两城集》。

夔州行呈松涧宪使/（明）靳学颜. ——《两城集》。

昭烈祠避暑/（明）靳学颜. ——《两城集》。

自府治放舟瞿塘/（明）靳学颜. ——《两城集》。

自夔回省舟次南沱/（明）靳学颜. ——《两城集》。

公置酒白帝城为别因次壁问韵以记行迹云/（明）陈尧. ——清道光《夔州府志》卷三十六。陈尧，生卒年不详，字敬甫，号梧冈，今湖南通州人，嘉靖十四年（1535）进士，诗人。

送罗柏庵赴夔州推官/（明）沈良才. ——《沈凤冈集》。沈良才，生卒年不详，字凤冈，今江苏泰州人，嘉靖十四年（1535）进士。

仙都观/（明）黄世修. ——清光绪《丰都县志》卷四《艺文志》。黄世修，生卒年不详，丰都人，嘉靖十三年（1534）举人。

六也洞/（明）刘乾. ——清道光《北乡下村刘氏宗谱》。刘乾，生卒年不详，字仲坤，号易庵，今河北保定人，嘉靖十七年（1538）进士。

六也洞题壁刻/（明）刘乾. ——清道光《北乡下村刘氏宗谱》。

挽任侍御封翁二首/（明）杨继盛. ——清同治《巴县志》卷四下《艺文志·七律》。杨继盛（1516—1555），字仲芳，号椒山，今河北容城人，明嘉靖年间进士。

白帝城作/（明）蔡汝楠. ——《自知堂集》卷五。蔡汝楠（1516—1565），字子木，号白石，德清（今属浙江）人，嘉靖十一年（1532）进士，著有《自知堂集》二十四卷。

观江舟下下/（明）蔡汝楠. ——《自知堂集》卷七。

寄夔州许使君子春/（明）蔡汝楠. ——《自知堂集》卷五。

将出峡立夏前作/（明）蔡汝楠. ——《御选明诗》卷一百八。

夔州忆旧守茗山许丈/（明）蔡汝楠. ——《自知堂集》卷七。

途中别舍弟汝言/（明）蔡汝楠. ——《列朝诗选》卷六十八。

登击璧山眺望/（明）何楚. ——清同治重修《涪州县志》卷十五《艺文志·古今体诗一百八十五首》。何楚（1516—1601），字珩所，涪州（今重庆涪

陵）人，明嘉靖年间贡生。

八阵图/（明）陈时范. ——清道光《夔州府志》卷三十六。陈时范，生卒年不详，字敷畴，今福建长乐人，明嘉靖二十年（1541）进士，曾任四川夔州府知府。

会胜楼/（明）陈时范. ——清光绪《奉节县志》卷三十六《艺文·诗汇》。

次云屏九日韵/（明）谢东山. ——《御选明诗》卷一百八。谢东山，生卒年不详，字少安，号高泉子，今四川射洪人，嘉靖二十年（1541）进士。

送李使君复守夔州/（明）徐中行. ——《御选明诗》卷八十三。徐中行（1517—1578），字子与，自称天目山人，今浙江长兴人，嘉靖二十九年（1550）进士。

竹枝词三首/（明）徐渭. ——《徐文长三集》卷十一。徐渭（1521—1593），字文长，自号青藤道士、天池山人，山阴（今浙江绍兴）人，诸生，诗文戏曲书画皆工。

旧府公黄懋轩书来离嘉半载尚未抵夔州二首/（明）彭辂. ——《彭比部集》。彭辂，生卒年不详，嘉靖二十六年（1547）进士，著有《彭比部集》。

夔州歌/（明）彭辂. ——《彭比部集》。

龙脊/（明）黎拱. ——《云阳县志》第1287页。黎拱，今重庆云阳人，明嘉靖二十五年（1546）举人。

道经涪陵游北岩注易洞/（明）王士贞. ——清同治重修《涪州县志》卷十五《艺文志·古今体诗一百八十五首》。王士贞（1526—1590），字元美，号凤洲，又号弇州山人，太仓人，嘉靖二十六年（1547）进士。

江心石鱼/（明）王士贞. ——清同治重修《涪州县志》卷十五《艺文志·古今体诗一百八十五首》。

巴人竹枝歌二首/（明）杨本仁. ——《明诗纪事·戊签》卷十七。杨本仁，生卒年不详，字次山，河南杞县人，嘉靖八年（1529）进士。

送袁令之夔州二首/（明）宗臣. ——《宗子相集》卷十一。宗臣（1525—1560），字子相，号方城山人，扬州兴化人，嘉靖二十九年（1550）

进士。

白帝城二首/（明）来知德. ——《来瞿塘先生日录·外篇》。来知德（1525—1604），字矣鲜，号瞿塘，梁山县（今重庆梁平县）人，明代著名理学家。

赤甲行/（明）来知德. ——《来瞿塘先生日录·外篇》。

答谭敬所/（明）来知德. ——清光绪《大宁县志》卷八《艺文志》。

答周红冈讲致良知/（明）来知德. ——《来瞿塘先生日录·外篇》。

寄谭敬所二首并序/（明）来知德. ——《来瞿塘先生日录·外篇》。

寄谭敬所侍御并序/（明）来知德. ——清光绪《大宁县志》卷八《艺文志》。

了心歌/（明）来知德. ——《来瞿塘先生日录·外篇》。

杪秋有怀郭梦菊太府辄赋五言十二首奉赠兼酬佳句感时陈报并见乎辞/（明）来知德. ——《来瞿唐先生日录·外篇》。

恰恰/（明）来知德. ——《来瞿塘先生日录·外篇》。

瞿塘峡/（明）来知德. ——清光绪《奉节县志》卷三十六《艺文·诗汇》。

题华封三祝图寿杨东泉少府/（明）来知德. ——清光绪《梁山县志》卷十《艺文·诗》。

慰人/（明）来知德. ——《来瞿塘先生日录·外篇》。

行路难/（明）来知德. ——清光绪《大宁县志》卷八《艺文志》。

寻袁双溪隐处/（明）来知德. ——《来瞿塘先生日录·外篇》。

游下岩寺隔江遥望朱云石别墅/（明）来知德. ——民国《云阳县志》卷四十二《文录上·古近体诗》。

游下厓寺隔江遥望朱云石别墅靖成二十二韵/（明）来知德. ——《来瞿塘先生日录·外篇》。

有所思·吊傅达香/（明）来知德. ——《来瞿塘先生日录·外篇》。

雨中留赠谭敬所/（明）来知德. ——清光绪《大宁县志》卷八《艺文志》。

云安尝酒/（明）来知德. ——《来瞿塘先生日录·外篇》。

赠谭二酉赴成都/（明）来知德. ——清光绪《大宁县志》卷八《艺文志》。

赴雁门闻虏退去呈杨中丞/（明）张佳胤. ——清光绪《铜梁县志》卷十四《艺文志·四》。张佳胤（1527—1588），又名张佳允，字肖甫，号崌崃山人，今重庆铜梁人，官至兵部尚书，授太子太保衔。

居来山人诗/（明）张佳胤. ——民国新修《合川县志》第17册《掌录十九》，卷三十六《金石》。

三峡堂/（明）张佳胤. ——《三峡通志》卷二。

宿黄牛峡/（明）张佳胤. ——清光绪《铜梁县志》卷十四《艺文志·四》。

天生桥二首/（明）张佳胤. ——清道光《夔州府志》卷三十六。

同顺庆僧游巴岳/（明）张佳胤. ——清光绪《铜梁县志》卷十四《艺文志·四》。

乌蛮滩/（明）张佳胤. ——清光绪《铜梁县志》卷十四《艺文志·四》。

游巴岳山题元天宫/（明）张佳胤. ——清光绪《铜梁县志》卷十四《艺文志·四》。

梁山校文夜梦寓东林寺与老僧坐谈/（明）劳堪. ——清光绪《梁山县志》卷十《艺文·诗》。劳堪，生卒年不详，字道亭，号庐岳，江西德化人，嘉靖三十五年（1556）进士。

嘉靖壬子季夏按古遂宁治微雨中憩禅寺问民风僧云化龙关稍旱予怏然久之居无何云合雨沛弥漫四野因赓韵以释云/（明）罗瑶. ——民国《潼南县志》卷六《艺文志下·二诗》。罗瑶（1527—?），字国华，号野应，任遂宁县令，巴陵（今湖南岳阳）人，嘉靖二十九年（1550）进士，隆庆后期曾任四川巡抚。

吊殉难同知何承光诗有序/（明）刘汉儒. ——清道光《夔州府志》卷三十六。刘汉儒（1529—1603），字文卿，号思鲁，开封府沈丘县（今河南沈丘县）人，嘉靖三十八年（1559）进士。

题温泉寺壁／（明）刘汉儒．——《璧山文史》第十一辑第 15 页。

题温泉寺壁甲戌剿流寇至此书／（明）刘汉儒．——清同治《巴县志》卷四下《艺文志·七古》。

白帝城谒义正祠／（明）郭棐．——清光绪《奉节县志》卷三十六《艺文·诗汇》。郭棐（1529—1605），字笃周，号梦兰，今广东南海人，嘉靖四十一年（1562）进士，曾任夔州知州、四川提学等。

高唐观／（明）郭棐．——清光绪《巫山县志》卷三十二《艺文志》。

秋兴和杜集句八首／（明）郭棐．——清道光《夔州府志》卷三十六。

望霞峰／（明）郭棐．——清光绪《巫山县志》卷三十二《艺文志》。

谒张桓侯庙／（明）郭棐．——民国《云阳县志》卷四十二《文录上·古近体诗》。

东瀼／（明）张九一．——《绿波楼诗集》。张九一（1533—1598），字周助，号周田，新蔡（今属河南）人，嘉靖三十二年（1553）进士，著有《绿波楼诗集》十四卷。

西瀼／（明）张九一．——《御选明诗》卷五十九。

题陆太守所藏瞿塘日暮图／（明）袁黄．——《闽中十子诗》卷十。袁黄（1533—1606），字坤仪，号了凡，嘉善（今属浙江）人，万历年间进士，世代行医。

白帝城残秋／（明）陈昂．——《白云集》卷一。陈昂，生卒年不详，万历初前后在世，字尔瞻，一字云仲，自号白云先生，今福建厦门人，著有诗集十六卷，卒后散佚无存，万历四十六年（1618）同里宋珏搜集整理成《白云集》。

白帝城七夕二首／（明）陈昂．——《白云集》卷一。

白帝城月下在路／（明）陈昂．——《列朝诗集》明代卷七十四·丁集卷第十。

不离西阁／（明）陈昂．——《列朝诗集》明代卷七十四·丁集卷第十。

风色／（明）陈昂．——《列朝诗集》明代卷七十四·丁集卷第十。

贵忘／（明）陈昂．——《列朝诗集》明代卷七十四·丁集卷第十。

过滟滪堆二首/（明）陈昂. ——《白云集》卷一。

进云安/（明）陈昂. ——《列朝诗集》明代卷七十四·丁集卷第十。

暮春题瀼西新赁草堂/（明）陈昂. ——《列朝诗集》明代卷七十四·丁集卷第十。

秋上白帝城登白帝楼二首/（明）陈昂. ——《列朝诗集》明代卷七十四·丁集卷第十。

瀼西寒望/（明）陈昂. ——《白云集》卷一。

日暮遣闷/（明）陈昂. ——《列朝诗集》明代卷七十四·丁集卷第十。

宿江边阁/（明）陈昂. ——《列朝诗集》明代卷七十四·丁集卷第十。

峡口二首/（明）陈昂. ——《白云集》卷一。

移居白帝城外/（明）陈昂. ——《白云集》卷一。

雨后天晴放舟下峡/（明）陈昂. ——《列朝诗集》明代卷七十四·丁集卷第十。

与友夜宿白帝城酒楼分得楼宇/（明）陈昂. ——《白云集》卷一。

云后望白帝城盐山/（明）陈昂. ——《白云集》卷一。

登白帝城有怀故人李太仆/（明）吴礼嘉. ——清道光《夔州府志》卷三十六。吴礼嘉，生卒年不详，明代万历诗人，浙江鄞县人。

登涂山/（明）吴礼嘉. ——《重庆题咏录》第71页。

滟滪堆/（明）吴礼嘉. ——清道光《夔州府志》卷三十六。

白帝城怀古/（明）梅国栋. ——清光绪《奉节县志》卷三十六《艺文·诗汇》。梅国栋，生卒年不详，明万历年间诗人。

冯公语/（明）李作舟. ——民国新修《合川县志·文在一》，卷六十九《诗一·四言》。李作舟，生卒年不详，今重庆合川人，明万历年间进士，擅楷、草书。

田公语/（明）李作舟. ——民国新修《合川县志·文在一》，卷六十九《诗一·杂言歌行》。

鱼山曲/（明）李作舟. ——民国新修《合川县志·文在一》，卷六十九《诗一·七言歌行》。

华光三下丰都/（明）余象斗. ——《南游记》中，参见《丰都文史资料选辑》第二辑第122页。余象斗，生卒年不详，字仰止，一名余世腾，字文台，号三台山人，建安（今建瓯）人，明代书商、通俗小说编辑刊行者，约明神宗万历中前后在世。

竹枝词/（明）许景樊. ——《宫闺文选》卷十六。许景樊，生卒年不详，字兰雪，明万历时期朝鲜女道士。此诗的作者一说是成氏（见《古今词统》卷二）。

送蒋都护入蜀/（明）王稚登. ——《御选明诗》卷八十五。王稚登（1535—1612），字伯谷，又作百谷，号半偈翁，长洲（今江苏苏州）人，诗人。

竹枝词四首/（明）周光镐. ——《明农山堂汇草》卷四。周光镐（1536—1616），字国雍，号耿西，潮阳（今广东汕头）人，明隆庆五年（1571）进士，历四川按察副使。

竹枝词六首/（明）唐尧官. ——《滇南诗略续刻》卷二。唐尧官，生卒年不详，字迁俊（或作廷俊），号五龙山人，祖居淳安（今属浙江），后迁徙晋宁（今云南晋宁县），嘉靖四十年（1561）解元。

竹枝词十二首/（明）王叔承. ——《列朝诗集》明代卷七十三·丁集第九。王叔承（1537—1601），初名光彻，以字行，更字承父，晚更字子幻，自号昆仑山人，明隆庆年间吴江（今属江苏）人，少孤家贫，四处谋生，跑遍南北。

冬日登毗卢阁/（明）蹇达. ——《重庆题咏录》第65页。蹇达，生卒年不详，字子上，号理庵，重庆乡贤，太师义之裔孙，世宗嘉靖四十一年（1562）进士。

晚过白帝城/（明）范涞. ——《三国诗集》明代卷第四。范涞（1538—1614），字原易，号唏阳，今安徽休宁人，明万历二年（1574）进士。

谒义正祠/（明）王嘉言. ——清光绪《奉节县志》卷三十六《艺文·诗汇》。王嘉言，生卒年不详，字孔彰，今河北东光县人，嘉靖四十四年（1565）进士，曾任夔州州丞。

平都仙迹/（明）曾继先. ——清光绪《丰都县志》卷四《艺文志》。曾继先，生卒年不详，嘉靖四十二年（1563）举人。

双节歌/（明）古心．——清光绪《丰都县志》卷四《艺文志》。古心（1541—1615），俗姓杨，今江苏溧水人，厌世，赴栖霞寺出家，法号如馨，专研佛法兴律宗。

游折丝岩拳菴/（明）古心．——清光绪《丰都县志》卷四《艺文志》。

八阵碛/（明）陈文烛．——《二酉园诗集》卷九。陈文烛（1542—1609），字玉斋，号五岳山人，今湖北沔阳人，嘉靖四十四年（1565）进士，曾任四川提学副使。

白帝城/（明）陈文烛．——清光绪《奉节县志》卷三十六《艺文·诗汇》。

瞿塘峡/（明）陈文烛．——《二酉园诗集》卷二。

滟滪堆二首/（明）陈文烛．——《二酉园诗集》卷九。

谒张桓侯庙/（明）陈文烛．——民国《云阳县志》卷四十二《文录上·古近体诗》。

烟霞石/（明）余暹．——民国《长寿县志》卷十五《文征下》。余暹，明嘉靖年间闽中人。

过温泉寺/（明）朱孟震．——《北碚区志》第588页。朱孟震，生卒年不详，字秉器，今江西新淦人，隆庆二年（1568）进士，曾任重庆知府、四川按察使。

题温泉寺壁/（明）朱孟震．——清同治《璧山县志》卷十《艺文志·诗·七言律》。

谒武侯祠/（明）王体复．——《三国诗集》明代卷第六。王体复，字阳父，号述斋，汾城（今山西襄汾县）人，明隆庆二年（1568）进士。

吊张房二将军/（明）傅光宅．——清道光《綦江县志》卷十二《艺文下》。傅光宅（1544—1601），字伯俊，万历五年（1577）进士，今山东聊城人，万历年间曾任重庆知府。

过綦江/（明）傅光宅．——清道光《綦江县志》卷十二《艺文下》。

望瀛山/（明）傅光宅．——清道光《綦江县志》卷十二《艺文下》。

宣公读书洞/（明）傅光宅．——清同治《忠州直隶州志》卷十二《艺文志·诗（七律）》。

谒宣公墓／（明）傅光宅.——清同治《忠州直隶州志》卷十二《艺文志·诗（七绝）》。

禹庙／（明）傅光宅.——《重庆建筑志》第282页。

白鹤梁石鱼／（明）罗奎.——清同治重修《涪州县志》卷十五《艺文志·古今体诗一百八十五首》。罗奎（1545—1585），字文光，号云野，今浙江淳化县人。

题来征君墓／（明）古德懋.——清光绪《梁山县志》卷十《艺文·诗》。古德懋，生卒年不详，梁山（今重庆梁平县）人，隆庆四年（1570）举人，进士，古之贤子，官吉安州知府。

挽瞿唐先生／（明）古德懋.——清光绪《梁山县志》卷十《艺文·诗》。

谒陆宣公墓／（明）陈禹谟.——清同治《忠州直隶州志》卷十二《艺文志·诗》。陈禹谟（1548—1618），字锡玄，号抱冲，今江苏常熟人，陈瓒之子，万历十九年（1591）举人。

同耿明府登白帝城二首／（明）袁茂英.——清光绪《奉节县志》卷三十六《艺文·诗汇》。袁茂英，生卒年不详，今浙江慈溪人，万历年间进士，曾任督学副使等职。

竹枝词六首／（明）费尚伊.——《市隐园集》卷十五。费尚伊，生卒年不详，今湖北仙桃人，明万历年间进士，官至陕西按察使佥事。

九日登九炁楼用杜甫韵／（明）戴文亨.——清光绪《丰都县志》卷四《艺文志》。戴文亨，丰都人，明万历元年（1573）举人。

竹枝词二首／（明）吴敏道.——《明诗纪事·庚签》卷二十五。吴敏道，生卒年不详，字日南，号南莘，又号射阳畸人，宝应（今江苏宝应）人，以孝名闻于乡党，工于诗，万历三年（1575）贡生。

秋日送人之夔州／（明）胡应麟.——《少室山房集》卷七十四。胡应麟（1551—1602），字元瑞，一字明瑞，自号少室山人，后更号石羊生，又号芙蓉峰客、壁观子，兰溪人，明神宗万历四年（1576）中举，藏书众多。

送易惟效观察之蜀中同李司理作二首／（明）胡应麟.——《少室山房

集》卷五十七。

登击璧山／（明）何以让. ——清同治重修《涪州县志》卷十五《艺文志·古今体诗一百八十五首》。何以让（1551—1623），字环斗，涪州（今重庆涪陵）人，明万历十六年（1588）举人。

竹枝三首／（明）沈朝焕. ——《古今词统》卷二。沈朝焕（1558—1616），字伯含，别号太玄，自称黄鹤山农，又称绿笠翁，钱塘（今浙江杭州）人，明万历二十年（1592）进士，曾任四川按察佥事。

观音滩平险诗／（明）李时华. ——清光绪《丰都县志》卷四《艺文志》。李时华，生卒年不详，字芳麓，今贵州贵阳人，万历十年（1582）举人，累官监察御史，曾奉朝廷命，巡行四川、河南、广东等地的漕运。

莅綦江视事／（明）周作乐. ——清道光《綦江县志》卷十二《艺文下》。周作乐，生卒年不详，今云南昆明人，万历十年（1582）举人。

满江红·卸万县事调綦／（明）周作乐. ——清道光《綦江县志》卷十二《艺文下》。

何侯招饮皇泽寺泛月纪兴／（明）黄辉. ——民国《南充县志》卷十二《艺文志·诗》。黄辉（1559—1620），字平倩，今四川南充人，明万历十七年（1589）进士，授编修，工诗文和书法。

入峡书怀／（明）黄辉. ——《御选明诗》卷一百一十。

送胥泽州计部使饷蓟州便道还巴中／（明）黄辉. ——清同治《巴县志》卷四下《艺文志·七古》。

望戒坛有怀／（明）黄辉. ——民国《南充县志》卷十二《艺文志·诗》。

巫夔道中杂歌四首／（明）黄辉. ——《御选明诗》卷一百一十。

巫山道中四首／（明）黄辉. ——清光绪《巫山县志》卷三十二《艺文志》。

献欷篇（为刘太孺人赋）／（明）黄辉. ——民国《南充县志》卷十二《艺文志·诗》。

佛图关纪事二首／（明）刘綎. ——清同治《巴县志》卷四下《艺文志·七律》。刘綎（1560—1619），字省吾，今江西南昌人，晚明著名将领，抗倭将领刘显子，曾任四川总兵，镇守重庆。

凯旋驻师渝州述怀二首／（明）刘綎．——清同治《巴县志》卷四下《艺文志·七律》。

平播凯旋述怀／（明）刘綎．——清道光《綦江县志》卷十二《艺文下》。

夜郎溪题壁／（明）刘綎．——清道光《綦江县志》卷十二《艺文下》。

登击璧山访何环斗／（明）曹愈参．——清同治重修《涪州县志》卷十五《艺文志·古今体诗一百八十五首》。曹愈参，生卒年不详，字坤釜，一说字古清，万历十四年（1586）进士。

夔州竹枝歌五首／（明）何白．——《白帝城竹枝词碑园》。何白（1562—1642），字无咎，别号丹邱生，原籍乐清（今属浙江），随父迁居温州郡城，能书善画工诗文。

白鹿／（明）倪伯鲼．——清光绪《丰都县志》卷四《艺文志》。倪伯鲼，生卒年不详，号灵海，今江苏常熟人，明万历三十二年（1604）任忠州知州。

吊陆宣公／（明）倪伯鲼．——清同治《忠州直隶州志》卷十二《艺文志·诗（七律）》。

雨后东皋宴集／（明）程嘉燧．——《松园浪淘集》卷七十七。程嘉燧（1565—1643），字孟阳，号松圆，今安徽休宁人，明诗人。

白鹤观礼真／（明）吴用先．——清光绪《丰都县志》卷四《艺文志》。吴用先，生卒年不详，字体中，桐城（今安徽桐城）人，明万历二十年（1592）进士，佛教居士。

过白帝城观八阵图石／（明）吴士奇．——《绿滋馆稿》卷九。吴士奇，生卒年不详，字元奇，今安徽歙县人，明末诗人，约明神宗万历三十五年（1607）前后在世，万历二十年（1592）进士。

滟滪／（明）吴士奇．——《绿滋馆稿》卷九。

仙都观次苏韵／（明）黄常德．——清光绪《丰都县志》卷四《艺文志》。黄常德，生卒年不详，今重庆丰都人，明万历十九年（1591）举人。

游铜鼓殿／（明）陈洪宪．——清道光《綦江县志》卷十一《艺文上·古体诗》。陈洪宪（1572—1631），十六而孤，家贫，弃举子业，从商。

别诗/（明）刘时俊. ——清光绪《荣昌县志》卷二十二《艺文·明诗》。刘时俊，生卒年不详，字勿所，今重庆荣昌人，明万历二十六年（1598）进士。

读刘綎佛图关石刻有感/（明）刘时俊. ——清光绪《荣昌县志》卷二十二《艺文·明诗》。

江边独叹/（明）刘时俊. ——清光绪《荣昌县志》卷二十二《艺文·明诗》。

居官水镜/（明）刘时俊. ——清光绪《荣昌县志》卷二十二《艺文·明诗》。

仕途悬镜/（明）刘时俊. ——清光绪《荣昌县志》卷二十二《艺文·明诗》。

题佛图关/（明）刘时俊. ——清光绪《荣昌县志》卷二十二《艺文·明诗》。

题石笑斋东岩遗迹兼赠笑斋/（明）刘时俊. ——清光绪《荣昌县志》卷二十二《艺文·明诗》。

杂兴三首/（明）刘时俊. ——清光绪《荣昌县志》卷二十二《艺文·明诗》。

早朝/（明）刘时俊. ——清光绪《荣昌县志》卷二十二《艺文·明诗》。

征奢酋喜二子自江南来渝助军/（明）刘时俊. ——清光绪《荣昌县志》卷二十二《艺文·明诗》。

治安文献/（明）刘时俊. ——清光绪《荣昌县志》卷二十二《艺文·明诗》。

驻军佛图关/（明）刘时俊. ——《重庆题咏录》第76页。

夔门即事十韵/（明）钟惺. ——《钟伯敬合集》。钟惺（1574—1624），字伯敬，号退谷，竟陵（今湖北天门）人，万历三十八年（1610）进士。

瞿塘/（明）钟惺. ——《列朝诗集》明代卷七十四·丁集卷十二。

上白帝城望杜少陵东屯居止遂有此歌/（明）钟惺. ——《钟伯敬合集》。

暂驻夔州詹郡伯黄杨二司李招集白帝城戏柬/（明）钟惺. ——《钟伯敬合集》。

抵夔州觅少陵草堂/（明）何大成. ——《明诗综》卷七十四。何大成（1574—1633 或 1643），字君立，晚岁自称慈公，今江苏常熟人，明藏书家。

巫山十二峰分韵/（明）徐朝纲. ——清光绪《巫山县志》卷三十二《艺文志》。徐朝纲，生卒年不详，今云南晋宁人，万历二十八年（1600）举于乡，天启二年（1622）卒。

西瀼草堂/（明）王三善. ——清光绪《奉节县志》卷三十六《艺文·诗汇》。王三善，生卒年不详，字彭伯，永城人，万历二十九年（1601）进士。

香炉山赞/（明）胡世赏. ——民国新修《合川县志》第 17 册《掌录十九》，卷三十六《金石》。胡世赏，生卒年不详，今重庆合川人，明万历二十九年（1601）进士，官至刑部侍郎，政绩斐然。

题平都山/（明）朱之臣. ——清光绪《丰都县志》卷四《艺文志》。朱之臣，字无易，号菊水，今四川成都人，万历三十二年（1604）进士。

寄王震甫/（明）徐𤊹. ——《幔亭集》卷十一。徐𤊹（约 1580—1637），字惟和，别字调侯，闽县（今福建福州）人，明万历四十六年（1618）举人。

王贞女/（明）向日升. ——清同治《巴县志》卷四下《艺文志·七律》。向日升，生卒年不详，湖广人，进士，明天启年间人。

白帝城怀古/（明）杜应芳. ——《三国诗集》明代卷第九。杜应芳，生卒年不详，字怀鹤，湖北黄冈人，明万历三十五年（1607）进士。

天生桥/（明）杜应芳. ——《万县志》第 791 页。

平都山/（明）倪朝宾. ——清光绪《丰都县志》卷四《艺文志》。倪朝宾，生卒年不详，字初源，今浙江萧山人，万历三十七年（1609）进士。

蜀江竹枝词一首/（明）方若洙. ——《桐旧集》卷一。方若洙（1585—1640），字劬生，号莲江，明哲学家方以智之孙，县学岁贡生。

朝阳洞/（明）陈应元. ——清光绪《大宁县志》卷八《艺文志》。陈应元，生卒年不详，江西人，明万历三十八年（1610）进士。

大湘滩/（明）陈翼飞. ——《明诗综》卷六十五。陈翼飞，生卒年不详，字元明，平河人，又说平湖或平和人，万历三十八年（1610）进士。

曲水寺/（明）王应熊. ——《重庆市九龙坡区志》第 762 页。王应熊

(1589—1647)，字非熊，一字春石，巴县人，明万历四十一年（1613）进士。

白公祠／（明）谢士章. ——清同治《忠州直隶州志》卷十二《艺文志·诗（七律）》。谢士章，生卒年不详，字含之，普安卫（今贵州盘县）人，明万历四十四年（1616）进士，佛教居士。

巴岳见嘲／（明）李养德. ——清光绪《铜梁县志》卷十四《艺文志·四》。李养德，生卒年不详，字涵初，今重庆铜梁东郭乡人，明万历四十七年（1619）进士。

丙寅生日／（明）李养德. ——清光绪《铜梁县志》卷十四《艺文志·四》。

得张太素寅丈手字／（明）李养德. ——清光绪《铜梁县志》卷十四《艺文志·四》。

纪见／（明）李养德. ——清光绪《铜梁县志》卷十四《艺文志·四》。

述旧／（明）李养德. ——清光绪《铜梁县志》卷十四《艺文志·四》。

田翁筑成／（明）李养德. ——清光绪《铜梁县志》卷十四《艺文志·四》。

永清寺余旧馆也重修落成寄题志感兼订重游寺有十二峰耳泉绝胜／（明）李养德. ——清光绪《铜梁县志》卷十四《艺文志·四》。

赠僧游峨眉／（明）李养德. ——清光绪《铜梁县志》卷十四《艺文志·四》。

张金吾宅元夕陪谦梁明府／（明）李养德. ——清光绪《铜梁县志》卷十四《艺文志·四》。

平播州夷人歌／（明）李凤. ——清道光《綦江县志》卷十一《艺文上·古体诗》。李凤，生卒年不详，字梧葊，号元阳子，今重庆綦江人，明万历年间诸生，曾自修县志。

县治八景之南崖仙奕／（明）李凤. ——清道光《綦江县志》卷十二《艺文下》。

平都山放歌／（明）李载宽. ——清光绪《丰都县志》卷四《艺文志》。李载宽，生卒年不详，今重庆丰都人，明万历年间举人。

岷峩行送杨大夫应召北上／（明）董光宏. ——清同治《巴县志》卷四下《艺文志·七古》。董光宏，生卒年不详，字君谟，鄞县人，万历年间任刑部主事。

题兰木院／（明）李士震. ——民国《长寿县志》卷十五《文征下》。李士震，长寿县（今重庆长寿区）人，明末举人，崇祯五年（1632）任翁源知县。

任云南布政谒丰川伯遗爱祠／（明）喻思炜. ——清光绪《荣昌县志》卷二十二《艺文·明诗》。喻思炜，生卒年不详，字耀区，号窗侯，明天启七年（1627）举人，诗人。

巴女词／（明）谢遴. ——清同治《巴县志》卷四下《艺文志·七言绝》。谢遴，生卒年不详，字汇先，宜兴（今属江苏）人，崇祯六年（1633）举人。

花岩寺／（明）陈计长. ——清同治重修《涪州县志》卷十五《艺文志·古今体诗一百八十五首》。陈计长，生卒年不详，字三石，四川涪州（今重庆涪陵）举人，善属文，官江西松江府同知、湖南长沙知府，后解组归涪，年已七十，张献忠破蜀时，避难黔中婺县。

军中口号寄诸弟／（明）王行俭. ——清乾隆《巴县志》卷十六《艺文·七言绝》。王行俭，生卒年不详，明末重庆府知府。

赐石柱女宣慰司秦良玉三首／（明）思宗朱由检. ——清道光《夔州府志》卷三十六。朱由检（1611—1644），明朝末代皇帝，明光宗第五子，熹宗之弟，在位时间1627—1644年，共十七年，年号崇祯。

明庄烈帝赐秦良玉诗四章／（明）思宗朱由检. ——《补辑石砫厅志·艺文下》及《石柱文史资料》第九辑《吟秦良玉诗词联辑》第1页。

明庄烈帝赐秦良玉诗四章／（明）思宗朱由检. ——清道光《补辑石砫厅新志·艺文志下》。

龚滩七绝／（明）冉天育. ——《彭水文史资料》第六辑第122页。冉天育（？—1644），字大生，明朝后期人，酉阳二十世土司冉跃龙的庶长子，酉阳二十一世土司。

七绝一首／（明）冉天育. ——《彭水文史资料》第六辑第122页。

门栓峡/（明）冉天育. ——《彭水县志》第966页。

九日对雨作/（明）喻思超. ——清光绪《荣昌县志》卷二十二《艺文·明诗》。喻思超，生卒年不详，今重庆荣昌人，明崇祯九年（1636）进士，任至黎平知府。

自滇回蜀道经寻甸谒胞伯应豸公遗爱祠/（明）喻思超. ——清光绪《荣昌县志》卷二十二《艺文·明诗》。

赠段监军师文（天启五年碑）/（明）[作者不详]. ——清道光《綦江县志》卷十一《艺文上·古体诗》。

八阵图/（明）钱子义. ——《种菊庵集》卷三。钱子义，生卒年不详，名师义，号子义，明代诗人，今江苏无锡人。

云安/（明）钱子义. ——《种菊庵集》卷三。

巴台（二首）/（明）何异控. ——清同治《忠州直隶州志》卷十二《艺文志·诗（七绝）》。何异控，生卒年不详，明代人。

巴台夜月/（明）陈廷瑞. ——清同治《忠州直隶州志》卷十二《艺文志·诗（五律）》。陈廷瑞，生卒年不详，明代人。

翠屏春晓/（明）陈廷瑞. ——清同治《忠州直隶州志》卷十二《艺文志·诗（五律）》。

古塔凌云/（明）陈廷瑞. ——清同治《忠州直隶州志》卷十二《艺文志·诗（五律）》。

鹿洞仙踪/（明）陈廷瑞. ——清同治《忠州直隶州志》卷十二《艺文志·诗（五律）》。

鸣玉平沙/（明）陈廷瑞. ——清同治《忠州直隶州志》卷十二《艺文志·诗（五律）》。

西岩瀑布/（明）陈廷瑞. ——清同治《忠州直隶州志》卷十二《艺文志·诗（五律）》。

治平晨钟/（明）陈廷瑞. ——清同治《忠州直隶州志》卷十二《艺文志·诗（五律）》。

紫极晚烟/（明）陈廷瑞. ——清同治《忠州直隶州志》卷十二《艺文

志·诗（五律）》。

巴台夜月/（明）陈仲仁. ——清同治《忠州直隶州志》卷十二《艺文志·诗（七律）》。陈仲仁，生卒年不详，明代江西太和县举人。

夏禹庙/（明）陈仲仁. ——清同治《忠州直隶州志》卷十二《艺文志·诗》。

巴台夜月/（明）张慎. ——清同治《忠州直隶州志》卷十二《艺文志·诗（七律）》。张慎，生卒年不详，明代湖广安陆县（今湖北安陆北）人。

翠屏春晓/（明）张慎. ——清同治《忠州直隶州志》卷十二《艺文志·诗（七律）》。

鸣玉平沙/（明）张慎. ——清同治《忠州直隶州志》卷十二《艺文志·诗（七律）》。

玉镜天成/（明）张慎. ——清同治《忠州直隶州志》卷十二《艺文志·诗（七律）》。

紫极晚烟/（明）张慎. ——清同治《忠州直隶州志》卷十二《艺文志·诗（七律）》。

巴王庙/（明）叶贵鼎. ——清同治《忠州直隶州志》卷十二《艺文志·诗（五律）》。叶贵鼎，生卒年不详，明代人。

巴阳夜泊/（明）施敬. ——清同治《巴县志》卷四下《艺文志·五言绝》。施敬，生卒年不详，字孟庄，今浙江杭州人，明代诗人。

次瞿塘峡/（明）施敬. ——《石仓历代诗选》卷三百三十。

白公祠/（明）熊化. ——清同治《忠州直隶州志》卷十二《艺文志·诗（七律）》。熊化，生平不详，明代人。

白鹤梁石鱼/（明）张楫. ——清同治重修《涪州县志》卷十五《艺文志·古今体诗一百八十五首》。张楫，生卒年不详，今重庆涪陵人。

白鹿赋/（明）黄京双. ——（明）龚自成《平都山志》，万历刻本。

白鹿山次苏诗韵/（明）冯礼. ——清光绪《丰都县志》卷四《艺文志》。

白鹿山用苏韵/（明）冉果. ——清光绪《丰都县志》卷四《艺文志》。

白鹿夜鸣/（明）倪伯麟. ——《丰都文史资料选辑》第八辑第46页。

白鹿夜鸣/（明）曾鼎. ——清光绪《丰都县志》卷四《艺文志》。曾鼎，生卒年不详，明代人，曾任丰都知县。

月镜凝山/（明）曾鼎. ——清光绪《丰都县志》卷四《艺文志》。

珠帘映日/（明）曾鼎. ——清光绪《丰都县志》卷四《艺文志》。

送客晴澜/（明）曾鼎. ——清光绪《丰都县志》卷四《艺文志》。

游仙都观/（明）曾鼎. ——清光绪《丰都县志》卷四《艺文志》。

白鸥/（明）雪菴. ——民国《长寿县志》卷十五《文征下》。

拜陈少南墓后诗/（明）罗茹. ——《永川文史资料选辑》第20辑第175页。

波仑纪兴/（明）胡乘. ——清光绪《铜梁县志》卷十四《艺文志·四》。胡乘，生卒年不详，曾任铜梁安居县令。

朝阳洞/（明）胡佑. ——清光绪《大宁县志》卷八《艺文志》。胡佑，生卒年不详，明代大宁县（今重庆巫溪）人，举人。

重游胜果寺/（明）罗文蔚. ——清道光《綦江县志》卷十二《艺文下》。罗文蔚，生卒年不详，今重庆綦江人，明进士。

烈义篇并叙/（明）罗文蔚. ——清道光《綦江县志》卷十一《艺文上·古体诗》。

寿刘三川视师川东/（明）罗文蔚. ——清道光《綦江县志》卷十二《艺文下》。

游胜果寺/（明）罗文蔚. ——清道光《綦江县志》卷十二《艺文下》。

重修碧云亭/（明）夏道硕. ——清同治重修《涪州县志》卷十五《艺文志·古今体诗一百八十五首》。夏道硕，生卒年不详，号华仙，涪州（今重庆涪陵）人，岁贡，工书能文。

重修平都观亭记/（明）游和. ——（明）龚自成《平都山志》，万历刻本。游和，生平不详。

初夏游平都山/（明）毛之麟. ——清光绪《丰都县志》卷四《艺文志》。毛之麟，生卒年不详，今重庆丰都人，明朝岁贡。

蠢钝吟/（明）杨太明. ——清道光《綦江县志》卷十一《艺文上·古体

诗》。杨太明，生卒年不详，白云观修行者，道家名蠢钝。

山中漫兴（原题为：步前韵）/（明）杨太明. ——清道光《綦江县志》卷十二《艺文下》。

县治八景之梯步鸣琴/（明）杨太明. ——清道光《綦江县志》卷十二《艺文下》。

翠屏春晓/（清）王靖. ——清同治《忠州直隶州志》卷十二《艺文志·诗（七律）》。王靖，生卒年不详，明代武陵县（今湖南浦淑浦南）人，举人，宣宗宣德年间任忠州训导。

治平晨钟/（清）王靖. ——清同治《忠州直隶州志》卷十二《艺文志·诗（七律）》。

道旁古树/（明）刘善复. ——清光绪《荣昌县志》卷二十二《艺文·明诗》。刘善复，生卒年不详，荣昌县人。

冬至/（明）刘善复. ——清光绪《荣昌县志》卷二十二《艺文·明诗》。

登观音崖/（明）杨为栋. ——清道光《綦江县志》卷十二《艺文下》。杨为栋，生卒年不详，明选贡。

登龙兴寺/（明）李模. ——清嘉庆《达县志》卷四十六《艺文志》。李模，今四川达县人。

登南岷山/（明）李乾德. ——清光绪《西充县志》卷十三《艺文志·中》。李乾德，今四川西充人。

登涂山后作/（明）张稽古. ——《重庆题咏录》第72页。张稽古，生卒年不详，字仰尧，今山西蒲城人，进士，曾任上川东守道。

登玉印山/（明）杜一经. ——清同治《忠州直隶州志》卷十二《艺文志·诗（五绝）》。杜一经，生卒年不详，明代汶上（今山东西南部）人，在忠州存诗二首。

谒陆宣公墓/（明）杜一经. ——清同治《忠州直隶州志》卷十二《艺文志·诗》。

登玉印山/（明）妙鉴禅师. ——民国《忠县志》卷二十一《文征志·近体诗》。妙鉴禅师，生平不详，明代人。

东明寺/（明）孙鹤仙. ——清同治《忠州直隶州志》卷十二《艺文志·诗（五律）》。孙鹤仙，生卒年不详，一名孙崔仙。

东明寺/（明）张春. ——清同治《忠州直隶州志》卷十二《艺文志·诗（七律）》。张春，生卒年不详，字景和、泰宇，同州（今陕西渭南市大荔县）人。

读海棠居集/（明）黄元白. ——清嘉庆《达县志》卷四十六《艺文志》。黄元白，字用章，今四川达县人。

秋兴/（明）黄元白. ——清嘉庆《达县志》卷四十六《艺文志》。

读书洞/（明）陈晰. ——清同治《忠州直隶州志》卷十二《艺文志·诗（五律）》。

杜子美草堂/（明）童轩. ——《清风亭稿》卷六。童轩，生卒年不详，字士昂，号雪崖，明代诗人。

行路难/（明）童轩. ——《清风亭稿》卷二。

短孤行/（明）张鉴. ——民国《南充县志》卷十二《艺文志·诗》。

二仙对弈处/（明）杨凌云. ——清光绪《丰都县志》卷四《艺文志》。

二仙阁/（明）曾佑. ——清光绪《丰都县志》卷四《艺文志》。

二仙楼夜坐/（明）戴文星. ——清光绪《丰都县志》卷四《艺文志》。戴文星，生卒年不详，丰都县人，明朝例贡。

二仙奕处/（明）杨延春. ——清光绪《丰都县志》卷四《艺文志》。杨延春，生卒年不详，丰都县人，明朝例贡。

丰陵纪胜吟/（明）杨延春. ——清光绪《丰都县志》卷四《艺文志》。

飞鹅石/（明）假师文. ——清道光《綦江县志》卷十二《艺文下》。假师文，生卒年不详，云南人。

赋节诗（瞿弇山先生继室古氏）/（明）陈谟. ——清道光《垫江县志》卷十《诗·七言律诗》。陈谟，生卒年不详，字赓鹿，今重庆垫江人，学识渊博，任翰林院编修。

傲云并序/（明）陈谟. ——清道光《垫江县志》卷十《诗·七言古风》。

果州行役/（明）傅执中. ——清道光《南部县志》卷三十《艺文志》。

蓬州晚渡／（明）傅执中. ——清道光《南部县志》卷三十《艺文志》。

过访何环斗先生击璧山琴堂书院／（明）蔺希夔. ——清同治重修《涪州县志》卷十五《艺文志·古今体诗一百八十五首》。蔺希夔，明涪陵（今重庆涪陵）人，理学家。

过花林驿访秦总戎良玉／（明）吹万老人. ——民国《忠县志》卷二十一《文征志·近体诗》。吹万老人，明忠州（今重庆忠县）高僧。

金衣公子（初至忠州应侍御田一甲请）／（明）吹万老人. ——民国《忠县志》卷二十一《文征志·近体诗》。

临江仙·春日迁巴台即事（二阕）／（明）吹万老人. ——民国《忠县志》卷二十一《文征志·近体诗》。

颂忠州太守曾有伦德政／（明）吹万老人. ——民国《忠县志》卷二十一《文征志·近体诗》。

渔家傲·游大隐崖／（明）吹万老人. ——民国《忠县志》卷二十一《文征志·近体诗》。

过纪将军祠／（明）张海. ——清光绪《西充县志》卷十三《艺文志·中》。纪将军，即楚汉争霸时刘邦麾下大将纪信（今四川西充人）。

过万州／（明）王枢. ——清康熙《万州志》卷四。

化龙池／（明）杨贡. ——清光绪《奉节县志》卷三十六《艺文·诗汇》。杨贡，生卒年不详，明代诗人。

寄任少海／（明）唐顺之. ——民国《南充县志》卷十二《艺文志·诗》。

寄题忠州先宣公墓祠并序／（明）陆敷荣. ——民国《忠县志》卷二十《文录志·五言古诗》。陆敷荣，生平不详，疑为唐代宰相陆贽之后。

即席有感／（明）刘泌. ——清光绪《荣昌县志》卷二十二《艺文·明诗》。刘泌，生卒年不详，明末荣昌诗人，刘时俊子。

苦风行／（明）刘泌. ——清光绪《荣昌县志》卷二十二《艺文·明诗》。

闻边警／（明）刘泌. ——清光绪《荣昌县志》卷二十二《艺文·明诗》。

至平望驿恭谒先大夫生祠四首／（明）刘泌. ——清光绪《荣昌县志》卷二十二《艺文·明诗》。

谏武宗幸宣大远谪黔中舟次溆浦/（明）任宏. ——民国《南充县志》卷十二《艺文志·诗》。

警心百勿篇/（明）郭嘉文. ——《大足县志》第202页。郭嘉文，今重庆大足人，嘉靖举人，授周至教谕，后改任山西白河县，以德化民。

客楚怀大兄时闻贼陷西充/（明）李兆. ——清光绪《西充县志》卷十三《艺文志·中》。李兆，今四川西充人。

灵岩泉/（明）刘孟桓. ——清光绪《丰都县志》卷四《艺文志》。

仙迹/（明）刘孟桓. ——（明）龚自成《平都山志》，万历刻本。

灵崖泉/（明）万谷. ——（明）龚自成《平都山志》，万历刻本。

流杯池泛/（明）熊永昌. ——清光绪《丰都县志》卷四《艺文志》。熊永昌，生卒年不详，今重庆丰都人，举人。

落花/（明）朱怀琼. ——清光绪《荣昌县志》卷二十二《艺文·明诗》。朱怀琼，生卒年不详，今四川隆昌县人，蜀藩德阳王郡主女，四川解元、富顺刘泌继妻，资明敏，善吟咏。

麦浪/（明）朱怀琼. ——清光绪《荣昌县志》卷二十二《艺文·明诗》。

梦亡夫/（明）朱怀琼. ——清光绪《荣昌县志》卷二十二《艺文·明诗》。

塞下曲/（明）朱怀琼. ——清光绪《荣昌县志》卷二十二《艺文·明诗》。

水中雁字/（明）朱怀琼. ——清光绪《荣昌县志》卷二十二《艺文·明诗》。

九日偕但富顺李印江登北崖/（明）张应麟. ——清同治重修《涪州县志》卷十五《艺文志·古今体诗一百八十五首》。

夔府竹枝词一首/（明）贺复征. ——《京江耆旧集》卷一。贺复征，生卒年不详，字仲来，今江苏丹阳人，明贡生。

浪淘沙/（明）汤珍. ——《列朝诗集》卷五十八。

龙脊/（明）杨鸾. ——《云阳县志》第1287页。杨鸾，明代人，生平不详。

马峰岈/（明）张云翼. ——《彭水县志》第966页。

梅花/（明）尹纫兰. ——清光绪《荣昌县志》卷二十二《艺文·明诗》。尹纫兰，生卒年不详，今四川宜宾人，明代女诗人、古文学家、书法家。

乍晴/（明）尹纫兰. ——清光绪《荣昌县志》卷二十二《艺文·明诗》。

深夜坐吟/（明）尹纫兰. ——清光绪《荣昌县志》卷二十二《艺文·明诗》。

南岷山/（明）冯贤. ——清光绪《西充县志》卷十三《艺文志·中》。冯贤，今四川西充人。

南岷山/（明）高鹏. ——清光绪《西充县志》卷十三《艺文志·中》。

题资福寺/（明）高鹏. ——清光绪《西充县志》卷十三《艺文志·中》。高鹏，曾任四川西充县令。

陪嘉州安给舍程侍御登白帝城/（明）刘文谟. ——白帝城碑园。刘文谟，生卒年不详，明代诗人。

平都山/（明）胡琏. ——清光绪《丰都县志》卷四《艺文志》。胡琏，生卒年不详，丰都人，明朝岁贡，曾任丰都知县。

平都山/（明）李秀华. ——清光绪《丰都县志》卷四《艺文志》。李秀华，生卒年不详，明代人，曾任丰都县教谕。

平都四时诗/（明）张邦衡. ——清光绪《丰都县志》卷四《艺文志》。张邦衡，生卒年不详，明代人，曾任丰都知县。

平都纪胜篇/（明）陈献. ——（明）龚自成《平都山志》，万历刻本。

平都仙迹/（明）张启明. ——（明）龚自成《平都山志》，万历刻本。

憩大佛寺读三席留题次韵/（明）施天经. ——民国《潼南县志》卷六《艺文志下·二诗》。施天经，生卒年不详，明代人，曾任遂宁县盐提举。

黔江/（明）沈启. ——《彭水县志》第965页。沈启，生卒年不详，诗人。

黔江/（明）栾为栋. ——《彭水县志》第966页。栾为栋，生卒年不详，明彭水岁贡。

三贤祠/（明）栾为栋. ——《彭水县志》第966页。

黔水澄清/（明）余光. ——清同治重修《涪州县志》卷十五《艺文志·古今体诗一百八十五首》。

山中漫兴/（明）王白云. ——清道光《綦江县志》卷十二《艺文下》。王白云，生卒年不详，号太贞，楚人，明河南府尹。

山中漫兴（五十首）/（明）文安之. ——《酉阳文史资料选辑》第八辑第19—30页。文安之，生卒年不详，字铁庵，夷陵（今湖北宜昌）人。

途中即景（三首）/（明）文安之. ——《酉阳文史资料选辑》第八辑第31页。

送假广文之綦庠/（明）彭龙. ——清道光《綦江县志》卷十二《艺文下》。

送萧令之綦江/（明）彭龙. ——清道光《綦江县志》卷十二《艺文下》。

送李景和改任夔州/（明）陈钧. ——《石仓历代诗选》卷四百四十四。陈钧，生卒年不详，字德衡，明福建闽县人。

送萧大尹令綦江/（明）欧阳鹏. ——清道光《綦江县志》卷十二《艺文下》。

送张丞之郓城/（明）李勋. ——清道光《綦江县志》卷十二《艺文下》。李勋，生卒年不详，字安成，明代人。

宿上乘寺/（明）傅应绍. ——清道光《南部县志》卷三十《艺文志》。

岁时竹枝词/（明）胡庭. ——《中华竹枝词》卷六。胡庭，生卒年不详，字季子，今山西汾阳人，傅山弟子。

汤峡口造福碑/（明）吴皋阳. ——《璧山文史》第十一辑第17页。吴皋阳，生卒年不详，明巡按。

题白云观/（明）牟之鹏. ——清道光《綦江县志》卷十二《艺文下》。

题石磴琴声/（明）范府. ——民国《潼南县志》卷六《艺文志下·二诗》。范府，生卒年不详，明代人，曾任遂宁令。

题温泉寺壁/（明）刘大儒. ——清同治《璧山县志》卷十《艺文志·诗·七言古》。刘大儒，生卒年不详，字大成，明代人。

温塘寺/（明）云梦. ——清同治《璧山县志》卷十《艺文志·诗·五

言律》。

文笔峰／（明）喻椿年.——清光绪《荣昌县志》卷二十二《艺文·明诗》。喻椿年，生卒年不详，今重庆荣昌县人。

卧龙冈／（明）李宗本.——《三国诗集》明代卷第九。李宗本，生卒年不详，明代诗人。

五云楼／（明）谭良相.——清光绪《丰都县志》卷四《艺文志》。

峡口晚泊／（明）吴彤.——《御选明诗》卷十八。

仙都纪胜唫／（明）毛如德.——（明）龚自成《平都山志》，万历刻本。

又咏二仙弈处／（明）毛如德.——（明）龚自成《平都山志》，万历刻本。

县治八景之飞泉喷玉／（明）黄榜.——清道光《綦江县志》卷十二《艺文下》。黄榜，生卒年不详，今重庆綦江县人。

杨太守招饮鹿鸣寺／（明）张守刚.——（明）龚自成《平都山志》，万历刻本。

行部过綦江／（明）陈述.——清道光《綦江县志》卷十二《艺文下》。陈述，生卒年不详，字姑苏。

虚白堂原韵／（明）杨明.——清道光《南部县志》卷三十《艺文志》。

谒纪侯庙／（明）潘亨识.——清光绪《西充县志》卷十三《艺文志·中》。

谒陆宣公祠／（明）万恪.——清乾隆《忠州志》卷二。万恪，生卒年不详，安州（今四川安县）人。

谒先宣公墓诗二／（明）陆道乾.——清同治《忠州直隶州志》卷十二《艺文志·诗（七律）》。陆道乾，生卒年不详，嘉善（今浙江省北部）人。

谒张桓侯庙／（明）汪安宅.——清咸丰《开县志》卷二十七《艺文下》、民国《云阳县志》卷四十二《文录上·古近体诗》。汪安宅，生卒年不详，开县人。

倚天山诗／（明）熊月崖.——清乾隆《忠州志》卷二。熊月崖，生卒年不详，明代人，曾任尚书。倚天山，在忠州城北六十里，一名高城山，登其巅，有长剑倚天之势，上有普照寺。

瀛山／（明）方运熙．——清道光《綦江县志》卷十二《艺文下》。

游龙多山／（明）刘世达．——民国《潼南县志》卷六《艺文志下·二诗》。

游平都／（明）杨节．——清光绪《丰都县志》卷四《艺文志》。杨节，生卒年不详，丰都人，明朝例贡生，光禄寺署正。

游平都／（明）杨晋．——清光绪《丰都县志》卷四《艺文志》。杨晋，生卒年不详，丰都人，明朝例贡生。

游咸平寺／（明）柳英．——清光绪《奉节县志》卷三十六《艺文·诗汇》。柳英，生卒年不详，明诗人。

韵控巴台诗二首／（明）李沈次．——清乾隆《忠州志》卷三。李沈次，生平不详，在忠州存诗一首。

再谒纪侯庙／（明）徐端．——清光绪《西充县志》卷十三《艺文志·中》。

忠州诗／（明）孙赟发．——清乾隆《忠州志》卷一。孙赟发，生平不详，在忠州存诗一首。

舟过巫峡／（明）卢谦．——清光绪《巫山县志》卷三十二《艺文志》。卢谦，生卒年不详，字吉甫，明庐山（今属江西）人，曾官永丰知县、江西右参政。

竹枝词／（明）魏安．——《甬上耆旧诗》卷二十八。魏安，生卒年不详，字允恭，少读书，长于吟咏，明代诗人。

竹枝词二首／（明）本武孟．——《诗渊》第二十二册。本武孟，生卒年不详，明代诗人。

竹枝词二首／（明）刘常．——《檇李诗系》卷九。刘常，生卒年不详，字世经，号萝云居士，明代诗人。

竹枝词四首／（明）魏俌．——《石仓历代诗选》卷三百三十五。魏俌，生卒年不详，字达卿，号云松，今浙江鄞县人，以贡生得授江西石城县训导，秩满返乡后为耆会祭酒。

竹枝歌一首／（明）［作者不详］. ——明嘉靖《巴东县志·艺文志》。

◎清代

别思恂弟入掌枢要二首／（清）喻思慥. ——清光绪《荣昌县志》卷二十二《艺文·明诗》。喻思慥（1568—1650），字似枣，重庆荣昌人，明万历三十一年（1603）经魁。

赴任滇南趋谒先君寻甸遗爱祠并追溯自力楼遗泽四首选一／（清）喻思慥. ——清光绪《荣昌县志》卷二十二《艺文·明诗》。

同乔公祖诸大老诣阙领敕三首选二／（清）喻思慥. ——清光绪《荣昌县志》卷二十二《艺文·明诗》。

登涂山绝顶／（清）曹学佺. ——《巴县志选注》第1049页。曹学佺（1574—1646），字能始，号石仓，侯官（今福州）人，万历二十三年（1595）进士，历官四川按察史。

杜鹃亭／（清）曹学佺. ——民国《云阳县志》卷四十二《文录上·古近体诗》。

丰都县／（清）曹学佺. ——《丰都文史资料选辑》第二辑第121页。

过云安／（清）曹学佺. ——民国《云阳县志》卷四十二《文录上·古近体诗》。

夔府竹枝词四首／（清）曹学佺. ——《列朝诗集》卷十七《明清》丁集第十四。

万历壬子春莫过下岩寺／（清）曹学佺. ——民国《云阳县志》卷四十二《文录上·古近体诗》。

武侯八阵图／（清）曹学佺. ——《三国诗集》明代卷。

咏崇因寺诗／（清）曹学佺. ——民国《巴县志》卷三《古迹》。

渡皋兰作／（清）吕大器. ——民国《潼南县志》卷六《艺文志下·二诗》。吕大器（1586—1649），字俨若，今重庆潼南人，明崇祯元年（1628）进士。

奉绍抚甘肃舟发嘉陵/（清）吕大器. ——民国《潼南县志》卷六《艺文志下·二诗》。

嘉江舟行时自五原解组还里/（清）吕大器. ——民国《潼南县志》卷六《艺文志下·二诗》。

锦屏山瓜皮洞/（清）吕大器. ——民国《潼南县志》卷六《艺文志下·二诗》。

靖边作/（清）吕大器. ——民国《潼南县志》卷六《艺文志下·二诗》。

凉水庄山居/（清）吕大器. ——民国《潼南县志》卷六《艺文志下·二诗》。

落索河有感/（清）吕大器. ——民国《潼南县志》卷六《艺文志下·二诗》。

明月寺/（清）吕大器. ——民国《潼南县志》卷六《艺文志下·二诗》。

渠江/（清）吕大器. ——民国《潼南县志》卷六《艺文志下·二诗》。

圣水寺/（清）吕大器. ——民国《潼南县志》卷六《艺文志下·二诗》。

双塔道上/（清）吕大器. ——民国《潼南县志》卷六《艺文志下·二诗》。

宿朝天关/（清）吕大器. ——民国《潼南县志》卷六《艺文志下·二诗》。

潭市/（清）吕大器. ——民国《潼南县志》卷六《艺文志下·二诗》。

晚次江门/（清）吕大器. ——民国《潼南县志》卷六《艺文志下·二诗》。

晚至阆州/（清）吕大器. ——民国《潼南县志》卷六《艺文志下·二诗》。

闲居/（清）吕大器. ——民国《潼南县志》卷六《艺文志下·二诗》。

湘潭道中/（清）吕大器. ——民国《潼南县志》卷六《艺文志下·二诗》。

雪山/（清）吕大器. ——民国《潼南县志》卷六《艺文志下·二诗》。

阳平关/（清）吕大器. ——民国《潼南县志》卷六《艺文志下·二诗》。

阳平关酬友人席仲材／（清）吕大器. ——民国《潼南县志》卷六《艺文志下·二诗》。

游三教寺／（清）吕大器. ——清道光《补辑石砫厅新志·艺文志下》。

早发古浪／（清）吕大器. ——民国《潼南县志》卷六《艺文志下·二诗》。

昭化县／（清）吕大器. ——民国《潼南县志》卷六《艺文志下·二诗》。

镇羌道上有感／（清）吕大器. ——民国《潼南县志》卷六《艺文志下·二诗》。

舟中闻笛／（清）吕大器. ——民国《潼南县志》卷六《艺文志下·二诗》。

渝城度岁／（清）黄翼圣. ——《明诗别裁集》卷十一。黄翼圣（1596—1659），字子羽，号莲蕊、莲蕊居士，今江苏太仓人，佛教居士，崇祯年间曾为四川新都知县，明亡后，不仕。

渝城晚渡／（清）黄翼圣. ——民国《巴县志》卷二十三《文征》。

春日偕友登城南文昌阁／（清）萧云. ——清道光《垫江县志》卷十《诗·七言律诗》。萧云（1596—1673 或 1669），字尺木，号无闷道人，晚号中山老人，明末清初安徽芜湖人，明思宗崇祯年间副贡生，入清不仕。

邓公泉／（清）萧云. ——清道光《垫江县志》卷十《诗·七言绝句》。

文笔峰／（清）萧云. ——清道光《垫江县志》卷十《诗·七言律诗》。

平都山／（清）范文光. ——清光绪《丰都县志》卷四《艺文志》。范文光（？—1651），字仲罔，今四川内江人，明天启元年（1621）举人。

除夕／（清）破山和尚. ——《石柱文史资料》第九辑《吟秦良玉诗词联辑》第 77 页，又见第十九辑第 130 页。破山和尚（1597—1666），原名蹇栋宇，字万峰、懒愚，号旭东，生于四川大竹，19 岁出家，法号海明，人称破山和尚、破山禅师、破山法师、破山老人等。1653 年，在今重庆梁平创建双桂堂。

登白兔亭／（清）破山和尚. ——《梁平县志》。

过马皇寺／（清）破山和尚. ——《石柱文史资料》第十九辑第 129 页。

宿三台寺／（清）破山和尚. ——《石柱文史资料》第九辑《吟秦良玉诗

词联辑》第 77 页。

太白崖/（清）破山和尚. ——清同治《巴县志》卷四下《艺文志·五言律》。

天佑寺除夕/（清）破山和尚. ——《石柱文史资料》第十九辑第 129 页。

万寿山吟诗/（清）破山和尚. ——《石柱文史资料》第十九辑第 130 页。

为苍松禅人别言/（清）破山和尚. ——《石柱文史资料》第十九辑第 130 页。

寓石柱闻贼退有感/（清）破山和尚. ——《石柱文史资料》第九辑《吟秦良玉诗词联辑》第 78 页。

行乐图题词/（清）破山和尚. ——《石柱文史资料》第十九辑第 129 页。

寓三教寺偶成/（清）破山和尚. ——《石柱文史资料》第十九辑第 128 页。

寓三教寺示三客禅人/（清）破山和尚. ——《石柱文史资料》第九辑《吟秦良玉诗词联辑》第 76 页。

白帝城/（清）熊文举. ——《杜诗详注》。熊文举（1599—1669），字公远，号雪堂，江西新建人，明崇祯四年（1631）进士。

崇因寺和曹能始先生韵/（清）刘道开. ——《重庆题咏录》第 91 页。刘道开（1601—1681），一名远鹏，字非眼，号了庵居士，重庆巴县人，崇祯六年（1633）举人，著有《自怡轩诗文集》、《蜀人物志》、《痛定录》等，其诗入选卓尔堪《明末四百家遗民诗》，今从巴县志及今人著作中择录数首。

畴昔/（清）刘道开. ——清同治《巴县志》卷四下《艺文志·五言律》。

大狱叹（相弟王应熙挤公子倪天和激众叩阍破及千家也）/（清）刘道开. ——《重庆题咏录》第 87 页。

废宅行/（清）刘道开. ——《重庆题咏录》第 89 页。

高门行/（清）刘道开. ——《重庆题咏录》第 89 页。

涵园二首/（清）刘道开. ——民国《巴县志》卷二十三《文征》。

和费此度杂诗/（清）刘道开. ——民国《巴县志》卷二十三《文征》。

金鳌寺/（清）刘道开. ——清乾隆《巴县志》卷十六《艺文·诗》。

乱后初至成都 ／（清）刘道开． ——民国《巴县志》卷二十三《文征》。

拟寒山诗 ／（清）刘道开． ——清乾隆《巴县志》卷九《人物志·文苑》。

曲水寺次王相国韵 ／（清）刘道开． ——清乾隆《巴县志》卷十六《艺文·诗》。

宿柏林驿 ／（清）刘道开． ——民国《巴县志》卷二十三《文征》。

宿歌乐山白海楼 ／（清）刘道开． ——《重庆题咏录》第91页。

王长山射虎行和高君霖韵 ／（清）刘道开． ——清乾隆《巴县志》卷十五《艺文·诗》。

温泉寺 ／（清）刘道开． ——《重庆题咏录》第92页。

五福宫 ／（清）刘道开． ——清同治《巴县志》卷四下《艺文志·五言律》。

渝城叹 ／（清）刘道开． ——清乾隆《巴县志》卷十五《艺文·诗》。

紫柏山诗 ／（清）刘道开． ——清同治《巴县志》卷四下《艺文志·刘了庵先生传》。

登怀清台诗 ／（清）金俊明． ——《巴渝英杰名流》第117页。金俊明（1602—1675），原姓朱名衮，字九章，后更名俊明，字孝章，号耿庵，吴县（今江苏苏州）人。

蜀中竹枝词一首 ／（清）徐士俊． ——《两浙輶轩录·补遗》卷一。徐士俊（1602—1681），原名翔，字三有，号野君，仁和（今浙江杭州）人，工诗文，尤长乐府。

永安宫 ／（清）周灿． ——清光绪《奉节县志》卷三十六《艺文·诗汇》。周灿（1604—1673），字光甫，又字闇昭，江苏吴江人，崇祯四年（1631）进士。

释大朗诗二首 ／（清）释大朗． ——《国朝蜀诗续钞》卷八。释大朗，渝人，顺治五年（1648）入大邑天峰山，师书云，后阐教成都圆通寺等。

池 ／（清）李长祥． ——费经虞撰、费密补撰：《剑阁芳华集》，四川大学图书馆藏手抄本。李长祥（1609—1673），字研斋，亦字子发，自号石井道人，今四川达州人。

祭玉兰花神文 ／（清）李长祥． ——民国《达县志》卷末《诗存》。

秋怀（寂寞悲风又送秋）/（清）李长祥.——费经虞撰、费密补撰：《剑阁芳华集》，四川大学图书馆藏手抄本。

秋怀（江上烽烟正暮秋）/（清）李长祥.——（清）陈田辑：《明诗纪事》。

送陆无文归扬州/（清）李长祥.——费经虞撰、费密补撰：《剑阁芳华集》，四川大学图书馆藏手抄本。

野池秋夜/（清）李长祥.——民国《达县志》卷末《诗存》。

赠李研斋太史/（清）[作者不详].——清嘉庆《达县志》卷四十六《艺文志》。李研斋太史即李长祥。

过秦夫人墓/（清）高作霖.——清道光《补辑石砫厅新志·艺文志下》。高作霖，生卒年不详，即僧净石，镇江金坛县人，明末贡生，明末清初战乱出家为僧，法名净石，避难移居石柱。

题三教寺壁上/（清）高作霖.——清道光《补辑石砫厅新志·艺文志下》。

遥赋石峰寺/（清）高作霖.——清道光《补辑石砫厅新志·艺文志下》。

拜杜少陵草堂/（清）宋琬.——《杜诗详注》。宋琬（1614—1673），字玉叔，号荔裳，山东莱阳人，顺治四年（1647）进士。

上岩寺/（清）宋琬.——民国《云阳县志》卷四十二《文录上·古近体诗》。

跳石滩/（清）宋琬.——清光绪《巫山县志》卷三十二《艺文志》。

再经来凤驿/（清）龚懋熙.——清同治《璧山县志》卷十《艺文志·诗·七言律》。龚懋熙，生卒年不详，字孟章，号笋湄，今重庆江津人，崇祯十三年（1640）进士，入清不仕。

送简谦居之右江/（清）施闰章.——清同治《巴县志》卷四下《艺文志·七律》。施闰章（1618—1683），字尚白（一作上白），一字屺云，号愚山，亦号愚道人、玉溪外史、愧萝居士，又号蠖斋，晚年号矩斋，今安徽宣城人。

竹枝词（三）/（清）王夫之.——《姜斋先生诗文集·五十自定稿》。王夫之（1619—1692），字而农，号薑斋，湖南衡阳人，崇祯时期举人，明末清

148

初思想家，曾参加反清复明运动，后退隐于衡阳之石船山，被称船山先生，专注于著书立说。

秦良玉词/（清）董说. ——清道光《补辑石砫厅新志·艺文志下》。董说（1620—1686），字若雨，号西庵，法名元潜，字俟庵，为僧后更名南潜，字月涵，浙江乌程（今湖州）人，明诸生。

汴梁/（清）吕潜. ——民国《潼南县志》卷六《艺文志下·二诗》。吕潜（1621—1706），字孔昭，又字石山，号半隐、耘叟，晚号石山农，四川遂宁人，崇祯十六年（1643）进士，明末清初诗人。

成都杂感/（清）吕潜. ——民国《潼南县志》卷六《艺文志下·二诗》。

呈姚岱麓中丞/（清）吕潜. ——民国《潼南县志》卷六《艺文志下·二诗》。

大水渡泗州/（清）吕潜. ——民国《潼南县志》卷六《艺文志下·二诗》。

登开元塔/（清）吕潜. ——民国《潼南县志》卷六《艺文志下·二诗》。

抵里/（清）吕潜. ——民国《潼南县志》卷六《艺文志下·二诗》。

奉寄李制府/（清）吕潜. ——民国《潼南县志》卷六《艺文志下·二诗》。

过蜀府/（清）吕潜. ——民国《潼南县志》卷六《艺文志下·二诗》。

邗江夏夜怀史诗豹萧寺/（清）吕潜. ——民国《潼南县志》卷六《艺文志下·二诗》。

寄合州张叟/（清）吕潜. ——民国新修《合川县志·文在二》，卷七十《诗一·律诗》。

江阴晤年友张四若志感/（清）吕潜. ——民国《潼南县志》卷六《艺文志下·二诗》。

九月望日谢郭明府招集/（清）吕潜. ——民国《潼南县志》卷六《艺文志下·二诗》。

客中逢梅溪侍御为作画/（清）吕潜. ——民国《潼南县志》卷六《艺文志下·二诗》。

课耕楼杂咏/（清）吕潜. ——民国《潼南县志》卷六《艺文志下·二诗》。

遣兴/（清）吕潜. ——民国《潼南县志》卷六《艺文志下·二诗》。

秋水园即事/（清）吕潜. ——民国《潼南县志》卷六《艺文志下·二诗》。

上谷感怀/（清）吕潜. ——民国《潼南县志》卷六《艺文志下·二诗》。

上元日怀两弟/（清）吕潜. ——民国《潼南县志》卷六《艺文志下·二诗》。

石亭寺楼与友人话旧/（清）吕潜. ——民国《潼南县志》卷六《艺文志下·二诗》。

送友苍大师往水西/（清）吕潜. ——民国《潼南县志》卷六《艺文志下·二诗》。

题李子静学士安南使事略/（清）吕潜. ——民国《潼南县志》卷六《艺文志下·二诗》。

题严子陵钓台/（清）吕潜. ——民国《潼南县志》卷六《艺文志下·二诗》。

投赠邑宰郭德公/（清）吕潜. ——民国《潼南县志》卷六《艺文志下·二诗》。

望江/（清）吕潜. ——清道光《夔州府志》卷三十六、民国《潼南县志》卷六《艺文志下·二诗》。

吴兴岘山/（清）吕潜. ——民国《潼南县志》卷六《艺文志下·二诗》。

吴园次罢守吴兴感赠/（清）吕潜. ——民国《潼南县志》卷六《艺文志下·二诗》。

夜登君山/（清）吕潜. ——民国《潼南县志》卷六《艺文志下·二诗》。

豫章行/（清）吕潜. ——民国《潼南县志》卷六《艺文志下·二诗》。

赠兴化张蔚生/（清）吕潜. ——民国《潼南县志》卷六《艺文志下·二诗》。

八阵图/（清）吴美秀. ——清光绪《奉节县志》卷三十六《艺文·诗

汇》。吴美秀，生卒年不详，清代直隶蠡县（今河北蠡县）人，顺治三年（1646）进士，康熙二十一年（1682）任夔州知府。

白帝城／（清）吴美秀．——清道光《夔州府志·艺文》。

夔门寄友／（清）吴美秀．——清道光《夔州府志·艺文》。

碥槽／（清）吴美秀．——清道光《夔州府志·艺文》。

镇峡堂／（清）吴美秀．——清光绪《奉节县志》卷三十六《艺文·诗汇》。

夔州／（清）张能鳞．——《西山集》。张能鳞，生卒年不详，字玉甲，号西山，祖籍大兴人，迁居浚县，清顺治四年（1647）进士，曾任四川川南道参议。

瞿塘关／（清）张能鳞．——《西山集》。

武侯庙／（清）张能鳞．——《西山集》。

滟滪堆／（清）张能鳞．——《西山集》。

明永历帝诰封石琳三代及琳夫妻制词十一道／（清）朱由榔．——民国《南川县志》卷十二《艺文志·骈散文》。朱由榔（1623—1661），即明永历帝。

江行绝句（一）／（清）毛奇龄．——《西河集》卷一百四十六。毛奇龄（1623—1716），原名甡，字大可，号西河，浙江萧山人，康熙年间举博学鸿儒，授检讨，充明史馆纂修官。

巫山一段云／（清）毛奇龄．——《西河集》卷一百三十二。

竹枝（一）／（清）毛奇龄．——《西河合集·填词》卷二。

题少陵画像／（清）程可则．——清光绪《奉节县志》卷三十六《艺文·诗汇》。程可则（1624—1673），字周量，一字湟溱，号石臞，明末清初人，工诗。

吕太常潜自归安移家海陵／（清）费密．——民国《潼南县志》卷六《艺文志下·二诗》。费密（1625—1701），字此度，又字燕峰，今四川新繁人，明末曾参加抗清斗争致残，明亡后以授徒卖文为生。

石壁题诗／（清）张烺．——《潼南文史资料》第五辑第119页。张烺（1627—1715），字冲寰，号松龄，四川蓬溪（一说遂宁）人，张鹏翮之父。

寒崖喷雪／（清）释德玉．——清乾隆《巴县志》卷十六《艺文·七言绝》。释德玉（1628—1701），俗姓王，号圣可，西蜀果州（今四川南充）营山人，二十七岁投辽阳禅师出家，清康熙七年（1668）返渝，创建华岩寺。

坚牢嵌／（清）释德玉．——《重庆题咏录》第 111 页。

半塘红行／（清）唐甄．——费经虞撰、费密补撰：《剑阁芳华集》卷十七，四川大学图书馆藏手抄本。唐甄（1630—1704），初名大陶，字铸万，号圃亭。四川达州人。中国明末清初的思想家和政论家，与王夫之、黄宗羲、顾炎武同称"四大著名启蒙思想家"，被中宣部、国家教委列为亘古以来包括孔子、孟子、鲁迅在内的一百位影响中国历史进程的杰出思想家之一。

薄命／（清）唐甄．——《剑阁芳华集》卷十七。

丹青引／（清）唐甄．——《剑阁芳华集》卷十七。

都下遇王子奇至汉阳／（清）唐甄．——《剑阁芳华集》卷十七。

奉送可师谊兄出塞省亲序／（清）唐甄．——伪江苏省立苏州图书馆编纂委员会辑，《吴中文献小丛书》之十四，《杨大瓢先生杂文残稿》附《杨大瓢出塞省亲诗文卷》，第 51 页，民国二十四年伪江苏省立苏州图书馆排印。

高唐州北西四十里阻雨／（清）唐甄．——《剑阁芳华集》卷十七。

广武山看月／（清）唐甄．——《剑阁芳华集》卷十七。

后写怀／（清）唐甄．——《剑阁芳华集》卷十七。

湖滨／（清）唐甄．——《剑阁芳华集》卷十七。

今夕／（清）唐甄．——《剑阁芳华集》卷十七。

景州兴福寺立秋／（清）唐甄．——《剑阁芳华集》卷十七。

柳下伤秋／（清）唐甄．——《剑阁芳华集》卷十七。

渑池道中怀高霖公／（清）唐甄．——《剑阁芳华集》卷十七。

清明上河图／（清）唐甄．——《剑阁芳华集》卷十七。

铁门行／（清）唐甄．——《剑阁芳华集》卷十七。

王秋山绢作蔡文姬归汉图／（清）唐甄．——《剑阁芳华集》卷十七。

新泰县南午食／（清）唐甄．——《剑阁芳华集》卷十七。

兴化县城上登览／（清）唐甄．——《剑阁芳华集》卷十七。

谳集作/（清）唐甄. ——《剑阁芳华集》卷十七。

遇越国公胄子胡星卿年八十有三过其竹屋赋赠/（清）唐甄. ——《剑阁芳华集》卷十七。

岳阳/（清）唐甄. ——《剑阁芳华集》卷十七。

蜀中/（清）陈恭尹. ——《清诗别裁集》卷八，亦见《明诗别裁集》卷一十二。陈恭尹（1631—1700），字元孝，号半峰，晚号独漉，广东顺德人，著名抗清志士陈邦彦之子，入清不仕，自号罗浮布衣，以诗名世，与屈大均、梁佩兰并称"岭南三大家"。

八阵图/（清）郑日奎. ——《勉县忠武祠墓志》卷六。郑日奎（1631—1673），字次公，号静庵，江西贵溪人，清初文学家、文论家，顺治十六年（1659）进士。

登重庆府澄清楼/（清）郑日奎. ——《重庆题咏录》第119页。

瀼西草堂/（清）郑日奎. ——《湖广通志》卷八十四《艺文志》。

瞿塘峡/（清）高层云. ——清光绪《奉节县志》卷三十六《艺文·诗汇》。高层云（1633—1689），字二鲍，号谡苑，江苏华亭（今上海松江）人，清康熙十五年（1676）进士。

八阵图/（清）李念慈. ——《谷口山房集》。李念慈，生卒年不详，字屺瞻，号劬庵，陕西泾阳县人，清顺治十五年（1658）进士，有《谷口山房集》。

白帝城/（清）李念慈. ——《谷口山房集》。

夔州府/（清）李念慈. ——《谷口山房集》。

瞿塘峡/（清）李念慈. ——《谷口山房集》。

滟滪堆/（清）李念慈. ——《谷口山房集》。

白帝城/（清）王士祯. ——清光绪《奉节县志》卷三十六《艺文·诗汇》。王士祯（1634—1711），字贻上，号阮亭，别号渔洋山人，又名王士禛、王士正，亦被称作王渔洋，山东新城（今桓台）人，清代诗人、诗论家。

泊木洞驿/（清）王士祯. ——清同治《巴县志》卷四下《艺文志·五言律》。

长寿县吊雪菴和尚/（清）王士祯. ——民国《长寿县志》卷十五《文

征下》。

登白帝城/（清）王士禛.——《渔洋山人精华录》卷七。

登白鹤梁/（清）王士禛.——《渔洋山人精华录》卷七。

登高唐观/（清）王士禛.——清光绪《巫山县志》卷三十二《艺文志》。

登涂山记/（清）王士禛.——清乾隆《巴县志》卷一《疆域志·古迹·岩》。

杜工部祠五首/（清）王士禛.——清光绪《奉节县志》卷三十六《艺文·诗汇》。

访白公东坡不得（二首）/（清）王士禛.——清同治《忠州直隶州志》卷十二《艺文志·诗（七绝）》。

汉景帝庙/（清）王士禛.——《渔洋山人精华录》卷七。

和吴渊颖题袁子仁巴船出峡图/（清）王士禛.——《渔洋山人精华录》卷一。

纪将军庙/（清）王士禛.——清光绪《西充县志》卷十三《艺文志·中》。

荆州怀古/（清）王士禛.——《渔洋山人精华录》卷七。

麻姑洞/（清）王士禛.——清光绪《丰都县志》卷四《艺文志》。

神女庙/（清）王士禛.——清光绪《巫山县志》卷三十二《艺文志》。

松溉吟诗/（清）王士禛.——《永川文史资料选辑》第20辑第225页。

题三忠传/（清）王士禛.——清同治《巴县志》卷四下《艺文志·五言律》。

涂山绝顶眺望/（清）王士禛.——清同治《巴县志》卷四下《艺文志·五言律》。

万县有感/（清）王士禛.——《渔洋山人精华录》卷七。参见《万县志》第791页。

巫山十二峰/（清）王士禛.——清光绪《巫山县志》卷三十二《艺文志》。

蟆矶灵泽夫人祠二首/（清）王士禛.——《渔洋山人精华录》卷十。

忠州谒禹庙诗/（清）王士祯. ——《渔洋山人精华录》卷十。

舟出巴峡/（清）王士祯. ——清同治《巴县志》卷四下《艺文志·五言律》。

舟下瞿塘别陈东海都督/（清）王士祯. ——《渔洋山人精华录》卷十。

弥牟道中望八阵图遗址/（清）王士祯. ——《渔洋山人精华录》卷七。

瀼西谒少陵先生祠五首/（清）王士祯. ——《渔洋山人精华录》卷七。

晚登夔府东城楼望八阵图/（清）王士祯. ——《渔洋山人精华录》卷七。

西陵竹枝词四首/（清）王士祯. ——《渔洋山人精华录》卷七。

新滩二首/（清）王士祯. ——《渔洋山人精华录》卷七。

谒宣公墓/（清）王士祯. ——《忠州古诗词选》第164页。

谒禹庙/（清）王士祯. ——清同治《忠州直隶州志》卷十二《艺文志·诗（五律）》。

义正祠/（清）王士祯. ——清光绪《奉节县志》卷三十六《艺文·诗汇》。

渝州夜泊/（清）王士祯. ——《渔洋山人精华录》卷七。

山居/（清）刘如汉. ——《国朝全蜀诗钞》第42页。刘如汉，生卒年不详，字倬章，江津人，所居近双山，因以自号，刘道开子，顺治十六年（1659）进士。

题西岳峰顶/（清）李映庚. ——清光绪《西充县志》卷十三《艺文志·中》。李映庚（1636—1675），字白符，四川西充人，明末以父荫授都察院司务，入清后隐居不仕。

八景诗并序/（清）马斗斛. ——清道光《补辑石砫厅新志·艺文志下》。马斗斛，生于明末，卒于清康熙年间，字黄星，四川石柱（今重庆石柱县）土司舍人。

游三教寺/（清）马斗斛. ——清道光《补辑石砫厅新志·艺文志下》。

仲春同黄铨不朱逅游古楼寺观李太白遗迹/（清）马斗斛. ——清道光《补辑石砫厅新志·艺文志下》。

观音崖题壁/（清）程春翔. ——清道光《綦江县志》卷十二《艺文下》。

程春翔（1642—1715），贵州贵阳人，清初贵州著名诗人。

圣灯山绝顶/（清）程春翔.——《巴南文史资料》第12辑第249页。

明妃/（清）吴雯.——清光绪《巫山县志》卷三十二《艺文志》。吴雯（1644—1704），字天章，号莲洋、玉溪生，蒲州（今山西蒲县）人，寄籍辽阳，诸生，诗人。

桓侯庙（二首）/（清）张鹏翮.——《云阳县志》第1289—1294页。张鹏翮（1649—1725），字运青，号宽宇，今四川蓬溪（一说遂宁）人。

龙门山佛岩偶题/（清）张鹏翮.——清光绪《铜梁县志》卷十四《艺文志·四》。

雍正甲辰暮春奉命还朝重经大佛寺追忆康熙壬戌同仲叔两弟侍先人傅来观席文送弟梅山谪判夷陵诗今春山如旧而白云飘渺瞻望无从不胜感怆次石壁三席诗原韵七绝三首/（清）张鹏翮.——民国《潼南县志》卷六《艺文志下·二诗》。

典试江南/（清）李先复.——清道光《南部县志》卷三十《艺文志》。李先复（1651—1728），字曲江，四川南部县人，康熙十一年（1672）举人，初任山东曹县知县，后官至工部尚书。

烈妇行并序/（清）李先复.——清道光《南部县志》卷三十《艺文志》。

观八阵图有感老杜遗恨失吞吴之句/（清）冯景.——《解春集诗钞》卷三。冯景（1652—1715），字山公，一字少渠，钱塘（今浙江杭州）人，监生。

赐傅作楫/（清）圣祖爱新觉罗·玄烨.——《白帝城历代碑刻选》。圣祖爱新觉罗·玄烨（1654—1722），在位六十一年（1661—1722）。

咏史/（清）纳兰性德.——《通志堂集》。纳兰性德（1655—1685），正黄旗满族人，姓叶赫纳兰，原名成德，避讳改性德，字容若，号楞伽山人，康熙十五年（1676）进士，清词三大家之一。

八阵图/（清）余德中.——《夔门诗粹》。余德中，生卒年不详，重庆奉节人，康熙二十年（1681）举人。

过明月峡/（清）余德中.——《江北区文史资料》第15辑第229页。

集饮巴字园黄懿庵书舍感旧/（清）余德中.——《重庆题咏录》第

131页。

秋日怀华岩寺圣可上人二首／（清）余德中．——《重庆题咏录》第131页。

王贞女／（清）余德中．——清同治《巴县志》卷四下《艺文志·五古》。

述怀诗／（清）王名符．——民国《江津县志》卷七之一《人物志》。王名符，生卒年不详，字辑瑞，号花史，江津人，康熙二十年（1681）举人，书画家。

八阵图／（清）傅作楫．——清光绪《奉节县志》卷三十六《艺文·诗汇》。傅作楫（1661—1727），又名傅恒，字济庵，号雪堂，重庆奉节人，清康熙二十六年（1687）举人。

白帝城／（清）傅作楫．——清光绪《奉节县志》卷三十六《艺文·诗汇》。

楚王宫／（清）傅作楫．——清光绪《巫山县志》卷三十二《艺文志》。

感怀／（清）傅作楫．——清道光《夔州府志·艺文》。

黄牛峡／（清）傅作楫．——清光绪《巫山县志》卷三十二《艺文志》。

九日登高唐／（清）傅作楫．——清光绪《巫山县志》卷三十二《艺文志》。

瀼溪草堂／（清）傅作楫．——清光绪《奉节县志》卷三十六《艺文·诗汇》。

圣泉书院／（清）傅作楫．——清光绪《巫山县志》卷三十二《艺文志》。

巫山高／（清）傅作楫．——清光绪《巫山县志》卷三十二《艺文志》。

峡雨／（清）傅作楫．——清光绪《巫山县志》卷三十二《艺文志》。

滟滪堆／（清）傅作楫．——清光绪《奉节县志》卷三十六《艺文·诗汇》。

永安宫／（清）傅作楫．——清光绪《奉节县志》卷三十六《艺文·诗汇》。

有怀巫峡书屋／（清）傅作楫．——清光绪《巫山县志》卷三十二《艺文志》。

子阳城歌／（清）傅作楫. ——清光绪《奉节县志》卷三十六《艺文·诗汇》。

禅崖／（清）萧盛昱. ——清道光《垫江县志》卷十《诗·七言律诗》。萧盛昱（1663—1727），字晓舆，号东谷，重庆垫江人，清康熙二十六年（1687）举人。

翠屏山／（清）萧盛昱. ——清道光《垫江县志》卷十《诗·七言律诗》。

恶蜂行／（清）萧盛昱. ——清道光《垫江县志》卷十《诗·五言古风》。

二虎相斗行／（清）萧盛昱. ——清道光《垫江县志》卷十《诗·七言古风》。

凤山／（清）萧盛昱. ——清道光《垫江县志》卷十《诗·七言律诗》。

会仙洞唐李太白题额／（清）萧盛昱. ——清道光《垫江县志》卷十《诗·七言律诗》。

夏日同友人游南印禅林／（清）萧盛昱. ——清道光《垫江县志》卷十《诗·五言律诗》。

逐狸行／（清）萧盛昱. ——清道光《垫江县志》卷十《诗·七言古风》。

出塞／（清）苟金薇. ——民国新修《合川县志·文在二》，卷七十《诗一·律诗》。苟金薇（约1664—1717），字井深，合州（今重庆合川）人，清康熙二十年（1681）举人。

春晓不寐／（清）苟金薇. ——民国新修《合川县志·文在二》，卷七十《诗一·律诗》。

春夜偶感／（清）苟金薇. ——民国新修《合川县志·文在二》，卷七十《诗一·律诗》。

度居庸／（清）苟金薇. ——民国新修《合川县志·文在二》，卷七十《诗一·律诗》。

番禺姚明府以令先伯母李太君行略见示余读而悲之为赋二十四韵／（清）苟金薇. ——民国新修《合川县志·文在一》，卷六十九《诗一·七言古》。

奉挽赠君景太先生死义有小引／（清）苟金薇. ——民国新修《合川县

志·文在一》，卷六十九《诗一·七言古》。

过历下访陈黼功时黼功先期有解饷之役赋此贻之/（清）苟金薇．——民国新修《合川县志·文在二》，卷七十《诗一·律诗》。

即事/（清）苟金薇．——民国新修《合川县志·文在一》，卷六十九《诗一·五言古》。

李苍存以圃后讲堂索赋/（清）苟金薇．——民国新修《合川县志·文在一》，卷六十九《诗一·七言古》。

梅啖熊以太母贞节传示为赋此/（清）苟金薇．——民国新修《合川县志·文在一》，卷六十九《诗一·七言古》。

侨寓素园/（清）苟金薇．——民国新修《合川县志·文在二》，卷七十《诗一·律诗》。

秋日感怀二首/（清）苟金薇．——民国新修《合川县志·文在二》，卷七十《诗一·律诗》。

秋怀四首/（清）苟金薇．——民国新修《合川县志·文在二》，卷七十《诗一·律诗》。

秋夜/（清）苟金薇．——民国新修《合川县志·文在二》，卷七十《诗一·律诗》。

雀噪/（清）苟金薇．——民国新修《合川县志·文在一》，卷六十九《诗一·五言古》。

时将由胶西北上/（清）苟金薇．——民国新修《合川县志·文在二》，卷七十《诗一·律诗》。

送曹武韩/（清）苟金薇．——民国新修《合川县志·文在一》，卷六十九《诗一·五言古》。

送陈黻功之山左藩幕/（清）苟金薇．——民国新修《合川县志·文在二》，卷七十《诗一·律诗》。

送杨二年兄归里时余将游山左/（清）苟金薇．——民国新修《合川县志·文在二》，卷七十《诗一·律诗》。

素园杂咏四首/（清）苟金薇．——民国新修《合川县志·文在二》，卷七十《诗一·律诗》。

题九嶷山石/（清）苟金薇. ——民国新修《合川县志·文在二》，卷七十《诗一·律诗》。

同友人郊行次韵/（清）苟金薇. ——民国新修《合川县志·文在二》，卷七十《诗一·律诗》。

晚眺/（清）苟金薇. ——民国新修《合川县志·文在二》，卷七十《诗一·律诗》。

西方菴/（清）苟金薇. ——民国新修《合川县志·文在一》，卷六十九《诗一·七言古》。

喜晤王汉疏诸世兄遂别/（清）苟金薇. ——民国新修《合川县志·文在二》，卷七十《诗一·律诗》。

雪佛/（清）苟金薇. ——民国新修《合川县志·文在二》，卷七十《诗一·绝句》。

遥哭石介甫/（清）苟金薇. ——民国新修《合川县志·文在二》，卷七十《诗一·律诗》。

游南华寺次大宗伯龚芝麓先生原韵/（清）苟金薇. ——民国新修《合川县志·文在二》，卷七十《诗一·律诗》。

雨后晚眺/（清）苟金薇. ——民国新修《合川县志·文在二》，卷七十《诗一·律诗》。

元日口占/（清）苟金薇. ——民国新修《合川县志·文在二》，卷七十《诗一·律诗》。

之任夜宿白沙/（清）苟金薇. ——民国新修《合川县志·文在二》，卷七十《诗一·律诗》。

赠别贾虚斋/（清）苟金薇. ——民国新修《合川县志·文在二》，卷七十《诗一·律诗》。

赠别刘蔚公/（清）苟金薇. ——民国新修《合川县志·文在一》，卷六十九《诗一·五言古》。

赠李仲平/（清）苟金薇. ——民国新修《合川县志·文在一》，卷六十九

《诗一·七言古》。

鸿妻卢氏作/（清）杨棠. ——清道光《垫江县志》卷十《诗·七言古风》。杨棠，生卒年不详，万县人，甲戌进士，康熙三十九年（1700）知顺义县，精书法，勤政务。

午日秦淮竹枝词/（清）张懋龄. ——《国朝全蜀诗钞》第57页。张懋龄（1675—1725），字与九、希龄，张鹏翮次子，四川蓬溪（一说遂宁）人，由监生考授州判，效力河工，升授江南淮安府山安河务同知，诰授奉政大夫。

巴江夜/（清）徐启后. ——《重庆题咏录》第149页。徐启后，生卒年不详，字会村，海盐人，康熙五十年（1711）游蜀，家重庆，终焉。

冬暮舟宿清溪坝/（清）徐启后. ——《重庆题咏录》第149页。

渝城书怀/（清）徐启后. ——《重庆题咏录》第149页。

在山亭秋海棠盛开/（清）徐启后. ——《重庆题咏录》第150页。

张桓侯庙/（清）董新策. ——民国《云阳县志》卷四十二《文录上·古近体诗》。董新策（1676—1754），字嘉三，一字雪耕，号樗斋，今四川泸州合江县人，清康熙庚辰年（1700）进士。

次僧净石题三教寺壁韵/（清）张清夜. ——清道光《补辑石砫厅新志·艺文志下》。张清夜（1676—1763），字子还，号自牧道人，长洲（今江苏苏州）人，清代著名道士。

答渝州林太守兴泗二首/（清）张清夜. ——清乾隆《巴县志》卷十六《艺文·诗》。

题画/（清）张清夜. ——清道光《补辑石砫厅新志·艺文志下》。

咏僧舍美人蕉/（清）张清夜. ——清道光《补辑石砫厅新志·艺文志下》。

游古楼寺/（清）张清夜. ——清道光《补辑石砫厅新志·艺文志下》。

白帝城怀古/（清）朱樟. ——《观树堂诗集》。朱樟（1677—1757），字亦纯，号鹿田，又号慕樵，钱塘（今浙江杭州）人，清康熙三十八年（1699）举人。

泊夔州西郭/（清）朱樟. ——《观树堂诗集》。

杜少陵祠堂/（清）朱樟. ——《观树堂诗集》。

瞿塘峡/（清）朱樟. ——《观树堂诗集》。

入峡/（清）朱樟. ——《观树堂诗集》。

题圣姥泉/（清）朱樟. ——《观树堂诗集》。

望八阵图/（清）朱樟. ——《观树堂诗集》。

滟滪石歌/（清）朱樟. ——《观树堂诗集》。

渝州江涨作歌同舍弟守田/（清）朱樟. ——《观树堂诗集》。

渝州晚望/（清）朱樟. ——《观树堂诗集》。

再题白帝楼/（清）朱樟. ——《观树堂诗集》。

登城晚眺给孤寺/（清）刘慈. ——《重庆题咏录》第141页。刘慈，生卒年不详，字康成，号鹭溪，康熙四十一年（1702）举人，巴县人。

海棠溪/（清）刘慈. ——《重庆题咏录》第142页。

涵园/（清）刘慈. ——《重庆题咏录》第140页。

涵园今通远门之内莲花池也/（清）刘慈. ——清同治《巴县志》卷四下《艺文志·七古》。

洪崖洞/（清）刘慈. ——清同治《巴县志》卷四下《艺文志·七言排律》。

双烈墓/（清）刘慈. ——清同治《巴县志》卷四下《艺文志·五言律》。

涂山春眺/（清）刘慈. ——《重庆题咏录》第141页。

王贞女/（清）刘慈. ——清同治《巴县志》卷四下《艺文志·五古》。

偕同人游少陵草堂/（清）刘慈. ——《国朝全蜀诗钞》第69页。

谒桓侯庙/（清）刘慈. ——民国《长寿县志》卷十五《文征下》。

渝州杂感七首/（清）刘慈. ——《重庆题咏录》第142页。

禹庙/（清）刘慈. ——清同治《巴县志》卷四下《艺文志·七古》。

神仙洞/（清）何行先. ——清同治重修《涪州县志》卷十五《艺文志·古今体诗一百八十五首》。何行先（1679—1751），四川涪州人，康熙五十年（1711）举人，善文词、书法。

归途遣兴/（清）王恕. ——清光绪《铜梁县志》卷十四《艺文志·四》。

王恕（1682—1742），字中安，又字瑟斋，今重庆铜梁人。

过潮州有感／（清）王恕. ——清光绪《铜梁县志》卷十四《艺文志·四》。

牧牛词／（清）王恕. ——清光绪《铜梁县志》卷十四《艺文志·四》。

农夫词／（清）王恕. ——清光绪《铜梁县志》卷十四《艺文志·四》。

闾中有以祭鬼请者余寝其事作此晓之／（清）王恕. ——清光绪《铜梁县志》卷十四《艺文志·四》。

偕友人江岸登山／（清）王恕. ——清光绪《铜梁县志》卷十四《艺文志·四》。

忆葵亭／（清）王恕. ——清光绪《铜梁县志》卷十四《艺文志·四》。

渔父词／（清）王恕. ——清光绪《铜梁县志》卷十四《艺文志·四》。

白帝城谒忠烈武侯庙／（清）盛锦. ——《清诗别裁集》卷三十。盛锦（？—1756），字庭坚，号青嶁，清吴县（今属江苏）人，诸生，入蜀有作。

登白帝城／（清）盛锦. ——《清诗别裁集》卷三十。

过滩／（清）盛锦. ——《清诗别裁集》卷三十。

过渝州／（清）盛锦. ——《重庆题咏录》第295页。

虎牙滩／（清）盛锦. ——《清诗别裁集》卷三十。

空舲峡／（清）盛锦. ——《清诗别裁集》卷三十。

峡夜／（清）盛锦. ——《清诗别裁集》卷三十。

芝龛记题词之一／（清）陈士璠. ——《石柱文史资料》第九辑《吟秦良玉诗词联辑》第80页。陈士璠（1690—1756），字鲁革，号鲁斋，晚号泉亭，钱塘（今浙江杭州）人，历充四川乡试副考官，颇工于诗。

芝龛记题词之五／（清）沈廷芳. ——《石柱文史资料》第九辑《吟秦良玉诗词联辑》第86页。沈廷芳（1692—1762或1702—1772），字畹叔，号椒园，浙江仁和人，乾隆元年（1736）由监生召试鸿博，授翰林院庶吉士、编修，历官河南、山东按察使。

定林院即事呈吴舍人仿亭杨合州谦六二首／（清）马维翰. ——民国新修《合川县志·文在一》，卷六十九《诗一·五言古》。马维翰（1693—1740），字默临，又字墨麟，号侣仙，浙江海盐人，康熙六十年（1721）进士。

秦良玉遗像/（清）沈德潜. ——《石柱文史资料》第九辑《吟秦良玉诗词联辑》第24页。沈德潜（1673—1769），字确士，号归愚，江苏长洲人，乾隆四年（1739）进士，诗人。

明史杂咏/（清）严遂成. ——清道光《补辑石砫厅新志·艺文志下》。严遂成（1694—?），字嵩瞻，又字海珊，浙江乌程（今湖州）人，雍正二年（1736）进士，能诗，尤工咏史。

巴令段公/（清）周开丰. ——清乾隆《巴县志》卷十七《艺文补遗》。周开丰，生卒年不详，字骏声，号悔厓，重庆巴县人，康熙庚子年（1720）中举，善诗文。

巴渝十二景/（清）周开丰. ——《重庆题咏录》第239—241页。

宝轮寺即事集元句/（清）周开丰. ——清同治《巴县志》卷四下《艺文志·五言律》。

城楼观涨/（清）周开丰. ——《重庆题咏录》第243页。

登涂山微雨集句/（清）周开丰. ——清同治《巴县志》卷四下《艺文志·七律》。

吊明殉难重庆守章公/（清）周开丰. ——清乾隆《巴县志》卷十六《艺文·诗》。

丰年碑/（清）周开丰. ——《重庆题咏录》第236页。

歌乐山寺集句赠友二首/（清）周开丰. ——清同治《巴县志》卷四下《艺文志·七律》。

古迹十二首/（清）周开丰. ——《重庆题咏录》第243页。

海棠溪赠友集唐诗句/（清）周开丰. ——清同治《巴县志》卷四下《艺文志·五言律》。

华蓥道中二首/（清）周开丰. ——清乾隆《巴县志》卷十六《艺文·七言绝》。

怀汉孝子杜孝/（清）周开丰. ——清乾隆《巴县志》卷十五《艺文·诗》。

怀双山陈南锡集右丞句/（清）周开丰. ——《重庆市九龙坡区志》第二十八篇《杂志》。

金碧台/（清）周开丰. ——清同治《巴县志》卷四下《艺文志·五言绝》。

九日渝州书院社课/（清）周开丰. ——《重庆题咏录》第239页。

荔枝谣（用东坡韵）/（清）周开丰. ——清乾隆《巴县志》卷十五《艺文·诗》。

龙门/（清）周开丰. ——清同治《巴县志》卷四下《艺文志·五言绝》。

落梅风·晓望涂山春翠/（清）周开丰. ——《历代蜀词全辑》第505页。

牛角沱吊明殉难司马董公/（清）周开丰. ——《重庆题咏录》第235页。

陪高守村易半山龙鹤坪诸先生登涂山下饮觉林寺/（清）周开丰. ——《重庆题咏录》第242页。

沈氏双烈/（清）周开丰. ——清乾隆《巴县志》卷十七《艺文补遗》。

苏碑/（清）周开丰. ——清同治《巴县志》卷四下《艺文志·五言绝》。

宿石桥铺为友人题画回文/（清）周开丰. ——清乾隆《巴县志》卷十六《艺文·五言绝》。

踏青过巴蔓子墓/（清）周开丰. ——《重庆题咏录》第242页。

题樵坪杨仿菴山居集句/（清）周开丰. ——清同治《巴县志》卷四下《艺文志·五言律》。

晚宿金鳌寺/（清）周开丰. ——清乾隆《巴县志》卷十五《艺文·诗》。

王贞女/（清）周开丰. ——清乾隆《巴县志》卷十五《艺文·诗》。

闻雕嘴岩大雪为之洒然/（清）周开丰. ——清乾隆《巴县志》卷十五《艺文·诗》。

蟹泉/（清）周开丰. ——清同治《巴县志》卷四下《艺文志·五言绝》。

义伶王四/（清）周开丰. ——清乾隆《巴县志》卷十七《艺文补遗》。

饮准提庵集句赠耳聪上人/（清）周开丰. ——清同治《巴县志》卷四下《艺文志·七律》。

御史邹公瑾/（清）周开丰. ——清乾隆《巴县志》卷十七《艺文补遗》。

元重庆三忠诗/（清）周开丰. ——清乾隆《巴县志》卷十七《艺文补遗》。

郡守李公创建莲峰书院颂并序/（清）彭端淑. ——《白鹤堂稿》。彭端淑（1699—1779），字乐斋，号仪一，今四川丹棱人，清诗人，与张问陶、李调元并称为"蜀中三杰"，著有《白鹤堂诗稿》、《白鹤堂文稿》、《雪夜诗话》、《碑传集》、《国朝文录》等。

三峡吟/（清）彭端淑. ——《国朝全蜀诗钞》第93页。

八阵图/（清）任端书. ——《南屏山人集》。任端书（1702—1740），字揩思，一字进思，号念斋，镇江府溧阳县（今无锡）人，乾隆二年（1737）进士，著有《南屏山人集》。

江渎庙/（清）任端书. ——《南屏山人集》。

夔州怀古两首/（清）任端书. ——《南屏山人集》。

峡中/（清）任端书. ——《南屏山人集》。

禹庙/（清）任端书. ——《南屏山人集》。

八月二日香国寺僧柏恒送桂花诗以视之/（清）王尔鉴. ——《重庆题咏录》第211页。王尔鉴（1703—1766），字在兹，号熊峰，河南卢氏人，清乾隆年间曾任巴县知县。

巴蔓子墓/（清）王尔鉴. ——清同治《巴县志》卷四下《艺文志·七古》。

巴民望雨谣/（清）王尔鉴. ——《重庆题咏录》第204页。

巴蜀灵湫/（清）王尔鉴. ——《重庆题咏录》第196页。

巴台诗/（清）王尔鉴. ——清同治《忠州直隶州志》卷十二《艺文志·诗（七古）》。

巴渝十二景/（清）王尔鉴. ——《重庆题咏录》第213—217页。

北碚江干坐月/（清）王尔鉴. ——《重庆题咏录》第225页。

朝阳山行/（清）王尔鉴. ——《重庆题咏录》第201页。

重过紫霞山云台寺/（清）王尔鉴. ——《重庆题咏录》第223页。

重宿白崖宝轮寺/（清）王尔鉴. ——《重庆题咏录》第206页。

重修府学泮池落成颂三章/（清）王尔鉴. ——清乾隆《巴县志》卷十五《艺文》。

川东道署古黄葛树长句/（清）王尔鉴. ——《重庆题咏录》第208页。

大风门/（清）王尔鉴. ——清同治《忠州直隶州志》卷十二《艺文志·诗》。

大佛崖/（清）王尔鉴. ——《重庆题咏录》第209页。

登涂山题涂君洞/（清）王尔鉴. ——《重庆题咏录》第196页。

登涂山亭子/（清）王尔鉴. ——《重庆题咏录》第209页。

登望江书屋秋眺/（清）王尔鉴. ——《重庆题咏录》第223页。

登忠州北城楼远眺/（清）王尔鉴. ——清同治《忠州直隶州志》卷十二《艺文志·诗（七古）》。

佛图关/（清）王尔鉴. ——《重庆题咏录》第209页。

赋得春风扇微和/（清）王尔鉴. ——清乾隆《巴县志》卷十六《艺文·诗》。

龚家崖/（清）王尔鉴. ——《重庆题咏录》第224页。

观音峡/（清）王尔鉴. ——《重庆题咏录》第205页。

过重庆（乙亥正月初九日自京还渝有黔江之行）/（清）王尔鉴. ——《重庆题咏录》第201页。

华岩洞/（清）王尔鉴. ——《重庆题咏录》第199页。

华岩寺/（清）王尔鉴. ——《重庆题咏录》第199页。

皇华城/（清）王尔鉴. ——清同治《忠州直隶州志》卷十二《艺文志·诗（五律）》。

将军行并序/（清）王尔鉴. ——清乾隆《巴县志》卷十五《艺文·诗》。

介石早发喜雨/（清）王尔鉴. ——《重庆题咏录》第207页。

金刚坡望梁滩坝/（清）王尔鉴. ——《重庆题咏录》第198页。

九日登丰瑞楼雅集四首/（清）王尔鉴. ——《重庆题咏录》第222页。

九日登望江书屋远眺/（清）王尔鉴. ——《重庆题咏录》第207页。

九日同人江北镇登高返棹口占/（清）王尔鉴. ——《重庆题咏录》第

210 页。

勘盗/（清）王尔鉴. ——清乾隆《巴县志》卷十五《艺文·诗》。

临江官舍梅花初放邀诸友同赏并寄怀松庵主人/（清）王尔鉴. ——《忠州古诗词选》第 113 页。

龙藏寺/（清）王尔鉴. ——《重庆题咏录》第 203 页。

龙太守鹤坪九龙滩别墅四首/（清）王尔鉴. ——《重庆题咏录》第 211—212 页。

描写云篆山诗句/（清）王尔鉴. ——民国《巴县志》卷一《疆域·山脉》。

明月峡/（清）王尔鉴. ——《重庆题咏录》第 199 页。

青云石（其二）/（清）王尔鉴. ——清同治《忠州直隶州志》卷十二《艺文志·诗（五律）》。

石宝寨/（清）王尔鉴. ——清同治《忠州直隶州志》卷十二《艺文志·诗（七古）》。

宿天池寺/（清）王尔鉴. ——《重庆题咏录》第 221 页。

题宣公墓/（清）王尔鉴. ——清同治《忠州直隶州志》卷十二《艺文志·诗（五律）》。

题周梅厓十里梅花一草堂图/（清）王尔鉴. ——清乾隆《巴县志》卷十七《艺文补遗》。

天台寺/（清）王尔鉴. ——《重庆题咏录》第 221 页。

铁山见焚林开石者而叹之/（清）王尔鉴. ——《重庆题咏录》第 204 页。

亭子关/（清）王尔鉴. ——《彭水县志》第 977 页。

桶井温塘峡/（清）王尔鉴. ——《重庆题咏录》第 202 页。

涂山禹庙/（清）王尔鉴. ——《重庆题咏录》第 210 页。

晚泊朝天门坐月/（清）王尔鉴. ——《重庆题咏录》第 221 页。

望白崖宝轮寺/（清）王尔鉴. ——《重庆题咏录》第 224 页。

望缙云山/（清）王尔鉴. ——《重庆题咏录》第 224 页。

望香国寺/（清）王尔鉴. ——《重庆题咏录》第 224 页。

五福宫远眺/（清）王尔鉴. ——《重庆题咏录》第 220 页。

晓发龙藏寺至石船场山行作/（清）王尔鉴. ——《重庆题咏录》第 199 页。

滃井/（清）王尔鉴. ——清同治《忠州直隶州志》卷十二《艺文志·诗》。

杨子崖题壁/（清）王尔鉴. ——清同治《忠州直隶州志》卷十二《艺文志·诗（七律）》。

谒三忠祠/（清）王尔鉴. ——清乾隆《巴县志》卷十五《艺文·诗》。

莺花渡/（清）王尔鉴. ——《重庆题咏录》第 211 页。

咏觉林寺白莲花即视月江开士二首/（清）王尔鉴. ——《重庆题咏录》第 210 页。

游重庆镇博总戎祥阔署内山亭四首/（清）王尔鉴. ——《重庆题咏录》第 212 页。

禹庙/（清）王尔鉴. ——清同治《忠州直隶州志》卷十二《艺文志·诗（五律）》。

浴温泉寺温泉/（清）王尔鉴. ——《重庆题咏录》第 222 页。

赠前潮州太守龙为霖/（清）王尔鉴. ——《重庆题咏录》第 200 页。

折尾滩/（清）王尔鉴. ——清同治《忠州直隶州志》卷十二《艺文志第十二·诗（五律）》。

自佛图关夜行至白市驿/（清）王尔鉴. ——《重庆题咏录》第 205 页。

登纯阳山/（清）宋锦. ——民国新修《合川县志·文在二》，卷七十《诗一·律诗》。宋锦（1706—?），字在中，号东郊，怀庆府武陟县人，雍正十年（1732）进士，曾官合州知州。

送州牧宋公归庐三首/（清）宋锦. ——民国新修《合川县志·文在二》，卷七十《诗一·律诗》。

邀友人后苑仙岩赏桂/（清）宋锦. ——民国新修《合川县志·文在二》，卷七十《诗一·律诗》。

雍熙碑为重庆太守李公澹园作/（清）宋锦. ——《重庆题咏录》第

187 页。

过夜郎坡/（清）顾汝修. ——清道光《綦江县志》卷十二《艺文下》。顾汝修（约 1706—?），字息存，号密斋，四川华阳（今双流区）人，乾隆七年（1742）进士。

舟泊朝天门望涂山悠然有作/（清）顾汝修. ——《重庆题咏录》第 168 页。

碧云亭/（清）黄基. ——清同治重修《涪州县志》卷十五《艺文志·古今体诗一百八十五首》。黄基（1708—1779），涪陵人，清乾隆六年（1741）举人。

芝龛记题词之四/（清）曹秀先. ——《石柱文史资料》第九辑《吟秦良玉诗词联辑》第 85 页。曹秀先（1708—1784），字恒所，一字冰持，号地山，江西新建人，清文学家，乾隆元年（1736）进士。

竹枝词三首（一、三）/（清）董榕. ——《芝龛记·江遇》卷一。董榕（1711—1760），一作董裕，字恒岩、念青、定岩，又字渔山，号谦山，又号繁露楼居士，河北丰润人，雍正拔贡，工文章，知音律，清戏曲作家。

神女庙二首/（清）杨潮观. ——清光绪《巫山县志》卷三十二《艺文志》。杨潮观（1712—1791），字宏度，号笠湖，江苏金匮（今无锡）人，乾隆元年（1736）中举。

巫峡/（清）杨潮观. ——清光绪《巫山县志》卷三十二《艺文志》。

重庆/（清）何明礼. ——《国朝全蜀诗钞》第 118 页。何明礼（1714—1768），字希颜，号愚庐，崇庆州今四川崇庆市人，乾隆二十四年（1759）解元。

重庆府/（清）何明礼. ——《重庆题咏录》第 278 页。

入峡/（清）何明礼. ——《国朝全蜀诗钞》第 118 页。

巫峡/（清）何明礼. ——清光绪《巫山县志》卷三十二《艺文志》。

恩述怀兼别同人得诗四首/（清）周煌. ——清同治重修《涪州县志》卷十五《艺文志·古今体诗一百八十五首》。周煌（1714—1785），字景桓，号绪楚，涪州人，乾隆二年（1737）进士。

奉使入川得告省墓还□日作（二首）／（清）周煌. ——清同治重修《涪州县志》卷十五《艺文志·古今体诗一百八十五首》。

游点易洞（四首）／（清）周煌. ——清同治重修《涪州县志》卷十五《艺文志·古今体诗一百八十五首》。

夔州竹枝词二首／（清）甘运源. ——《啸岩诗存》。甘运源（1719—1785），字道渊，号啸岩，又号十三山外史、干一叟、我道人，汉军正蓝旗人，今辽宁沈阳人，善古文诗词、书法，两次入蜀，著有《长江万里集》、《西域集》、《啸岩诗存》、《墨香居画识》、《啸亭续录》、《广印人传》等。

芝龛记题词之七／（清）张九钺. ——《石柱文史资料》第九辑《吟秦良玉诗词联辑》第 90 页。张九钺（1721—1803），字度西，号紫岘、陶园，湖南湘潭人，诗人、戏曲作家，有"陶园诗老"之称，乾隆六年（1741）拔贡。

谒陆宣公墓／（清）赵文喆. ——清同治《忠州直隶州志》卷十二《艺文志·诗（七古）》。赵文喆（1725—1773），即赵文哲，字损之、升之，号璞函、璞庵，上海人，号"吴中七子"。乾隆二十七年（1762）高宗南巡召试，钦赐举人。

明史杂咏／（清）蒋士铨. ——清道光《补辑石砫厅新志·艺文志下》。蒋士铨（1725—1785），字心余，一字苕生，号藏园，又号清容居士，晚号定甫，今江西铅山人，乾隆二十二年（1757）进士。

呃酒诗为周海山先生作／（清）蒋士铨. ——清同治重修《涪州县志》卷十五《艺文志·古今体诗一百八十五首》。

大宁八景／（清）陈镇. ——清光绪《大宁县志》卷八《艺文志》。陈镇（？—1812），字殿邦，号静斋，今重庆奉节县人。

秦良玉锦袍歌／（清）赵翼. ——《石柱文史资料》第九辑《吟秦良玉诗词联辑》第 18 页。赵翼（1727—1814），清史学家、文学家，字云崧，号瓯北，江苏阳湖（今武进）人，乾隆二十六年（1761）进士，精史、诗。

周义妇／（清）吴学凤. ——清同治《忠州直隶州志》卷十二《艺文志·诗（五绝）》。吴学凤，字鸣岐，忠州直隶州（今重庆忠县）人，清乾隆十八年（1753）举人。

钓鱼城吊二冉生／（清）吴省钦．——民国新修《合川县志·文在一》，卷六十九《诗一·五言古》。吴省钦（1730—1803），一作仲止，号白华，清南汇县（今上海市东南部）人，乾隆二十八年（1763）进士。

涪州北岩注易洞／（清）吴省钦．——清同治重修《涪州县志》卷十五《艺文志·古今体诗一百八十五首》。

涪州阻水／（清）吴省钦．——清同治重修《涪州县志》卷十五《艺文志·古今体诗一百八十五首》。

钩深堂／（清）吴省钦．——清同治重修《涪州县志》卷十五《艺文志·古今体诗一百八十五首》。

寄题双桂堂／（清）吴省钦．——清光绪《梁山县志》卷十《艺文·诗》。

临江试院眺翠屏山／（清）吴省钦．——《忠州古诗词选》第161页。

临江试院夜吟／（清）吴省钦．——《忠州古诗词选》第160页。

群猪滩／（清）吴省钦．——清同治重修《涪州县志》卷十五《艺文志·古今体诗一百八十五首》。

引藤诗／（清）吴省钦．——民国《忠县志》卷二十《文录志》，目一七四《七言古诗》。

永安宫故址／（清）吴省钦．——清光绪《奉节县志》卷三十六《艺文·诗汇》。

禹庙／（清）吴省钦．——清同治《忠州直隶州志》卷十二《艺文志·诗（五律）》。

八阵图／（清）顾光旭．——《响泉集》。顾光旭（1731—1797），字华阳，号晴沙，无锡人，清乾隆十七年（1752）进士。

白帝城／（清）顾光旭．——《响泉集》。

夔州后十贤祠并序／（清）顾光旭．——《响泉集》。

梁山道中／（清）顾光旭．——清光绪《梁山县志》卷十《艺文·诗》。

陆宣公墓下作／（清）顾光旭．——清同治《忠州直隶州志》卷十二《艺文志·诗（七律）》。

瞿塘峡怀古／（清）顾光旭．——《响泉集》。

诗史堂/（清）顾光旭. ——《响泉集》。

十六夜峡中玩月/（清）顾光旭. ——《响泉集》。

题二仙楼/（清）顾光旭. ——清光绪《丰都县志》卷四《艺文志》。

武侯庙/（清）顾光旭. ——《响泉集》。

峡中绝句（十四首）/（清）顾光旭. ——《响泉集》。

先主庙/（清）顾光旭. ——《响泉集》。

滟滪堆/（清）顾光旭. ——《响泉集》。

永安宫/（清）顾光旭. ——《响泉集》。

中秋/（清）顾光旭. ——《响泉集》。

宝岩飞瀑/（清）杨堂. ——清光绪《荣昌县志》卷二十二《艺文·国朝诗》。杨堂（？—1798），广东嘉应州（今梅县）人，曾官四川苍溪县典史。

古佛眠云/（清）杨堂. ——清光绪《荣昌县志》卷二十二《艺文·国朝诗》。

棠堰飘香/（清）杨堂. ——清光绪《荣昌县志》卷二十二《艺文·国朝诗》。

鸦屿仙棋/（清）杨堂. ——清光绪《荣昌县志》卷二十二《艺文·国朝诗》。

县治八景之玛瑙藏滩/（清）杨炜. ——清道光《綦江县志》卷十二《艺文下》。杨炜，生卒年不详，字槐占，号星园，江苏武进人，乾隆四十三年（1778）进士，曾任职重庆。

临江试院眺翠屏山/（清）吴树萱. ——清同治《忠州直隶州志》卷十二《艺文志·诗（七律）》。吴树萱（？—1797），字少甫，吴县人，吴俊之弟，乾隆四十五年（1780）进士。

临江试院夜吟/（清）吴树萱. ——清同治《忠州直隶州志》卷十二《艺文志·诗（五律）》。

八角攒/（清）李天英. ——《国朝全蜀诗钞》第118页。李天英，生卒年不详，字星九，号约庵，重庆永川人，清乾隆二十一年（1756）举人。

璧山署中赠张雪轩人龙大尹/（清）李天英. ——清同治《璧山县志》卷

十《艺文志·诗·七言律》。

东溪/（清）李天英. ——清道光《綦江县志》卷十一《艺文上·古体诗》。

扶欢山下作/（清）李天英. ——清道光《綦江县志》卷十二《艺文下》。

观音岩/（清）李天英. ——清道光《綦江县志》卷十一《艺文上·古体诗》。

过荔枝园/（清）李天英. ——清同治重修《涪州县志》卷十五《艺文志·古今体诗一百八十五首》。

九龙沟/（清）李天英. ——清道光《綦江县志》卷十一《艺文上·古体诗》。

綦江登舟喜晴/（清）李天英. ——清道光《綦江县志》卷十二《艺文下》。

十月二十八日宿松坎适明府毛果亭赞府崔冲霞于役驻此留饮达旦明日联骑送仆酒店垭离思黯然作诗寄之/（清）李天英. ——清道光《綦江县志》卷十一《艺文上·古体诗》。

宿安稳/（清）李天英. ——清道光《綦江县志》卷十一《艺文上·古体诗》。

宿马坊桥晤邓桥村/（清）李天英. ——清同治《璧山县志》卷十《艺文志·诗·五言律》。

宿夜郎箐/（清）李天英. ——清道光《綦江县志》卷十二《艺文下》。

晓发白石口/（清）李天英. ——清道光《綦江县志》卷十一《艺文上·古体诗》。

晓发夜郎箐宿三坡脚/（清）李天英. ——清道光《綦江县志》卷十一《艺文上·古体诗》。

郑家场道中/（清）李天英. ——清同治《璧山县志》卷十《艺文志·诗·七言绝》。

公孙述/（清）李畅. ——清光绪《奉节县志》卷三十六《艺文·诗汇》。李畅，生卒年不详，乾隆年间人。

莲花池怀古/（清）李畅. ——清光绪《奉节县志》卷三十六《艺文·诗汇》。

咏怀杜少陵/（清）李畅. ——清光绪《奉节县志》卷三十六《艺文·诗汇》。

八阵图歌/（清）李调元. ——清道光《夔州府志·艺文》。李调元（1734—1802），字雨村，号童山，四川绵州（今绵阳）人，清代戏曲理论家、诗人。

晚泊忠州/（清）李调元. ——《巴蜀古诗选解》第486页。

万县杂诗二首/（清）李调元. ——《万县志》第792页。

巫山高/（清）李调元. ——清光绪《巫山县志》卷三十二《艺文志》。

巫山县/（清）李调元. ——清光绪《巫山县志》卷三十二《艺文志》。

谒杜少陵祠/（清）李调元. ——清道光《夔州府志·艺文》。

夔州竹枝词四首/（清）谷际岐. ——《西阿诗草》卷三。谷际岐（1740—1815），字西阿，云南赵州（今下关）人，乾隆四十年（1775）进士，著有《西阿诗草》三卷。

八声甘州/（清）王汝璧. ——《历代蜀词全辑》第597页。王汝璧（1741—1806），字镇之，今重庆铜梁人，别号铜梁山人，清康熙三十三年（1766）进士。

步月/（清）王汝璧. ——《历代蜀词全辑》第589页。

朝中措/（清）王汝璧. ——《历代蜀词全辑》第593页。

春从天上来（二首）/（清）王汝璧. ——《历代蜀词全辑》第589页。

翠楼吟/（清）王汝璧. ——《历代蜀词全辑》第605页。

洞仙歌（六首）/（清）王汝璧. ——《历代蜀词全辑》第590—591页。

都门寓斋题李药庵明府秋江载书图即送还蜀/（清）王汝璧. ——清光绪《铜梁县志》卷十四《艺文志·四》。

凤马儿（二首）/（清）王汝璧. ——《历代蜀词全辑》第596页。

过秦楼/（清）王汝璧. ——《历代蜀词全辑》第604页。

好事近/（清）王汝璧. ——《历代蜀词全辑》第593页。

浣溪沙/（清）王汝璧．——《历代蜀词全辑》第593页。

江城子（二首）/（清）王汝璧．——《历代蜀词全辑》第592页。

解连环（二首）/（清）王汝璧．——《历代蜀词全辑》第585页。

金缕曲（三首）/（清）王汝璧．——《历代蜀词全辑》第593页。

荆州亭（三首）/（清）王汝璧．——《历代蜀词全辑》第601页。

倦寻芳/（清）王汝璧．——《历代蜀词全辑》第589页。

玲珑四犯/（清）王汝璧．——《历代蜀词全辑》第608页。

柳梢青/（清）王汝璧．——《历代蜀词全辑》第595页。

买陂塘（三首）/（清）王汝璧．——《历代蜀词全辑》第584—585页。

满江红（四首）/（清）王汝璧．——《历代蜀词全辑》第600页。

梅子黄时雨/（清）王汝璧．——《历代蜀词全辑》第607页。

摸鱼儿（三首）/（清）王汝璧．——《历代蜀词全辑》第604页。

木兰花慢（二首）/（清）王汝璧．——《历代蜀词全辑》第601页。

南楼令/（清）王汝璧．——《历代蜀词全辑》第605页。

南浦/（清）王汝璧．——《历代蜀词全辑》第603页。

南乡子/（清）王汝璧．——《历代蜀词全辑》第591页。

念奴娇·观演赤壁赋和东坡大江东去韵/（清）王汝璧．——《历代蜀词全辑》第583页。

念奴娇·其二六月廿四日相传为莲诞日用白石韵歌以为寿/（清）王汝璧．——《历代蜀词全辑》第583页。

念奴娇·其三素心兰同前韵/（清）王汝璧．——《历代蜀词全辑》第583页。

念奴娇·其四萤火叠前韵/（清）王汝璧．——《历代蜀词全辑》第584页。

七娘子/（清）王汝璧．——《历代蜀词全辑》第602页。

凄凉犯（二首）/（清）王汝璧．——《历代蜀词全辑》第584页。

沁园春（八首）/（清）王汝璧．——《历代蜀词全辑》第586—588页。

青玉案（九首）/（清）王汝璧．——《历代蜀词全辑》第598—599页。

庆宫春（三首）/（清）王汝璧. ——《历代蜀词全辑》第 594—595 页。

曲水流觞/（清）王汝璧. ——清光绪《铜梁县志》卷十四《艺文志·四》。

瑞鹤仙（二首）/（清）王汝璧. ——《历代蜀词全辑》第 602 页。

瑞鹤仙影/（清）王汝璧. ——《历代蜀词全辑》第 607 页。

三台（二首）/（清）王汝璧. ——《历代蜀词全辑》第 601 页。

扫花游/（清）王汝璧. ——《历代蜀词全辑》第 590 页。

少年游/（清）王汝璧. ——《历代蜀词全辑》第 592 页。

石州慢（二首）/（清）王汝璧. ——《历代蜀词全辑》第 603 页。

四字令/（清）王汝璧. ——《历代蜀词全辑》第 591 页。

疏影/（清）王汝璧. ——《历代蜀词全辑》第 594 页。

霜花腴（三首）/（清）王汝璧. ——《历代蜀词全辑》第 608 页。

水调歌头/（清）王汝璧. ——《历代蜀词全辑》第 605 页。

水龙吟（四首）/（清）王汝璧. ——《历代蜀词全辑》第 595—596 页。

苏幕遮（三首）/（清）王汝璧. ——《历代蜀词全辑》第 605 页。

台城路（二首）/（清）王汝璧. ——《历代蜀词全辑》第 586 页。

唐多令（二首）/（清）王汝璧. ——《历代蜀词全辑》第 595 页。

殢人娇/（清）王汝璧. ——《历代蜀词全辑》第 605 页。

望湘人（二首）/（清）王汝璧. ——《历代蜀词全辑》第 588 页。

望湘人·题潘湘云遗照/（清）王汝璧. ——《历代蜀词全辑续编》，第 246 页。

西江月（二首）/（清）王汝璧. ——《历代蜀词全辑》第 591 页。

喜闻赓侄京兆试捷音/（清）王汝璧. ——清光绪《铜梁县志》卷十四《艺文志·四》。

喜闻士兄省试捷音/（清）王汝璧. ——清光绪《铜梁县志》卷十四《艺文志·四》。

湘春夜月（二首）/（清）王汝璧. ——《历代蜀词全辑》第 597 页。

新雁过妆楼/（清）王汝璧. ——《历代蜀词全辑》第 602 页。

杏花天影（四首）/（清）王汝璧. ——《历代蜀词全辑》第 606—607 页。

一萼红（四首）/（清）王汝璧. ——《历代蜀词全辑》第 597—598 页。

舟寻旧约/（清）王汝璧. ——《历代蜀词全辑》第 594 页。

紫萸香慢/（清）王汝璧. ——《历代蜀词全辑》第 603 页。

醉落魄（二首）/（清）王汝璧. ——《历代蜀词全辑》第 592 页。

醉蓬莱/（清）王汝璧. ——《历代蜀词全辑》第 605 页。

初至丰都即事述怀/（清）瞿颉. ——清光绪《丰都县志》卷四《艺文志》。瞿颉（1742—?），字孚若，号菊亭，别署琴川兰亭居士、琴川苍山子、秋水阁主人，江苏常熟人，乾隆三十三年（1768）举人，曾任重庆丰都知县，嘉庆年修《丰都县志》。

于役石柱谒秦夫人庙金缕曲四阙/（清）瞿颉. ——清道光《补辑石砫厅新志·艺文志下》。

题陈观察预鉴湖石鱼记/（清）赵秉渊. ——清同治重修《涪州县志》卷十五《艺文志·古今体诗一百八十五首》。赵秉渊（1747—1805），字少钝，号君实，上海人，赵绅孙，工书，荫袭恩骑尉，官至成都知府。

觉林寺僧月江同人饮花下二首/（清）汪灼. ——《重庆南岸文史资料》第 3 辑第 90 页。汪灼（1748—1821），字实夫或渔村，歙县西溪不疏园主人汪梧凤次子，戴震及门弟子，幼从戴震学《说文》和经史之学，长诗文，善绘事。

渝州杂咏六首/（清）汪灼. ——清同治《巴县志》卷四下《艺文志·五言律》。

题陈观察预鉴湖石鱼记/（清）石韫玉. ——清同治重修《涪州县志》卷十五《艺文志·古今体诗一百八十五首》。石韫玉（1756—1837），字执如、琢如，号琢堂、竹堂、归真子、花韵庵主人，晚号独学老人，江苏吴县人，乾隆五十五年（1790）进士。

访长溪戴孝廉健行夜饮琼江吴氏东楼即席有作/（清）彭世仪. ——清光绪《铜梁县志》卷十四《艺文志·四》。彭世仪（1757—1815），字象可，号约斋、柏里，今重庆合川人，清乾隆年间举人，擅画。

龙泉草堂/（清）彭世仪. ——民国新修《合川县志·文在二》，卷七十《诗一·律诗》。

南峰行/（清）彭世仪. ——民国新修《合川县志·文在一》，卷六十九《诗一·七言歌行》。

桡歌行/（清）张问安. ——清光绪《巫山县志》卷三十二《艺文志》。张问安（1757—1815），字悦祖，号亥白，今四川蓬溪（一说遂宁）人，张鹏翮玄孙、张问陶兄，乾隆五十三年（1788）举人。

晚次玉溪山/（清）张问安. ——民国《潼南县志》卷六《艺文志下·二诗》。

雨阻不果/（清）张问安. ——民国《潼南县志》卷六《艺文志下·二诗》。

艾虎/（清）张乃孚. ——民国新修《合川县志·文在二》，卷七十《诗一·律诗》。张乃孚（1759—1825），字西村，合州（今重庆合川）人，乾隆四十八年（1783）举人。

巴渝仿枝词十首/（清）张乃孚. ——民国新修《合川县志·文在二》，卷七十《诗一·绝句》。

白桃花/（清）张乃孚. ——民国新修《合川县志·文在二》，卷七十《诗一·律诗》。

并友人见和前篇二章/（清）张乃孚. ——民国新修《合川县志·文在二》，卷七十《诗一·律诗》。

成都杂咏/（清）张乃孚. ——民国新修《合川县志·文在二》，卷七十《诗一·律诗》。

澄江纪事/（清）张乃孚. ——民国新修《合川县志·文在一》，卷六十九《诗一·五言古》。

初夏奉陪郡侯董樸园明府渡江游甘泉洞小憩登学士山远眺归登会江楼用东坡与客游道场何山韵/（清）张乃孚. ——民国新修《合川县志·文在一》，卷六十九《诗一·五言古》。

春日游东台寺即事口占四首并呈同游诸君录一/（清）张乃孚. ——民国

新修《合川县志·文在二》，卷七十《诗一·律诗》。

春雪用尖义韵/（清）张乃孚. ——民国新修《合川县志·文在二》，卷七十《诗一·律诗》。

次胡用菴宾月书屋即事/（清）张乃孚. ——民国新修《合川县志·文在二》，卷七十《诗一·绝句》。

大水纪事/（清）张乃孚. ——民国新修《合川县志·文在二》，卷七十《诗一·律诗》。

代友人题斋壁/（清）张乃孚. ——民国新修《合川县志·文在二》，卷七十《诗一·绝句》。

当炉/（清）张乃孚. ——民国新修《合川县志·文在二》，卷七十《诗一·绝句》。

感旧/（清）张乃孚. ——民国新修《合川县志·文在二》，卷七十《诗一·律诗》。

甘泉洞纳凉/（清）张乃孚. ——民国新修《合川县志·文在二》，卷七十《诗一·绝句》。

观瀑吟/（清）张乃孚. ——民国新修《合川县志·文在一》，卷六十九《诗一·七言歌行》。

合阳竹枝词十二首/（清）张乃孚. ——民国新修《合川县志·文在二》，卷七十《诗一·绝句》。

和彭栢里观花蕊夫人宫词残碣一首韵/（清）张乃孚. ——民国新修《合川县志·文在二》，卷七十《诗一·绝句》。

贺王克诚次君新婚/（清）张乃孚. ——民国新修《合川县志·文在二》，卷七十《诗一·绝句》。

衡岳图为曹介石赋并序/（清）张乃孚. ——民国新修《合川县志·文在一》，卷六十九《诗一·七言古》。

花蕊夫人诗碣和彭柏里韵/（清）张乃孚. ——民国新修《合川县志·文在二》，卷七十《诗一·绝句》。

画美人杂咏五首/（清）张乃孚. ——民国新修《合川县志·文在二》，卷七十《诗一·绝句》。

寄曹介石渝州／（清）张乃孚．——民国新修《合川县志·文在二》，卷七十《诗一·绝句》。

寄怀刘映斗十二读书龙游寺山中／（清）张乃孚．——民国新修《合川县志·文在一》，卷六十九《诗一·七言古》。

寄毛廱坪简州署中／（清）张乃孚．——民国新修《合川县志·文在二》，卷七十《诗一·律诗》。

寄题孤燕图／（清）张乃孚．——民国新修《合川县志·文在二》，卷七十《诗一·绝句》。

寄郑静山八首之二／（清）张乃孚．——民国新修《合川县志·文在二》，卷七十《诗一·律诗》。

金钱／（清）张乃孚．——民国新修《合川县志·文在二》，卷七十《诗一·绝句》。

橘隐老人游峨眉歌／（清）张乃孚．——民国新修《合川县志·文在一》，卷六十九《诗一·七言歌行》。

老兵／（清）张乃孚．——民国新修《合川县志·文在二》，卷七十《诗一·律诗》。

老妓／（清）张乃孚．——民国新修《合川县志·文在二》，卷七十《诗一·律诗》。

凌霄阁骤雨／（清）张乃孚．——民国新修《合川县志·文在二》，卷七十《诗一·律诗》。

刘鹤坪衡文璧山署中／（清）张乃孚．——民国新修《合川县志·文在二》，卷七十《诗一·律诗》。

柳枝词／（清）张乃孚．——民国新修《合川县志·文在二》，卷七十《诗一·绝句》。

六十自寿三首／（清）张乃孚．——民国新修《合川县志·文在二》，卷七十《诗一·律诗》。

六嬴山八景诗（八景之三）／（清）张乃孚．——民国新修《合川县志·

文在一》，卷六十九《诗一·五言古》。

  论诗绝句（二十三首）/（清）张乃孚. ——民国新修《合川县志·文在二》，卷七十《诗一·绝句》。

  梅花用船山集中韵/（清）张乃孚. ——民国新修《合川县志·文在二》，卷七十《诗一·律诗》。

  孟秋纯阳山吕仙阁落成登眺即事/（清）张乃孚. ——民国新修《合川县志·文在二》，卷七十《诗一·律诗》。

  茉莉/（清）张乃孚. ——民国新修《合川县志·文在二》，卷七十《诗一·绝句》。

  墨竹/（清）张乃孚. ——民国新修《合川县志·文在二》，卷七十《诗一·律诗》。

  南楼对饮/（清）张乃孚. ——民国新修《合川县志·文在二》，卷七十《诗一·律诗》。

  彭柏里同年索诗仍叠前韵奉赠/（清）张乃孚. ——民国新修《合川县志·文在二》，卷七十《诗一·律诗》。

  七月十三日夜雨/（清）张乃孚. ——民国新修《合川县志·文在二》，卷七十《诗一·绝句》。

  齐宫/（清）张乃孚. ——民国新修《合川县志·文在二》，卷七十《诗一·绝句》。

  清明前三日扫墓/（清）张乃孚. ——民国新修《合川县志·文在二》，卷七十《诗一·律诗》。

  秋海棠/（清）张乃孚. ——民国新修《合川县志·文在二》，卷七十《诗一·律诗》。

  秋日送洪悔翁先生归湖北/（清）张乃孚. ——民国新修《合川县志·文在一》，卷六十九《诗一·五言古》。

  秋阴/（清）张乃孚. ——民国新修《合川县志·文在二》，卷七十《诗一·律诗》。

  人日书怀呈有堂刺史/（清）张乃孚. ——民国新修《合川县志·文在

二》，卷七十《诗一·律诗》。

诗记合川 1802 年大水／（清）张乃孚. ——《合川文史资料选辑》第五辑第 133—134 页。

书船山诗草后／（清）张乃孚. ——民国新修《合川县志·文在一》，卷六十九《诗一·七言古》。

蜀中／（清）张乃孚. ——民国新修《合川县志·文在二》，卷七十《诗一·律诗》。

松风阁／（清）张乃孚. ——民国新修《合川县志·文在二》，卷七十《诗一·绝句》。

送蔡吟蒋少府之汶川任兼寄郫县陆古山明府／（清）张乃孚. ——民国新修《合川县志·文在二》，卷七十《诗一·律诗》。

送春／（清）张乃孚. ——民国新修《合川县志·文在二》，卷七十《诗一·绝句》。

隋宫／（清）张乃孚. ——民国新修《合川县志·文在二》，卷七十《诗一·绝句》。

唐宫／（清）张乃孚. ——民国新修《合川县志·文在二》，卷七十《诗一·绝句》。

题波仑唱和诗卷后／（清）张乃孚. ——民国新修《合川县志·文在一》，卷六十九《诗一·五言古》。

题陈铁航粤游草后／（清）张乃孚. ——民国新修《合川县志·文在二》，卷七十《诗一·律诗》。

题董樸园小照／（清）张乃孚. ——民国新修《合川县志·文在二》，卷七十《诗一·律诗》。

题林瘦生松石小照／（清）张乃孚. ——民国新修《合川县志·文在二》，卷七十《诗一·绝句》。

题外舅宅二首／（清）张乃孚. ——民国新修《合川县志·文在二》，卷七十《诗一·绝句》。

潼关怀古／（清）张乃孚. ——民国新修《合川县志·文在二》，卷七十

《诗一·律诗》。

晚泊磁溪口/（清）张乃孚. ——民国新修《合川县志·文在二》，卷七十《诗一·律诗》。

王一斋自渝枉驾过舍将归锦城赠别兼寄令弟谦一/（清）张乃孚. ——民国新修《合川县志·文在二》，卷七十《诗一·律诗》。

望岳/（清）张乃孚. ——民国新修《合川县志·文在二》，卷七十《诗一·律诗》。

惜春词次文卿云学博韵五首/（清）张乃孚. ——民国新修《合川县志·文在二》，卷七十《诗一·律诗》。

仙子吹笛图/（清）张乃孚. ——民国新修《合川县志·文在二》，卷七十《诗一·绝句》。

咸阳/（清）张乃孚. ——民国新修《合川县志·文在二》，卷七十《诗一·律诗》。

晓园十景录二/（清）张乃孚. ——民国新修《合川县志·文在二》，卷七十《诗一·绝句》。

杏花/（清）张乃孚. ——民国新修《合川县志·文在二》，卷七十《诗一·律诗》。

遥题紫仙山/（清）张乃孚. ——民国新修《合川县志·文在一》，卷六十九《诗一·五言古》。

谒邹忠介祠/（清）张乃孚. ——民国新修《合川县志·文在二》，卷七十《诗一·律诗》。

蚁阵/（清）张乃孚. ——民国新修《合川县志·文在二》，卷七十《诗一·律诗》。

饮水轩醉酒/（清）张乃孚. ——民国新修《合川县志·文在二》，卷七十《诗一·绝句》。

鹦鹉/（清）张乃孚. ——《国朝全蜀诗钞》第237页—238页。

瀛海携有风烛限歌字韵索诗诗成演剧觞予/（清）张乃孚. ——民国新修《合川县志·文在二》，卷七十《诗一·律诗》。

咏史/（清）张乃孚. ——民国新修《合川县志·文在一》，卷六十九《诗一·五言古》。

游白鹤菴/（清）张乃孚. ——民国新修《合川县志·文在二》，卷七十《诗一·绝句》。

游甘泉洞次石碣洪悔翁先生韵/（清）张乃孚. ——民国新修《合川县志·文在一》，卷六十九《诗一·五言古》。

鱼城烟雨/（清）张乃孚. ——《钓鱼城诗选》第67页。

与刘鹤坪饮酒夜话有赠/（清）张乃孚. ——民国新修《合川县志·文在二》，卷七十《诗一·律诗》。

渝州赠徐梦鳞/（清）张乃孚. ——民国新修《合川县志·文在二》，卷七十《诗一·绝句》。

杂诗/（清）张乃孚. ——民国新修《合川县志·文在一》，卷六十九《诗一·五言古》。

赠董云岑先生/（清）张乃孚. ——民国新修《合川县志·文在二》，卷七十《诗一·律诗》。

赠傅鼎云/（清）张乃孚. ——民国新修《合川县志·文在二》，卷七十《诗一·绝句》。

赠顾子猷索画/（清）张乃孚. ——民国新修《合川县志·文在二》，卷七十《诗一·绝句》。

赠胡次完茂才/（清）张乃孚. ——民国新修《合川县志·文在二》，卷七十《诗一·律诗》。

赠族侄小渠/（清）张乃孚. ——民国新修《合川县志·文在二》，卷七十《诗一·绝句》。

中秋无月作歌遣闷是夜月蚀/（清）张乃孚. ——民国新修《合川县志·文在一》，卷六十九《诗一·七言古》。

追和船山太史集中驿柳四首元韵/（清）张乃孚. ——民国新修《合川县志·文在二》，卷七十《诗一·律诗》。

坠楼/（清）张乃孚. ——民国新修《合川县志·文在二》，卷七十《诗

一·绝句》。

醉后听友人话秦淮旧事/（清）张乃孚. ——民国新修《合川县志·文在二》，卷七十《诗一·绝句》。

爱莲曲题陈醒园小照/（清）冯镇峦. ——民国新修《合川县志·文在一》，卷六十九《诗一·七言歌行》。冯镇峦（1760—1830），号远村，重庆涪陵人，清乾隆五十七年（1792）举人。

雹池行·重循良也/（清）冯镇峦. ——民国新修《合川县志·文在一》，卷六十九《诗一·七言歌行》。

爆竹/（清）冯镇峦. ——民国新修《合川县志·文在二》，卷七十《诗一·律诗》。

笔床/（清）冯镇峦. ——民国新修《合川县志·文在二》，卷七十《诗一·绝句》。

差徭篇答金大尹笠庵/（清）冯镇峦. ——民国新修《合川县志·文在一》，卷六十九《诗一·杂言歌行》。

呈钮兰坞明府/（清）冯镇峦. ——民国新修《合川县志·文在二》，卷七十《诗一·绝句》。

次兰坞述怀原韵/（清）冯镇峦. ——民国新修《合川县志·文在二》，卷七十《诗一·律诗》。

次彭栢里自嘲元韵/（清）冯镇峦. ——民国新修《合川县志·文在二》，卷七十《诗一·律诗》。

村塾叹·顺积习也/（清）冯镇峦. ——民国新修《合川县志·文在一》，卷六十九《诗一·七言歌行》。

大雅堂学署后厅/（清）冯镇峦. ——民国新修《合川县志·文在一》，卷六十九《诗一·五言古》。

悼亡诗（二十二首）/（清）冯镇峦. ——民国新修《合川县志·文在二》，卷七十《诗一·绝句》。

道光戊子伏日选格已到宪檄催迫不去因就三次俸满验看遂调文闱认识寓省垣有作/（清）冯镇峦. ——民国新修《合川县志·文在二》，卷七十《诗一·律诗》。

冻豆腐/（清）冯镇峦. ——民国新修《合川县志·文在二》，卷七十《诗一·律诗》。

冻云菴/（清）冯镇峦. ——民国新修《合川县志·文在一》，卷六十九《诗一·五言古》。

都门杂感/（清）冯镇峦. ——民国新修《合川县志·文在二》，卷七十《诗一·律诗》。

读升菴先生丹铅录/（清）冯镇峦. ——民国新修《合川县志·文在一》，卷六十九《诗一·七言古》。

读郑静山夔门感兴八首有作录一/（清）冯镇峦. ——民国新修《合川县志·文在二》，卷七十《诗一·律诗》。

端午前一日约同人泛艇渠江自龙挂溪至涞滩即事/（清）冯镇峦. ——民国新修《合川县志·文在二》，卷七十《诗一·绝句》。

二山弟回合留之不得作此送之/（清）冯镇峦. ——民国新修《合川县志·文在一》，卷六十九《诗一·七言古》。

飞越岭/（清）冯镇峦. ——民国新修《合川县志·文在一》，卷六十九《诗一·五言古》。

伏日游鹫峰院/（清）冯镇峦. ——民国新修《合川县志·文在二》，卷七十《诗一·五言排律》。

赋役繁·勉奉公也/（清）冯镇峦. ——民国新修《合川县志·文在一》，卷六十九《诗一·七言歌行》。

庚轩三次遣吏送诗时夜漏三鼓矣/（清）冯镇峦. ——民国新修《合川县志·文在二》，卷七十《诗一·绝句》。

宫词四首/（清）冯镇峦. ——民国新修《合川县志·文在二》，卷七十《诗一·绝句》。

古树/（清）冯镇峦. ——民国新修《合川县志·文在二》，卷七十《诗一·律诗》。

古黎即事书怀/（清）冯镇峦. ——民国新修《合川县志·文在二》，卷七十《诗一·律诗》。

归来／（清）冯镇峦. ——民国新修《合川县志·文在一》，卷六十九《诗一·七言古》。

荷花（四首）／（清）冯镇峦. ——民国新修《合川县志·文在二》，卷七十《诗一·绝句》。

壶山秋夜雨中有怀吴地山／（清）冯镇峦. ——民国新修《合川县志·文在二》，卷七十《诗一·律诗》。

怀刘鹤坪／（清）冯镇峦. ——民国新修《合川县志·文在一》，卷六十九《诗一·五言古》。

怀陈铸九／（清）冯镇峦. ——民国新修《合川县志·文在二》，卷七十《诗一·律诗》。

寄曹芝淑／（清）冯镇峦. ——民国新修《合川县志·文在二》，卷七十《诗一·律诗》。

寄居氓·戒侵越也／（清）冯镇峦. ——民国新修《合川县志·文在一》，卷六十九《诗一·七言歌行》。

寄熊质菴／（清）冯镇峦. ——民国新修《合川县志·文在二》，卷七十《诗一·绝句》。

寄张西村／（清）冯镇峦. ——民国新修《合川县志·文在二》，卷七十《诗一·律诗》。

纪梦为张酉山作／（清）冯镇峦. ——民国新修《合川县志·文在一》，卷六十九《诗一·七言古》。

加班夫·憨愚顽也／（清）冯镇峦. ——民国新修《合川县志·文在一》，卷六十九《诗一·七言歌行》。

建文寺／（清）冯镇峦. ——民国新修《合川县志·文在二》，卷七十《诗一·律诗》。

金刚石／（清）冯镇峦. ——民国新修《合川县志·文在一》，卷六十九《诗一·五言古》。

军门静·戎政肃也／（清）冯镇峦. ——民国新修《合川县志·文在一》，

卷六十九《诗一·七言歌行》。

哭亡儿云官/（清）冯镇峦. ——民国新修《合川县志·文在二》，卷七十《诗一·律诗》。

老农谚·纪僻壤足生计也/（清）冯镇峦. ——民国新修《合川县志·文在一》，卷六十九《诗一·七言歌行》。

雷洞坪/（清）冯镇峦. ——民国新修《合川县志·文在二》，卷七十《诗一·绝句》。

冷酒会谣/（清）冯镇峦. ——民国新修《合川县志·文在一》，卷六十九《诗一·七言歌行》。

黎厅/（清）冯镇峦. ——民国新修《合川县志·文在二》，卷七十《诗一·律诗》。

立秋日登曲州白塔最高处/（清）冯镇峦. ——民国新修《合川县志·文在一》，卷六十九《诗一·五言古》。

临邛怀古/（清）冯镇峦. ——民国新修《合川县志·文在二》，卷七十《诗一·律诗》。

门丞/（清）冯镇峦. ——民国新修《合川县志·文在二》，卷七十《诗一·律诗》。

苜蓿长·安于遇也/（清）冯镇峦. ——民国新修《合川县志·文在一》，卷六十九《诗一·七言歌行》。

南风行/（清）冯镇峦. ——民国新修《合川县志·文在一》，卷六十九《诗一·七言歌行》。

偶感/（清）冯镇峦. ——民国新修《合川县志·文在一》，卷六十九《诗一·五言古》。

偶然作/（清）冯镇峦. ——民国新修《合川县志·文在二》，卷七十《诗一·绝句》。

祈梦石·除虚妄也/（清）冯镇峦. ——民国新修《合川县志·文在一》，卷六十九《诗一·七言歌行》。

青衿来·督月课也/（清）冯镇峦. ——民国新修《合川县志·文在一》，

卷六十九《诗一·七言歌行》。

清溪竹枝词／（清）冯镇峦．——民国新修《合川县志·文在二》，卷七十《诗一·绝句》。

清溪杂诗六首／（清）冯镇峦．——民国新修《合川县志·文在二》，卷七十《诗一·绝句》。

秋虫／（清）冯镇峦．——民国新修《合川县志·文在二》，卷七十《诗一·律诗》。

秋池／（清）冯镇峦．——民国新修《合川县志·文在二》，卷七十《诗一·律诗》。

秋柝／（清）冯镇峦．——民国新修《合川县志·文在二》，卷七十《诗一·律诗》。

秋日偶成／（清）冯镇峦．——民国新修《合川县志·文在二》，卷七十《诗一·律诗》。

秋声四首王渔洋秋柳原韵／（清）冯镇峦．——民国新修《合川县志·文在二》，卷七十《诗一·律诗》。

秋燕／（清）冯镇峦．——民国新修《合川县志·文在二》，卷七十《诗一·律诗》。

舍身岩／（清）冯镇峦．——民国新修《合川县志·文在一》，卷六十九《诗一·五言古》。

呻吟曲／（清）冯镇峦．——民国新修《合川县志·文在一》，卷六十九《诗一·七言歌行》。

石照城／（清）冯镇峦．——民国新修《合川县志·文在一》，卷六十九《诗一·七言歌行》。

书邹忠介公纪略后／（清）冯镇峦．——民国新修《合川县志·文在二》，卷七十《诗一·五言排律》。

鼠有牙·警健讼也／（清）冯镇峦．——民国新修《合川县志·文在一》，卷六十九《诗一·七言歌行》。

水磨十五韵／（清）冯镇峦．——民国新修《合川县志·文在一》，卷六十九《诗一·五言古》。

睡起/（清）冯镇峦.——民国新修《合川县志·文在二》，卷七十《诗一·绝句》。

送二女静芳/（清）冯镇峦.——民国新修《合川县志·文在二》，卷七十《诗一·绝句》。

送穷/（清）冯镇峦.——民国新修《合川县志·文在二》，卷七十《诗一·律诗》。

踏月词/（清）冯镇峦.——民国新修《合川县志·文在二》，卷七十《诗一·绝句》。

泰宁赠都戎何海笠/（清）冯镇峦.——民国新修《合川县志·文在二》，卷七十《诗一·律诗》。

题荀雨峰小照/（清）冯镇峦.——民国新修《合川县志·文在二》，卷七十《诗一·绝句》。

土豹谣/（清）冯镇峦.——民国新修《合川县志·文在一》，卷六十九《诗一·杂言歌行》。

晚霞洞放歌/（清）冯镇峦.——民国新修《合川县志·文在一》，卷六十九《诗一·七言歌行》。

往来商·刺罔利涉险也/（清）冯镇峦.——民国新修《合川县志·文在一》，卷六十九《诗一·七言歌行》。

闻警喜舍弟二山自云峰山斋负书籍至/（清）冯镇峦.——民国新修《合川县志·文在二》，卷七十《诗一·律诗》。

夏日书怀拟放翁体/（清）冯镇峦.——民国新修《合川县志·文在二》，卷七十《诗一·律诗》。

小子蓬莱初入小学读书难于上口稍促迫之灵性淤矣舍弟二山来署顺其性迎其机因而奖励提撕俾不畏难于是琅琅然成诵闻之甚喜因有此作/（清）冯镇峦.——民国新修《合川县志·文在一》，卷六十九《诗一·五言古》。

熊耳夫人祠/（清）冯镇峦.——民国新修《合川县志·文在一》，卷六十九《诗一·七言古》。

熊庸斋孝廉嬖歌者泰官作诗调之/（清）冯镇峦. ——民国新修《合川县志·文在二》，卷七十《诗一·绝句》。

一半耕·土农合虞旷功也/（清）冯镇峦. ——民国新修《合川县志·文在一》，卷六十九《诗一·七言歌行》。

乙丑嘉平月十四予年七十前一日辞客赴渊池寺至十八日诸生群集强为予制锦袍称觞居民亦至演剧三日前此未有也作自寿诗十首志感即以鸣谢录五/（清）冯镇峦. ——民国新修《合川县志·文在二》，卷七十《诗一·律诗》。

应山读书杂咏/（清）冯镇峦. ——民国新修《合川县志·文在二》，卷七十《诗一·绝句》。

优孟歌·作令难也/（清）冯镇峦. ——民国新修《合川县志·文在一》，卷六十九《诗一·七言歌行》。

游瓦屋山三首/（清）冯镇峦. ——民国新修《合川县志·文在一》，卷六十九《诗一·五言古》。

鱼城怀古/（清）冯镇峦. ——民国新修《合川县志·文在二》，卷七十《诗一·律诗》。

予年五十始任清溪学博邑治在万山中腊月十四夜枯坐学斋炉火一仆人二境最清闷感而有作/（清）冯镇峦. ——民国新修《合川县志·文在二》，卷七十《诗一·绝句》。

与张云麓论诗/（清）冯镇峦. ——民国新修《合川县志·文在二》，卷七十《诗一·绝句》。

雨石/（清）冯镇峦. ——民国新修《合川县志·文在二》，卷七十《诗一·绝句》。

杂诗/（清）冯镇峦. ——民国新修《合川县志·文在一》，卷六十九《诗一·五言古》。

竹枝/（清）冯镇峦. ——《历代蜀词全辑续编》第163—164页。

自笑/（清）冯镇峦. ——民国新修《合川县志·文在二》，卷七十《诗一·律诗》。

作令四章二十句/（清）冯镇峦. ——民国新修《合川县志·文在一》，卷六十九《诗一·七言歌行》。

金缕曲·题秦良玉像/（清）钱枚. ——《石柱文史资料》第九辑《吟秦良玉诗词联辑》第65页。钱枚（1761—1803），字枚叔、实庭，仁和（今浙江杭州）人，嘉庆四年（1799）进士。

王和甫明府表兄自都旋里将赴永善之任临别以出峡图小照索题漫成四绝/（清）赵文楷. ——《石柏山房诗存》。赵文楷（1761—1808），字逸书，号介山，安徽太湖人，嘉庆元年（1796）状元。

壬寅上巳八十作/（清）伍绍曾. ——清道光《綦江县志》卷十二《艺文下》。伍绍曾（1763—?），字燕堂，自号率真子，今重庆綦江人。

壬子上巳九十作/（清）伍绍曾. ——清道光《綦江县志》卷十二《艺文下》。

汤敦甫相国以自用游龙杖见赐赋诗志谢/（清）伍绍曾. ——清道光《綦江县志》卷十一《艺文上·古体诗》。

巴东/（清）张问陶. ——《国朝全蜀诗钞》第298页。张问陶（1764—1814），字仲冶，号船山，张鹏翮玄孙，今四川蓬溪（一说遂宁）人。

白帝城/（清）张问陶. ——清光绪《奉节县志》卷三十六《艺文·诗汇》。

白水溪/（清）张问陶. ——清道光《綦江县志》卷十一《艺文上·古体诗》。

白盐赤甲/（清）张问陶. ——清光绪《奉节县志》卷三十六《艺文·艺文补遗》。

柏梓镇同寿门弟作/（清）张问陶. ——民国《潼南县志》卷六《艺文志下·二诗》。

泊舟见月/（清）张问陶. ——《永川文史资料选辑》第20辑第227页。

重庆/（清）张问陶. ——《船山诗草》。

重庆换船诗/（清）张问陶. ——《船山诗草》。

重庆舟中和亥白二首/（清）张问陶. ——《船山诗草》。

初冬赴成都过安居题壁/（清）张问陶. ——清光绪《铜梁县志》卷十四

《艺文志·四》。

大溪口风雪/（清）张问陶. ——《船山诗草补遗》。

大溪口守风四首/（清）张问陶. ——清光绪《巫山县志》卷三十二《艺文志》。

悼亡/（清）张问陶. ——清同治重修《涪州县志》卷十五《艺文志·古今体诗一百八十五首》。

登石宝寨/（清）张问陶. ——清同治《忠州直隶州志》卷十二《艺文志·诗（七古）》。

风箱峡绝壁上穴居人家/（清）张问陶. ——《船山诗草》。

丰都山/（清）张问陶. ——《丰都文史资料选辑》第二辑第124页。

涪州感旧/（清）张问陶. ——清同治重修《涪州县志》卷十五《艺文志·古今体诗一百八十五首》。

龟亭山诗/（清）张问陶. ——民国《巴县志》卷一《疆域下·水道》。

癸丑元日入巫峡/（清）张问陶. ——清光绪《巫山县志》卷三十二《艺文志》。

过云安桓侯庙小作/（清）张问陶. ——《云阳县志》第1289—1294页。

黑石/（清）张问陶. ——《船山诗草》。

花林驿/（清）张问陶. ——清同治《忠州直隶州志》卷十二《艺文志·诗（七绝）》。

黄牛峡/（清）张问陶. ——《船山诗草》。

空岭峡/（清）张问陶. ——《船山诗草》。

夔州怀少陵/（清）张问陶. ——《船山诗草补遗》。

腊月十七日下巴峡/（清）张问陶. ——《船山诗草》。

留涪州两日作诗谢亲旧/（清）张问陶. ——清同治重修《涪州县志》卷十五《艺文志·古今体诗一百八十五首》。

琉球刀歌为周补之廷援作/（清）张问陶. ——清同治重修《涪州县志》卷十五《艺文志·古今体诗一百八十五首》。

猫儿峡二首/（清）张问陶. ——《船山诗草》。

乾隆壬子二月十九日庆元山扫先文端公祠墓二首/（清）张问陶. ——民国《潼南县志》卷六《艺文志下·二诗》。

瞿塘巫峡/（清）张问陶. ——《船山诗草》。

瞿塘峡/（清）张问陶. ——《船山诗草》。

壬申客吴门读周石书近诗/（清）张问陶. ——民国《南川县志》卷十二《艺文志下·诗选》。

壬子除夕与亥白兄神女庙祭诗作/（清）张问陶. ——清光绪《巫山县志》卷三十二《艺文志》。

石宝寨/（清）张问陶. ——《船山诗草》。

蜀道难/（清）张问陶. ——《船山诗草》。

送韩树屏侍郎省亲归长即题秋江归棹图/（清）张问陶. ——民国《长寿县志》卷十五《文征下》。

送李平山太守任杭州/（清）张问陶. ——民国《长寿县志》卷十五《文征下》。

送外舅周东屏先生奉使川陕祭告岳渎（其二）/（清）张问陶. ——清同治重修《涪州县志》卷十五《艺文志·古今体诗一百八十五首》。

送周补之旗樵赴广东之外舅学士公任/（清）张问陶. ——清同治重修《涪州县志》卷十五《艺文志·古今体诗一百八十五首》。

涂山/（清）张问陶. ——《重庆题咏录》第291页。

万县小泊是日立春/（清）张问陶. ——《万县志》第792页。

巫峡同亥伯兄作/（清）张问陶. ——清光绪《巫山县志》卷三十二《艺文志》。

戊申岁腊寓外舅替善公宅感事有作/（清）张问陶. ——清同治重修《涪州县志》卷十五《艺文志·古今体诗一百八十五首》。

峡夜城亥白四首/（清）张问陶. ——《船山诗草》。

峡中寄王椒畦王子卿/（清）张问陶. ——清光绪《巫山县志》卷三十二《艺文志》。

峡中谢人送橘柚/（清）张问陶. ——《船山诗草》。

峡中作/（清）张问陶. ——清光绪《巫山县志》卷三十二《艺文志》。

下新滩/（清）张问陶. ——《船山诗草》。

养蚕堆/（清）张问陶. ——民国《长寿县志》卷十五《文征下》。

由百丈梁下金鸡三碛/（清）张问陶. ——《船山诗草》。

由湖滩至蛾眉碛/（清）张问陶. ——《万县志》第792页。

由三分水至楠木园出巫峡（四首）/（清）张问陶. ——清光绪《巫山县志》卷三十二《艺文志》。

雨中泊云阳二首/（清）张问陶. ——民国《云阳县志》卷四十二《文录上·古近体诗》。

忠州即事（二首）/（清）张问陶. ——清同治《忠州直隶州志》卷十二《艺文志·诗（七绝）》。

舟中守岁/（清）张问陶. ——清光绪《巫山县志》卷三十二《艺文志》。

舟中遥望巫山/（清）张问陶. ——清光绪《巫山县志》卷三十二《艺文志》。

明石柱宣慰使秦良玉画像歌/（清）舒位. ——《石柱文史资料》第九辑《吟秦良玉诗词联辑》第23页。舒位（1765—1815），字立人，号铁云，直隶大兴（今北京市）人，乾隆五十三年（1788）举人。

春帆细雨/（清）傅金铨. ——民国新修《合川县志·文在二》，卷七十《诗一·绝句》。傅金铨（1765—?），字鼎云，别号济一子，又称醉花道人，江西金溪县人，嘉庆二十二年（1817）入川学道，寄居巴县，能诗文，工书画。

鄱湖烟雨/（清）傅金铨. ——民国新修《合川县志·文在二》，卷七十《诗一·绝句》。

登楼看雨/（清）傅金铨. ——民国新修《合川县志·文在二》，卷七十《诗一·绝句》。

过云漾湖/（清）傅金铨. ——民国新修《合川县志·文在二》，卷七十《诗一·绝句》。

寒江听雨/（清）傅金铨. ——民国新修《合川县志·文在二》，卷七十《诗一·绝句》。

莲花峰/（清）傅金铨. ——民国新修《合川县志·文在一》，卷六十九《诗一·七言古》。

乱石/（清）傅金铨. ——民国新修《合川县志·文在二》，卷七十《诗一·绝句》。

茅屋赏雨/（清）傅金铨. ——民国新修《合川县志·文在二》，卷七十《诗一·绝句》。

墨石/（清）傅金铨. ——民国新修《合川县志·文在二》，卷七十《诗一·绝句》。

青石/（清）傅金铨. ——民国新修《合川县志·文在二》，卷七十《诗一·绝句》。

秋风骤雨/（清）傅金铨. ——民国新修《合川县志·文在二》，卷七十《诗一·绝句》。

山行闻鹧鸪/（清）傅金铨. ——民国新修《合川县志·文在二》，卷七十《诗一·绝句》。

题竹/（清）傅金铨. ——民国新修《合川县志·文在二》，卷七十《诗一·绝句》。

涂山图/（清）傅金铨. ——民国新修《合川县志·文在二》，卷七十《诗一·律诗》。

写黄菊/（清）傅金铨. ——民国新修《合川县志·文在二》，卷七十《诗一·绝句》。

写兰/（清）傅金铨. ——民国新修《合川县志·文在二》，卷七十《诗一·绝句》。

写梅/（清）傅金铨. ——民国新修《合川县志》文在二，卷七十《诗一·七言绝句》。

写竹/（清）傅金铨. ——民国新修《合川县志·文在二》，卷七十《诗一·绝句》。

雪石/（清）傅金铨. ——民国新修《合川县志·文在二》，卷七十《诗一·绝句》。

夜窗疏雨/（清）傅金铨. ——民国新修《合川县志·文在二》，卷七十《诗一·绝句》。

云山叠翠图/（清）傅金铨. ——民国新修《合川县志·文在二》，卷七十《诗一·绝句》。

凌云艺苑/（清）董承熙. ——清道光《垫江县志》卷十《诗·七言律诗》。董承熙（1768—1855），字槲园，忠州（今重庆忠县）人，嘉庆二十二年（1817）进士。

生日自寿/（清）董承熙. ——《国朝全蜀诗钞》第 386 页。

书死难各男女卷后/（清）董承熙. ——清道光《垫江县志》卷十《诗·七言律诗》。

回澜阁/（清）杨芳. ——《秀山文史资料》第九辑《历史名人》第 38 页。杨芳（1770—1846），字诚斋，诚村，土家族，原秀山县九江乡（今贵州松桃）人。

墓碑题诗/（清）杨芳. ——《秀山文史资料》第九辑《历史名人》第 38 页。

赠南川韦紫航/（清）潘世恩. ——民国《南川县志》卷十二《艺文志下·诗选》。潘世恩（1770—1854），字槐堂，号芝轩，苏州府吴县（今属江苏）人，乾隆五十八年（1793）进士。

登报恩塔诗/（清）聂铣敏. ——民国《巴县志》卷三《古迹》。聂铣敏（1775—1828），字晋光，号蓉峰，衡山人，嘉庆十年（1805）进士。

过白兔亭小憩寺楼口占七律二首/（清）聂铣敏. ——清光绪《梁山县志》卷十《艺文·诗》。

云阳晚泊/（清）奚大壮. ——民国《云阳县志》卷四十二《文录上·古近体诗·清》。奚大壮（1775—1829），字安止，号雨谷，四川省蓬溪县人，嘉庆十年（1805）进士。

赠应城孝子褚梦斌/（清）奚大壮. ——民国《潼南县志》卷六《艺文志下·二诗》。

游罗睺山寺僧求书题绝句四首应之/（清）张澍. ——清光绪《铜梁县

志》卷十四《艺文志·四》。张澍（1776—1847），字百瀹，又寿谷，号介侯，又号鸠民，甘肃武威人，嘉庆二十四年（1819）进士。

游罗睺寺／（清）张澍．——清光绪《铜梁县志》卷十四《艺文志·四》。

南康解组／（清）何增元．——清同治《璧山县志》卷十《艺文志·诗·七言律》。何增元（1776—1862），别名调谱，字申畲，今重庆璧山县人，进士。

向子厚过访话旧／（清）何增元．——清同治《璧山县志》卷十《艺文志·诗·七言绝》。

金城山即景／（清）邵钧．——清光绪《梁山县志》卷十《艺文·诗》。邵钧，又作邵玺，生卒年不详，字鹤汀，浙江鄞县（今宁波市）人，寄籍今重庆梁平县，嘉庆五年（1800）庚申科举人。

夜宿松树坡／（清）邵钧．——清光绪《梁山县志》卷十《艺文·诗》。

谒天后庙／（清）邵钧．——清光绪《梁山县志》卷十《艺文·诗》。

自万县至梁山途中书所见／（清）邵钧．——清光绪《梁山县志》卷十《艺文·诗》。

古梅轩歌奉赠符子田明府／（清）姚椿．——清光绪《梁山县志》卷十《艺文·诗》。姚椿（1777—1853），字子寿，又字梦毂，号春木，一号鲁亭，江苏娄县（今上海松江）人。

主讲钩深书院三首选一／（清）陈永图．——清同治重修《涪州县志》卷十五《艺文志·古今体诗一百八十五首》。陈永图，生卒年不详，字固庵，四川涪州（今重庆涪陵区）人，嘉庆七年（1802）进士，能诗工书。

登白帝城／（清）陶澍．——清光绪《奉节县志》卷三十六《艺文·诗汇》。陶澍（1779—1839），字子霖、子云，号云汀、髯樵，湖南安化县人，嘉庆七年（1802）进士。

丰都望阴王山／（清）陶澍．——《陶文毅公全集》卷六十二《诗集》，清道光刻本。

莲花山宋濂初厝处／（清）陶澍．——清光绪《奉节县志》卷三十六《艺文·诗汇》。

三峡堂长歌纪蜀游之胜／（清）陶澍．——《陶文毅公全集》卷六十二

《诗集》。

晚泊西界沱寄题秦良玉旧楼／（清）陶澍. ——《石柱文史资料》第九辑《吟秦良玉诗词联辑》第39页。

巫峡／（清）陶澍. ——清光绪《巫山县志》卷三十二《艺文志》。

晓发万县／（清）陶澍. ——《《万县志》第792页。

晓发巫山望十二峰／（清）陶澍. ——清光绪《巫山县志》卷三十二《艺文志》。

晓过瞿塘／（清）陶澍. ——清光绪《巫山县志》卷三十二《艺文志》。

雨后望下岩／（清）陶澍. ——民国《云阳县志》卷四十二《文录上·古近体诗》。

舟过神女庙／（清）陶澍. ——清光绪《巫山县志》卷三十二《艺文志》。

子阳城／（清）陶澍. ——《陶文毅公全集》卷六十二《诗集》。

朝廷颂／（清）程伯銮. ——清道光《垫江县志》卷十《诗·七言古风》。程伯銮（1779—1862），原名中铮，字次坡，号陶村，重庆垫江人，嘉庆十年（1805）进士，授编修，十四年（1809）归里主讲垫江书院。

董烈妇题辞／（清）程伯銮. ——清道光《垫江县志》卷十《诗·七言古风》。

余孝女歌／（清）程伯銮. ——清道光《垫江县志》卷十《诗·七言古风》。

竹枝十六首／（清）程伯銮. ——《历代蜀词全辑续编》第168—170页。

重游东湖谒东坡先生遗像／（清）胡超. ——民国《长寿县志》卷十五《文征下》。胡超（1780—1849），字卓峰，今重庆长寿人，清嘉庆十五年（1810）任重庆镇标营都司，道光七年（1827）补重庆镇总兵。

达州吟／（清）胡超. ——民国《长寿县志》卷十五《文征下》。

赴固原提督任／（清）胡超. ——民国《长寿县志》卷十五《文征下》。

蒲氏墨／（清）胡超. ——《长寿县志》第1130页。

塔巴墩巴什玛杂获逆首卓尔奉旨以总兵即用纪事／（清）胡超. ——民国《长寿县志》卷十五《文征下》。

铁盖山生擒首逆张格尔召见后以提督在乾清门侍卫上行走恭纪/（清）胡超.——民国《长寿县志》卷十五《文征下》。

开元寺题留/（清）朱有绂.——清道光《夔州府志·艺文》。朱有绂，生卒年不详，今四川大竹县人，清嘉庆九年（1804）举人，嘉庆十四年（1809）任夔州府教授。

游龙兴寺/（清）朱有绂.——清道光《夔州府志·艺文》。

庠生冉镕像赞/（清）朱有绂.——清道光《夔州府志·艺文》。

道光乙酉嘉平游寄园赋赠二首/（清）卓秉恬.——清道光《夔州府志·艺文》。卓秉恬（1782—1855），字静远，号海帆，室名枕善书屋，四川华阳（今成都）人，嘉庆七年（1802）进士。

登夔州城楼/（清）卓秉恬.——清光绪《奉节县志》卷三十六《艺文·诗汇》。

夔门怀古/（清）卓秉恬.——清光绪《奉节县志》卷三十六《艺文·诗汇》。

谒十贤堂/（清）卓秉恬.——清光绪《奉节县志》卷三十六《艺文·诗汇》。

题兰陵三秀集/（清）甘雨施.——《国朝全蜀诗钞》第386页。甘雨施（？—1850），字百生，号岱云，四川昌元（今重庆荣昌）人，嘉庆十三年（1808）举人。

学宫图考/（清）寇宗.——清光绪《荣昌县志》卷二十二《艺文·国朝诗》。寇宗，生卒年不详，字万川，四川渠县名儒，清嘉庆十三年（1808）举人，后任荣昌县教谕、成都教授，晚年更嗜诸学，尤精研医理。

庙几子/（清）郭尚先.——民国《云阳县志》卷四十二《文录上·古近体诗》。郭尚先（1785—1832），字无闻，又字兰石，福建莆田人，嘉庆十四年（1809）进士，嘉庆、道光时书法家。

八阵图/（清）李惺.——《夔门诗粹》。李惺（1785—1863），字伯子，号西沤，晚号拙修老人，今重庆垫江人，清嘉庆二十二年（1817）进士，翰林院庶吉士，授检讨，迁詹事府左赞善，乞养归，主讲锦江书院二十年，著有

《西沤外集》、《西沤文集》。

烈妇董墙氏／（清）李惺．——清道光《垫江县志》卷十《诗·五言律诗》。

瞿塘峡／（清）李惺．——《晚晴簃诗汇》卷一百二十七。

入巫山县界／（清）李惺．——《西沤全集》卷八。

题北京四川营／（清）李惺．——《石柱文史资料》第九辑《吟秦良玉诗词联辑》第 37 页。

涪州江口／（清）黎恂．——清同治重修《涪州县志》卷十五《艺文志·古今体诗一百八十五首》。黎恂（1785—1863），字雪楼，号拙叟，贵州遵义人，清嘉庆十九年（1814）进士。

宝岩飞瀑／（清）朱钰．——《荣昌文史资料》第 5—6 辑第 382 页。朱珏（？—1860），字双璧，一字研溪，号餐花仙史，嘉兴（今属浙江省）人。

古佛眠云／（清）朱钰．——《荣昌文史资料》第 5—6 辑第 380 页。

虹桥饮月／（清）朱钰．——《荣昌文史资料》第 5—6 辑第 378 页。

龙洞栖霞／（清）朱钰．——《荣昌文史资料》第 5—6 辑第 379 页。

石航秋水／（清）朱钰．——《荣昌文史资料》第 5—6 辑第 383 页。

棠堰飘香／（清）朱钰．——《荣昌文史资料》第 5—6 辑第 375 页。

桃峰积翠／（清）朱钰．——《荣昌文史资料》第 5—6 辑第 377 页。

鸦屿仙棋／（清）朱钰．——《荣昌文史资料》第 5—6 辑第 385 页。

白鹤梁／（清）石彦恬．——清同治重修《涪州县志》卷十五《艺文志·古今体诗一百八十五首》。石彦恬（1790—1861），字麟士，晚号素翁，清代侠士、书法家、诗人。

偶读周篁村时艺／（清）石彦恬．——民国《南川县志》卷十二《艺文志下·诗选》。

三门归舟／（清）石彦恬．——清同治重修《涪州县志》卷十五《艺文志·古今体诗一百八十五首》。

山居遣兴／（清）石彦恬．——清同治重修《涪州县志》卷十五《艺文志·古今体诗一百八十五首》。

晚渡龙沱／（清）石彦恬. ——清同治重修《涪州县志》卷十五《艺文志·古今体诗一百八十五首》。

乙丑春闱职外廉之役月夜偶作／（清）王俊三. ——清光绪《铜梁县志》卷十四《艺文志·四》。王俊三（？—1861），字君常，清四川铜梁县（今属重庆）拔贡。

叙泸五营官兵凯撤归伍余赴大庙场料理过境诗以纪事／（清）徐瀛. ——清光绪《铜梁县志》卷十四《艺文志·四》。徐瀛，生卒年不详，字洲士，号笔珊，浙江海宁州举人，清道光元年（1821）任铜梁县知县。

己亥杂诗（第一百零六首）／（清）龚自珍. ——《龚自珍全集》第十辑。龚自珍（1792—1841），字璱人，号定庵，浙江仁和（今浙江杭州）人，道光九年（1829）进士。

白鹤山庄偶成／（清）禹湛. ——民国新修《合川县志·文在二》，卷七十《诗一·律诗》。禹湛（1792—1862），字注元，号虹江，合州（今重庆合川）人。

白龙池／（清）禹湛. ——民国新修《合川县志·文在二》，卷七十《诗一·绝句》。

病中作偈／（清）禹湛. ——民国新修《合川县志·文在二》，卷七十《诗一·律诗》。

巢燕行／（清）禹湛. ——民国新修《合川县志·文在一》，卷六十九《诗一·杂言歌行》。

从军／（清）禹湛. ——民国新修《合川县志·文在一》，卷六十九《诗一·五言古》。

答姚渔航见赠即以留别／（清）禹湛. ——民国新修《合川县志·文在二》，卷七十《诗一·律诗》。

大床／（清）禹湛. ——民国新修《合川县志·文在二》，卷七十《诗一·五言排律》。

大峨绝顶放歌寄怀陈朗山／（清）禹湛. ——民国新修《合川县志·文在一》，卷六十九《诗一·七言歌行》。

道中遇雨／（清）禹湛．——民国新修《合川县志·文在二》，卷七十《诗一·律诗》。

得朱春浦彭爱泉书／（清）禹湛．——民国新修《合川县志·文在二》，卷七十《诗一·律诗》。

滇南杂诗／（清）禹湛．——民国新修《合川县志·文在二》，卷七十《诗一·绝句》。

冬日即事／（清）禹湛．——民国新修《合川县志·文在二》，卷七十《诗一·律诗》。

冬夜同人访彭金沙师草堂论诗效平仄体限卷字／（清）禹湛．——民国新修《合川县志·文在一》，卷六十九《诗一·五言古》。

冬夜宿熊湘云先生书室夜话得读历年纪游之作／（清）禹湛．——民国新修《合川县志·文在二》，卷七十《诗一·律诗》。

访关坊寺／（清）禹湛．——民国新修《合川县志·文在二》，卷七十《诗一·绝句》。

访杨仲渔参军饮酒志别二首／（清）禹湛．——民国新修《合川县志·文在二》，卷七十《诗一·律诗》。

风雨行／（清）禹湛．——民国新修《合川县志·文在一》，卷六十九《诗一·七言歌行》。

浮生／（清）禹湛．——民国新修《合川县志·文在二》，卷七十《诗一·律诗》。

和刘石云菊花原韵／（清）禹湛．——民国新修《合川县志·文在二》，卷七十《诗一·律诗》。

和刘石云醉中杂感七首／（清）禹湛．——民国新修《合川县志·文在二》，卷七十《诗一·律诗》。

和吕仙降乩三首韵／（清）禹湛．——民国新修《合川县志·文在二》，卷七十《诗一·绝句》。

黑龙潭漫兴／（清）禹湛．——民国新修《合川县志·文在二》，卷七十《诗一·律诗》。

浣花草堂/（清）禹湛. ——民国新修《合川县志·文在二》，卷七十《诗一·律诗》。

黄子春方伯祠题壁/（清）禹湛. ——民国新修《合川县志·文在二》，卷七十《诗一·律诗》。

己亥正月三日与陈作斋兰舫同宿纯阳山楼/（清）禹湛. ——民国新修《合川县志·文在二》，卷七十《诗一·绝句》。

见友人寿元阳子戏和其韵并为谈元/（清）禹湛. ——民国新修《合川县志·文在二》，卷七十《诗一·律诗》。

近思精舍/（清）禹湛. ——民国新修《合川县志·文在二》，卷七十《诗一·绝句》。

九日登牟山绝顶/（清）禹湛. ——民国新修《合川县志·文在二》，卷七十《诗一·律诗》。

梁山高三首为小峰大令作/（清）禹湛. ——民国新修《合川县志·文在一》，卷六十九《诗一·七言歌行》。

留别滇南/（清）禹湛. ——民国新修《合川县志·文在二》，卷七十《诗一·律诗》。

落卷/（清）禹湛. ——民国新修《合川县志·文在二》，卷七十《诗一·律诗》。

梅圣俞四禽言东坡和之作五禽言予仍用梅韵/（清）禹湛. ——民国新修《合川县志·文在一》，卷六十九《诗一·七言歌行》。

妙应寺遇雨/（清）禹湛. ——民国新修《合川县志·文在二》，卷七十《诗一·绝句》。

拟古二首录/（清）禹湛. ——民国新修《合川县志·文在一》，卷六十九《诗一·五言古》。

偶成/（清）禹湛. ——民国新修《合川县志·文在二》，卷七十《诗一·律诗》。

普市夜坐/（清）禹湛. ——民国新修《合川县志·文在二》，卷七十《诗一·律诗》。

七夕/（清）禹湛．——民国新修《合川县志·文在二》，卷七十《诗一·绝句》。

乞陈年酒/（清）禹湛．——民国新修《合川县志·文在二》，卷七十《诗一·律诗》。

遣怀四首/（清）禹湛．——民国新修《合川县志·文在二》，卷七十《诗一·律诗》。

黔中苦雨感太白寄龙标句有作/（清）禹湛．——民国新修《合川县志·文在二》，卷七十《诗一·律诗》。

青城对雨寄陈斗垣/（清）禹湛．——民国新修《合川县志·文在一》，卷六十九《诗一·五言古》。

戎州立秋喜雨/（清）禹湛．——民国新修《合川县志·文在二》，卷七十《诗一·律诗》。

戎州拟古/（清）禹湛．——民国新修《合川县志·文在二》，卷七十《诗一·绝句》。

戎州夜泊/（清）禹湛．——民国新修《合川县志·文在二》，卷七十《诗一·律诗》。

三十/（清）禹湛．——民国新修《合川县志·文在二》，卷七十《诗一·律诗》。

寿彭金沙/（清）禹湛．——民国新修《合川县志·文在二》，卷七十《诗一·律诗》。

思归/（清）禹湛．——民国新修《合川县志·文在二》，卷七十《诗一·律诗》。

送陈兰甫明府之官闽中/（清）禹湛．——民国新修《合川县志·文在一》，卷六十九《诗一·五言古》。

送张明斋归琼江/（清）禹湛．——民国新修《合川县志·文在二》，卷七十《诗一·律诗》。

宿大峨绝顶不寐有怀朱春浦/（清）禹湛．——民国新修《合川县志·文在一》，卷六十九《诗一·七言歌行》。

宿伏虎寺/（清）禹湛. ——民国新修《合川县志·文在二》，卷七十《诗一·律诗》。

宿梦笔山/（清）禹湛. ——民国新修《合川县志·文在二》，卷七十《诗一·绝句》。

宿青城怀友/（清）禹湛. ——民国新修《合川县志·文在二》，卷七十《诗一·绝句》。

题花农图/（清）禹湛. ——民国新修《合川县志·文在一》，卷六十九《诗一·五言古》。

题画/（清）禹湛. ——民国新修《合川县志·文在二》，卷七十《诗一·绝句》。

乌撒道中遇雨/（清）禹湛. ——民国新修《合川县志·文在二》，卷七十《诗一·律诗》。

戏咏坐舟/（清）禹湛. ——民国新修《合川县志·文在一》，卷六十九《诗一·五言古》。

晓发/（清）禹湛. ——民国新修《合川县志·文在二》，卷七十《诗一·律诗》。

偕彭爱泉云门山访越莲上人饮酒作/（清）禹湛. ——民国新修《合川县志·文在二》，卷七十《诗一·绝句》。

雪山关遇雨/（清）禹湛. ——民国新修《合川县志·文在一》，卷六十九《诗一·五言古》。

野行/（清）禹湛. ——民国新修《合川县志·文在二》，卷七十《诗一·律诗》。

移家/（清）禹湛. ——民国新修《合川县志·文在二》，卷七十《诗一·律诗》。

忆息园/（清）禹湛. ——民国新修《合川县志·文在二》，卷七十《诗一·律诗》。

由浦城至建宁舟中三首录一/（清）禹湛. ——民国新修《合川县志·文在二》，卷七十《诗一·律诗》。

游华银山伏虎寺/（清）禹湛. ——民国新修《合川县志·文在二》，卷七十《诗一·律诗》。

游凌云山登坡翁读书楼/（清）禹湛. ——民国新修《合川县志·文在二》，卷七十《诗一·律诗》。

游龙多山赠赵东崖/（清）禹湛. ——民国新修《合川县志·文在一》，卷六十九《诗一·五言古》。

游鸣凤山历鹦鹉环翠诸胜即事四首录一/（清）禹湛. ——民国新修《合川县志·文在二》，卷七十《诗一·律诗》。

游仙/（清）禹湛. ——民国新修《合川县志·文在二》，卷七十《诗一·绝句》。

与黄晓春饮酒有感/（清）禹湛. ——民国新修《合川县志·文在二》，卷七十《诗一·律诗》。

雨中偕刘寅斋铨三昆仲游玉蟾寺放歌/（清）禹湛. ——民国新修《合川县志·文在一》，卷六十九《诗一·七言古》。

遇雨/（清）禹湛. ——民国新修《合川县志·文在二》，卷七十《诗一·绝句》。

漳浦杂诗/（清）禹湛. ——民国新修《合川县志·文在二》，卷七十《诗一·绝句》。

种花/（清）禹湛. ——民国新修《合川县志·文在二》，卷七十《诗一·绝句》。

种树/（清）禹湛. ——民国新修《合川县志·文在二》，卷七十《诗一·绝句》。

赠武夷童道士/（清）禹湛. ——民国新修《合川县志·文在一》，卷六十九《诗一·七言古》。

赠徐怀霖/（清）禹湛. ——民国新修《合川县志·文在二》，卷七十《诗一·律诗》。

坐舟/（清）禹湛. ——民国新修《合川县志·文在一》，卷六十九《诗一·五言古》。

将赴西充任适检得王鲁之纪将军安汉歌因而和之／（清）陈维. ——清光绪《西充县志》卷十三《艺文志·中》。陈维，原名维超，字霞轩，垫江县（今重庆垫江县）人，道光二年（1822）举人。

东屯／（清）李星沅. ——《李文恭公诗集》。李星沅（1797—1851），字子湘，号石梧，湖南湘阴人，道光十二年（1832）进士，谥文恭，后人辑其著述为《李文恭公诗集》。

夔城晚眺／（清）李星沅. ——《李文恭公诗集》。

三峡堂／（清）李星沅. ——《李文恭公诗集》。

伯氏睦族碑／（清）萧秀棠. ——清同治《忠州直隶州志》卷十二《艺文志·诗》。萧秀棠（1797—1883），字廷翰，号子山，别号醒园，今重庆垫江人。

伯氏睦族碑（二首）／（清）秦时英. ——清同治《忠州直隶州志》卷十二《艺文志·诗（七绝）》。秦时英（1804—1874），字衡斋，今重庆忠县人，道光二十四年（1844）进士。

庚申十一月十三日闻永川失守吊沈大令凤台／（清）沈延广. ——民国新修《合川县志·文在一》，卷六十九《诗一·五言古》。沈延广（1807—1874），字心如、旋生，今重庆开县人。

李草鞋有序／（清）沈延广. ——民国新修《合川县志·文在一》，卷六十九《诗一·七言歌行》。

练团／（清）沈延广. ——民国新修《合川县志·文在一》，卷六十九《诗一·七言古》。

烈妇词有序／（清）沈延广. ——民国新修《合川县志·文在一》，卷六十九《诗一·七言歌行》。

烈妇行有序／（清）沈延广. ——民国新修《合川县志·文在一》，卷六十九《诗一·七言歌行》。

林凤翔／（清）沈延广. ——民国新修《合川县志·文在一》，卷六十九《诗一·五言古》。

四眼狗之伪先锋被擒剖其腹有黄蛇飞去因其事奇纪之以诗／（清）沈延广. ——民国新修《合川县志·文在一》，卷六十九《诗一·七言古》。

题白小裴孝廉莲塘消夏图/（清）沈延广. ——清光绪《铜梁县志》卷十四《艺文志·四》。

望巴岳/（清）沈延广. ——清光绪《铜梁县志》卷十四《艺文志·四》。

为吴岳南茂才画梅题赠/（清）沈延广. ——清光绪《铜梁县志》卷十四《艺文志·四》。

闻石逆被擒喜而纪以长句/（清）沈延广. ——民国新修《合川县志·文在一》，卷六十九《诗一·七言古》。

孝妇行有序/（清）沈延广. ——民国新修《合川县志·文在一》，卷六十九《诗一·七言歌行》。

与友人谈故乡风景有感/（清）沈延广. ——民国新修《合川县志·文在二》，卷七十《诗一·律诗》。

招勇/（清）沈延广. ——民国新修《合川县志·文在一》，卷六十九《诗一·七言古》。

眉妩·新月/（清）刘泳之. ——《历代蜀词全辑》第686页。刘泳之（1809—1850），初名刘泳、刘荣，字彦冲，号梁壑、梁壑子，四川铜梁（今重庆铜梁）人，一说梁山（今重庆梁平县）人。

南乡子·中秋前一夕感雨/（清）刘泳之. ——《历代蜀词全辑》第686页。

燕归梁为玉甫写桃花依旧图/（清）刘泳之. ——《历代蜀词全辑》第686页。

经公孙述锁江处/（清）李映棻. ——《夔门诗粹》。李映棻（1809—1863），字香雪，清道光年间进士，四川叙州（今宜宾）人，曾任湖北候补道。

峡中二首/（清）李映棻. ——《近代巴蜀诗钞》（上册）第二七页。

忠州/（清）李映棻. ——《国朝全蜀诗钞》第579页。

白帝城写望/（清）贝青乔. ——《半行庵诗存稿》。贝青乔（1810—1863），字子木，号无咎，又号木居士，江苏吴县（今江苏苏州市）人。

虎须滩/（清）贝青乔. ——《半行庵诗存稿》。

夔州杂诗/（清）贝青乔. ——《半行庵诗存稿》。

蛮营竹枝词三首/（清）贝青乔. ——《半行庵诗存稿》。

瞿塘双崖/（清）贝青乔. ——《半行庵诗存稿》。

瀼西访少陵草堂/（清）贝青乔. ——《半行庵诗存稿》。

盐井/（清）贝青乔. ——《半行庵诗存稿》。

滟滪堆/（清）贝青乔. ——《半行庵诗存稿》。

永安宫怀古/（清）贝青乔. ——《半行庵诗存稿》。

劝民歌/（清）邓仁堃. ——清道光《綦江县志》卷九《古迹》。邓仁堃，生卒年不详，道光年间（1821—1850）綦江知县。

吊苟占魁墓二首/（清）周作孚. ——民国新修《合川县志·文在二》，卷七十《诗一·律诗》。周作孚（？—1865），原名远视，字明德、子蕙，号峻庵、十元，合州（今重庆合川）人，咸丰时期举人。

合阳竹枝词/（清）周作孚. ——民国新修《合川县志·文在二》，卷七十《诗一·绝句》。

巴蔓子墓/（清）何彤云. ——《重庆题咏录》第317页。何彤云（1811—1859），字赓卿，号子缦，云南晋宁州人，道光二十四年（1844）进士。

登涂山诗/（清）何彤云. ——民国《巴县志》卷三《古迹》。

彭水逆旅/（清）蔡世佑. ——《彭水县志》第970页。蔡世佑（1811—1863），字吉堂，四川酉阳（今重庆酉阳）人，道光二十五年（1845）进士，诗人。

晓发彭水/（清）蔡世佑. ——《彭水县志》第970页。

丁未仲秋之官晋阳途中口占/（清）伍奎祥. ——清道光《綦江县志》卷十二《艺文下》。伍奎祥（1812—1862），字七桥，号纬东，綦江县（今重庆綦江）人，道光二十七年（1847）进士。

眷赴晋为劝赋此见意/（清）伍奎祥. ——清道光《綦江县志》卷十二《艺文下》。

赖仙槎学博秉铎吾邑十五年矣与余为忘形交告归赋此送别/（清）伍奎祥. ——清道光《綦江县志》卷十二《艺文下》。

送陈均甫同年赴山左大营/（清）伍奎祥. ——清道光《綦江县志》卷十

二《艺文下》。

戊申嘉平九日为外舅罗春堂先生寿辰敬赋一律奉寄/（清）伍奎祥. ——清道光《綦江县志》卷十二《艺文下》。

神女庙/（清）陈浚. ——清光绪《巫山县志》卷三十二《艺文志》。陈浚（1815—1870），咸丰间监察御史。

吊马月山/（清）陈攀凤. ——民国《忠县志》卷二十一《文征志·古体诗》。陈攀凤（1819—1879），字仪廷，忠州（今重庆忠县）人，清代道光十七年（1837）拔贡生。

读太保秦夫人传（十首）/（清）陈攀凤. ——民国《忠县志》卷二十一《文征志·古体诗》。

寿黄母向太孺人八十/（清）陈攀凤. ——民国《忠县志》卷二十一《文征志·古体诗》。

赠陈义怀春日垂钓龙潭/（清）陈攀凤. ——民国《忠县志》卷二十一《文征志·古体诗》。

静南志黎伯巽序/（清）敖册贤. ——清光绪《荣昌县志》卷二十二《艺文·国朝诗》。敖册贤，生卒年不详，重庆荣昌人，清道光二十三年（1843）举人。

邑俗妇耕夫坐食为作此诗/（清）敖册贤. ——清光绪《荣昌县志》卷二十二《艺文·国朝诗》。

京邸寄示家人兼酬亲友（十二首录五）/（清）李士棻. ——民国《忠县志》卷二十一《文征志·古体诗》。李士棻（1821—1885），字芋仙，忠县人，道光二十九年（1849）拔贡。

赠门生牟显智/（清）李士棻. ——民国《忠县志》卷二十一《文征志·古体诗》。

合州/（清）孙桐生. ——《近代巴蜀诗钞》（上册）第一四五页。孙桐生（1824—1908），字晓峰，号痴道人、钦真外史、忏梦居士，晚清红学家，绵州（今四川绵阳）人，咸丰二年（1852）进士。

绝顶长歌/（清）孙桐生. ——民国新修《合川县志·文在一》，卷六十九

《诗一·七言歌行》。

夔府漫兴／（清）孙桐生. ——《近代巴蜀诗钞》（上册）第一四五页。

绝命词十首录六／（清）王向氏. ——清同治重修《涪州县志》卷十五《艺文志·古今体诗一百八十五首》。王向氏（1825—1850），女，今重庆涪陵人，守节不改嫁，投溪以殉，殁时赋有绝命词十章。

白赶场苦雨／（清）冯大观. ——清光绪《大宁县志》卷八《艺文志》。冯大观，字浣斋，大宁县（今重庆巫溪县）人，道光三十年（1850）岁贡生。

宿豆田坝／（清）冯大观. ——清光绪《大宁县志》卷八《艺文志》。

龙洞宝昙寺／（清）方瀛. ——清光绪《巫山县志》卷三十二《艺文志》。方瀛（1827—1887），字仲舫，湘畹，兴国州（今阳新）人，道光年间进士，内阁中书、知府，曾去安南参加过中法战争。

睡罗汉／（清）鲍超. ——《晚清名将鲍超》。鲍超（1828—1886），字春霆，今重庆奉节人，行伍出身，湘军将领，所部号为"霆军"，为湘军主干之一。卒赠太子少保。

成都旅次书怀／（清）王倬. ——《璧山县文史资料选集》第三辑第109页。王倬（？—1871），字朝杰，号虎岩，今重庆璧山县人，清道光庚子科（1840）进士。

白帝城／（清）王再咸. ——《近代巴蜀诗钞》（上册）第一三一页。王再咸（？—1871），字泽山，四川温江人，咸丰二年（1852）举人。

七歌送刘晓澜仙源两同年下第归夔州／（清）王再咸. ——《近代巴蜀诗钞》（上册）第一二九页。

赠陈南村／（清）王再咸. ——民国《潼南县志》卷六《艺文志下·二诗》。

苞峰晴雪／（清）释瘦木. ——清光绪《巫山县志》卷三十二《艺文志》。释瘦木（？—1871），又称三德和尚，清代白帝寺僧人，法号通觉，虔心佛学，爱山水，重友情，尤好吟咏，擅长书法，有"诗僧"之称，后人辑其著作为《瘦木遗稿》，刘玉璋选其中十一首刻碑，现存白帝城西碑林。

春日呈郭竹坪广文／（清）释瘦木. ——《白帝城历代碑刻选》。

春夜送粟庵之海/（清）释瘦木．——《白帝城历代碑刻选》。

辞白帝城/（清）释瘦木．——《白帝城历代碑刻选》。

答秋舫/（清）释瘦木．——《白帝城历代碑刻选》。

稻苑香风/（清）释瘦木．——清光绪《巫山县志》卷三十二《艺文志》。

东瀼增潮/（清）释瘦木．——《白帝城历代碑刻选》。

洞口斜阳/（清）释瘦木．——清光绪《巫山县志》卷三十二《艺文志》。

杜公祠/（清）释瘦木．——《白帝城历代碑刻选》。

梵阁钟声/（清）释瘦木．——清光绪《巫山县志》卷三十二《艺文志》。

莲华滴漏/（清）释瘦木．——清光绪《巫山县志》卷三十二《艺文志》。

龙盘荡碧/（清）释瘦木．——清光绪《巫山县志》卷三十二《艺文志》。

七十自寿/（清）释瘦木．——《白帝城历代碑刻选》。

秋屏列画/（清）释瘦木．——《白帝城历代碑刻选》。

瞿塘峡/（清）释瘦木．——清光绪《奉节县志》卷三十六《艺文·诗汇》。

石郭横烟/（清）释瘦木．——清光绪《巫山县志》卷三十二《艺文志》。

题面壁图/（清）释瘦木．——《白帝城历代碑刻选》。

天台耸翠/（清）释瘦木．——清光绪《巫山县志》卷三十二《艺文志》。

学书口占/（清）释瘦木．——《白帝城历代碑刻选》。

谒桓侯庙次韵/（清）释瘦木．——《云阳县志》第1289—1294页。

游下岩寺二首/（清）释瘦木．——民国《云阳县志》卷四十二《文录上·古近体诗》。

竹虚山房定榻寄意/（清）赵用修．——民国新修《合川县志·文在一》，卷六十九《诗一·五言古》。赵用修（1830—1879），字芝小，号省齐，今重庆合川人，同治九年（1870）进士。

寄怀益谦/（清）蒋璧方．——民国新修《合川县志·文在二》，卷七十《诗一·绝句》。蒋璧方（1830—1884），字辑亭，初名道成，又字集廷，今重庆合川人，咸丰九年（1859）中举，后主讲合州书院。光绪十年（1884）回乡病逝。著有《一得随录》、《见所见斋文钞》等。

将入都寄益谦／（清）蒋璧方．——民国新修《合川县志·文在一》，卷六十九《诗一·七言古》。

入都留别益谦／（清）蒋璧方．——民国新修《合川县志·文在二》，卷七十《诗一·律诗》。

述怀／（清）蒋璧方．——民国新修《合川县志·文在一》，卷六十九《诗一·七言古》。

游双鹤寺答益谦／（清）蒋璧方．——民国新修《合川县志·文在二》，卷七十《诗一·律诗》。

不嫌渎尘大雅贻笑方家耳／（清）左锡嘉．——清光绪《铜梁县志》卷十四《艺文志·四》。左锡嘉（1830—1889?），字小云、韵卿，号浣芬，晚号冰如，阳湖（今江苏常州）人，华阳（今四川成都）曾咏妻，工诗善词，尤精书画。

书骢马导舆图后并序／（清）左锡嘉．——清光绪《铜梁县志》卷十四《艺文志·四》。

题画（四首）／（清）陈树棠．——民国《忠县志》卷二十一《文征志·古体诗》。陈树棠（1830—1896），忠州（今重庆忠县）人。

斗巢九日／（清）陈汝燮．——《巴蜀近代诗词选》第236—237页。陈汝燮（约1830—1902），号笞猿，土家族，清代酉阳（今重庆酉阳）人，诗人，著有《笞猿诗草》，集诗九百余首，石印传世。

仿百尺楼九日醉歌／（清）陈汝燮．——《重庆少数民族诗选》第14页。

遣兴四首（二）／（清）陈汝燮．——《重庆少数民族诗选》第15页。

山行／（清）陈汝燮．——《巴蜀近代诗词选》第236—237页。

题陈南村刺史出塞吟稿／（清）李鸿裔．——民国《潼南县志》卷六《艺文志下·二诗》。李鸿裔（1831—1885），字眉生，号香岩，又号苏邻，四川中江人，咸丰元年（1851）举人，工诗文，擅书法。

秦母柳孺人守节诗／（清）陈树菱．——民国《忠县志》卷二十一《文征志·古体诗》。陈树菱（1832—1894），字松谱，忠州城人，清咸丰十一年（1861）拔贡，工书法。

咏牡丹/（清）陈树菱.——民国《忠县志》卷二十一《文征志·古体诗》。

敖烈女诗/（清）王宫午.——清光绪《荣昌县志》卷二十二《艺文·国朝诗》。王宫午，生卒年不详，字介卿，祥符（今河南开封）人，清咸丰十年（1860）翰林，曾任华阳（今四川成都）县丞。

安岳乐至道中/（清）丁树诚.——民国新修《合川县志·文在二》，卷七十《诗一·律诗》。丁树诚（1837—1902），字治棠，清代合州（今重庆合川）人。

八阵图/（清）丁树诚.——民国新修《合川县志·文在二》，卷七十《诗一·律诗》。

白帝城/（清）丁树诚.——民国新修《合川县志·文在二》，卷七十《诗一·律诗》。

白鹿湖/（清）丁树诚.——民国新修《合川县志·文在二》，卷七十《诗一·律诗》。

白水洋/（清）丁树诚.——民国新修《合川县志·文在二》，卷七十《诗一·律诗》。

白云山馆酬刘益之老友见访渠生四月八日出自寿诗中有佛生我亦生句援此赠之兼以送别/（清）丁树诚.——民国新修《合川县志·文在二》，卷七十《诗一·律诗》。

白云山馆杂咏/（清）丁树诚.——民国新修《合川县志·文在二》，卷七十《诗一·律诗》。

白云寺望云海歌/（清）丁树诚.——民国新修《合川县志·文在一》，卷六十九《诗一·七言古》。

汴河两岸人家/（清）丁树诚.——民国新修《合川县志·文在二》，卷七十《诗一·律诗》。

别胡晓风/（清）丁树诚.——民国新修《合川县志·文在二》，卷七十《诗一·律诗》。

别李晖吉/（清）丁树诚.——民国新修《合川县志·文在二》，卷七十

《诗一·律诗》。

别郑灼三/（清）丁树诚. ——民国新修《合川县志·文在二》，卷七十《诗一·律诗》。

长湖/（清）丁树诚. ——民国新修《合川县志·文在二》，卷七十《诗一·律诗》。

陈和庭花坞新成逐境志胜十四之四/（清）丁树诚. ——民国新修《合川县志·文在二》，卷七十《诗一·绝句》。

重庆府/（清）丁树诚. ——民国新修《合川县志·文在二》，卷七十《诗一·律诗》。

崇明县/（清）丁树诚. ——民国新修《合川县志·文在二》，卷七十《诗一·律诗》。

酬益谦上人赠砚扇二物/（清）丁树诚. ——民国新修《合川县志·文在二》，卷七十《诗一·律诗》。

筹边楼歌/（清）丁树诚. ——民国新修《合川县志·文在一》，卷六十九《诗一·七言古》。

川西坝/（清）丁树诚. ——民国新修《合川县志·文在二》，卷七十《诗一·律诗》。

春日怀戴子敬兼寄何怡士/（清）丁树诚. ——民国新修《合川县志·文在一》，卷六十九《诗一·七言古》。

春兴五首/（清）丁树诚. ——民国新修《合川县志·文在二》，卷七十《诗一·律诗》。

大姑山/（清）丁树诚. ——民国新修《合川县志·文在二》，卷七十《诗一·律诗》。

大军山/（清）丁树诚. ——民国新修《合川县志·文在二》，卷七十《诗一·律诗》。

蝶子湖夜雪/（清）丁树诚. ——民国新修《合川县志·文在二》，卷七十《诗一·律诗》。

冬日出郭晚眺/（清）丁树诚. ——民国新修《合川县志·文在二》，卷七十《诗一·律诗》。

冬日四咏寒雁寒蝶寒蛩寒蛇/（清）丁树诚. ——民国新修《合川县志·文在二》，卷七十《诗一·律诗》。

东西梁山/（清）丁树诚. ——民国新修《合川县志·文在二》，卷七十《诗一·律诗》。

读太白集/（清）丁树诚. ——民国新修《合川县志·文在一》，卷六十九《诗一·七言古》。

渡海/（清）丁树诚. ——《合川文史资料选辑》第五辑第113—120页。

泛浣花溪/（清）丁树诚. ——民国新修《合川县志·文在二》，卷七十《诗一·绝句》。

丰都山/（清）丁树诚. ——民国新修《合川县志·文在二》，卷七十《诗一·律诗》。

佛洞清谈/（清）丁树诚. ——民国新修《合川县志·文在二》，卷七十《诗一·律诗》。

赋得二十四番花信风/（清）丁树诚. ——民国新修《合川县志·文在二》，卷七十《诗一·试帖》。

航海/（清）丁树诚. ——民国新修《合川县志·文在二》，卷七十《诗一·律诗》。

黑水洋/（清）丁树诚. ——民国新修《合川县志·文在二》，卷七十《诗一·律诗》。

恭拟孝贞显皇后挽词四首/（清）丁树诚. ——民国新修《合川县志·文在二》，卷七十《诗一·律诗》。

古意/（清）丁树诚. ——民国新修《合川县志·文在二》，卷七十《诗一·律诗》。

归州/（清）丁树诚. ——民国新修《合川县志·文在二》，卷七十《诗一·律诗》。

和戴子霍所寄原韵/（清）丁树诚. ——民国新修《合川县志·文在二》，卷七十《诗一·绝句》。

和胡敬敷同年游纯阳山观卢生睡象诗步韵/（清）丁树诚. ——民国新修《合川县志·文在二》，卷七十《诗一·绝句》。

和蒋次田韵/（清）丁树诚. ——民国新修《合川县志·文在二》，卷七十《诗一·绝句》。

即景/（清）丁树诚. ——民国新修《合川县志·文在二》，卷七十《诗一·律诗》。

纪程杂诗/（清）丁树诚. ——《合川文史资料选辑》第五辑第113—120页。

寄题华银山兼简益谦上人/（清）丁树诚. ——民国新修《合川县志·文在一》，卷六十九《诗一·七言古》。

嫁毛虫/（清）丁树诚. ——民国新修《合川县志·文在二》，卷七十《诗一·五言排律》。

江南省/（清）丁树诚. ——民国新修《合川县志·文在二》，卷七十《诗一·律诗》。

金滩坝道中/（清）丁树诚. ——民国新修《合川县志·文在二》，卷七十《诗一·律诗》。

九江府/（清）丁树诚. ——民国新修《合川县志·文在二》，卷七十《诗一·律诗》。

莲花山兰若题壁/（清）丁树诚. ——民国新修《合川县志·文在二》，卷七十《诗一·律诗》。

柳关/（清）丁树诚. ——民国新修《合川县志·文在二》，卷七十《诗一·律诗》。

六如诗录三/（清）丁树诚. ——民国新修《合川县志·文在二》，卷七十《诗一·律诗》。

龙泉寺舟行/（清）丁树诚. ——民国新修《合川县志·文在二》，卷七十《诗一·律诗》。

龙泉驿抵省/（清）丁树诚. ——民国新修《合川县志·文在二》，卷七十《诗一·律诗》。

龙头书屋漫兴寄僧益谦/（清）丁树诚. ——民国新修《合川县志·文在二》，卷七十《诗一·律诗》。

芦雁/（清）丁树诚. ——民国新修《合川县志·文在二》，卷七十《诗一·律诗》。

绿水洋/（清）丁树诚. ——民国新修《合川县志·文在二》，卷七十《诗一·律诗》。

绿阴/（清）丁树诚. ——民国新修《合川县志·文在二》，卷七十《诗一·律诗》。

骆公祠荷池纳凉/（清）丁树诚. ——民国新修《合川县志·文在二》，卷七十《诗一·律诗》。

梦游峨眉山吟/（清）丁树诚. ——民国新修《合川县志·文在一》，卷六十九《诗一·七言古》。

明漪书屋小池/（清）丁树诚. ——民国新修《合川县志·文在二》，卷七十《诗一·绝句》。

磨盘寨赠左寿山/（清）丁树诚. ——民国新修《合川县志·文在二》，卷七十《诗一·绝句》。

拟郭景纯游仙诗/（清）丁树诚. ——民国新修《合川县志·文在一》，卷六十九《诗一·五言古》。

拟李长吉十二月乐词（录六首）/（清）丁树诚. ——民国新修《合川县志·文在一》，卷六十九《诗一·七言歌行》。

拟骆宾王秋晨同淄川毛司马九咏秋风秋云秋蝉秋露秋月秋水秋雁秋萤秋菊/（清）丁树诚. ——民国新修《合川县志·文在二》，卷七十《诗一·律诗》。

拟温飞卿锦城曲原韵/（清）丁树诚. ——民国新修《合川县志·文在一》，卷六十九《诗一·七言歌行》。

拟谢宣远谢灵运谢元晖祖饯诗三首/（清）丁树诚. ——民国新修《合川县志·文在一》，卷六十九《诗一·五言古》。

牛口滩/（清）丁树诚. ——民国新修《合川县志·文在二》，卷七十《诗一·律诗》。

彭泽县/（清）丁树诚. ——民国新修《合川县志·文在二》，卷七十《诗一·律诗》。

平坊场/（清）丁树诚. ——民国新修《合川县志·文在二》，卷七十《诗一·律诗》。

清潭口入大江/（清）丁树诚. ——民国新修《合川县志·文在二》，卷七十《诗一·律诗》。

晴川阁/（清）丁树诚. ——民国新修《合川县志·文在二》，卷七十《诗一·律诗》。

秋怀诗（五古四首）/（清）丁树诚. ——民国新修《合川县志·文在一》，卷六十九《诗一·五言古》。

秋柳和韵/（清）丁树诚. ——民国新修《合川县志·文在二》，卷七十《诗一·律诗》。

秋兴二首/（清）丁树诚. ——民国新修《合川县志·文在二》，卷七十《诗一·律诗》。

秋兴诗四首（录一）/（清）丁树诚. ——民国新修《合川县志·文在一》，卷六十九《诗一·五言古》。

瞿塘峡/（清）丁树诚. ——民国新修《合川县志·文在二》，卷七十《诗一·律诗》。

入都/（清）丁树诚. ——民国新修《合川县志·文在二》，卷七十《诗一·律诗》。

入遂宁界观溪畔筒车/（清）丁树诚. ——民国新修《合川县志·文在二》，卷七十《诗一·律诗》。

上海县洋街/（清）丁树诚. ——民国新修《合川县志·文在二》，卷七十《诗一·律诗》。

神女庙/（清）丁树诚. ——民国新修《合川县志·文在二》，卷七十《诗一·律诗》。

生涯/（清）丁树诚. ——民国新修《合川县志·文在二》，卷七十《诗一·律诗》。

石宝寨／（清）丁树诚. ——民国新修《合川县志·文在二》，卷七十《诗一·律诗》。

寿星橘／（清）丁树诚. ——民国新修《合川县志·文在二》，卷七十《诗一·律诗》。

寿张母刘孺人七十诗／（清）丁树诚. ——民国新修《合川县志·文在一》，卷六十九《诗一·五言古》。

四十初度／（清）丁树诚. ——民国新修《合川县志·文在二》，卷七十《诗一·律诗》。

松滋县行沽／（清）丁树诚. ——民国新修《合川县志·文在二》，卷七十《诗一·律诗》。

送苏秀峰茂才从军／（清）丁树诚. ——民国新修《合川县志·文在二》，卷七十《诗一·律诗》。

送州牧沈子雄调裹塘志别／（清）丁树诚. ——民国新修《合川县志·文在一》，卷六十九《诗一·五言古》。

题东坡笠屐图小像／（清）丁树诚. ——民国新修《合川县志·文在一》，卷六十九《诗一·七言古》。

题故友杨遇霖遗卷／（清）丁树诚. ——民国新修《合川县志·文在二》，卷七十《诗一·绝句》。

题吕仙像／（清）丁树诚. ——民国新修《合川县志·文在二》，卷七十《诗一·绝句》。

题美人对鹦鹉拈笔图／（清）丁树诚. ——民国新修《合川县志·文在二》，卷七十《诗一·绝句》。

题王稚子石阙拓本／（清）丁树诚. ——民国新修《合川县志·文在一》，卷六十九《诗一·五言古》。

万里楼独酌在成都万里桥侧／（清）丁树诚. ——民国新修《合川县志·文在二》，卷七十《诗一·律诗》。

巫峡／（清）丁树诚. ——民国新修《合川县志·文在二》，卷七十《诗一·律诗》。

吴淞口/（清）丁树诚. ——民国新修《合川县志·文在二》，卷七十《诗一·律诗》。

无题/（清）丁树诚. ——民国新修《合川县志·文在二》，卷七十《诗一·律诗》。

戊子入京留别货厘局李春如太守/（清）丁树诚. ——民国新修《合川县志·文在一》，卷六十九《诗一·五言古》。

夕阳/（清）丁树诚. ——民国新修《合川县志·文在二》，卷七十《诗一·律诗》。

惜往（七首）/（清）丁树诚. ——民国新修《合川县志·文在二》，卷七十《诗一·律诗》。

夏介臣太守登钓鱼山有作步韵和之用拗体/（清）丁树诚. ——民国新修《合川县志·文在二》，卷七十《诗一·律诗》。

夏日田家/（清）丁树诚. ——民国新修《合川县志·文在一》，卷六十九《诗一·五言古》。

夏日游仙诗/（清）丁树诚. ——民国新修《合川县志·文在二》，卷七十《诗一·绝句》。

枭姬庙/（清）丁树诚. ——民国新修《合川县志·文在二》，卷七十《诗一·律诗》。

萧望崧/（清）丁树诚. ——民国新修《合川县志·文在二》，卷七十《诗一·律诗》。

小姑山/（清）丁树诚. ——民国新修《合川县志·文在二》，卷七十《诗一·律诗》。

烟台/（清）丁树诚. ——民国新修《合川县志·文在二》，卷七十《诗一·律诗》。

盐局夏介臣太守生辰远出作此贺之/（清）丁树诚. ——民国新修《合川县志·文在二》，卷七十《诗一·律诗》。

燕子矶/（清）丁树诚. ——民国新修《合川县志·文在二》，卷七十《诗一·律诗》。

滟滪堆/（清）丁树诚. ——民国新修《合川县志·文在二》，卷七十《诗一·律诗》。

夜雨/（清）丁树诚. ——民国新修《合川县志·文在二》，卷七十《诗一·律诗》。

夜坐/（清）丁树诚. ——民国新修《合川县志·文在二》，卷七十《诗一·绝句》。

叶滩/（清）丁树诚. ——民国新修《合川县志·文在二》，卷七十《诗一·律诗》。

谒秦李太守祠/（清）丁树诚. ——民国新修《合川县志·文在二》，卷七十《诗一·五言排律》。

宜昌府和曾笃斋韵/（清）丁树诚. ——民国新修《合川县志·文在二》，卷七十《诗一·律诗》。

仪陇览胜四咏之一·抱朴菴/（清）丁树诚. ——民国新修《合川县志·文在一》，卷六十九《诗一·五言古》。

咏怀十一叠前韵/（清）丁树诚. ——民国新修《合川县志·文在二》，卷七十《诗一·律诗》。

游云门寺/（清）丁树诚. ——民国新修《合川县志·文在二》，卷七十《诗一·绝句》。

雨霁/（清）丁树诚. ——民国新修《合川县志·文在二》，卷七十《诗一·绝句》。

元旦试笔/（清）丁树诚. ——民国新修《合川县志·文在二》，卷七十《诗一·律诗》。

月食诗/（清）丁树诚. ——民国新修《合川县志·文在一》，卷六十九《诗一·五言古》。

岳池王母林孺人六十寿/（清）丁树诚. ——民国新修《合川县志·文在一》，卷六十九《诗一·四言》。

云阳县/（清）丁树诚. ——民国新修《合川县志·文在二》，卷七十《诗一·律诗》。

赠华银山益谦上人/（清）丁树诚. ——民国新修《合川县志·文在二》，卷七十《诗一·律诗》。

赠益谦上人兼酬所馈银山志/（清）丁树诚. ——民国新修《合川县志·文在二》，卷七十《诗一·律诗》。

折红梅/（清）丁树诚. ——民国新修《合川县志·文在二》，卷七十《诗一·绝句》。

中秋待月夜半复雨/（清）丁树诚. ——民国新修《合川县志·文在二》，卷七十《诗一·律诗》。

钟鼓脑场/（清）丁树诚. ——民国新修《合川县志·文在二》，卷七十《诗一·律诗》。

蛛网/（清）丁树诚. ——民国新修《合川县志·文在二》，卷七十《诗一·律诗》。

重庆府/（清）张之洞. ——《重庆题咏录》第327页。张之洞（1837—1909），字孝达，号香涛、香岩，又号壹公、无竞居士、广雅，晚自号抱冰，直隶南皮（今河北沧州南皮）人，同治二年（1863）进士，洋务派代表人物，曾任四川学使。

论诗简益谦/（清）陈篯龄. ——民国新修《合川县志·文在二》，卷七十《诗一·律诗》。陈篯龄（1838—1892），字季铿，四川岳池人，好读书，以授官为业，张之洞为四川学使时选入尊经书院。

赋得吟经栈阁雨声秋/（清）陈炳煊. ——民国新修《合川县志·文在二》，卷七十《诗一·试帖》。陈炳煊（1838—1899），原名用仪，字春午，又字春庭，今重庆合川人，道光年间（1821—1850）进士。

咏苏武/（清）陈炳煊. ——民国新修《合川县志·文在二》，卷七十《诗一·律诗》。

尊经书院寄怀益谦/戴光. ——民国新修《合川县志·文在一》，卷六十九《诗一·五言古》。戴光（1840—1919），字手相，号蹇曹，合州（今重庆合川）人，光绪二十一年（1895）进士，工诗词，"合川四俊"、"蜀中文学八家"

之一。

与荣六老人/（清）向时鸣. ——清光绪《铜梁县志》卷十四《艺文志·四》。向时鸣，生卒年不详，字鹿琴，铜梁县人，同治四年（1865）三甲进士。

醉春风/（清）秦代馨. ——《历代蜀词全辑》第 702 页。秦代馨（1844—1869），字荇香、剑湘，合州人，清同治丁卯（1867）举人。

瞿塘峡/（清）李超群. ——《石船居剩稿》。李超群（1846—1909），一作李超琼，字紫翔，四川合江人，同治年间优贡生，光绪年间举人，历任溧阳、元和、阳湖、江阴、无锡、上海等地知县。著有《石船居剩稿》。

题志冰草/（清）李超群. ——民国新修《合川县志·文在一》，卷六十九《诗一·五言古》。

即事诗八首/（清）钟云舫. ——《钟云舫全集校注·振振堂诗稿（下）校注》第 251—257 页。钟云舫（1847—1911），一作钟耘舫，名祖棻，以字行，四川江津（今重庆江津）人。

腊初即景/（清）钟云舫. ——《钟云舫全集校注·振振堂诗稿（上）校注》第 61 页。

圣泉寺听琴洞/（清）钟云舫. ——《钟云舫全集校注·振振堂诗稿（下）·佚诗校注》第 326 页。

谒刘阁仙墓/（清）牟庚先. ——民国《忠县志》卷二十一《文征志·古体诗》。牟庚先（1847—1911），字笈珊，忠州城（今重庆忠县县城）人，清光绪乙酉（1885）科拔贡，工诗文，长律赋。

题聚星堂余草/（清）胡安铨. ——民国新修《合川县志·文在二》，卷七十《诗一·律诗》。胡安铨（1848—?），字敬夫，今重庆璧山县人，进士，任翰林院编修，继任侍读学士。

八阵图/（清）刘光第. ——《刘光第集》。刘光第（1858—1898），字裴村，今四川富顺人，光绪九年（1883）进士，著有《介白堂诗集》、《衷圣斋诗文集》，今人整理为《刘光第集》。

泛海舟中怀寄张大成孝廉清侯/（清）刘光第. ——《刘光第集》。

过夔州呈鲍爵帅春霆/（清）刘光第. ——《刘光第集》。

夔门/（清）刘光第. ——《刘光第集》。

夔峡/（清）刘光第. ——《刘光第集》。

夔州/（清）刘光第. ——《刘光第集》。

瞿塘/（清）刘光第. ——《刘光第集》。

上鲍爵帅春霆时方大修第/（清）刘光第. ——《刘光第集》。

巫峡/（清）刘光第. ——《辛亥先贤诗文集》。

峡中阻雨/（清）刘光第. ——《辛亥先贤诗文集》。

峡门/（清）刘光第. ——《刘光第集》。

滟滪石/（清）刘光第. ——《刘光第集》。

一舟/（清）刘光第. ——《刘光第集》。

救危血/（清）卞小吾. ——卞稚珊《卞小吾遇难纪实》，载《重庆文史资料选辑》第12辑。卞小吾（1872—1908），四川报人，今重庆江津人。

满江红/（清）秋瑾. ——《石柱文史资料》第九辑《吟秦良玉诗词联辑》第70页。秋瑾（1875—1907），原名闺瑾，山阴（今浙江省绍兴市）人。

题芝龛记/（清）秋瑾. ——《石柱文史资料》第九辑《吟秦良玉诗词联辑》第56页。

和西狩《狱中闻沈禹希见杀》/（清）邹容. ——《国民日日报》第八号。邹容（1885—1905），字蔚丹，亦作威丹，巴县人。

涂山/（清）邹容. ——《汉帜》第2期。

狱中答西狩/（清）邹容. ——《复报》第五期。

狱中与蔡寅书/（清）邹容. ——《人民日报》1981年10月6日。

狱中与柳亚子/（清）邹容. ——《复报》第五期。

庚戌十二月与妻覃蕙仙/（清）饶国梁. ——《大足县文史资料选辑》第一辑第14页。饶国梁（1888—1911），字作霖，号绍峰，今重庆大足人。

庚戌四月赴沪偶作/（清）饶国梁. ——《大足县文史资料选辑》第一辑第14页。

庚戌四月在滇偶作/（清）饶国梁. ——《大足县文史资料选辑》第一辑第14页。

己酉八月别家／（清）饶国梁．——《大足县文史资料选辑》第一辑第4页。

己酉八月赴滇／（清）饶国梁．——《大足县文史资料选辑》第一辑第14页。

己酉十二月赴奉／（清）饶国梁．——《大足县文史资料选辑》第一辑第14页。

辛亥元宵客滇偶作／（清）饶国梁．——《大足县文史资料选辑》第一辑第14页。

由沪返滇途中／（清）饶国梁．——《大足县文史资料选辑》第一辑第14页。

哀思诗／（清）高科．——清道光《垫江县志》卷十《诗·七言律诗》。高科，清代人，生平不详。

石人山／（清）高科．——清道光《垫江县志》卷十《诗·七言律诗》。

安吉寨夜坐／（清）徐行德．——清咸丰《开县志》卷二十七《艺文下》。徐行德，字树滋，号果亭，清乾隆四十二年（1777）拔贡生，后任纳溪县教谕，年七十五卒。

安居八景／（清）周际同．——清光绪《铜梁县志》卷十四《艺文志·四》。周际同，生卒年不详，字季可，清代乾嘉年间举人。

安居景物清旷喜赋一律／（清）陈瑾卿．——清光绪《铜梁县志》卷十四《艺文志·四》。陈瑾卿，生卒年不详，字石眉，海昌（今浙江海宁）人，清嘉庆年间人，秀才。

安居竹枝词／（清）谈昌达．——清光绪《铜梁县志》卷十四《艺文志·四》。谈昌达，生卒年不详，字荣卿，铜梁县（今重庆铜梁）廪生。

茨竹沟／（清）谈昌达．——清光绪《铜梁县志》卷十四《艺文志·四》。

吊刘仲凡／（清）谈昌达．——清光绪《铜梁县志》卷十四《艺文志·四》。

感事／（清）谈昌达．——清光绪《铜梁县志》卷十四《艺文志·四》。

黄杀巢道中／（清）谈昌达．——清光绪《铜梁县志》卷十四《艺文志·四》。

游巴岳山/（清）谈昌达. ——清光绪《铜梁县志》卷十四《艺文志·四》。

安里节孝周王氏六秩/（清）罗星. ——清道光《綦江县志》卷十一《艺文上·古体诗》。罗星，生卒年不详，字春堂，今重庆綦江人，清道光元年（1821）举人。

安里乡崖/（清）罗星. ——清道光《綦江县志》卷十一《艺文上·古体诗》。

百户蒋懋赏/（清）罗星. ——清道光《綦江县志》卷十一《艺文上·古体诗》。

丙申上元前二日送厚甫邓贤侯调任富顺/（清）罗星. ——清道光《綦江县志》卷十一《艺文上·古体诗》。

城工长古/（清）罗星. ——清道光《綦江县志》卷十一《艺文上·古体诗》。

重到白云观/（清）罗星. ——清道光《綦江县志》卷十一《艺文上·古体诗》。

悼亡诗（三十首）/（清）罗星. ——清道光《綦江县志》卷十一《艺文上·古体诗》。

登同庆阁（八首）/（清）罗星. ——清道光《綦江县志》卷十一《艺文上·古体诗》。

登瀛山绝顶放歌/（清）罗星. ——清道光《綦江县志》卷十一《艺文上·古体诗》。

吊明将军张良贤并叙/（清）罗星. ——清道光《綦江县志》卷十一《艺文上·古体诗》。

洞天玉井/（清）罗星. ——清道光《綦江县志》卷十一《艺文上·古体诗》。

读李梧菴志稿并叙/（清）罗星. ——清道光《綦江县志》卷十一《艺文上·古体诗》。

飞泉喷玉/（清）罗星. ——清道光《綦江县志》卷十一《艺文上·古

体诗》。

歌鹿鸣/（清）罗星．——清道光《綦江县志》卷十一《艺文上·古体诗》。

恭纪邑侯邓厚甫刺史更修綦江县城垣并金墉堤及试院及创建魁星阁等工告成事实一百五十二韵/（清）罗星．——清道光《綦江县志》卷十一《艺文上·古体诗》。

古剑/（清）罗星．——清道光《綦江县志》卷十一《艺文上·古体诗》。

古镜/（清）罗星．——清道光《綦江县志》卷十一《艺文上·古体诗》。

古南平军/（清）罗星．——清道光《綦江县志》卷十一《艺文上·古体诗》。

古南州治/（清）罗星．——清道光《綦江县志》卷十一《艺文上·古体诗》。

观堂先生墓/（清）罗星．——清道光《綦江县志》卷十一《艺文上·古体诗》。

癸酉仲春游古剑山因止宿/（清）罗星．——清道光《綦江县志》卷十一《艺文上·古体诗》。

会同人/（清）罗星．——清道光《綦江县志》卷十一《艺文上·古体诗》。

揭晓/（清）罗星．——清道光《綦江县志》卷十一《艺文上·古体诗》。

黎罗氏节孝/（清）罗星．——清道光《綦江县志》卷十一《艺文上·古体诗》。

裂袍行为明府陈北海师作/（清）罗星．——清道光《綦江县志》卷十一《艺文上·古体诗》。

落梅曲/（清）罗星．——清道光《綦江县志》卷十一《艺文上·古体诗》。

南岩仙奕/（清）罗星．——清道光《綦江县志》卷十一《艺文上·古体诗》。

七十自寿（十首）/（清）罗星．——清道光《綦江县志》卷十一《艺文上·古体诗》。

石笋参天/（清）罗星. ——清道光《綦江县志》卷十一《艺文上·古体诗》。

守备胡汝宁/（清）罗星. ——清道光《綦江县志》卷十一《艺文上·古体诗》。

梯步鸣琴/（清）罗星. ——清道光《綦江县志》卷十一《艺文上·古体诗》。

天台寺月下露饮/（清）罗星. ——清道光《綦江县志》卷十一《艺文上·古体诗》。

挽陈子肇堂文一/（清）罗星. ——清道光《綦江县志》卷十一《艺文上·古体诗》。

为陈生文鸿贤母节孝唐氏寒宵课子图/（清）罗星. ——清道光《綦江县志》卷十一《艺文上·古体诗》。

温塘/（清）罗星. ——清道光《綦江县志》卷十一《艺文上·古体诗》。

巫峡放歌/（清）罗星. ——清道光《綦江县志》卷十一《艺文上·古体诗》。

五十初度/（清）罗星. ——清道光《綦江县志》卷十一《艺文上·古体诗》。

岩波双鲤/（清）罗星. ——清道光《綦江县志》卷十一《艺文上·古体诗》。

邑侯雪汀袁明府挽词/（清）罗星. ——清道光《綦江县志》卷十一《艺文上·古体诗》。

邑宰邓厚甫重修试院落成/（清）罗星. ——清道光《綦江县志》卷十一《艺文上·古体诗》。

瀛山八景/（清）罗星. ——清道光《綦江县志》卷十一《艺文上·古体诗》。

瀛山赋/（清）罗星. ——清道光《綦江县志》卷十一《艺文上·古体诗》。

狱囚词/（清）罗星. ——清道光《綦江县志》卷一《城池》。

张奏凯妻节孝曹氏/（清）罗星. ——清道光《綦江县志》卷十一《艺文上·古体诗》。

贞女完婚行/（清）罗星. ——清道光《綦江县志》卷十一《艺文上·古体诗》。

忠国公王祥/（清）罗星. ——清道光《綦江县志》卷十一《艺文上·古体诗》。

周烈妇/（清）罗星. ——清同治《巴县志》卷四下《艺文志·七古》。

周明府作乐四首/（清）罗星. ——清道光《綦江县志》卷十一《艺文上·古体诗》。

总兵张奏凯/（清）罗星. ——清道光《綦江县志》卷十一《艺文上·古体诗》。

敖烈女诗/（清）李爵. ——清光绪《荣昌县志》卷二十二《艺文·国朝诗》。李爵，生卒年不详，字瓒泉，汉安人。

敖烈女诗（二首）/（清）江维斗. ——清光绪《荣昌县志》卷二十二《艺文·国朝诗》。江维斗，生卒年不详，字龛南，清末资州内江县（今四川内江县）人，举人。

敖烈女诗（二首）/（清）刘祚涛. ——清光绪《荣昌县志》卷二十二《艺文·国朝诗》。刘祚涛，生卒年不详，字湘澜，珠江人。

鳌溪晚泛/（清）刘泰三. ——民国新修《合川县志·文在二》，卷七十《诗一·律诗》。刘泰三，生卒年不详，字鹤坪，号砚农，合州人，贡生。

池荷曲/（清）刘泰三. ——民国新修《合川县志·文在二》，卷七十《诗一·绝句》。

春半夜雨/（清）刘泰三. ——民国新修《合川县志·文在二》，卷七十《诗一·律诗》。

春暮寄怀杜芝亭时寓东山兰若/（清）刘泰三. ——民国新修《合川县志·文在二》，卷七十《诗一·律诗》。

钓鱼城/（清）刘泰三. ——民国新修《合川县志·文在二》，卷七十《诗一·绝句》。

冬夜凌霄阁闲望二首／（清）刘泰三. ——民国新修《合川县志·文在二》，卷七十《诗一·律诗》。

读邹立斋夫子传十二韵／（清）刘泰三. ——民国新修《合川县志·文在一》，卷六十九《诗一·五言古》。

感怀／（清）刘泰三. ——民国新修《合川县志·文在二》，卷七十《诗一·绝句》。

高斋候雨／（清）刘泰三. ——民国新修《合川县志·文在二》，卷七十《诗一·律诗》。

古镜／（清）刘泰三. ——民国新修《合川县志·文在二》，卷七十《诗一·绝句》。

古砚／（清）刘泰三. ——民国新修《合川县志·文在二》，卷七十《诗一·绝句》。

过南漕李将军（芳述）墓／（清）刘泰三. ——民国新修《合川县志·文在二》，卷七十《诗一·律诗》。

将进酒甘君席上作／（清）刘泰三. ——民国新修《合川县志·文在一》，卷六十九《诗一·七言歌行》。

九日／（清）刘泰三. ——民国新修《合川县志·文在二》，卷七十《诗一·律诗》。

九日对酒自遣二首／（清）刘泰三. ——民国新修《合川县志·文在二》，卷七十《诗一·绝句》。

看云／（清）刘泰三. ——民国新修《合川县志·文在二》，卷七十《诗一·绝句》。

哭蔡楚材二首／（清）刘泰三. ——民国新修《合川县志·文在二》，卷七十《诗一·律诗》。

龙门／（清）刘泰三. ——民国新修《合川县志·文在一》，卷六十九《诗一·七言古》。

漫兴／（清）刘泰三. ——民国新修《合川县志·文在二》，卷七十《诗

一·绝句》。

南坝冬夜/（清）刘泰三. ——民国新修《合川县志·文在二》，卷七十《诗一·律诗》。

秋闱/（清）刘泰三. ——民国新修《合川县志·文在二》，卷七十《诗一·绝句》。

山窗杂咏/（清）刘泰三. ——民国新修《合川县志·文在二》，卷七十《诗一·律诗》。

山行/（清）刘泰三. ——民国新修《合川县志·文在二》，卷七十《诗一·绝句》。

书斋/（清）刘泰三. ——民国新修《合川县志·文在二》，卷七十《诗一·律诗》。

桃源春晓图步赵松雪元韵/（清）刘泰三. ——民国新修《合川县志·文在一》，卷六十九《诗一·七言古》。

题定翁别墅/（清）刘泰三. ——民国新修《合川县志·文在二》，卷七十《诗一·律诗》。

题刘青田传后/（清）刘泰三. ——民国新修《合川县志·文在二》，卷七十《诗一·律诗》。

天河步工部韵/（清）刘泰三. ——民国新修《合川县志·文在二》，卷七十《诗一·律诗》。

惜春/（清）刘泰三. ——民国新修《合川县志·文在二》，卷七十《诗一·绝句》。

夏秋堑四首/（清）刘泰三. ——民国新修《合川县志·文在二》，卷七十《诗一·绝句》。

写怀/（清）刘泰三. ——民国新修《合川县志·文在二》，卷七十《诗一·律诗》。

寻春偶题/（清）刘泰三. ——民国新修《合川县志·文在二》，卷七十《诗一·绝句》。

谯乐里堂赏菊/（清）刘泰三. ——民国新修《合川县志·文在一》，卷六十九《诗一·五言古》。

野步留饮田舍/（清）刘泰三. ——民国新修《合川县志·文在二》，卷七十《诗一·律诗》。

咏史/（清）刘泰三. ——民国新修《合川县志·文在一》，卷六十九《诗一·七言古》。

咏史二首/（清）刘泰三. ——民国新修《合川县志·文在二》，卷七十《诗一·绝句》。

云峰纳凉用工部拗体/（清）刘泰三. ——民国新修《合川县志·文在二》，卷七十《诗一·律诗》。

赠彭柏里/（清）刘泰三. ——民国新修《合川县志·文在二》，卷七十《诗一·绝句》。

八景竹枝词之宝岩飞瀑/（清）朱钧直. ——清光绪《荣昌县志》卷二十二《艺文·国朝诗》。

八景竹枝词之古佛眠云/（清）朱钧直. ——清光绪《荣昌县志》卷二十二《艺文·国朝诗》。

八景竹枝词之虹桥饮月/（清）朱钧直. ——清光绪《荣昌县志》卷二十二《艺文·国朝诗》。

八景竹枝词之龙洞栖霞/（清）朱钧直. ——清光绪《荣昌县志》卷二十二《艺文·国朝诗》。

八景竹枝词之石航秋水/（清）朱钧直. ——清光绪《荣昌县志》卷二十二《艺文·国朝诗》。

八景竹枝词之棠堰飘香/（清）朱钧直. ——清光绪《荣昌县志》卷二十二《艺文·国朝诗》。

八景竹枝词之桃峰积翠/（清）朱钧直. ——清光绪《荣昌县志》卷二十二《艺文·国朝诗》。

八景竹枝词之鸦屿仙棋/（清）朱钧直. ——清光绪《荣昌县志》卷二十二《艺文·国朝诗》。

八阵图/（清）谢永龄. ——清道光《夔州府志·艺文》。谢永龄，生卒年不详，奉节县（今重庆奉节）人，岁贡，清代重庆府学训导。

白帝城/（清）谢永龄．——清光绪《奉节县志》卷三十六《艺文·诗汇》。

武侯祠/（清）谢永龄．——清光绪《奉节县志》卷三十六《艺文·诗汇》。

巴江晚渡/（清）蔡维镇．——《重庆题咏录》第277页。蔡维镇，生卒年不详，字静庵，成都人，诸生。

游觉林寺/（清）蔡维镇．——《重庆题咏录》第277页。

巴郡送徐良佐回清苑逾年寄此问之/（清）余涧．——清乾隆《巴县志》卷十六《艺文·诗馀》。余涧，生卒年不详，字宗建，山阴人。

佛图关壁叹刘将军遗刻/（清）余涧．——清乾隆《巴县志》卷十六《艺文·诗馀》。

渝州送友人归槜李/（清）余涧．——《重庆题咏录》第153页。

巴陵道中感赋/（清）朱圻．——民国新修《合川县志·文在二》，卷七十《诗一·律诗》。朱圻，生卒年不详，清康熙四十年（1701）贡生。

八月十六夜半见月/（清）朱圻．——民国新修《合川县志·文在一》，卷六十九《诗一·七言古》。

春日即事/（清）朱圻．——民国新修《合川县志·文在二》，卷七十《诗一·七言排律》。

春日同胥渭瞻崑瞻林吹白伍蓝一游方溪寺复集林子斋头小饮遥和寺壁文少江先生李王诸先唱和原韵/（清）朱圻．——民国新修《合川县志·文在二》，卷七十《诗一·律诗》。

次友人书窗写怀原韵/（清）朱圻．——民国新修《合川县志·文在二》，卷七十《诗一·律诗》。

达唱和原韵/（清）朱圻．——民国新修《合川县志·文在二》，卷七十《诗一·律诗》。

得乡书有感/（清）朱圻．——民国新修《合川县志·文在二》，卷七十《诗一·绝句》。

冬至后大雪/（清）朱圻. ——民国新修《合川县志·文在一》，卷六十九《诗一·七言古》。

读心碑集怆然于怀有作/（清）朱圻. ——民国新修《合川县志·文在二》，卷七十《诗一·绝句》。

读熊敬斯见怀绝句次韵赋答/（清）朱圻. ——民国新修《合川县志·文在二》，卷七十《诗一·绝句》。

感春即事/（清）朱圻. ——民国新修《合川县志·文在二》，卷七十《诗一·律诗》。

感旧寄仑山/（清）朱圻. ——民国新修《合川县志·文在二》，卷七十《诗一·律诗》。

闺怨用一二三四五六七八九十百千万双两半丈尺寸分字韵限溪西鸡斋啼拟春夏秋冬/（清）朱圻. ——民国新修《合川县志·文在二》，卷七十《诗一·律诗》。

过采石矶怀青莲先生/（清）朱圻. ——民国新修《合川县志·文在二》，卷七十《诗一·绝句》。

过嘉定州望峨眉山/（清）朱圻. ——民国新修《合川县志·文在一》，卷六十九《诗一·七言古》。

过李都院祠墓有感/（清）朱圻. ——民国新修《合川县志·文在一》，卷六十九《诗一·五言古》。

海鹤无粮天地宽/（清）朱圻. ——民国新修《合川县志·文在二》，卷七十《诗一·绝句》。

河口怀秦西州/（清）朱圻. ——民国新修《合川县志·文在二》，卷七十《诗一·律诗》。

季夏雨后对月即事/（清）朱圻. ——民国新修《合川县志·文在二》，卷七十《诗一·律诗》。

涧递有赠章因次鉴湖先生韵志感/（清）朱圻. ——民国新修《合川县志·文在一》，卷六十九《诗一·七言古》。

僦居/（清）朱圻. ——民国新修《合川县志·文在二》，卷七十《诗一·

五言排律》。

客夜/（清）朱圻. ——民国新修《合川县志·文在二》，卷七十《诗一·绝句》。

李阳冰留遗墨迹/（清）朱圻. ——民国新修《合川县志·文在二》，卷七十《诗一·律诗》。

濂溪书院/（清）朱圻. ——民国新修《合川县志·文在二》，卷七十《诗一·律诗》。

满天梅雨是苏州/（清）朱圻. ——民国新修《合川县志·文在二》，卷七十《诗一·绝句》。

秋日有感和苟井生原韵/（清）朱圻. ——民国新修《合川县志·文在二》，卷七十《诗一·律诗》。

秋日忆吴门秦西州/（清）朱圻. ——民国新修《合川县志·文在二》，卷七十《诗一·律诗》。

山居即事/（清）朱圻. ——民国新修《合川县志·文在二》，卷七十《诗一·律诗》。

书窗对雨步郑孙符韵/（清）朱圻. ——民国新修《合川县志·文在二》，卷七十《诗一·律诗》。

苏台怀古/（清）朱圻. ——民国新修《合川县志·文在二》，卷七十《诗一·律诗》。

题半身美人图二首/（清）朱圻. ——民国新修《合川县志·文在二》，卷七十《诗一·绝句》。

戏题画菜/（清）朱圻. ——民国新修《合川县志·文在二》，卷七十《诗一·绝句》。

夏暮观云气/（清）朱圻. ——民国新修《合川县志·文在二》，卷七十《诗一·绝句》。

夏日言怀时馆定远/（清）朱圻. ——民国新修《合川县志·文在一》，卷六十九《诗一·五言古》。

闲中漫兴/（清）朱圻. ——民国新修《合川县志·文在二》，卷七十《诗一·律诗》。

香水溪/（清）朱圻. ——民国新修《合川县志·文在一》，卷六十九《诗一·七言古》。

雪美人和苟井生韵/（清）朱圻. ——民国新修《合川县志·文在二》，卷七十《诗一·律诗》。

咏史/（清）朱圻. ——民国新修《合川县志·文在二》，卷七十《诗一·绝句》。

赠柳溪主人邹楚白/（清）朱圻. ——民国新修《合川县志·文在二》，卷七十《诗一·律诗》。

赠某/（清）朱圻. ——民国新修《合川县志·文在一》，卷六十九《诗一·七言古》。

巴蔓子墓/（清）龚珪. ——清同治《巴县志》卷四下《艺文志·七古》。龚珪，生卒年不详，重庆巴县人，举人。

班定远墓/（清）龚珪. ——民国《巴县志》卷二十三《文征》。

漫兴二首/（清）龚珪. ——《重庆题咏录》第315页。

宿邯郸题/（清）龚珪. ——民国《巴县志》卷二十三《文征》。

天生城/（清）龚珪. ——《万县志》第791页。

巫峡/（清）龚珪. ——清同治《巴县志》卷四下《艺文志·七古》。

益门酒肆题壁/（清）龚珪. ——民国《巴县志》卷二十三《文征》。

巴蔓子墓/（清）王梦赓. ——《重庆题咏录》第303页。王梦赓，生卒年不详，浙江金华人，曾为官于重庆。

巴子石用王汴韵/（清）王梦赓. ——《重庆题咏录》第302页。

白市驿/（清）王梦赓. ——《重庆题咏录》第305页。

报恩塔/（清）王梦赓. ——《重庆题咏录》第309页。

璧山来凤驿/（清）王梦赓. ——清道光《重庆府志》卷九《艺文志》。

丹凤石用陈邦器韵/（清）王梦赓. ——《重庆题咏录》第297页。

登涂山绝顶用曹能始韵/（清）王梦赓. ——清道光《重庆府志》卷九《艺文志》。

滴珠泉/（清）王梦赓．——《重庆题咏录》第308页。

放生池/（清）王梦赓．——《重庆题咏录》第310页。

丰年碑/（清）王梦赓．——《重庆题咏录》第298页。

会课东川书院示诸生用朱晦翁斋居感兴二十首韵/（清）王梦赓．——清道光《重庆府志》卷九《艺文志》。

净因寺古编钟歌用昌黎石鼓歌韵/（清）王梦赓．——清道光《重庆府志》卷九《艺文志》。

觉林寺/（清）王梦赓．——清道光《重庆府志》卷九《艺文志》。

览胜亭/（清）王梦赓．——《重庆题咏录》第309页。

莲花池用刘慈涵佺韵/（清）王梦赓．——清道光《重庆府志》卷九《艺文志》。

龙藏寺用王熊峰韵/（清）王梦赓．——清道光《重庆府志》卷九《艺文志》。

龙门浩/（清）王梦赓．——清道光《重庆府志》卷九《艺文志》。

荣昌道上/（清）王梦赓．——清道光《重庆府志》卷九《艺文志》。

荣昌峰高驿/（清）王梦赓．——清道光《重庆府志》卷九《艺文志》。

太湖石/（清）王梦赓．——《重庆题咏录》第297页。

涂村/（清）王梦赓．——《重庆题咏录》第308页。

涂山怀禹绩八首/（清）王梦赓．——清道光《重庆府志》卷九《艺文志》。

文星石/（清）王梦赓．——《重庆题咏录》第298页。

西疆王太守渝州权篆草·奉檄权渝郡/（清）王梦赓．——清道光《重庆府志》卷九《艺文志》。

晓过永川东皋驿/（清）王梦赓．——清道光《重庆府志》卷九《艺文志》。

游海棠溪用龙鹤潭韵/（清）王梦赓．——清道光《重庆府志》卷九《艺文志》。

渝州十二景用前川东观察湘潭张橘洲九镒韵/（清）王梦赓．——清道光《重庆府志》卷九《艺文志》。

赠夏鹭汀司铎/（清）王梦赓. ——清道光《城口厅志》卷二十《艺文志·诗》。

赠徐林屋参军/（清）王梦赓. ——清道光《城口厅志》卷二十《艺文志·诗》。

巴山丛翠/（清）谷容. ——清光绪《铜梁县志》卷十四《艺文志·四》。谷容，生卒年不详，字介臣，铜梁县文生。

巴署灵湫/（清）姜会照. ——《重庆题咏录》第231页。姜会照，生卒年不详，字南园，清代如皋（今属江苏）人，曾任奉节知县。

巴署望江书屋口占/（清）姜会照. ——清同治《巴县志》卷四下《艺文志·七言绝》。

巴署望江书屋晚眺/（清）姜会照. ——清同治《巴县志》卷四下《艺文志·五言律》。

巴渝十二景/（清）姜会照. ——《重庆题咏录》第232—234页。

赋得巴江学字流/（清）姜会照. ——《重庆题咏录》第230页。

题周梅厓十里梅花一草堂图（三首）/（清）姜会照. ——清乾隆《巴县志》卷十七《艺文补遗》。

忆王明府熊峰修巴志□□题四首/（清）姜会照. ——清乾隆《巴县志》卷十七《艺文补遗》。

莺花渡/（清）姜会照. ——《重庆题咏录》第230页。

渝城清明次王熊峰明府韵/（清）姜会照. ——《重庆题咏录》第231页。

赠东川书院周梅崖山长/（清）姜会照. ——清同治《巴县志》卷四下《艺文志·七言排律》。

舟次木洞/（清）姜会照. ——《重庆题咏录》第230页。

巴台/（清）刘以瑜. ——《忠州古诗词选》第101页。刘以瑜，生卒年不详，字素亭，忠州（今重庆忠县）人，清代举人，诗人。

巴台夜月/（清）刘以瑜. ——清同治《忠州直隶州志》卷十二《艺文志·诗（七律）》。

春日神溪小步/（清）刘以瑜. ——清同治《忠州直隶州志》卷十二《艺

文志·诗》。

翠屏春晓/（清）刘以瑜. ——清同治《忠州直隶州志》卷十二《艺文志·诗（七律）》。

访白公祠遗址/（清）刘以瑜. ——清同治《忠州直隶州志》卷十二《艺文志·诗（七绝）》。

观音洞/（清）刘以瑜. ——《忠州古诗词选》第102页。

绿竹溪/（清）刘以瑜. ——清同治《忠州直隶州志》卷十二《艺文志·诗（七律）》。

弥陀洞/（清）刘以瑜. ——清同治《忠州直隶州志》卷十二《艺文志·诗（七律）》。

鸣玉平沙/（清）刘以瑜. ——清同治《忠州直隶州志》卷十二《艺文志·诗（七律）》。

四贤阁/（清）刘以瑜. ——清同治《忠州直隶州志》卷十二《艺文志·诗（七古）》。

五龙潆宝/（清）刘以瑜. ——清同治《忠州直隶州志》卷十二《艺文志·诗（七律）》。

西岩瀑布/（清）刘以瑜. ——清同治《忠州直隶州志》卷十二《艺文志·诗（七律）》。

谒宣公墓/（清）刘以瑜. ——清同治《忠州直隶州志》卷十二《艺文志·诗（七律）》。

玉镜天成/（清）刘以瑜. ——清同治《忠州直隶州志》卷十二《艺文志·诗（七律）》。

治平晨钟/（清）刘以瑜. ——清同治《忠州直隶州志》卷十二《艺文志·诗（七律）》。

紫极晚烟/（清）刘以瑜. ——清同治《忠州直隶州志》卷十二《艺文志·诗（七律）》。

巴台/（清）翁霆霖. ——清同治《忠州直隶州志》卷十二《艺文志·诗》。翁霆霖，生卒年不详，又作翁霆霖，福建莆田人，进士。

访白祠遗址／（清）翁霆霖. ——清同治《忠州直隶州志》卷十二《艺文志·诗（七绝）》。

访僧碧崖／（清）翁霆霖. ——清同治《忠州直隶州志》卷十二《艺文志·诗》。

宿黄金滩／（清）翁霆霖. ——清同治《忠州直隶州志》卷十二《艺文志·诗（七绝）》。

宿任家场／（清）翁霆霖. ——《忠州古诗词选》第119页。

桐柏菴／（清）翁霆霖. ——清同治《忠州直隶州志》卷十二《艺文志·诗（七律）》。

新开路／（清）翁霆霖. ——清同治《忠州直隶州志》卷十二《艺文志·诗（七律）》。

谒陆宣公墓／（清）翁霆霖. ——清同治《忠州直隶州志》卷十二《艺文志·诗（七古）》。

禹庙／（清）翁霆霖. ——清同治《忠州直隶州志》卷十二《艺文志·诗（五律）》。

巴台寺读王熊峰刺史诗／（清）郭屏山. ——清同治《忠州直隶州志》卷十二《艺文志·诗（七古）》。

巴台夜月／（清）戴樱. ——清同治《忠州直隶州志》卷十二《艺文志·诗（七律）》。

紫极晚烟／（清）戴樱. ——清同治《忠州直隶州志》卷十二《艺文志·诗（七律）》。

巴台夜月／（清）潘皖. ——清同治《忠州直隶州志》卷十二《艺文志·诗（七律）》。

翠屏春晓／（清）潘皖. ——清同治《忠州直隶州志》卷十二《艺文志·诗（七律）》。

鸣玉平沙／（清）潘皖. ——清同治《忠州直隶州志》卷十二《艺文志·诗（七律）》。

西岩瀑布／（清）潘皖. ——清同治《忠州直隶州志》卷十二《艺文志·

诗（七律）》。

巴渝十二景／（清）周绍缙．——清乾隆《巴县志·艺文志》。周绍缙，生卒年不详，字坊庭，福建宁化人，进士。

和王明府熊峰游博总戎山亭四首／（清）周绍缙．——《重庆题咏录》第228页。

巴渝竹枝词／（清）陈祥裔．——《蜀都碎事·艺文补遗》下卷。陈祥裔，生卒年不详，字耦渔，原姓乔氏，清代顺天（今北京）人。

巴歈四章／（清）宋衡．——《重庆题咏录》第128页。宋衡，生卒年不详，字伊乎，号嵩南，今江西庐江人，进士。

巴子石／（清）王汴．——《重庆题咏录》第251页。王汴，字子浚，卢氏人，孝廉。

觉林寺／（清）王汴．——《重庆南岸文史资料》第4辑第9页。

郡楼晚眺二首／（清）王汴．——《重庆题咏录》第253页。

水猎行／（清）王汴．——《重庆题咏录》第252页。

渝州初秋／（清）王汴．——清同治《巴县志》卷四下《艺文志·五言律》。

渝州九日招吴留村望江书屋登高／（清）王汴．——《重庆题咏录》第253页。

渝州清明／（清）王汴．——清乾隆《巴县志》卷十六《艺文·七言绝》。

月下望涂山／（清）王汴．——彭伯通《重庆题咏录》，第253页。

中庭对月呈陈二泉望江书屋／（清）王汴．——清同治《巴县志》卷四下《艺文志·五言律》。

巴字园屏迹／（清）林确．——清同治《巴县志》卷四下《艺文志·五古》。

还巴子园／（清）林确．——《重庆题咏录》第110页。

白帝层峦／（清）廖赓谟．——清光绪《奉节县志》卷三十六《艺文·诗汇》。廖赓谟，生卒年不详，华亭（今属甘肃省平凉市）人，曾提督四川学政。

莲池流芳／（清）廖赓谟．——清光绪《奉节县志》卷三十六《艺文·

诗汇》。

龙冈耸秀/（清）廖赓谟.——清光绪《奉节县志》卷三十六《艺文·诗汇》。

文峰瑞彩/（清）廖赓谟.——清光绪《奉节县志》卷三十六《艺文·诗汇》。

白帝层峦/（清）张宗世.——清光绪《奉节县志》卷三十六《艺文·诗汇》。张宗世，生卒年不详，字春江，今重庆奉节县人，进士。著有《南游小草诗集》。

白盐曙色/（清）张宗世.——清光绪《奉节县志》卷三十六《艺文·诗汇》。

赤甲晴辉/（清）张宗世.——清光绪《奉节县志》卷三十六《艺文·诗汇》。

龙冈耸秀/（清）张宗世.——清光绪《奉节县志》卷三十六《艺文·诗汇》。

莲池流芳/（清）张宗世.——清光绪《奉节县志》卷三十六《艺文·诗汇》。

瞿塘凝碧/（清）张宗世.——清光绪《奉节县志》卷三十六《艺文·诗汇》。

瀼水西流至南门以上入江前未有也/（清）张宗世.——清光绪《奉节县志》卷三十六《艺文·诗汇》。

文峰瑞彩/（清）张宗世.——清光绪《奉节县志》卷三十六《艺文·诗汇》。

武侯阵图/（清）张宗世.——清光绪《奉节县志》卷三十六《艺文·诗汇》。

峡门秋月/（清）张宗世.——清光绪《奉节县志》卷三十六《艺文·诗汇》。

滟滪回澜/（清）张宗世.——清光绪《奉节县志》卷三十六《艺文·诗汇》。

鱼浦澄清／（清）张宗世．——清光绪《奉节县志》卷三十六《艺文·诗汇》。

白帝城／（清）汪仲洋．——《心知堂诗稿》卷十四。汪仲洋，生卒年不详，字少海，今四川成都人，举人，著有《心知堂诗稿》十八卷。

重至夔门／（清）汪仲洋．——《心知堂诗稿》卷十四。

东屯高斋吊杜文贞公／（清）汪仲洋．——《心知堂诗稿》卷十五。

甘后墓／（清）汪仲洋．——《心知堂诗稿》卷十四。

瞿塘峡／（清）汪仲洋．——《心知堂诗稿》卷十四。

入峡／（清）汪仲洋．——《心知堂诗稿》卷十四。

滟滪石／（清）汪仲洋．——《心知堂诗稿》卷十四。

永安宫／（清）汪仲洋．——《心知堂诗稿》卷十四。

白帝城／（清）王怀孟．——清光绪《奉节县志》卷三十六《艺文·诗汇》。王怀孟，生卒年不详，字小云，今四川大竹人，举人。

小云词剩／（清）王怀孟．——《历代蜀词全辑》第656—673页。

白帝城／（清）余启志．——清光绪《奉节县志》卷三十六《艺文·诗汇》。余启志，生卒年不详，今重庆奉节县人，岁贡，曾任直隶顺义县（今北京顺义区）知县。

白帝城／（清）张凤翥．——清光绪《奉节县志》卷三十六《艺文·诗汇》。张凤翥，生卒年不详，字梧冈，号渔村，钱塘（今浙江杭州）人，进士，曾任四川彭山县令。

次杜公祠落成／（清）张凤翥．——清道光《夔州府志·艺文》。

和杜少陵白帝城诗／（清）张凤翥．——清光绪《奉节县志》卷三十六《艺文·诗汇》。

瞿塘峡／（清）张凤翥．——清光绪《奉节县志》卷三十六《艺文·诗汇》。

入莲峰书院主讲赠李太守潜夫／（清）张凤翥．——清道光《夔州府志·艺文》。

十贤咏／（清）张凤翥．——清光绪《奉节县志》卷三十六《艺文·

诗汇》。

咏二所亭红梅/（清）张凤翥. ——清道光《补辑石砫厅新志·艺文志下》。

白帝城怀古/（清）林有孚. ——清光绪《奉节县志》卷三十六《艺文·艺文补遗》。林有孚，生平不详。

白帝城怀古/（清）刘明晙. ——清光绪《奉节县志》卷三十六《艺文·艺文补遗》。刘明晙，生平不详，清代人。

登步月台/（清）刘明晙. ——清光绪《奉节县志》卷三十六《艺文·艺文补遗》。

瞿塘峡/（清）刘明晙. ——清光绪《奉节县志》卷三十六《艺文·艺文补遗》。

白帝城怀古/（清）刘玉铨. ——清光绪《奉节县志》卷三十六《艺文·艺文补遗》。刘玉铨，生卒年不详，奉节人，清代秀才，有诗名。

登赤甲山/（清）刘玉铨. ——清光绪《奉节县志》卷三十六《艺文·艺文补遗》。

盐井/（清）刘玉铨. ——清光绪《奉节县志》卷三十六《艺文·艺文补遗》。

谒杜公祠/（清）刘玉铨. ——清光绪《奉节县志》卷三十六《艺文·艺文补遗》。

谒武侯祠/（清）刘玉铨. ——清光绪《奉节县志》卷三十六《艺文·艺文补遗》。

白帝城怀古/（清）方积. ——清光绪《奉节县志》卷三十六《艺文·诗汇》。方积，生卒年不详，字有堂，今安徽定远人，拔贡生，曾任四川布政使。

大宁场遇雨/（清）方积. ——清光绪《大宁县志》卷八《艺文志》。

宁场大水/（清）方积. ——清光绪《大宁县志》卷八《艺文志》。

山中七日歌/（清）方积. ——清光绪《大宁县志》卷八《艺文志》。

邑西余氏妇母同尽哀而赋之/（清）方积. ——清光绪《梁山县志》卷十《艺文·诗》。

雨霁登巫山绝顶还过神女庙/（清）方积. ——清光绪《巫山县志》卷三十二《艺文志》。

白帝城怀古/（清）王怀曾. ——《国朝全蜀诗钞》第 428 页。王怀曾，生卒年不详，字鲁之，今四川大竹人，举人。

出夔峡/（清）王怀曾. ——清光绪《奉节县志》卷三十六《艺文·诗汇》。

入峡/（清）王怀曾. ——《国朝全蜀诗钞》第 428 页。

峡中杂诗/（清）王怀曾. ——《国朝全蜀诗钞》第 426 页。

滟滪石/（清）王怀曾. ——清光绪《奉节县志》卷三十六《艺文·诗汇》。

白帝城即事/（清）杨岱. ——《国朝全蜀诗钞》第 46 页。杨岱，生卒年不详，字东子，四川丹棱（一云彭县）人，举人。

次宋王坚游观音崖题壁原韵/（清）杨岱. ——清道光《綦江县志》卷十二《艺文下》。

夔州杂诗/（清）杨岱. ——《国朝全蜀诗钞》第 46 页。

罗汉寺守雪/（清）杨岱. ——清道光《綦江县志》卷十二《艺文下》。

巫山/（清）杨岱. ——《国朝全蜀诗钞》第 45 页。

巫山高/（清）杨岱. ——《国朝全蜀诗钞》第 45 页。

雪消有感/（清）杨岱. ——清道光《綦江县志》卷十二《艺文下》。

游水月殿/（清）杨岱. ——清道光《綦江县志》卷十二《艺文下》。

白帝怀古/（清）江国霖. ——清光绪《奉节县志》卷三十六《艺文·诗汇》。江国霖，生卒年不详，字子雨，号小帆，今四川大竹人，进士。

满江红/（清）江国霖. ——《历代蜀词全辑》第 615 页。

瞿塘峡/（清）江国霖. ——清光绪《奉节县志》卷三十六《艺文·艺文补遗》。

白帝晚钟/（清）王陈锡. ——清道光《夔州府志·艺文》。王陈锡，生卒年不详，奉节县人。

白帝坐雨/（清）王陈锡. ——清道光《夔州府志·艺文》。

汉柏/（清）王陈锡. ——清道光《夔州府志·艺文》。

夔门怀古/（清）王陈锡. ——清光绪《奉节县志》卷三十六《艺文·诗汇》。

滟滪堆/（清）王陈锡. ——清道光《夔州府志·艺文》。

白发叹/（清）萧望崧. ——民国新修《合川县志·文在一》，卷六十九《诗一·七言古》。萧望崧，生卒年不详，字钟岳，号子高，一号翰双，清代合州（今重庆合川）举人。

春闺怨二首/（清）萧望崧. ——民国新修《合川县志·文在二》，卷七十《诗一·绝句》。

春思/（清）萧望崧. ——民国新修《合川县志·文在二》，卷七十《诗一·律诗》。

纯阳山/（清）萧望崧. ——民国新修《合川县志·文在一》，卷六十九《诗一·五言古》。

代母哭子篇/（清）萧望崧. ——民国新修《合川县志·文在一》，卷六十九《诗一·杂言歌行》。

蝶恋花·纪梦/（清）萧望崧. ——《历代蜀词全辑》第1009页。

风雨萧斋图/（清）萧望崧. ——民国新修《合川县志·文在二》，卷七十《诗一·律诗》。

画螃蟹/（清）萧望崧. ——民国新修《合川县志·文在二》，卷七十《诗一·绝句》。

火柴二十韵/（清）萧望崧. ——民国新修《合川县志·文在二》，卷七十《诗一·五言排律》。

镜听词/（清）萧望崧. ——民国新修《合川县志·文在一》，卷六十九《诗一·七言歌行》。

贫女/（清）萧望崧. ——民国新修《合川县志·文在一》，卷六十九《诗一·五言古》。

瓶菊叹邀张君县圉同作/（清）萧望崧. ——民国新修《合川县志·文在一》，卷六十九《诗一·五言古》。

妾薄命／（清）萧望槲．——民国新修《合川县志·文在一》，卷六十九《诗一·杂言歌行》。

上伍崧生先生次东坡入峡三十韵／（清）萧望槲．——民国新修《合川县志·文在二》，卷七十《诗一·五言排律》。

上冢词／（清）萧望槲．——民国新修《合川县志·文在二》，卷七十《诗一·绝句》。

岁暮咏怀／（清）萧望槲．——民国新修《合川县志·文在二》，卷七十《诗一·绝句》。

踏青词三首／（清）萧望槲．——民国新修《合川县志·文在二》，卷七十《诗一·绝句》。

题画扇·金缕曲／（清）萧望槲．——民国新修《合川县志·文在二》，卷七十《诗一·诗余》。

文犀省试不售排闷有作次韵／（清）萧望槲．——民国新修《合川县志·文在一》，卷六十九《诗一·五言古》。

闲情二首／（清）萧望槲．——民国新修《合川县志·文在二》，卷七十《诗一·绝句》。

新年杂咏／（清）萧望槲．——民国新修《合川县志·文在二》，卷七十《诗一·绝句》。

游草堂占杜文贞公画像因感黄陆二翁从祀作／（清）萧望槲．——民国新修《合川县志·文在二》，卷七十《诗一·七言排律》。

元旦述怀／（清）萧望槲．——民国新修《合川县志·文在二》，卷七十《诗一·律诗》。

杂诗三首／（清）萧望槲．——民国新修《合川县志·文在一》，卷六十九《诗一·五言古》。

枕上闻百舍戏作／（清）萧望槲．——民国新修《合川县志·文在二》，卷七十《诗一·绝句》。

醉歌二首／（清）萧望槲．——民国新修《合川县志·文在一》，卷六十九《诗一·七言歌行》。

白鹤时鸣/（清）董维祺. ——清同治重修《涪州县志》卷十五《艺文志·古今体诗一百八十五首》。董维祺，生卒年不详，字尔介，直隶奉天（今辽宁沈阳市）人，曾任涪州知州。

桂楼秋月/（清）董维祺. ——清同治重修《涪州县志》卷十五《艺文志·古今体诗一百八十五首》。

鉴湖渔笛/（清）董维祺. ——清同治重修《涪州县志》卷十五《艺文志·古今体诗一百八十五首》。

荔圃春风/（清）董维祺. ——清同治重修《涪州县志》卷十五《艺文志·古今体诗一百八十五首》。

群猪夜吼/（清）董维祺. ——清同治重修《涪州县志》卷十五《艺文志·古今体诗一百八十五首》。

松屏列翠/（清）董维祺. ——清同治重修《涪州县志》卷十五《艺文志·古今体诗一百八十五首》。

白鹤时鸣/（清）王正策. ——清同治重修《涪州县志》卷十五《艺文志·古今体诗一百八十五首》。王正策，生卒年不详，今四川省大竹县人，清代举人，曾任涪州学政。

鉴湖渔笛/（清）王正策. ——清同治重修《涪州县志》卷十五《艺文志·古今体诗一百八十五首》。

荔圃春风/（清）王正策. ——清同治重修《涪州县志》卷十五《艺文志·古今体诗一百八十五首》。

黔水澄清/（清）王正策. ——清同治重修《涪州县志》卷十五《艺文志·古今体诗一百八十五首》。

白鹤时鸣/（清）萧学旬. ——清同治重修《涪州县志》卷十五《艺文志·古今体诗一百八十五首》。萧学旬，生卒年不详，今湖北孝感人，清代进士。

桂楼秋月/（清）萧学旬. ——清同治重修《涪州县志》卷十五《艺文志·古今体诗一百八十五首》。

鉴湖渔笛/（清）萧学旬. ——清同治重修《涪州县志》卷十五《艺文志·古今体诗一百八十五首》。

荔圃春风/（清）萧学旬. ——清同治重修《涪州县志》卷十五《艺文志·古今体诗一百八十五首》。

黔水澄清/（清）萧学旬. ——清同治重修《涪州县志》卷十五《艺文志·古今体诗一百八十五首》。

群猪夜吼/（清）萧学旬. ——清同治重修《涪州县志》卷十五《艺文志·古今体诗一百八十五首》。

石鱼兆丰/（清）萧学旬. ——清同治重修《涪州县志》卷十五《艺文志·古今体诗一百八十五首》。

松屏列翠/（清）萧学旬. ——清同治重修《涪州县志》卷十五《艺文志·古今体诗一百八十五首》。

铁柜樵歌/（清）萧学旬. ——清同治重修《涪州县志》卷十五《艺文志·古今体诗一百八十五首》。

白华山与唐德菴话别/（清）释昌言. ——民国新修《合川县志·文在二》，卷七十《诗一·律诗》。释昌言，生卒年不详，字虎溪，长寿人，俗姓万，岳池伏虎寺僧。

迟陶云藻不至/（清）释昌言. ——民国新修《合川县志·文在二》，卷七十《诗一·律诗》。

次彭爱泉寄赠韵/（清）释昌言. ——民国新修《合川县志·文在二》，卷七十《诗一·绝句》。

答戴春先茂才送别/（清）释昌言. ——民国新修《合川县志·文在二》，卷七十《诗一·律诗》。

登文峰塔口占/（清）释昌言. ——民国新修《合川县志·文在二》，卷七十《诗一·绝句》。

读禹淑江华银山脉考/（清）释昌言. ——民国新修《合川县志·文在二》，卷七十《诗一·律诗》。

访白云羽士不遇/（清）释昌言. ——民国新修《合川县志·文在二》，卷七十《诗一·绝句》。

奉和孙小峰太史偕顾霁岩李克生二诗友暨复初上人益谦徒侄登华银山长

歌/（清）释昌言. ——民国新修《合川县志·文在一》，卷六十九《诗一·七言歌行》。

观顾霁崖竹龙歌/（清）释昌言. ——《国朝全蜀诗钞》第724页。

合州甘泉洞次洪悔翁/（清）释昌言. ——民国新修《合川县志·文在一》，卷六十九《诗一·五言古》。

合州旅邸题壁/（清）释昌言. ——民国新修《合川县志·文在二》，卷七十《诗一·律诗》。

合州阻雨/（清）释昌言. ——民国新修《合川县志·文在二》，卷七十《诗一·绝句》。

和杜适菴赏雪原韵/（清）释昌言. ——民国新修《合川县志·文在二》，卷七十《诗一·律诗》。

和孙小峰（桐生）太史留别和溪葛韵/（清）释昌言. ——《国朝全蜀诗钞》第724页。

和西山塍参韵/（清）释昌言. ——民国新修《合川县志·文在二》，卷七十《诗一·律诗》。

华岩寺赠兴裕上人/（清）释昌言. ——民国新修《合川县志·文在一》，卷六十九《诗一·七言古》。

饯杜适菴省城/（清）释昌言. ——民国新修《合川县志·文在二》，卷七十《诗一·律诗》。

将赴合州叠顾斋岩韵/（清）释昌言. ——民国新修《合川县志·文在二》，卷七十《诗一·绝句》。

墨石砚歌寄合州诸友/（清）释昌言. ——民国新修《合川县志·文在一》，卷六十九《诗一·七言歌行》。

渠江落照/（清）释昌言. ——民国新修《合川县志·文在二》，卷七十《诗一·绝句》。

渠江舟中口占/（清）释昌言. ——民国新修《合川县志·文在二》，卷七十《诗一·绝句》。

瑞峰郑学/（清）释昌言. ——民国新修《合川县志·文在二》，卷七十

《诗一·律诗》。

题嘉福寺寄戴春先刘松亭唐德菴曹云臣社友／（清）释昌言．——民国新修《合川县志·文在一》，卷六十九《诗一·七言古》。

闻驹如还山却寄／（清）释昌言．——民国新修《合川县志·文在二》，卷七十《诗一·绝句》。

夜宿石泉庵读白云明真老人集次何健斋韵／（清）释昌言．——民国新修《合川县志·文在二》，卷七十《诗一·律诗》。

银山积雪／（清）释昌言．——民国新修《合川县志·文在二》，卷七十《诗一·绝句》。

游白鹤菴／（清）释昌言．——民国新修《合川县志·文在二》，卷七十《诗一·绝句》。

岳门送别驹如／（清）释昌言．——民国新修《合川县志·文在二》，卷七十《诗一·绝句》。

赠玉山禅兄／（清）释昌言．——民国新修《合川县志·文在二》，卷七十《诗一·律诗》。

白鹿洞（二首）／（清）段朝伟．——清同治《忠州直隶州志》卷十二《艺文志·诗（七律）》。段朝伟，生卒年不详，清代简州（今四川简阳）人。

游仙女石／（清）段朝伟．——清同治《忠州直隶州志》卷十二《艺文志·诗（五律）》。

白鹿洞／（清）熊宣．——清同治《忠州直隶州志》卷十二《艺文志·诗》。熊宣，生平不详。

白鹿山看紫牡丹得长句／（清）杨士镔．——民国新修《合川县志·文在一》，卷六十九《诗一·七言古》。杨士镔，合州（今重庆合川）人。

戊申大水歌／（清）杨士镔．——民国新修《合川县志·文在一》，卷六十九《诗一·七言歌行》。

姚节妇诗／（清）杨士镔．——民国新修《合川县志·文在一》，卷六十九《诗一·七言古》。

白石山／（清）柳枝茂．——清同治《忠州直隶州志》卷十二《艺文志·

诗（七古）》。柳枝茂，生卒年不详，字本立，清代诸生。

石笋山/（清）柳枝茂. ——清同治《忠州直隶州志》卷十二《艺文志·诗（七绝）》。

幺姑岭/（清）柳枝茂. ——清同治《忠州直隶州志》卷十二《艺文志·诗（七古）》。

白塔坪晚憩/（清）陈大文. ——民国新修《合川县志·文在二》，卷七十《诗一·律诗》。陈大文，生卒年不详，字简亭，号研斋，曾任合州知州、重庆知府、四川布政使等职。

唱索诗书此/（清）陈大文. ——民国新修《合川县志·文在一》，卷六十九《诗一·五言古》。

泛明月湖并序/（清）陈大文. ——清光绪《铜梁县志》卷十四《艺文志·四》。

白头滩怀古/（清）任应沅. ——民国《长寿县志》卷十五《文征下》。任应沅，生卒年不详，字香湄，清代人。

禅悦/（清）任应沅. ——民国《长寿县志》卷十五《文征下》。

春日读梵书/（清）任应沅. ——民国《长寿县志》卷十五《文征下》。

达摩面壁图/（清）任应沅. ——民国《长寿县志》卷十五《文征下》。

登菩提山/（清）任应沅. ——民国《长寿县志》卷十五《文征下》。

怀清台/（清）任应沅. ——民国《长寿县志》卷十五《文征下》。

静意/（清）任应沅. ——民国《长寿县志》卷十五《文征下》。

看人画佛/（清）任应沅. ——民国《长寿县志》卷十五《文征下》。

挽韩渌琴大令/（清）任应沅. ——民国《长寿县志》卷十五《文征下》。

挽李鲁生广文/（清）任应沅. ——民国《长寿县志》卷十五《文征下》。

游东山寺/（清）任应沅. ——民国《长寿县志》卷十五《文征下》。

种花/（清）任应沅. ——民国《长寿县志》卷十五《文征下》。

白兔亭/（清）杨绍时. ——清光绪《梁山县志》卷十《艺文·诗》。

白兔亭/（清）曾邦彦. ——清光绪《梁山县志》卷十《艺文·诗》。

白兔亭怀古/（清）张映垣. ——清光绪《梁山县志》卷十《艺文·诗》。

张映垣，生卒年不详，清代梁山（今重庆梁平县）人。

白兔亭晚坐/（清）涂戴霍. ——清光绪《梁山县志》卷十《艺文·诗》。涂戴霍，生卒年不详，清代人，曾任四川南部县训导。

为符明府题天竺菴石壁/（清）涂戴霍. ——清光绪《梁山县志》卷十《艺文·诗》。

游蟠龙洞/（清）涂戴霍. ——清光绪《梁山县志》卷十《艺文·诗》。

白岩山/（清）涂凤书. ——民国《云阳县志》卷四十二《文录上·古近体诗》。涂凤书，生卒年不详，字子厚，今重庆云阳县人，举人。

避暑下岩寺既去复来口占/（清）涂凤书. ——民国《云阳县志》卷四十二《文录上·古近体诗》。

将还京师往别兄墓遂至下岩寺/（清）涂凤书. ——民国《云阳县志》卷四十二《文录上·古近体诗》。

将军梁/（清）涂凤书. ——民国《云阳县志·文录上·古近体诗》。

磐石城春望/（清）涂凤书. ——民国《云阳县志》卷四十二《文录上·古近体诗》。

磐石城晚秋四首/（清）涂凤书. ——民国《云阳县志》卷四十二《文录上·古近体诗》。

磐石城晚眺/（清）涂凤书. ——民国《云阳县志》卷四十二《文录上·古近体诗》。

壬戌三月游下岩寺/（清）涂凤书. ——民国《云阳县志》卷四十二《文录上·古近体诗》。

同卿臣伊臣润生仲言下岩寺避暑四首/（清）涂凤书. ——民国《云阳县志》卷四十二《文录上·古近体诗》。

下岩寺观瀑/（清）涂凤书. ——民国《云阳县志》卷四十二《文录上·古近体诗》。

白盐曙色/（清）王知人. ——清光绪《奉节县志》卷三十六《艺文·诗汇》。王知人，生卒年不详，直隶沧州（今河北沧州）人，拔贡，曾任夔州府同知。

草堂/（清）王知人. ——清光绪《奉节县志》卷三十六《艺文·诗汇》。

草堂遗韵/（清）王知人. ——清光绪《奉节县志》卷三十六《艺文·诗汇》。

杜甫宅/（清）王知人. ——清光绪《奉节县志》卷三十六《艺文·诗汇》。

夔府十二名景（选五）/（清）王知人. ——清道光《夔州府志·艺文》。

青甲晴晖/（清）王知人. ——清光绪《奉节县志》卷三十六《艺文·诗汇》。

瞿塘凝碧/（清）王知人. ——清光绪《奉节县志》卷三十六《艺文·诗汇》。

武侯阵图十二名景/（清）王知人. ——清光绪《奉节县志》卷三十六《艺文·诗汇》。

峡门秋月/（清）王知人. ——清光绪《奉节县志》卷三十六《艺文·诗汇》。

滟滪回澜/（清）王知人. ——清光绪《奉节县志》卷三十六《艺文·诗汇》。

鱼浦澄清/（清）王知人. ——清光绪《奉节县志》卷三十六《艺文·诗汇》。

白云庵/（清）赵源治. ——清光绪《西充县志》卷十三《艺文志·中》。赵源治，今四川西充人。

白云观独步/（清）鲁淦. ——清道光《綦江县志》卷十二《艺文下》。

白云观怀古二首/（清）陈铭. ——清道光《綦江县志》卷十二《艺文下》。陈铭，生卒年不详，字警堂，曾任綦江县太史。

春日登古剑山/（清）陈铭. ——清道光《綦江县志》卷十一《艺文上·古体诗》。

登古剑山/（清）陈铭. ——清道光《綦江县志》卷十二《艺文下》。

归家即事二首/（清）陈铭. ——清道光《綦江县志》卷十二《艺文下》。

落成/（清）陈铭. ——清道光《綦江县志》卷十二《艺文下》。

砚佘堂/（清）陈铭. ——清道光《綦江县志》卷十二《艺文下》。

白云寺/（清）向增元. ——清同治《璧山县志》卷十《艺文志·诗·七言律》。向增元，生卒年不详，字子益，清代璧山（今重庆璧山）人。

纯汤殿/（清）向增元. ——清同治《璧山县志》卷十《艺文志·诗·七言律》。

大义正顶/（清）向增元. ——清同治《璧山县志》卷十《艺文志·诗·七言律》。

东林晓钟/（清）向增元. ——清同治《璧山县志》卷十《艺文志·诗·七言律·璧山八景回文》。

伏虎寺/（清）向增元. ——清同治《璧山县志》卷十《艺文志·诗·七言律》。

虎峰马迹/（清）向增元. ——清同治《璧山县志》卷十《艺文志·诗·七言律·璧山八景回文》。

华岩顶/（清）向增元. ——清同治《璧山县志》卷十《艺文志·诗·七言律》。

金剑晴云/（清）向增元. ——清同治《璧山县志》卷十《艺文志·诗·七言律·璧山八景回文》。

觉院夜雨/（清）向增元. ——清同治《璧山县志》卷十《艺文志·诗·七言律·璧山八景回文》。

罗汉坡/（清）向增元. ——清同治《璧山县志》卷十《艺文志·诗·七言律》。

茅莱仙境/（清）向增元. ——清同治《璧山县志》卷十《艺文志·诗·七言律·璧山八景回文》。

圣灯普照/（清）向增元. ——清同治《璧山县志》卷十《艺文志·诗·七言律·璧山八景回文》。

石泉凝脂/（清）向增元. ——清同治《璧山县志》卷十《艺文志·诗·七言律·璧山八景回文》。

石太子/（清）向增元. ——清同治《璧山县志》卷十《艺文志·诗·七

言绝》。

双飞桥/（清）向增元. ——清同治《璧山县志》卷十《艺文志·诗·七言律》。

天门石/（清）向增元. ——清同治《璧山县志》卷十《艺文志·诗·七言律》。

万年寺/（清）向增元. ——清同治《璧山县志》卷十《艺文志·诗·七言律》。

息心所其一·二/（清）向增元. ——清同治《璧山县志》卷十《艺文志·诗·七言律》。

钻天坡/（清）向增元. ——清同治《璧山县志》卷十《艺文志·诗·七言律》。

独耳岩题石/（清）向培元. ——清同治《璧山县志》卷十《艺文志·诗·七言律》。向培元，与其兄向增元齐名，敦有爱，晚年筑室于独耳岩下，名曰养性园，讲学其中，究心河洛之传，著有《周易集解》及诗文集若干卷。

杉树坪/（清）向培元. ——清同治《璧山县志》卷十《艺文志·诗·七言律》。

宿卫市寺/（清）向培元. ——清同治《璧山县志》卷十《艺文志·诗·七言律》。

挽董明府/（清）向培元. ——清同治《璧山县志》卷十《艺文志·诗·七言古》。

万寿寺题壁/（清）向培元. ——清同治《璧山县志》卷十《艺文志·诗·七言律》。

百花潭/（清）易简. ——《国朝全蜀诗钞》第75页。易简，生卒年不详，字位中，号丰山，清代丰都（今重庆丰都县）人。

赋得峨眉翠埽雨余天/（清）易简. ——清光绪《丰都县志》卷四《艺文志》。

九日登二仙楼次李广文韵/（清）易简. ——清光绪《丰都县志》卷四《艺文志》。

夏日杂感/（清）易简. ——《国朝全蜀诗钞》第 75 页。

百丈梁/（清）李以宁. ——《重庆题咏录》第 134 页。李以宁，生卒年不详，字朗仙，号雪樵，巴县人，举人。

孤舟之句感而赋之/（清）李以宁. ——清同治《巴县志》卷四下《艺文志·五古》。

过万县访程介石不遇冯维章亦归梁山/（清）李以宁. ——清光绪《梁山县志》卷十《艺文·诗》。

送友人之渝州/（清）李以宁. ——《重庆题咏录》第 134 页。

王贞女二首/（清）李以宁. ——清同治《巴县志》卷四下《艺文志·五古》。

游温泉寺浴罢读残碑有江上云山小三峡灯前风雨一孤舟之句感而赋之/（清）李以宁. ——《重庆题咏录》第 133 页。

拜先大人墓/（清）朱虎臣. ——民国新修《合川县志·文在二》，卷七十《诗一·绝句》。朱虎臣，生卒年不详，字寅士，号春浦，清代合川（今重庆合川区）人，擅书画。

长至后五日雪戏用尖义韵/（清）朱虎臣. ——民国新修《合川县志·文在二》，卷七十《诗一·律诗》。

除夕二首/（清）朱虎臣. ——民国新修《合川县志·文在二》，卷七十《诗一·绝句》。

春别/（清）朱虎臣. ——民国新修《合川县志·文在二》，卷七十《诗一·律诗》。

春风/（清）朱虎臣. ——民国新修《合川县志·文在二》，卷七十《诗一·律诗》。

春渡/（清）朱虎臣. ——民国新修《合川县志·文在二》，卷七十《诗一·律诗》。

春湖/（清）朱虎臣. ——民国新修《合川县志·文在二》，卷七十《诗一·律诗》。

春莱/（清）朱虎臣. ——民国新修《合川县志·文在二》，卷七十《诗一·律诗》。

春草/（清）朱虎臣. ——民国新修《合川县志·文在二》，卷七十《诗一·律诗》。

春草二首/（清）朱虎臣. ——民国新修《合川县志·文在二》，卷七十《诗一·律诗》。

春柳和金沙先生韵/（清）朱虎臣. ——民国新修《合川县志·文在二》，卷七十《诗一·律诗》。

春骑/（清）朱虎臣. ——民国新修《合川县志·文在二》，卷七十《诗一·律诗》。

春晴/（清）朱虎臣. ——民国新修《合川县志·文在二》，卷七十《诗一·律诗》。

春簑/（清）朱虎臣. ——民国新修《合川县志·文在二》，卷七十《诗一·律诗》。

春云/（清）朱虎臣. ——民国新修《合川县志·文在二》，卷七十《诗一·律诗》。

次海峤客中感怀韵二首录一/（清）朱虎臣. ——民国新修《合川县志·文在二》，卷七十《诗一·律诗》。

次谭晓桥见怀韵/（清）朱虎臣. ——民国新修《合川县志·文在二》，卷七十《诗一·七言排律》。

次韵梅雨田感怀/（清）朱虎臣. ——民国新修《合川县志·文在二》，卷七十《诗一·律诗》。

次韵题胡整菴先生冲寒八汶小照三首录二/（清）朱虎臣. ——民国新修《合川县志·文在二》，卷七十《诗一·律诗》。

答友/（清）朱虎臣. ——民国新修《合川县志·文在二》，卷七十《诗一·律诗》。

答张茂亭招赴乡试/（清）朱虎臣. ——民国新修《合川县志·文在二》，卷七十《诗一·绝句》。

大白花山同人饯别整菴先生/（清）朱虎臣. ——民国新修《合川县志·

文在二》，卷七十《诗一·律诗》。

澹园八咏录三/（清）朱虎臣．——民国新修《合川县志·文在一》，卷六十九《诗一·五言古》。

冬暮与洌江饮酒夜话用渊明贫士韵七首录五/（清）朱虎臣．——民国新修《合川县志·文在一》，卷六十九《诗一·五言古》。

冬日江望/（清）朱虎臣．——民国新修《合川县志·文在二》，卷七十《诗一·律诗》。

读何海峤渝城题壁为次其韵/（清）朱虎臣．——民国新修《合川县志·文在二》，卷七十《诗一·律诗》。

飞写楼/（清）朱虎臣．——民国新修《合川县志·文在二》，卷七十《诗一·绝句》。

付东流/（清）朱虎臣．——民国新修《合川县志·文在一》，卷六十九《诗一·七言古》。

傅鼎云过访以自题所画诗册索题/（清）朱虎臣．——民国新修《合川县志·文在一》，卷六十九《诗一·七言古》。

感怀/（清）朱虎臣．——民国新修《合川县志·文在二》，卷七十《诗一·绝句》。

高店子/（清）朱虎臣．——民国新修《合川县志·文在一》，卷六十九《诗一·七言古》。

寒食/（清）朱虎臣．——民国新修《合川县志·文在二》，卷七十《诗一·绝句》。

和刘鹤坪诗酒生涯三首/（清）朱虎臣．——民国新修《合川县志·文在二》，卷七十《诗一·律诗》。

红梅十四首/（清）朱虎臣．——民国新修《合川县志·文在二》，卷七十《诗一·律诗》。

红菊再叠前韵答王海东见和/（清）朱虎臣．——民国新修《合川县志·文在二》，卷七十《诗一·律诗》。

寄周莜风参军/（清）朱虎臣．——民国新修《合川县志·文在二》，卷七十《诗一·律诗》。

寄邹小山/（清）朱虎臣. ——民国新修《合川县志·文在二》，卷七十《诗一·律诗》。

锦江旅夜送杨培斋归有作/（清）朱虎臣. ——民国新修《合川县志·文在二》，卷七十《诗一·律诗》。

苦热兼旬偶阅板桥题画册子有所谓丑石者东坡自许其法不落元章论石窠臼而板桥之画又别出一奇余心摹手追憾不一见适涞江持扇索书将赴省试既书以余兴作画仍丑石之名不貌元章不傲东坡亦不袭板桥靡所师承而各出匠意览者当莫状其妙也并题绝句一首/（清）朱虎臣. ——民国新修《合川县志》文在二，卷七十《诗一·七言绝句》。

九日登牟山绝顶放歌/（清）朱虎臣. ——民国新修《合川县志·文在一》，卷六十九《诗一·七言古》。

刘石云以感成诗/（清）朱虎臣. ——民国新修《合川县志·文在二》，卷七十《诗一·律诗》。

六叠前韵答蔡泗源见和/（清）朱虎臣. ——民国新修《合川县志·文在二》，卷七十《诗一·律诗》。

罗华轩韵/（清）朱虎臣. ——民国新修《合川县志·文在二》，卷七十《诗一·律诗》。

美人卧芦图二绝为周桃溪母六十题录一/（清）朱虎臣. ——民国新修《合川县志·文在二》，卷七十《诗一·绝句》。

米花/（清）朱虎臣. ——民国新修《合川县志·文在二》，卷七十《诗一·律诗》。

清明/（清）朱虎臣. ——民国新修《合川县志·文在二》，卷七十《诗一·绝句》。

三叹用渊明形影神韵/（清）朱虎臣. ——民国新修《合川县志·文在一》，卷六十九《诗一·五言古》。

社日坐雨见巢燕/（清）朱虎臣. ——民国新修《合川县志·文在二》，卷七十《诗一·律诗》。

书家书后/（清）朱虎臣．——民国新修《合川县志·文在二》，卷七十《诗一·律诗》。

漱玉溪/（清）朱虎臣．——民国新修《合川县志·文在一》，卷六十九《诗一·七言古》。

送唐爱卢游峨眉/（清）朱虎臣．——民国新修《合川县志·文在一》，卷六十九《诗一·七言古》。

题曹湘泉松风吟屋图/（清）朱虎臣．——民国新修《合川县志·文在二》，卷七十《诗一·绝句》。

题刘碧溪刺史女公子如男画竹便面诗册/（清）朱虎臣．——民国新修《合川县志·文在二》，卷七十《诗一·绝句》。

踢毽/（清）朱虎臣．——民国新修《合川县志·文在二》，卷七十《诗一·律诗》。

听雪/（清）朱虎臣．——民国新修《合川县志·文在二》，卷七十《诗一·七言排律》。

秃笔/（清）朱虎臣．——民国新修《合川县志·文在二》，卷七十《诗一·律诗》。

吐凤得思字/（清）朱虎臣．——民国新修《合川县志·文在二》，卷七十《诗一·律诗》。

小集澹园联句/（清）朱虎臣．——民国新修《合川县志·文在二》，卷七十《诗一·五言七言排律联句》。

晓雪联句/（清）朱虎臣．——民国新修《合川县志·文在二》，卷七十《诗一·五言七言排律联句》。

檐灯/（清）朱虎臣．——民国新修《合川县志·文在二》，卷七十《诗一·律诗》。

遥题通江奇童子墓/（清）朱虎臣．——民国新修《合川县志·文在二》，卷七十《诗一·律诗》。

野花二首/（清）朱虎臣．——民国新修《合川县志·文在二》，卷七十《诗一·律诗》。

又希学博复用自笑韵见和叠以谢之/（清）朱虎臣. ——民国新修《合川县志·文在二》，卷七十《诗一·律诗》。

渝州十咏录六文星石洗墨池滴珠泉白龙池仙女崖洪崖洞/（清）朱虎臣. ——民国新修《合川县志·文在二》，卷七十《诗一·律诗》。

斋中杂兴三首/（清）朱虎臣. ——民国新修《合川县志·文在二》，卷七十《诗一·绝句》。

舟中有感酬古虚堂馈鱼/（清）朱虎臣. ——民国新修《合川县志·文在二》，卷七十《诗一·律诗》。

赠罗又希学博用渊明赠长沙公韵四首/（清）朱虎臣. ——民国新修《合川县志·文在一》，卷六十九《诗一·四言》。

赠郑远峰/（清）朱虎臣. ——民国新修《合川县志·文在一》，卷六十九《诗一·七言古》。

自渝归舟中杂感/（清）朱虎臣. ——民国新修《合川县志·文在二》，卷七十《诗一·律诗》。

保境颂/（清）饶有成. ——《璧山文史》第十一辑第50页。饶有成，生卒年不详，字化堂，今重庆璧山县人。

宝鼎连云/（清）释可学. ——民国新修《合川县志·文在二》，卷七十《诗一·绝句》。

华岩古洞/（清）释可学. ——民国新修《合川县志·文在二》，卷七十《诗一·绝句》。

闻驹如移居双鹤寺/（清）释可学. ——民国新修《合川县志·文在二》，卷七十《诗一·律诗》。

宝岩飞瀑/（清）敖时模. ——《荣昌文史资料》第5—6辑第382页。敖时模，生卒年不详，今重庆荣昌县人。

古佛眠云/（清）敖时模. ——清光绪《荣昌县志》卷二十二《艺文·国朝诗》。

虹桥印月/（清）敖时模. ——清光绪《荣昌县志》卷二十二《艺文·国朝诗》。

龙洞栖霞/（清）敖时模．——清光绪《荣昌县志》卷二十二《艺文·国朝诗》。

石航秋水/（清）敖时模．——《荣昌文史资料》第 5—6 辑第 384 页。

棠堰飘香/（清）敖时模．——清光绪《荣昌县志》卷二十二《艺文·国朝诗》。

桃峰积翠/（清）敖时模．——清光绪《荣昌县志》卷二十二《艺文·国朝诗》。

鸦屿仙棋/（清）敖时模．——《荣昌文史资料》第 5—6 辑第 386 页。

宝珠菴登眺/（清）陈杏昌．——清光绪《大宁县志》卷八《艺文志》。陈杏昌，生卒年不详，今湖北蒲圻人，清贡生。

楚王宫/（清）陈杏昌．——清光绪《巫山县志》卷三十二《艺文志》。

川上笔锋/（清）陈杏昌．——清光绪《大宁县志》卷八《艺文志》。

登高唐读缪公诗/（清）陈杏昌．——清光绪《巫山县志》卷三十二《艺文志》。

观龙池作/（清）陈杏昌．——清光绪《大宁县志》卷八《艺文志》。

过牛肝马肺/（清）陈杏昌．——清光绪《大宁县志》卷八《艺文志》。

望剪刀峰/（清）陈杏昌．——清光绪《大宁县志》卷八《艺文志》。

寻阳台解宋玉梦/（清）陈杏昌．——清光绪《巫山县志》卷三十二《艺文志》。

盐场酿雪不成/（清）陈杏昌．——清光绪《大宁县志》卷八《艺文志》。

昭君村/（清）陈杏昌．——清光绪《巫山县志》卷三十二《艺文志》。

舟泊巫山陆行至厂/（清）陈杏昌．——清光绪《大宁县志》卷八《艺文志》。

北福禅关/（清）方曰定．——清光绪《西充县志》卷十三《艺文志·中》。

南岷仙境/（清）方曰定．——清光绪《西充县志》卷十三《艺文志·中》。

北岩十咏选五/（清）张师范．——清同治重修《涪州县志》卷十五《艺文志·古今体诗一百八十五首》。张师范，生卒年不详，又名张思范，字晴湖，武进（今江苏常州）人，曾知涪州。

郭建桥／（清）张师范．——清同治《忠州直隶州志》卷十二《艺文志·诗（七绝）》。

汝溪滩（四首）／（清）张师范．——清同治《忠州直隶州志》卷十二《艺文志·诗（七绝）》。

北岩注易洞／（清）李天鹏．——清同治重修《涪州县志》卷十五《艺文志·古今体诗一百八十五首》。李天鹏，生卒年不详，四川涪州（今重庆涪陵）人，举人。

飞水洞／（清）李天鹏．——清同治重修《涪州县志》卷十五《艺文志·古今体诗一百八十五首》。

北岩注易洞怀古示诸生／（清）何启昌．——清同治重修《涪州县志》卷十五《艺文志·古今体诗一百八十五首》。何启昌，生卒年不详，今重庆涪陵人。

背光崖／（清）邓迪．——清同治《巴县志》卷四下《艺文志·五古》。邓迪，生卒年不详，字惠吉。

面壁崖／（清）邓迪．——清同治《巴县志》卷四下《艺文志·五古》。

圣可塔石林寺景之四／（清）邓迪．——清同治《巴县志》卷四下《艺文志·五古》。

石笋峰／（清）邓迪．——清同治《巴县志》卷四下《艺文志·五古》。

石林寺景四首／（清）邓迪．——《重庆题咏录》第125页。

游华岩谒圣师二首／（清）邓迪．——《巴山灵境华岩寺》第174页。

璧风古洞／（清）龚子杰．——《彭水县志》第968页。龚子杰，生卒年不详，清代彭水（今重庆彭水县）拔贡，诗人。

璧山春日述怀／（清）艾彩云．——清同治《璧山县志》卷十《艺文志·诗·七言古》。艾彩云，字章棠，今江西吉水人。

璧山四季诗／（清）黄在中．——清同治《璧山县志》卷十《艺文志·诗·七言律》。黄在中，生卒年不详，字公瓒，今江西宜春人，清进士，曾任璧山知县。

璧邑初夏郊望/（清）黄在中．——清同治《璧山县志》卷十《艺文志·诗·七言律》。

东林晓钟/（清）黄在中．——清同治《璧山县志》卷十《艺文志·诗·七言律》。

虎峰马迹/（清）黄在中．——清同治《璧山县志》卷十《艺文志·诗·七言律》。

金剑晴雪/（清）黄在中．——清同治《璧山县志》卷十《艺文志·诗·七言律》。

觉院夜雨/（清）黄在中．——清同治《璧山县志》卷十《艺文志·诗·七言律》。

凉伞云遮/（清）黄在中．——清同治《璧山县志》卷十《艺文志·诗·七言律》。

茅莱仙境/（清）黄在中．——清同治《璧山县志》卷十《艺文志·诗·七言律》。

圣灯并照/（清）黄在中．——清同治《璧山县志》卷十《艺文志·诗·七言律》。

石泉凝脂/（清）黄在中．——清同治《璧山县志》卷十《艺文志·诗·七言律》。

蜀中诗四首/（清）黄在中．——清同治《璧山县志》卷十《艺文志·诗·七言律》。

夜赴澄江口道中作/（清）黄在中．——清同治《璧山县志》卷十《艺文志·诗·七言律》。

避乱宿大石岭/（清）周思陶．——清道光《城口厅志》卷二十《艺文志·诗》。周思陶，生平不详，清代人。

璧山竹枝词十首/（清）王象乾．——《璧山文史》第十一辑第47—49页。王象乾，生卒年不详，字经农，号君山，今重庆璧山县人。

表忠石/（清）刘会．——清同治《巴县志》卷四下《艺文志·五古》。

刘会，生卒年不详，字以文，清代重庆人，乡贤，贡生。

吊明殉难太守章公（有序） / （清）刘会. ——清乾隆《巴县志》卷十五《艺文·诗》。

月下登涂山澄鉴亭观渝城夜景 / （清）刘会. ——《重庆题咏录》第249页。

别亲庭母病未痊父促之入馆不得已而作此诗 / （清）左廷辅. ——清光绪《荣昌县志》卷二十二《艺文·国朝诗》。

宾兴之日为诸生送行 / （清）江怀庭. ——《璧山文史》第十一辑第37页。江怀庭，生卒年不详，字兰皋，今福建汀州人，清进士，曾任璧山知县。

兵后入城经五福宫有感二首 / （清）黄钟吕. ——《重庆题咏录》第113页。黄钟吕，生卒年不详，字元声，重庆人。

兵书匣 / （清）李成芳. ——清光绪《奉节县志》卷三十六《艺文·诗汇》。李成芳，生卒年不详，重庆巴县人，进士，授夔州府学教授。

永安亭 / （清）李成芳. ——清光绪《奉节县志》卷三十六《艺文·诗汇》。

丙午年吊越南亡国及尽节诸臣（四首） / （清）刘毓榘. ——民国《南充县志》卷十二《艺文志·诗》。

丙戌九日杨鱣堂前辈邀游少岷山题壁 / （清）周培. ——清光绪《铜梁县志》卷十四《艺文志·四》。周培，生卒年不详，字莜峰。

壬午初冬游关箭溪 / （清）周培. ——清光绪《铜梁县志》卷十四《艺文志·四》。

并头莲有序 / （清）洪成鼎. ——民国新修《合川县志·文在二》，卷七十《诗一·律诗》。洪成鼎，生卒年不详，字子镇，号悔翁，湖北应山人，选四川安岳令，工书法。

重九后二日微雨 / （清）洪成鼎. ——民国新修《合川县志·文在二》，卷七十《诗一·绝句》。

吊邹立斋步白沙韵 / （清）洪成鼎. ——民国新修《合川县志·文在二》，卷七十《诗一·律诗》。

光斋堂前植桐四株留示诸同学/（清）洪成鼎．——民国新修《合川县志·文在二》，卷七十《诗一·绝句》。

是岁寻乐亭周遭种竹喜见新笋/（清）洪成鼎．——民国新修《合川县志·文在二》，卷七十《诗一·绝句》。

卍字桂颂/（清）洪成鼎．——民国新修《合川县志·文在二》，卷七十《诗一·绝句》。

咏素心兰二首/（清）洪成鼎．——民国新修《合川县志·文在二》，卷七十《诗一·绝句》。

游濮岩寺/（清）洪成鼎．——民国新修《合川县志·文在一》，卷六十九《诗一·五言古》。

病中揽镜自嘲/（清）周伯寅．——民国《南川县志》卷十二《艺文志下·诗选》。周伯寅，字鹤田，生卒年不详。

瓜代人至病亦小愈喜成二绝句/（清）周伯寅．——民国《南川县志》卷十二《艺文志下·诗选》。

归田乐/（清）周伯寅．——民国《南川县志》卷十二《艺文志下·诗选》。

久客北平思归养不得/（清）周伯寅．——民国《南川县志》卷十二《艺文志下·诗选》。

四十八渡/（清）周伯寅．——民国《南川县志》卷十二《艺文志下·诗选》。

送人从军/（清）周伯寅．——民国《南川县志》卷十二《艺文志下·诗选》。

望西岳/（清）周伯寅．——民国《南川县志》卷十二《艺文志下·诗选》。

游金佛山归途题壁/（清）周伯寅．——民国《南川县志》卷十二《艺文志下·诗选》。

伯氏睦族碑/（清）何映辰．——清同治《忠州直隶州志》卷十二《艺文志·诗（七古）》。何映辰，字晓垣，号勋伟，忠州（今重庆忠县）人。

伯氏睦族碑／（清）黄履泰. ——清同治《忠州直隶州志》卷十二《艺文志·诗（五绝）》。黄履泰，生卒年不详，忠州人，晚清诸生，能诗。

伯氏睦族碑／（清）罗焕云. ——清同治《忠州直隶州志》卷十二《艺文志·诗（七律）》。罗焕云，生卒年不详，忠州人，晚清廪生，能诗。

伯氏睦族碑／（清）黄之骥. ——清同治《忠州直隶州志》卷十二《艺文志·诗（七古）》。黄之骥，生卒年不详，忠州人，贡生，曾任忠州州判。

忠州古迹十咏／（清）黄之骥. ——清同治《忠州直隶州志》卷十二《艺文志·诗（七律）》。

伯氏睦族碑／（清）谭作霖. ——清同治《忠州直隶州志》卷十二《艺文志·诗（七律）》。谭作霖，生卒年不详，忠州人，廪生，能诗文。

伯氏睦族碑／（清）陶大年. ——清同治《忠州直隶州志》卷十二《艺文志·诗》。陶大年，生卒年不详，忠州人，廪生，能诗文。

伯氏睦族碑／（清）薛文煃. ——清同治《忠州直隶州志》卷十二《艺文志·诗（五律）》。薛文煃，生平不详。

伯氏睦族碑／（清）曾省三. ——清同治《忠州直隶州志》卷十二《艺文志·诗（七绝）》。曾省三，生卒年不详，今四川内江人，进士。

伯氏睦族碑（二首）／（清）冯璞. ——清同治《忠州直隶州志》卷十二《艺文志·诗（七律）》。冯璞，生卒年不详，忠州人，晚清拔贡，精于吟咏。

伯氏睦族碑（二首）／（清）侯若源. ——清同治《忠州直隶州志》卷十二《艺文志·诗（七绝）》。侯若源，字少渠，号菊坡，今河北南皮人，曾官忠州知州。

登石宝寨／（清）侯若源. ——清同治《忠州直隶州志》卷十二《艺文志·诗（七律）》。

东楼／（清）侯若源. ——清同治《忠州直隶州志》卷十二《艺文志·诗（七绝）》。

读书洞／（清）侯若源. ——清同治《忠州直隶州志》卷十二《艺文志·诗（七绝）》。

赴陆宣公祠早渡／（清）侯若源. ——清同治《忠州直隶州志》卷十二

《艺文志·诗（七律）》。

桃花鱼（二首）/（清）侯若源. ——清同治《忠州直隶州志》卷十二《艺文志·诗（七绝）》。

西楼/（清）侯若源. ——清同治《忠州直隶州志》卷十二《艺文志·诗（七绝）》。

小楼/（清）侯若源. ——清同治《忠州直隶州志》卷十二《艺文志·诗（七绝）》。

宣公祠/（清）侯若源. ——清同治《忠州直隶州志》卷十二《艺文志·诗（七绝）》。

伯氏睦族碑（二首）/（清）冉瑞岱. ——清同治《忠州直隶州志》卷十二《艺文志·诗（七绝）》。冉瑞岱，生卒年不详，字石云，今重庆酉阳人，拔贡。

春柳/（清）冉瑞岱. ——《国朝全蜀诗钞》第508页。

春日感赋/（清）冉瑞岱. ——《国朝全蜀诗钞》第507页。

磁州道中/（清）冉瑞岱. ——《国朝全蜀诗钞》第507页。

东朋集夜雨/（清）冉瑞岱. ——《国朝全蜀诗钞》第507页。

读高帝本纪/（清）冉瑞岱. ——《国朝全蜀诗钞》第506页。

樊城道中/（清）冉瑞岱. ——《国朝全蜀诗钞》第507页。

凤滩/（清）冉瑞岱. ——《国朝全蜀诗钞》第506页。

过鹦鹉洲吊弥正平/（清）冉瑞岱. ——《国朝全蜀诗钞》第506页。

寒宵即事（二首）/（清）冉瑞岱. ——《国朝全蜀诗钞》第508页。

暮投固安/（清）冉瑞岱. ——《国朝全蜀诗钞》第507页。

遣怀（二首）/（清）冉瑞岱. ——《国朝全蜀诗钞》第505页。

秋夜月下感怀/（清）冉瑞岱. ——《国朝全蜀诗钞》第507页。

书杨子云后传/（清）冉瑞岱. ——《国朝全蜀诗钞》第508页。

天生桥/（清）冉瑞岱. ——《国朝全蜀诗钞》第507页。

消寒小诗（二首）/（清）冉瑞岱. ——《国朝全蜀诗钞》第506页。

延津道中/（清）冉瑞岱. ——《国朝全蜀诗钞》第508页。

夜泛桃源/（清）冉瑞岱. ——《国朝全蜀诗钞》第506页。

咏史（七首）/（清）冉瑞岱. ——《国朝全蜀诗钞》第505页。

猪头箐/（清）冉瑞岱. ——《彭水县志》第980页。

赠诗僧履云/（清）冉瑞岱. ——《国朝全蜀诗钞》第508页。

伯氏睦族碑（二首）/（清）申于泗. ——清同治《忠州直隶州志》卷十二《艺文志·诗（七绝）》。申于泗，生卒年不详，忠州人，清末岁贡。

伯氏睦族碑（二首）/（清）张国宾. ——清同治《忠州直隶州志》卷十二《艺文志·诗（七绝）》。张国宾，生卒年不详，忠州人，清末诸生，擅诗文。

卜居篇/（清）白玉楷. ——清光绪《铜梁县志》卷十四《艺文志·四》。白玉楷，生卒年不详，后更名豫恺，字小裴，今四川营山人，举人，曾任铜梁县学教谕，编《铜梁县志》，后主巴川书院。

飞凤山洗墨池传是米海岳遗址绝壁有攀龙附凤石刻亦其手书/（清）白玉楷. ——清光绪《铜梁县志》卷十四《艺文志·四》。

哭亡友廖春帆/（清）白玉楷. ——清光绪《铜梁县志》卷十四《艺文志·四》。

山行即景/（清）白玉楷. ——清光绪《铜梁县志》卷十四《艺文志·四》。

题任翼川秦中集/（清）白玉楷. ——清光绪《铜梁县志》卷十四《艺文志·四》。

不受暑轩自题/（清）李桂垣. ——《彭水县志》第980页。李桂垣，生卒年不详，今重庆彭水人，李永泰女，侍奉双亲，终老不字，吟咏不绝。

步侯菊坡州试拟作原韵（八首）/（清）张受谦. ——民国《南充县志》卷十二《艺文志·诗》。

题贾阴秋绘雪帐簷/（清）张受谦. ——民国《南充县志》卷十二《艺文志·诗》。

题江油窦图山/（清）张受谦. ——民国《南充县志》卷十二《艺文志·诗》。

步渝/（清）王璲. ——《重庆题咏录》第 103 页。王璲，生卒年不详，又写作王琏，字元佩，今四川广安人。

渝州/（清）王璲. ——民国《巴县志》卷二十三《文征》。

采莲曲/（清）吴鼎元. ——民国新修《合川县志·文在一》，卷六十九《诗一·杂言歌行》。吴鼎元，生卒年不详，字新伯，号右卿，钱塘（今浙江杭州）人，举人。

采楠木词/（清）唐有勋. ——清道光《綦江县志》卷十二《艺文下》。唐有勋，生卒年不详，蒲圻人，綦江县县令。

九日登观音崖/（清）唐有勋. ——清道光《綦江县志》卷十二《艺文下》。

偕诸同城泛舟观鱼/（清）唐有勋. ——清道光《綦江县志》卷十二《艺文下》。

印山义馆/（清）唐有勋. ——清道光《綦江县志》卷十二《艺文下》。

草舍闲题/（清）欧阳某. ——《丰都文史资料选辑》第八辑第 47 页。欧阳某，生卒年不详，曾发配于今重庆丰都，名士。

柴家寺偶题/（清）陈于畴. ——清道光《垫江县志》卷十《诗·七言律诗》。陈于畴，生卒年不详，号福斋，乾隆二十六年（1761）进士。

东山行/（清）陈于畴. ——清道光《垫江县志》卷十《诗·七言古风》。

后虎山行并序/（清）陈于畴. ——清道光《垫江县志》卷十《诗·七言古风》。

幺姑冢/（清）陈于畴. ——清道光《垫江县志》卷十《诗·七言古风》。

蝉/（清）李香圃. ——《彭水县志》第 980 页。李香圃，生卒年不详，女，清代彭水苗族诗人。

春日偶成/（清）李香圃. ——《彭水县志》第 980 页。

禅崖二首/（清）鲜与尚. ——《重庆题咏录》第 266 页。鲜与尚，生卒年不详，号卧村，重庆贤士，江北人。工草隶，能诗，尤善画牛。人得其作品如获至宝。《江北厅志》有传。

庚子避暑温泉/（清）鲜与尚. ——《重庆题咏录》第 267 页。

亭溪/（清）鲜与尚．——《重庆题咏录》第266页。

禅崖诗余/（清）释寂崇．——清乾隆《巴县志》卷九《人物志·释老》。释寂崇，生卒年不详，字南范，今湖南宝庆人，人称"南范和尚"。

禅岩八景/（清）释寂崇．——清乾隆《巴志》卷十六《艺文·诗馀》。

亭溪八景/（清）释寂崇．——《重庆题咏录》第282页。

常理公同年祠堂/（清）刘绳祖．——清光绪《西充县志》卷十三《艺文志·中》。刘绳祖，曾任四川西充县令。

林口寄怀西充绅士/（清）刘绳祖．——清光绪《西充县志》卷十三《艺文志·中》。

昌元八景（共八首）/（清）谢金元．——清光绪《荣昌县志》卷二十二《艺文·国朝诗》。谢金元，生卒年不详，今四川乐山人，曾任荣昌县教谕。

复城纪咏/（清）谢金元．——清光绪《荣昌县志》卷二十二《艺文·国朝诗》。

哭胡生辅之尽节/（清）谢金元．——清光绪《荣昌县志》卷二十二《艺文·国朝诗》。

昌元八景之宝岩飞瀑/（清）朱毅．——清光绪《荣昌县志》卷二十二《艺文·国朝诗》。朱毅，生平不详。

昌元八景之古佛眠云/（清）朱毅．——清光绪《荣昌县志》卷二十二《艺文·国朝诗》。

昌元八景之红桥印月/（清）朱毅．——清光绪《荣昌县志》卷二十二《艺文·国朝诗》。

昌元八景之龙洞栖霞/（清）朱毅．——清光绪《荣昌县志》卷二十二《艺文·国朝诗》。

昌元八景之石航秋水/（清）朱毅．——清光绪《荣昌县志》卷二十二《艺文·国朝诗》。

昌元八景之棠堰飘香/（清）朱毅．——清光绪《荣昌县志》卷二十二《艺文·国朝诗》。

昌元八景之桃峰积翠/（清）朱毅．——清光绪《荣昌县志》卷二十二

《艺文·国朝诗》。

昌元八景之鸦屿仙棋/（清）朱毅. ——清光绪《荣昌县志》卷二十二《艺文·国朝诗》。

春日集试稼恕堂口以示诸生/（清）朱毅. ——清光绪《荣昌县志》卷二十二《艺文·国朝诗》。

和周青门游卧佛寺小饮之作/（清）朱毅. ——清光绪《荣昌县志》卷二十二《艺文·国朝诗》。

九龙寺/（清）朱毅. ——清光绪《荣昌县志》卷二十二《艺文·国朝诗》。

三奇寺/（清）朱毅. ——清光绪《荣昌县志》卷二十二《艺文·国朝诗》。

宿圣龙寺/（清）朱毅. ——清光绪《荣昌县志》卷二十二《艺文·国朝诗》。

长句送周梅厓之任龙岩/（清）高为阜. ——《重庆题咏录》第169页。高为阜，生卒年不详，字守村，铅山人，举人，曾任剑川知州。

和周梅厓元韵留别/（清）高为阜. ——《重庆题咏录》第170页。

长生观/（清）朱雷. ——《彭水县志》第977页。朱雷，生卒年不详，今江苏江都人，清代彭水知县。

长至前五日大雪敬步家大人韵/（清）王廉. ——《国朝全蜀诗钞》第361页。王廉，生卒年不详，今重庆铜梁人，王汝璧子。

朝阳洞/（清）周厚辕. ——清光绪《大宁县志》卷八《艺文志》。周厚辕，字载轩、驾堂、驶远，今江西省湖口县人，进士，曾官四川学政。

巫山十二峰舟中可见者九予陆行并经其三有作/（清）周厚辕. ——清光绪《巫山县志》卷三十二《艺文志》。

注易洞用吴白华先生诗韵/（清）周厚辕. ——清同治重修《涪州县志》卷十五《艺文志·古今体诗一百八十五首》。

朝阳洞（二首）/（清）周敦礼. ——清光绪《巫山县志》卷三十二《艺文志》。周敦礼，生平不详。

陈家场/（清）罗愔．——清同治《巴县志》卷四下《艺文志·五古》。罗愔，生卒年不详，字式昭，重庆贤士，进士。

黄葛渡/（清）罗愔．——《重庆题咏录》第256页。

跳石/（清）罗愔．——清同治《巴县志》卷四下《艺文志·五古》。

夏月宿江北山禅院/（清）罗愔．——《重庆题咏录》第255页。

陈节妇割股行/（清）王五总．——清同治重修《涪州县志》卷十五《艺文志·古今体诗一百八十五首》。

成都道中感怀/（清）吕溥．——民国《潼南县志》卷六《艺文志下·二诗》。

成都纪咏/（清）杨德坤．——民国《长寿县志》卷十五《文征下》。杨德坤，生卒年不详，字子静，今重庆长寿区人，举人，曾任奉节县学教谕，纂修光绪《奉节县志》。

初到夔州偕门人张幼江张白墙李鹤村成志南游白帝寺俯视瞿塘滟滪诸胜/（清）杨德坤．——清光绪《奉节县志》卷三十六《艺文·艺文补遗》。

怀古/（清）杨德坤．——民国《长寿县志》卷十五《文征下》。

金陵怀古/（清）杨德坤．——民国《长寿县志》卷十五《文征下》。

书吴孝义鸿锡事/（清）杨德坤．——民国《长寿县志》卷十五《文征下》。

书谢孝子万程事/（清）杨德坤．——民国《长寿县志》卷十五《文征下》。

送汪晓潭太守辞官归里/（清）杨德坤．——清光绪《奉节县志》卷三十六《艺文·艺文补遗》。

郢城怀古/（清）杨德坤．——民国《长寿县志》卷十五《文征下》。

游白帝俯视瞿塘滟滪诸胜两首/（清）杨德坤．——清光绪《奉节县志》卷三十六《艺文卷》。

张良/（清）杨德坤．——民国《长寿县志》卷十五《文征下》。

呈采访局四首录一/（清）尹青鸾．——清同治重修《涪州县志》卷十五《艺文志·古今体诗一百八十五首》。

鬼仙诗/（清）尹青鸾. ——清同治重修《涪州县志》卷十五《艺文志·古今体诗一百八十五首》。

奇缘歌/（清）尹青鸾. ——清同治重修《涪州县志》卷十五《艺文志·古今体诗一百八十五首》。

中秋玩月七绝四十首录一/（清）尹青鸾. ——清同治重修《涪州县志》卷十五《艺文志·古今体诗一百八十五首》。

呈愚叔祖诗/（清）尹廉. ——《璧山文史》第十一辑第39页。尹廉，生卒年不详，字介夫、号松云，清贡生，今重庆璧山县人，曾在重庆府学堂任教。

答吴奎楼诗/（清）尹廉. ——《璧山文史》第十一辑第38页。

感怀诗/（清）尹廉. ——《璧山文史》第十一辑第38页。

忆吴云程/（清）尹廉. ——《璧山文史》第十一辑第39页。

城郭八景诗（八首）/（清）袁蔼如. ——民国《南川县志》卷十二《艺文志下·诗选》。袁蔼如，生卒年不详，重庆举人。

澄海楼放歌/（清）周立矩. ——民国《南川县志》卷十二《艺文志下·诗选》。周立矩，生卒年不详，字石书，今重庆南川人，举人。

登澄海楼望海/（清）周立矩. ——《国朝全蜀诗钞》第238页—239页。

澄江纪胜/（清）郭正笏. ——清同治《璧山县志》卷十《艺文志·诗·七言古》。郭正笏，生卒年不详，字播轩，今重庆璧山县人，廪生。

澄江口纪事十二首/（清）张人龙. ——清同治《璧山县志》卷十《艺文志·诗·五言诗》。张人龙，生卒年不详，字若泉，号云轩，今山东鄄城县人，举人，曾任璧山知县。

寄江北李少府二首/（清）张人龙. ——清同治《璧山县志》卷十《艺文志·诗·七言律》。

江山拭磩/（清）张人龙. ——清同治《璧山县志》卷十《艺文志·诗·七言律》。

游温汤寺/（清）张人龙. ——清同治《璧山县志》卷十《艺文志·诗·七言律》。

赤壁/（清）冯文愿. ——《国朝全蜀诗钞》第 691 页。冯文愿，生卒年不详，字石渔，清酉阳州（今重庆酉阳县）人。

除夕/（清）冯文愿. ——《国朝全蜀诗钞》第 690 页。

春郊散步/（清）冯文愿. ——《国朝全蜀诗钞》第 691 页。

夔州晚眺/（清）冯文愿. ——《国朝全蜀诗钞》第 690 页。

送别友人/（清）冯文愿. ——《国朝全蜀诗钞》第 691 页。

晚泊南堤/（清）冯文愿. ——《国朝全蜀诗钞》第 691 页。

武昌/（清）冯文愿. ——《国朝全蜀诗钞》第 691 页。

扬州/（清）冯文愿. ——《国朝全蜀诗钞》第 691 页。

忠州访家十二容之不过/（清）冯文愿. ——《国朝全蜀诗钞》第 690 页—691 页。

舟次望岳州/（清）冯文愿. ——《国朝全蜀诗钞》第 691 页。

赤牛卧月歌/（清）孙太钧. ——清光绪《梁山县志》卷十《艺文·诗》。孙太钧，生卒年不详，字汝和，清梁山县（今重庆梁平县）人，太学生。

竹枝/（清）孙太钧. ——《历代蜀词全辑续编》第 442—445 页。

重次渝城望三关/（清）朱尔迈. ——《重庆题咏录》第 132 页。朱尔迈，生卒年不详，字人远，号日观，清代海宁人。

巫山阻风辞/（清）朱尔迈. ——清光绪《巫山县志》卷三十二《艺文志》。

重过妙峰寺/（清）张兑和. ——《重庆题咏录》第 188 页。张兑和，生卒年不详，字绣园，乌程（今浙江湖州）人，举人，曾知巴县。

出郭/（清）张兑和. ——《重庆题咏录》第 188 页。

大水过白崖/（清）张兑和. ——《重庆题咏录》第 190 页。

佛图关二首/（清）张兑和. ——《重庆题咏录》第 190 页。

华岩纪事/（清）张兑和. ——《重庆题咏录》第 189 页。

觉林寺伫友/（清）张兑和. ——《重庆题咏录》第 190 页。

香国寺/（清）张兑和. ——《重庆题咏录》第 188 页。

谒涂山禹庙/（清）张兑和. ——清同治《巴县志》卷四下《艺文志·

七律》。

重过三峡/（清）周立恭. ——《国朝全蜀诗钞》第351页。

大云寺松石歌/（清）周立恭. ——《国朝全蜀诗钞》第351页。

重过中峰寺/（清）李楫. ——清道光《綦江县志》卷十二《艺文下》。李楫，生卒年不详，号豸山，今四川合江人。

初至南平/（清）李楫. ——清道光《綦江县志》卷十二《艺文下》。

春日拜明阁部春石王公墓/（清）李楫. ——清道光《綦江县志》卷十二《艺文下》。

次綦江蔡象五学博韵/（清）李楫. ——清道光《綦江县志》卷十二《艺文下》。

答春圃吴广文/（清）李楫. ——清道光《綦江县志》卷十二《艺文下》。

古剑山/（清）李楫. ——清道光《綦江县志》卷十一《艺文上·古体诗》。

南平客楼/（清）李楫. ——清道光《綦江县志》卷十二《艺文下》。

晓发夜郎溪/（清）李楫. ——清道光《綦江县志》卷十二《艺文下》。

夜郎溪怀古/（清）李楫. ——清道光《綦江县志》卷十一《艺文上·古体诗》。

重经浐井感怀/（清）李壎. ——清同治《忠州直隶州志》卷十二《艺文志·诗（七律）》。李壎，字萼园，生平不详。

大观台/（清）李壎. ——清道光《垫江县志》卷十《诗·七言绝句》。

观音阁/（清）李壎. ——清道光《垫江县志》卷十《诗·七言绝句》。

重九登高/（清）任吉辉. ——民国《南川县志》卷十二《艺文志下·诗选》。

春梦/（清）任吉辉. ——民国《南川县志》卷十二《艺文志下·诗选》。

感事（三首录一）/（清）任吉辉. ——民国《南川县志》卷十二《艺文志下·诗选》。

荒年叹/（清）任吉辉. ——民国《南川县志》卷十二《艺文志下·诗选》。

五月接京函御史吴春海奏请豁免四川已奉旨饬川督复奏也/（清）任吉辉.——民国《南川县志》卷十二《艺文志下·诗选》。

辛酉七月发贼蹂万盛场乡绅团保皆罹于难居民白骨如山决灭者百余家非常之巨变也赋长篇记之/（清）任吉辉.——民国《南川县志》卷十二《艺文志下·诗选》。

咏史/（清）任吉辉.——民国《南川县志》卷十二《艺文志下·诗选》。

舟过嘉定大佛崖口占/（清）任吉辉.——民国《南川县志》卷十二《艺文志下·诗选》。

重九登新开山小峰/（清）罗醇仁.——《重庆题咏录》第258页。罗醇仁，生卒年不详，字济英，号岳峰，本合州（今重庆合川）人，入巴县学籍，进士，曾两掌东川书院。

九日登五福宫酤饮无酒/（清）罗醇仁.——民国《巴县志》卷三《古迹》。

重九日游伏虎寺同晓堂一峰作/（清）释隆昂.——民国新修《合川县志·文在二》，卷七十《诗一·律诗》。释隆昂，生卒年不详，又名益谦，别号驹如，合州（今重庆合川）人，出家崇福寺，名僧，善古文、诗词。

除夕祭诗/（清）释隆昂.——民国新修《合川县志·文在一》，卷六十九《诗一·七言古》。

涪江晚渡/（清）释隆昂.——民国新修《合川县志·文在二》，卷七十《诗一·绝句》。

感怀/（清）释隆昂.——民国新修《合川县志·文在一》，卷六十九《诗一·七言古》。

和戴子和茂才原韵/（清）释隆昂.——民国新修《合川县志·文在二》，卷七十《诗一·律诗》。

回双鹤寺作/（清）释隆昂.——民国新修《合川县志·文在二》，卷七十《诗一·绝句》。

即事/（清）释隆昂.——民国新修《合川县志·文在二》，卷七十《诗一·律诗》。

寄怀培菴拣发乌鲁木齐/（清）释隆昂．——民国新修《合川县志·文在二》，卷七十《诗一·律诗》。

寄蒋贯之/（清）释隆昂．——民国新修《合川县志·文在二》，卷七十《诗一·绝句》。

蒋辑廷编修到寺/（清）释隆昂．——民国新修《合川县志·文在二》，卷七十《诗一·律诗》。

金栗山房题百寿图岳池郭瑞堂画/（清）释隆昂．——民国新修《合川县志·文在一》，卷六十九《诗一·七言古》。

哭陈次铿/（清）释隆昂．——民国新修《合川县志·文在二》，卷七十《诗一·律诗》。

哭四弟（二首）/（清）释隆昂．——民国新修《合川县志·文在二》，卷七十《诗一·绝句》。

七十自寿/（清）释隆昂．——民国新修《合川县志·文在二》，卷七十《诗一·绝句》。

山居/（清）释隆昂．——民国新修《合川县志·文在二》，卷七十《诗一·绝句》。

山居六载/（清）释隆昂．——民国新修《合川县志·文在二》，卷七十《诗一·绝句》。

题陈次铿诗集并以寄怀/（清）释隆昂．——民国新修《合川县志·文在二》，卷七十《诗一·律诗》。

题蒋编修遗集/（清）释隆昂．——民国新修《合川县志·文在二》，卷七十《诗一·绝句》。

挽复初长老/（清）释隆昂．——民国新修《合川县志·文在二》，卷七十《诗一·律诗》。

挽何怡士/（清）释隆昂．——民国新修《合川县志·文在二》，卷七十《诗一·律诗》。

小桃源短歌三首/（清）释隆昂．——民国新修《合川县志·文在一》，卷六十九《诗一·七言歌行》。

元旦/（清）释隆昂. ——民国新修《合川县志·文在二》，卷七十《诗一·律诗》。

赠张式卿森楷茂才游华银山/（清）释隆昂. ——民国新修《合川县志·文在二》，卷七十《诗一·律诗》。

治棠子和到寺留宿别后却寄/（清）释隆昂. ——民国新修《合川县志·文在二》，卷七十《诗一·律诗》。

重庆旅次（之一）/（清）冯誉聪. ——《七砚斋诗草》。冯誉聪，生卒年不详，字雨樵，今四川什邡人，著有《七砚斋诗草》。

重修白帝城/（清）吕辉. ——《白帝城历代碑刻选》。吕辉，字扉青，别号宋郡，今河南永城人，拔贡，同治九年（1870）任奉节知县。

秋日同寅谷粹甫子方上白帝城/（清）吕辉. ——《白帝城历代碑刻选》。

入峡/（清）吕辉. ——瞿塘峡壁题刻。

峡口感眺/（清）吕辉. ——瞿塘峡壁题刻。

峡中歌/（清）吕辉. ——瞿塘峡壁题刻。

夜宿三峡堂/（清）吕辉. ——《白帝城历代碑刻选》。

重修宣公祠/（清）曾光祖. ——清同治《忠州直隶州志》卷十二《艺文志·诗（七古）》。曾光祖，生卒年不详，曾任职万州。

重修宣公祠志喜/（清）陆登荣. ——清同治《忠州直隶州志》卷十二《艺文志·诗（七古）》。陆登荣，生平不详，清代人。

四贤阁（二首）/（清）陆登荣. ——清同治《忠州直隶州志》卷十二《艺文志·诗（五律）》。

题武州牧重修宣公祠/（清）陆登荣. ——清同治《忠州直隶州志》卷十二《艺文志·诗（七律）》。

重阳日延侯父师坐因檐矮落帽适传洪化改九月为十月故作/（清）冯之瑾. ——清光绪《梁山县志》卷十《艺文·诗》。

庚申菊月谒邑侯朱公霖于金城市室有感赋古风以慰之/（清）冯之瑾. ——清光绪《梁山县志》卷十《艺文·诗》。

山居诗/（清）冯之瑾. ——清光绪《梁山县志》卷十《艺文·诗》。

酬冉右之枉顾见赠原韵（二首）/（清）田经畬. ——《国朝全蜀诗钞》第687页。田经畬，生卒年不详，字砚秋，今重庆酉阳人，岁贡生。

春日即事（二首）/（清）田经畬. ——《国朝全蜀诗钞》第687页。

秋日杂吟（三首）/（清）田经畬. ——《国朝全蜀诗钞》第687页。

题履云上人诗草/（清）田经畬. ——《国朝全蜀诗钞》第687页。

晚夏斋中（二首）/（清）田经畬. ——《国朝全蜀诗钞》第687页。

夏日杂咏（五首）/（清）田经畬. ——《国朝全蜀诗钞》第688页。

闲写/（清）田经畬. ——《国朝全蜀诗钞》第687页—688页。

中秋与同人赏月作（二首）/（清）田经畬. ——《国朝全蜀诗钞》第688页。

周梦渔归江西小试获售枉过喜赋/（清）田经畬. ——《国朝全蜀诗钞》第688页。

筹防到綦和廖春湖明经韵兼呈局中诸君子/（清）孙濂. ——清道光《綦江县志》卷十二《艺文下》。孙濂，生卒年不详，字霁帆，今贵州贵阳人，进士。

留别荣昌四首/（清）孙濂. ——清光绪《荣昌县志》卷二十二《艺文·国朝诗》。

出都回任/（清）陈蠹. ——民国《潼南县志》卷六《艺文志下·二诗》。陈蠹，生卒年不详，字南村，清代人。

从军二首/（清）陈蠹. ——民国《潼南县志》卷六《艺文志下·二诗》。

代办九江府篆试士/（清）陈蠹. ——民国《潼南县志》卷六《艺文志下·二诗》。

己巳春初莅德化任望庐山/（清）陈蠹. ——民国《潼南县志》卷六《艺文志下·二诗》。

军至叶尔羌城解围/（清）陈蠹. ——民国《潼南县志》卷六《艺文志下·二诗》。

拟从军行二首/（清）陈蠹. ——民国《潼南县志》卷六《艺文志下·二诗》。

疏勒秋感/（清）陈矗. ——民国《潼南县志》卷六《艺文志下·二诗》。

同治乙丑奉沈幼丹中丞奏调同鲍春霆军门出关剿办叛回交卸峡江县篆留别/（清）陈矗. ——民国《潼南县志》卷六《艺文志下·二诗》。

选峡江令赴任裕辑菴部堂饯别赋呈二首/（清）陈矗. ——民国《潼南县志》卷六《艺文志下·二诗》。

游幕西域留别都门/（清）陈矗. ——民国《潼南县志》卷六《艺文志下·二诗》。

赠别伊犁驻防副督领队大臣锡赞亭凯旋/（清）陈矗. ——民国《潼南县志》卷六《艺文志下·二诗》。

出京日感赋兼寄邸中诸友/（清）龙为霖. ——民国《巴县志》卷二十三《文征》。龙为霖，生卒年不详，字雨苍，号鹤坪，江北县（今重庆江北区）人，进士，著有《荫松堂诗集》。

春日渡江会饮体仁寺书舍因游海棠溪诸园抵暮而归/（清）龙为霖. ——《重庆题咏录》第177页。

村晓/（清）龙为霖. ——《重庆题咏录》第172页。

登涂山还憩觉林寺/（清）龙为霖. ——《重庆题咏录》第179页。

登涂山绝顶/（清）龙为霖. ——《重庆题咏录》第183页。

丰年碑/（清）龙为霖. ——清同治《巴县志》卷四下《艺文志·七古》。

佛图关/（清）龙为霖. ——《重庆题咏录》第186页。

感/（清）龙为霖. ——民国《巴县志》卷二十三《文征》。

观海/（清）龙为霖. ——民国《巴县志》卷二十三《文征》。

观李太守丰年碑记/（清）龙为霖. ——清乾隆《巴县志》卷十六《艺文·诗》。

海潮寺/（清）龙为霖. ——民国《巴县志》卷二十三《文征》。

和王明府熊峰造访九龙别墅四首/（清）龙为霖. ——《重庆题咏录》第179页。

华岩寺/（清）龙为霖. ——清同治《巴县志》卷四下《艺文志·五言绝》。

画鹰歌/（清）龙为霖. ——民国《巴县志》卷二十三《文征》。

怀汉孝子杜孝/（清）龙为霖. ——清同治《巴县志》卷四下《艺文志·五古》。

汇草辨疑歌为马文毅公赋/（清）龙为霖. ——民国《巴县志》卷二十三《文征》。

郊外即事/（清）龙为霖. ——民国《巴县志》卷二十三《文征》。

九龙滩别墅杂诗十首/（清）龙为霖. ——《重庆题咏录》第180页。

荔枝谣用东坡韵/（清）龙为霖. ——清同治《巴县志》卷四下《艺文志·七古》。

莲池/（清）龙为霖. ——《重庆题咏录》第185页。

两江争涨/（清）龙为霖. ——《重庆题咏录》第177页。

梅厓墨竹/（清）龙为霖. ——《重庆题咏录》第173页。

木如意歌/（清）龙为霖. ——民国《巴县志》卷二十三《文征》。

牛角沱吊殉难董司马/（清）龙为霖. ——《重庆题咏录》第183页。

偶憩/（清）龙为霖. ——《重庆题咏录》第172页。

秋杪陪高守村登城西高亭/（清）龙为霖. ——《重庆题咏录》第183页。

三忠祠/（清）龙为霖. ——清乾隆《巴县志》卷十六《艺文·诗》。

双状元碑/（清）龙为霖. ——《重庆题咏录》第184页。

宿香国寺/（清）龙为霖. ——清同治《巴县志》卷四下《艺文志·五言律》。

踏青过巴蔓子墓/（清）龙为霖. ——《重庆题咏录》第182页。

汤阴谒岳忠武祠/（清）龙为霖. ——民国《巴县志》卷二十三《文征》。

题钧深堂/（清）龙为霖. ——清同治重修《涪州县志》卷十五《艺文志·古今体诗一百八十五首》。

题梅厓十里梅花一草堂图/（清）龙为霖. ——清乾隆《巴县志》卷十五《艺文·诗》。

题梅厓忆中岩小影/（清）龙为霖. ——清同治《巴县志》卷四下《艺文志·七古》。

同人定于二月十三日登涂山澄鉴亭观渝城夜景为寒风所阻怅然有作/（清）龙为霖. ——《重庆题咏录》第 176 页。

西湖池/（清）龙为霖. ——《重庆题咏录》第 184 页。

西湖社/（清）龙为霖. ——清乾隆《巴县志》卷十六《艺文·五言绝》。

夏日忆去秋陪高司马觉林寺胜游/（清）龙为霖. ——《重庆题咏录》第 179 页。

夏日渝州书院纳凉望隔江山色二首/（清）龙为霖. ——《重庆题咏录》第 186 页。

相思寺怀古/（清）龙为霖. ——《重庆题咏录》第 171 页。

夜登涂山亭子/（清）龙为霖. ——《重庆市南岸区文史资料选辑》第一辑第 46 页。

咏澄鉴亭诗/（清）龙为霖. ——民国《巴县志》卷三《古迹》。

咏状元乡诗/（清）龙为霖. ——民国《巴县志》卷三《古迹》。

游温泉绍隆缙云石华诸山寺五首/（清）龙为霖. ——《重庆题咏录》第 178 页。

雨后闻驱九头鸟/（清）龙为霖. ——《重庆题咏录》第 175 页。

月下登澄鉴亭观渝城夜景/（清）龙为霖. ——《重庆题咏录》第 180 页。

再乞养还乡/（清）龙为霖. ——民国《巴县志》卷二十三《文征》。

张彬儒索指书濡墨应之/（清）龙为霖. ——清乾隆《巴县志》卷十五《艺文·诗》。

出南津关/（清）吕其樽. ——民国《潼南县志》卷六《艺文志下·二诗》。吕其樽，生卒年不详，字尚素，吕大器孙，举人。

出峡/（清）孙澈. ——《国朝全蜀诗钞》第 469 页。

观音滩（在丰都县）/（清）孙澈. ——《国朝全蜀诗钞》第 469 页。

夔府西城/（清）孙澈. ——《国朝全蜀诗钞》第 474 页。

初冬龙兴寺小集/（清）廖显廷. ——清光绪《铜梁县志》卷十四《艺文志·四》。廖显廷，生卒年不详，字晴岚，铜梁县（今重庆铜梁区）文生。

初冬游关箭溪/（清）廖先达. ——清光绪《铜梁县志》卷十四《艺文

志·四》。廖先达，生卒年不详，字春帆，四川铜梁廪生，工诗文、绘画，亦擅岐黄术，医生。

吊黄鹤峰大令／（清）廖先达.——清光绪《铜梁县志》卷十四《艺文志·四》。

冒雨由大安溪访周柏村宿斋中偶作三载／（清）廖先达.——清光绪《铜梁县志》卷十四《艺文志·四》。

禽言诗／（清）廖先达.——清光绪《铜梁县志》卷十四《艺文志·四》。

岁暮巴川杂感／（清）廖先达.——清光绪《铜梁县志》卷十四《艺文志·四》。

汤峡口／（清）廖先达.——清光绪《铜梁县志》卷十四《艺文志·四》。

晚经漱玉词／（清）廖先达.——清光绪《铜梁县志》卷十四《艺文志·四》。

徐烈妇词／（清）廖先达.——清光绪《铜梁县志》卷十四《艺文志·四》。

由白崖至镜滩与中闲眺／（清）廖先达.——清光绪《铜梁县志》卷十四《艺文志·四》。

初历蜀道（六首）／（清）苏南女史.——清光绪《荣昌县志》卷二十二《艺文·国朝诗》。

初秋宿郭生修竹斋／（清）张焕祚.——清同治《璧山县志》卷十《艺文志·诗·五言律》。张焕祚，生卒年不详，字延甫，今山东蓬莱人，副贡，官璧山知县。

初夏重登波仑寺／（清）王蕖.——清光绪《铜梁县志》卷十四《艺文志·四》。王蕖，生卒年不详，字化岩。

初秋写怀／（清）彭懋琪.——《国朝全蜀诗钞》第439页。彭懋琪，生卒年不详，字金沙，清代合州（今重庆合川）人。

除夕答刘子越／（清）陈我愚.——清光绪《西充县志》卷十三《艺文志·中》。陈我愚，今四川西充人。

登化凤山／（清）陈我愚.——清光绪《西充县志》卷十三《艺文

志·中》。

游上方寺/（清）陈我愚. ——清光绪《西充县志》卷十三《艺文志·中》。

楚王宫/（清）修仁. ——清光绪《巫山县志》卷三十二《艺文志》。修仁，生卒年不详，清代诗人。

昭君村/（清）修仁. ——清光绪《巫山县志》卷三十二《艺文志》。

楚王宫/（清）司为善. ——清光绪《巫山县志》卷三十二《艺文志》。司为善，生卒年不详，字乐斋，巫山（今重庆巫山县）人，进士。

神女庙/（清）司为善. ——清光绪《巫山县志》卷三十二《艺文志》。

楚王宫/（清）乌拉灵寿. ——清光绪《巫山县志》卷三十二《艺文志》。乌拉灵寿，生卒年不详，清代诗人。

昭君村/（清）乌拉灵寿. ——清光绪《巫山县志》卷三十二《艺文志》。

处士草堂/（清）李昭治. ——清光绪《西充县志》卷十三《艺文志·中》。李昭治，字虞臣，四川西充人，康熙三十八年（1699）举人，曾任江南仪征知县，有政绩。纂《西充县志》十二卷。

过金莲院寻圭峰神师碑/（清）李昭治. ——清光绪《西充县志》卷十三《艺文志·中》。

海棠川/（清）李昭治. ——清光绪《西充县志》卷十三《艺文志·中》。

纪襄平侯墓/（清）李昭治. ——清光绪《西充县志》卷十三《艺文志·中》。

十三峰/（清）李昭治. ——清光绪《西充县志》卷十三《艺文志·中》。

西玉山/（清）李昭治. ——清光绪《西充县志》卷十三《艺文志·中》。

织机山行/（清）李昭治. ——清光绪《西充县志》卷十三《艺文志·中》。

紫崖山/（清）李昭治. ——清光绪《西充县志》卷十三《艺文志·中》。

处士草堂/（清）张星曜. ——清光绪《西充县志》卷十三《艺文志·中》。张星曜，今四川西充人。

垂云楼/（清）叶释唐. ——清光绪《梁山县志》卷十《艺文·诗》。

垂云楼/（清）张本敬. ——清光绪《梁山县志》卷十《艺文·诗》。

川船竹枝词十首/（清）龚维翰. ——《墨园吟稿》卷一。龚维翰，生卒年不详，清代诗人。

春感/（清）冯天培. ——清光绪《西充县志》卷十三《艺文志·中》。冯天培，四川西充人。

春浦夫子味醇诗稿属彰甫存之即书卷尾/（清）朱奂. ——民国新修《合川县志·文在二》，卷七十《诗一·律诗》。朱奂，生卒年不详，字文游，江苏吴县人，清乾隆年间人。

得假还乡喜赋二律/（清）朱奂. ——民国新修《合川县志·文在二》，卷七十《诗一·律诗》。

赋得新萍泛沚/（清）朱奂. ——民国新修《合川县志·文在二》，卷七十《诗一·试帖》。

归燕/（清）朱奂. ——民国新修《合川县志·文在二》，卷七十《诗一·律诗》。

过夔门/（清）朱奂. ——民国新修《合川县志·文在二》，卷七十《诗一·绝句》。

和陈石麟孝廉梦还家韵/（清）朱奂. ——民国新修《合川县志·文在二》，卷七十《诗一·律诗》。

和彭爱泉广文归自锦城途中七律二首步韵/（清）朱奂. ——民国新修《合川县志·文在二》，卷七十《诗一·律诗》。

和朱子武夷精舍杂咏五首即用其韵/（清）朱奂. ——民国新修《合川县志·文在二》，卷七十《诗一·绝句》。

画扇为郑船斋题/（清）朱奂. ——民国新修《合川县志·文在二》，卷七十《诗一·绝句》。

即景/（清）朱奂. ——民国新修《合川县志·文在二》，卷七十《诗一·绝句》。

江村/（清）朱奂. ——民国新修《合川县志·文在二》，卷七十《诗一·律诗》。

焦尾琴/（清）朱奂. ——民国新修《合川县志·文在二》，卷七十《诗一·五言排律》。

哭张景申/（清）朱奂. ——民国新修《合川县志·文在一》，卷六十九《诗一·五言古》。

灵宝道中/（清）朱奂. ——民国新修《合川县志·文在二》，卷七十《诗一·律诗》。

美人画扇为石麟题/（清）朱奂. ——民国新修《合川县志·文在二》，卷七十《诗一·绝句》。

沔县题壁/（清）朱奂. ——民国新修《合川县志·文在二》，卷七十《诗一·绝句》。

排闷四首录二/（清）朱奂. ——民国新修《合川县志·文在二》，卷七十《诗一·律诗》。

七夕香圃招彰甫海东诸同人小饮海东以诗索和意深感慨赋此奉答寄酬香圃/（清）朱奂. ——民国新修《合川县志·文在二》，卷七十《诗一·律诗》。

秋簟/（清）朱奂. ——民国新修《合川县志·文在二》，卷七十《诗一·律诗》。

秋枰/（清）朱奂. ——民国新修《合川县志·文在二》，卷七十《诗一·律诗》。

秋桥/（清）朱奂. ——民国新修《合川县志·文在二》，卷七十《诗一·律诗》。

秋日偕景申游古西山寺口占索和/（清）朱奂. ——民国新修《合川县志·文在二》，卷七十《诗一·律诗》。

上巳与彰甫饮酒有感作/（清）朱奂. ——民国新修《合川县志·文在一》，卷六十九《诗一·七言古》。

生日口占/（清）朱奂. ——民国新修《合川县志·文在二》，卷七十《诗一·律诗》。

侍母饮酒作/（清）朱奂. ——民国新修《合川县志·文在一》，卷六十九《诗一·五言古》。

鼠啮瓶中菊作诗吊之/（清）朱奂．——民国新修《合川县志·文在一》，卷六十九《诗一·七言古》。

为擂思作画自题一绝/（清）朱奂．——民国新修《合川县志·文在二》，卷七十《诗一·绝句》。

夏日禹浉江招饮揖山停屐之楼既归以诗见示即步其韵/（清）朱奂．——民国新修《合川县志·文在二》，卷七十《诗一·律诗》。

小憩/（清）朱奂．——民国新修《合川县志·文在二》，卷七十《诗一·律诗》。

晓发万县/（清）朱奂．——民国新修《合川县志·文在二》，卷七十《诗一·绝句》。

虚阶沱守风/（清）朱奂．——民国新修《合川县志·文在二》，卷七十《诗一·绝句》。

予于半园雨中种菊自写细雨种菊图未成彰甫先以诗赠诗中有画即以彰甫之诗作我之图自题一绝/（清）朱奂．——民国新修《合川县志·文在二》，卷七十《诗一·绝句》。

渝州秋夜书感/（清）朱奂．——民国新修《合川县志·文在二》，卷七十《诗一·律诗》。

早起对镜发已数茎白矣感而赋此/（清）朱奂．——民国新修《合川县志·文在二》，卷七十《诗一·绝句》。

栈道即景杂诗八首/（清）朱奂．——民国新修《合川县志·文在二》，卷七十《诗一·律诗》。

彰甫以酒瓮插梅戏题/（清）朱奂．——民国新修《合川县志·文在二》，卷七十《诗一·绝句》。

彰甫以忆内诗见示有平日恩情深四海如何一梦也难成句戏书一绝代答/（清）朱奂．——民国新修《合川县志·文在二》，卷七十《诗一·绝句》。

枕上口占/（清）朱奂．——民国新修《合川县志·文在二》，卷七十《诗一·律诗》。

枕上口占寄怀彰甫/（清）朱奂．——民国新修《合川县志·文在一》，卷六十九《诗一·七言古》。

之渝舟行四首录一/（清）朱奂. ——民国新修《合川县志·文在二》，卷七十《诗一·律诗》。

舟中望十二峰/（清）朱奂. ——民国新修《合川县志·文在一》，卷六十九《诗一·七言古》。

作画自题/（清）朱奂. ——民国新修《合川县志·文在二》，卷七十《诗一·绝句》。

春晴渡江访山谷先生流杯池遗迹放舟涪溪迫暝而归/（清）刘硕辅. ——《国朝全蜀诗钞》第536页下。刘硕辅，生卒年不详，字孟舆，今四川德阳人，副贡。

巫山水宿/（清）刘硕辅. ——《国朝全蜀诗钞》第542页。

春晴野步/（清）释天一. ——《重庆题咏录》第331页。天一，生卒年不详，月华寺僧，能诗兼擅书画。

晚归途中口占/（清）释天一. ——《重庆题咏录》第331页。

咏月华寺诗/（清）释天一. ——民国《巴县志》卷一《疆域·山脉》。

春日渡江会饮张体仁书舍因游海棠溪诸园薄暮而归/（清）张以谷. ——《重庆题咏录》第270页。张以谷，生卒年不详，清代重庆乡贤。

和周梅厓九日书院元韵/（清）张以谷. ——《重庆题咏录》第271页。

金碧台/（清）张以谷. ——清乾隆《巴县志》卷十七《艺文补遗》。

九日登五福宫酤饮无酒/（清）张以谷. ——民国《巴县志》卷二十三《文征》。

上巳同人游觉林寺小饮限七字韵/（清）张以谷. ——《重庆题咏录》第271页。

上元日游香国寺二首/（清）张以谷. ——《重庆题咏录》第271页。

同人约登涂山澄鉴亭观渝城夜景为寒风所阻怅然有作/（清）张以谷. ——《重庆题咏录》第269页。

春日渡江饮张体仁书舍因游海棠溪诸园薄暮而归/（清）王清远. ——《重庆题咏录》第260页。王清远，生卒年不详，字字曙，号蜨园，定远人，入

巴县学籍，进士。

丰年碑／（清）王清远. ——清嘉庆《巴县志》卷十五。

牛角沱吊殉难董司马／（清）王清远. ——《重庆题咏录》第 260 页。

上元日游香国寺／（清）王清远. ——《重庆题咏录》第 260 页。

玉屏／（清）王清远. ——清同治《巴县志》卷四下《艺文志·五古》。

春日泛关箭溪／（清）周德立. ——清光绪《铜梁县志》卷十四《艺文志·四》。

春日访四贤阁遗址／（清）熊学壎. ——清同治《忠州直隶州志》卷十二《艺文志·诗（七律）》。熊学壎，生卒年不详，又作熊学垠，清代诗人。

谒陆宣公墓／（清）熊学壎. ——清同治《忠州直隶州志》卷十二《艺文志·诗（五律）》。

春日南峰山行／（清）丁显元. ——清光绪《铜梁县志》卷十四《艺文志·四》。丁显元，生卒年不详，字韵泉，清铜梁县贡生。

伏日读拙稿花屿吟草题后／（清）丁显元. ——清光绪《铜梁县志》卷十四《艺文志·四》。

合阳竹枝词／（清）丁显元. ——民国新修《合川县志·文在二》，卷七十《诗一·绝句》。

春日憩宝和寺／（清）涂珪. ——清道光《垫江县志》卷十《诗·七言律诗》。涂珪，今重庆垫江人。

过西山访萧千子／（清）涂珪. ——清道光《垫江县志》卷十《诗·五言律诗》。

青烟洞／（清）涂珪. ——清道光《垫江县志》卷十《诗·五言古风》。

秋夜听李鹤期说秋月禅关马祖逸事／（清）涂珪. ——清道光《垫江县志》卷十《诗·五言律诗》。

咂酒／（清）涂珪. ——清道光《垫江县志》卷十《诗·五言律诗》。

至叶家寨／（清）涂珪. ——清道光《垫江县志》卷十《诗·五言律诗》。

状元峰并序／（清）涂珪. ——清道光《垫江县志》卷十《诗·五言律诗》。

春日青云书斋／（清）张谨度．——民国《南川县志》卷十二《艺文志下·诗选》。张谨度，生卒年不详，字仪甫，拔贡，曾任四川南川县（今重庆南川区）教谕。

丰年歌并叙／（清）张谨度．——民国《南川县志》卷十二《艺文志下·诗选》。

西崖晚眺／（清）张谨度．——民国《南川县志》卷十二《艺文志下·诗选》。

晓望金山／（清）张谨度．——民国《南川县志》卷十二《艺文志下·诗选》。

春日同刘学博出郭省耕／（清）王邦镜．——《重庆题咏录》第151页。

龙门浩月遥和程节推韵／（清）王邦镜．——《重庆题咏录》第151页。

春日偕友游觉林寺／（清）释清纯．——《重庆题咏录》第285页。释清纯，生卒年不详，字半禅，清荆南人。

游香国寺／（清）释清纯．——《重庆题咏录》第285页。

春日游凤翔古刹感赋／（清）李化南．——清同治重修《涪州县志》卷十五《艺文志·古今体诗一百八十五首》。

鹤游坪八景录五／（清）李化南．——清同治重修《涪州县志》卷十五《艺文志·古今体诗一百八十五首》。

春日游大池山／（清）朱逅光．——清咸丰《开县志》卷二十七《艺文下》。朱逅光，教谕，生卒年不详。

九日登盛山书院赏菊有感八首／（清）朱逅光．——清咸丰《开县志》卷二十七《艺文下》。

春日游香国寺／（清）张宗蔚．——清道光《江北厅志》卷八《艺文》。张宗蔚，生卒年不详，字彬侨，号二园，巴县贡生。

慈云寺／（清）张宗蔚．——《重庆题咏录》第272页。

龙鹤坪九龙滩别墅二首／（清）张宗蔚．——《巴县志选注》第1045页。

春夜／（清）杨明智．——《忠县志》卷二十二《丛谈志》。杨明智，生平不详。

春雨/（清）吴炳奎．——民国《南川县志》卷十二《艺文志下·诗选》。吴炳奎，生卒年不详，字萃轩，南川人，廪生。

次家柳堂御史绝命诗原韵/（清）吴炳奎．——民国《南川县志》卷十二《艺文志下·诗选》。

端午/（清）吴炳奎．——民国《南川县志》卷十二《艺文志下·诗选》。

感慨/（清）吴炳奎．——民国《南川县志》卷十二《艺文志下·诗选》。

即景/（清）吴炳奎．——民国《南川县志》卷十二《艺文志下·诗选》。

记遇发匪/（清）吴炳奎．——民国《南川县志》卷十二《艺文志下·诗选》。

家子春教授致仕/（清）吴炳奎．——民国《南川县志》卷十二《艺文志下·诗选》。

解嘲/（清）吴炳奎．——民国《南川县志》卷十二《艺文志下·诗选》。

野草/（清）吴炳奎．——民国《南川县志》卷十二《艺文志下·诗选》。

辞世诗/（清）万朝举．——《璧山文史》第十一辑第49页。万朝举，生卒年不详，字莲溪，璧山县人，贡生。

次杜公祠落成/（清）冯成文．——清道光《夔州府志·艺文》。冯成文，生卒年不详，官夔州。

次杜公祠落成/（清）胡大成．——清道光《夔州府志·艺文》。胡大成，生卒年不详，铿湖人，清代画家，曾官夔州。

次杜公祠落成/（清）李复发．——清道光《夔州府志·艺文》。李复发，生卒年不详，字潜夫，福建安溪人，进士，曾任夔州知府。

次杜公祠落成/（清）李琳．——清道光《夔州府志·艺文》。李琳，生卒年不详，安邱人，官夔州。

次杜公祠落成/（清）李作梅．——清道光《夔州府志·艺文》。李作梅，生卒年不详，号铁村，湖北大冶县举人，任奉节知县。

次杜公祠落成/（清）梁国林．——清道光《夔州府志·艺文》。梁国林，生卒年不详，京师（今北京市）人，官夔州。

次杜公祠落成/（清）梁震．——清道光《夔州府志·艺文》。梁震，生卒年不详，平都（今丰都）人，官夔州。

次杜公祠落成／（清）汪松承． ——清道光《夔州府志·艺文》。汪松承，生卒年不详，安徽休宁人，任夔州府同知。

次杜公祠落成／（清）王家昌． ——清道光《夔州府志·艺文》。王家昌，生卒年不详，湖广荆门人，官夔州。

次杜公祠落成／（清）袁嘉保． ——清道光《夔州府志·艺文》。袁嘉保，云阳人，供职于夔州。

次杜公祠落成／（清）詹仰． ——清道光《夔州府志·艺文》。詹仰，生卒年不详，越余人，官夔州。

次坡公岐亭韵寄怀杜唐侬（时方读王阮亭施愚山宋荔裳诗）／（清）刘秉堃． ——《国朝全蜀诗钞》第663页。刘秉堃，生卒年不详，字敦山，万县人。

次僧净石谒秦夫人墓韵／（清）翁若梅． ——清道光《补辑石砫厅新志·艺文志下》。翁若梅，生卒年不详，字羹堂，福建闽县人，进士，曾任黔江知县。

涪江舟行抵武隆／（清）翁若梅． ——清同治重修《涪州县志》卷十五《艺文志·古今体诗一百八十五首》。

涪陵夜泊（其二）／（清）翁若梅． ——清同治重修《涪州县志》卷十五《艺文志·古今体诗一百八十五首》。

过黔阳怀长孙丞相／（清）翁若梅． ——《彭水文史资料》第六辑第121页。

遥和僧舍美人蕉诗／（清）翁若梅． ——清道光《补辑石砫厅新志·艺文志下》。

次谒马宗大墓原韵／（清）史钦义． ——清道光《补辑石砫厅新志·艺文志下》。史钦义，生卒年不详，清代乾隆年间副贡生，浙江余姚人，署石柱厅同知，续补《石砫厅志》。

吊破山和尚／（清）史钦义． ——清道光《补辑石砫厅新志·艺文志下》。

琅琊王公天馥以四景八景为郡邑滥套不足录余偶检马舍人八景诗喜而和之滥套贻讥弗辞也／（清）史钦义． ——清道光《补辑石砫厅新志·艺文志下》。

书马舍人逸事/（清）史钦义.——清道光《补辑石砫厅新志·艺文志下》。

题秦夫人诗篇什虽富近体居多余恐世之不尽悉其事也为备述颠末作五古一章亦乐府遗意云尔/（清）史钦义.——清道光《补辑石砫厅新志·艺文志下》。

五古/（清）史钦义.——《石柱文史资料》第九辑《吟秦良玉诗词联辑》第29页。

谒秦夫人墓次王天馥韵/（清）史钦义.——清道光《补辑石砫厅新志·艺文志下》。

咏石砫峰/（清）史钦义.——清道光《补辑石砫厅新志·艺文志下》。

咏石砫天时/（清）史钦义.——清道光《补辑石砫厅新志·艺文志下》。

游三教寺次牧道人韵/（清）史钦义.——清道光《补辑石砫厅新志·艺文志下》。

次周明府观水原韵/（清）赵紫华.——清道光《南部县志》卷三十《艺文志》。

筹边楼怀古/（清）刘仕伟.——清光绪《梁山县志》卷十《艺文·诗》。刘仕伟，生卒年不详，字信吾，一字鼎隅，梁山县（今重庆梁平县）人。

春王廿八日泛皮舟历贼巢勒歪刮耳岩/（清）刘仕伟.——清光绪《梁山县志》卷十《艺文·诗》。

从岳大将军单骑赴虏/（清）刘仕伟.——清光绪《梁山县志》卷十《艺文·诗》。

党坝军营请自效力不报/（清）刘仕伟.——清光绪《梁山县志》卷十《艺文·诗》。

蛮妇运粮有感/（清）刘仕伟.——清光绪《梁山县志》卷十《艺文·诗》。

母命报效/（清）刘仕伟.——清光绪《梁山县志》卷十《艺文·诗》。

匹马从戎/（清）刘仕伟.——清光绪《梁山县志》卷十《艺文·诗》。

受降坛纳款金酋莎萝奔狼下/（清）刘仕伟. ——清光绪《梁山县志》卷十《艺文·诗》。

率民兵夜克跟杂/（清）刘仕伟. ——清光绪《梁山县志》卷十《艺文·诗》。

晚渡索桥/（清）刘仕伟. ——清光绪《梁山县志》卷十《艺文·诗》。

闻阿陆尔撒纳背/（清）刘仕伟. ——清光绪《梁山县志》卷十《艺文·诗》。

晓发桃关/（清）刘仕伟. ——清光绪《梁山县志》卷十《艺文·诗》。

训练新兵/（清）刘仕伟. ——清光绪《梁山县志》卷十《艺文·诗》。

鹧鸪云山/（清）刘仕伟. ——清光绪《梁山县志》卷十《艺文·诗》。

翠屏春晓/（清）杜允贤. ——清同治《忠州直隶州志》卷十二《艺文志·诗（七律）》。杜允贤，生卒年不详，字吉斋，忠州人。

挽烈妇诗/（清）杜允贤. ——《忠州古诗词选》第185页。

答客/（清）赵心抃. ——清光绪《西充县志》卷十三《艺文志·中》。赵心抃，四川西充人。

大风行/（清）王雅言. ——清光绪《铜梁县志》卷十四《艺文志·四》。王雅言，生卒年不详，字谐斋，丰都诸生。

大佛渡/（清）张大鉴. ——民国《南川县志》卷十二《艺文志下·诗选》。

晚上二郎关/（清）张大鉴. ——民国《南川县志》卷十二《艺文志下·诗选》。

大佛寺十吟/（清）席上珍、（清）张汐如等. ——《潼南县志》第976—977页。席上珍，四川遂宁举人，生卒年不详。张汐如，生平不详。

大佛崖/（清）宋家蒸. ——《重庆题咏录》第328页。宋家蒸，生卒年不详，字云蒲，一字筠蒲，江西奉新人，进士。

抵重庆/（清）宋家蒸. ——《重庆题咏录》第329页。

舟次重庆/（清）宋家蒸. ——《重庆题咏录》第328页。

大佛岩/（清）杨继生. ——清道光《南部县志》卷三十《艺文志》。

送周桐阳／（清）杨继生．——清道光《南部县志》卷三十《艺文志》。

喜周桐阳见过／（清）杨继生．——清道光《南部县志》卷三十《艺文志》。

大宁场题壁／（清）王尚彬．——清光绪《大宁县志》卷八《艺文志》。王尚彬，生卒年不详，清代黄州举人。

大水行癸酉七月／（清）李善登．——清光绪《大宁县志》卷八《艺文志》。李善登，生卒年不详，字梯云，大宁县（今重庆巫溪县）廪生。

大通寺二首／（清）李丹生．——清道光《垫江县志》卷十《诗·七言律诗》。李丹生，生卒年不详，秀才，家贫，淡于功名，弃举业，以诗自隐。

垫葛吟／（清）李丹生．——清道光《垫江县志》卷十《诗·七言古风》。

访禅崖／（清）李丹生．——清道光《垫江县志》卷十《诗·五言古风》。

凤山行／（清）李丹生．——清道光《垫江县志》卷十《诗·七言古风》。

樗栎篇／（清）李丹生．——清道光《垫江县志》卷十《诗·五言古风》。

冠山积雪上有五老峰／（清）李丹生．——清道光《垫江县志》卷十《诗·七言律诗》。

虎山行／（清）李丹生．——清道光《垫江县志》卷十《诗·七言古风》。

莲花菴／（清）李丹生．——清道光《垫江县志》卷十《诗·七言律诗》。

龙王洞唐白香山题／（清）李丹生．——清道光《垫江县志》卷十《诗·七言律诗》。

秋月禅关／（清）李丹生．——清道光《垫江县志》卷十《诗·七言律诗》。

双箭文峰即石人山／（清）李丹生．——清道光《垫江县志》卷十《诗·七言律诗》。

天马行空／（清）李丹生．——清道光《垫江县志》卷十《诗·七言律诗》。

大寨坎／（清）张伟．——清光绪《丰都县志》卷四《艺文志》。张伟，生卒年不详，曾任丰都县令。

再过大寨坎／（清）张伟．——清光绪《丰都县志》卷四《艺文志》。

代题庆制军保泛月理琴小照/（清）王劼. ——民国《巴县志》卷二十三《文征》。王劼，生卒年不详，原名驹，一名晖吉，字子任、海楼，重庆巴县人，嘉庆十八年（1813）举人。

上石琢堂先生二十韵/（清）王劼. ——民国《巴县志》卷二十三《文征》。

送包慎伯大令奉讳归金陵/（清）王劼. ——民国《巴县志》卷二十三《文征》。

题龚晴皋先生画石/（清）王劼. ——《重庆题咏录》第313页。

同陈潄文太史校全唐文于新教寺为谢康乐故宅成二十韵献之/（清）王劼. ——民国《巴县志》卷二十三《文征》。

吴子序约从军扬威将军幕辞之/（清）王劼. ——民国《巴县志》卷二十三《文征》。

与苏厚子巾子山寻翠微亭/（清）王劼. ——民国《巴县志》卷二十三《文征》。

赠黄次诚大令/（清）王劼. ——民国《巴县志》卷二十三《文征》。

中秋夜分月初偕友湖上/（清）王劼. ——民国《巴县志》卷二十三《文征》。

代题巫邑令杨侯德政（侯讳曰楚）/（清）箕仙. ——清光绪《巫山县志》卷三十二《艺文志》。箕仙，生平不详。

丹枫/（清）韦华黻. ——民国《南川县志》卷十二《艺文志下·诗选》。韦华黻，生平不详。

秋雨/（清）韦华黻. ——民国《南川县志》卷十二《艺文志下·诗选》。

丹青正气图/（清）曾崇德. ——白帝城《竹叶碑》。曾崇德，生卒年不详，会稽（今浙江绍兴）兰亭人，曾游白帝城。

白兔亭观瀑布集杜少陵诗/（清）邵墩. ——清光绪《梁山县志》卷十《艺文·诗》。邵墩，生卒年不详，字安侯，鄞县人，曾官四川嘉定通判，后协助梁山知县符永培纂修清光绪《梁山县志》。

丹泉井/（清）邵墩. ——《彭水县志》第975页。

飞雪亭/（清）邵墩. ——清光绪《梁山县志》卷十《艺文·诗》。

奉贺梁山邑侯方有堂先生晋秩/（清）邵墩. ——清光绪《梁山县志》卷十《艺文·诗》。

过李烈女墓/（清）邵墩. ——清光绪《梁山县志》卷十《艺文·诗》。

和韵/（清）邵墩. ——清光绪《梁山县志》卷十《艺文·诗》。

来征君墓/（清）邵墩. ——清光绪《梁山县志》卷十《艺文·诗》。

书院偶兴集杜诗二首/（清）邵墩. ——清光绪《梁山县志》卷十《艺文·诗》。

双桂禅院/（清）邵墩. ——清光绪《梁山县志》卷十《艺文·诗》。

亭子关/（清）邵墩. ——《彭水县志》第975页。

峡石市/（清）邵墩. ——清光绪《梁山县志》卷十《艺文·诗》。

咏彭水八景集句九首/（清）邵墩. ——《彭水县志》第972—974页。

游蟠龙洞/（清）邵墩. ——清光绪《梁山县志》卷十《艺文·诗》。

又集杜诗二首/（清）邵墩. ——清光绪《梁山县志》卷十《艺文·诗》。

镇龙寺有引/（清）邵墩. ——清光绪《梁山县志》卷十《艺文·诗》。

自风门至郁山镇/（清）邵墩. ——《彭水县志》第975页。

自江口抵彭水作/（清）邵墩. ——《彭水县志》第971页。

到台后慨然成五古/（清）图敏. ——清道光《綦江县志》卷十一《艺文上·古体诗》。图敏，生卒年不详，字醇斋，綦江知县。

悼瀛伯大弟/（清）陶先畹. ——民国《潼南县志》卷六《艺文志下·二诗》。陶先畹，生卒年不详，字香九，双江杨筱鲁之妻。

庚寅三月喜生长男值祖父七旬寿辰/（清）陶先畹. ——民国《潼南县志》卷六《艺文志下·二诗》。

清明日扫先大人墓/（清）陶先畹. ——民国《潼南县志》卷六《艺文志下·二诗》。

邹贞女/（清）陶先畹. ——民国《潼南县志》卷六《艺文志下·二诗》。

道光甲申冬日雪后登八台山/（清）吴秀良. ——清道光《城口厅志》卷二十《艺文志·诗》。吴秀良，生卒年不详，曾任城口同知。

文庙文昌宫学署次第落成喜赋/（清）吴秀良. ——清道光《城口厅志》卷二十《艺文志·诗》。

得益斋六弟都中书/（清）周士孝. ——《国朝全蜀诗钞》第201页。周士孝，生卒年不详，字肃斋，号松崖，今重庆南川区人。

寄贺静斋三弟营建新宅/（清）周士孝. ——《国朝全蜀诗钞》第201页。

登巴岳山歌/（清）黄启心. ——清光绪《铜梁县志》卷十四《艺文志·四》。黄启心，生卒年不详，字鹤峰，清铜梁县举人。

怀岷峡山人/（清）黄启心. ——清光绪《铜梁县志》卷十四《艺文志·四》。

楠木溪晚眺/（清）黄启心. ——清光绪《铜梁县志》卷十四《艺文志·四》。

秋日登西面山即景/（清）黄启心. ——清光绪《铜梁县志》卷十四《艺文志·四》。

睢阳怀古/（清）黄启心. ——清光绪《铜梁县志》卷十四《艺文志·四》。

咏韩蕲王遗事/（清）黄启心. ——清光绪《铜梁县志》卷十四《艺文志·四》。

登白云山访僧不遇/（清）何仕昌. ——《重庆题咏录》第121页。何仕昌，生卒年不详，字天一，重庆贤士，岁贡生。

冬日游缙云山/（清）何仕昌. ——《重庆题咏录》第121页。

缙云九峰/（清）何仕昌. ——《巴蜀古诗选解》第385页。

权石/（清）何仕昌. ——《重庆题咏录》第122—123页。

登波仑醉歌/（清）陈祚瞪. ——清光绪《铜梁县志》卷十四《艺文志·四》。陈祚瞪，字西坡，今重庆铜梁县人。

古书岩/（清）陈祚瞪. ——清光绪《铜梁县志》卷十四《艺文志·四》。

沙湾晚泛/（清）陈祚瞪. ——清光绪《铜梁县志》卷十四《艺文志·四》。

漱玉溪／（清）陈祚暶. ——清光绪《铜梁县志》卷十四《艺文志·四》。

登城东奎星阁／（清）邹泹宁. ——清同治重修《涪州县志》卷十五《艺文志·古今体诗一百八十五首》。邹泹宁，涪陵人。

登城望盛山诗／（清）亶珍贵. ——清咸丰《开县志》卷二十七《艺文下》。

登大佛岩言怀／（清）汪世椿. ——民国《潼南县志》卷六《艺文志下·二诗》。汪世椿，生卒年不详，曾任潼南知县。

下县坝／（清）汪世椿. ——民国《潼南县志》卷六《艺文志下·二诗》。

登凤仙观／（清）刘海鳌. ——清光绪《奉节县志》卷三十六《艺文·诗汇》。刘海鳌，生卒年不详，字小云，奉节人，清进士。

和上岩寺原韵／（清）刘海鳌. ——民国《云阳县志》卷四十二《文录上·古近体诗》。

和万户驿原韵／（清）刘海鳌. ——民国《云阳县志》卷四十二《文录上·古近体诗》。

登古剑山／（清）杜兰. ——清道光《綦江县志》卷十二《艺文下》。杜兰，生卒年不详，清代人。

登黄鹤楼／（清）蹇滋善. ——民国《江津县志》卷七之一《人物志》。蹇滋善，字廉山，进士，今重庆江津人。

诫玉衡侄秀才耽酒伤目诗／（清）蹇滋善. ——民国《江津县志》卷七之一《人物志》。

登南岷山／（清）李庄. ——清光绪《西充县志》卷十三《艺文志·中》。李庄，今四川西充人。

读书龙台寺／（清）李庄. ——清光绪《西充县志》卷十三《艺文志·中》。

江楼晚眺（在果城作）／（清）李庄. ——清光绪《西充县志》卷十三《艺文志·中》。

暮春陪司训洪相山登孝廉山剧饮作留春会分韵得草字／（清）李庄. ——清光绪《西充县志》卷十三《艺文志·中》。

南部道中口占/（清）李庄. ——清道光《南部县志》卷三十《艺文志》。

登莲花菴/（清）李竑邺. ——清道光《垫江县志》卷十《诗·七言律诗》。李竑邺，生卒年不详，进士。

哭伯父默渝城死难歌/（清）李竑邺. ——清道光《垫江县志》卷十《诗·七言古风》。

登琵琶山/（清）毛辉凤. ——清道光《綦江县志》卷十二《艺文下》。毛辉凤，生卒年不详，字呈瑞、觉生，号梧生，丰城人，举人，曾任綦江知县。

东溪营赠慰农八兄/（清）毛辉凤. ——清道光《綦江县志》卷十二《艺文下》。

奉怀罗春堂先生/（清）毛辉凤. ——清道光《綦江县志》卷十二《艺文下》。

登平都山/（清）王元会. ——清光绪《丰都县志》卷四《艺文志》。

谒明方伯胡公平表遗像/（清）王元会. ——清光绪《丰都县志》卷四《艺文志》。

登平都山怀古/（清）五尔卿格. ——清光绪《丰都县志》卷四《艺文志》。五尔卿格，字松庵，满洲正黄旗监生，曾任忠州知州。

郡斋偶成/（清）五尔卿格. ——清同治《忠州直隶州志》卷十二《艺文志·诗（七律）》。

临江宫舍梅花初放邀诸友同赏并寄怀松菴主人/（清）五尔卿格. ——清同治《忠州直隶州志》卷十二《艺文志·诗（七律）》。

夏日偕僚友鸣玉溪泛舟即事/（清）五尔卿格. ——清同治《忠州直隶州志》卷十二《艺文志·诗（七律）》。

新凿长春池/（清）五尔卿格. ——清同治《忠州直隶州志》卷十二《艺文志·诗》。

登石宝寨/（清）熊文稷. ——清同治《忠州直隶州志》卷十二《艺文志·诗（七古）》。熊文稷，生卒年不详，字艺九，忠州人，举人。

过甘将军故里/（清）熊文稷. ——清同治《忠州直隶州志》卷十二《艺文志·诗（七律）》。

新开路／（清）熊文稷. ——清同治《忠州直隶州志》卷十二《艺文志·诗（五律）》。

谒严将军墓／（清）熊文稷. ——清同治《忠州直隶州志》卷十二《艺文志·诗（七律）》。

禹庙诗／（清）熊文稷. ——清同治《忠州直隶州志》卷十二《艺文志·诗（五律）》。

登涂岭／（清）罗守仁. ——《重庆题咏录》第248页。罗守仁，生卒年不详，字方山，重庆人，进士。

再游香国寺／（清）罗守仁. ——《重庆题咏录》第248页。

登涂山绝顶放歌行／（清）陈孔彰. ——《重庆市南岸区文史资料选辑》第一辑第46—47页。陈孔彰，生平不详。

登涂山题涂山君祠／（清）王闿运. ——民国《巴县志》卷三《古迹》。王闿运，生卒年不详，字壬秋，一字壬父，晚号湘绮，时称湘绮老人，湖南湘潭人，举人。

寄堕林粉与梦缇因戏题／（清）王闿运. ——民国《巴县志》卷三《古迹》。

入巫峡／（清）王闿运. ——《历代长江诗选》第209页。

登峡口山／（清）廖时琛. ——清道光《城口厅志》卷二十《艺文志·诗》。

诸葛城／（清）廖时琛. ——清道光《城口厅志》卷二十《艺文志·诗》。

登玉音楼／（清）王萦绪. ——清道光《补辑石砫厅新志·艺文志下》。王萦绪，生卒年不详，山东诸城人，进士，曾任丰都知县，后升石柱厅长官。

癸巳九日游万安山／（清）王萦绪. ——清道光《补辑石砫厅新志·艺文志下》。

花开繁盛邀客赏之口占首倡／（清）王萦绪. ——清道光《补辑石砫厅新志·艺文志下》。

平都山歌／（清）王萦绪. ——清道光《补辑石砫厅新志·艺文志下》。

山行即景／（清）王萦绪. ——清道光《补辑石砫厅新志·艺文志下》。

厅署前溪中白莲盛开一茎两朵所谓并头莲也厅人以为瑞因赋古体纪之/（清）王紫绪. ——清道光《补辑石砫厅新志·艺文志下》。

谒马黄星墓/（清）王紫绪. ——清道光《补辑石砫厅新志·艺文志下》。

谒马宗大墓/（清）王紫绪. ——清道光《补辑石砫厅新志·艺文志下》。

登云台观/（清）敬德科. ——清光绪《大宁县志》卷八《艺文志》。敬德科，生卒年不详，清代诗人。

邓公泉/（清）孔继坤. ——清道光《垫江县志》卷十《诗·五言律诗》。孔继坤，生卒年不详，字岚村。

滴翠寺（二首）/（清）方廷桂. ——民国《云阳县志》卷四十二《文录上·古近体诗》。方廷桂，生卒年不详，字月山，监生，曾参与协修《云阳县志》。

磐石城（三首）/（清）方廷桂. ——民国《云阳县志》卷四十二《文录上·古近体诗》。

下岩避暑（二首）/（清）方廷桂. ——民国《云阳县志》卷四十二《文录上·古近体诗》。

滇南署中遣怀/（清）任立相. ——清道光《綦江县志》卷十二《艺文下》。任立相，生卒年不详，字琶山，綦江人，贡生。

李明府奠王阁部墓作诗奉答/（清）任立相. ——清道光《綦江县志》卷十二《艺文下》。

龙角溪王阁部墓步虞明府韵四首/（清）任立相. ——清道光《綦江县志》卷十二《艺文下》。

落花/（清）任立相. ——清道光《綦江县志》卷十二《艺文下》。

秋日晚眺/（清）任立相. ——清道光《綦江县志》卷十二《艺文下·五言绝》。

壬申中秋夜雨城内禁歌舞音乐/（清）任立相. ——清道光《綦江县志》卷十二《艺文下》。

送李明府秉直入都二首/（清）任立相. ——清道光《綦江县志》卷十二《艺文下》。

送李明府兼摄江津篆/（清）任立相. ——清道光《綦江县志》卷十二《艺文下》。

望峨眉/（清）任立相. ——清道光《綦江县志》卷十二《艺文下·五言绝》。

再游白云观/（清）任立相. ——清道光《綦江县志》卷十二《艺文下》。

点绛唇·涂山/（清）彭光远. ——民国《长寿县志》卷十五《文征下》。彭光远，号凤和，长寿县举人，博闻强记，工制艺，尤长骈文。

垫江怀李西沤先生/（清）彭光远. ——民国《长寿县志》卷十五《文征下》。

焦山/（清）彭光远. ——民国《长寿县志》卷十五《文征下》。

金山/（清）彭光远. ——民国《长寿县志》卷十五《文征下》。

锦堂春·杨子云/（清）彭光远. ——民国《长寿县志》卷十五《文征下》。

夔州吊鲍忠壮超/（清）彭光远. ——民国《长寿县志》卷十五《文征下》。

浪淘沙·司马长卿/（清）彭光远. ——民国《长寿县志》卷十五《文征下》。

连夜梦与雷培生论文/（清）彭光远. ——民国《长寿县志》卷十五《文征下》。

梁山怀破山和尚/（清）彭光远. ——民国《长寿县志》卷十五《文征下》。

瞿塘峡/（清）彭光远. ——民国《长寿县志》卷十五《文征下》。

陶然亭/（清）彭光远. ——民国《长寿县志》卷十五《文征下》。

武昌访黄鹤楼故址/（清）彭光远. ——民国《长寿县志》卷十五《文征下》。

谢池春工都草堂/（清）彭光远. ——民国《长寿县志》卷十五《文征下》。

虞美人薛涛井/（清）彭光远. ——民国《长寿县志》卷十五《文征下》。

渔家傲·凌云山东坡读书台怀古/（清）彭光远.——民国《长寿县志》卷十五《文征下》。

点易洞怀古/（清）潘嵩.——清同治重修《涪州县志》卷十五《艺文志·古今体诗一百八十五首》。潘嵩，生卒年不详，今重庆涪陵区人。

点易洞怀古/（清）邹锡礼.——清同治重修《涪州县志》卷十五《艺文志·古今体诗一百八十五首》。邹锡礼，生卒年不详，今重庆涪陵区人。

垫江道中遇雨/（清）曾安世.——清道光《垫江县志》卷十《诗·五言绝句》。

垫江新场道旁有碑题贞烈者行急未得视其姓氏不数十武又有旌表董祖氏贞节坊因纪以诗/（清）曾安世.——清道光《垫江县志》卷十《诗·五言律诗》。

吊巴蔓子墓/（清）黄中瑜.——清同治《巴县志》卷四下《艺文志·七古》。黄中瑜，生卒年不详，字琢斋，重庆乡贤，优贡生，曾任温江、大足训导。

吊垫江县丞李晨御贼死难/（清）徐念高.——清道光《垫江县志》卷十《诗·五言律诗》。

吊冯远材先生墓/（清）孙家醇.——民国新修《合川县志·文在二》，卷七十《诗一·律诗》。孙家醇，生卒年不详，字鸿卿，号钦生，进士，曾任四川石柱厅同知，知府。

吊黄子春先生/（清）何荣爵.——民国新修《合川县志·文在一》，卷六十九《诗一·七言古》。何荣爵，生卒年不详，举人，夏郡人。

吊烈女贺姑/（清）董湘.——清道光《垫江县志》卷十《诗·五言律诗》。董湘，生卒年不详，原名澍，字信帆，号蓉卿，举人。

吊女土官秦良玉/（清）彭定仁.——民国新修《合川县志·文在一》，卷六十九《诗一·七言古》。彭定仁，生卒年不详，清代合州（今重庆合川）人，举人，工骈文、诗词、经史。

沈厚堂怀张柬之/（清）彭定仁.——民国新修《合川县志·文在二》，卷七十《诗一·律诗》。

题师竹轩诗后／（清）彭定仁. ——民国新修《合川县志·文在二》，卷七十《诗一·律诗》。

谒邹忠介公祠／（清）彭定仁. ——民国新修《合川县志·文在二》，卷七十《诗一·律诗》。

吊前明李雨然公乾德／（清）庞泽新. ——清光绪《西充县志》卷十三《艺文志·中》。庞泽新，今四川西充人。

梁将军侯瑱／（清）庞泽新. ——清光绪《西充县志》卷十三《艺文志·中》。

邑侯常公祠／（清）庞泽新. ——清光绪《西充县志》卷十三《艺文志·中》。

筑南岷寨感怀（四首）／（清）庞泽新. ——清光绪《西充县志》卷十三《艺文志·中》。

吊三忠诗／（清）费锡璜. ——清光绪《西充县志》卷十三《艺文志·中》。

吊蜀宫殉难四近侍诗／（清）王后槐. ——清光绪《巫山县志》卷三十二《艺文志》。王后槐，生卒年不详，巫山人。

吊诸葛武侯／（清）王藻鉴. ——清光绪《奉节县志》卷三十六《艺文·诗汇》。王藻鉴，生卒年不详，奉节县人，岁贡，曾任犍为（今属四川）县学训导。

杜甫草堂／（清）王藻鉴. ——清道光《夔州府志·艺文》。

莲花池怀古／（清）王藻鉴. ——清道光《夔州府志·艺文》。

钓鱼城／（清）章宝箴. ——《国朝全蜀诗钞》第496页。章宝箴，生卒年不详，原名煟，字鼎香，宜宾人，举人。

钓鱼城怀古／（清）陈用宾. ——民国新修《合川县志·文在二》，卷七十《诗一·律诗》。陈用宾，生卒年不详，清代合州（今重庆合川）举人。

钓鱼城怀古／（清）陈蕴辉. ——民国新修《合川县志·文在二》，卷七十《诗一·律诗》。陈蕴辉，生卒年不详，拔贡，合州人。

合阳竹枝词／（清）陈蕴辉. ——民国新修《合川县志·文在二》，卷七十

《诗一·绝句》。

钓鱼城怀古/（清）陈在宽. ——民国新修《合川县志·文在二》，卷七十《诗一·律诗》。陈在宽，生卒年不详，字敬教，号裕斋，清代合州人，岁贡。

独游/（清）陈在宽. ——民国新修《合川县志·文在二》，卷七十《诗一·绝句》。

庚午岁六月十六日州中大水纪异/（清）陈在宽. ——民国新修《合川县志·文在二》，卷七十《诗一·律诗》。

古松/（清）陈在宽. ——民国新修《合川县志·文在二》，卷七十《诗一·律诗》。

癸酉元旦试笔/（清）陈在宽. ——民国新修《合川县志·文在二》，卷七十《诗一·律诗》。

寒梅/（清）陈在宽. ——民国新修《合川县志·文在二》，卷七十《诗一·律诗》。

寒山独步/（清）陈在宽. ——民国新修《合川县志·文在二》，卷七十《诗一·绝句》。

合阳竹枝词/（清）陈在宽. ——民国新修《合川县志·文在二》，卷七十《诗一·绝句》。

寄内子时避寇渝城未归/（清）陈在宽. ——民国新修《合川县志·文在二》，卷七十《诗一·律诗》。

七十初度口占/（清）陈在宽. ——民国新修《合川县志·文在二》，卷七十《诗一·律诗》。

书冯远村晴云山房集后/（清）陈在宽. ——民国新修《合川县志·文在二》，卷七十《诗一·律诗》。

送恒季安刺史解任旋都次文三学博原韵/（清）陈在宽. ——民国新修《合川县志·文在二》，卷七十《诗一·律诗》。

挽黄忠壮公/（清）陈在宽. ——民国新修《合川县志·文在一》，卷六十九《诗一·七言古》。

细柳/（清）陈在宽. ——民国新修《合川县志·文在二》，卷七十《诗

一·律诗》。

忆昔/（清）陈在宽. ——民国新修《合川县志·文在一》，卷六十九《诗一·七言古》。

忆先兄树堂/（清）陈在宽. ——民国新修《合川县志·文在二》，卷七十《诗一·律诗》。

咏李广/（清）陈在宽. ——民国新修《合川县志·文在二》，卷七十《诗一·绝句》。

渝州竹枝词/（清）陈在宽. ——民国新修《合川县志·文在二》，卷七十《诗一·绝句》。

再叠朱春浦红菊诗韵/（清）陈在宽. ——民国新修《合川县志·文在二》，卷七十《诗一·律诗》。

赠傅临溪先生/（清）陈在宽. ——民国新修《合川县志·文在二》，卷七十《诗一·律诗》。

赠诗僧虎溪/（清）陈在宽. ——民国新修《合川县志·文在二》，卷七十《诗一·绝句》。

竹枝/（清）陈在宽. ——《历代蜀词全辑续编》第201页。

钓鱼城怀古/（清）陈在镁. ——民国新修《合川县志·文在二》，卷七十《诗一·律诗》。陈在镁，生平不详，清代人。

合阳竹枝词/（清）陈在镁. ——民国新修《合川县志·文在二》，卷七十《诗一·绝句》。

钓鱼城怀古/（清）王履吉. ——民国新修《合川县志·文在二》，卷七十《诗一·律诗》。王履吉，生卒年不详，字梦云，合川人，廪生，曾任知县。

合阳竹枝词/（清）王履吉. ——民国新修《合川县志·文在二》，卷七十《诗一·绝句》。

钓鱼城怀古/（清）王启霖. ——民国新修《合川县志·文在二》，卷七十《诗一·律诗》。王启霖，生卒年不详，合川人，贡生。

赋得学古入官/（清）王启霖. ——民国新修《合川县志·文在二》，卷七十《诗一·试帖》。

合阳竹枝词/（清）王启霖. ——民国新修《合川县志·文在二》，卷七十《诗一·绝句》。

七旬述怀/（清）王启霖. ——民国新修《合川县志·文在二》，卷七十《诗一·律诗》。

钓鱼城怀古/（清）萧德一. ——民国新修《合川县志·文在二》，卷七十《诗一·律诗》。萧德一，生卒年不详，清代人。

合阳竹枝词/（清）萧德一. ——民国新修《合川县志·文在二》，卷七十《诗一·绝句》

钓鱼城怀古/（清）朱朝正. ——民国新修《合川县志·文在二》，卷七十《诗一·律诗》。朱朝正，生卒年不详，清代合州人，诸生。

合阳竹枝词/（清）朱朝正. ——民国新修《合川县志·文在二》，卷七十《诗一·绝句》。

蝶恋花（十首）/（清）江宏道. ——《历代蜀词全辑》第506—507页。江宏道，生卒年不详，字司秘，大足人，进士。

叠韵二首/（清）刘宇昌. ——清同治《璧山县志》卷十《艺文志·诗·七言律》。刘宇昌，生卒年不详，字次言，璧山县进士。

纪赵张氏贞烈事/（清）刘宇昌. ——清同治《璧山县志》卷十《艺文志·诗·七言古》。

栎炭/（清）刘宇昌. ——清同治《璧山县志》卷十《艺文志·诗·七言律》。

留别泽阳二首/（清）刘宇昌. ——清同治《璧山县志》卷十《艺文志·诗·七言律》。

游茅莱山道士留饮/（清）刘宇昌. ——清同治《璧山县志》卷十《艺文志·诗·七言律》。

丁丑移居下县坝故址/（清）傅城江. ——民国《潼南县志》卷六《艺文志下·二诗》。傅城江，生平不详，清代人。

鹫台寺/（清）傅城江. ——民国《潼南县志》卷六《艺文志下·二诗》。

南禅院即景/（清）傅城江. ——民国《潼南县志》卷六《艺文志下·

二诗》。

丁丑重九游香国寺／（清）陈廷阊. ——《重庆题咏录》第 274 页。陈廷阊，生卒年不详，字一泉，重庆乡贤，举人。

游宝轮寺／（清）陈廷阊. ——《重庆题咏录》第 274 页。

早度佛图关／（清）陈廷阊. ——《重庆题咏录》第 274 页。

舟次金鳌寺亭子／（清）陈廷阊. ——《重庆题咏录》第 274 页。

丁未夏六月避暑白云观偶赋／（清）郭维键. ——清道光《綦江县志》卷十二《艺文下》。郭维键，生卒年不详，字炼吾，资州进士。

丁酉冬留别诸生解馆示劝／（清）文焯. ——民国《南充县志》卷十二《艺文志·诗》。文焯，清代四川南充人，贡生，官石柱县训导。

定慧晓钟八景录二／（清）石如金. ——民国《长寿县志》卷十五《文征下》。石如金，生卒年不详，长白人，曾任长寿知县。

西岩瀑布／（清）石如金. ——民国《长寿县志》卷十五《文征下》。

定林寺咏月季花／（清）刘志. ——清同治《璧山县志》卷十《艺文志·诗·七言律》。刘志，生卒年不详，字津溪，清代璧山人。

咏纺绵／（清）刘志. ——清同治《璧山县志》卷十《艺文志·诗·七言绝》。

冬日起早／（清）冉崇治. ——《国朝全蜀诗钞》第 691—692 页。冉崇治，生卒年不详，字宓琴，酉阳人，清代候选训导。

凉风洞／（清）冉崇治. ——《国朝全蜀诗钞》第 691 页—692 页。

秋望／（清）冉崇治. ——《国朝全蜀诗钞》第 691—692 页。

晓发渝州／（清）冉崇治. ——《国朝全蜀诗钞》第 691—692 页。

由龚滩至羊角碛杂咏（二首）／（清）冉崇治. ——《国朝全蜀诗钞》第 691—692 页。

冬日行旅／（清）王永庆. ——民国《巴县志》卷二十三《文征》。王永庆，生卒年不详，字谐兹，进士，有《樊桥诗集》未刊。

慰江秋舫妹弟礼闱下第并柬潘季约同年／（清）王永庆. ——民国《巴县志》卷二十三《文征》。

冬日游三教寺／（清）冉永燮．——清道光《补辑石砫厅新志·艺文志下》。冉永燮，生卒年不详，石柱直隶厅人，拔贡生。

任云吟司训十有八年升迁不赴致仕归家即事／（清）冉永燮．——清道光《补辑石砫厅新志·艺文志下》。

月下独酌二十二韵／（清）冉永燮．——清道光《补辑石砫厅新志·艺文志下》。

冬夜感怀／（清）秦大恒．——民国新修《合川县志·文在二》，卷七十《诗一·律诗》。秦大恒，生卒年不详，字安溪，号岱松，国子监生，后隐居合川安溪。

中秋无月／（清）秦大恒．——民国新修《合川县志·文在二》，卷七十《诗一·绝句》。

东太交界／（清）柯相．——清道光《城口厅志》卷二十《艺文志·诗》。柯相，生卒年不详，字元卿，号狮山，安徽贵池人。

檄林令议创戍营／（清）柯相．——清道光《城口厅志》卷二十《艺文志·诗》。

阅城有感／（清）柯相．——清道光《城口厅志》卷二十《艺文志·诗》。

东望巴峡／（清）许光树．——清光绪《巫山县志》卷三十二《艺文志》。许光树，生卒年不详，清代人，曾任巫山知县。

口号／（清）许光树．——清光绪《巫山县志》卷三十二《艺文志》。

上峡船／（清）许光树．——清光绪《巫山县志》卷三十二《艺文志》。

巫山／（清）许光树．——清光绪《巫山县志》卷三十二《艺文志》。

峡景／（清）许光树．——清光绪《巫山县志》卷三十二《艺文志》。

下峡船／（清）许光树．——清光绪《巫山县志》卷三十二《艺文志》。

东岳庙小景诗／（清）孔昭焜．——清咸丰《开县志》卷二十七《艺文下》。孔昭焜，生卒年不详，字堇生，曲阜人，举人，官开县知县。

洞庭湖／（清）冉正维．——《国朝全蜀诗钞》第364页。冉正维，生卒年不详，字地山，清季酉阳直隶州拔贡。

仡佬溪／（清）冉正维．——《国朝全蜀诗钞》第364页。

黄鹤楼／（清）冉正维. ——《国朝全蜀诗钞》第 364 页。

铜鼓潭与正山兄观先宣慰衙院及海洋遗迹凄然成句／（清）冉正维. ——《国朝全蜀诗钞》第 364 页。

望卧龙岗怀诸葛武侯／（清）冉正维. ——《国朝全蜀诗钞》第 364 页。

洞中关隘／（清）刘乾. ——清道光《北乡下村刘氏宗谱》。刘乾，生卒年不详，字定阳，清代奉节人，曾与其弟率乡民大败白莲教于奉节北乡下村。

洞中猛士／（清）刘乾. ——清道光《北乡下村刘氏宗谱》。

督学易宽／（清）刘士奎. ——民国新修《合川县志》第 17 册《掌录十九》，卷三十六《金石》。

读望仙吴公行述书后／（清）李嗣元. ——清光绪《铜梁县志》卷十四《艺文志·四》。李嗣元，生卒年不详，字春甫，江津人，进士。

古意／（清）李嗣元. ——《国朝全蜀诗钞》第 644 页—646 页。

读徐兰皋诗和挽明府王建东诗率笔奉怀／（清）曲曜. ——清道光《南部县志》卷三十《艺文志》。

题永定观察陈韫山公行看子（二首）／（清）曲曜. ——清道光《南部县志》卷三十《艺文志》。

诸生向遐龄王国宝御贼被害十二韵／（清）曲曜. ——清道光《南部县志》卷三十《艺文志》。

杜公祠落成／（清）江权. ——清光绪《奉节县志》卷三十六《艺文·诗汇》。江权，生卒年不详，曾任夔州知府。

杜节妇（二首）／（清）彭时清. ——清同治《忠州直隶州志》卷十二《艺文志·诗（七律）》。彭时清，生卒年不详，字习堂，号右泉，清代忠州人。

挽侯兆祥／（清）彭时清. ——《忠州古诗词选》第 182 页。

杜鹃词／（清）陈一之. ——民国《长寿县志》卷十五《文征下》。陈一之，生卒年不详，字扶风，廪生。

杜少陵宅／（清）方象瑛. ——《杜诗详注·补注卷上》。方象瑛，生卒年不详，字渭仁，号霞庄，自号金门大隐，浙江遂安人，进士。

短歌行为孝子孔继智作／（清）张克镇. ——清同治重修《涪州县志》卷

十五《艺文志·古今体诗一百八十五首》。张克镇，生卒年不详，字重夫，贡生，藏书万卷，富甲于涪州。

贺陈接三胞弟鎏父子同科/（清）张克镇. ——清同治重修《涪州县志》卷十五《艺文志·古今体诗一百八十五首》。

题桓侯庙步藿亭明府韵/（清）张克镇. ——清同治重修《涪州县志》卷十五《艺文志·古今体诗一百八十五首》。

小江避乱述怀/（清）张克镇. ——清同治重修《涪州县志》卷十五《艺文志·古今体诗一百八十五首》。

对月书怀/（清）王汝嘉. ——清光绪《铜梁县志》卷十四《艺文志·四》。王汝嘉，生卒年不详，字榕轩，铜梁县人。

二郎关/（清）鲁岱. ——《重庆题咏录》第163页。鲁岱，字人岳，浙江山阴人，曾任重庆镇中营游击。

滚柴坡/（清）鲁岱. ——清同治《巴县志》卷四下《艺文志·五古》。

石井坡/（清）鲁岱. ——清同治《巴县志》卷四下《艺文志·五古》。

二仙阁/（清）张福标. ——清光绪《丰都县志》卷四《艺文志》。

二仙奕处/（清）张福标. ——清光绪《丰都县志》卷四《艺文志》。

重过定慧寺/（清）张福标. ——清光绪《丰都县志》卷四《艺文志》。

庚子三月作赈饥行以志感/（清）张福标. ——清光绪《丰都县志》卷四《艺文志》。

鹿鸣寺七律/（清）张福标. ——《丰都文史资料选辑》第八辑第47页。

平都山仙都观/（清）张福标. ——清光绪《丰都县志》卷四《艺文志》。

偕钟积菴重游鹿鸣寺/（清）张福标. ——清光绪《丰都县志》卷四《艺文志》。

竹雪菴/（清）张福标. ——清光绪《丰都县志》卷四《艺文志》。

废寺/（清）冉正岳. ——《国朝全蜀诗钞》第642页。冉正岳，字崧维，清季酉阳直隶州拔贡。

感遇/（清）冉正岳. ——《国朝全蜀诗钞》第642页。

古意/（清）冉正岳. ——《国朝全蜀诗钞》第642页—643页。

锦城送履云上人东归/（清）冉正岳. ——《国朝全蜀诗钞》第 643 页。

昆阳/（清）冉正岳. ——《国朝全蜀诗钞》第 642 页。

清溪纳凉/（清）冉正岳. ——《国朝全蜀诗钞》第 642 页。

沙市观涨/（清）冉正岳. ——《国朝全蜀诗钞》第 642 页。

省城偕友人至双流李少府宅/（清）冉正岳. ——《国朝全蜀诗钞》第 642 页。

世故/（清）冉正岳. ——《国朝全蜀诗钞》第 642 页。

宿陈少尉家志感/（清）冉正岳. ——《国朝全蜀诗钞》第 642 页。

冯驩弹铗/（清）朱澧. ——《国朝全蜀诗钞》第 354 页。朱澧，生卒年不详，字兰皋，巴县人。

寄怀孙梦华茂才外甥即用其题拙橐四律原韵/（清）朱澧. ——《国朝全蜀诗钞》第 354 页。

哭孙甥梦华/（清）朱澧. ——《国朝全蜀诗钞》第 354 页。

奉和冯使君诗/（清）夏世雄. ——民国新修《合川县志·文在二》，卷七十《诗一·绝句》。夏世雄，生卒年不详，曾任巴川县（今重庆铜梁区）主簿。

奉和文衡席觉海先生渝城秋感二首/（清）张安弦. ——《重庆题咏录》第 108 页。张安弦，生卒年不详，字琴父，号青屿，浙江乌程（今湖州）人。

江涨三首/（清）张安弦. ——《重庆题咏录》第 107 页。

蜀中人士有天生重庆之谣拟诗为记八月十八夜梦题府署止忆颔联醒而续之上郡宪陈真亭/（清）张安弦. ——《重庆题咏录》第 107 页。

渝州/（清）张安弦. ——民国《巴县志》卷二十三《文征》。

奉和赵芸浦学使果州道中见怀原韵（二首）/（清）盖方泌. ——民国《南充县志》卷十二《艺文志·诗》。盖方泌，山东人，拔贡生，工诗文、书法，曾任顺庆知府（府治今四川南充）。

奉题赵芸浦学使少陵草堂雅集图/（清）盖方泌. ——民国《南充县志》卷十二《艺文志·诗》。

郡斋秋兴（八首）/（清）盖方泌. ——民国《南充县志》卷十二《艺文志·诗》。

谯周墓/（清）盖方泌. ——清光绪《西充县志》卷十三《艺文志·中》。

奉怀罗春堂先生/（清）李珏. ——清道光《綦江县志》卷十一《艺文上·古体诗》。李珏，生卒年不详，字相圃。

奉简采薇僧夫子三十二韵/（清）李钟璜. ——民国《长寿县志》卷十五《文征下》。李钟璜，生卒年不详，字渭侯，由楚入蜀，居今重庆长寿。

辛亥书怀寄元甫弟光乾/（清）李钟璜. ——民国《长寿县志》卷十五《文征下》。

凤凰山/（清）高培榖. ——清光绪《西充县志》卷十三《艺文志·中》。高培榖，曾任四川西充县令。

纪将军祠/（清）高培榖. ——清光绪《西充县志》卷十三《艺文志·中》。

留别（四首）/（清）高培榖. ——清光绪《西充县志》卷十三《艺文志·中》。

徐冯氏陈氏双节行/（清）高培榖. ——清光绪《西充县志》卷十三《艺文志·中》。

凤凰山/（清）齐继祖. ——清光绪《西充县志》卷十三《艺文志·中》。齐继祖，四川遂宁人。

书楼山/（清）齐继祖. ——清光绪《西充县志》卷十三《艺文志·中》。

凤凰山/（清）杨泽溥. ——清光绪《西充县志》卷十三《艺文志·中》。杨泽溥，曾任四川西充县令。

纪将军祠/（清）杨泽溥. ——清光绪《西充县志》卷十三《艺文志·中》。

凤山晴雪/（清）李应发. ——民国《云阳县志》卷四十二《文录上·古近体诗》。李应发，生卒年不详，字亦山，拔贡，云阳县人。

龙脊夜涛/（清）李应发. ——民国《云阳县志》卷四十二《文录上·古近体诗》。

岷江瀑布/（清）李应发. ——民国《云阳县志》卷四十二《文录上·古近体诗》。

上濑牵舟/（清）李应发．——民国《云阳县志》卷四十二《文录上·古近体诗》。

凤山仙勒即会仙洞/（清）杨昭．——清道光《垫江县志》卷十《诗·七言律诗》。

罗王古洞/（清）杨昭．——清道光《垫江县志》卷十《诗·七言律诗》。

秋月禅关/（清）杨昭．——清道光《垫江县志》卷十《诗·七言律诗》。

群龟入汉/（清）杨昭．——清道光《垫江县志》卷十《诗·七言律诗》。

夫子池白莲/（清）孙宏．——清乾隆《巴县志》卷十七《艺文补遗》。孙宏，生卒年不详，字卫郊，钱塘（今浙江杭州）人。

明月峡/（清）孙宏．——清乾隆《巴县志》卷十七《艺文补遗》。

铜锣峡/（清）孙宏．——《重庆题咏录》第136页。

温汤峡寺/（清）孙宏．——《重庆题咏录》第137页。

五赴渝州口占遣兴/（清）孙宏．——清乾隆《巴县志》卷十七《艺文补遗》。

渝州梅雨/（清）孙宏．——《重庆题咏录》第136—137页。

扶欢坝/（清）董淑昌．——清道光《綦江县志》卷十二《艺文下》。董淑昌，生卒年不详，山东滋阳人。

扶龙村吊古/（清）王之鹏．——清光绪《西充县志》卷十三《艺文志·中》。王之鹏，四川西充人。

海棠川/（清）王之鹏．——清光绪《西充县志》卷十三《艺文志·中》。

涪陵北岩十景选五/（清）陈昉．——清同治重修《涪州县志》卷十五《艺文志·古今体诗一百八十五首》。陈昉，字午垣，生卒年不详。

涪翁亭/（清）董国绅．——《彭水县志》第971页。董国绅，生卒年不详，字三旌，苗族，今重庆彭水人，举人。

移居盘龙山/（清）董国绅．——《彭水县志》第971页。

邑城晚眺/（清）董国绅．——《彭水文史资料》第六辑第123页。

早发/（清）董国绅．——《彭水县志》第971页。

涪州竹枝词四首/（清）何维棣．——《潜颖诗》卷八。何维棣，生卒年不详，字棠荪，道州（今湖南道县）人，进士。

福利钟文／（清）刘浩. ——清光绪《梁山县志》卷十《艺文·诗》。刘浩，生卒年不详，清诗人。

赴都留别里中亲友四律／（清）吴鸿恩. ——清光绪《铜梁县志》卷十四《艺文志·四》。吴鸿恩，生卒年不详，字春海，铜梁县人，进士。

赴王春石阁部召因进蜀事问／（清）余价. ——《重庆题咏录》第102页。余价，生卒年不详，字君维，巫山县人。

哭经略容藩公遇变／（清）余价. ——清同治《巴县志》卷四下《艺文志·七古》。

梦寻纪事诗／（清）余价. ——清乾隆《巴县志》卷九《人物志·流寓》。

送陈公子还闽／（清）余价. ——清乾隆《巴县志》卷十五《艺文·诗》。

赋得茶甘露有兄／（清）蔡光绪. ——民国新修《合川县志·文在二》，卷七十《诗一·试帖》。蔡光绪，生卒年不详，廪生。

赋得水木湛清华／（清）易显珩. ——民国新修《合川县志·文在二》，卷七十《诗一·试帖》。易显珩，生卒年不详，合州（今重庆合川）人，清举人。

赋得自强不息／（清）易显珩. ——民国新修《合川县志·文在二》，卷七十《诗一·试帖》。

赋得水鸟带波飞夕阳／（清）吴思泰. ——民国新修《合川县志·文在二》，卷七十《诗一·试帖》。

赋得竹寒沙碧浣花谿／（清）奚玉麟. ——民国《南充县志》卷十六《艺文志外纪》。

溉澜溪访友／（清）程衡. ——《重庆题咏录》第155页。程衡，字公权，江津人，清代诗人。

甘夫人墓／（清）吴秀美. ——清光绪《奉节县志》卷三十六《艺文·诗汇》。吴秀美，生卒年不详，清代诗人。

涧槽／（清）吴秀美. ——清光绪《奉节县志》卷三十六《艺文·诗汇》。

感怀／（清）陈在德. ——民国新修《合川县志·文在一》，卷六十九《诗一·五言古》。陈在德，生卒年不详，合州人，廪生。

谏果/（清）陈在德．——民国新修《合川县志·文在二》，卷七十《诗一·七言排律》。

拟张茂先励志诗/（清）陈在德．——民国新修《合川县志·文在一》，卷六十九《诗一·四言》。

秋楼/（清）陈在德．——民国新修《合川县志·文在二》，卷七十《诗一·律诗》。

秋霜/（清）陈在德．——民国新修《合川县志·文在二》，卷七十《诗一·律诗》。

秋星/（清）陈在德．——民国新修《合川县志·文在二》，卷七十《诗一·律诗》。

高粱赈粥行/（清）陈登凤．——清光绪《梁山县志》卷十《艺文·诗》。陈登凤，生卒年不详，字闽中，号竹冈，诗人。

秋日游古楼寺/（清）陈登凤——清道光《补辑石砫厅新志·艺文志下》。

高唐营中寄怀戴润珊同门/（清）陈洪猷．——清道光《綦江县志》卷十二《艺文下》。陈洪猷，生卒年不详，字均甫。

祀前明杨武将军祖墓/（清）陈洪猷．——清道光《綦江县志》卷十二《艺文下》。

送曾卓如夫子总督四川（四首）/（清）陈洪猷．——清道光《綦江县志》卷十二《艺文下》。

高梁耸翠诗一首/（清）鲁庆．——《梁平县志》。鲁庆，生卒年不详，清代梁山县（今重庆梁平县）县令。

庚辰仲春既望过巴署望江书屋即呈王明府熊峰老伯/（清）姜复基．——《重庆题咏录》第287页。姜复基，生卒年不详，字敬舆，如皋（今属江苏）人。

庚申清明/（清）孔继纲．——清道光《垫江县志》卷十《诗·七言绝句》。孔继纲，生卒年不详，字正三，廪生。

嘉庆己未正月廿二日闻教匪至母家桥/（清）孔继纲．——清道光《垫江县志》卷十《诗·七言绝句》。

夜宿高滩吊李署丞并序/（清）孔继纲.——清道光《垫江县志》卷十《诗·七言律诗》。

公余偶作/（清）刘桐.——民国新修《合川县志·文在二》，卷七十《诗一·律诗》。刘桐，生卒年不详，字峄南，山东济宁州单县人，镶白旗籍，署合州（今重庆合川）知州，编纂《合州志》八卷。

恭和圣制木兰围猎诗/（清）韦杰生.——民国《南川县志》卷十二《艺文志下·诗选》。韦杰生，生卒年不详，字紫航，今重庆南川人，进士。

恭和圣制元宵听雨诗/（清）韦杰生.——民国《南川县志》卷十二《艺文志下·诗选》。

醉后直寓白发青灯更严漏永偶萌乡思成七绝二章/（清）韦杰生.——民国《南川县志》卷十二《艺文志下·诗选》。

恭为鹤龄道长九旬上寿/（清）王文选.——《万县文史资料选辑》第3辑第99页。王文选，生卒年不详，字锡鑫，号亚拙、席珍子、同仁，清代名医，原籍湖北省石首县，后移居万县城天德门。

光绪十三年五月为鹤龄道长书/（清）王文选.——《万县文史资料选辑》第3辑第99页。

正心/（清）王文选.——《万县文史资料选辑》第3辑第99页。

龚滩/（清）陈广文.——《彭水文史资料》第六辑第122页。陈广文，生卒年不详，清代酉阳土家族人。

江口镇/（清）陈广文.——《彭水文史资料》第六辑第121页。

绿阴轩/（清）陈广文.——《彭水县志》第970页。

彭水县/（清）陈广文.——《彭水县志》第970页。

古佛眠云/（清）刘德嘉.——《荣昌文史资料》第5—6辑第381页。

石航秋水/（清）刘德嘉.——清光绪《荣昌县志》卷二十二《艺文·国朝诗》。

棠堰飘香/（清）刘德嘉.——清光绪《荣昌县志》卷二十二《艺文·国朝诗》。

古佛眠云/（清）袁昂青. ——清光绪《荣昌县志》卷二十二《艺文·国朝诗》。

石航秋水/（清）袁昂青. ——清光绪《荣昌县志》卷二十二《艺文·国朝诗》。

棠堰飘香/（清）袁昂青. ——清光绪《荣昌县志》卷二十二《艺文·国朝诗》。

桃峰积翠/（清）袁昂青. ——清光绪《荣昌县志》卷二十二《艺文·国朝诗》。

古佛眠云/（清）敖时赞. ——清光绪《荣昌县志》卷二十二《艺文·国朝诗》。

虹桥印月/（清）敖时赞. ——清光绪《荣昌县志》卷二十二《艺文·国朝诗》。

石航秋水/（清）敖时赞. ——清光绪《荣昌县志》卷二十二《艺文·国朝诗》。

鸦屿仙棋/（清）敖时赞. ——清光绪《荣昌县志》卷二十二《艺文·国朝诗》。

古剑/（清）龚有融. ——民国《巴县志》卷二十三《文征》。龚有融，生卒年不详，字晴皋，举人，重庆巴县人，擅书画。

郊行/（清）龚有融. ——民国《巴县志》卷二十三《文征》。

山居示子珪/（清）龚有融. ——《重庆题咏录》第288—289页。

石圃/（清）龚有融. ——《国朝全蜀诗钞》第224页—225页。

唐榛山秋山图为刘穆参题/（清）龚有融. ——民国《巴县志》卷二十三《文征》。

题画（二首）/（清）龚有融. ——民国《巴县志》卷二十三《文征》。

题太白像次东坡韵/（清）龚有融. ——民国《巴县志》卷二十三《文征》。

题愚岭和尚小照并跋/（清）龚有融. ——清光绪《铜梁县志》卷十四《艺文志·四》。

戏遣/（清）龚有融. ——《重庆题咏录》第 289 页。

古诗十九首/（清）潘绂. ——民国《大足县志》卷五《人物上·散佚》。潘绂，生卒年不详，字朱来，今重庆大足人，禀性高洁，工诗词。

关滩口占/（清）陈鹏飞. ——清同治重修《涪州县志》卷十五《艺文志·古今体诗一百八十五首》。陈鹏飞，生卒年不详，涪陵人。

舟行黔水道中/（清）陈鹏飞. ——清同治重修《涪州县志》卷十五《艺文志·古今体诗一百八十五首》。

观菊偶成/（清）吴可玉. ——民国《潼南县志》卷六《艺文志下·二诗》。吴可玉，女，字继兰，珠江人。

将别湘园感赋/（清）吴可玉. ——民国《潼南县志》卷六《艺文志下·二诗》。

玉梅天香菊/（清）吴可玉. ——民国《潼南县志》卷六《艺文志下·二诗》。

观音洞/（清）陈鋆咸. ——清同治重修《涪州县志》卷十五《艺文志·古今体诗一百八十五首》。

观音崖/（清）虞兆清. ——清道光《綦江县志》卷十二《艺文下》。虞兆清，生卒年不详，秀水人，进士，曾任綦江知县、忠州知州。

挽烈妇/（清）虞兆清. ——《忠州古诗词选》第 132 页。

挽赵烈妇熊氏/（清）虞兆清. ——清同治《忠州直隶州志》卷十二《艺文志·诗（七古）》。

西岩瀑布（二首）/（清）虞兆清. ——清同治《忠州直隶州志》卷十二《艺文志·诗（七律）》。

谒宣公墓/（清）虞兆清. ——清同治《忠州直隶州志》卷十二《艺文志·诗》。

又七律一首/（清）虞兆清. ——《忠州古诗词选》第 133 页。

冠紫山/（清）李昭济. ——清光绪《西充县志》卷十三《艺文志·中》。李昭济，今四川西充人。

游龙台寺有感/（清）李昭济. ——清光绪《西充县志》卷十三《艺文

志·中》。

广文钱敬文先生归崇宁索赠/（清）罗籍. ——清道光《綦江县志》卷十二《艺文下》。罗籍，生卒年不详，字啸园。

癸亥重九日登崇山步捷墀黄少府韵/（清）吴宗衍. ——清道光《綦江县志》卷十一《艺文上·古体诗》。吴宗衍，字春圃，生卒年不详。

归里（二首）/（清）彭长泰. ——民国《南充县志》卷十二《艺文志·诗》。

谯周墓/（清）彭长泰. ——清光绪《西充县志》卷十三《艺文志·中》。

王方山吏部寄诗山中奉答（二首录一）/（清）彭长泰. ——民国《南充县志》卷十二《艺文志·诗》。

归里有感/（清）施义爵. ——清光绪《铜梁县志》卷十四《艺文志·四》。施义爵，生卒年不详，字方斋，铜梁县举人。

喜大兄授大邑学博/（清）施义爵. ——清光绪《铜梁县志》卷十四《艺文志·四》。

闰月/（清）马士琪. ——清光绪《西充县志》卷十三《艺文志·中》。

楼月/（清）马士琪. ——清光绪《西充县志》卷十三《艺文志·中》。

落花（六首）/（清）马士琪. ——清光绪《西充县志》卷十三《艺文志·中》。

齐云楼/（清）马士琪. ——清光绪《西充县志》卷十三《艺文志·中》。

庭月/（清）马士琪. ——清光绪《西充县志》卷十三《艺文志·中》。

延晖亭/（清）马士琪. ——清光绪《西充县志》卷十三《艺文志·中》。

舟月/（清）马士琪. ——清光绪《西充县志》卷十三《艺文志·中》。

竹月/（清）马士琪. ——清光绪《西充县志》卷十三《艺文志·中》。

桂楼秋月/（清）何浩如. ——清同治重修《涪州县志》卷十五《艺文志·古今体诗一百八十五首》。何浩如，生卒年不详，号海门，涪州人，举人，工诗善书。

荔圃春风/（清）何浩如. ——清同治重修《涪州县志》卷十五《艺文志·古今体诗一百八十五首》。

黔水澄清／（清）何浩如. ——清同治重修《涪州县志》卷十五《艺文志·古今体诗一百八十五首》。

注易洞／（清）何浩如. ——清同治重修《涪州县志》卷十五《艺文志·古今体诗一百八十五首》。

桂楼秋月／（清）夏景宣. ——清同治重修《涪州县志》卷十五《艺文志·古今体诗一百八十五首》。夏景宣，生卒年不详，涪州人，举人。

桂楼秋月／（清）周宗泰. ——清同治重修《涪州县志》卷十五《艺文志·古今体诗一百八十五首》。

荔圃春风／（清）周宗泰. ——清同治重修《涪州县志》卷十五《艺文志·古今体诗一百八十五首》。

桂香亭碑／（清）任□. ——清道光《綦江县志》卷十二《艺文下》。

清风洞／（清）任□. ——清道光《綦江县志》卷十二《艺文下》。

桂园老梅——白崖登云桥右／（清）傅大夏. ——《重庆题咏录》第86页。傅大夏，生卒年不详，重庆人，乡贤，庠生。

果善堂诗／（清）刘臻理. ——清同治《璧山县志》卷八《人物志·宦绩》。刘臻理，生卒年不详，号厚莘，清代璧山人。

果州道中奉怀盖碧轩太守二首／（清）赵佩湘. ——民国《南充县志》卷十二《艺文志·诗》。

果州官舍夜坐不寐（四首）／（清）杨重雅. ——民国《南充县志》卷十二《艺文志·诗》。杨重雅，曾任顺庆知府（府治今四川南充）。

过大相岭／（清）周士沄. ——《国朝全蜀诗钞》第239页。周士沄，生卒年不详，字益斋，清代南川人。

过关索岭／（清）刘斌. ——清光绪《荣昌县志》卷二十二《艺文·国朝诗》。刘斌，生卒年不详，清代荣昌县人。

秋夜／（清）刘斌. ——清光绪《荣昌县志》卷二十二《艺文·国朝诗》。

听露轩诗／（清）刘斌. ——清光绪《荣昌县志》卷二十二《艺文·国朝诗》。

改大问诗寄万老人韩一韩／（清）罗为赓. ——民国《南充县志》卷十二

《艺文志·诗》。罗为赓，生卒年不详，字西溪，今四川南充人，举人，任浙江孝丰县知县。多惠政，民德之，立祠祀之。《四川通志》有传。

过合州/（清）罗为赓. ——《国朝全蜀诗钞》第17页。

怀王乘六等七人/（清）罗为赓. ——民国《南充县志》卷十二《艺文志·诗》。

寄示同学/（清）罗为赓. ——民国《南充县志》卷十二《艺文志·诗》。

过旌表节孝孔吴氏墓下题句/（清）胡益之. ——民国《长寿县志》卷十五《文征下》。

宿荣斋韩二丈山馆凌晨观云海/（清）胡益之. ——民国《长寿县志》卷十五《文征下》。

过离堆谒颜鲁公祠/（清）张焭. ——清道光《南部县志》卷三十《艺文志》。张焭，四川南部县人，进士。

金鱼桃浪/（清）张焭. ——清道光《南部县志》卷三十《艺文志》。

兰登晚眺/（清）张焭. ——清道光《南部县志》卷三十《艺文志》。

离堆连云/（清）张焭. ——清道光《南部县志》卷三十《艺文志》。

三元石笋/（清）张焭. ——清道光《南部县志》卷三十《艺文志》。

过木棕溪/（清）张九镒. ——《彭水文史资料》第六辑第121页。张九镒，生卒年不详，字权万，号橘洲，又号退谷，湖南湘潭人，刚介之士，进士，曾为官于重庆。

九日偕书太守登涂山即景二首/（清）张九镒. ——《重庆题咏录》第265页。

览胜亭/（清）张九镒. ——《重庆题咏录》第264页。

扪天岩/（清）张九镒. ——《彭水县志》第969页。

牛陂箐/（清）张九镒. ——《彭水县志》第969页。

咏澄鉴亭诗/（清）张九镒. ——民国《巴县志》卷三《古迹》。

渝州十二景/（清）张九镒. ——《重庆题咏录》第262—264页。

过秦夫人墓/（清）张洲. ——清道光《补辑石砫厅新志·艺文志下》。张洲，生卒年不详，字来峰，号南林，陕西武功人，乾隆年间进士，曾到今重庆石柱访问游历。

和癸巳九日王公游万安山韵／（清）张洲．——清道光《补辑石砫厅新志·艺文志下》。

咏二所亭红梅／（清）张洲．——清道光《补辑石砫厅新志·艺文志下》。

过秦夫人墓次净石韵／（清）湛露清．——清道光《补辑石砫厅新志·艺文志下》。湛露清，生卒年不详，字珠明，丰都人，选贡生，后移居石柱。

过石河有感／（清）李慰．——清光绪《荣昌县志》卷二十二《艺文·国朝诗》。

忆母志／（清）李慰．——清光绪《荣昌县志》卷二十二《艺文·国朝诗》。

过西禅院次李豸山韵／（清）黄廷元．——清道光《綦江县志》卷十二《艺文下》。

宿中峰寺／（清）黄廷元．——清道光《綦江县志》卷十二《艺文下》。

过县门／（清）魏瀚．——民国《云阳县志》卷四十二《文录上·古近体诗》。魏瀚，生卒年不详，原名焯，字光潜，号南压，衡阳人，举人。

铁檠山晚步／（清）魏瀚．——民国《云阳县志》卷四十二《文录上·古近体诗》。

燕子龛／（清）魏瀚．——民国《云阳县志》卷四十二《文录上·古近体诗》。

游滴翠寺／（清）魏瀚．——民国《云阳县志》卷四十二《文录上·古近体诗》。

张桓侯庙／（清）魏瀚．——民国《云阳县志》卷四十二《文录上·古近体诗》。

正月十九舟宿九堆不寐／（清）魏瀚．——民国《云阳县志》卷四十二《文录上·古近体诗》。

过织机山／（清）陈我志．——清光绪《西充县志》卷十三《艺文志·中》。陈我志，四川西充人。

过醉台／（清）任秉南．——清光绪《铜梁县志》卷十四《艺文志·四》。

任秉南，生卒年不详，一名丙南，号济之、清之，又号寅山，铜梁县拔贡生。

有感／（清）任秉南．——清光绪《铜梁县志》卷十四《艺文志·四》。

海棠烟雨／（清）冯兰亭．——《重庆南岸文史资料》第五辑《南岸名胜诗歌鉴赏》第208页。冯兰亭，重庆巴县人，原名开芝，别号寒铁生，举人，先后任巴县视学、重庆府中学教师等，施教三十余年。

黄葛晚渡／（清）冯兰亭．——《重庆南岸文史资料》第五辑《南岸名胜诗歌鉴赏》第184页。

龙门浩月／（清）冯兰亭．——《重庆南岸文史资料》第五辑《南岸名胜诗歌鉴赏》第226—227页。

韩侯钓台歌／（清）王汝梅．——清光绪《铜梁县志》卷十四《艺文志·四》。王汝梅，生卒年不详，铜梁县举人。

汉丰八景／（清）胡邦盛．——清咸丰《开县志》卷二十七《艺文下》。胡邦盛，生卒年不详，浙江汤溪人，进士，曾任开县知县。

合阳避难／（清）郭和熙．——清光绪《铜梁县志》卷十四《艺文志·四》。郭和熙，生卒年不详，字伯融（或琴舟），铜梁县人，举人。

合阳竹枝词／（清）唐懋宽．——民国新修《合川县志·文在二》，卷七十《诗一·绝句》。

合阳竹枝词／（清）朱椿．——民国新修《合川县志·文在二》，卷七十《诗一·绝句》。

合州钓鱼城怀古／（清）杨蔼如．——清光绪《铜梁县志》卷十四《艺文志·四》。杨蔼如，生卒年不详，字蕴仁，号吉士，清代铜梁县人，岁贡，工诗词古文，尤以书法著称。

扫张襄宪公墓／（清）杨蔼如．——清光绪《铜梁县志》卷十四《艺文志·四》。

咸丰丁巳夏四月刘古民茂才刘仲凡上舍招饮罗睽忆壬寅秋同人避暑东岩寺感今思旧赋此／（清）杨蔼如．——清光绪《铜梁县志》卷十四《艺文志·四》。

合州怀古／（清）林兴泗．——民国新修《合川县志·文在一》，卷六十九

《诗一·七言古》。林兴泗，生卒年不详，字容斋，山东济宁人，曾知重庆府。

合州怀古二首／（清）林兴泗. ——民国新修《合川县志·文在一》，卷六十九《诗一·五言古》。

乾隆丁卯夏会勘华银山／（清）林兴泗. ——民国新修《合川县志·文在二》，卷七十《诗一·律诗》。

深山深处行口号／（清）林兴泗. ——民国新修《合川县志·文在二》，卷七十《诗一·律诗》。

下山吟／（清）林兴泗. ——民国新修《合川县志·文在一》，卷六十九《诗一·七言古》。

雨后宿雷兴寺／（清）林兴泗. ——民国新修《合川县志·文在二》，卷七十《诗一·律诗》。

赠合州宋在中刺史／（清）林兴泗. ——民国新修《合川县志·文在二》，卷七十《诗一·律诗》。

荷花／（清）苟文燫. ——民国新修《合川县志·文在二》，卷七十《诗一·绝句》。

和／（清）夏光鼎. ——民国《潼南县志》卷六《艺文志下·二诗》。夏光鼎，生卒年不详，字德卿，名重潼，潼南县人，拔贡，长于文。

和（集唐）／（清）周思禹. ——民国《潼南县志》卷六《艺文志下·二诗》。周思禹，生卒年不详，湖北远安人。

和陈云楣题秦夫人砚歌／（清）程尚濂. ——清道光《补辑石砫厅新志·艺文志下》。程尚濂，生卒年不详，字悖夫，浙江永康人，举人，署四川青神、犍为知县，与石砫厅同知陈汝秋交往密切，长于诗词。

和复旧业长歌诗／（清）侯尔垣. ——清光绪《梁山县志》卷十《艺文·诗》。侯尔垣，生卒年不详，字汉上，清代梁山县（今重庆梁平县）县令。

和复业长歌／（清）冯之柱. ——清光绪《梁山县志》卷十《艺文·诗》。冯之柱，字石公，生卒年不详。

历乱纪纪弟苦备矣予亦同之率题数语俾观者知我辈有如是之遭而生其感叹焉／（清）冯之柱. ——清光绪《梁山县志》卷十《艺文·诗》。

和广文黄海峦先生安居乡即事原韵/（清）古森庭.——清光绪《铜梁县志》卷十四《艺文志·四》。古森庭，生卒年不详，号立斋。

和开邑高大令盛山书院蒙泉七律四章原韵/（清）恩成.——清咸丰《开县志》卷二十七《艺文下》。恩成，生卒年不详，字又省，又字履堂，卓特氏，隶蒙古正黄旗，后官至四川云安府知府，蒙古族诗人。

和林戟门明府原韵/（清）李毓璜.——清道光《綦江县志》卷十二《艺文下》。李毓璜，生卒年不详，字璧堂，毓珩弟，副榜，年五十余卒。

送钱敬菴学博归崇宁/（清）李毓璜.——清道光《綦江县志》卷十二《艺文下》。

县治八景之龙舟溪声/（清）李毓璜.——清道光《綦江县志》卷十二《艺文下·五言绝》。

县治八景之胜果呈刹/（清）李毓璜.——清道光《綦江县志》卷十二《艺文下·五言绝》。

县治八景之瀛岛云蒸/（清）李毓璜.——清道光《綦江县志》卷十二《艺文下·五言绝》。

县治八景之月涵湖水/（清）李毓璜.——清道光《綦江县志》卷十二《艺文下·五言绝》。

和上岩寺原韵/（清）秦焜.——民国《云阳县志》卷四十二《文录上·古近体诗》。秦焜，生卒年不详，字熙堂，云阳县人。

演易台怀宋邵康节先生/（清）秦焜.——《云阳县志》第1301—1303页。

和陶明府春日劝农郊行/（清）马又良.——《彭水县志》第968页。马又良，生卒年不详，四川长宁人，贡生，彭水教谕。

和向子益明经驿邸见赠原韵/（清）邓树极.——清同治《璧山县志》卷十《艺文志·诗·七言律》。邓树极，生卒年不详，字练江，璧山拔贡。

两江争涨诗/（清）邓树极.——《璧山文史》第十一辑第24页。

雨村诗话/（清）邓树极.——《璧山文史》第十一辑第24页。

和熊峰王太尊浮图关原韵/（清）骆应斌.——清道光《綦江县志》卷十

二《艺文下》。

和邑侯杜公阅卷原韵四首/（清）赵紫来. ——清道光《南部县志》卷三十《艺文志》。

乙酉馆妙高寺生日述怀六十二韵/（清）赵紫来. ——清道光《南部县志》卷三十《艺文志》。

和邑侯石会昌留别原韵/（清）黄河清. ——清光绪《梁山县志》卷十《艺文·诗》。

和韵/（清）瞿鳌. ——清光绪《梁山县志》卷十《艺文·诗》。瞿鳌，生卒年不详，曾协助梁山知县符永培纂修清光绪《梁山县志》。

来征君墓/（清）瞿鳌. ——清光绪《梁山县志》卷十《艺文·诗》。

和韵/（清）马维颖. ——清光绪《梁山县志》卷十《艺文·诗》。马维颖，生卒年不详，四川绵竹县举人，清梁山县教谕，协助梁山知县符永培纂修清光绪《梁山县志》。

游白兔亭观符明府题岩洎喷雾崖瀑布/（清）马维颖. ——清光绪《梁山县志》卷十《艺文·诗》。

和咂酒/（清）印山. ——清道光《綦江县志》卷十二《艺文下》。印山，生平不详。

和赵大令感怀/（清）邓屏藩. ——民国《长寿县志》卷十五《文征下》。邓屏藩，字仲述，今重庆长寿人。

黑天池/（清）宝容邃. ——清道光《城口厅志》卷二十《艺文志·诗》。宝容邃，生卒年不详，啄县人。

虹桥桂月/（清）戴民凯. ——清光绪《西充县志》卷十三《艺文志·中》。

洪香寺/（清）易赞元. ——清道光《垫江县志》卷十《诗·五言律诗》。易赞元，庠生，生平不详。

吼堂诗其一/（清）平凯护国寺二诗僧. ——《秀山文史资料》第三辑第53页。

万松诗其一·二/（清）平凯护国寺二诗僧. ——《秀山文史资料》第三

辑第 53 页。

花岩寺/（清）张顾瀛. ——民国《潼南县志》卷六《艺文志下·二诗》。张顾瀛，今重庆潼南县人。

华岩洞二首/（清）王孙蔚. ——《重庆题咏录》第 106 页。王孙蔚，生卒年不详，字茂衍，陕西临潼人，进士。

华岩寺小憩/（清）王孙蔚. ——民国《巴县志》卷三《古迹》。

游华岩寺访圣可大师二首/（清）王孙蔚. ——《重庆题咏录》第 106 页。

华严纪事诗/（清）释实性. ——清乾隆《巴县志》卷九《人物志·释老》。释实性，生卒年不详，字天然，巴县华严寺门徒，名僧，后住持北京东直门华严寺。

华银积雪/（清）释寂崑. ——民国新修《合川县志·文在二》，卷七十《诗一·绝句》。释寂崑，生卒年不详，高僧。

化凤山/（清）袁锡衮. ——清光绪《西充县志》卷十三《艺文志·中》。袁锡衮，四川西充人。

化凤山谒纪将军庙/（清）刘治传. ——清光绪《西充县志》卷十三《艺文志·中》。刘治传，云南人。

怀李光岳侍御/（清）赵心鼎. ——清光绪《西充县志》卷十三《艺文志·中》。赵心鼎，四川西充人。

龙池法雨/（清）赵心鼎. ——清光绪《西充县志》卷十三《艺文志·中》。

怀龙雨苍先生/（清）张汉. ——清同治《巴县志》卷四下《艺文志·七律》。张汉，生卒年不详，字月槎，号葂思，晚号蛰存，石屏人，进士。

回渝巴字园作/（清）张汉. ——清同治《巴县志》卷四下《艺文志·七言绝》。

饯龙雨苍四首/（清）张汉. ——《重庆题咏录》第 156 页。

怀忠诗/（清）施山. ——清光绪《大宁县志》卷八《艺文志》。施山，初名学宜，更名山，字子山（又字寿伯、望云），会稽人。

黄安治盗诗并序/（清）施山. ——清光绪《大宁县志》卷八《艺文志》。

还家/（清）刘士衡. ——清道光《綦江县志》卷十二《艺文下》。刘士衡，字拙岭，生卒年不详。

温泉此华清宫/（清）刘士衡. ——清道光《綦江县志》卷十二《艺文下》。

雅安署中忆南平小斋二首/（清）刘士衡. ——清道光《綦江县志》卷十二《艺文下》。

浣溪沙/（清）唐榛. ——《历代蜀词全辑》第655页。唐榛，生卒年不详，字玉亭，夔州（今奉节）人。

浪淘沙/（清）唐榛. ——《历代蜀词全辑》第655页。

清平乐/（清）唐榛. ——《历代蜀词全辑》第655页。

黄鹤楼/（清）周泗. ——《国朝全蜀诗钞》第74页。周泗，生卒年不详，重庆人，清诸生，年才弱冠，授馆土酋，恃才玩侮，后竟遇害，此诗为周泗九岁时作。

回巫山任/（清）朱家炘. ——清光绪《巫山县志》卷三十二《艺文志》。

鹿/（清）朱家炘. ——清光绪《巫山县志》卷三十二《艺文志》。

小麐星使以闱中阅卷用东城试院煎茶诗韵并效其体诗见示长歌奉答/（清）朱家炘. ——清光绪《巫山县志》卷三十二《艺文志》。

会龙桥/（清）陈策. ——清光绪《西充县志》卷十三《艺文志·中》。陈策，四川西充人。

集老友斋中作/（清）傅汝和. ——《国朝全蜀诗钞》第48页。傅汝和，生卒年不详，字梅之，奉节人。

欸乃曲/（清）傅汝和. ——《国朝全蜀诗钞》第48页。

山居/（清）傅汝和. ——《国朝全蜀诗钞》第48页。

纪侯庙/（清）［作者不详］. ——清光绪《西充县志》卷十三《艺文志·中》。

纪建回澜升平双桥歌/（清）赵连城. ——清光绪《荣昌县志》卷二十二《艺文·国朝诗》。

纪将军安汉歌/（清）李国桢. ——清光绪《铜梁县志》卷十四《艺文

志·四》。李国桢，生卒年不详，字君庸，今重庆铜梁县人。

纪乱跋/（清）广师书. ——清光绪《梁山县志》卷十《艺文·诗》。

纪罗孝女奇行/（清）杜鹤翱. ——清同治《巴县志》卷四下《艺文志·五古》。杜鹤翱，生卒年不详，字羽丰，号敬溪，四川忠州人，进士，选庶吉士，散馆改主事，以工书名于乡。

纪襄平侯墓/（清）宋安远. ——清光绪《西充县志》卷十三《艺文志·中》。

寄伯文张世兄/（清）冉存异. ——民国《南充县志》卷十二《艺文志·诗》。

寄邓廷尉/（清）施仁爵. ——清光绪《铜梁县志》卷十四《艺文志·四》。施仁爵，生卒年不详，字星岩，铜梁县贡生，晚任大邑县训导，年八十卒于官。

寄怀罗春堂先生/（清）文现瑞. ——清道光《綦江县志》卷十二《艺文下》。文现瑞，生卒年不详，字卿云，巴县举人。

嘉陵江/（清）徐泰. ——民国新修《合川县志·文在二》，卷七十《诗一·律诗》。徐泰，生卒年不详，字阶平，号枳园，杭州人。

嘉陵晚渡/（清）陈懋修. ——清光绪《西充县志》卷十三《艺文志·中》。陈懋修，四川西充人。

甲午感事/（清）张葆彬. ——民国《长寿县志》卷十五《文征下》。张葆彬，字均甫，生卒年不详。

甲寅上巳日五十三岁初度留别綦人士/（清）张天禄. ——清道光《綦江县志》卷十二《艺文下》。张天禄，生卒年不详，明末清初陕西榆林人，明季与弟天福以义勇从军，积功至总兵。

监生董若愚之母寿征百有二岁嘉庆甲子仲春建坊入祠若愚以诗索和因赋/（清）符永培. ——清光绪《梁山县志》卷十《艺文·诗》。符永培，生卒年不详，字子田，以父兆熊荫州同，署四川彭水县、达县事，后补梁山县（今重庆梁平县）知县。

双桂堂/（清）符永培. ——清光绪《梁山县志》卷十《艺文·诗》。

拣发新疆到省寄怀驹如/（清）杜绍唐. ——民国新修《合川县志·文在二》，卷七十《诗一·律诗》。杜绍唐，生卒年不详，合川人，举人。

辛酉馆银溪乡学携诸生登华银山/（清）杜绍唐. ——民国新修《合川县志·文在二》，卷七十《诗一·律诗》。

江北镇/（清）傅峤. ——《重庆题咏录》第127页。傅峤，字沧石，武昌人。

题回龙桥店壁/（清）傅峤. ——《重庆题咏录》第127页。

"江南游遍复相逢，看破人间总是空。去！去！去！去难留！玄机依旧在阎浮。"/（清）韩复性. ——清乾隆《巴县志》卷九《人物志·释老》。韩复性，生卒年不详，清代播州人。

将赴丙戌春闱留别沈氏昆仲/（清）贺青连. ——清光绪《大宁县志》卷八《艺文志》。贺青连，生卒年不详，蒲圻举人。

将赴春闱留别凤山书院门人/（清）贺青连. ——清光绪《大宁县志》卷八《艺文志》。

将之盐厂留别邑侯柏东堂先生/（清）贺青莲. ——清光绪《大宁县志》卷八《艺文志》。

七夕郭公祠酌酒四首录一/（清）贺青连. ——清光绪《大宁县志》卷八《艺文志》。

鉴湖石鱼记/（清）陈预. ——清同治重修《涪州县志》卷十五《艺文志·古今体诗一百八十五首》。陈预，生卒年不详，嘉庆年间任职福建。

郊行即事/（清）杨秉春. ——民国新修《合川县志·文在二》，卷七十《诗一·绝句》。杨秉春，生卒年不详，合川人，举人。

无聊吟/（清）杨秉春. ——民国新修《合川县志·文在二》，卷七十《诗一·律诗》。

教匪乱后书事/（清）李炆. ——清道光《垫江县志》卷十《诗·七言律诗》。李炆，生卒年不详，字愚斋，垫江贡生。

教匪乱后书事/（清）卢宝田. ——清道光《垫江县志》卷十《诗·五言律诗》。卢宝田，生卒年不详，字经余，垫江贡生。

金鳌山／（清）程远. ——民国《巴县志》卷一《疆域·山脉》。程远，生卒年不详，字迹修，号葆真子，浙江湖州武进士，罢官后寓重庆。

咏梅／（清）程远. ——清乾隆《巴县志》卷九《人物志·流寓》。

金鳌寺／（清）苗济. ——《重庆题咏录》第279页。苗济，生卒年不详，字方舟。

金碧台／（清）王靖远. ——清同治《巴县志》卷四下《艺文志·五古》。

龙门／（清）王靖远. ——清同治《巴县志》卷四下《艺文志·五古》。

洗墨池／（清）王靖远. ——清同治《巴县志》卷四下《艺文志·五古》。

金钟寺月夜独步／（清）李怀桢. ——清光绪《铜梁县志》卷十四《艺文志·四》。李怀桢，字巽斋，生卒年不详。

同治戊辰疫气流行死者相继因作挽歌词以哀之／（清）李怀桢. ——清光绪《铜梁县志》卷十四《艺文志·四》。

锦山草堂／（清）李世燕. ——民国《长寿县志》卷十五《文征下》。

进士题名碑歌在京师国子监衙门内／（清）周本一. ——民国《长寿县志》卷十五《文征下》。周本一，生卒年不详，字伯贞，长寿县人，世居城北十里红岩子，攻理学，精《易经》，曾主讲于凤山书院。

苦旱／（清）周本一. ——民国《长寿县志》卷十五《文征下》。

进峡／（清）张衍懿. ——清光绪《奉节县志》。张衍懿，生卒年不详，字庆余，太仓人。

瞿塘峡／（清）张衍懿. ——清光绪《奉节县志》卷三十六《艺文·诗汇》。

巫峡／（清）张衍懿. ——清光绪《巫山县志》卷三十二《艺文志》。

经秦保宫夫人故第／（清）车申田. ——清道光《补辑石砫厅新志·艺文志下》。车申田，生卒年不详，山东海阳人，进士，曾官宜宾、丰都等地，多次游历石柱并留下诗作。

经秦夫人故第／（清）车申田. ——《石柱文史资料》第九辑《吟秦良玉诗词联辑》第38页。

散花岩／（清）车申田. ——清道光《补辑石砫厅新志·艺文志下》。

宿石柱野店/（清）车申田.——清道光《补辑石砫厅新志·艺文志下》。

九龙滩/（清）朱嘉征.——清同治《巴县志》卷四下《艺文志·五古》。朱嘉征，生卒年不详，字岷左，号止溪，海宁人，会试副榜。

莲峰三滩/（清）朱嘉征.——清同治《巴县志》卷四下《艺文志·五古》。

龙门滩/（清）朱嘉征.——清同治《巴县志》卷四下《艺文志·五古》。

折尾滩诗/（清）朱嘉征.——清乾隆《忠州志》卷一。

九曲溪泛舟/（清）王祚垣.——《彭水县志》第966页。王祚垣，生卒年不详，字紫阶，蒲圻人，举人，授彭水知县。

九日登崇山/（清）蔡中.——清道光《綦江县志》卷十二《艺文下》。蔡中，字毓菴，生卒年不详。

九日登西山古寺/（清）马宗大.——清道光《补辑石砫厅新志·艺文志下》。马宗大，生卒年不详，字应侯，号南岩，明末著名女将秦良玉玄孙，石柱第十五世土司，应袭石柱宣慰司宣慰使。

咏僧舍美人蕉/（清）马宗大.——清道光《补辑石砫厅新志·艺文志下》。

游石峰寺/（清）马宗大.——清道光《补辑石砫厅新志·艺文志下》。

九日谒明良殿/（清）杨崇.——清光绪《奉节县志》卷三十六《艺文·诗汇》。杨崇，生卒年不详，四川邻水人，中举后任丰都县教谕。

九日饮渝州书院/（清）俞德修.——《重庆题咏录》第250页。俞德修，字道凝，重庆人，乡贤，太学生。

九月东城见江水犹壮/（清）陈乃志.——《重庆题咏录》第148页。陈乃志，生卒年不详，字锦石，重庆乡贤，曾任丰都知县。

九月十九日陪志观察廖明府诸君共十八人于郡斋为展重阳之会分韵得菰字五言排律百韵/（清）文邦从.——民国《南充县志》卷十二《艺文志·诗》。

鹫台寺鱼池/（清）陈思典.——民国《潼南县志》卷六《艺文志下·二诗》。陈思典，生卒年不详，潼南县人，乡绅。

聚云山晚归赠源澈上人（二首）/（清）国栋.——清同治重修《涪州县志》卷十五《艺文志·古今体诗一百八十五首》。国栋，生卒年不详，州牧。

绝命词/（清）向氏.——《国朝全蜀诗钞》第 706 页。向氏，生卒年不详，涪州人。

觉林寺八景/（清）王奕鸿.——《重庆题咏录》第 138—139 页。王奕鸿，生卒年不详，字树先，江南太仓人，大学士王损之子，进士。

觉林寺送岳鲁公归会稽二首/（清）陈卓.——《重庆题咏录》第 159 页。陈卓，生卒年不详，字卓人，清江上元人。

香国寺吾庐/（清）陈卓.——《重庆题咏录》第 159 页。

开元寺读书/（清）支承祜.——《彭水县志》第 979 页。支承祜，生卒年不详，彭水县人，拔贡。

游安乐洞/（清）支承祜.——《彭水县志》第 979 页。

课子/（清）陈志冰.——民国新修《合川县志·文在二》，卷七十《诗一·绝句》。陈志冰，生卒年不详，女，合川人，中书陈昌阳姊，幼通经史，能诗，十七岁归处士何大成，甫三月寡，抚子守节四十年，书不离手。

苦雨/（清）陈志冰.——民国新修《合川县志·文在二》，卷七十《诗一·绝句》。

母病归宁而作/（清）陈志冰.——民国新修《合川县志·文在二》，卷七十《诗一·绝句》。

咏梅/（清）陈志冰.——民国新修《合川县志·文在二》，卷七十《诗一·绝句》。

咏杨菊贞女士/（清）陈志冰.——民国新修《合川县志·文在一》，卷六十九《诗一·七言古》。

口占答外/（清）梅娘.——《国朝全蜀诗钞》第 715 页。梅娘，生卒年不详，女，奉节人，适诸生某，夫长期在外。

苦竹诗/（清）陈士琮.——清光绪《秀山县志》卷第十《士女志》第八之二《二糜吴熊蒋陈列传》。陈士琮，生卒年不详，字碧璘，雍正十年（1732）壬子科。

夔府晓望/（清）王树桐. ——清光绪《奉节县志》卷三十六《艺文·艺文补遗》。王树桐，生卒年不详，嘉庆中人，同治五年（1866）曾任四川乐至县令。

舟泊夔门/（清）王树桐. ——清光绪《奉节县志》卷三十六《艺文·艺文补遗》。

夔府忆少陵/（清）何人鹤. ——《国朝全蜀诗钞》第311页。何人鹤，生卒年不详，字鸣九，绵州人，诸生。

彭水道中/（清）何人鹤. ——《国朝全蜀诗钞》第311页。

巫山县/（清）何人鹤. ——《国朝全蜀诗钞》第311页。

由涪州入峡上彭水诗/（清）何人鹤. ——《彭水文史资料》第六辑第120页。

由涪州挽舟上彭水抵龚滩/（清）何人鹤. ——《彭水县志》第970页。

竹枝词四首/（清）何人鹤. ——《台山诗集》卷九。

夔州/（清）何盛斯. ——《国朝全蜀诗钞》第519页。何盛斯，生卒年不详，字蓉生，四川中江人，举人。

威州夜宿谈及川中风土偶成四截/（清）何盛斯. ——《国朝全蜀诗钞》第519页。

夔州/（清）赵遵素. ——《国朝全蜀诗钞》第376页。赵遵素，生卒年不详，字玉山，华阳人。

夔州罗氏园/（清）无名道士. ——白帝城碑刻。

夔州行/（清）[作者不详]. ——《夔门诗粹》。

夔州竹枝词一首/（清）王映东. ——《听雨楼随笔》卷五。王映东，生卒年不详，号辛坞，江西金溪人。

李渡玉皇观文社醉后题壁（其二）/（清）刘邦柄. ——清同治重修《涪州县志》卷十五《艺文志·古今体诗一百八十五首》。刘邦柄，生卒年不详，涪州人，进士。

游蔺市揽诸胜/（清）刘邦柄. ——清同治重修《涪州县志》卷十五《艺文志·古今体诗一百八十五首》。

李华孺人寿诗/（清）邓重光. ——民国新修《合川县志·文在一》，卷六十九《诗一·五言古》。邓重光，生卒年不详，合川人，贡生。

李绖挽诗/（清）李洪昕. ——民国《江津县志》卷七之一《人物志》。李洪昕，生卒年不详，清代蜀人。

李贞女诗（有序）/（清）陈瀚. ——《国朝全蜀诗钞》第 500 页—501 页。陈瀚，生卒年不详，字莲舫，涪州诗人。

荔圃春风/（清）章绪. ——清同治重修《涪州县志》卷十五《艺文志·古今体诗一百八十五首》。章绪，生卒年不详，浙江富阳人，贡生，任黔江、酉阳、彭水等地知县时期，曾重建各地儒学。

群猪夜吼/（清）章绪. ——清同治重修《涪州县志》卷十五《艺文志·古今体诗一百八十五首》。

励志诗/（清）李在文. ——清光绪《奉节县志》艺文卷。李在文，生卒年不详，镶红旗汉军，夔州知州。

莲池三贤祠/（清）蔡宗克. ——《夔门诗粹》。

莲花石小诗/（清）李岚翔. ——《江津县志·附录·艺文》第 883 页。李岚翔，清代人，生平不详。

莲花石小诗/（清）刘万荣. ——《江津县志·附录·艺文》第 883 页。刘万荣，清代人，生平不详。

莲暮/（清）彭梦琪. ——民国新修《合川县志·文在二》，卷七十《诗一·律诗》。

柳衣/（清）彭梦琪. ——民国新修《合川县志·文在二》，卷七十《诗一·律诗》。

藕节/（清）彭梦琪. ——民国新修《合川县志·文在二》，卷七十《诗一·律诗》。

竹笑/（清）彭梦琪. ——民国新修《合川县志·文在二》，卷七十《诗一·律诗》。

梁平县景诗七首（高梁耸翠、古洞蟠龙、崖泉瀑布、赤牛卧月、石马归云、万石耕春、垂云北观）/（清）吴承礼. ——清光绪《梁山县志》卷十

《艺文·诗》。吴承礼，生卒年不详，清代诗人。

烈妇传董氏/（清）董沆．——清道光《垫江县志》卷十《诗·七言律诗》。董沆，字活源，生卒年不详。

烈妇辞/（清）陈堃．——清咸丰《开县志》卷二十七《艺文下》。陈堃，开县人，生卒年不详。

烈妇辞/（清）傅绳勋．——清咸丰《开县志》卷二十七《艺文下》。

烈妇辞/（清）顾燠世．——清咸丰《开县志》卷二十七《艺文下》。顾燠世，生卒年不详，字含象，上虞人。

烈妇辞/（清）刘在荣．——清咸丰《开县志》卷二十七《艺文下》。刘在荣，生平不详。

烈妇董墙氏/（清）沈云汉．——清道光《垫江县志》卷十《诗·七言律诗》。沈云汉，生平不详。

烈妇董墙氏/（清）陶斯咏．——清道光《垫江县志》卷十《诗·七言律诗》。陶斯咏，生卒年不详，长寿人，举人。

烈妇歌/（清）周原骆．——《国朝全蜀诗钞》第439页。周原骆，生卒年不详，忠州举人。

王烈妇歌/（清）周原骆．——清同治《忠州直隶州志》卷十二《艺文志·诗（七古）》。

谒宣公墓/（清）周原骆．——清同治《忠州直隶州志》卷十二《艺文志·诗（七律）》。

烈女殉难歌/（清）任思培．——清光绪《荣昌县志》卷二十二《艺文·国朝诗》。任思培，生卒年不详，铜梁人。

临江仙·赠临江菴李纯金道士/（清）李炳灵．——《历代蜀词全辑》第695页。李炳灵，生卒年不详，字可渔或守愚，清代垫江举人，曾任德阳府温江县教谕、忠州高等小学堂堂长等。

念奴娇/（清）李炳灵．——《历代蜀词全辑》第695页。

灵云洞/（清）李炳麟．——清道光《南部县志》卷三十《艺文志》。李炳麟，四川南部县人。

流杯池/（清）崔鳌. ——清光绪《西充县志》卷十三《艺文志·中》。崔鳌，四川西充人。

流杯池/（清）袁家龙. ——清光绪《西充县志》卷十三《艺文志·中》。袁家龙，四川西充人。

流杯池泛/（清）陈巘. ——清光绪《丰都县志》卷四《艺文志》。

送客晴澜/（清）陈巘. ——清光绪《丰都县志》卷四《艺文志》。

留别涪陵士庶/（清）沈宝昌. ——清同治重修《涪州县志》卷十五《艺文志·古今体诗一百八十五首》。沈宝昌，生卒年不详，安徽石埭举人，任职涪州。

留别南平四首/（清）孟易吉. ——清道光《綦江县志》卷十二《艺文下》。孟易吉，生卒年不详，清代人，曾任綦江县令。

留别县中诸友/（清）霍雨霖. ——民国《长寿县志》卷十五《文征下》。霍雨霖，字润生，今山西沁水人。

题任香湄广文啸声楼诗集/（清）霍雨霖. ——民国《长寿县志》卷十五《文征下》。

柳堤作/（清）贾思谟. ——清光绪《铜梁县志》卷十四《艺文志·四》。贾思谟，生卒年不详，字云浦，铜梁县举人，宣恩知县。

太平里/（清）贾思谟. ——清光绪《铜梁县志》卷十四《艺文志·四》。

上李制府会剿功成/（清）孟易吉. ——清道光《綦江县志》卷十二《艺文下》。

留别平都山/（清）张瑞麟. ——清光绪《丰都县志》卷四《艺文志》。张瑞麟，生卒年不详，直隶天津举人，丰都知县。

留记波漩河景物/（清）蒋上卿. ——《梁平文史资料》第六辑《虎城风情》，第47页。蒋上卿，生卒年不详，曾任梁山（今重庆梁平）知县。

留客看山歌/（清）韦起文. ——民国《南川县志》卷十二《艺文志下·诗选》。韦起文，清代南川（今重庆南川区）人。

龙池/（清）李棠. ——清光绪《西充县志》卷十三《艺文志·中》。李棠，曾任四川西充县令。

题纪将军墓/（清）李棠. ——清光绪《西充县志》卷十三《艺文志·中》。

龙洞宝昙寺二首/（清）龙泾. ——清光绪《巫山县志》卷三十二《艺文志》。龙泾，生平不详。

龙多山踏青词/（清）王肇璨. ——民国新修《合川县志·文在二》，卷七十《诗一·绝句》。

龙脊/（清）五峰先生. ——《云阳县志》第1287—1288页。五峰先生，姓字未详。

桓侯庙/（清）詹宫. ——民国《云阳县志》卷四十二《文录上·古近体诗》。

龙脊/（清）詹宫. ——民国《云阳县志》卷四十二《文录上·古近体诗》。

龙脊留题/（清）单行举. ——民国《云阳县志》卷四十二《文录上·古近体诗》。单行举，生卒年不详，山东高密人，举人，云阳知县。

龙脊留题/（清）羊谷子封. ——《云阳县志》第1288—1289页。

龙脊诗/（清）申步衢. ——《云阳县志》第1287页。

龙脊石次五峰先生韵/（清）潘瑜. ——《云阳县志》第1287页。

龙井流香/（清）吴乃赓. ——清光绪《铜梁县志》卷十四《艺文志·四》。吴乃赓，生卒年不详，字补云，副贡生。

旗岭晴霞/（清）吴乃赓. ——清光绪《铜梁县志》卷十四《艺文志·四》。

龙聚山八景/（清）罗学源. ——《重庆题咏录》第296页。罗学源，生卒年不详，重庆乡贤，举人，广安州学正。

龙君祠/（清）杨埏. ——民国《云阳县志》卷四十二《文录上·古近体诗》。

栖霞宫吊张三丰上人/（清）杨埏. ——《云阳县志》第1301—1303页。

演易台怀宋邵康节先生/（清）杨埏. ——民国《云阳县志》卷四十二《文录上·古近体诗》。

龙君宫（即扶嘉庙）/（清）谭仁职. ——《云阳县志》第1301—1303页。

龙门/（清）施玉立. ——《重庆题咏录》第160页。施玉立，生卒年不详，字春岩，华亭人，曾任忠州（今重庆忠县）知州。

禹庙/（清）施玉立. ——《重庆题咏录》第160页。

龙盘古迹/（清）龙庭三. ——清光绪《巫山县志》卷三十二《艺文志》。龙庭三，生卒年不详，巫山县人。

龙王洞/（清）董之驿. ——清道光《垫江县志》卷十《诗·七言古风》。

题五洞硚观音阁并序/（清）董之驿. ——清道光《垫江县志》卷十《诗·七言古风》。

卧牛石病中作/（清）董之驿. ——清道光《垫江县志》卷十《诗·五言律诗》。

侣俸寺题壁/（清）王铁洲. ——清光绪《铜梁县志》卷十四《艺文志·四》。王铁洲，生卒年不详，铜梁县人。

绿阴轩/（清）张天湜. ——《彭水县志》第968页。

绿阴轩二首/（清）刘康蔚. ——《彭水县志》第978页。

绿阴轩二首/（清）吴淮. ——《彭水县志》第978页。

绿阴轩怀古/（清）支仲雯. ——《彭水县志》第979页。支仲雯，生卒年不详，彭水人，秀才。

乱后山居三首/（清）王长德. ——民国《长寿县志》卷十五《文征下》。王长德，生卒年不详，字丽田，长寿孝廉，举人。

偶见/（清）王长德. ——民国《长寿县志》卷十五《文征下》。

乱后旋居釜山览物有感/（清）来象坤. ——清光绪《梁山县志》卷十《艺文·诗》。来象坤，生卒年不详，字宁我，拔贡，来知德曾孙。

落花声/（清）李天柱. ——民国《南川县志》卷十二《艺文志下·诗选》。

咏梅花和韵/（清）李天柱. ——民国《南川县志》卷十二《艺文志下·诗选》。

买春楼／（清）陈祥凤.——《璧山文史》，第十一辑第 40 页。陈祥凤，生卒年不详，字仙洲，璧山县举人，教书为业。

漫水湾／（清）罗天锦.——清同治《璧山县志》卷十《艺文志·诗·七言绝》。罗天锦，生卒年不详，字织云，璧山人。

茅莱山仙洞怀古／（清）邹英.——清同治《璧山县志》卷十《艺文志·诗·七言古》。邹英，生卒年不详，字吉三，璧山人。

梦登峨眉绝顶诗／（清）王家驹.——《江津文史资料选辑》第四辑第 91 页。王家驹，生卒年不详，字子昂，江津人，举人，喜诗文。

悯旱用东坡海市原韵／（清）王汝舟.——清光绪《铜梁县志》卷十四《艺文志·四》。王汝舟，生卒年不详，字巨川或济川，晋宁人，进士，后主讲泸州书院，卒于蜀。

明贡生秦载阳／（清）伯维祺.——《石柱文史资料》第九辑《吟秦良玉诗词联辑》第 92 页。

明贡生秦载阳／（清）伯受中.——《石柱文史资料》第九辑《吟秦良玉诗词联辑》第 93 页。伯受中，生卒年不详，字位山，号时斋，忠州人，厚选儒学训导，工诗，参与编修《忠州直隶州志》。

明怀宗平台诏见赐太子太保忠贞侯秦夫人良玉锦袍／（清）伯受中.——《石柱文史资料》第九辑《吟秦良玉诗词联辑》第 51 页。

游华岩寺赠圣可大师／（清）潘之彪.——清同治《巴县志》卷四下《艺文志·五言律》。潘之彪，生卒年不详，字文山，丹阳人，进士，曾任四川蓬溪县令，清代诗人。

明史杂咏／（清）冯渠.——清道光《补辑石砫厅新志·艺文志下》。

明史杂咏／（清）吴世贤.——清道光《补辑石砫厅新志·艺文志下》。吴世贤，生卒年不详，字古心，号掌平，南汇（今属上海市）人，进士，知湖南靖州，工诗画。

明史杂咏／（清）张香.——清道光《补辑石砫厅新志·艺文志下》。张香，桐山人，生平不详。

鸣玉平沙／（清）金辉生.——清同治《忠州直隶州志》卷十二《艺文

志·诗（七律）》。金辉生，生卒年不详，诗人。

西岩瀑布/（清）金辉生.——清同治《忠州直隶州志》卷十二《艺文志·诗（七律）》。

玉镜天成/（清）金辉生.——清同治《忠州直隶州志》卷十二《艺文志·诗（七律）》。

治平晨钟/（清）金辉生.——清同治《忠州直隶州志》卷十二《艺文志·诗（七律）》。

鸣玉平沙/（清）卢瀚.——清同治《忠州直隶州志》卷十二《艺文志·诗（七律）》。卢瀚，生平不详。

五龙漾宝/（清）卢瀚.——清同治《忠州直隶州志》卷十二《艺文志·诗（七律）》。

治平晨钟/（清）卢瀚.——清同治《忠州直隶州志》卷十二《艺文志·诗（七律）》。

紫极晚烟/（清）卢瀚.——清同治《忠州直隶州志》卷十二《艺文志·诗（七律）》。

木柜岩/（清）支季云.——《彭水县志》第975页。支季云，清代重庆彭水诗人。

石华岩/（清）支季云.——《彭水县志》第975页。

卧佛岩/（清）支季云.——《彭水县志》第975页。

谒长孙太尉墓/（清）支季云.——《彭水县志》第975页。

睦族碑/（清）谭履谦.——清同治《忠州直隶州志》卷十二《艺文志·诗（七绝）》。

暮春涪水同友人闲游/（清）杨宏绪.——《国朝全蜀诗钞》第81页。杨宏绪，生卒年不详，字丹山，新繁人，进士，历官浙江按察使。

南关渡晚眺/（清）沈增.——清光绪《大宁县志》卷八《艺文志》。沈增，生卒年不详，字补齐，大宁县贡生。

天宁寺古钟/（清）沈增.——清光绪《大宁县志》卷八《艺文志》。

夜雨宿郭公祠/（清）沈增.——清光绪《大宁县志》卷八《艺文志》。

游仙人洞不果（二首）/（清）沈增. ——清光绪《大宁县志》卷八《艺文志》。

南陵春晓/（清）陈益襄. ——清光绪《巫山县志》卷三十二《艺文志》。陈益襄，生卒年不详，涪州廪贡生，巫山训导。

南岷山/（清）李昭汉. ——清光绪《西充县志》卷十三《艺文志·中》。李昭汉，四川西充人。

南平署中送张玉屏归渝州/（清）王宝年. ——清道光《綦江县志》卷十一《艺文上·古体诗》。

南平送乡人归里/（清）杨端. ——清道光《綦江县志》卷十二《艺文下》。

署中夏日偶成/（清）杨端. ——清道光《綦江县志》卷十二《艺文下》。

磐石城歌为涂君子厚作/（清）徐翔. ——民国《云阳县志》卷四十二《文录上·古近体诗》。

磐石城怀古/（清）郭文珍. ——民国《云阳县志》卷四十二《文录上·古近体诗》。郭文珍，生卒年不详，曾名启儒，字聘初，云阳人，县学生，举人。

磐石城记题后/（清）萧方骏. ——民国《云阳县志》卷四十二《文录上·古近体诗》。萧方骏，生卒年不详，四川人。

磐石城四首为厚龛同年作/（清）周贞亮. ——民国《云阳县志》卷四十二《文录上·古近体诗·清》。

蟠龙山寺观瀑布/（清）路朝霖. ——清光绪《梁山县志》卷十《艺文·诗》。路朝霖，生卒年不详，字访岩，一字覃叔，贵州毕节人，翰林，川东万县知县，工诗文，擅书法。

宿大宁魏氏萼辉楼/（清）路朝霖. ——清光绪《大宁县志》卷八《艺文志》。

平都山/（清）黄进. ——清光绪《丰都县志》卷四《艺文志》。

平都山/（清）莫琚. ——清光绪《丰都县志》卷四《艺文志》。

平都山/（清）宋文. ——清光绪《丰都县志》卷四《艺文志》。

平都山/（清）王稽.——清光绪《丰都县志》卷四《艺文志》。

平都山/（清）杨柬.——清光绪《丰都县志》卷四《艺文志》。

平都山/（清）杨凌斗.——清光绪《丰都县志》卷四《艺文志》。

菩萨顶/（清）邵为鉴.——清光绪《梁山县志》卷十《艺文·诗》。邵为鉴，诗人。

菩萨顶/（清）张昞.——清光绪《梁山县志》卷十《艺文·诗》。张昞，河南卫辉府汲县人，优贡，诗人。

菩萨顶（有引）/（清）姜嘉佑.——清光绪《梁山县志》卷十《艺文·诗》。

双桂禅院/（清）姜嘉佑.——清光绪《梁山县志》卷十《艺文·诗》。

普和看梅/（清）何钺——《国朝全蜀诗钞》第67页。何钺，生卒年不详，字元鼎，号厚溪，涪州（今重庆涪陵）人。

七律回文诗/（清）文和道人.——《璧山文史》第十一辑第14页。

七盘关/（清）潘时镶——《国朝全蜀诗钞》第437页—438页。潘时镶，生卒年不详，字轩三，江津人。

綦阳官署有感/（清）章文烈.——清道光《綦江县志》卷十二《艺文下》。章文烈，生卒年不详，字采臣，会稽人。

千佛岩漫兴/（清）白澍.——清光绪《铜梁县志》卷十四《艺文志·四》。白澍，生卒年不详，字雨春，四川营山县人，铜梁县教谕。

秦寡妇诗/（清）张临.——清道光《补辑石砫厅新志·艺文志下》。张临，生卒年不详，字载寓，河南襄城人，进士，历任江都县令、夔州道兵部副使。

秦良玉歌/（清）张怀涟.——《国朝全蜀诗钞》第325页。张怀涟，生卒年不详，字玉溪，汉州人，张邦伸子。

沁园春·山居述怀/（清）冉永涵.——《历代蜀词全辑》第1008页。冉永涵，生卒年不详，字芳林，号竹田，酉阳人，贡生。

忆秦娥·饭周延翁友莲堂/（清）冉永涵.——《历代蜀词全辑》第1008页。冉永涵，生卒年不详，字芳林，号竹田，酉阳人，贡生。

秋日登八面山（步前令孟公原韵）／（清）张九章. ——《黔江县志》艺文卷。张九章，生卒年不详，名山右，号衮甫，山西平定州人，进士，清光绪十五年至二十五年（1889—1899）任黔江知县，主修县志。

秋日留綦有感／（清）严简. ——清道光《綦江县志》卷十二《艺文下》。

秋日同邓筼轩挂橘山即事／（清）陈本谟. ——清同治《璧山县志》卷十《艺文志·诗·七言律》。陈本谟，生卒年不详，字乃彰，璧山人。

赠张若泉明府／（清）陈本谟. ——清同治《璧山县志》卷十《艺文志·诗·五言律》。

秋日饮陈氏园／（清）吴质存. ——清同治《璧山县志》卷十《艺文志·诗·七言古》。吴质存，生卒年不详，字健齐，江苏武进县人。

秋日游绿阴轩极目／（清）刘龙霖. ——《彭水县志》第978页。刘龙霖，生卒年不详，彭水举人。

秋日寓白云庵／（清）李兼. ——清道光《垫江县志》卷十《诗·五言律诗》。李兼，生卒年不详，字山西，江苏吴江人。

秋兴八首／（清）管凤翔. ——《忠州古诗词选》第206页。管凤翔，生卒年不详，江苏武进人，书法家。

秋夜／（清）高人龙. ——《国朝全蜀诗钞》第66页。高人龙，生卒年不详，字惕庵，重庆梁山（今梁平县）人，进士，后退职归里，潜心研究濂、洛、关、闽四家理学。

秋夜沙湾同友辈泛月小饮／（清）罗弼. ——清道光《綦江县志》卷十二《艺文下》。罗弼，生卒年不详，字黼亭，綦江县廪生。

瀛山晚眺／（清）罗弼. ——清道光《綦江县志》卷十二《艺文下》。

秋雨后游东岩寺登捧云台／（清）温润. ——清光绪《铜梁县志》卷十四《艺文志·四》。温润，字瑜田，生卒年不详。

秋中同友人等五福宫闲眺二首／（清）章凤来. ——《重庆题咏录》第161页。章凤来，生卒年不详，字觐阳，钱塘（今浙江杭州）人。

瞿塘峡／（清）金沙. ——《四川杂志》1908年第2期。金沙，生平不详。

瞿塘峡／（清）孙元恒. ——清光绪《奉节县志》卷三十六《艺文·诗

汇》。孙元恒，生卒年不详，字子常，福建永春人，官汉州知州。

瞿塘峡/（清）樊泽达.——清光绪《奉节县志》卷三十六《艺文·诗汇》。樊泽达，生卒年不详，字昆来，四川宜宾人，进士。

瞿塘竹枝词二首/（清）钱林.——《玉山草堂集》卷二十八。钱林，生卒年不详，字东生，一字叔雅，号金粟，浙江仁和（今杭州）人，进士。

滟滪/（清）钱林.——《玉山草堂诗集》。

劝民歌十章/（清）赵来震.——民国《忠县志》卷二十《文录志》，目一七七《歌词》。赵来震，生卒年不详，号筱墅，清乾隆三十六年（1771）进士，授兵部主事，曾任忠州知州。

劝农歌二十首/（清）陶文彬.——《彭水县志》第967页。陶文彬，生卒年不详，浙江会稽人，曾任彭水知县，编县志，有政声。

山居（四首）/（清）陶文彬.——《彭水文史资料》第六辑第123页。

山行四首/（清）陶文彬.——《彭水文史资料》第六辑第123页。

壬子春再渡桑乾思韫山陈夫子怆然赋此/（清）曲阜昌.——清道光《南部县志》卷三十《艺文志》。

新春比上早行过万年垭留杜公怀仁里/（清）曲阜昌.——清道光《南部县志》卷三十《艺文志》。

壬子感怀/（清）李培业.——民国《长寿县志》卷十五《文征下》。

冉烈妇哀辞/（清）朱有章.——清光绪《丰都县志》卷四《艺文志》。朱有章，生卒年不详，字文焕，曾任重庆丰都、奉节、梁山等县知县。

三义祠/（清）王舟.——清道光《城口厅志》卷二十《艺文志·诗》。

太平八无/（清）王舟.——清道光《城口厅志》卷二十《艺文志·诗》。

三月八日邀诸同人踏青至庐伽洞仿陆剑南得冶春绝句/（清）高继苯.——清光绪《铜梁县志》卷十四《艺文志·四》。高继苯，生卒年不详，字晴峰，号二云，拔贡，官雅州府教授。

杀贼口号/（清）黄淳熙.——民国新修《合川县志·文在二》，卷七十《诗一·律诗》。黄淳熙，生卒年不详，湖南补用知府，镇压太平天国的干将，镇压起义时在合川被俘。

随征口号/（清）黄淳熙. ——民国新修《合川县志·文在二》，卷七十《诗一·绝句》

途中示幕士/（清）黄淳熙. ——民国新修《合川县志·文在二》，卷七十《诗一·绝句》。

上岩寺/（清）陈昆. ——民国《云阳县志》卷四十二《文录上·古近体诗》。陈昆，生卒年不详，字友松，开县人，道光二十五年（1845）进士。

万户驿/（清）陈昆. ——民国《云阳县志》卷四十二《文录上·古近体诗》。

谒桓侯庙/（清）陈昆. ——民国《云阳县志》卷四十二《文录上·古近体诗》。

远归曲/（清）陈昆. ——《国朝全蜀诗钞》第595页—597页。

深谷云涛/（清）周悟贤. ——清光绪《铜梁县志》卷十四《艺文志·四》。周悟贤，生卒年不详，字愚岭，今重庆铜梁人。

神女庙/（清）德克进布. ——清光绪《巫山县志》卷三十二《艺文志》。德克进布，生卒年不详，诗人。

昭君村/（清）德克进布. ——清光绪《巫山县志》卷三十二《艺文志》。

神女庙/（清）吴简言. ——清光绪《巫山县志》卷三十二《艺文志》。吴简言，生卒年不详，诗人。

神女庙（一作云华祠）/（清）焦懋熙. ——清光绪《巫山县志》卷三十二《艺文志》。焦懋熙，生卒年不详，四川奉节县人，拔贡，候选学正，参与总纂《夔州府志》、《奉节县志》。

盛山积翠/（清）林元凤. ——清咸丰《开县志》卷二十七《艺文下》。

题飞翠亭/（清）林元凤. ——清咸丰《开县志》卷二十七《艺文下》。

游大觉寺/（清）林元凤. ——清咸丰《开县志》卷二十七《艺文下》。

盛山书院蒙泉诗并序/（清）高学濂. ——清咸丰《开县志》卷二十七《艺文下》。高学濂，生卒年不详，字孔受，号希之，举人，历任四川江安、巴县、华阳知县。

圣泉寺纳凉/（清）释真空. ——清光绪《铜梁县志》卷十四《艺文志·

四》。真空,生卒年不详,计都寺智云之六代徒,后寓崆峒山,自号崆峒山僧,工书法,好吟咏,著有《崆峒吟》。

狮岩夕照/(清)高联岳.——清光绪《铜梁县志》卷十四《艺文志·四》。高联岳,字橘圃,生卒年不详。

十二峰/(清)李芝.——清光绪《巫山县志》卷三十二《艺文志》。李芝,生卒年不详,字瑞五、鹤田,号吉山,富顺县人,进士。

十二峰分韵/(清)曾朝柱.——清光绪《巫山县志》卷三十二《艺文志》。曾朝柱,生卒年不详,诗人。

阅节孝夏母姜孺人事实题/(清)曾朝柱.——清光绪《巫山县志》卷三十二《艺文志》。

十贤赞/(清)邱景迟.——清光绪《奉节县志》卷三十六《艺文·艺文补遗》。邱景迟,生卒年不详,奉节县人,举人。

永安宫怀古/(清)邱景迟.——清光绪《奉节县志》卷三十六《艺文·艺文补遗》。

石舟滩/(清)高振志.——清道光《垫江县志》卷十《诗·七言绝句》。

示弟诗/(清)张人鉴.——《璧山文史》第十一辑第42页。张人鉴,生卒年不详,原名九成,字子韶,今重庆璧山县人,贡生。

示东川书院同学诸友/(清)伍潛祥.——清道光《綦江县志》卷十一《艺文上·古体诗》。伍潛祥,生卒年不详,綦江人,进士,官户部郎中、记名御史。

试院煎茶/(清)彭应祥.——《国朝全蜀诗钞》第488页。彭应祥,生卒年不详,合州(今重庆合川)人。

寿黄鹤溪六旬双庆/(清)潘一仑.——民国新修《合川县志·文在一》,卷六十九《诗一·五言古》。潘一仑,生卒年不详,合川人。

书楼山/(清)李昂.——清光绪《西充县志》卷十三《艺文志·中》。李昂,四川西充人。

书宋郡师石刻后/(清)蔡希斋.——瞿塘峡壁题刻。蔡希斋,生卒年不详,湖北蕲水人,吕辉门生。

书张节妇晚香阁命子琐言后/（清）周维新. ——民国新修《合川县志·文在二》，卷七十《诗一·律诗》。周维新，生卒年不详，贡生，合川人。

书重庆太守李公见示雍熙碑后/（清）朱锦. ——民国新修《合川县志·文在一》，卷六十九《诗一·七言古》。朱锦，生卒年不详，贡生，合川人。

疏林夜雨/（清）左昌华. ——清光绪《铜梁县志》卷十四《艺文志·四》。左昌华，生卒年不详，字秩亭，铜梁人，贡生。

双节墓/（清）吴燮熙. ——清光绪《铜梁县志》卷十四《艺文志·四》。吴燮熙，生卒年不详，字庶堂，铜梁人，贡生，任石泉训导。

爽心阁晚眺/（清）陈觐光. ——民国《巴县志》卷三《古迹》。陈觐光，生卒年不详，榜名陈晃，号畚堂，举人，仕至四川邻水县知县。

水月殿/（清）虞元枋. ——清道光《綦江县志》卷十二《艺文下》。虞元枋，生卒年不详，嘉兴人，举人。

送胞兄均甫入都/（清）陈洪箴. ——清道光《綦江县志》卷十二《艺文下》。

送别赵大令诗/（清）孙建极. ——民国《长寿县志》卷十六《拾遗·附近事见闻录》。

送丁郎中守重庆/（清）田雯. ——《古欢堂集》卷七。田雯，生卒年不详，字纶霞，山东德州人。

送董樕园明府入都/（清）胡开仕. ——清同治《璧山县志》卷十《艺文志·诗·七言律》。胡开仕，生卒年不详，璧山茂才，后授徒，循循善诱。

送罗希棠夫子入都/（清）庞鼎文. ——民国《南充县志》卷十二《艺文志·诗》。

送同年李之任湖广/（清）吉颐贞. ——清光绪《西充县志》卷十三《艺文志·中》。吉颐贞，四川西充人。

送施又黄还吴门/（清）吕柳文. ——民国《潼南县志》卷六《艺文志下·二诗》。吕柳文，生卒年不详，四川遂宁人，举人。

送杨庆伯夫子升任成都/（清）蒲毂. ——民国《南充县志》卷十二《艺文志·诗》。

题桃花扇词（三首）／（清）蒲縠. ——民国《南充县志》卷十二《艺文志·诗》。

夜宿槐花铺／（清）蒲縠. ——民国《南充县志》卷十二《艺文志·诗》。

颂陈鹏飞诗篇／（清）陈为言. ——《永川文史资料选辑》第 19 辑第 161 页。陈为言，生卒年不详，綦江人。

颂刘善源诗／（清）吴克英. ——《璧山县文史资料选集》第十二辑第 118 页。吴克英，生卒年不详，字慕黎，号奎楼，璧山县人，太学生、孝廉，好古文辞，精书法。

苏祠补梅／（清）朱芳柏. ——《丰都文史资料选辑》第八辑第 48 页。朱芳柏，生卒年不详，优贡，号新甫，丰都县人，擅长诗文，尤工书法。

玉鸣集社／（清）朱芳柏. ——《丰都文史资料选辑》第八辑第 47 页。

宿波仑寺与愚岭上人夜语／（清）张培本. ——清光绪《铜梁县志》卷十四《艺文志·四》。张培本，生卒年不详，字茂亭，铜梁县举人。

宿洞庭／（清）赵良云. ——《国朝全蜀诗钞》第 45 页。赵良云，生卒年不详，字彦文，重庆巴县人。

宿浮图关／（清）文现瑞. ——《重庆题咏录》第 312 页。文现瑞，生卒年不详，字卿云，重庆乡贤，举人。

宿静广寺／（清）朱修诚. ——清光绪《铜梁县志》卷十四《艺文志·四》。朱修诚，生卒年不详，字二云，铜梁县廪生。

游金钟寺／（清）朱修诚. ——清光绪《铜梁县志》卷十四《艺文志·四》。

锁院雨中作／（清）俞恒泽. ——清同治《忠州直隶州志》卷十二《艺文志·诗（五律）》。俞恒泽，生卒年不详，字茗琴，顺天大兴（今属北京市）人，进士，以工部郎中提督四川省学政。

题罗春堂孝廉瀛山绝顶远眺图／（清）俞恒泽. ——清道光《綦江县志》卷十一《艺文上·古体诗》。

踏青词／（清）李航莲. ——《彭水县志》第 980 页。李航莲，女，生平不详。

太白岩诗刻/（清）陆玑. ——《万县志》第793页。陆玑，生卒年不详，字仲里，又字次山，号铁园，浙江萧山人，亦作仁和（今杭州）人，诸生，后官四川汉州知府。

唐溪八景录四/（清）伍煌. ——民国《潼南县志》卷六《艺文志下·二诗》。伍煌，潼南县人。

棠溪远望/（清）荣祥. ——《民族诗坛》第三卷第一辑。

棠堰飘香/（清）赵城. ——清光绪《荣昌县志》卷二十二《艺文·国朝诗》。赵城，荣昌教谕。

鸦屿仙棋/（清）赵城. ——清光绪《荣昌县志》卷二十二《艺文·国朝诗》。

桃峰积翠/（清）［作者不详］. ——清光绪《荣昌县志》卷二十二《艺文·国朝诗》。

桃花洞/（清）余书. ——民国《长寿县志》卷十五《文征下》。余书，生卒年不详，字同文，长寿黄葛乡人。

桃花鱼/（清）魏凤仪. ——清同治《忠州直隶州志》卷十二《艺文志·诗》。魏凤仪，生卒年不详，忠州人，廪生，善吟咏。

桃源洞/（清）聂鸣镳和. ——民国《长寿县志》卷十五《文征下》。

题长生会步原/（清）周骏声. ——民国《长寿县志》卷十五《文征下》。

题长生无忌墓/（清）舒国珍. ——清同治重修《涪州县志》卷十五《艺文志·古今体诗一百八十五首》。舒国珍，生卒年不详，涪陵人。

题陈龙岩书室/（清）孙复初. ——清乾隆《巴县志》卷十六《艺文·诗》。

题从叔叔裴先生（晋）松下读书图/（清）陈爔. ——《国朝全蜀诗钞》第509页—510页。陈爔，生卒年不详，字春英，涪州人，举人。

题大佛洞/（清）曹恕. ——民国《潼南县志》卷六《艺文志下·二诗》。

题大佛寺石磴琴声/（清）张松孙. ——民国《潼南县志》卷六《艺文志下·二诗》。张松孙，生卒年不详，字稚赤，号鹤坪，长洲人，河南府知府，工书。

题大夫岩/（清）李长仲. ——民国《长寿县志》卷十五《文征下》。李长仲，生卒年不详，字大空，长寿县举人。

题大兴寺叠前韵/（清）冉永焘. ——清道光《补辑石砫厅新志·艺文志下》。冉永焘，生卒年不详，字文庵，石柱直隶厅人，清乾隆间贡生。

题云集寺/（清）冉永焘. ——清道光《补辑石砫厅新志·艺文志下》。

游三教寺（三首）/（清）冉永焘. ——清道光《补辑石砫厅新志·艺文志下》。

题丹凤石/（清）陈邦器. ——《重庆题咏录》第135页。陈邦器，生卒年不详，字允匡，官至重庆知府，信佛，自称三宝弟子。

王贞女/（清）陈邦器. ——清乾隆《巴县志》卷十五《艺文·诗》。

题东山废寺/（清）李征涛. ——民国《长寿县志》卷十五《文征下》。

题东岩雅集图并序/（清）傅大贞. ——清光绪《铜梁县志》卷十四《艺文志·四》。傅大贞，生卒年不详，字石樵，洪雅拔贡，进士，官兵部主事。

题东岩草堂八景/（清）支香荪. ——《彭水县志》第976—977页。支香荪，女，生平不详。

中秋夜掬水/（清）支香荪. ——《彭水县志》第980页。

题飞泉桥/（清）文珂. ——清同治重修《涪州县志》卷十五《艺文志·古今体诗一百八十五首》。文珂，生卒年不详，字奚仲，涪州人，岁贡生，曾纂修州志。

题高洞大桥碑/（清）萧树棠. ——民国《忠县志》卷二十一《文征志·古体诗》。

五十有三生日自寿诗四章/（清）萧树棠. ——民国《忠县志》卷二十一《文征志·古体诗》。

题归州屈公祠/（清）王书. ——民国新修《合川县志·文在二》，卷七十《诗一·律诗》。王书，生卒年不详，合川人，举人。

题何均成墓/（清）徐正儒. ——民国《长寿县志》卷十五《文征下》。

题周云谷墓/（清）徐正儒. ——民国《长寿县志》卷十五《文征下》。

题画/（清）释三空. ——《诗缘》卷九。释三空，生卒年不详，字懒云，夔州府万县僧人。

题画赠萧子高二首／（清）陈昀. ——民国新修《合川县志·文在一》，卷六十九《诗一·五言古》。

题节妇徐王氏墓碑／（清）王启鳌. ——清光绪《大宁县志》卷八《艺文志》。

题梁大司马侯公墓／（清）杜毓英. ——清光绪《西充县志》卷十三《艺文志·中》。杜毓英，四川西充人。

题梁大司马侯公墓／（清）刘国瑜. ——清光绪《西充县志》卷十三《艺文志·中》。刘国瑜，曾任四川西充教谕。

题梁大司马侯公墓／（清）沈恩培. ——清光绪《西充县志》卷十三《艺文志·中》。沈恩培，曾任四川西充县令。

题廖春帆东岩雅集图／（清）王承志. ——清光绪《铜梁县志》卷十四《艺文志·四》。王承志，生卒年不详，字藕船，阆中拔贡。

题龙洞八景诗／（清）龙明迁. ——清光绪《巫山县志》卷三十二《艺文志》。

题陆宣公墓（其二）／（清）张孔毓. ——清同治《忠州直隶州志》卷十二《艺文志·诗（七律）》。张孔毓，生卒年不详，曾任潼南乐至县训导。

题罗春堂孝廉瀛山绝顶远眺图／（清）伍辅祥. ——清道光《綦江县志》卷十一《艺文上·古体诗》。伍辅祥，生卒年不详，字翰屏，一作伍辑祥，綦江县人，进士。

题罗春堂瀛山远眺图／（清）蒋德馨. ——清道光《綦江县志》卷十二《艺文下》。蒋德馨，生卒年不详，字长洲，初名德福，字心蔀，进士，官工部主事。

题罗春堂瀛山远眺图／（清）倪应观. ——清道光《綦江县志》卷十二《艺文下》。倪应观，生卒年不详，书法家，云南昆明人，进士。

题磐石城记／（清）延鸿. ——民国《云阳县志》卷四十二《文录上·古近体诗》。

题磐石城图／（清）溥惠. ——民国《云阳县志》卷四十二《文录上·古

近体诗》。

题秦夫人砚歌/（清）陈汝秋. ——清道光《补辑石砫厅新志·艺文志下》。陈汝秋，生卒年不详，又名陈云楣，江苏宝山人，进士，署石柱厅同知。

于役石柱谒秦夫人庙/（清）陈汝秋. ——清道光《补辑石砫厅新志·艺文志下》。

题秦良玉传/（清）张怀溥. ——《国朝全蜀诗钞》第396页。张怀溥，生卒年不详，字雨山，四川汉州人。

题石门关/（清）刘侍臣. ——民国《忠县志》卷二十一《文征志·古体诗》。

题田一甲侍御小像/（清）铁壁禅师. ——民国《忠县志》卷二十一《文征志·近体诗》。铁壁禅师，生卒年不详，曾任忠州治平寺方丈。

题听鹤楼/（清）周炳. ——清同治重修《涪州县志》卷十五《艺文志·古今体诗一百八十五首》。周炳，生卒年不详，字午亭，镶红旗汉军人，生员。

题万寿寺僧塔赠孔致聪/（清）孔致远. ——民国《云阳县志》卷四十二《文录上·古近体诗》。

题文昌宫石壁/（清）韩鹤寿. ——民国《长寿县志》卷十五《文征下》。

题乌杨镇古树/（清）垄泽霖. ——清同治《忠州直隶州志》卷十二《艺文志·诗（五律）》。垄泽霖，生卒年不详，曾任清代万州龙衮司巡检。

凿溪漫兴（二首）/（清）垄泽霖. ——清同治《忠州直隶州志》卷十二《艺文志·诗（七绝）》。

次舒和旋韵兼怀舍侄春农北京/（清）邓宗藩. ——民国《长寿县志》卷十五《文征下》。邓宗藩，生卒年不详，字伯垣，今重庆长寿人。

登城晚眺/（清）邓宗藩. ——民国《长寿县志》卷十五《文征下》。

和赵芸荪大令乙卯感怀原韵/（清）邓宗藩. ——民国《长寿县志》卷十五《文征下》。

送张学愈归璧山/（清）邓宗藩. ——民国《长寿县志》卷十五《文征下》。

题向抚屏先生长生会步原韵/（清）邓宗藩. ——民国《长寿县志》卷十

五《文征下》。

题邑宰霍润生藤荫轩诗草/（清）邓宗藩. ——民国《长寿县志》卷十五《文征下》。

小憩吕氏园/（清）邓宗藩. ——民国《长寿县志》卷十五《文征下》。

题行人杨乔然别业/（清）滕之伦. ——民国《长寿县志》卷十五《文征下》。滕之伦，生卒年不详，字伯伦，广西解元，官庶吉士，诗作颇丰。

题宣公祠/（清）郑秉恒. ——清同治《忠州直隶州志》卷十二《艺文志·诗（七律）》。郑秉恒，生卒年不详，泸州举人，曾任大竹县拔贡。

题宣公墓/（清）郑秉恒. ——清同治《忠州直隶州志》卷十二《艺文志·诗（五律）》。

题益谦生圹/（清）吴廷佐. ——民国新修《合川县志·文在一》，卷六十九《诗一·五言古》。吴廷佐，生卒年不详，字崧岩，蜀人，岁贡生。

题渝北新筑八门/（清）黄勋. ——《重庆题咏录》第326页。黄勋，字懋轩，生平不详。

题渝城巴曼将军墓/（清）朱枝青. ——清光绪《铜梁县志》卷十四《艺文志·四》。朱枝青，生卒年不详，字小梅，清代蜀贡生。

题岳门灵泉山王右军兰亭序五古/（清）刘学榜. ——民国新修《合川县志·文在二》，卷七十《诗一·补遗·补录五古》。刘学榜，生卒年不详，合川人，贡生。

题忠州向烈女滩/（清）奈起鸿. ——清光绪《丰都县志》卷四《艺文志》。奈起鸿，生平不详。

题忠州志寄熊耳山/（清）吴友篪. ——民国《忠县志》卷二十《文录志》，目一七四《七言古诗》。吴友篪，生卒年不详，字编山，江苏吴县人，监生，忠州刺史，曾编修《忠州直隶州志》。

谒陆宣公墓诗/（清）吴友篪. ——清同治《忠州直隶州志》卷十二《艺文志·诗（七古）》。

天城倚空/（清）刘高培. ——《万县志》第792页。刘高培，生卒年不详，江西庐陵县（今吉安市）人，进士，万县知县，修《万县志》。

天池皓月／（清）杨正依. ——清光绪《铜梁县志》卷十四《艺文志·四》。杨正依，生卒年不详，字絮桥，铜梁县文生。

天仙观／（清）白舫. ——清道光《夔州府志·艺文》。

同胞弟均甫登剑岭夜宿僧舍／（清）陈洪图. ——清道光《綦江县志》卷十二《艺文下》。陈洪图，生卒年不详，字丹渠。

同人游官亭寺诗／（清）罗珍. ——清咸丰《开县志》卷二十七《艺文下》。罗珍，生卒年不详，字佛崖，威远县人，进士，开县盛山书院山长。

同人游石灯山无相寺题石／（清）徐纪. ——清光绪《铜梁县志》卷十四《艺文志·四》。徐纪，生卒年不详，滇南人。

铜梁八景／（清）王我师. ——清光绪《铜梁县志》卷十四《艺文志·四》。王我师，生卒年不详，字文若，重庆铜梁县人，岁贡。

退隐／（清）王徽. ——清乾隆《巴县志》卷十六《艺文·诗》。

晚出西射堂／（清）赖汝弼. ——《江津文史资料选辑》第4辑第95页。赖汝弼，生卒年不详，内阁中书，精岐黄，诊治不索值，贫困者并助之药饵费，数十年如一日，工吟咏，著有《宛在山庄诗草》。

晚秋即景／（清）秦辉庭. ——《彭水县志》第981页。

挽华成实先生／（清）吴崈. ——民国《长寿县志》卷十五《文征下》。

挽经节妇／（清）雷调鼎. ——民国《长寿县志》卷十五《文征下》。雷调鼎，生卒年不详，字辑廷，文生。

祝雷尧平八旬有二寿／（清）雷调鼎. ——民国《长寿县志》卷十五《文征下》。

挽烈女赵毓秀／（清）郭肇林. ——清光绪《荣昌县志》卷二十二《艺文·国朝诗》。郭肇林，生卒年不详，内江县举人。

挽龙鹤坪先生／（清）刘作孚. ——清同治《巴县志》卷四下《艺文志·七古》。刘作孚，生卒年不详，字应侯，重庆巴县人。

挽王烈妇／（清）邹珩. ——民国新修《合川县志·文在二》，卷七十《诗一·律诗》。邹珩，生卒年不详，合川人，举人。

挽王贞女／（清）孔毓忠. ——清同治《巴县志》卷四下《艺文志·五

古》。孔毓忠，生卒年不详，巴县知县。

挽伍燕堂先生／（清）萧鹏吉. ——清道光《綦江县志》卷十二《艺文下》。

挽殉难门生胡翊隆（六首）／（清）朱炳章. ——清光绪《荣昌县志》卷二十二《艺文·国朝诗》。朱炳章，生卒年不详，荣昌县人，官训尊。

挽殉难友胡辅之／（清）李禧鸿. ——清光绪《荣昌县志》卷二十二《艺文·国朝诗》。李禧鸿，生卒年不详，荣昌县人。

挽殉难友胡辅之／（清）薛肇龄. ——清光绪《荣昌县志》卷二十二《艺文·国朝诗》。薛肇龄，荣昌县人，候选州同。

挽邑侯王公二首／（清）曲瀛. ——清道光《南部县志》卷三十《艺文志》。

挽赵烈妇／（清）杜允贞. ——清同治《忠州直隶州志》卷十二《艺文志·诗（七律）》。杜允贞，生卒年不详，字吉斋，威贡生，究心理学，诗人。

万春李公小照／（清）甘家斌. ——民国新修《合川县志·文在二》，卷七十《诗一·律诗》。甘家斌，生卒年不详，号秩斋，邻水人，进士，官至大理寺卿。

王公赞武祠歌／（清）陶成. ——清道光《南部县志》卷三十《艺文志》。陶成，清代四川南部县人。

王贞女／（清）高其倬. ——清同治《巴县志》卷四下《艺文志·七律》。高其倬，生卒年不详，字章之，号芙沼，铁岭人，进士。

四忠吟／（清）曹龙文. ——清同治《巴县志》卷四下《艺文志·七古》。曹龙文，生卒年不详，号石帆，江津籍，家重庆。

王贞女／（清）曹龙文. ——清乾隆《巴县志》卷十五《艺文·诗》。

月下与周梅厓看玉楼春牡丹／（清）曹龙文. ——《重庆题咏录》第158页。

王贞女／（清）赵光荣. ——清乾隆《巴县志》卷十五《艺文·诗》。赵光荣，生卒年不详，字子枚，一字芷湄，号枚叟，江苏丹徒人。

望金佛山在隆化书院作／（清）周士岳. ——民国《南川县志》卷十二

《艺文志下·诗选》。周士岳，生平不详。

徐勉兹明府重修隆化书院乙亥/（清）周士岳.——民国《南川县志》卷十二《艺文志下·诗选》。

望九递山/（清）周立椿.——民国《南川县志》卷十二《艺文志下·诗选》。周立椿，生卒年不详，号篁村，万殊孙，重庆府学拔贡生。

望九递山/（清）周澍章.——民国《南川县志》卷十二《艺文志下·诗选》。周澍章，生卒年不详，重庆人。

望龙多山/（清）胡德琳.——民国新修《合川县志·文在二》，卷七十《诗一·绝句》。胡德琳，生卒年不详，字书巢，广西临桂县（今桂林市）人，进士，善诗文，合州（今重庆合川）知州。

卧佛岩/（清）胡德琳.——民国新修《合川县志·文在二》，卷七十《诗一·绝句》。

戊寅初度日登涂山绝顶下/（清）胡德琳.——《重庆题咏录》第192页。

晓过佛图关/（清）胡德琳.——清同治《巴县志》卷四下《艺文志·五言律》。

渝城苦热/（清）胡德琳.——清同治《巴县志》卷四下《艺文志·五言律》。

望秋山/（清）李梅村.——《彭水县志》第980页。李梅村，生卒年不详，彭水县人，李朝印女。

望涂山/（清）曾德升.——《重庆题咏录》第166页。曾德升，字侣恒，今重庆丰都人。

望云阁对雨/（清）杨端清.——清道光《綦江县志》卷十二《艺文下》。杨端清，生卒年不详，字卓午。

温泉寺/（清）朱世恩.——《重庆题咏录》第167页。朱世恩，生卒年不详，字石亭，钱塘（今浙江杭州）人，曾任职于合川。

温泉寺纪游/（清）朱世恩.——《北碚区志》第588页。

温泉寺泉水/（清）周骧.——《重庆题咏录》第162页。周骧，生卒年不详，字大生，重庆乡贤，岁贡生。

温汤峡寺/（清）[作者不详]. ——清同治《璧山县志》卷十《艺文志·诗·七言律》。

文笔峰/（清）陈锟. ——清道光《垫江县志》卷十《诗·七言律诗》。陈锟，生平不详。

我思古人为绿阴轩作/（清）高沛源. ——《彭水县志》第977页。高沛源，生卒年不详，苗族，彭水岁贡。

卧牛石/（清）易体中. ——清道光《垫江县志》卷十《诗·七言律诗》。

卧游武陵山/（清）曾继贤. ——清光绪《丰都县志》卷四《艺文志》。

闲吟近体二章/（清）曾继贤. ——清光绪《丰都县志》卷四《艺文志》。

卧月轩/（清）支家霖. ——《彭水县志》第979页。

巫山高/（清）徐缄. ——清光绪《巫山县志》卷三十二《艺文志》。徐缄，生卒年不详，字伯倜，山阴（今浙江绍兴市）人。

巫山高/（清）张贯居. ——清光绪《巫山县志》卷三十二《艺文志》。

巫山十二峰分韵/（清）沈鸿逵. ——清光绪《巫山县志》卷三十二《艺文志》。沈鸿逵，生卒年不详，字监斋，浙江桐乡人，巫山知县。

巫山早发/（清）刘署. ——《国朝全蜀诗钞》第351页。刘署，生卒年不详，字芳皋，温江人。

巫溪烈女/（清）魏光勋. ——清光绪《大宁县志》卷八《艺文志》。

巫峡/（清）丁芝润. ——清光绪《巫山县志》卷三十二《艺文志》。

巫峡/（清）许汝龙. ——清光绪《巫山县志》卷三十二《艺文志》。许汝龙，生卒年不详，字时庵，号且然，进士，官至礼部尚书。

无闷斋赠逸道人诗二首/（清）罗为治. ——清咸丰《开县志》卷二十七《艺文下》。

五洞桥吊刘赵氏母女程氏母子刘姑遇贼投水/（清）董储. ——清道光《垫江县志》卷十《诗·七言律诗》。董储，生卒年不详，字步卢，垫江举人。

五斗山房分体得七古/（清）范麟. ——清光绪《梁山县志》卷十《艺文·诗》。范麟，生卒年不详，字如皋，曾任梁山县知县。

竹冈以高梁赈粥行见示依韵奉答/（清）范麟. ——清光绪《梁山县志》

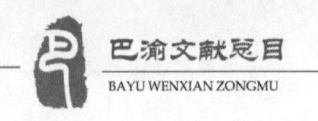

卷十《艺文·诗》。

五龙潆宝/（清）成文运. ——清同治《忠州直隶州志》卷十二《艺文志·诗（七律）》。成文运，生卒年不详，字在东（一作在翁），号白邻，忠州人，康熙三十六年（1697）进士。

五龙潆宝/（清）戴缨. ——清同治《忠州直隶州志》卷十二《艺文志·诗（七律）》。戴缨，生卒年不详，字伯鯆，浙江乌程（今湖州）人，诸生。

玉镜天成/（清）戴缨. ——清同治《忠州直隶州志》卷十二《艺文志·诗（七律）》。

紫极晚烟/（清）戴缨. ——清同治《忠州直隶州志》卷十二《艺文志第十二·诗（七律）》。

五龙潆宝/（清）黄貋. ——清同治《忠州直隶州志》卷十二《艺文志·诗（七律）》。黄貋，生卒年不详，忠州人。

五十自寿四首录二/（清）王宗藩. ——民国《潼南县志》卷六《艺文志下·二诗》。

武刺史烈重修陆宣公祠落成（调寄《满江红》）/（清）熊应雄. ——民国《忠县志》卷二十《文录志》，目一七七《歌词》。熊应雄，生卒年不详，字运英，西蜀东川（今属云南）人，清医学家，精医，尤善儿科。

戊午八月志乱/（清）卢尔秋. ——清道光《垫江县志》卷十《诗·七言律诗》。卢尔秋，生卒年不详，字桃坞。

戊子立春次张方崖韵奉合州黄使君/（清）王元兆. ——民国新修《合川县志·文在二》，卷七十《诗一·律诗》。王元兆，生卒年不详，字鱼山，合州（今重庆合川）人，举人。

渝州送张方崖同年先归合州/（清）王元兆. ——民国新修《合川县志·文在二》，卷七十《诗一·律诗》。

洗墨池/（清）钱世贵. ——《彭水县志》第968页。钱世贵，生卒年不详，彭水诗人，贡生。

喜雨谣/（清）徐振基. ——清道光《綦江县志》卷十一《艺文上·古体诗》。徐振基，生卒年不详，綦江知县。

县治八景之洞天玉井/（清）徐振基. ——清道光《綦江县志》卷十二《艺文下》。

戏水金鳌/（清）黄来谘. ——《彭水县志》第968页。黄来谘，生卒年不详，彭水高谷人，举人，曾任宜宾教谕。

峡中竹枝词三首/（清）罗宏备. ——《宜昌府志》卷十四《艺文志》。罗宏备，生卒年不详，字我生，湖北夷陵（今宜昌）人，拔贡，性孝友，善文。

峡中见桃花/（清）郑成基. ——《夔门诗粹》。郑成基，生卒年不详，诗人。

峡中竹枝词四首/（清）戴纶喆. ——《听鹂仙馆诗存》卷五。戴纶喆，生卒年不详，字吉双，重庆綦江人，举人。

下岩寺二首和残碑韵/（清）杨忠远. ——民国《云阳县志》卷四十二《文录上·古近体诗》。杨忠远，生卒年不详，奉节县人。

仙阁松风/（清）王明诚. ——清光绪《铜梁县志》卷十四《艺文志·四》。王明诚，生卒年不详，字西崖，铜梁县文生。

仙崖古迹（乾隆戊寅）/（清）马光仁. ——《诗咏石柱》第12页。马光仁，生卒年不详，清石柱贡生，诗人。

仙崖古迹/（清）马孔昭. ——清道光《补辑石砫厅新志·艺文志下》。马孔昭，生卒年不详，石柱土司，有文才。

咏芸荇庄锦边莲/（清）马孔昭. ——清道光《补辑石砫厅新志·艺文志下》。

仙源洞/（清）释海华. ——清道光《綦江县志》卷十二《艺文下》。释海华，生平不详。

游白云观/（清）释海华. ——清道光《綦江县志》卷十二《艺文下》。

县治八景之龙角溪声/（清）任宣. ——清道光《綦江县志》卷十二《艺文下》。任宣，生卒年不详，綦江人，贡生。

县治八景之龙头云霭/（清）杨珂. ——清道光《綦江县志》卷十二《艺文下》。杨珂，生卒年不详，綦江县人。

县治八景之马鞍负图/（清）杜长春. ——清道光《綦江县志》卷十二《艺文下》。杜长春，生卒年不详，进士。

县治八景之琼枝连理/（清）封嘉蕴. ——清道光《綦江县志》卷十二《艺文下》。封嘉蕴，生卒年不详，綦江县人，曾任知府。

县治八景之胜果呈刹/（清）陈愚. ——清道光《綦江县志》卷十二《艺文下》。陈愚，生卒年不详，湖北兴国州举人，清康熙年间贡生，康熙三十年（1691）至三十六年（1697）为遂宁知县。

游古剑山/（清）陈愚. ——清道光《綦江县志》卷十二《艺文下》。

县治八景之石笋参天/（清）方麟. ——清道光《綦江县志》卷十二《艺文下》。

县治八景之笋出天边/（清）假谏. ——清道光《綦江县志》卷十二《艺文下》。

县治八景之崖波双鲤/（清）杨苏. ——清道光《綦江县志》卷十二《艺文下》。杨苏，生卒年不详，綦江县人，清代武举人。

县治八景之瀛岛云蒸/（清）杨荣. ——清道光《綦江县志》卷十二《艺文下》。杨荣，生平不详。

相思寺/（清）毛澄. ——民国《巴县志》卷三《古迹》。毛澄，字叔云，四川仁寿人，进士。相思寺即重庆北碚缙云寺的原名。

香国乐府之郝观察/（清）徐子来. ——清光绪《荣昌县志》卷二十二《艺文·国朝诗》。徐子来，生卒年不详，郫县人，荣昌县教谕。

香国乐府之何孝子/（清）徐子来. ——清光绪《荣昌县志》卷二十二《艺文·国朝诗》。

香国乐府之穷布政/（清）徐子来. ——清光绪《荣昌县志》卷二十二《艺文·国朝诗》。

香国乐府之刘兵侍/（清）徐子来. ——清光绪《荣昌县志》卷二十二《艺文·国朝诗》。

香国乐府之喻兵侍/（清）徐子来. ——清光绪《荣昌县志》卷二十二《艺文·国朝诗》。

香国乐府之喻尚书/（清）徐子来.——清光绪《荣昌县志》卷二十二《艺文·国朝诗》。

香国乐府之曾知州/（清）徐子来.——清光绪《荣昌县志》卷二十二《艺文·国朝诗》。

香国乐府之招魂引/（清）徐子来.——清光绪《荣昌县志》卷二十二《艺文·国朝诗》。

香国乐府之赵文节/（清）徐子来.——清光绪《荣昌县志》卷二十二《艺文·国朝诗》。

香橼/（清）程九鹏.——民国新修《合川县志·文在二》，卷七十《诗一·律诗》。程九鹏，生卒年不详，贡生，清初曾任陕西省粮道。

逍遥/（清）明真.——民国新修《合川县志·文在二》，卷七十《诗一·绝句》。

小枕/（清）明真.——民国新修《合川县志·文在二》，卷七十《诗一·绝句》。

小濂溪七绝四章/（清）周炜.——清光绪《西充县志》卷十三《艺文志·中》。周炜，四川西充人。

孝狗歌/（清）但尚炎.——民国新修《合川县志·文在一》，卷六十九《诗一·七言古》。

偕三弟及诸子登钟成寨绝顶/（清）黄铸.——民国《长寿县志》卷十五《文征下》。黄铸，生卒年不详，字东侨，清代长寿人。

偕松崿邓明府游古剑山/（清）潘母音.——清道光《綦江县志》卷十二《艺文下》。潘母音，生卒年不详，字希声，清华阳人。

偕诸同城泛舟观鱼（原题为：步前韵）/（清）石崇正.——清道光《綦江县志》卷十二《艺文下》。石崇正，生卒年不详，清代人。

丁酉新正人日与白元卿登三吾山/（清）刘扬.——《近代巴蜀诗钞》（下册）第一零五零至一零五二页。刘扬，字香浦，重庆酉阳人。

辛丑中秋杂感/（清）刘扬.——《近代巴蜀诗钞》（下册）第一零五零至一零五二页。

新官坟秦氏墓有碑未镌字/（清）陈本. ——清道光《垫江县志》卷十《诗·七言律诗》。陈本，生卒年不详，字近在，垫江庠生。

行乡勘民务因访古剑山/（清）许国棠. ——清道光《綦江县志》卷十二《艺文下》。许国棠，生卒年不详，字棣生，绍曾弟，善画，綦江知县。

修綦邑志摹拓古碑有感/（清）宋灏. ——清道光《綦江县志》卷十二《艺文下》。宋灏，生平不详。

徐丞相墓/（清）李伸. ——清光绪《西充县志》卷十三《艺文志·中》。李伸，四川西充人。

续白鹿赋/（清）林鸣俊. ——清光绪《丰都县志》卷四《艺文志》。林鸣俊，生平不详。

学署八景诗/（清）陶淑李. ——《忠州古诗词选》第212—214页。陶淑李，生卒年不详，保宁府苍溪人。

寻梅（二首）/（清）王江源. ——民国《巴县志》卷二十三《文征》。王江源，生平不详。

由楚归蜀计程春杪当过湖南矣偶感成句/（清）王江源. ——民国《巴县志》卷二十三《文征》。

延江杂咏/（清）冯世瀛. ——《彭水文史资料》第六辑第120页。冯世瀛，生卒年不详，字壶川，清代酉阳举人。

盐厂晚眺/（夔）魏光烈. ——清光绪《大宁县志》卷八《艺文志》。魏光烈，生卒年不详，夔州府大宁人，捐贡生。

滟滪堆/（清）高浣花. ——《国朝全蜀诗钞》第716页。高浣花，生卒年不详，字漪学，华阳人。

滟滪堆/（清）胡期恒. ——清光绪《奉节县志》卷三十六《艺文·诗汇》。胡期恒，生卒年不详，字元方，号复斋，武陵人，胡献征子，举人。

滟滪亭题诗/（清）爱竹主人. ——白帝城碑刻。

滟滪亭题诗/（清）带月山樵. ——白帝城碑刻。

羊角碛/（清）[作者不详]. ——《彭水文史资料》第六辑第121页。

杨学海诗一首（题名缺失）/（清）杨学海. ——清光绪《巫山县志》卷

三十二《艺文志》。

  夜泊寸滩/（清）袁锡夔. ——《重庆题咏录》第 227 页。袁锡夔，生卒年不详，字石堂，六合（今属江苏）人，进士，巴县知县。

  张关行/（清）袁锡夔. ——清同治《巴县志》卷四下《艺文志·七古》。

  咏李贞烈女诗/（清）戴锡畴. ——民国《长寿县志》卷十五《文征下》。戴锡畴，字寿田，生卒年不详，长寿县（今重庆长寿区）举人。

  赠采薇僧/（清）戴锡畴. ——民国《长寿县志》卷十五《文征下》。

  咏李贞烈女诗/（清）杨树菜. ——民国《长寿县志》卷十五《文征下》。杨树菜，生卒年不详，字宜正，四川遂宁人，县刑书。

  咏李贞烈女诗/（清）殷成恪. ——民国《长寿县志》卷十五《文征下》。殷成恪，字肃齐，生卒年不详。

  咏双山诗（即凤凰山诗）/（清）杨济之. ——民国《巴县志》卷一《疆域·山脉》。

  咏洗墨池诗/（清）张开丰. ——民国《巴县志》卷三《古迹》。

  夜渡明月湖/（清）周彦邦. ——清光绪《铜梁县志》卷十四《艺文志·四》。周彦邦，生卒年不详，铜梁贡生。

  夜过温汤峡听瀑布/（清）王采珍. ——清同治《璧山县志》卷十《艺文志·诗·五言律》。王采珍，生卒年不详，字昆岩，山东滨州人，清代进士，曾两任合州知州。

  渝州晓发回合阳舟中作/（清）王采珍. ——《重庆题咏录》第 276 页。

  夜坐/（清）释照朗. ——清光绪《铜梁县志》卷十四《艺文志·四》。

  谒杜公祠/（清）刘宗沛. ——《杜诗补注》卷上。

  谒金门之古佛眠云/（清）蒋景松. ——清光绪《荣昌县志》卷二十二《艺文·国朝诗》。蒋景松，生卒年不详，遂宁人。

  谒金门之龙洞栖霞/（清）蒋景松. ——清光绪《荣昌县志》卷二十二《艺文·国朝诗》。

  谒金门之石航秋水/（清）蒋景松. ——清光绪《荣昌县志》卷二十二《艺文·国朝诗》。

谒金门之棠堰飘香/（清）蒋景松. ——清光绪《荣昌县志》卷二十二《艺文·国朝诗》。

谒来瞿塘先生墓/（清）刁观岱. ——清光绪《梁山县志》卷十《艺文·诗》。刁观岱，生卒年不详，字东尼，自号弋仙老人，梁山县（今重庆梁平县）人。

谒陆宣公墓诗/（清）江九有. ——清同治《忠州直隶州志》卷十二《艺文志·诗（七律）》。江九有，生卒年不详，洪雅县人。

谒陆宣公墓诗/（清）王用仪. ——清同治《忠州直隶州志》卷十二《艺文志·诗（七律）》。

谒罗公祠/（清）贺治平. ——清光绪《大宁县志》卷八《艺文志》。

谒秦夫人庙/（清）徐久道. ——清道光《补辑石砫厅新志·艺文志下》。徐久道，字西云，贵州黔西人，进士，署石柱厅同知，他在位期间积极发展石柱西沱、临溪等乡间义学。

游太白祠/（清）徐久道. ——清道光《补辑石砫厅新志·艺文志下》。

谒宣公祠/（清）陆维祺. ——清同治《忠州直隶州志》卷十二《艺文志·诗（七律）》。陆维祺，生卒年不详，钱塘（今浙江杭州）人。

谒邹忠介祠时公裔孙荫轩督工重造敢成古歌一首/（清）薛滕霄. ——民国新修《合川县志·文在一》，卷六十九《诗一·七言古》。

依斗亭题诗/（清）大拟山人. ——白帝城碑刻。

依斗亭题诗/（清）淡泊居士. ——白帝城碑刻。

依斗亭题诗/（清）古隐道者. ——白帝城碑刻。

依斗亭题诗/（清）拾翠山人. ——白帝城碑刻。

医道溯源题辞/（清）夏鹍. ——民国《潼南县志》卷六《艺文志下·二诗》。

义正祠/（清）周准. ——清光绪《奉节县志》卷三十六《艺文·诗汇》。周准，生卒年不详，字钦莱，号迂村，清长洲（今吴县）人，诸生，能诗，尤善五、七言绝句。

忆儿词/（清）观成. ——民国《南川县志》卷十二《艺文志·骈散文》。

观成，生卒年不详，姓瓜勒嘉，字苇航，满族，籍贯不详，曾任今重庆南川知县。

忆蜀／（清）太痴. ——《四川杂志》1907年第12期。太痴，笔名，生平不详。

议创奇戍营／（清）林一元. ——清道光《城口厅志》卷二十《艺文志·诗》。

阅城有感／（清）林一元. ——清道光《城口厅志》卷二十《艺文志·诗》。

迎薰楼／（清）冯天枢. ——清光绪《西充县志》卷十三《艺文志·中》。冯天枢，四川西充人。

永安宫／（清）许嗣印. ——清光绪《奉节县志》卷三十六《艺文·诗汇》。许嗣印，生卒年不详，奉天（今沈阳）汉军镶蓝旗人，夔州知府。

永圣祠题壁／（清）何兆熊. ——民国《南充县志》卷十二《艺文志·诗》。

咏大年徐言汉夫妇偕老／（清）刘承尧. ——民国《潼南县志》卷六《艺文志下·二诗》。刘承尧，字乙斋，生卒年不详。

咏二所亭红梅／（清）马光裁. ——清道光《补辑石砫厅新志·艺文志下》。

咏良玉／（清）刘锡嘏. ——《石柱文史资料》第九辑《吟秦良玉诗词联辑》第51页。刘锡嘏，生卒年不详，字纯斋，一字淳斋，号拙存，晚号茶仙，顺天府通州（今北京通州）人，进士。

咏良玉／（清）朱鹿田. ——《石柱文史资料》第九辑《吟秦良玉诗词联辑》第39页。朱鹿田，生卒年不详，官刑部郎中。

咏龙济桥／（清）徐作式. ——《南川县志》。徐作式，生卒年不详，清代重庆贡生。

咏梅花／（清）冉天拱. ——清道光《补辑石砫厅新志·艺文志下》。冉天拱，生卒年不详，字觐北，清代拔贡生，石柱直隶厅人。

咏明季秦良玉事／（清）国魂. ——《石柱文史资料》第九辑《吟秦良玉

诗词联辑》第58页。

咏秦太保良玉诗/（清）刘文治. ——《石柱文史资料》第九辑《吟秦良玉诗词联辑》第60页。

咏诗翁/（清）支承绪. ——《彭水县志》第979页。支承绪，生卒年不详，字荫堂，彭水郁山镇人，善诗赋。

杂感/（清）支承绪. ——《彭水县志》第979页。

咏宣公/（清）宋子虚. ——清同治《忠州直隶州志》卷十二《艺文志·诗（七绝）》。

咏昭君/（清）刘淑慧. ——清光绪《巫山县志》卷三十二《艺文志》。

咏昭君/（清）黄幼藻. ——清光绪《巫山县志》卷三十二《艺文志》。黄幼藻，生卒年不详，字汉荐，女诗人，福建蒲田人。

游白鹿盐泉作/（清）冈文钊. ——清光绪《大宁县志》卷八《艺文志》。

游仙人洞/（清）冈文钊. ——清光绪《大宁县志》卷八《艺文志》。

游白云观/（清）饶履丰. ——清道光《綦江县志》卷十二《艺文下》。饶履丰，生卒年不详，字春台，重庆綦江人，拔贡生。

游白云观/（清）王后. ——清道光《綦江县志》卷十二《艺文下》。

游北岩寺/（清）王良佐. ——清嘉庆《达县志》卷四十六《艺文志》。

游波仑寺/（清）沈庆安. ——清光绪《铜梁县志》卷十四《艺文志·四》。沈庆安，字金门，生卒年不详。

游波仑寺/（清）姚志敏. ——清光绪《铜梁县志》卷十四《艺文志·四》。姚志敏，生卒年不详，铜梁贡生。

游常宁观/（清）李□. ——清光绪《西充县志》卷十三《艺文志·中》。李□，四川西充人。

游定林院/（清）杨运昌. ——民国新修《合川县志·文在一》，卷六十九《诗一·五言古》。杨运昌，生卒年不详，合州人，庠生。

游海棠川/（清）黄偭. ——清光绪《西充县志》卷十三《艺文志·中》。黄偭，四川西充人。

游聚云山/（清）侯天章. ——清同治重修《涪州县志》卷十五《艺文

志·古今体诗一百八十五首》。侯天章，生卒年不详，今重庆涪陵人，举人，通词翰，工书法。

游灵云洞二首／（清）张廷贤. ——清道光《南部县志》卷三十《艺文志》。

游水月殿／（清）黄极. ——清道光《綦江县志》卷十二《艺文下》。黄极，生卒年不详，字相元，宣威人，秉性至孝。

游水月殿／（清）杨春. ——清道光《綦江县志》卷十二《艺文下》。

游天星观赠龙上人／（清）姚诚. ——清光绪《大宁县志》卷八《艺文志》。姚诚，生卒年不详，字通夫，甘肃兰州人。

游中峰寺／（清）杨霏玉. ——清道光《綦江县志》卷十二《艺文下》。

游白帝城积韵五首／（清）英贵. ——白帝城碑刻。英贵，生卒年不详，满族人，夔州知府。

游北真观／（清）李莒. ——民国《长寿县志》卷十五《文征下》。李莒，生卒年不详，字小侯，长寿人，进士。

游登云坪／（清）刘笃胜. ——清同治《璧山县志》卷十《艺文志·诗·七言律》。刘笃胜，生卒年不详，字原菴，璧山人，举人。

游观霄洞／（清）黄嗣拭. ——民国《长寿县志》卷十五《文征下》。

游华岩寺／（清）穹窿. ——清同治《巴县志》卷四下《艺文志·五言律》。穹窿，生卒年不详，道人。

游茅莱山／（清）罗炳伦. ——清同治《璧山县志》卷十《艺文志·诗·七言古》。罗炳伦，生卒年不详，字莜园，清代璧山人，四川乡试第五名经魁。

游平都／（清）严真. ——清光绪《丰都县志》卷四《艺文志》。

游平都山／（清）杨履. ——清光绪《丰都县志》卷四《艺文志》。

游太白岩／（清）丁景森. ——《万县志》第793页。丁景森，生卒年不详，清代贵州举人。

游香国寺／（清）沈铽. ——《重庆题咏录》第275页。沈铽，生卒年不详，字式金，会稽人。

渝北十景／（清）黄善燨. ——《重庆题咏录》第321—323页。黄善燨，生卒年不详，字东生，清代诗人。

渝北十景/（清）宋煊. ——《重庆题咏录》第318—320页。宋煊，生卒年不详，字蔚堂，四川灌县人，举人，任江北厅训导。

渝城怀古/（清）沈镛. ——《重庆题咏录》第154页。沈镛，生卒年不详，字介山，衡阳人，永川知县。

渝城人日柬李给事/（清）诸葛鲸. ——《重庆题咏录》第78页。诸葛鲸，生卒年不详，字君腾，一字腾甫，别号问华，三国蜀相诸葛亮后人，寄籍酉阳宣抚司，为诸生，贡入太学。渝城兰溪人。

渝水秋声二首/（清）颜绍绪. ——清乾隆《巴县志·艺文》。颜绍绪，生卒年不详，字绎堂，清代吴县人。

渝州重九口占/（清）唐思. ——《重庆题咏录》第268页。唐思，生卒年不详，字鹄巢。

雨后望摩围山（二首）/（清）邵美璠. ——《彭水文史资料》第六辑第123页。邵美璠，生卒年不详，彭水苗族举人。

与马斗彗联社/（清）黄近朱. ——清道光《补辑石砫厅新志·艺文志下》。黄近朱，生卒年不详，字侍宁，重庆长寿人（或乐温人），进士，官铨部郎，后弃官家居，曾到石柱躲避战乱，广致名人，结诗社。

玉镜天成/（清）杜炳. ——清同治《忠州直隶州志》卷十二《艺文志·诗（七律）》。杜炳，生卒年不详，字尧章，清代忠州举人。

治平晨钟/（清）杜炳. ——清同治《忠州直隶州志》卷十二《艺文志·诗（七律）》。

寓渝准提庵西楼二首/（清）苏本洁. ——《重庆题咏录》第194页。苏本洁，生卒年不详，字幼清，今江苏常熟人，举人，候选知县。

御封山吊雪菴和尚/（清）余少珍. ——民国《长寿县志》卷十五《文征下》。余少珍，生卒年不详，字浩然，今重庆长寿人，贡生。

原唱/（清）董若愚. ——清光绪《梁山县志》卷十《艺文·诗》。董若愚，生卒年不详，今重庆梁平人，监生。

月岩飞石/（清）陈昌智. ——《彭水县志》第971页。陈昌智，生卒年不详，清代彭水土家族人，拔贡，诗人。

云顶寺/（清）陈昌智. ——《彭水文史资料》第六辑第 123 页。

云安秋感（十二首）/（清）曾在衡. ——民国《云阳县志》卷四十二《文录上·古近体诗》。曾在衡，生卒年不详，云阳县人，清光绪年间廪生。

云华祠/（清）宋书. ——清光绪《巫山县志》卷三十二《艺文志》。

云阳县八景/（清）熊宇栋. ——民国《云阳县志》卷四十二《文录上·古近体诗》。熊宇栋，生卒年不详，江西人，清文化名人。

殒塘行/（清）曹珍贵. ——清道光《夔州府志》。曹珍贵，生卒年不详，今重庆奉节人，举人，任陕西商南县知县。

咂酒/（清）夏宛林. ——清道光《綦江县志》卷十二《艺文下》。夏宛林，生卒年不详，今重庆綦江人。

在京师送王虎崖翰林归里集句长歌王郎酒酣/（清）刘连惠. ——《璧山文史》第十一辑第 31 页。刘连惠，生卒年不详，今重庆璧山县人。

早行羊头铺道中/（清）邓永松. ——《彭水县志》第 979 页。邓永松，生卒年不详，清彭水土家族诗人。

赠采薇僧/（清）华宗智. ——民国《长寿县志》卷十五《文征下》。华宗智，生卒年不详，字雨岑，号禹勤，四川长寿（今重庆长寿区）人，清进士，书法家。

赠汤葭村明府/（清）黄履中. ——清同治《璧山县志》卷十《艺文志·诗·七言律》。黄履中，生卒年不详，字瓒堂，举人，任江安训尊。

赠益谦/（清）李昌一. ——民国新修《合川县志·文在二》，卷七十《诗一·绝句》。

赠益谦上人/（清）范濂. ——民国新修《合川县志·文在二》，卷七十《诗一·律诗》。

赠禹浉江/（清）沈寿榕. ——民国新修《合川县志·文在一》，卷六十九《诗一·七言古》。沈寿榕，生卒年不详，字意文，浙江海宁人，监生，能诗工书，尤擅吏才。

赠张西村孝廉/（清）常明. ——民国新修《合川县志·文在二》，卷七十

《诗一·绝句》。常明，生卒年不详，字春晖，曾任四川制军。

张桓侯庙/（清）冯正笏. ——民国《云阳县志》卷四十二《文录上·古近体诗》。冯正笏，生卒年不详，重庆巴县人。

芝龛记题词之八/（清）宋启传. ——《石柱文史资料》第九辑《吟秦良玉诗词联辑》第91页。宋启传，生卒年不详，清代重庆人。

芝龛记题词之二/（清）杨超. ——《石柱文史资料》第九辑《吟秦良玉诗词联辑》第82页。

芝龛记题词之六/（清）沈刚中. ——《石柱文史资料》第九辑《吟秦良玉诗词联辑》第88页。沈刚中，生卒年不详，字需尊，自号北溪居士，清代吴江（今属江苏）人。

芝龛记题词之三/（清）章甫. ——《石柱文史资料》第九辑《吟秦良玉诗词联辑》第84页。

中元祷雨词有引/（清）张守愚. ——清光绪《梁山县志》卷十《艺文·诗》。

忠州谒禹庙/（清）韩文炳. ——清同治《忠州直隶州志》卷十二《艺文志·诗（五律）》。韩文炳，生卒年不详，重庆巴县人。

舟泊关滩/（清）舒其文. ——清同治重修《涪州县志》卷十五《艺文志·古今体诗一百八十五首》。舒其文，生卒年不详，清涪州（今重庆涪陵区）人。

竹夫人/（清）王必诚. ——民国新修《合川县志·文在二》，卷七十《诗一·律诗》。

竹枝/（清）陈锟. ——《历代蜀词全辑续编》第481页。陈锟，生卒年不详，字剑门，綦江人，诸生。

竹枝/（清）杜茂才. ——《历代蜀词全辑续编》第138页。杜茂才，生卒年不详，四川达州人。

竹枝/（清）蓝选青. ——《历代蜀词全辑续编》第446—447页。蓝选青，生卒年不详，字黛如，清梁山（今重庆梁平县）人，廪生。

竹枝/（清）涂卿云. ——《历代蜀词全辑续编》第195页。涂卿云，生卒年不详，四川南充人，岁贡生。

竹枝/（清）涂宁舒. ——《历代蜀词全辑续编》第 135—137 页。涂宁舒，生卒年不详，清梁山（今重庆梁平县）人，举人。

竹枝词/（清）邱志广. ——《柴村诗钞》卷五。邱志广，生卒年不详，字粟海，号弘道，又号蝶庵，别号柴村，山东诸城人，贡生。

竹枝词二首/（清）熊赐履. ——《经义斋集》卷十八。熊赐履，生卒年不详，字敬修，湖北孝感人，进士。

竹枝词一首/（清）[作者不详]. ——《蜀都碎事·艺文补遗》下卷。

祝冉慎翁师寿/（清）宋泮. ——民国《南充县志》卷十二《艺文志·诗》。

注易洞/（清）王怡. ——清同治重修《涪州县志》卷十五《艺文志·古今体诗一百八十五首》。

自赋/（清）郭绍芳. ——《璧山文史》第十一辑第 36 页。郭绍芳，生卒年不详，清代璧山人，秀才，一生教书。

邹仪诗一首/（清）邹仪. ——清咸丰《开县志》卷二十七《艺文下》。

◎创作时间不详

骠骑将军印歌/柳福培. ——民国《忠县志》卷二十一《文征志·古体诗》。柳福培（1830—1919），字位侯，别号存愚山人，忠州人，工诗文，专治易经学。

水灾行/柳福培. ——民国《忠县志》卷二十一《文征志·古体诗》。

桃花鱼/柳福培. ——民国《忠县志》卷二十一《文征志·古体诗》。

向烈女滩/柳福培. ——民国《忠县志》卷二十一《文征志·古体诗》。

己巳人日试笔寄王祝熙/秦淮月. ——《彭水县志》第 981 页。秦淮月（1834—1932），字印潭，号印川，又名秦光升，石柱直隶厅马武坝杨柳湾人，系秦良玉的族亲，光绪十七年（1891）恩贡生，主讲学，桃李众多。

四川营谒秦太保祠/秦淮月. ——《石柱文史资料》第九辑《吟秦良玉诗词联辑》第 54 页。

宿遗爱祠题壁/耿士伟. ——清光绪《大宁县志》卷八《艺文志》。耿士伟（1839—1922），字鹤峰，山东新城县人，同治三年（1864）中山东甲子科乡试经魁，光绪年间知奉节等县。

杯珓行/刘玉璋. ——《夔夔堂诗草》。刘玉璋（1842—1915），字特洲，重庆奉节人，清同治十二年（1873）举人，著有《夔夔堂诗草》。

丙戌十二月十七日喜仙臣至后二日以东坡生日诗见示作此和之/刘玉璋. ——《夔夔堂诗草》。

泊西陵峡/刘玉璋. ——《夔夔堂诗草》。

长湖/刘玉璋. ——《夔夔堂诗草》。

重阳登陶然亭/刘玉璋. ——《近代巴蜀诗钞》（上册）第二七零页。

春日偕同人集瀼西杜公祠作先生生日/刘玉璋. ——《近代巴蜀诗钞》（上册）第二六零页。

河北道中阻风/刘玉璋. ——《近代巴蜀诗钞》（上册）第二六七页。

黑水洋骤雨/刘玉璋. ——《近代巴蜀诗钞》（上册）第二六九页。

寄家书/刘玉璋. ——《夔夔堂诗草》。

隶虎行·送乔佑生别/刘玉璋. ——《夔夔堂诗草》。

梦方廉史/刘玉璋. ——《夔夔堂诗草》。

南阳怀古/刘玉璋. ——《夔夔堂诗草》。

秋江晚眺闻笛/刘玉璋. ——《夔夔堂诗草》。

宿山寺/刘玉璋. ——《夔夔堂诗草》。

武侯祠咏古/刘玉璋. ——清光绪《奉节县志》卷三十六《艺文·艺文补遗》。

偕同仁集瀼西杜公祠作先生生日/刘玉璋. ——《夔夔堂诗草》。

乙丑冬日偕杨慎斋登望江楼望隔江诸山积雪适邱梦锦继至放歌纪事/刘玉璋. ——《夔夔堂诗草》。

乙丑十二月十九日招同人作东坡先生生日即供先生诗集代像醉后作歌/刘玉璋. ——《夔夔堂诗草》。

咏菊/刘玉璋. ——《夔夔堂诗草》。

咏梅/刘玉璋. ——《夔夔堂诗草》。

咏牡丹/刘玉璋. ——《夔夔堂诗草》。

鱼复城咏古/刘玉璋. ——清光绪《奉节县志》卷三十六《艺文·艺文补遗》。

裕州车行乱石中作/刘玉璋. ——《夔夔堂诗草》。

舟行/刘玉璋. ——《近代巴蜀诗钞》（上册）第二七零页。

涿州早发/刘玉璋. ——《近代巴蜀诗钞》（上册）第二六七页。

泊邓家沱/［日本］竹添进一郎. ——冉云飞《一位日本人1876年的巴蜀观察》，载《青年作家》2007年第6期。竹添进一郎（1842—1917），讳光鸿，字渐卿，号井井，世人称竹添井井，肥后人，日本汉学家。

白帝城/刘心源. ——瞿塘峡壁题刻。刘心源（1848—1917），字亚甫，号冰若，又号幼丹，湖北嘉鱼人，光绪二年（1876）进士，曾任夔州知府。

夔门铭/刘心源. ——瞿塘峡壁题刻。

和也愚菊社/潘清荫. ——民国《巴县志》卷二十三《文征》。潘清荫（1851—1912），字季约，号梧冈，巴县人，同治十二年（1873）举人，曾任忠州（今重庆忠县）白鹿书院山长，与宋育仁一起创办《渝报》。

甲午重九同人集武昌公桑园登高还谶两湖书院/潘清荫. ——民国《巴县志》卷二十三《文征》。

赠姚君仲实即呈马通伯先生/潘清荫. ——民国《巴县志》卷二十三《文征》。

题宜园兼简尧老/王树枏. ——民国《巴县志》卷二十三《文征》。王树枏（1851—1936），字晋卿，号陶庐老人，又号绵山老牧，河北省新城人，光绪十二年（1886）进士，近代史学家、方志名家、文学家。

得同年高夑堂明府惠大宁县志有盐泉仙人洞古迹寄题二首/王步瀛. ——清光绪《大宁县志》卷八《艺文志》。王步瀛（1852—1927），字仙洲，陕西郡县人，光绪二年（1876）进士。

夔门铭/彭聚星. ——《白帝城历代碑刻选》。彭聚星（1854—1922），字文伯、云石，号筠庵居士、云道人、莲花峰樵，祖籍湖南湘江，生于重庆奉节，后迁居云阳，光绪十四年（1888）中举，近代著名书画家。

八阵图/李正华. ——清光绪《奉节县志》卷三十六《艺文·诗汇》。李正华（1855—1919），字静之，号君恕，又号醉余生，江苏武进人。

莲花池/李正华. ——清光绪《奉节县志》卷三十六《艺文·诗汇》。

碧瓜亭晚游/冯承泽. ——民国《忠县志》卷二十一《文征志·古体诗》。冯承泽（1856—1928），字笏轩，忠州（今重庆忠县）人，光绪十四年（1888）举人。

和秦山高《感事》二律/冯承泽. ——民国《忠县志》卷二十一《文征志·古体诗》。

和秦仲高《郡城晚眺》（三首）/冯承泽. ——民国《忠县志》卷二十一《文征志·古体诗》。

积谷谣/冯承泽. ——民国《忠县志》卷二十一《文征志·古体诗》。

老鹤窠（族人五楼羽九子卿子苓之宅）/冯承泽. ——民国《忠县志》卷二十一《文征志·古体诗》。

莲村杂咏/冯承泽. ——民国《忠县志》卷二十一《文征志·古体诗》。

临江晚眺/冯承泽. ——民国《忠县志》卷二十一《文征志·古体诗》。

题陈大铭（号锡九）百岁坊（坊在县属高洞乡）/冯承泽. ——民国《忠县志》卷二十一《文征志·古体诗》。

题黄锡九逸园（二首）/冯承泽. ——民国《忠县志》卷二十一《文征志·古体诗》。

孝子鱼/冯承泽. ——民国《忠县志》卷二十一《文征志·古体诗》。

鱼鹰曲/冯承泽. ——民国《忠县志》卷二十一《文征志·古体诗》。

盐船哀/冯承泽. ——民国《忠县志》卷二十一《文征志·古体诗》。

赠陈子昭/冯承泽. ——民国《忠县志》卷二十一《文征志·古体诗》。

题礼园亭馆/宋育仁. ——《重庆题咏录》第337页。宋育仁（1857—1931），字芸芝，又作芸子，四川富顺人，光绪十二年（1886）进士，工诗画。

白帝城怀古/易顺鼎. ——瞿塘峡壁题刻。易顺鼎（1858—1920），字仲硕,字实甫,一字仲实,号眉孙、琴志、哭庵、一厂居士,湖南龙阳(今汉寿)人,光绪元年(1875)恩科举人。工诗词及骈文,著有诗集《丁戊之间行卷》、《四魂集》等,今人整理有《琴志楼诗集》二十卷。

瞿塘行/易顺鼎.——《四魂集》。

三峡竹枝词九首/易顺鼎.——《四魂集》。

晚泊广溪峡/易顺鼎.——瞿塘峡壁题刻。

望巫山/易顺鼎.——《琴志楼诗集》卷五。

巫山/易顺鼎.——《琴志楼诗集》卷五。

滟滪石歌/易顺鼎.——《四魂集》。

舟中书事/易顺鼎.——《琴志楼诗集》卷五。

宝顶山圣寿寺题壁戏用王播题木兰寺诗韵/张森楷.——民国新修《合川县志·文在二》,卷七十《诗一·绝句》。张森楷(1858—1928),原名家楷,字元翰,号式卿,今重庆合川人,历史学家。

次焌青茶店题壁原韵/张森楷.——民国新修《合川县志·文在二》,卷七十《诗一·律诗》。

大足县感怀叠嵩生师韵//张森楷.——民国新修《合川县志·文在二》,卷七十《诗一·律诗》。

和高青邱读史二十二首录十四/张森楷.——民国新修《合川县志·文在二》,卷七十《诗一·绝句》。

浣花草堂探梅歌/张森楷.——民国新修《合川县志·文在一》,卷六十九《诗一·七言古》。

己卯冬初送梓屏宗兄/张森楷.——民国新修《合川县志·文在二》,卷七十《诗一·律诗》。

甲申交予年二十又六发初有见白者/张森楷.——民国新修《合川县志·文在二》,卷七十《诗一·律诗》。

金栗山房吊费进士海香即用其赋示三男元韵/张森楷.——民国新修《合川县志·文在一》,卷六十九《诗一·七言古》。

驹如诗草题辞/张森楷.——民国新修《合川县志·文在一》,卷六十九

《诗一·五言古》。

李华孺人寿诗/张森楷. ——民国新修《合川县志·文在一》，卷六十九《诗一·五言古》。

李杨孺人五秩寿诗/张森楷. ——民国新修《合川县志·文在二》，卷七十《诗一·律诗》。

题蔡京碑/张森楷. ——民国新修《合川县志·文在二》，卷七十《诗一·绝句》。

题官饯王梦应碑/张森楷. ——民国新修《合川县志·文在二》，卷七十《诗一·律诗》。

喜远村夜见访招集同人欢宴方泉书屋分赋得三十二韵/张森楷. ——民国新修《合川县志·文在一》，卷六十九《诗一·五言古》。

杂拟四首呈伍嵩生师（有引）/张森楷. ——民国新修《合川县志·文在一》，卷六十九《诗一·五言古》。

梓屏归逾月矣其弟镜吾前书告病不知愈否诗以讯之/张森楷. ——民国新修《合川县志·文在二》，卷七十《诗一·律诗》。

沙门寺开山赋呈德高老和尚/程德全. ——民国《云阳县志》卷四十二《文录上·古近体诗》。程德全（1860—1930），字纯如，号雪楼，晚号无智，素园居士，今重庆云阳县人。

磐石城寄怀子厚/张朝墉. ——民国《云阳县志》卷四十二《文录上·古近体诗》。张朝墉（1860—1942），字北墙、白翔（一作伯翔），号半园，今重庆奉节县人，世称夔门才子，清廪生。

偕涂二垕龛至下岩寺/张朝墉. ——民国《云阳县志》卷四十二《文录上·古近体诗》。

燕京岁时杂咏/张朝墉. ——《奉节文史资料》第十辑第36页。

读隋外夷传/杜光昀. ——民国《忠县志》卷二十一《文征志·古体诗》。杜光昀（1861—1912），字旭初，忠州（今重庆忠县）人，清光绪时廪膳生。

即事/杜光昀. ——民国《忠县志》卷二十一《文征志·古体诗》。

蜀乱/杜光昀. ——民国《忠县志》卷二十一《文征志·古体诗》。

闻郡人归林者众/杜光昀. ——民国《忠县志》卷二十一《文征志·古体诗》。

涪州石鱼题刻/刘容经. ——《巴蜀古诗选解》第 447 页。刘容经（1861—?），一号白山老人，今重庆涪陵区人，民国初年任今重庆彭水县训导。

诞日示禄、序、谷、鸿诸子/陈光绩. ——民国《忠县志》卷二十一《文征志·古体诗》。陈光绩（1862—1921），字庶成，今重庆忠县人，光绪十五年（1889）举人。

读秦山高《燹余诗草》志慨（二首）/陈光绩. ——民国《忠县志》卷二十一《文征志·古体诗》。

菩萨蛮/陈光绩. ——民国《忠县志》卷二十一《文征志·近体诗》。

苏家庄（去故宅五里旧日读书处）/陈光绩. ——民国《忠县志》卷二十一《文征志·古体诗》。

土桥/陈光绩. ——民国《忠县志》卷二十一《文征志·古体诗》。

寓斋闷坐感赋三律/陈光绩. ——民国《忠县志》卷二十一《文征志·古体诗》。

咄咄谣/（清）秦家穆. ——《忠县志》卷二十二《丛谈志》。秦家穆（1863—1922），字肇北、少伯，忠州（今重庆忠县）人，光绪十六年（1890）进士。

丁未七月日本九山英三有野学等由上海同文校游历到汴考察商务接洽甚欢次日以手卷索题因赋诗赠之/夏璜. ——民国《潼南县志》卷六《艺文志下·二诗》。夏璜（1864—1940），字士奇，今重庆潼南县人，举人，曾在潼南鉴亭书院执教。

读书台/夏璜. ——民国《潼南县志》卷六《艺文志下·二诗》。

书唐节母传后/夏璜. ——民国《潼南县志》卷六《艺文志下·二诗》。

和潘幼佘太守由夔州调署龙安府留别八首/陈正学. ——《奉节文史资料》第一辑。陈正学（1865—1925），字文仙，今重庆奉节人，光绪三十年（1904）进士，曾参与康有为"公车上书"，讲学莲峰书院。

拟郭景纯游仙诗七首/陈正学. ——《奉节文史资料》第二辑。

挽蕴玉高兄之同怀二弟/陈正学. ——《奉节文史资料》第一辑。

咏李贞烈女诗/骆成骧. ——民国《长寿县志》卷十五《文征下》。骆成骧（1865—1926），字公骕，今四川资中人，光绪二十一年（1895）乙未科状元，官至山西提学使，辛亥革命后，任四川省议会议长、四川国学院院长等。

磐石城/黄维翰. ——民国《云阳县志》卷四十二《文录上·古近体诗》。黄维翰（1867—1932），字申甫，号稼溪，临川连城乡人，光绪二十年（1894）中举。

重庆（万家灯火气如虹）/赵熙. ——《赵尧生重庆诗钞》第4—5页。赵熙（1867—1948），字尧生，号香宋，四川荣县人，清末进士，著名诗人。

出峡/赵熙. ——《三峡诗词注评》第615页。

答陶瓠赠响石诗/赵熙. ——民国《巴县志》卷一《疆域·山脉》。

过夔州/赵熙. ——《三峡诗词注评》第616页。

绝句二首/赵熙. ——《赵尧生重庆诗钞》第8页。

夔府/赵熙. ——《三峡诗词注评》第615页。

送张吏部归省诗/赵熙. ——民国《长寿县志》卷十六《拾遗·附近事见闻录》。

下里词送杨使君之蜀（十三首）/赵熙. ——《香宋诗前集》（下册）。

咏鹅岭冷然台诗/赵熙. ——民国《巴县志》卷一《疆域·山脉》。

咏花滩溪诗/赵熙. ——民国《巴县志》卷一《疆域·溪流》。

咏建禹山建文峰诗/赵熙. ——民国《巴县志》卷一《疆域·山脉》。

咏老鹰岩金刚坡诗/赵熙. ——民国《巴县志》卷一《疆域·山脉》。

咏退溪诗/赵熙. ——民国《巴县志》卷一《疆域·溪流》。

咏华岩寺诗/赵熙. ——民国《巴县志》卷一《疆域·山脉》。

自云阳赴成都并送仲兄东下/冯善征. ——民国《云阳县志》卷四十二《文录上·古近体诗》。冯善征（1868—1922），字子久，号达庐，通州（今江苏南通）人，优贡生，光绪二十九年（1903）举经济特科，历官重庆云阳知县。

重庆府/俞陛云. ——民国《巴县志》卷二十三《文征》。俞陛云（1868—1950），字阶青，号乐静，今浙江德清人，光绪二十四年（1898）进士，曾出任四川乡试副考官。

铜锣峡避雨/俞陛云. ——民国《巴县志》卷二十三《文征》。

题长生会步原韵/彭述古. ——民国《长寿县志》卷十五《文征下》。彭述古（1868—1950），又名彭汝尊，名泰荣，自署"述古老人"、"回龙老人"、"龙凤老人"，重庆永川人，创同善社，称"彭师尊"，宣扬儒、释、道三教合一。

吟秦良玉/苏大山. ——《石柱文史资料》第九辑《吟秦良玉诗词联辑》第38页。苏大山（1868—1957），福建晋江人，清末廪生，善诗书，并致力于地方文史研究。

巴歙/章炳麟. ——民国《巴县志》卷二十三《文征》。章炳麟（1869—1936），初名学乘，字枚叔，后更名绛，号太炎，后改名炳麟，浙江余杭人。

狱中赠邹容/章炳麟. ——《邹容集》第82页。

巴扎营怀古/陈鹤年. ——民国《忠县志》卷二十一《文征志·古体诗》。陈鹤年（1870—1927），原名宏图，字乾安、虔安，别号冰鹤老人，忠州（今重庆忠县）人。

庚申和李峙青《感世八首》原韵/陈鹤年. ——民国《忠县志》卷二十一《文征志·古体诗》。

摸鱼儿·涂溪观钓/陈鹤年. ——民国《忠县志》卷二十一《文征志·近体诗》。

齐天乐（三阕）/陈鹤年. ——民国《忠县志》卷二十一《文征志·近体诗》。

桃花鱼/陈鹤年. ——民国《忠县志》卷二十一《文征志·古体诗》。

题杨建屏《墨荷》/陈鹤年. ——民国《忠县志》卷二十一《文征志·古体诗》。

戏拟禽言六章/陈鹤年. ——民国《忠县志》卷二十一《文征志·古体诗》。

游陆公祠（十首）/陈鹤年. ——民国《忠县志》卷二十一《文征志·古体诗》。

下岩为云阳古迹涂君厚菴采辑古来题咏刻石传之属题其后/傅增湘. ——

民国《云阳县志》卷四十二《文录上·古近体诗》。傅增湘（1872—1950），字淑和，今四川江安人，近代学者、教育家，1898 年中进士，清末曾任直隶提学使。

雪中感事——戊戌留京目睹政变/高凌霄. ——《璧山文史》第十一辑第43 页。高凌霄（1872—1956），字石芝，一字石痴，重庆璧山县人，清举人，曾任内阁中书，四川省咨议局议员，北京资政院议员，璧山县劝学所学务总董兼视学等。

雪中感事——缙云游山距吾家十五里/高凌霄. ——《璧山文史》第十一辑第 44 页。

雪中感事——无题寄友/高凌霄. ——《璧山文史》第十一辑第 46 页。

次韵沧白见怀/梅际郇. ——民国《巴县志》卷二十三《文征》。梅际郇（1873—1934），字黍雨，巴县人。

秋雨怀董莱子用其紫云楼诗韵/梅际郇. ——民国《巴县志》卷二十三《文征》。

辛亥除夕感怀九首/梅际郇. ——《念石斋诗》卷四。

过汉阳/李滋然. ——民国《长寿县志》卷十五《文征下》。李滋然（1874—1921），字命三，号采薇僧，今重庆长寿人，清光绪十五年（1889）进士。

晚泊夔门/李滋然. ——民国《长寿县志》卷十五《文征下》。

挽潮州镇张军门（二首）/李滋然. ——民国《长寿县志》卷十五《文征下》。

扬州梅花岭展史阁部墓/李滋然. ——民国《长寿县志》卷十五《文征下》。

寄复谢龙文自北京以诗见示/傅公溥. ——民国《南川县志》卷十二《艺文志下·诗选》。傅公溥（？—1921），字子明，今重庆南川区人。

渝州暮春即事/傅公溥. ——民国《南川县志》卷十二《艺文志下·诗选》。

咏偏佛寺牡丹和甘舟之/应均. ——民国《南川县志》卷十二《艺文志

下·诗选》。应均（1874—1941），名仲华，字乃春，晚年号松石山民，今浙江永康人，尝以书入画，尤擅画兰。

酬王克明/温朝钟. ——《川东南民族资料汇编·文艺·土家族文人作品》第一集。温朝钟（1877—1912），字镜澄，别号温而理、孔保华、恍惚道人，今重庆黔江人，土家族。

途中偶占/温朝钟. ——《川东南民族资料汇编·文艺·土家族文人作品》第一集。

题志冰诗草/庞鑫溶. ——民国新修《合川县志·文在一》，卷六十九《诗一·七言古》。庞鑫溶（1877—1926），名孝植，号炉锋，四川定远县（今武胜县）人，清末廪生，曾任民国《新修武胜县志》总纂。

金佛山方竹笋/徐筱帆. ——《南川县志》文化篇。徐筱帆（1878—1950），江苏盐城人，从事教育工作。

东游述志诗/吴玉章. ——《重庆文史资料选辑》第十九辑第3页。吴玉章（1878—1966），原名永珊，字树人，四川荣县人。

留学日本时自题照片诗二首/吴玉章. ——《重庆文史资料选辑》第十九辑第148—149页。

壬午暮冬谒桓侯庙/路朝銮. ——《云阳县志》第1289—1294页。路朝銮（1880—1954），字金坡，号瓠庵，贵州毕节人，光绪年间举人，官四川候补知州，近代诗人。

写磐石城图既成赋奉子厚社长/路朝銮. ——民国《云阳县志》卷四十二《文录上·古近体诗》。

成都送士志入京（四首）/杨庶堪. ——《天隐阁集》第8—9页。杨庶堪（1881—1942），名先达，字品璋，后改沧白，号邠斋，重庆巴县人，清秀才。

送友人游学日本/杨庶堪. ——《天隐阁集》第2页。

宿詹公幽居/杨庶堪. ——《天隐阁集》第1页。

晚出弹子石/杨庶堪. ——《天隐阁集》第1—2页。

晚渡/杨庶堪. ——《天隐阁集》第1页。

赠李锦湘茂才/杨庶堪. ——《天隐阁集》第3页。

菩萨顶四首/张文光. ——清光绪《梁山县志》卷十《艺文·诗》。张文光（1882—1914），字绍三，云南腾越人，起兵光复腾越。

过昭君墓/公孙长子. ——《重庆文史资料选辑》第十七辑第83页。公孙长子（1882—1942），本姓余，名切，又名兰陔，字培初，四川内江人。

晨听子规声/向靖修. ——《合川文史资料》第十辑第155页。向靖修（1885—1959），今重庆合川人，1953年起任四川省文史馆研究员。

癸丑白傅祠展重阳即席述怀（八首）/秦嵩年. ——民国《忠县志》卷二十一《文征志·古体诗》。秦嵩年（1886—1946），字山高，号大岳，今重庆忠县人，清光绪年间进士，曾编有《秦良玉传汇编初集》。

秦良玉锦袍歌/秦嵩年. ——民国《忠县志》卷二十一《文征志·古体诗》。

书庄烈帝赐良玉诗有感/秦嵩年. ——《石柱文史资料》第九辑《吟秦良玉诗词联辑》第55页。

题忠州太保祠/秦嵩年. ——《石柱文史资料》第九辑《吟秦良玉诗词联辑》第60页。

哭邹蔚丹烈士（二首）/柳亚子. ——《邹容集》第134页。柳亚子（1887—1958），初名慰高，更名弃疾，字安如、亚庐、亚子，江苏吴江人，清末秀才。

寄怀王敬亭/陈云逵. ——民国新修《合川县志·文在二》，卷七十《诗一·律诗》。陈云逵（1889—1961），又名时熙，今重庆合川人，贡生。

百尺楼·秋夜/沈以叔. ——《历代蜀词全辑》第1018页。沈以叔，生卒年不详，重庆大足人。

南乡子·对月/沈以叔. ——《历代蜀词全辑》第1018页。

如梦令·夜坐/沈以叔. ——《历代蜀词全辑》第1018页。

百字令（三首）/朱德宝. ——《历代蜀词全辑》第794页。朱德宝，生卒年不详，字虹父，今重庆酉阳人，活动于清末和民国初年。

钗头凤/朱德宝. ——《历代蜀词全辑》第802页。

长亭怨慢（二首）/朱德宝. ——《历代蜀词全辑》第805页。

大江西上曲/朱德宝. ——《历代蜀词全辑》第 799 页。

点绛唇（三首）/朱德宝. ——《历代蜀词全辑》第 804 页。

蝶恋花（二首）/朱德宝. ——《历代蜀词全辑》第 802 页。

洞仙歌（三首）/朱德宝. ——《历代蜀词全辑》第 802 页。

风入松（三首）/朱德宝. ——《历代蜀词全辑》第 789—790 页。

凤栖梧/朱德宝. ——《历代蜀词全辑》第 806 页。

高阳台（三首）/朱德宝. ——《历代蜀词全辑》第 796 页。

国香慢（二首）/朱德宝. ——《历代蜀词全辑》第 790—791 页。

好事近（二首）/朱德宝. ——《历代蜀词全辑》第 795 页。

红情/朱德宝. ——《历代蜀词全辑》第 803 页。

减字木兰花/朱德宝. ——《历代蜀词全辑》第 806 页。

绛都春（二首）/朱德宝. ——《历代蜀词全辑》第 795 页。

解连环/朱德宝. ——《历代蜀词全辑》第 790 页。

解佩令/朱德宝. ——《历代蜀词全辑》第 807 页。

金缕曲（十首）/朱德宝. ——《历代蜀词全辑》第 787—789 页。

阑干万里心/朱德宝. ——《历代蜀词全辑》第 795 页。

浪淘沙（三首）/朱德宝. ——《历代蜀词全辑》第 793 页。

临江仙/朱德宝. ——《历代蜀词全辑》第 804 页。

玲珑四犯/朱德宝. ——《历代蜀词全辑》第 805 页。

柳梢青（三首）/朱德宝. ——《历代蜀词全辑》第 796—797 页。

买陂塘/朱德宝. ——《历代蜀词全辑》第 786 页。

卖花声/朱德宝. ——《历代蜀词全辑》第 784 页。

满江红（四首）/朱德宝. ——《历代蜀词全辑》第 785—786 页。

满庭芳（二首）/朱德宝. ——《历代蜀词全辑》第 804 页。

眉妩/朱德宝. ——《历代蜀词全辑》第 787 页。

摸鱼子（三首）/朱德宝. ——《历代蜀词全辑》第 797—798 页。

木兰花慢/朱德宝. ——《历代蜀词全辑》第 791 页。

念奴娇/朱德宝. ——《历代蜀词全辑》第 803 页。

菩萨蛮（六首）/朱德宝. ——《历代蜀词全辑》第784—785页。

沁园春（三首）/朱德宝. ——《历代蜀词全辑》第792—793页。

青玉案/朱德宝. ——《历代蜀词全辑》第803页。

清平乐（六首）/朱德宝. ——《历代蜀词全辑》第799—800页。

庆宫春/朱德宝. ——《历代蜀词全辑》第800页。

秋波媚/朱德宝. ——《历代蜀词全辑》第803页。

鹊桥仙/朱德宝. ——《历代蜀词全辑》第786页。

如梦令/朱德宝. ——《历代蜀词全辑》第794页。

阮郎归/朱德宝. ——《历代蜀词全辑》第798页。

声声慢/朱德宝. ——《历代蜀词全辑》第800页。

师师令/朱德宝. ——《历代蜀词全辑》第806页。

四字令（三首）/朱德宝. ——《历代蜀词全辑》第805页。

疏影/朱德宝. ——《历代蜀词全辑》第793页。

台城路（二首）/朱德宝. ——《历代蜀词全辑》第791页。

望湘人/朱德宝. ——《历代蜀词全辑》第798页。

西子妆（二首）/朱德宝. ——《历代蜀词全辑》第792页。

湘春夜月/朱德宝. ——《历代蜀词全辑》第795页。

湘月/朱德宝. ——《历代蜀词全辑》第806页。

小桃红/朱德宝. ——《历代蜀词全辑》第790页。

意难忘/朱德宝. ——《历代蜀词全辑》第806页。

虞美人/朱德宝. ——《历代蜀词全辑》第798页。

玉京谣/朱德宝. ——《历代蜀词全辑》第801页。

鹧鸪天（六首）/朱德宝. ——《历代蜀词全辑》第801页。

醉花阴（二首）/朱德宝. ——《历代蜀词全辑》第785页。

醉金门/朱德宝. ——《历代蜀词全辑》第799页。

醉太平（三首）/朱德宝. ——《历代蜀词全辑》第798—799页。

步城西一带田家/徐大昌. ——民国《南川县志》卷十二《艺文志下·诗选》。徐大昌，生卒年不详，四川南川（今重庆南川区）举人，光绪年间曾做平武训导。

  黄河/徐大昌. ——民国《南川县志》卷十二《艺文志下·诗选》。

  枯桐行/徐大昌. ——民国《南川县志》卷十二《艺文志下·诗选》。

  苦歌辞五首/徐大昌. ——民国《南川县志》卷十二《艺文志下·诗选》。

  秋日黄河樵明府招饮尹子祠/徐大昌. ——民国《南川县志》卷十二《艺文志下·诗选》。

  人归/徐大昌. ——民国《南川县志》卷十二《艺文志下·诗选》。

  山路着雨/徐大昌. ——民国《南川县志》卷十二《艺文志下·诗选》。

  山斋独坐/徐大昌. ——民国《南川县志》卷十二《艺文志下·诗选》。

  绥阳行/徐大昌. ——民国《南川县志》卷十二《艺文志下·诗选》。

  题宋宸东戎马书生图及送其归屏山/徐大昌. ——民国重修《南川县志》卷十二《艺文志下·诗选》。

  潼关/徐大昌. ——民国《南川县志》卷十二《艺文志下·诗选》。

  浴凫池夜坐/徐大昌. ——民国《南川县志》卷十二《艺文志下·诗选》。

  醉歌/徐大昌. ——民国《南川县志》卷十二《艺文志下·诗选》。

  酬傅子蓂读余北征诗见赠次原韵（二首）/谢家驹. ——民国《南川县志》卷十二《艺文志下·诗选》。谢家驹，生卒年不详，字龙文，号侠生，今重庆南川（一说四川南充）人，陆军军官学校毕业。

  夔门/谢家驹. ——民国《南川县志》卷十二《艺文志下·诗选》。

  浪淘沙·春宵/谢家驹. ——《历代蜀词全辑》第966页。

  游牛头寺/谢家驹. ——民国《南川县志》卷十二《艺文志下·诗选》。

  竹枝/谢家驹. ——《历代蜀词全辑续编》第410—411页。

  呈邑宰某（二首）/毛剔之. ——《涪陵文史资料选辑》第2辑第133页。毛剔之，生卒年不详，今重庆长寿人，清光绪年间秀才，死于民国初。

  读《古诗源》/毛剔之. ——《涪陵文史资料选辑》第2辑第135页。

  馥儿来馆感其年稚因作长句/毛剔之. ——《涪陵文史资料选辑》第2辑第134页。

  古诗四首/毛剔之. ——《涪陵文史资料选辑》第2辑第136页。

荔枝园内种柏行/毛剔之. ——《涪陵文史资料选辑》第 2 辑第 134 页。

梅/毛剔之. ——《涪陵文史资料选辑》第 2 辑第 135 页。

荣昌竹枝词（二首）/毛剔之. ——《涪陵文史资料选辑》第 2 辑第 135 页。

题壁/毛剔之. ——《涪陵文史资料选辑》第 2 辑第 134 页。

武侯祠/毛剔之. ——《涪陵文史资料选辑》第 2 辑第 135 页。

赠王月仙/毛剔之. ——《涪陵文史资料选辑》第 2 辑第 135 页。

舟泊木洞明月峡/毛剔之. ——《涪陵文史资料选辑》第 2 辑第 133 页。

过三峡/刘存重. ——《啸风诗集》。刘存重，生卒年不详，字友三，号啸风，清末民初人，四川简阳人。

和林慎斋广文《留别忠州》原韵/刘承稷. ——民国《忠县志》卷二十一《文征志·古体诗》。刘承稷，生卒年不详，清末民初忠州城人，优贡生，诗文俱佳、书法劲秀。

和采薇僧/向名显. ——民国《长寿县志》卷十五《文征下》。向名显，字帛书，生卒年不详。

和采薇上人/张葆吉. ——民国《长寿县志》卷十五《文征下》。

滑竿吟/谭祥麟. ——民国《忠县志》卷二十一《文征志·古体诗》。谭祥麟，生卒年不详，清末民国时忠州（今重庆忠县）人，擅诗文，尤长于古风。

樵妇叹/谭祥麟. ——民国《忠县志》卷二十一《文征志·古体诗》。

秋柳/谭祥麟. ——民国《忠县志》卷二十一《文征志·古体诗》。

萑苻行/舒兴铨. ——民国《长寿县志》卷十六《拾遗·附近事见闻录》。舒兴铨，生卒年不详，清末民初长寿（今重庆长寿区）人。

怀采薇僧/傅维乾. ——民国《长寿县志》卷十五《文征下》。傅维乾，字子健，生卒年不详。

怀韩镜如先生/傅维乾. ——民国《长寿县志》卷十五《文征下》。

怀左兰皋益三/傅维乾. ——民国《长寿县志》卷十五《文征下》。

回龙山/释万松. ——《川东南民族资料汇编·文艺·土家族文人作品》第一集。释万松，生卒年不详，俗姓黄，字履云，四川酉阳州（今重庆酉阳县）人，天龙寺住持，清末民初人。

山中留客/释万松. ——《川东南民族资料汇编·文艺·土家族文人作品》第一集。

纪梦浣溪沙/陈文中. ——民国《长寿县志》卷十六《拾遗·附近事见闻录》。陈文中，生卒年不详，字淑通，号淑通，今重庆长寿人。

哭牟敬臣夫子/任之杰. ——民国《忠县志》卷二十一《文征志·古体诗》。任之杰，生卒年不详，号三举，清末民初时忠州（今重庆忠县）人，郡庠生。

人日感怀（用东坡《除夜赠段屯田》诗韵）/任之杰. ——民国《忠县志》卷二十一《文征志·古体诗》。

谒白傅祠并瞻巴台（用天竺寺诗韵）/任之杰. ——民国《忠县志》卷二十一《文征志·古体诗》。

梁山竹枝词（六十五首）/张孔修. ——《梁平文史资料》第七辑第164页。张孔修，生卒年不详，清代秀才，今重庆梁平县人，民国年间梁山中学国文教师，编有《高梁耆英集》。

拟杜工部诸将（五首）/夏邦杰. ——民国《忠县志》卷二十一《文征志·古体诗》。夏邦杰，生卒年不详，字伟臣，清末民初忠州（今重庆忠县）人，廪膳生。

彭凤和招饮北真观/李鼎禧. ——民国《长寿县志》卷十五《文征下》。李鼎禧，生卒年不详，字崎青，今重庆长寿区人，清末岁贡生，民国初期曾任蜀军政府文书局局长。

送华宗智庶常入京/李鼎禧. ——民国《长寿县志》卷十五《文征下》。

夜宿凤山书院/李鼎禧. ——民国《长寿县志》卷十五《文征下》。

青烟洞/郭荣炎. ——民国《长寿县志》卷十五《文征下》。郭荣炎，生卒年不详，字汉臣，清末民初长寿人。

题天宝寺寿佛阁/郭荣炎. ——民国《长寿县志》卷十五《文征下》。

清明过观音寺/陈嘉猷. ——清道光《垫江县志》卷十《诗·七言绝句》。陈嘉猷，生卒年不详，清末民初湘人。

游木头滩古寺/陈嘉猷. ——清道光《垫江县志》卷十《诗·五言律诗》。

沙门寺开山奉和雪老/刘鸿材. ——民国《云阳县志》卷四十二《文录上·古近体诗》。刘鸿材，生卒年不详，清末民初云阳（今重庆云阳县）人，1918 年后任涪陵知事。

咏李贞烈女诗/周钧. ——民国《长寿县志》卷十五《文征下》。周钧，生卒年不详，字云石，辛亥革命时重庆长寿起义的参谋。

咏载阳葵公/秦士选. ——《石柱文史资料》第九辑《吟秦良玉诗词联辑》第 93 页。秦士选，生卒年不详，清末民初忠州人，秀才，擅长诗文。

云阳桓侯庙/史锡永. ——《云阳县志》第 1289—1294 页。史锡永，生卒年不详，清末民初万县（今重庆万州区）人，字子年，少孤，谨遵母教，由岁贡举于顺天，乡试复入仕学馆。精研法政，曾任直隶州知州。

赠张孝廉西村/周桐. ——民国新修《合川县志·文在一》，卷六十九《诗一·五言古》。周桐，生卒年不详，字柏生，今江苏武进人，民国书画家。

竹枝/陈宽. ——《历代蜀词全辑续编》第 541—545 页。陈宽，生卒年不详，字子驭，清末民初酉阳（今重庆酉阳县）人。

竹枝/刘泽嘉. ——《历代蜀词全辑续编》第 479—480 页。刘泽嘉，生卒年不详，字颖滨，号叟岩，清末民初重庆江津人。弱冠举秀才，后毕业于成都通省师范学堂，入同盟会，曾任重庆《新中华日报》编辑，纂修《江津县志》。

白莲/余涛. ——民国《长寿县志》卷十五《文征下》。余涛，生卒年不详，字松来，今重庆长寿人。

拜将/周永锴. ——民国《长寿县志》卷十五《文征下》。

扳周灼三世前辈谈诗戏作长句/韦登峰. ——民国《南川县志》卷十二《艺文志下·诗选》。

读徐筱蕃孝廉客夔巫汉阳燕京诸作即仿真体/韦登峰. ——民国《南川县志》卷十二《艺文志下·诗选》。

涪州罗渐九别时言将应爵帅鲍公之聘/韦登峰. ——民国《南川县志》卷十二《艺文志下·诗选》。

祭灶/韦登峰. ——民国《南川县志》卷十二《艺文志下·诗选》。

静坐偶得/韦登峤. ——民国《南川县志》卷十二《艺文志下·诗选》。

宿双洞场不寐/韦登峤. ——民国《南川县志》卷十二《艺文志下·诗选》。

雪夜偶成/韦登峤. ——民国《南川县志》卷十二《艺文志下·诗选》。

赠徐筱蕃孝廉/韦登峤. ——民国《南川县志》卷十二《艺文志下·诗选》。

采莲曲/韦同. ——民国《南川县志》卷十二《艺文志下·诗选》。

打鱼歌/韦同. ——民国《南川县志》卷十二《艺文志下·诗选》。

题刘君鸥湖幽居/韦同. ——民国《南川县志》卷十二《艺文志下·诗选》。

渝城观灯词/韦同. ——民国《南川县志》卷十二《艺文志下·诗选》。

成都武侯祠题壁/李端然. ——民国《长寿县志》卷十五《文征下》。李端然，字午亭，生卒年不详。

崇福寺留别驹如/陶凤占. ——民国新修《合川县志·文在一》，卷六十九《诗一·五言古》。

重游太平寺/周立纶. ——民国《南川县志》卷十二《艺文志下·诗选》。周立纶，生平不详。

春柳/雷汉宾. ——民国《长寿县志》卷十五《文征下》。雷汉宾，生平不详。

春日游关防寺/刘世仪. ——民国新修《合川县志·文在二》，卷七十《诗一·律诗》。

春山晚眺/汪祖培. ——民国《忠县志》卷二十一《文征志·古体诗》。

深山古寺/汪祖培. ——民国《忠县志》卷二十一《文征志·古体诗》。

渔村晚照/汪祖培. ——民国《忠县志》卷二十一《文征志·古体诗》。

次督学何子贞猴背翁七古原韵/王百原. ——民国《长寿县志》卷十五《文征下》。王百原，生卒年不详，字性之。

次益谦原韵/顾宗煃. ——民国新修《合川县志·文在二》，卷七十《诗一·绝句》。

读词翰志书益谦诗后/顾宗煃. ——民国新修《合川县志·文在二》，卷七十《诗一·律诗》。

大佛寺留别之任夷陵/席彖. ——民国《潼南县志》卷六《艺文志下·二诗》。席彖，生卒年不详，字材同，今四川遂宁人。

大佛寺送弟彖谪判夷陵/席春. ——民国《潼南县志》卷六《艺文志下·二诗》。席春，生卒年不详，字仁同，今四川遂宁人。

大佛寺送弟彖谪夷陵/席书. ——民国《潼南县志》卷六《艺文志下·二诗》。席书，字文同，今四川遂宁人。

登北真观炼丹台有感/喻时. ——民国《长寿县志》卷十五《文征下》。喻时，吴皋（今属江苏）人。

吊苟月村/万时森. ——民国新修《合川县志·文在一》，卷六十九《诗一·五言古》。

钓鱼城怀古/胡开先. ——民国新修《合川县志·文在二》，卷七十《诗一·律诗》。

读师俭斋诗集/程宏垣. ——民国新修《合川县志·文在一》，卷六十九《诗一·七言古》。

清明日念先慈殡宫不得祭扫诗以志痛/段寿慈. ——民国《长寿县志》卷十五《文征下》。段寿慈，字峨僧，生卒年不详。

咏李贞烈女诗/段寿慈. ——民国《长寿县志》卷十五《文征下》。

奉和冯使君诗/白丙. ——民国新修《合川县志·文在二》，卷七十《诗一·绝句》。

奉和冯使君诗/夏祖锡. ——民国新修《合川县志·文在二》，卷七十《诗一·绝句》。

感怀杂咏/赵维城. ——民国《长寿县志》卷十五《文征下》。赵维城，字芸荪，江苏武进人。

庚申二月二日移馆中江寺偶作/余砚田. ——民国《南川县志》卷十二《艺文志下·诗选》。

古寺/赖松云. ——民国《南川县志》卷十二《艺文志下·诗选》。

梦泛舟夜下铜锣峡/赖松云. ——民国《南川县志》卷十二《艺文志下·诗选》。

暮过洞泉庵/赖松云. ——民国《南川县志》卷十二《艺文志下·诗选》。

暮投云都寺/赖松云. ——民国《南川县志》卷十二《艺文志下·诗选》。

秋夜独坐/赖松云. ——民国《南川县志》卷十二《艺文志下·诗选》。

夏夜/赖松云. ——民国《南川县志》卷十二《艺文志下·诗选》。

小院/赖松云. ——民国《南川县志》卷十二《艺文志下·诗选》。

顾影/周光烈. ——民国《长寿县志》卷十五《文征下》。周光烈，生卒年不详，字少丰，今重庆长寿人。

桂湖谒杨升菴先生/曹因培. ——民国《南川县志》卷十二《艺文志下·诗选》。

和杭华庭前辈祝予生日长篇/曹因培. ——民国《南川县志》卷十二《艺文志下·诗选》。

和苏制军赠合州举人傅思任重赴鹿鸣之作/曹因培. ——民国《南川县志》卷十二《艺文志下·诗选》。

花魂/曹因培. ——民国《南川县志》卷十二《艺文志下·诗选》。

剑魄/曹因培. ——民国《南川县志》卷十二《艺文志下·诗选》。

九月廿七日携侄绳武登高/曹因培. ——民国《南川县志》卷十二《艺文志下·诗选》。

四月中旬同刘子合登文峰塔即宿其家/曹因培. ——民国《南川县志》卷十二《艺文志下·诗选》。

途中晓望/曹因培. ——民国《南川县志》卷十二《艺文志下·诗选》。

晚眺/曹因培. ——民国《南川县志》卷十二《艺文志下·诗选》。

晓望/曹因培. ——民国《南川县志》卷十二《艺文志下·诗选》。

渝城晚眺/曹因培. ——民国《南川县志》卷十二《艺文志下·诗选》。

过大佛寺偶成三绝/席和. ——民国《潼南县志》卷六《艺文志下·二诗》。席和，今四川遂宁人，生卒年不详。

过李将军故宅/张兑利. ——民国新修《合川县志·文在二》，卷七十《诗

一·绝句》。

合阳竹枝词/彭光昀. ——民国新修《合川县志·文在二》，卷七十《诗一·绝句》。

合州望黔楼/释义光. ——民国新修《合川县志·文在二》，卷七十《诗一·补遗·补录五律》。释义光，生平不详。

会仙洞（旧有李太白题额今已磨灭）/巢近中. ——清道光《垫江县志》卷十《诗·七言律诗》。

寄怀益谦/戴兴哗. ——民国新修《合川县志·文在一》，卷六十九《诗一·五言古》。

金钱吟/冉怀璋. ——民国《忠县志》卷二十一《文征志·古体诗》。

舅父王合笙五十寿/陈云达. ——民国新修《合川县志·文在一》，卷六十九《诗一·七言古》。

看山/任应阶. ——民国《长寿县志》卷十五《文征下》。任应阶，生平不详。

美人抱琵琶图/张玉成. ——民国《长寿县志》卷十五《文征下》。张玉成，字炳辉，生卒年不详。

偶憩河边古寺/夏宏. ——清道光《垫江县志》卷十《诗·七言律诗》。

七律一首/肖学旬. ——《彭水文史资料》第六辑第121页。肖学旬，生卒年不详，湖北孝感人。

壬戌新正月三日有感/李廷韺. ——民国新修《合川县志·文在二》，卷七十《诗一·律诗》。

三忠祠/李文山. ——民国《长寿县志》卷十五《文征下》。

伤匪乱/谭镕. ——民国《潼南县志》卷六《艺文志下·二诗》。

伸内子意代答/陈泽民. ——民国新修《合川县志·文在二》，卷七十《诗一·绝句》。

书田师询近况作此上之/陈泽民. ——民国新修《合川县志·文在二》，卷七十《诗一·律诗》。

用心不可猛一首简黎二省唐/陈泽民. ——民国新修《合川县志·文在

一》，卷六十九《诗一·五言古》。

生日感赋/杨澧枅.——民国《潼南县志》卷六《艺文志下·二诗》。杨澧枅，生卒年不详，字次鲁，今重庆潼南县人。

送禹浏江从军西疆/彭梦麒.——民国新修《合川县志·文在一》，卷六十九《诗一·七言古》。

文昌阁夜读/李鳌.——清道光《垫江县志》卷拾《诗·七言律诗》。李鳌，贡生。

咏李贞烈女诗/郭用楫.——民国《长寿县志》卷十五《文征下》。郭用楫，字蜀良，生卒年不详。

周节妇家孤燕来巢诗以志异/周宗荚.——民国《潼南县志》卷六《艺文志下·二诗》。周宗荚，生平不详。

自身身世/张葆琛.——民国《长寿县志》卷十六《拾遗·附近事见闻录》。

◎作者不详

巴峡夜吟（二）/［作者不详］.——清光绪《巫山县志》卷三十《古迹志·金石》。

川江号子/［作者不详］.——《合川文史资料选辑》第九辑第161—164页，张海涛、夏政《川江号子与四川船》一文。

大锤号子/［作者不详］.——《合川文史资料》第十二辑第130—133页，夏代涛《石匠的号子》一文。

冯骥/［作者不详］.——民国《南川县志》卷十二《艺文志下·诗选》。

古洞蟠龙/［作者不详］.——清光绪《梁山县志》卷十《艺文·诗》。

鉴亭/［作者不详］.——民国《潼南县志》卷六《艺文志下·二诗》。

龙多十咏/［作者不详］.——民国《潼南县志》卷六《艺文志下·二诗》。

麻姑访问王方平诗/［作者不详］.——《丰都文史资料选辑》第十一辑

《名人苾丰剪影》第 139 页。

南充民谣/［作者不详］.——《重庆文史资料选辑》第十二辑第 74 页，刘雅清《张澜在辛亥革命前后》一文。

平定教匪志喜联句有序/［作者不详］.——清道光《城口厅志》卷二十《艺文志·辰章》。

壬子岁游蟠龙山观瀑/［作者不详］.——《梁平县志》。

三节妇诗/［作者不详］.——清同治《巴县志》卷四下《艺文志·诗四言古》。

神女诗/［作者不详］.——清光绪《巫山县志》卷三十《古迹志·金石》。

十二峰/［作者不详］.——清光绪《巫山县志》卷三十二《艺文志》。

题陈节妇诗/［作者不详］.——民国《长寿县志》卷十五《文征下》。

听暮猿哀/［作者不详］.——民国《南川县志》卷十二《艺文志下·诗选》。

万石耕春/［作者不详］.——清光绪《梁山县志》卷十《艺文·诗》。

望金佛山眺/［作者不详］.——民国《南川县志》卷十二《艺文志下·诗选》。

夏日与诸故人游普泽寺晚归遇雨既而月明如画/［作者不详］.——民国《南川县志》卷十二《艺文志下·诗选》。

闲书十二绝句（录第一、二、五、六、九）/［作者不详］.——民国《南川县志》卷十二《艺文志下·诗选》。

崖泉瀑布/［作者不详］.——清光绪《梁山县志》卷十《艺文·诗》。

咏东阳峡诗/［作者不详］.——民国《巴县志》卷三《古迹》。

咏海棠溪诗/［作者不详］.——民国《巴县志》卷一《疆域·溪流》。此诗见于望江书屋中。

永川民谣二首/［作者不详］.——《重庆文史资料选辑》第三十六辑第 177 页，张义富等《辛亥革命前后的永川》一文。

游伏虎寺/［作者不详］.——民国《南川县志》卷十二《艺文志下·诗选》。

游龙多山诗两首/［作者不详］. ——民国新修《合川县志》第 17 册《掌录十九》，卷三十六《金石》。

雨声/［作者不详］. ——民国《南川县志》卷十二《艺文志下·诗选》。

赋

水仙赋/（南朝宋）陶宏景. ——民国《巴县志》卷一《疆域·山脉》。陶宏景（452—536），字通明，自号华阳隐居，丹阳秣陵（今江苏省江宁县）人，魏晋南北朝时期道教思想家、药学家、医学家。

蝉蜕赋/（唐）李远. ——《全唐文》卷七六五。李远，字求（一作承），古蜀人（一说今重庆云阳人），太和进士，历忠、建、江三州刺史，终御史中丞。

题桥赋/（唐）李远. ——民国《云阳县志》卷四十三《文录下·杂文》。

瓜赋/（唐）康子玉. ——清光绪《巫山县志》卷三十二《艺文志·杂文、赋汇、诗汇》。康子玉，生平不详。

击瓯赋/（唐）张曙. ——《全唐文》卷八二九。张曙，生卒年不详，祖籍南阳（今河南邓县）人，唐中和四年（884）寓籍巴州，大顺二年（891）登进士第，官右补阙，工文词。

滟滪堆赋/（北宋）苏轼. ——清光绪《奉节县志》卷三十六《艺文·赋汇》。苏轼（1037—1101），字子瞻，号东坡居士，眉州眉山（今属四川）人，仁宗嘉祐二年（1057）进士。

巫山赋/（北宋）苏辙. ——清光绪《巫山县志》卷三十二《艺文志·杂文、赋汇、诗汇》。

煎茶赋/（北宋）黄庭坚. ——清光绪《巫山县志》卷三十二《艺文志·杂文、赋汇、诗汇》。黄庭坚（1045—1105），即黄山谷，字鲁直，号山谷道人、涪翁，分宁（今江西修水）人，治平年间进士，北宋诗人，书法家，曾被贬于今重庆彭水为官。

古楠赋并序/（南宋）宗泽. ——《历代赋汇》卷一一六。宗泽（1060—

1128），字汝霖，婺州义乌人，元祐六年（1091）进士。

朝山堂赋/（南宋）晁公溯.——《历代赋汇》卷七十八。晁公溯，生卒年不详，一作晁公遡，字子西，济州巨野（今山东巨野）人，晁公武弟，高宗绍兴八年（1138）进士。

神女赋/（南宋）晁公溯.——清光绪《巫山县志》卷三十二《艺文志·杂文、赋汇、诗汇》。

八阵台赋并序/（南宋）刘望之.——《全蜀艺文志》卷二、清光绪《奉节县志》卷三十六《艺文·赋汇》。刘望之（？—1159），字夷叔，一字叔仪，自号观堂，合江人，高宗绍兴二十一年（1151）进士。注：（明）诸葛义、诸葛倬辑《诸葛孔明全集》卷十四记为《八阵图赋并序》。

飞鸟楼赋/（南宋）李开.——民国新修《合川县志》第28册《文在二》，卷七十一《赋二》。李开，生卒年不详，号小舟，今四川资中人，受学于乃父李石、叔父李占，深于《易》、《春秋》，颇能承其家学，但不幸早死。

北客赋并序/（南宋）赵奭之.——《历代赋汇·补遗》卷十九、清光绪《奉节县志》卷三十六《艺文·赋汇》。赵奭之，生卒年不详，宋宗室，广陵郡王房四世孙，增左太中大夫。

合州醉石赋/（南宋）何麒.——民国新修《合川县志》第28册《文在二》，卷七十一《赋二》。何麒，生卒年不详，字子应，宋绍兴年间长安人。

荔子赋/（南宋）何麒.——民国新修《合川县志》第28册《文在二》，卷七十一《赋二》。

滟滪堆赋/（南宋）薛绂.——清光绪《奉节县志》卷三十六《艺文·赋汇》。薛绂，字仲章，生卒年不详，号符谿子，宋孝宗淳熙十一年（1184）进士。

八阵图赋/（元）杨维桢.——清光绪《奉节县志》卷三十六《艺文·赋汇》。杨维桢（1296—1370），字廉夫，号铁崖、铁笛道人，晚号东维子，诸暨人，泰定四年（1327）进士。

后滟滪堆赋并序/（明）陆深.——《历代赋汇》卷二十。陆深（1477—1544），初名荣，字子渊，号俨山，上海人，弘治十八年（1505）进士。

钓台云水赋/（明）任瀚. ——民国《南充县志》卷十二《艺文志·赋》。

昆仑洞赋/（明）张佳胤. ——清光绪《铜梁县志》卷十一《艺文志一》。张佳胤（1526—1588），字肖甫，号崌崃山人，铜梁县人，明嘉靖二十九年（1550）进士，后官至礼部郎中，工吟咏，善书。

滟滪堆赋/（明）郭棐. ——清光绪《奉节县志》卷三十六《艺文·赋汇》。郭棐（1529—1605），字笃周，号梦兰，广东南海人。

蟹泉赋/（明）王应熊. ——清同治《巴县志》卷四下《艺文志·赋》。王应熊（1589—1647），字非熊，一字春石，重庆巴县人，明万历四十一年（1613）进士。

八阵图迹赋并序/（明）罗士琥. ——《诸葛孔明全集》卷十四附录《赋》。罗士琥，生平不详。

澹泉赋/（明）倪斯蕙. ——清同治《巴县志》卷四下《艺文志·传》，《南京户部侍郎倪禺同传》引。倪斯蕙，生卒年不详，字尔澹，别号禺同，重庆卫军籍，神宗万历二十年（1592）进士。

扇赋/（明）罗文蔚. ——清道光《綦江县志》卷十一《艺文上》。罗文蔚，生卒年不详，重庆綦江人，明朝进士。

续白鹿赋并序/（清）林明俊. ——民国重修《丰都县志》卷十一。林明俊，生卒年不详，字位旃，重庆丰都县人，明末岁贡生。

昼蚊赋/（清）李以宁. ——清乾隆《巴县志》卷十五《艺文》。李以宁，生卒年不详，字朗仙，号雪樵，重庆巴县人，康熙十一年（1672）举人。

丛桂赋/（清）王升. ——民国《南充县志》卷十二《艺文志赋》。王升，字南征，号方山，王瑞凤曾孙，今四川南充市人，康熙二十六年（1687）举人，次年进士，官山西寿阳县知县，升吏部主事，历文选司掌印郎中。

海棠赋/（清）李昭治. ——清光绪《西充县志》卷十三《艺文志·中》。李昭治，字虞臣，四川西充人，康熙三十八年（1699）举人，曾任江南仪征知县，有政绩。纂《西充县志》十二卷。

花蕊鸟赋/（清）周开丰. ——清乾隆《巴县志》卷十五《艺文》。

千厮门城楼赋/（清）周开丰. ——清乾隆《巴县志》卷十五《艺文》。

歌乐山赋/（清）王尔鉴. ——清乾隆《巴县志》卷十一《艺文》。王尔鉴（1703—1766），字在兹，号熊峰，河南卢氏人，清乾隆年间曾任巴县知县。

钓鱼城赋并序/（清）罗愔. ——民国新修《合川县志》第 28 册《文在二》，卷七十一《赋二》。罗愔，生卒年不详，字式昭，重庆贤士，乾隆四年（1739）进士。

醉仙亭赋/（清）冉永焘. ——清道光《补辑石砫厅新志·艺文志中》。冉永焘，生卒年不详，字文庵，重庆石柱直隶厅人，乾隆四十二年（1777）拔贡，四十四年（1779）举人。

朱衣阁赋/（清）邵墩. ——清光绪《梁山县志》卷十下《艺文下》。邵墩，生卒年不详，字安侯，鄞县（今属浙江宁波）人，嘉庆元年（1796）官四川嘉定通判，后协助梁山知县符永培纂修清光绪《梁山县志》。

润七夕赋/（清）徐映台. ——清光绪《秀山县志》卷第十《士女志》。徐映台（？—1809），字奎垣，嘉庆十二年（1807）任平阳知县。

牧去害马赋/（清）王启霖. ——民国新修《合川县志》第 28 册《文在二》，卷七十一《赋二》。王启霖，生卒年不详，合川人，咸丰年间贡生。

学究解嘲赋乙卯有序/（清）蒋璧方. ——民国新修《合川县志》第 28 册《文在二》，卷七十一《赋二》。蒋璧方（1830—1884），字辑亭，初名道成，又字集廷，重庆合川人，咸丰九年（1859）中举，主讲合州书院。

海椒赋/（清）丁树诚. ——《合川文史资料选辑》第五辑第 113—120 页。丁树诚（1837—1902），字治棠，清代合州（今重庆合川）人。

胡桃赋/（清）丁树诚. ——民国新修《合川县志》第 28 册《文在二》，卷七十一《赋二》。

石鼓赋/（清）丁树诚. ——民国新修《合川县志》第 28 册《文在二》，卷七十一《赋二》。

拟陆平原文赋并序/戴光. ——民国新修《合川县志》第 28 册《文在二》，卷七十一《赋二》。戴光（1840—1919），字手相，号謇曹，合州（今重庆合川）人，光绪二十一年（1895）进士。

柚赋/戴光. ——民国新修《合川县志》第 28 册《文在二》，卷七十一

《赋二》。

桃花鱼赋（以形如桃花色似淡墨为韵）/（清）牟庚先. ——民国《忠县志》卷二十一《文征志·杂文汇》。牟庚先（1847—1911），字筊珊，忠州城马路口人，清光绪十一年（1885）拔贡。

八阵图赋/（清）杨崇. ——清光绪《奉节县志》卷三十六《艺文·赋汇》。杨崇，生卒年不详，四川邻水人，中举后任丰都县教谕。

巴台怀古赋/（清）黄之骥. ——清同治《忠州直隶州志》卷十二《艺文志·赋》。黄之骥，生卒年不详，忠州人，约生活于清朝末年，贡生，曾任忠州州判。

垂云楼赋（以画栋朝飞南浦云为韵）/（清）张本谦. ——清光绪《梁山县志》卷十下《艺文下》。张本谦，生平不详。

吊瞿塘先生赋/（清）张本谦. ——清光绪《梁山县志》卷十下《艺文下》。

东台山踏青赋/（清）杨士镖. ——民国新修《合川县志》第28册《文在二》，卷七十一《赋二》。

洞庭山赋有序/（清）朱圻. ——民国新修《合川县志》第28册《文在二》，卷七十一《赋二》。

登平都山赋/（清）王五桂. ——民国《丰都县志》卷十一。王五桂，字双山，清道光年间岁贡。

飞雪岩赋并序/（清）李为栋. ——清同治《巴县志》卷四下《艺文志·赋》。

离堆赋/（清）杨继生. ——清道光《南部县志》卷二十九《艺文志》。杨继生，生平不详。

涂山赋/（清）陈瀚. ——清同治《巴县志》卷四下《艺文志·赋》。陈瀚，字莲舫，涪州（今涪陵）人。

无色云赋/（清）韩敬. ——民国《南充县志》卷十二《艺文志·赋》。

香霏亭赋/（清）李世燕. ——清光绪《重修长寿县志》卷十《艺文》。

橘官堂赋/（清）曾在衡. ——民国《云阳县志》卷四十三《文录下·杂

文》。曾在衡，生卒年不详，云阳县人，清光绪年间廪生。

橘官堂赋并序/（清）郭文珍. ——民国《云阳县志》卷四十三《文录下·杂文》。郭文珍，生卒年不详，谱名启儒，字聘初，重庆云阳人，县学生，光绪二十八年（1902）举人。

养心亭赋/（清）朱虎臣. ——民国新修《合川县志》第 28 册《文在二》，卷七十一《赋二》。朱虎臣，生卒年不详，字寅士，号春浦，合川人，擅书画。

游西寺赋/（清）彭鹤龄. ——清同治《仪陇县志》卷六《艺文志》。

儿笘赋/张森楷. ——民国新修《合川县志》第 28 册《文在二》，卷七十一《赋二》。张森楷（1858—1928），原名家楷，字元翰，号式卿，重庆合川人，历史学家。

拟庾信小园赋/陈鹤年. ——民国《忠县志》卷二十一《文征志·杂文汇》。陈鹤年（1870—1927），原名宏图，字乾安、虔安，别号冰鹤老人，忠州（今重庆忠县）人。

大禹惜寸阴赋（以尺璧非宝寸阴是竞为韵）/颜卓. ——民国《忠县志》卷二十一《文征志·杂文汇》。颜卓，生平不详。

秋色赋（以青山薄暮绿野新晴为韵）/刘祚昌. ——民国《南充县志》卷十六《艺文志·外纪》。

人物传记类

巴寡妇清／（西汉）司马迁. ——节选《史记》卷一百二十九《货殖传》。又清同治重修《涪州志》卷十四《艺文志上》。司马迁（前145或前135—？），字子长，左冯翊夏阳（今陕西韩城西南）人。西汉史学家、文学家，代表作《史记》是我国史学史、文学史上一座伟大丰碑。

司马相如列传／（西汉）司马迁. ——《史记》卷一百一十七。

司马相如列传／（东汉）班固. ——《前汉书》卷五十七。班固（32—92），字孟坚，扶风安陵（今陕西咸阳西北）人，东汉史学家、文学家，出身官僚世家，其父班彪是东汉著名史学家。班固有《汉书》传世，另著有诗、赋、铭、诔、颂、书、文、记、论、议等四十一篇行于世，后有散佚，明代张溥辑有《班兰台集》传于今。

邓芝传／（西晋）陈寿. ——《三国志》卷四十五《蜀书》。陈寿（233—297），字承祚，巴西郡安汉县（今四川南充）人，三国时蜀汉及西晋时著名史学家。按：邓芝（？—251），字伯苗，义阳新野（今河南新野）人。东汉名将邓禹之后，三国时蜀汉重臣。

甘宁传／（西晋）陈寿. ——《三国志》卷五十五《吴书》。按：甘宁（？—220），字兴霸，巴郡临江（今重庆忠县）人，三国时期孙吴名将，官至西陵太守、折冲将军。

黄权传／（西晋）陈寿. ——《三国志》卷四十三《蜀书》。按：黄权（？—240），字公衡，巴西阆中（今四川阆中）人。三国时期蜀汉、曹魏将领。

李严传／（西晋）陈寿. ——《三国志》卷四十《蜀书》。按：李严

（？—234），字正方，后改名李平，南阳人。三国时期蜀汉重臣。

刘璋传／（西晋）陈寿. ——《三国志》卷三十一《蜀书》。按：刘璋（？—220），字季玉，江夏竟陵（今湖北天门）人。东汉末年任益州牧，听从塞胤建议，分巴郡为三巴（巴郡、巴西郡、巴东郡）。

马忠传／（西晋）陈寿. ——《三国志》卷四十三《蜀书》。按：马忠（？—249），本名狐笃，字德信，巴西阆中（今四川阆中）人。三国时期蜀汉将领。

谯周传／（西晋）陈寿. ——《三国志·蜀书十二》。

王平传／（西晋）陈寿. ——《三国志·蜀书十三》。

张鲁传／（西晋）陈寿. ——《三国志》卷八《魏书》。按：张鲁（？—216），字公祺，祖籍沛国丰县（今江苏丰县），东汉末年割据汉中一带，五斗米道第三代天师。后投降曹操，官拜镇南将军，封阆中侯，食邑万户。

张裔传／（西晋）陈寿. ——《三国志》卷四十一《蜀书》。按：张裔（165—230），字君嗣，蜀郡成都（今四川成都）人，东汉末年至三国时期蜀汉官员。

周群传／（西晋）陈寿. ——《三国志》卷四十二《蜀书》。按：周群，生卒年不详，字仲直，巴西阆中（今四川阆中）人。

陈寿传／（东晋）常璩. ——《华阳国志》。常璩（约291—361），字道将，蜀郡江原（今四川崇州市）人，东晋史学家。

陈禅传／（南朝宋）范晔. ——《后汉书》卷五十一。范晔（398—445），字蔚宗，顺阳（今河南南阳淅川）人，南朝宋史学家、文学家。按：陈禅，生卒年不详，字纪山，巴郡安汉（今四川南充）人。

冯绲传／（南朝宋）范晔. ——《后汉书》卷三十八。

南蛮传／（南朝宋）范晔. ——《后汉书》卷八十六。

谯玄传／（南朝宋）范晔. ——《后汉书》卷八十一《独行》。按：谯玄（？—35），字君黄，又名谯元，谯隆之子，今四川广元人。

任文公传／（南朝宋）范晔. ——《后汉书》卷八十二《方术》。按：任文公，生卒年不详，巴郡阆中（今四川阆中）人。

杨仁传／（南朝宋）范晔. ——《后汉书》卷七十九。按：杨仁，生卒年不详，字文义，巴郡阆中（今四川阆中）人。官至阆中令。

陈显达传／（南朝梁）萧子显. ——《南齐书》卷二十六。萧子显（489—537），字景阳，梁南兰陵（今江苏常州）人，南朝梁史学家、文学家。按：陈显达（427—500），南北朝时期南齐名将。仕南齐，官至太尉，封鄱阳郡公。

獠传／（北齐）魏收. ——《魏书》卷一百零一《氐、吐谷浑、宕昌、高昌、邓至、蛮、獠》。魏收（507—572），字伯起，小字佛助，巨鹿下曲阳（今河北晋州）人，南北朝时期史学家、文学家。

陈寿传／（唐）房玄龄等. ——《晋书》卷八十二。房玄龄（579—648），名乔，字玄龄，齐州临淄（今山东济南）人，唐初名相，曾主编《晋书》。

李特李流李庠传／（唐）房玄龄等. ——《晋书》卷一百二十《载记》。按：李特（？—303），字玄休，巴西宕渠（今四川营山）人，西晋流民首领，十六国时期成汉政权的奠基人。李流（248—303），字玄通，巴西宕渠（今四川营山）人，李特之四弟。李庠（247—301），字玄序，巴西宕渠（今四川营山）人，李特之三弟。

李雄李班李期李寿李势传／（唐）房玄龄等. ——《晋书》卷一百二十一《载记》。按：李雄（274—334），字仲俊，李特第三子，母罗氏，十六国时期成汉开国皇帝。李班（288—334），字世文，成汉武帝李雄的侄子，李雄之兄李荡第四子，十六国时期成汉国君主。李期（313—338），字世运，成汉武帝李雄第四子，母任氏，十六国时期成汉皇帝。李寿（300—343），字武考，李特之弟李骧之子，十六国时期成汉皇帝。李势（？—361），字子仁，成汉昭文帝李寿长子，母李氏，十六国时期成汉最后一位皇帝。

谯纵传／（唐）房玄龄等. ——《晋书》卷一百。按：谯纵（？—413），巴西南充（今四川南部县）人，十六国时期西蜀政权建立者。

王濬传／（唐）房玄龄等. ——《晋书》卷四十二。按：王濬（206—286），一作王璿，字士治，小字阿童，弘农郡湖县（今河南灵宝西）人，三国蜀汉及西晋名将，曾任巴郡太守。

周楚传／（唐）房玄龄等. ——《晋书》卷五十八。按：周楚，字元孙，东晋将领，庐江寻阳（今江西九江）人，周抚之子。从父入蜀，父卒，监梁、益二州。

周抚传/（唐）房玄龄等. ——《晋书》卷五十八。按：周抚（？—365），字道和，庐江寻阳人，祖籍汝南安城。晋梁州刺史周访之子，东晋时将领，官至镇西将军、益州刺史。

僚传/（唐）李延寿. ——《北史》卷九十五。李延寿，生卒年不详，唐朝初年历史学家，字遐龄，相州（今河南安阳）人。

肖鉴传/（唐）李延寿. ——《南史》卷四十三。

庶人秀传/（唐）魏征. ——《隋书》卷四十五。魏征（580—643），字玄成，巨鹿郡（今河北省邢台市巨鹿县）人，唐朝政治家、思想家、文学家和史学家。按：庶人秀（573—618），即隋文帝杨坚第四子杨秀，曾任益州刺史。

杨素传/（唐）魏征. ——《隋书》卷四十八。按：杨素（544—606），字处道，弘农华阴（今属陕西华阴）人。北周、隋朝权臣、诗人，杰出的军事家、统帅。

杨异传/（唐）魏征. ——《隋书》卷二十八。按：杨异，生卒年不详，字文殊，杨俭子，弘农华阴人。曾任益州刺史。

僚传/（唐）令狐德棻. ——《周书》卷四十九。令狐德棻（583—666），宜州华原（今陕西省铜川市耀州区）人，唐朝史学家、政治家。

陆腾传/（唐）令狐德棻. ——《周书》卷二十八。按：陆腾（？—578），字显圣，代郡人。

僚传/（唐）杜佑. ——《通典》卷一百八十七《边防三》。杜佑（735—812），字君卿，唐朝中叶政治家、史学家，京兆万年（今陕西西安附近）人。

南平蛮传/（唐）杜佑. ——《通典》卷一百八十七《边防三》。

节妇黄氏行述/（唐）李亿. ——清道光《垫江县志》卷九《艺文志·行状》。

毕构传/（五代）刘昫等. ——《旧唐书》卷一百。刘昫（887—946），字耀远，涿州归义人，五代时期政治家、史学家。按：毕构（？—716），字隆择，河南偃师人。曾任益州大都督府长史、充剑南道按察使。

李孝恭传/（五代）刘昫等. ——《旧唐书》卷六十。按：李孝恭（591—640），唐高祖李渊堂侄，初唐名将。曾随李渊攻略巴蜀，俘获朱粲，后被封为河间郡王。

陆象先传/（五代）刘昫等. ——《旧唐书》卷八十三。按：陆象先（665—736），原名景初，苏州吴县（今江苏苏州）人，唐朝宰相。后来被罢相，任益州长史、剑南道按察使。

南平獠传/（五代）刘昫等. ——《旧唐书》卷一百九十七《南蛮西南夷列传》。按：南平，在今重庆綦江区一带。

顾彦朗传/（北宋）宋祁、（北宋）欧阳修等. ——《新唐书》卷一百八十六。宋祁（998—1061），字子京，小字选郎，祖籍安州安陆（今湖北省安陆市），后迁雍丘（今河南商丘民权县）。北宋官员，著名文学家、史学家、词人。欧阳修（1007—1072），字永叔，号醉翁、六一居士，吉州永丰（今江西省吉安市永丰县）人，北宋政治家、文学家。按：顾彦朗（？—891），丰州（今内蒙五原南）人。曾任东川节度使、同中书门下平章事。

南平獠传/（北宋）宋祁、（北宋）欧阳修等. ——《新唐书》卷二百二十二《南蛮传下》。

程子易传/（北宋）程颐. ——民国《涪陵县续修涪州志》卷十九《艺文志一》。程颐（1033—1107），字正叔，人称伊川先生，洛阳人。

书渝州冯当可富家翁逸事/（南宋）王十朋. ——清同治《璧山县志》卷十《艺文志·跋》。王十朋（1112—1171），字龟龄，号梅溪，乐清四都左原（今浙江省乐清市）梅溪村人，绍兴二十七年（1157）进士。

谯子易传/（南宋）谯定. ——民国《涪陵县续修涪州志》卷十九《艺文志一》。谯定，生卒年不详，字天授，重庆涪陵人，宋代隐士。

增广生胡君锡环别传/（宋）崇德. ——清光绪《铜梁县志》卷十二《艺文志二》。

陈尧佐传/（元）脱脱等. ——《宋史》卷二百四十八。脱脱（1314—1356），亦作托克托、脱脱帖木儿，字大用，蒙古族蔑儿乞人，元朝末年政治家、军事家。按：陈尧佐（963—1044），字希元，号知余子，阆州阆中人。北宋政治家、水利专家、书法家、诗人。

何涉传/（元）脱脱等. ——《宋史》卷四百三十二。

黄庭坚传/（元）脱脱等. ——《宋史》卷四百四十四。按：黄庭坚（1045—1105），字鲁直，号山谷道人，晚号涪翁，洪州分宁（今江西省九江市修水县）人，北宋著名文学家、书法家。绍圣二年（1095）被贬官为涪州（今涪陵、彭水一带）别驾，故又号"涪翁"。

谯定传/（元）脱脱等. ——《宋史》卷四百五十九。按：谯定（1023—?），字天授，人称谯夫子，自号涪陵先生，涪州乐温县（今重庆长寿区）人。曾师从著名理学家程颐，成为程颐川籍门人中造诣极深的哲学家。

鲜于侁传/（元）脱脱等. ——《宋史》卷三百四十四。按：鲜于侁（1018—1087），字子骏，唐鲜于叔明后裔，四川阆中度门镇人。宋仁宗景祐元年（1034）进士，累官至集贤修撰。

游似传/（元）脱脱等. ——《宋史》卷四百一十七。

游仲鸿传/（元）脱脱等. ——《宋史》卷四百。

余玠传/（元）脱脱等. ——《宋史》卷四百一十六。按：余玠（?—1253），字义夫，号樵隐，蕲州（今湖北蕲春东北）人，南宋名将。曾任四川安抚制置使、四川总领兼夔州路转运使。

渝州蛮传/（元）脱脱等. ——《宋史》卷四百九十六。按：渝州蛮者，古板楯七姓蛮，唐南平獠也，活动区域在今重庆涪陵、黔江、南川一带。

张珏传/（元）脱脱等. ——《宋史》卷四百五十一。按：张珏，字君玉，陇西凤州（今陕西凤县东北）人。南宋末年，长期镇守合川钓鱼城，抵御蒙古入侵，屡建功勋，被人称为"四川虓将"。

李忽兰吉传/（明）宋濂等. ——《元史》卷一百六十二。宋濂（1310—1381），初名寿，字景濂，号潜溪，别号龙门子，明初著名政治家、文学家、史学家、思想家。按：李忽兰吉，一名庭玉，陇西人，元初著名军事将领。曾奉蒙哥及忽必烈之令，攻打合川钓鱼城。

杨文安传/（明）宋濂等. ——《元史》卷一百六十一。按：杨文安，字泰叔，甘肃天水人。元朝初年将领，在川东地区与南宋军交战数载，曾任开

（今开县）、达（今达州）、忠（今忠县）、万（今万州）、梁山（今梁平）等处招讨使。

万柳先生传 /（明）李实．——清道光《垫江县志》卷八《艺文志》。李实（约1417—1482），字孟诚，号虚庵，合州（今重庆合川）人，明英宗正统七年（1442）进士。

杨温甫传 /（明）费宏．——清光绪《丰都县志》卷四《艺文志》。费宏（1468—？），字子充，铅山（今属江西）人，明成化二十三年（1487）进士夺魁，后擢升礼部、户部尚书，《明史》有其传。

邹立斋先生传 /（明）崔铣．——民国新修《合川县志》第30册《文在十》，卷八十《传状十》。崔铣（1478—1541），字子钟，一字仲凫，号后渠、少石，又号洹野，安阳（今属河南）人。

刘霖传记 /（明）罗廷唯．——《永川县志》。罗廷唯，生卒年不详，明嘉靖年间（1522—1566）御史。

文义妇传 /（明）［作者不详］．——民国《忠县志》卷二十《文录志》，目一八一《文·列传类》。

鄞大令杨公传 /（明）董光宏．——清同治《巴县志》卷四下《艺文志·传》。董光宏，生卒年不详，字君谟，浙江鄞县人，明万历年间（1573—1620）任刑部主事。

赠兵部尚书勿所刘公传 /（明）尹伸．——清乾隆《巴县志》卷十三《艺文》。尹伸（？—1644），字子求，四川宜宾人，明万历年间（1573—1620）进士。

战马记夔州府通判王祯事迹 /（明）罗洪先．——清光绪《巫山县志》卷三十二《艺文志·杂文、赋汇、诗汇》。罗洪先，生卒年不详，字达夫，号念庵，江西吉水人，明嘉靖八年（1529）状元，晚年隐居巫山仙人洞。

韩士英传 /（明）陈以勤．——民国《南充县志》卷十三《艺文志·传》。陈以勤（1511—1586），字逸甫，号松谷，别号青居山人，明四川南充人，北宋显族陈尧佐之后。嘉靖二十年（1541）进士，《明史》有其传。

王巨川先生家传 /（明）王朝佐．——清光绪《铜梁县志》卷十二《艺文志二》。王朝佐（？—1599），字海帆，临清（今属山东）人，明朝市民运动领袖。

陈文端公传／（明）陆光祖. ——民国《南充县志》卷十三《艺文志·传》。

陈文宪公传／（明）范谦. ——民国《南充县志》卷十三《艺文志·传》。

罗孺斋传／（明）李竹. ——民国《南充县志》卷十三《艺文志·传》。李竹，四川南充人。

罗时斋先生传／（明）马世奇. ——清同治《营山县志》卷二十八《艺文志》。

罗侍御传／（明）余尚慎. ——民国《南充县志》卷十三《艺文志·传》。

任司直传／（明）费秘. ——民国《南充县志》卷十三《艺文志·传》。

王公殉难传／（明）严杰. ——清同治《营山县志》卷二十八《艺文志》。严杰，明代营山县知县。

王恭节传／（明）李春芳. ——民国《南充县志》卷十三《艺文志·传》。

兴隆卫李经历传／（明）刘启周. ——清光绪《西充县志》卷十四《艺文志·下》。刘启周，四川西充人。

白葵方丈记／（明）甘继登. ——清乾隆《巴县志》卷十七《艺文补遗》。甘继登，巴县人，明嘉靖二十八年（1549）举人。

平蜀传／（明）杨彝. ——清乾隆《巴县志》卷十三《艺文》。杨彝（1583—1661），字子常，东唐市（今江苏常熟）人，授松江训导，曾任都昌知县，清初去世。

敕封征仕郎翰林院检讨岱华王府君行述／（明）王应熊. ——清乾隆《巴县志》卷十七《艺文补遗》。王应熊（1589—1647），字非熊，号春石，重庆巴县人，明万历四十一年（1613）进士。

冯缙云先生传／（明）王应熊. ——《江北县志》第二十二篇第二章《著述》。

巴令王子美传／（清）刘道开. ——清乾隆《巴县志》卷十三《艺文》。刘道开（1601—1681），一名远鹏，字非眼，号了庵居士，巴县（今重庆主城区）人，明崇祯六年（1633）举人。

东阁大学士礼部尚书王非熊传/（清）刘道开. ——清同治《巴县志》卷四下《艺文志·传》。

南京户部侍郎倪禺同传/（清）刘道开. ——清同治《巴县志》卷四下《艺文志·传》。

总督宣大山西副都御史李文进传/（清）汤斌. ——清同治《巴县志》卷四下《艺文志·传》。汤斌（1627—1687），字孔伯，号荆岘，晚号潜庵，河南睢州人，清初理学名臣。

徐华国传/（清）唐甄. ——沈粹芬等编，《国朝文汇》甲集卷十三，第12—13页，宣统元年国学扶轮社石印本。

罗明宇传/（清）张鹏翮. ——民国新修《南充县志》卷十三《艺文志》。张鹏翮（1649—1725），字运青，号宽宇，四川遂宁（一说蓬溪）人。

陈以勤传/（清）张廷玉等. ——《明史》卷一百九十三。张廷玉（1672—1755），字衡臣，号砚斋，安徽桐城人。清康熙三十九年（1700）进士，改庶吉士，授检讨，后任礼部尚书、吏部尚书等职。《明史》《大清会典》《世宗实录》总裁官。

陈于陛传/（清）张廷玉等. ——《明史》卷二百一十七。

陈志传/（清）张廷玉等. ——《明史》卷一百四十六。按：陈志（？—1410），巴人，洪武中为燕山中护卫指挥佥事、指挥同知等。

黄辉传/（清）张廷玉等. ——《明史》卷二百八十八。按：黄辉（1555—1612），字平倩，一字昭素，号慎轩，四川南充人，诗人、书法家。

蹇义传/（清）张廷玉等. ——《明史》卷一百四十九。按：蹇义（1363—1436），字宜之，明重庆府巴县人。太祖洪武十八年（1385）进士。成祖永乐二年（1404）兼领太子詹事，深得皇帝、太子倚重，任太子少保、太子少师等职。

来知德传/（清）张廷玉等. ——《明史》卷二百八十三。按：来知德（1526—1604），字矣鲜，别号瞿塘，夔州府梁山县（今重庆梁平县）人。明朝著名理学家、易学家。

李化龙传/（清）张廷玉等．——《明史》卷二百二十八。按：李化龙（1554—1624），字于田，长垣县老李庄人。明朝中期将领、戎政尚书，曾任湖广川桂军务总督。

刘春传/（清）张廷玉等．——《明史》卷一百八十四。按：刘春，字仁仲，巴人，明成化二十三年（1487）进士。

明玉珍传/（清）张廷玉等．——《明史》卷一百二十三。按：明玉珍（1329—1366），原名瑞，字玉珍，湖广随州（今湖北省随县）人。元末义军领袖，曾在夔州（今重庆奉节）、万州一带抗击元朝军队，后病故，葬于重庆江北宝盖山陵。

牟俸传/（清）张廷玉等．——《明史》卷一百五十九。按：牟俸，巴人，明景泰（1450—1456）初进士。

任瀚传/（清）张廷玉等．——《明史》卷二百八十七。

石砫宣抚司传/（清）张廷玉等．——《明史》卷三百一十二《四川土司二》。按：石柱，以石潼关、柱薄关而得名。后周置施州，唐改青江郡，宋末，置石柱安抚司。元改石柱军民府，寻仍为安抚司。明洪武七年（1374），石柱安抚使马克用遣其子付德与同知陈世显入朝，贡方物。次年，改石柱安抚司为宣抚司，隶重庆府。

王廷传/（清）张廷玉等．——《明史》卷二百一十四。

杨文岳传/（清）张廷玉等．——《明史》卷二百六十二。

姚学礼传/（清）张廷玉等．——《明史》卷一百八十八。按：姚学礼，巴人，家京师。弘治六年（1493）进士。

尹竑传/（清）张廷玉等．——《明史》卷一百六十七。按：尹竑，字太和，巴人。

酉阳宣抚司传/（清）张廷玉等．——《明史》卷三百一十二《四川土司二》。按：酉阳，汉武陵郡酉阳县地，宋为酉阳州，元属怀德府。明洪武五年（1372），酉阳军民宣慰司冉如彪遣弟如喜来朝贡，置酉阳州，以如彪为知州。八年（1375），改为宣抚司，仍以冉如彪为使。

邹智传/（清）张廷玉等．——《明史》卷一百七十九。按：邹智

（1466—1491），字汝愚，号立斋，又号秋囧，四川合州（今重庆市合川区）人。明成化二十三年（1487）进士，改庶吉士。天启初年，追谥"忠介"。

明大司农韩公传／（清）吕潜．——民国《南充县志》卷十三《艺文志·传》。

明何明经传／（清）潘之彪．——民国《南充县志》卷十三《艺文志·传》。潘之彪，曾任四川蓬溪县令。

明王烈士传／（清）仇凤翀．——民国《南充县志》卷十三《艺文志·传》。仇凤翀，曾任四川西充县令。

明县尹郑公尽节纪略／（清）［作者不详］．——清道光《南部县志》卷二十八《艺文志》。

何母陈太宜人传／（清）陈宏谋．——清同治重修《涪州志》卷十四《艺文志下》。陈宏谋（1696—1771），字汝咨，号榕门，原名弘谋，晚年因避乾隆（弘历）讳，改为宏谋，临桂（今广西桂林）人。

叔母高太孺人传／（清）陈中．——清道光《垫江县志》卷八《艺文志》。陈中（1696—？），重庆垫江人，进士。

叔父子会陈公传／（清）陈中．——清道光《垫江县志》卷八《艺文志》。

祖妣瞿孺人行述／（清）陈中．——清道光《垫江县志》卷九《艺文志·行状》。

余明孺先生孝行传／（清）林中麟．——清道光《垫江县志》卷八《艺文志》。林中麟（1705—1775），字素书，号俨斋，四川泸县（今泸州）人，清雍正十二年（1735）举人。

公安伯李将军传／（清）冯镇峦．——民国新修《合川县志》第30册《文在十》，卷八十《传状十》。冯镇峦（1760—1830），号远村，重庆涪陵人，清乾隆五十七年（1792）举人。

附节孝王依孺人传／（清）张日晸．——民国《南川县志》卷十二《艺文志·骈散文》。张日晸（1791—1850），本名日暄，字东升，号晓胆、默庵，晚号松庐，贵州贵阳人，曾任四川按察使、布政使等职。

汪象愚先生传／（清）萧秀棠．——清道光《垫江县志》卷八《艺文志》。

萧秀棠（1797—1883），字廷翰，号子山，别号醒园，重庆垫江人。

望仙吴公家传／（清）曾国藩. ——清光绪《铜梁县志》卷十三《艺文志三》。曾国藩（1811—1872），初名子城，字伯涵，号涤生，湖南长沙人，与李鸿章、左宗棠、张之洞并称"晚清四大名臣"。

节孝罗母霍孺人传／（清）伍奎祥. ——清道光《綦江县志》卷十一《艺文上》。伍奎祥（1812—1862），字七桥，号纬东，重庆綦江人，道光二十七年（1847）进士。

陈杨氏事略／（清）蒋璧方. ——民国新修《合川县志》第30册《文在十》，卷八十《传状十》。蒋璧方（1830—1884），字辑亭，初名道成，又字集廷，今重庆合川人，咸丰九年（1859）中举，后主讲合州书院。

敖通奉公传／（清）李鸿裔. ——清光绪《荣昌县志》卷二十一《艺文》。李鸿裔（1831—1885），字眉生，号香岩，又号苏邻，四川中江人，清咸丰元年（1851）举人，工诗文，擅书法。

刘卿子传／赵熙. ——民国《巴县志》卷二十三《文征》。赵熙（1867—1948），字尧生，号香宋，四川荣县人，清末进士，著名诗人。

冉慈传／赵熙. ——民国《巴县志》卷二十三《文征》。

范贤传／（清）张九章. ——《黔江县志》。张九章，生卒年不详，名山右，号衮甫，山西平定州人，进士，清光绪十五年至二十五年（1889—1899）任黔江知县，主修县志。

一门忠传／（清）张九章. ——《黔江县志》。

敕授征仕郎冕宁教谕前巴县训导张介眉传／（清）李其椅. ——清乾隆《巴县志》卷十三《艺文》。李其椅，生卒年不详，四川通江人，清乾隆年间任巴县儒学教谕。

陈丹渠明经小传／（清）戴琛. ——清道光《綦江县志》卷十一《艺文上》。戴琛，生卒年不详，字润珊，重庆綦江人。

陈福斋先生传／（清）董承熙. ——清道光《垫江县志》卷八《艺文志》。董承熙，生卒年不详，字葆光，重庆垫江人，清乾隆五十九年（1795）举人。

监生张潜传／（清）董承熙. ——清道光《垫江县志》卷八《艺文志》。

烈妇易黎氏传/（清）董承熙. ——清道光《垫江县志》卷八《艺文志》。

汪尔常传/（清）董承熙. ——清道光《垫江县志》卷八《艺文志》。

朱兰亭孝廉传/（清）董承熙. ——清道光《垫江县志》卷八《艺文志》。

陈子伟传/（清）黄之玖. ——清道光《垫江县志》卷八《艺文志》。黄之玖，生卒年不详，字贻我，重庆长寿人，清康熙五十九年（1720）举人。

程可亭传/（清）王怀孟. ——清道光《垫江县志》卷八《艺文志》。王怀孟，生卒年不详，字小云，四川大竹人，清嘉庆十五年（1810）举人。

龙鹤坪先生行状/（清）周开丰. ——清乾隆《巴县志》卷十四《艺文》。周开丰，生卒年不详，字骏声，号悔厘，重庆巴县人，康熙庚子年（1720）中举，善诗文。

张母涂氏传/（清）周开丰. ——清同治《巴县志》卷四下《艺文志·传》。

孝女传/（清）宋在诗. ——清乾隆《巴县志》卷九《人物志·节孝》。宋在诗，生卒年不详，字稚伯，号野柏，山西安邑（在今山西省运城市）人，康熙六十年（1721）进士。

平寇纪略/（清）[作者不详]. ——清乾隆《巴县志》卷十二《艺文》。

高氏三节妇传/（清）余俨. ——清道光《垫江县志》卷八《艺文志》。余俨，生卒年不详，重庆垫江人，清乾隆年间举人，书法家。

节孝罗母李孺人传/（清）罗泮光. ——清道光《綦江县志》卷十一《艺文上》。罗泮光，生卒年不详，字香渠，綦江县贡生。

彭山气传/（清）冉永焘. ——清道光《补辑石砫厅新志·艺文志中》。冉永焘，生卒年不详，字文庵，石柱直隶厅人，乾隆四十二年（1777）拔贡，四十四年（1779）举人。

萧东谷传/（清）传作楫. ——清道光《垫江县志》卷八《艺文志》。传作楫，生卒年不详，字济庵，四川奉节县（今属重庆）人，康熙五十六年（1717）举人。

袁茂才传/（清）洪锡畴. ——清道光《城口厅志》卷二十《艺文志》。洪锡畴，生卒年不详，城口厅（今重庆城口县）人，清道光年间廪膳生。

儒玉陈公传／（清）常廷旌．——清同治《璧山县志》卷十《艺文志·传》。常廷旌，重庆璧山人。

向烈女传／（清）何映辰．——清同治《忠州直隶州志》卷十二《艺文志·传》。何映辰，生卒年不详，字晓垣，号勋伟，忠州人，咸丰举人。

敖贞烈女传／（清）敖册贤．——清光绪《荣昌县志》卷二十一《艺文》。敖册贤，生卒年不详，重庆荣昌人，清道光二十三年（1843）举人。

车孝丐传／（清）李象乾．——清光绪《荣昌县志》卷二十一《艺文》。李象乾，生卒年不详，四川内江人，清道光时人。

鬼孝子传／（清）郑国楹．——清光绪《荣昌县志》卷二十一《艺文》。郑国楹，生卒年不详，四川隆昌人，清乾隆年间举人。

何烈妇传／（清）向登元．——清光绪《巫山县志》卷三十二《艺文志·杂文、赋汇、诗汇》。向登元，生卒年不详，康熙年间夔州府知府。

寂寥居士传／（清）向登元．——清光绪《巫山县志》卷三十二《艺文志·杂文、赋汇、诗汇》。

梼杌传／（清）向登元．——清光绪《巫山县志》卷三十二《艺文志·杂文、赋汇、诗汇》。

胡辅之忠孝传／（清）敖京友．——清光绪《荣昌县志》卷二十一《艺文》敖京友（？—1875），原名甸臣，字蔄蒜，今重庆荣昌县人。

祝遂臣传／（清）敖京友．——清光绪《荣昌县志》卷二十一《艺文》。

潘氏三代节孝合传／（清）王庚．——清光绪《巫山县志》卷三十二《艺文志·杂文、赋汇、诗汇》。王庚，生平不详。

花史传／（清）王名符．——民国《江津县志》卷七之一《人物志》。王名符，生卒年不详，字辑瑞，号花史，重庆江津人，康熙二十年（1681）举人。

李妇毛少君传／（清）翟槐．——《江北县志》第二十二篇第二章《著述》。翟槐，生平不详。

李西沤列传／（清）国史馆．——《垫江县文史资料》第三辑第117页。

凌胆清先生家传／（清）刁思卓．——民国《忠县志》卷二十《文录志》，目一八一《文·列传类》。刁思卓，生平不详。

彭节妇传/（清）潘元音. ——民国《忠县志》卷二十《文录志》，目一八一《文·列传类》。潘元音，生平不详。

杨五湖先生传/（清）曾德升. ——清光绪《丰都县志》卷四《艺文志》。

四贤合传/（清）陶淑李. ——民国《忠县志》卷二十《文录志》，目一八一《文·列传类》。陶淑李，生卒年不详，保宁府苍溪人。

西沤先生传/（清）宋宝械. ——《垫江县文史资料》第三辑第117页。宋宝械，生平不详。

忠烈三贤传/（清）林明俊. ——清光绪《丰都县志》卷四《艺文志》。

忠惠青公记/（清）焦懋熙. ——清光绪《大宁县志》卷八《艺文志》。焦懋熙，生卒年不详，重庆奉节人，清末拔贡，候选学正，参与总纂《夔州府志》、《奉节县志》。

冉孺人传/（清）龚懋熙. ——民国《南充县志》卷十三《艺文志·传》。龚懋熙，生卒年不详，字孟章，号笋湄，今重庆江津人，崇祯十三年（1640）进士。

王节妇传/（清）龚懋熙. ——清同治《巴县志》卷四下《艺文志·传》。

节妇斯氏何氏合传/（清）李庄. ——清光绪《西充县志》卷十四《艺文志·下》。

崔烈女传/（清）王鹤. ——民国《南充县志》卷十三《艺文志·传》。

黄宫詹传/（清）［作者不详］. ——民国《南充县志》卷十三《艺文志·传》。

节孝徐冯氏传/（清）韦灿. ——清光绪《西充县志》卷十四《艺文志·下》。

金节母杨暨女周节妇合传/（清）缪书勋. ——清光绪《西充县志》卷十四《艺文志·下》。缪书勋，云南人，曾寓居西充，主讲鹿岩书院。

金节母杨氏传/（清）谭言蔼. ——清光绪《西充县志》卷十四《艺文志·下》。谭言蔼，四川安岳人，曾官御史。

京兆学尧公祖孙抗节纪略/（清）赵紫华. ——清道光《南部县志》卷二

十八《艺文志》。

李先复名臣列传／（清）［作者不详］.——清道光《南部县志》卷二十八《艺文志》。

烈妇陈氏传／（清）白不淄.——清同治《营山县志》卷二十八《艺文志》。白不淄，字锦山，四川营山县人。

罗可绳先生传／（清）白不淄.——清同治《营山县志》卷二十八《艺文志》。

罗懋山先生传／（清）［作者不详］.——清同治《营山县志》卷二十八《艺文志》。

罗母司孺人传／（清）于之辐.——清同治《营山县志》卷二十八《艺文志》。

罗为恺传／（清）罗为赓.——民国《南充县志》卷十三《艺文志·传》。罗为赓，字西溪，举人，四川南充人。

任氏传／（清）陈我愚.——清光绪《西充县志》卷十四《艺文志·下》。陈我愚，今四川西充人。

文学公传／（清）李以宁.——清同治《营山县志》卷二十八《艺文志》。

邑令王公堵贼遇害列传／（清）潘元音.——清道光《南部县志》卷二十八《艺文志》。

鲍忠壮公传／［作者不详］.——清光绪《奉节县志》卷三十六《艺文·文汇下》。

陈处士暨妻王氏忠节合传／洪锡畴.——清道光《城口厅志》卷二十《艺文志》。洪锡畴，生卒年不详，城口厅（今重庆城口县）人，清末廪膳生。

李处士传／洪锡畴.——清道光《城口厅志》卷二十《艺文志》。

陈赓麃传／李重华.——清道光《垫江县志》卷八《艺文志》。李重华，生平不详。

张氏节烈传／（明）陈计长.——民国《长寿县志》卷十五《文征上》。陈计长，生卒年不详，字三石，今重庆涪陵人。

陈孝妇黄氏传／黄之骥.——清同治《忠州直隶州志》卷十二《艺文志·

传》。黄之骥，生卒年不详，忠州（今重庆忠县）人，清末贡生，曾任忠州州判。

程次坡先生传/［作者不详］.——清道光《垫江县志》卷八《艺文志》。

程厚堂先生传/［作者不详］.——清道光《垫江县志》卷八《艺文志》。

程征吉传/（清）杨棠.——清道光《垫江县志》卷八《艺文志》。杨棠，成都人，生平不详。

川主庙合享李王赵王记/陈契嵩.——清光绪《铜梁县志》卷十三《艺文志三》。陈契嵩，生平不详。

传母林孺人传/［作者不详］.——清道光《垫江县志》卷八《艺文志》。

定番州知州陈公殉难传/［作者不详］.——民国《长寿县志》卷十五《文征上》。

涪陵萧湘李钟璜传略/萧湘.——民国《长寿县志》卷十五《文征上》。萧湘，生平不详。

高僧志/［作者不详］.——清同治《巴县志》卷四上《艺文志·记》。

诰封奉直大夫卢鹿苹先生传/［作者不详］.——清道光《垫江县志》卷八《艺文志》。

广文高力亭先生传/［作者不详］.——清道光《垫江县志》卷八《艺文志》。

何其徽李处士传/何其徽.——民国《长寿县志》卷十五《文征上》。何其徽，生平不详。

胡母朱氏节孝传/［作者不详］.——民国《长寿县志》卷十五《文征上》。

华氏贞节合传/［作者不详］.——民国《长寿县志》卷十五《文征上》。

黄门墙氏义烈传/汪澜.——清道光《垫江县志》卷八《艺文志》。汪澜，生卒年不详，重庆巴县人。

火传先生传/李丹生.——清道光《垫江县志》卷八《艺文志》。李丹生，生卒年不详，陕西延川人，秀才。

瞿弇山传/李丹生.——清道光《垫江县志》卷八《艺文志》。

骆仁吾传/李丹生. ——清道光《垫江县志》卷八《艺文志》。

三忠烈传/林明俊. ——清同治《巴县志》卷四下《艺文志·传》。

监生刘君暨六品顶翎周君事状/李宗焘. ——清光绪《铜梁县志》卷十二《艺文志二》。李宗焘，生卒年不详，字石泉。

节妇王蓝氏小传/（清）朱毂. ——清光绪《荣昌县志》卷二十一《艺文》。朱毂，生平不详。

晋赠奉直大夫韦公巨英传/［作者不详］. ——民国《南川县志》卷十二《艺文志·骈散文》。

老良传/李昌运. ——民国新修《合川县志》第30册《文在十》，卷八十《传状十》。李昌运，生平不详。

李节妇传/彭士超. ——清咸丰《开县志》卷二十七《艺文志》。彭士超，生平不详。

冉母刘氏贞节传/（明）李开先. ——民国《长寿县志》卷十五《文征上》。

例赠文林郎魏安刘处士家传/［作者不详］. ——清道光《垫江县志》卷八《艺文志》。

刘了菴先生传/彭绳韶. ——清同治《巴县志》卷四下《艺文志·传》。彭绳韶，生平不详。

卢母黄恭人传/张焘. ——清道光《垫江县志》卷八《艺文志》。张焘，生卒年不详，安徽人。

罗善人传/（清）郑国楹. ——清光绪《荣昌县志》卷二十一《艺文》。郑国楹，生卒年不详，四川隆昌县人。

谯育堂先生传/胡作荃. ——民国新修《合川县志》第30册《文在十》，卷八十《传状十》。胡作荃，生平不详。

任君父子事状/左荫樾. ——清光绪《铜梁县志》卷十二《艺文志二》。左荫樾，生卒年不详，重庆铜梁人。

彭母唐孺人节孝志/甘来旬. ——清光绪《荣昌县志》卷二十一《艺文》。甘来旬，生卒年不详，重庆荣昌人。

李鼎禧廖树勋传/李鼎禧. ——民国《长寿县志》卷十五《文征上》。

佘锡煌传/黄先猷. ——清光绪《巫山县志》卷三十二《艺文志·杂文、赋汇、诗汇》。黄先猷，生平不详。

双节传/何浩. ——清同治重修《涪州志》卷十四《艺文志下》。何浩，生卒年不详，汝州（今属河南省）人。

宋名标张至胜合传/沈琋. ——清咸丰《开县志》卷二十七《艺文志》。沈琋，生平不详。

太仆卿冲一公行状/涂珪. ——清道光《垫江县志》卷九《艺文志·行状》。涂珪，生平不详。

铜梁宋烈妇传/[作者不详]. ——民国新修《合川县志》第30册《文在十》，卷八十《传状十》。

潼南刘氏两节妇传/郭炳忠. ——民国《潼南县志》卷五《艺文志上·一文》。郭炳忠，生卒年不详，射洪举人。

王明选甘母萧氏小传/王明选. ——民国《长寿县志》卷十五《文征上》。王明选，生平不详。

王贞女传/廖赓谟. ——清同治《巴县志》卷四下《艺文志·传》。廖赓谟，华亭（今属甘肃省平凉市）人，清康熙年间提督四川学政。

韦节妇传/[作者不详]. ——民国《南川县志》卷十二《艺文志·骈散文》。

文可茹孙氏母子节烈传/文可茹. ——民国《长寿县志》卷十五《文征上》。文可茹，生平不详。

向忠武传/向希敏. ——清光绪《大宁县志》卷八《艺文志》。向希敏，生平不详。

杨县令传/[作者不详]. ——民国新修《合川县志》第30册《文在十》，卷八十《传状十》。

余节妇传/谭道. ——清同治重修《涪州志》卷十四《艺文志下》。谭道，生卒年不详，衢州人。

余母程孺人传/[作者不详]. ——清道光《垫江县志》卷八《艺文志》。

阵亡从九品赵公贵友传／甘来朝．——清光绪《荣昌县志》卷二十一《艺文》。甘来朝，生卒年不详，荣昌县人。

周立鼎传略／［作者不详］．——民国《长寿县志》卷十五《文征上》。

碑刻文献类

杨量买山刻石/［作者不详］. ——东汉地节二年（前68）. ——《八琼石》卷2；《四川碑刻》第3页；《秦汉碑述》第56页；《中国书法》1994年第1期：《谈买地券》. ——清道光年间移湖州，为归安钱安父所得，后又归吴重光，清咸丰十年石毁。

丁方阙/［作者不详］. ——东汉（25—220）. ——重庆市忠州东门外。

金恭碑/［作者不详］. ——东汉（25—220）. ——《隶释》卷13—9上；《金石录补》卷6；《宝刻丛编》卷19—15下；《文学考释》中—804；《题跋》23下右上. ——云安军（今重庆市云阳县）。

金恭阙（处士金恭阙；巨鹿太守金君阙）/［作者不详］. ——东汉（25—220）. ——《隶释》卷13—8下；《宝刻丛编》卷19—16上；《金石录补》卷6—3上. ——出土地点一作重庆市夔州府云安县（今重庆云阳县）。

江州庙宫条形砖、永元八年六月都尉府造砖、犍为武阳砖、资中城墼砖、绵竹城砖、雒官城墼砖、雒城砖/［作者不详］. ——汉（前206—220）——《四川文物》2007年第3期：《四川汉代地名砖考》. ——出土于重庆市中区1号桥崖墓，现藏于重庆中国三峡博物馆。

汉巴官铁量铭/［作者不详］. ——东汉永平七年（64）. ——（宋）陈思《宝刻丛编》卷十九《夔州》。

修道碑/［作者不详］. ——东汉建初二年（77）. ——《舆地碑记目》卷4. ——原在重庆忠县。

冯焕神道阙（汉幽州刺史冯焕神道阙）/［作者不详］. ——东汉永宁二

年（121）.——孙伯涛著《两汉刻石碑额》，北京：中国青年出版社，2005 年版.——石在四川渠县北新兴乡赵家坪道旁。分东西两阙。石高 120 厘米、宽约 80 厘米，隶书，现存者为东阙。西阙释文"故尚书侍即河南京令"，东阙释文"豫州幽州刺史冯使君神道"，今仅存东阙。

索恩村崖墓题记（王子年墓石记；王子羊墓石记）／［作者不详］.——东汉延光元年（122）十一月十五日.——《四川碑刻》第 9 页；《四川文物》2000 年第 4 期：《四川地区现存主要铭文石刻及其艺术特色》.——1987 年出土于重庆市綦江县扶欢乡索恩村。

阳嘉四年题记／［作者不详］.——东汉阳嘉四年（135）.——《四川文物》2000 年第 4 期：《四川地区现存主要铭文石刻及其艺术特色》.——出土于重庆江北县龙王洞乡。原归溥伦收藏，有拓本。

延年石室题字／［作者不详］.——东汉顺帝阳嘉四年（135）三月.——方若《增补校碑随笔》，上海书画出版社，1981 年版，第 52 页.——清光绪二十四年（1898）巴县出土，后石已毁，初拓本现藏故宫博物院，《古石抱守录》据原拓影印。

七孔子崖墓题记／［作者不详］.——东汉永和四年（139）二月.——《四川碑刻》第 14 页；《石刻系年》第 36 页.——重庆市綦江县福林乡七孔子崖墓二号墓后壁。

杨信碑（金溪杨信碑；汉县三老杨信碑）／［作者不详］.——东汉和平元年（150）.——《隶释》卷 18—4 上；《宝刻丛编》卷 15—7 上；《金石录补》卷 3—2 上.——原在重庆忠县。

永寿四年题记／［作者不详］.——东汉永寿四年（158）六月十七日.——《四川碑刻》第 17 页；《四川文物》2000 年第 4 期：《四川地区现存主要铭文石刻及其艺术特色》.——1939 年出土于重庆市沙坪坝区重庆大学工学院崖前。

谢王四题记／［作者不详］.——东汉延熹二年（159）二月二十七日.——《四川文物》1994 年第 4 期：《江津沙河发现东汉纪年崖墓》；《石刻系年》55.——重庆市江津沙河乡水浒村长沟第三号崖墓。

延熹三年崖墓题记/［作者不详］．——东汉延熹三年（160）八月二十四日．《四川文物》1994年第4期：《江津沙河发现东汉纪年崖墓》．——重庆市江津区江津河乡水浒村长沟第一号崖墓。

延熹五年题记/［作者不详］．——东汉延熹五年（162）．——1939年出土于重庆大学崖前。

真道冢地碑/［作者不详］．——东汉延熹七年（164）．——《隶续》卷19—10下；《宝刻丛编》卷19—10上．——重庆市万州区。

庞宏神道（涪陵太守庞宏神道）/［作者不详］．——东汉延熹七年（164）五月十一日．——《隶续卷》11；《舆地碑记目》卷2；《题跋》27页左下．——原立涪州（今重庆涪陵区）。

严举碑（严举碑及阴；汉都乡孝子严举碑）/［作者不详］．——东汉延熹七年（164）五月十一日．——《隶续》卷11—4下；《宝刻丛编》卷19—14上；《金石录补》卷3—3下．——重庆市忠州城西十二里。

延熹八年崖墓题记（柏树林崖墓延熹题记）/［作者不详］．——东汉延熹八年（165）四月十二日．——《四川碑刻》第20页；《四川文物》2000年第4期：《四川地区现存主要铭文石刻及其艺术特色》．——1987年出土于重庆市綦江县中峰乡柏树林崖墓内。

汉广汉绵竹令王君神道/［作者不详］．——东汉建宁元年（168）十月造．《宝刻丛编》卷十九《涪州》。

汉刘让阁道题/（汉）刘让题．——东汉建宁元年（168）十月上旬．《宝刻丛编》卷十九《涪州》。

柳敏墓碑/［作者不详］．——东汉建宁二年（169）七月二十四日．——《四川碑刻》第69页；《隶释》卷8。

景云碑（巴郡朐忍令景云碑）/（汉）雍陟．——东汉熹平二年（173）二月上旬．——《中国书法》2005年第5期：《〈汉巴郡朐忍令景云碑〉考》；《校注》3—38。

熹平二年崖墓题记/［作者不详］．——东汉熹平二年（173）十月八日．——《四川碑刻》第28页；《四川文物》2000年第4期：《四川地区现存主要铭文石刻及其艺术特色》. ——重庆市沙坪坝区崖墓。

汉郑子真宅舍残碑/ [作者不详]. ——东汉熹平四年（175）. ——《宝刻丛编》卷十九《云安军》。

光和元年崖墓题记/ [作者不详]. ——东汉光和元年（178）. ——《四川碑刻》第 23 页. ——重庆市江北区崖墓。

汉金广延母徐氏纪产碑/ [作者不详]. ——东汉光和元年（178）五月. ——《宝刻丛编》卷十九《云安军》。注：金广延之子字子肃者即金恭。

光和四年崖墓题记/ [作者不详]. ——东汉光和四年（181）三月二日. ——《四川碑刻》第 33 页. ——重庆市綦江县文龙乡七拱嘴七号崖墓。

光和六年崖墓题记/ [作者不详]. ——东汉光和六年（183）三月十二日. ——《四川碑刻》第 34 页. ——重庆市綦江县中峰乡鸳鸯村崖墓。

薛君刘君纪功碑（额隶书"汉故益州刺史中山相薛君巴郡太守宗正卿成平侯刘君碑"）/ [作者不详]. ——东汉中平年末（184—189）. ——《金石录》卷 19—5 下；《隶续》卷 1—9 上。

张纳功德叙及阴/ [作者不详]. ——东汉中平五年（188）三月上旬. ——《金石录》卷 19—6 上；《隶释》卷 4—10 下。

吹角坝摩崖题字（严季男刻石；建安刻石；汉吹角坝摩崖；吹角坝题字）/ [作者不详]. ——东汉建安六年（201）八月二十二日. ——《八琼室》卷 6—18 下. ——重庆市綦江县吹角坝出土。现藏于四川省博物馆。

陈元盛崖墓题记/ [作者不详]. ——东汉建安十五年（210）二月十日. ——《四川碑刻》第 34 页. ——重庆市綦江县中峰乡鸳鸯村崖墓。

蜀汉张飞刁斗铭（汉将军张飞题名）/ [作者不详]. ——三国蜀（221—263）. ——《金石录补》卷 7—3 下. ——重庆市涪陵区。

严颜碑/ [作者不详]. ——三国蜀（221—263）. ——《舆地碑记目》卷 4. ——原在重庆市忠县。

晋都乡侯断碑/ [作者不详]. ——东晋升平二年（358）三月上旬. ——《宝刻丛编》卷十九《夔州》。

晋枳杨府君神道阙/ [作者不详]. ——东晋隆安三年（399）十月十一

日．——《北图拓本汇编》2—91；《校注》3—38。

孙稚母碑并阴（晋故宁远将军绥蛮护军夜郎太守母府君之神碑）/（东晋）张熊等立，（碑阴）杨玉等题名．——东晋隆安三年（399）十月十五日．——《宝刻丛编》卷十九《恭州》。

晋义熙灵石社日记/［作者不详］．——东晋义熙三年（407）二月八日戊申社日记．——《宝刻丛编》卷十九《恭州》。

泰始五年石柱/［作者不详］．——南朝宋泰始五年（469）．——《文物》2006年第5期：《重庆忠县泰始五年石柱》．——出土于四川省忠县（今属重庆市）乌阳镇将军村的长江边上。现藏于忠县文物保管所。

鄱阳王萧恢题名（益州过军记）/［作者不详］．——南朝梁天监十三年（514）十二月．——《北图拓本汇编》2—145；《文物》1985年第3期：《南朝石刻文字概述》；《四川文物》1989年第5期：《云阳梁天监石刻》．——重庆云阳县城南岸。

［曩］质墓志（大隋开府仪同三司龙山公墓志）/［作者不详］．——隋开皇二十年（600）十二月四日（立）．——《新中国出土墓志·重庆卷》第17页；《萃编》卷5．——国家图书馆与北大图书馆均有拓本。

隋金轮寺舍利塔铭/［作者不详］．——隋仁寿二年（602）四月八日．《新中国出土墓志·重庆卷》第2页．——现存奉节县白帝城东碑林。

唐永州刺史冉仁才碑/（唐）张昌龄序，李崇真行书，弟子恂书名．——唐龙朔三年（663）二月十二日立．——《宝刻丛编》卷十九《万州》。

唐渝州游仙观杜法师功德碑/（唐）韩太冲撰，王义临书．——唐垂拱三年（687）立．——《宝刻丛编》卷十九《恭州》。按：法师讳隐居，字贞干。

仙都观王阴二仙翁碑/（唐）李虔之撰，施楚玉正书．——唐景云二年（711）正月．——《宝刻丛编》卷十九《忠州》。

仙都观王阴二真君碑/（唐）薛镜一撰，宇文楚珪正书．——唐景云三年（712）正月立．——《宝刻丛编》卷十九《忠州》。

唐明皇梦真容诏/［作者不详］．——唐开元中（713—741）刻．——《宝刻丛编》卷十九《忠州》。

唐明皇游太守康公诗/（唐）明皇李隆基御制并行书，古篆额．——唐天宝十三年（754）二月建．——《宝刻丛编》卷十九《忠州》。

唐御制御书诗刻石记/（唐）南宾太守康昭远谨述．——唐天宝十三年（754）甲午二月七日．——《宝刻丛编》卷十九《忠州》。

唐张萱灵石碑/［作者不详］．——唐天宝十五年（756）正月．——《宝刻丛编》卷十九《恭州》。

唐王升灵石碑/［作者不详］．——唐乾元三年（760）二月．——《宝刻丛编》卷十九《恭州》。

唐岑先生铭/（唐）严浚撰正书．——唐乾元三年（760）四月．——《宝刻丛编》卷十九《万州》。

鲜于氏离堆记/（唐）颜真卿．——唐宝应元年（762）五月十六日．——清道光《南部县志》卷二十八《艺文志》。刻于四川新政镇嘉陵江西岸离堆山上。原碑大小失记，已碎为四石，存40余字。拓本藏北京故宫博物院。颜真卿（709—785），字清臣，祖籍琅琊临沂（今山东临沂），生于京兆万年县（今陕西西安），唐代著名的书法家，楷书四大家之一。

唐郭英乾灵石碑/［作者不详］．——唐广德二年（764）二月．——《宝刻丛编》卷十九《恭州》。

唐杨冕灵石颂/［作者不详］．——唐大历四年（769）正月．——《宝刻丛编》卷十九《恭州》。

太白岩题刻/（唐）陈桂元．——唐开元二十一年（733）．——《石柱文史资料》第3辑第82页。陈桂元，生卒年不详，开元年间曾任南宾县令。

唐李全灵石诗/［作者不详］．——唐大历十年（775）正月．——《宝刻丛编》卷十九《恭州》。

黔州刺史薛舒神道碑/（唐）韦建．——唐大历十年（775）四月二十五日卒．——《全唐文》卷三百七十五；又《彭水县志》第927页。韦建，生平不详，字正封，一字士经，京兆（今陕西西安）人。天宝末任河南令，与萧颖士交厚。贞元初，官太子詹事。五年（789），授秘书监致仕。

唐任超灵石碑/［作者不详］．——唐建中四年（783）正月．——《宝刻丛编》卷十九《恭州》。

分竹颂/（唐）李汤冰. ——唐贞元六年（790）. ——民国新修《合川县志》第 17 册《掌录十九》，卷三十六《金石》。李汤冰，生卒年不详，安徽人，曾任当涂令。

仙都观王阴二真君影堂碑/（唐）李吉甫撰，储伯阳行书. ——唐贞元十四年（798）正月立. ——《宝刻丛编》卷十九《忠州》。李吉甫（758—814），字弘宪，赵郡赞皇（今河北赞皇）人，政治学家，地理学家。曾任忠州刺史。

唐杂言神女诗/（唐）李吉甫撰并正书. ——贞元十四年（798）正月二十五日. ——《宝刻丛编》卷十九《夔州》。

李鉢故夫人程氏墓志（唐皇五□□即庶作坊判官行成都府华阳县尉李鉢故夫人□氏墓志铭一首并叙）/（唐）高叔骥. ——唐贞元十六年（800）六月二十三日. ——《新中国出土墓志·重庆卷》第 3 页. ——1954 年 11 月 18 日，四川省成都市羊子山收集。

唐论土洲记往复书/（唐）段文昌撰，房式述并正书. ——唐贞元十七年（801）十一月. ——《宝刻丛编》卷十九《忠州》。

严公颖墓志（唐故资州司焉殷公颖再窆碑）/[作者不详]. ——唐贞元十七年（801）十一月十四日. ——《新中国出土墓志·重庆卷》第 4 页. ——1968 年出土于四川省南部县新政镇（现仪陇县城境内）。现藏南部县文物管理所。

黔州观察使新厅记/（唐）权德舆. ——唐元和三年（808）冬十月. ——《全唐文》第 05 部，卷四百九十四。又《彭水县志》第 928 页。权德舆（759—818），字载之，天水略阳（今甘肃秦安）人，唐德宗、宪宗时期政治家、文学家。

唐题巫山诗/（唐）蔡穆撰，沈约真行书. ——唐元和五年（810）十一月. ——《宝刻丛编》卷十九《夔州》。

唐大云寺岑公石洞志/（唐）段文昌. ——唐元和八年（813）十月立. ——《宝刻丛编》卷十九《夔州》。原在万州大云寺。

唐神女庙诗/（唐）敬骞撰，沈幼真书. ——唐元和五年（810）十二月. ——《宝刻丛编》卷十九《夔州》。原刻在巫山。敬骞,曾任荆南节度判官;沈幼真,时任试左金吾卫兵曹参军。

唐白帝城新修祠庙记/(唐)马文约撰,戴升正书并额. ——唐元和九年(814). ——《宝刻丛编》卷十九《夔州》。

唐涂山铭/(唐)柳宗元. ——唐(773—819). ——《柳宗元集》卷二十。又清同治《巴县志》卷四上《艺文志·记》。注:以柳宗元生卒年为据。

唐石柱佛经碑/(唐)高武书. ——唐(618—907). ——唐元和十五年(820)正月十八日. ——魏靖宇主编《白帝城历代碑刻选》,中国三峡出版社1996年9月版,第10页. ——现存重庆奉节。

唐土洲耆老思旧记/(唐)段文昌撰,王玄同正书. ——唐贞元十五年(789)记,元和十五年(820)十二月建. ——《宝刻丛编》卷十九《忠州》。

卢专造像记碑/(唐)卢专. ——唐长庆元年(821)六月二十五日. ——民国新修《合川县志》第17册《掌录十九》,卷三十六《金石》。卢专,生卒年不详,唐长庆年间任合川刺史,唐开元二十七年(739)刻石为母、妻祈福。此碑位于濮岩寺后。

唐刺史厅壁记/(唐)刘禹锡撰并正书. ——唐长庆二年(822). ——《宝刻丛编》卷十九《夔州》。

敬造卢舍那佛一躯菩萨二/(唐)刘温. ——唐长庆三年(823)三月十九日. ——民国新修《合川县志》第17册《掌录十九》,卷三十六《金石》。刘温,唐长庆二年(822)任合州刺史。

修仙都观记/(唐)段文昌撰,李师复正书. ——唐大和七年(833)正月五日. ——宋王象之《舆地纪胜》碑目;《宝刻丛编》卷十九《忠州》。段文昌(773—835),字墨卿,一字景初,西河人,世居荆州。

唐贺若公灵石碑/(唐)温从. ——唐大和七年(833)二月. ——《宝刻丛编》卷十九《恭州》。

题仙都观诗/(唐)南卓、(唐)张次宗. ——唐大和八年(834)五月十八日. ——《宝刻丛编》卷十九《忠州》。

五洞岩唐佛教造像/[作者不详]. ——唐大和九年(835). ——《潼南文

史资料》第三辑第 6 页。

唐陈君从灵石铭／（唐）陈宪．——唐会昌四年（844）．——《宝刻丛编》卷十九《恭州》。

唐神女庙诗／（唐）李贻孙撰并正书．——唐会昌五年（845）九月．——《宝刻丛编》卷十九《夔州》。

唐都督府记／（唐）李贻孙撰，缪师愈书．——唐会昌五年（845）十一月．——《宝刻丛编》卷十九《夔州》。李贻孙，时任夔州刺史。注：其记州之城垒祠宇古迹甚备。

蹇修行夫人西河蔺氏墓志（唐黔州刺史蹇公夫人西河蔺氏墓志）／［作者不详］．——唐大中十二年（858）十月十五日．——《新中国出土墓志·重庆卷》第 5 页．——1994 年 12 月武隆县江口镇罗州坝出土。现藏于武隆县文物管理所。

仙都观新建南楼记／（唐）柳骈撰，杨珪书．——唐咸通三年（862）四月记，乾符三年（876）七月建．——《宝刻丛编》卷十九《忠州》。

仙都观修斋灵感记／（唐）段成式撰，李腾书．——唐咸通四年（863）五月十七日立．——《宝刻丛编》卷十九《忠州》。

扶风公创造仙都观天尊殿石像记／（唐）蹇宗儒撰，尹翃正书并题额．——唐咸通四年（863）十一月．——《宝刻丛编》卷十九《忠州》。

仙都观老君石像记／（唐）冯涯撰，尹翃正书并题额．——唐咸通五年（864）七月．——《宝刻丛编》卷十九《忠州》。

许君妻戴氏墓志（唐高阳夫人墓志）／［作者不详］．——唐咸通六年（865）二月二十四日．——《汇编》2408 页；《新编》22—15493；《补遗》4—508；《新中国出土墓志·重庆卷》第 200 页．——墓志于 1949 年以后出土于四川省达县，石现藏于云阳县文化馆。

仙都观黄箓斋祥瑞诏／（唐）朝廷．——唐中和二年（882）．——《宝刻丛编》卷十九《忠州》。

唐牟崇厚灵石铭／（唐）张孟．——唐大顺元年（890）二月．——《宝刻丛编》卷十九《恭州》。

唐张武题记／（唐）张武.——唐景福元年（892）三月二日.——《宝刻丛编》卷十九《恭州》。

唐牟知猷灵石诗／（唐）牟知猷.——唐景福元年（892）三月十日.——《宝刻丛编》卷十九《恭州》。

唐相思寺弥勒石像记／［作者不详］.——唐光化三年（900）五月二十一日.——《宝刻丛编》卷十九《涪州》。

唐仙都观石函取经记／（五代）杜光庭撰并正书.——前蜀天复七年（907）四月.——《宝刻丛编》卷十九《忠州》。杜光庭（850—933），字宾圣（一作宾至），京兆杜陵（今西安东南）人，著名道士，后隐青城山白云溪，号青城道士，自称东瀛子。

唐杨云外尊师碑／（唐）杜光庭.——唐（618—907）.——《宝刻丛编》卷十九《云安军》。

唐丘玄素神女庙记／（唐）丘玄素.——唐（618—907）.——《宝刻丛编》卷十九《夔州》。丘玄素，时任夔州刺史。

北山周氏造像记／［作者不详］.——五代前蜀永平三年（913）.——《大足石刻铭文录》第 17 页。重庆市大足区出土。

种审能造像记／（唐）种审能.——五代前蜀永平五年（915）七月六日.——《大足石刻铭文录》第 17—18 页.——重庆市大足区出土。现藏于北大图书馆。

温孟达造像记／（唐）温孟达.——五代前蜀乾德四年（922）.——《大足石刻铭文录》第 19 页。

前蜀白帝庙石笋诗三首／［作者不详］.——五代前蜀（891—925）.——《宝刻丛编》卷十九《夔州》。

前蜀重修水陆院佛殿记／（前蜀）张恂.——五代前蜀（891—925）.——《宝刻丛编》卷十九《夔州》。

后唐重修白帝庙记／（后唐）刘纶述并行书篆额.——五代后唐长兴二年（931）六月记.——《宝刻丛编》卷十九《夔州》。

高晖墓志（唐故北京留守押衙前左崇武军使兼宣威军使西川节度押衙银

青光禄大夫检校工部尚书兼御史大夫上柱国渤海高公墓志铭》/（后唐）崔昭象．——五代后唐长兴三年（932）十一月二十八日．——《新中国出土墓志·重庆卷》第 7 页；《考古通讯》1955 年第 6 期：《成都北郊站东乡高晖墓清理简报》．——1952 年 11 月 5 日成都市北郊站东乡双水碾出土。现藏于重庆中国三峡博物馆。

后蜀重刻卢潘平声诗/（五代）杨仁煦重刻．——五代后蜀广政五年（942）十月三日．——《宝刻丛编》卷十九《忠州》。注：杨仁煦以旧本重刻。

刘恭造药师琉璃净土变龛记/［作者不详］．——五代后蜀广政十七年（954）二月十一日．——《大足石刻铭文》第 20 页；《中国书法》2006 年第 3 期：《大足石刻铭文研究》．——重庆大足区出土。

张匡翊等题名/［作者不详］．——五代后蜀广政二十六年（963）二月十日．——《北图汇编》36—188．——四川省云阳县（今属重庆市云阳县）出土。

张氏墓志铭盖（蜀故清河张氏墓志铭盖）/［作者不详］．——五代后蜀广政二十八年（965）前．——《新中国出土墓志·重庆卷》第 8 页．——1952 年成都市北郊站东乡双水碾出土。现藏于重庆中国三峡博物馆。

花蕊夫人宫词残石/［作者不详］．——五代后蜀（934—965）．——原在重庆涪陵。现藏于北大图书馆。

王启仲造阿弥陀佛龛记/［作者不详］．——五代后蜀（925—965）．——《大足石刻铭文录》第 21 页．——重庆大足区出土。

谢昌瑜石鱼题记/（宋）谢昌瑜．——北宋开宝四年（971）．——《西南 1·四川重庆》第 16 页．——重庆市涪陵白鹤梁。

朱昂石鱼题诗（石鱼朱昂诗；宋端拱元年朱昂石鱼题诗）/（宋）朱昂．——北宋端拱元年（988）十二月．——《西南·四川重庆》第 17 页；《题跋》第 453 页；《八琼室》卷 83—16 上．——重庆市涪陵白鹤梁。

高宏墓志（广陵郡府君高讳宏墓志）/［作者不详］．——北宋大中祥符六年（1013）十一月九日．——《新中国出土墓志·重庆卷》第 181 页；《西南 1·四川重庆》第 19 页．——出土于重庆奉节县塌坪村。现藏于重庆奉节县

文物管理所。

王长史功德碑（宋王长史转念功德碑）／［作者不详］.——北宋天禧四年（1020）二月十三日.——《新中国出土墓志·重庆卷》第9页.——1987年荣县富东乡王序村出土。现藏于荣县文物管理所。

幸光训墓记（雁门郡府君幸光训墓记）／［作者不详］.——北宋乾兴元年（1022）十一月十六日.——《新中国出土墓志·重庆卷》第10页；《西南1·四川重庆》第20页.——1993年3月奉节县幸福乡鱼腹村出土。现藏于奉节县文物管理所。

金堂南山泉铭有序／（南宋）蒲国宝.——北宋天圣四年（1026）.——清同治《巴县志》卷四下《艺文志·铭》。蒲国宝，生卒年不详，璧山县人，开禧年间（1205—1207）状元，擅榜书。

苏庆墓志（宋银青光禄大夫检校国子祭酒兼监察御史云骑尉教练使苏庆志）／（宋）吕皓.——北宋景祐元年（1034）三月十五日（建）.——《新中国出土墓志·重庆卷》第11页.——1986年4月15日巫溪县城西出土。现藏于巫溪县文物管理处。

合州厅壁记／（北宋）刘公仪.——北宋皇祐五年（1053）七月.——清乾隆《合州志》卷十二。刘公仪，生卒年不详，合州（今重庆合川）人，北宋皇祐五年（1053）进士。

刘孝标墓铭／（北宋）晏殊.——北宋时期（991—1055）——（宋）王象之《舆地纪胜》。又民国《南川县志》卷十二《艺文志》。晏殊（991—1055），字同叔，临川（今江西抚州）人，七岁能文，三十岁拜翰林学士，官至宰相，谥号元献。注：时间以作者生卒年为据。

糜枣堰刘公祠堂记／（北宋）何涉.——北宋庆历六年（1046）.——民国《南充县志》卷十三《艺文志·记》。又《成都文类》卷三十四、《全蜀艺文志》卷三十七。嘉庆《四川通志》卷三十四。何涉，四川南充人。

墨池准易堂记／（北宋）何涉.——北宋庆历八年（1048）.——清光绪《西充县志》卷十四《艺文志·下》。又《成都文类》卷四十二、《全蜀艺文志》卷三十九。嘉庆《四川通志》卷四十八。

万州西亭记/（北宋）刘公仪. ——北宋治平三年（1066）二月. ——《金石苑》卷三。《全宋文》卷1043，曾枣庄，李文泽，巴蜀书社，1992年5月版，第549页。

吴缜石鱼题刻/（宋）吴缜. ——北宋元丰九年（1086）. ——《西南1·四川重庆》第22页. ——现存于重庆市涪陵区白鹤梁。

宋和尚塔志/［作者不详］. ——北宋元祐三年（1088）. ——《西南1·四川重庆》第24页. ——现存于重庆市北碚区缙云山。

宋佚名塔铭/［作者不详］. ——北宋元祐三年（1088）正月二十八日建. ——《新中国出土墓志·重庆卷》第12页. ——1983年9月发现。现存于重庆市北碚区缙云山。

大雅堂记/（北宋）黄庭坚. ——《山谷集》卷十七。黄庭坚（1045—1105），即黄山谷，字鲁直，号山谷道人、涪翁，分宁（今修水）人，治平年间进士，北宋诗人，书法家。

汉盐铁盆记/（北宋）黄庭坚. ——清光绪《巫山县志》卷三十《古迹志·金石》。

彭水题字/（北宋）黄庭坚. ——北宋元祐三年（1088）正月二十八日建. ——清光绪重修《彭水县志·金石》. ——原石清道光年间出土，后毁，有拓片。

四贤阁记/（北宋）黄庭坚. ——清同治《忠州直隶州志》卷十二《艺文志·记》。

西山碑/（北宋）黄庭坚. ——北宋建中靖国元年（1101）. ——《万州文史资料》第三辑，第35—37页。

濮岩铭/（北宋）刘象功. ——北宋元祐五年（1090）. ——（清）缪荃孙《艺风堂金石文字目》卷十一、民国新修《合川县志》第17册《掌录十九》，卷三十六《金石》。刘象功，生卒年不详，合川知州，进士。

合州学宫记/（宋）刘象功. ——《四川通志》卷七十八。

龙多山录摩崖题刻/（宋）刘象功. ——合川文管所藏拓本。参《重庆文化艺术志》，西南师范大学出版社，2000年12月版，第453页。

杜氏墓志（故京兆杜氏墓志）/［作者不详］.——北宋元祐六年（1091）十月二十三日（建）.——《新中国出土墓志·重庆卷》第13页；《西南1·四川重庆》第23页.——1963年奉节县幸福乡鱼腹村出土。现藏于奉节县文物管理所。

满堂香墓志（长女满堂香墓志）/［作者不详］.——北宋元祐九年（1094）二月二十二日（立）.——《新中国出土墓志·重庆卷》第14页；《西南1·四川重庆》第25页.——1993年奉节县幸福乡鱼腹村出土。现存奉节县文物管理所。

颜鲁公祠堂记/（北宋）唐庚.——北宋元符三年（1100）之后.——清道光《南部县志》卷二十八《艺文志》。

陈安祖买地券/［作者不详］.——北宋崇宁二年（1103）六月十三日.——《西南1·四川重庆》第28页.——1973年5月出土于阆中县河溪镇。现藏于阆中县文物管理所。

符世宣墓铭（宋故京兆符君墓铭并序）/（宋）符诏书丹.——北宋崇宁二年（1103）十二月一日.——《新中国出土墓志·重庆卷》第182页；《西南1·四川重庆》第27页.——1994年在奉节县幸福乡鱼腹村塔坪出土。现藏于奉节县文物管理所。

太白崖记/（北宋）刘瑜.——北宋崇宁五年（1106）.——《中国历史学年鉴》编辑部编，《中国历史学年鉴1989》，人民出版社1990年版，第370页。又《石柱文史资料》第三辑第82页。刘瑜，生卒年不详，北宋崇宁五年（1106）曾任石柱县令。

杨绎墓志（虢略杨君思道墓志铭）/（宋）谭度.——北宋大观元年（1107）八月十九日.——《新中国出土墓志·重庆卷》第15页；《西南1·四川重庆》第29页.——1988年3月奉节县永安镇出土。现存奉节文物管理所。

张夫人墓志/［作者不详］.——北宋大观四年（1110）.——《西南1·四川重庆》第30页.——1984年10月出土于荣县李子乡。现藏于荣县文物管理所。

夏伯通墓志（宋故夏府君伯通墓志铭）/（宋）夏炳.——北宋政和六年（1116）十二月一日.——《西南1·四川重庆》第31页.——重庆石坪桥

出土。

夏泰墓志（宋故夏府君墓铭并序）/（宋）史元撰志叙，李恬撰行状．——北宋政和六年（1116）十二月初一日．——《新中国出土墓志·重庆卷》第 16 页．——1981 年 9 月 10 日在重庆市石坪桥出土。现藏于重庆中国三峡博物馆。

姚安礼墓志（有宋儒林郎渠江姚安礼墓志铭）/（宋）宋京撰文，苏元老书丹，张察篆盖，王升摹刻．——北宋宣和二年（1120）四月十五日．——《新中国出土墓志·重庆卷》第 17 页．——1974 年在广安市协兴乡出土。现藏于重庆中国三峡博物馆。

纪将军庙碑记/（宋）邵博．——清光绪《西充县志》卷十四《艺文志·下》。邵博（？—1158），字公济，河南洛阳人，约生活于北宋末南宋初，曾任果州南充郡郡守。有《邵氏闻见录》传世。

邻母洞记/（北宋）刘干．——北宋宣和三年（1121）．——《职方典》六百十一。刘干，生卒年不详，字行之，一字梅轩，自号酉阳别乘，宣和年间（1119—1127）蜀人。

宋曹嘉父游龙脊石题记/[作者不详]．——北宋宣和七年（1125）．——《西南 1·四川重庆》第 34 页．——重庆市云阳龙脊石。

寻天锡墓志（宋故孝顺子寻天锡墓志铭）/（宋）何奎撰文，王序书丹，何卓篆额．——北宋宣和七年（1125）十二月九日．——《新中国出土墓志·重庆卷》第 18 页．——1949 年以后出土，具体出土时间、地点不详。原藏荣县文化馆，1982 年移交荣县文物管理所收藏。

牟永叔墓志（宋故紫芝先生牟永叔墓志铭）/（宋）勾龙试撰文，郑韩书丹．——北宋靖康元年（1126）十月二十九日．——《新中国出土墓志·重庆卷》第 19 页；《西南 1·四川重庆》第 32 页．——墓志于 1984 年 7 月 15 日在重庆市江北织布厂出土。现藏于重庆中国三峡博物馆。

宋陈似龙脊石题诗/（宋）陈似龙．——北宋靖康元年（1126）．——《西南 1·四川重庆》第 35 页．——重庆市云阳龙脊石。

清河张氏夫人墓志（宋故清河张氏夫人墓志铭）/（宋）孙侁撰文，孙伯达篆额，樊庶书丹．——南宋建炎元年（1127）十月二十九日．——《新中国出土墓志·重庆卷》第 20 页．——墓志于 1984 年 10 月在荣县李子乡出土。现藏于荣县文物管理所。

修夫子庙记／（北宋）王辟之．——清同治《忠州直隶州志》卷十二《艺文志·记》。王辟之（1031—?），字圣涂，青州临淄（今山东临淄东北）人，治平年间（1064—1067）进士。

观石鱼记／（宋）蔡惇．——清同治重修《涪州志》卷十四《艺文志上》。蔡惇，生卒年不详，字元道，东莱（今属山东）人，蔡延庆（约 1028—1090）之子，官龙图阁直学士。

西乡侯碑记／（北宋）张楚民．——民国《长寿县志》卷十四《金石》。张楚民，生卒年不详，元丰年间（1078—1085）中进士，官至正奉大夫。

重葺三峡堂记／（北宋）宋肇．——清光绪《奉节县志》卷三十六《艺文·文汇上》。宋肇，生卒年不详，字桥宗、楸宗，北宋哲宗元祐九年（1094）充夔州路转运判官。

勾龙中庆墓志（宋故平阳公墓志铭）／（南宋）杨荔撰文，勾龙彭年篆额，彭汝舟书丹，夏升刊石．——南宋建炎元年（1127）十月二十九日．——《新中国出土墓志·重庆卷》第 21 页．——1984 年 10 月在荣县李子乡出土。现藏于荣县文物管理所。

杨室人墓志（宋故杨室人墓志铭）／（南宋）黎芳撰文，徐端臣书丹，杨逴题额．——南宋建炎元年（1127）十二月二十八日．——《新中国出土墓志·重庆卷》第 22 页；《西南 1·四川重庆》第 36 页．——墓志于 1984 年在广安市护安乡出土。现藏于广安市文物管理所。

宋陈修举游龙脊石题记／［作者不详］．——南宋建炎二年（1128）正月十五日．——《西南 1·四川重庆》第 37 页．——重庆市云阳龙脊石。

新开路建炎四年修路碑／［作者不详］．——南宋建炎四年（1130）．——民国《忠县志》卷十八《金石志》。

宋□□氏大娘子墓志／（南宋）李揆命匠刻字．——南宋绍兴元年（1131）十二月十五日．——《新中国出土墓志·重庆卷》第 23 页；《西南 1·四川重庆》第 39 页．——1949 年以后出土，具体出土时间、地点不详。现藏于云阳县文物管理所。

诗题"偶感贴壁"／（南宋）尹焞．——南宋绍兴四年（1134）之后．——《涪陵文史资料选辑》第三辑第 112 页。尹焞（1071—1142），字彦明，一字德充，洛阳人，少师事程颐，终身不应举。南宋绍兴四年（1134）因避难到涪州北岩，辟"三畏斋"而居，一边潜心研究程氏易学，一边授业讲学，著有《论语解》和《和靖集》。曾题此诗于北岩。

蔡从事游龙多山诗碑／（南宋）蔡从事．——南宋绍兴六年（1136）．——民国新修《合川县志》第 17 册《掌录十九》，卷三十六《金石》。

贾思诚石鱼题记／（南宋）贾思诚．——南宋绍兴七年（1137）十二月．——《西南 1·四川重庆》第 42 页；《题跋》第 401 页；《八琼室》83—24 下．——涪陵白鹤梁。

李敏能墓志／（南宋）李士临．——南宋绍兴七年（1137）二月五日．——《新中国出土墓志·重庆卷》第 24 页；《西南 1·四川重庆》第 41 页．——1973 年在涪陵地区出土，具体出土时间、地点不详。石现藏于重庆中国三峡博物馆。

游龙多山诗碑／（南宋）何麒．——南宋绍兴七年（1137）．——民国新修《合川县志》第 17 册《掌录十九》，卷三十六《金石》。

刘权墓志（宋通判靖州军州事眉山刘权墓志）／［作者不详］．——南宋绍兴十年（1140）十一月二日．——《西南 1·四川重庆》第 45 页．——1954 年重庆奉节县塔坪出土。

刘廙墓志（宋右迪功郎刘廙墓志）／［作者不详］．——南宋绍兴十年（1140）十一月壬寅．——《新中国出土墓志·重庆卷》第 25 页．——1992 年在奉节县幸福乡鱼腹村宝塔坪出土。石现藏于奉节县文物管理所。

李景嗣石鱼题记（宋景嗣石鱼题记；石鱼李景嗣）／（南宋）李景嗣等．——南宋绍兴十三年（1143）除前二日．——《西南 1·四川重庆》第 46 页；《题跋》第 402 页；《八琼室》卷 83—26 下．——重庆市涪陵白鹤梁。

李景嗣石鱼题记（宋绍兴甲子年李景嗣石鱼题记；石鱼李景嗣再题）／（南

宋）李景嗣等. ——南宋绍兴十四年（1144）正月. ——《西南1·四川重庆》第47页；《题跋》第402页；《八琼室》卷83—27下. ——重庆市涪陵白鹤梁。

杨谔等石鱼题记（宋绍兴杨谔等石鱼题记；石鱼杨谔）/（南宋）杨谔等. ——南宋绍兴十五年（1145）二月. ——《西南1·四川重庆》第48页；《题跋》第402页；《八琼室》卷83—28上. ——重庆市涪陵白鹤梁。

陈氏墓志（宋太夫人陈氏墓志铭）/［作者不详］. ——南宋绍兴十六年（1146）十月二十五日. ——《新中国出土墓志·重庆卷》第26页；《西南1·四川重庆》第49页. ——1994年5月29日在重庆市万盛区万东镇新明村砖厂出土。石现藏于重庆市万盛区万东镇文化站。

冉公妻文氏墓志（宋故文氏墓志）/（南宋）黎惇立石，康京书. ——南宋绍兴十七年（1147）二月二十六日. ——《新中国出土墓志·重庆卷》第27页. ——1993年3月在奉节县幸福乡鱼腹村出土。石现藏于奉节县文物管理所。

林迕墓志（宋故右朝议大夫直秘阁提举林迕墓志铭）/（南宋）向洋. ——南宋绍兴二十年（1150）八月十一日. ——《西南1·四川重庆》第54页. ——1979年8月13日在大足区城西佛儿岩出土。石现藏于大足区文物管理所。

向洋妻林十一娘墓志（宋从政郎向洋妻林十一娘墓志）/（南宋）向洋. ——南宋绍兴二十年（1150）八月十七日. ——《新中国出土墓志·重庆卷》第28页. ——1979年8月13日在大足区城西佛儿岩出土。石现藏于大足区文物管理所。

姚安礼妻陈氏墓志（有宋恭人陈氏墓志铭）/（南宋）曹秉心撰文，张深书丹，丁则篆盖. ——南宋绍兴二十一年（1151）二月五日. ——《新中国出土墓志·重庆卷》第29页；《西南1·四川重庆》第51页. ——1974年3月在广安市协兴乡出土。石现藏于重庆中国三峡博物馆。

皇宋遂宁县勒造石佛记/（南宋）冯楫. ——南宋绍兴二十二年（1152）二月. ——《潼南文史资料》第一辑第136页。冯楫，生卒年不详，字济川，号不动居士，蓬溪县（今属遂宁市）人，北宋政和八年（1118）进士。

刘道腴初葬墓志/［作者不详］. ——南宋绍兴二十三年（1153）三月十三

日. ——《新中国出土墓志·重庆卷》第 30 页. ——1992 年在奉节县幸福乡鱼腹村出土. 石现藏于奉节县文物管理所.

吴襃成墓志／（南宋）吴康年. ——南宋绍兴二十三年（1153）十月一日. ——《新中国出土墓志·重庆卷》第 31 页；《西南 1·四川重庆》第 40 页. ——1981 年在重庆市出土，具体出土时间、地点不详. 石现藏于重庆中国三峡博物馆.

王祖良墓铭（宋左朝请郎王公墓铭）／（南宋）张延祖. ——南宋绍兴二十三年（1153）闰十二月十二日. ——《新中国出土墓志·重庆卷》第 32 页；《西南 1·四川重庆》第 55 页. ——1954 年在广汉出土，具体出土时间、地点不详. 石现藏于重庆中国三峡博物馆.

张淑真初葬墓志／［作者不详］. ——南宋绍兴二十三年（1153）四月中旬. ——《新中国出土墓志·重庆卷》第 33 页. ——1992 年在奉节县幸福乡鱼腹村宝塔坪出土. 石现藏于奉节县文物管理所.

刘道腴再葬墓志／（南宋）李大川书. ——南宋绍兴二十五年（1155）正月二十五日. ——《新中国出土墓志·重庆卷》第 34 页. ——1993 年 3 月在奉节县幸福乡鱼腹村宝塔坪出土. 石现藏于奉节县文物管理所.

张淑真再葬墓志／（宋）李大川书. ——南宋绍兴二十五年（1155）正月二十五日. ——《新中国出土墓志·重庆卷》第 35 页. ——1993 年 3 月在奉节县幸福乡鱼腹村宝塔坪出土. 石现藏于奉节县文物管理所.

张俣墓志（宋故武功大夫永康府君张公墓志）／（宋）刘望之撰文，张宗元书并篆盖，何谊刻字. ——南宋绍兴二十五年（1155）十月十七日. ——《新中国出土墓志·重庆卷》第 36 页；《西南 1·四川重庆》第 60—61 页. ——1987 年 2 月在南川县人民医院出土. 石现藏于南川区文物管理所.

刘氏夫人墓志／（宋）蒲□撰文，赵汝楫书丹，桑叔伦题额. ——南宋绍兴二十五年（1155）十一月. ——《新中国出土墓志·重庆卷》第 37 页；《西南 1·四川重庆》第 58 页. ——1959 年 2 月在重庆市石坪桥出土. 石现藏于重庆中国三峡博物馆.

黄仲武等石鱼题记／（宋）黄仲武. ——南宋绍兴二十七年（1157）一月

二十日．——《西南1·四川重庆》第64页．——重庆市涪陵白鹤梁。

黔江修学记／（南宋）窦敷．——南宋绍兴三十年（1160）．——《酉阳州志》卷三。窦敷，生卒年不详，今重庆彭水人，绍兴三十年（1160）进士。

伊川先生祠堂记／（南宋）曹彦时．——南宋绍兴三十年（1160）后．——清同治重修《涪州志》卷十四《艺文志上》。曹彦时，生卒年不详，河南荥阳人，诗人，绍兴五年（1135）曾在涪州为属吏。

丹棱县夫子庙记／（南宋）冯时行．——南宋绍兴三十一年（1161）．——清嘉庆《四川通志》卷三十七、清同治《璧山县志》卷十《艺文志·记》。冯时行（1100—1163），字当可，号缙云，重庆北碚人（一说祖籍浙江诸暨，一说重庆璧山人），宣和六年（1124）进士。

独有堂记／（南宋）冯时行．——《成都文类》卷四十二。参见傅增湘编《宋代蜀文辑存》第4册，北京图书馆出版社，2005年9月版，第300页。

稽古堂记／（南宋）冯时行．——《永乐大典》卷七千二百四十一。

龙多山鹫台院记／（南宋）冯时行．——民国《潼南县志》卷五《艺文志上·一文》。

龙脊滩留题／（南宋）冯时行．——《蜀中名胜记》卷二十三。

罗城记／（南宋）冯时行．——《成都文类》卷二十四。

修成都府府学记／（南宋）冯时行．——《玑山县志》卷十、清同治《璧山县志·图籍志·凡例》、民国《巴县志》卷二十三《文征》。

符氏墓志（归武□□符氏墓志）／（南宋）冉舜武立石．——南宋绍兴三十二年（1162）四月十一日．——《新中国出土墓志·重庆卷》第38页．——1949年以后出土，具体出土时间、地点不详。石现藏于云阳县文物管理所。

桓侯祠碑记／（南宋）安刚中．——南宋绍兴前后．——民国《长寿县志》卷十四《金石》。安刚中，生卒年不详，绍兴年间（1131—1162）合州人（今重庆市合川），进士。参重庆市教育委员会编《重庆教育志》，重庆出版社，2002年版，第14页。

南禅寺记／（南宋）冯楫．——南宋绍兴二十二年（1152）撰，乾道元年

(1165）刊石. ——民国《潼南县志》卷五《艺文志上·一文》。南禅寺，在潼南县西三里。始建于唐咸通年间，宋名定明院，亦名南禅寺，因岩壁有大石佛，俗称大佛寺。参龙显昭主编，《巴蜀佛教碑文集成》，四川出版社，2004年5月版，第178页。

古城冯侯庙碑/（南宋）蹇驹. ——南宋乾道二年（1166）. ——清同治《璧山县志》卷十《艺文志·碑》。蹇驹，生卒年不详，潼川人，进士。

简州化造三宝阁疏/（南宋）王亢. ——南宋乾道四年（1168）. ——《金石补正》卷一百十四。王亢，生卒年不详，字子虚，合州（今重庆合川）人，登进士第。

简州化造镇州塔疏/（南宋）王亢. ——南宋乾道年间（1165—1173）. ——《巴蜀佛教碑文集成》第186页。

杨秉元墓志（宋故黔州免解进士杨秉元墓志铭）/（南宋）黄汝舟撰文并书丹. ——南宋乾道五年（1169）十一月九日. ——《新中国出土墓志·重庆卷》第39页. ——1990年3月在彭水县汉葭镇河堡出土。石现藏于彭水县文物管理所。

卢棠石鱼题记（宋乾道卢棠石鱼题记；石鱼卢棠等题名）/（南宋）卢棠. ——南宋乾道七年（1171）一月一日. ——《西南1·四川重庆》第69页. ——重庆市涪陵白鹤梁。

东山摩崖/（南宋）[作者不详]. ——南宋乾道七年（1171）. ——民国新修《合川县志》第17册《掌录十九》，卷三十六《金石》。

皇宋中兴圣德颂/（南宋）赵公硕书. ——南宋乾道七年（1171）. ——《白帝城历代碑刻选》第12页。赵公硕，生卒年不详，浚仪（今安徽寿县西南）人，约宋淳祐九至十一年（1249—1251）任巴州太守。

姚氏买地券/[作者不详]. ——南宋乾道九年（1173）十二月二日. ——《西南1·四川重庆》第70页. ——现藏于重庆中国三峡博物馆。

龚耆年墓志（宋故秀才龚君墓志铭）/（南宋）张桴撰文，王赞书篆额. ——南宋淳熙元年（1174）十一月二十三日. ——《新中国出土墓志·重庆卷》第40页. ——1981年8月在重庆市南桐矿区关坝出土。石现藏于重庆中国三峡博物馆。

冯和叔石鱼题记／（南宋）冯和叔. ——南宋淳熙五年（1178）正月七日. ——《西南1·四川重庆》第73页；《涪州石鱼题名记》（清）钱保塘编，清光绪四年（1878）海宁钱保塘清风室校刻本. ——重庆市涪陵白鹤梁。

刘师文等人石鱼题记／（南宋）刘师文等. ——南宋淳熙五年（1178）正月三日. ——《西南1·四川重庆》第72页. ——重庆市涪陵白鹤梁。

宋董伯高等人游龙脊石题记／（南宋）董伯高. ——南宋淳熙六年（1179）一月九日. ——《西南1·四川重庆》第74页. ——重庆市云阳龙脊石。

姚庆元行状（姚孺人行状）／（南宋）姚季习. ——南宋淳熙六年（1179）四月二十一日. ——《新中国出土墓志·重庆卷》第41页. ——1990年1月在安岳县龙台镇出土。石现藏于安岳县文物管理所。

龙多山至道观记／（南宋）赵楸. ——南宋淳熙六年（1179）. ——清乾隆《合州志》卷十二，又民国《潼南县志》卷五《艺文志上·一文》。赵楸，生卒年不详，成都人，乾道年间曾任赤水县主簿。

朱永裔石鱼题记／（南宋）朱永裔等. ——南宋淳熙六年（1179）. ——《西南1·四川重庆》第75页. ——重庆市云阳龙脊石。

李氏墓志（宋安人李氏墓志）／[作者不详]. ——南宋淳熙十年（1183）十□□三日. ——《新中国出土墓志·重庆卷》第42页. ——1970年9月在大足区城西八村出土。石现藏于大足区文物管理所。

郭益寿等人龙脊石题记／（南宋）郭益寿. ——南宋淳熙十二年（1185）正月七日. ——《西南1·四川重庆》第78页. ——重庆市云阳龙脊石。

糯米堆记／（南宋）王敦夫. ——南宋淳熙十二年（1185）. ——清乾隆《巴县志》卷十二《艺文》。王敦夫，生平不详。

宋符德成等人龙脊石题记／（南宋）符德成. ——南宋淳熙十二年（1185）. ——《西南1·四川重庆》第77页. ——重庆市云阳龙脊石。

宋东里遗民段作游龙脊石题记／（南宋）段作. ——南宋淳熙十三年（1186）十一月十五日. ——《西南1·四川重庆》第79页. ——云阳龙脊石。

古书岩留题／（南宋）杨辅. ——南宋淳熙十五年（1188）八月. ——

《全蜀艺文志》卷六十四。杨辅，生卒年不详，字嗣勋，遂宁人，乾道二年（1166）进士。

法济寺僧悟杲碑/（南宋）苟申. ——南宋绍熙二年（1191）二月. ——清《巴县志》卷十七。又《宋代蜀文辑存》卷七十六。苟申，生卒年不详，南宋光宗绍熙年间（1190—1194）巴县人。

重修西岩记文摩崖碑/［作者不详］. ——南宋绍熙五年（1194）□月二十六日. ——《潼南文史资料》第三辑第6页。

昌州石刻古文孝经/（南宋）范祖禹. ——南宋庆元元年（1195）之际. ——清道光《重庆府志》卷九《艺文志》。注：古昌州辖永川、大足、昌元（今荣昌县）、静南四县。参《试论大足石刻范祖禹书〈古文孝经〉的重要价值》，舒大刚，《四川大学学报》2003年第1期。

庆元三年买地券/（南宋）刘进. ——南宋庆元三年（1197）十二月. ——《西南1·四川重庆》第80页. ——1988年5月出土于四川通江县诺江镇。现藏于四川通江县文物管理所。

南宋冯叔靖诗碑/（南宋）冯叔靖. ——南宋庆元四年（1198）刻. ——清《艺风堂金石文字目》存目。又民国新修《合川县志》第17册《掌录十九》，卷三十六《金石》。冯叔靖，为冯时行后人。

曹坤龙多山纪游题名/（南宋）曹坤. ——南宋庆元六年（1200）五月七日. ——《西南1·四川重庆》第81页. ——重庆市合川龙多山。

云安橘官堂记/（南宋）何耆仲. ——南宋庆元六年（1200）九月. ——《全蜀艺文志》卷三十四。何耆仲，生卒年不详，南宋庆元年间（1195—1200）曾任夔州知府。

李氏买地券/［作者不详］. ——南宋嘉泰三年（1203）十月二十日. ——《西南1·四川重庆》第82页. ——1986年四川巴中县出土。现藏于四川巴中县文物管理所。

漕司高斋堂记/（南宋）费士戣. ——南宋嘉定元年（1208）冬. ——《全蜀艺文志》卷三十四。费士戣，广都（今四川双流县）人。嘉定年间（1208—1224）曾任夔州知州。

徙建精忠庙记/（南宋）费士戣. ——《双流县志》卷四。

嘉定庚午买地券/［作者不详］. ——南宋嘉定三年（1210）十月. ——《西南1·四川重庆》第 83 页. ——四川省彭县出土。现藏于四川彭县文物管理所。

魏侯祠记/（南宋）史子申. ——南宋嘉定八年（1215）. ——清嘉庆《四川通志》卷三十六。又清道光《南部县志》卷二十八《艺文志》。史子申，生卒年不详，绍兴年间（1131—1162）人。祠原在北山鸡栖山（今酉山）下。

史尧辅墓志（宣教郎致仕史君尧辅墓志铭）/（南宋）魏了翁. ——南宋嘉定九年（1216）. ——民国新修《合川县志》第 30 册《文在九》，卷七十九《碑志九》。魏了翁（1178—1237），字华父，号鹤山，邛州蒲江（今属四川）人，南宋庆元五年（1199）进士。

合州建濂溪先生祠堂记/（南宋）魏了翁. ——南宋嘉定十三年（1220）后. ——民国新修《合川县志》第 30 册《文在八》，卷七十八《记八》。

安子照李夫人墓志/（南宋）安保全撰文. ——南宋嘉定十三年（1220）九月四日. ——《新中国出土墓志·重庆卷》第 43 页. ——1989 年在广安市前进乡出土，具体出土时间、地点不详。石现藏于广安市文物管理所。

创筑天赐城记/（南宋）徐宗武. ——南宋嘉定年间（1208—1224）. ——清乾隆《合州志》卷十二。又清光绪《巫山县志》卷三十二《艺文志·杂文、赋汇、诗汇》。徐宗武，生卒年不详，知夔州。

月岩铭/（南宋）冉木. ——南宋嘉定年间（1208—1224）. ——《金石苑》卷五。冉木，生卒年不详，字震甫，合州（今重庆合川）人，宋宁宗嘉泰二年（1202）进士。

高凉洞题名记/（南宋）冉木. ——《彭水县志》卷四。

赤水题刻/（南宋）李埴. ——南宋宝庆元年（1225）五月十二日. ——《西南1·四川重庆》第 84 页. ——1986 年合川龙多山赤水县遗址出土。现藏于合川区文物管理所。李埴（1161—1238），字季允，号悦斋，四川丹棱人，绍熙年间（1190—1194）进士，后任夔州知州。

鱼复捍关铭／（南宋）李埴．——《全蜀艺文志》卷四十四中。

李瑞石鱼题记／（南宋）李瑞．——南宋宝庆二年（1226）穀旦．——《西南1·四川重庆》第85页．——重庆市涪陵白鹤梁。

谭仲乙等人游龙脊石题记／（南宋）谭仲乙．——南宋绍定元年（1228）正月七日．——《西南1·四川重庆》第86页．——重庆市云阳龙脊石。

王夔买地券／[作者不详]．——南宋绍定三年（1230）一月十日．——《西南1·四川重庆》第87页．——现藏于重庆中国三峡博物馆。

惠寂院记／（南宋）李元信．——南宋端平元年（1234）前．——清光绪《铜梁县志》卷十三《艺文志三》。李元信，生卒年不详，合州（今属重庆合川区）人。本文作年不详，姑定为举进士后五十年之内，约端平元年（1234）前。惠寂院，在《铜梁志》附安居旧县城东七十里，与合州接界。光绪时称莲花山，有缑溪环绕。参龙显昭主编，《巴蜀佛教碑文集成》，四川出版社，2004年5月版，第215页。

徐善龙墓记（有宋徐令人墓记）／[作者不详]．——南宋嘉熙元年（1237）六月二十三日．——《新中国出土墓志·重庆卷》第44页；《西南1·四川重庆》第88页．——1974年2月24日在广安市白市乡狮子湾出土。石现藏于重庆中国三峡博物馆。

南平军学雁塔题名记／（南宋）李梦铃．——南宋嘉熙元年（1237）九月．——清道光《綦江县志》卷十一《艺文上》，李梦铃，生卒年不详，浙江绍兴人，进士。

王其然墓志（宋先君提刑秘阁开国中奉郎志）／（南宋）王垚、王㵘．——南宋嘉熙二年（1238）闰四月．——《新中国出土墓志·重庆卷》第45页．——1974年3月23日在广安市白市乡狮子湾出土。石现藏于重庆中国三峡博物馆。

张霁石鱼题记／（南宋）张霁．——南宋淳祐三年（1243）冬．——《西南1·四川重庆》第89页。

邓刚石鱼题刻（宋淳祐戊申邓刚石鱼题刻）／（南宋）邓刚．——南宋淳祐八年（1248）正月．——《西南1·四川重庆》第90页．——涪陵白鹤梁。

饯郡守王梦应记/（南宋）何光震. ——南宋淳祐十年（1250）. ——《金石苑》卷六。何光震，生卒年不详，字华甫，今重庆大足人。原在大足南山三清洞外石壁上。

蹇材望石鱼题记（宋宝祐二年蹇材望石鱼题记）/（南宋）蹇材望. ——南宋宝祐二年（1254）. ——《西南1·四川重庆》第91页. ——涪陵白鹤梁。

太白岩题记/（南宋）刘济川书. ——南宋宝祐五年（1257）正月三日. ——《石柱文史资料》第三辑第53页。刘济川，生卒年不详，宣教郎。原在石柱太白岩摩崖，共129字，书法遒劲，体近柳字，镌工精湛。参黄森荣编，《涪陵地区书画名人录》，1986年版，第10页。

何震午石鱼题记/（南宋）何震午. ——南宋宝祐六年（1258）正月二十八日. ——《西南1·四川重庆》第92页. ——涪陵白鹤梁。

铁锁关石壁题刻/（南宋）贾似道. ——南宋景定四年（1263）冬. ——《白帝城历代碑刻选》第15页。原在白帝城下瞿塘峡口石壁上。

漱玉岩记/（南宋）喻汝砺. ——清道光《南部县志》卷二十八《艺文志》。喻汝砺，生卒年不详，字迪儒，号三嵎，眉州（今四川省眉山市）人，北宋政和五年（1115）进士，官礼部员外郎，直秘阁学士。

赵待制开墓志/（南宋）李焘. ——清光绪《铜梁县志》卷十三《艺文志三》。李焘（1115—1184），字仁甫，一字子真，号巽岩，眉州丹棱人，唐宗室曹王之后也，编《续资治通鉴长编》等。

白鹤梁刻石/（南宋）孙仁宅. ——清同治重修《涪州志》卷十四《艺文志上》。孙仁宅，生卒年不详，绍兴年间（1131—1162）曾任涪州郡守。

沉厚堂记/（南宋）任逢. ——《四川通志》卷五十。任逢，生卒年不详，字千载，眉山（今四川省眉山县）人，宋高宗绍兴年间（1131—1162）进士。

锦绣州刻石/（南宋）盛景献. ——清同治重修《涪州志》卷十四《艺文志上》。盛景献，生卒年不详，绍兴年间（1131—1162）襄阳人。

孺人墓志/（南宋）刘仪凤. ——清光绪《乐至县志》卷三。刘仪凤，生卒年不详，字韶美，普州人，绍兴二年（1132）进士。

大贡院记/（南宋）关耆孙. ——《全蜀艺文志》卷三十六。关耆孙，生卒年不详，字寿卿，青城（今四川灌县）人，南宋高宗绍兴十八年（1148）进士。

记游刻石／（南宋）吕元锡．——民国新修《合川县志》第17册《掌录十九》，卷三十六《金石》。又《大足文史》第十九辑《大足掌故》。吕元锡，南宋乾道三年（1167）知石照县（今重庆市合川），去官后寓居大足。

涪州学记／（南宋）刘光祖．——民国《涪陵县续修涪州志》卷十九《艺文志一》。刘光祖（1142—1222），字德修，简州阳安（今四川简阳）人，进士，曾任宝谟阁直学士，知潼川府。

合州濂溪祠记／（南宋）何预．——《崇庆州志》卷十一。何预，生卒年不详，崇庆州（今成都崇庆县）人，南宋绍兴年间（1131—1162）进士。曾任合州（今重庆市合川）签判。

重修普泽庙记／（南宋）黄铎．——《四川通志》卷三十五。黄铎，生卒年不详，孝宗时（1163—1189）合州（今重庆市合川）人。

泮宫达泉铭／（南宋）柳梦弼．——《全蜀艺文志》卷四十四中、清光绪《奉节县志》卷三十六《艺文·文汇上》。柳梦弼，淳熙（1174—1189）年间人，生平不详。

点易洞题刻／（南宋）范仲武．——《涪陵文史资料选辑》第三辑第114页。范仲武，生卒年不详，苏州吴县人，嘉定年间（1208—1224）任涪州牧，创建北岩书院。

北岩书院题刻／（南宋）范仲武．——《涪陵文史资料选辑》第三辑第114页。

游太白崖记／（南宋）杨应午．——南宋时期．——《石柱文史资料》第三辑第82页。杨应午，生卒年不详，南宋宝祐元年（1253）左右任石柱县县佐。

跋程公政事记碑／（宋）吕諲．——民国《潼南县志》卷五《艺文志上·一文》。吕諲，生平不详。

补夔州大晟乐堂记／（宋）张震．——《全蜀艺文志》卷三十六下。张震，生卒年不详，字真父，四川广汉人。进士及第，曾任夔州知州。

忠武侯祠记/（宋）张震. ——清光绪《奉节县志》卷三十六《艺文·文汇上》。

昌州石刻六十四卦象碑/［作者不详］. ——南宋时期. ——清道光《重庆府志》卷九《艺文志》。原在昌元县，今佚。

重修单公隄记/（南宋）任逢. ——清乾隆《合州志》卷十二。

大庙场奎文阁记/（宋）崇德. ——清光绪《铜梁县志》卷十二《艺文志二》。崇德，生卒年不详，字敬六，今重庆铜梁人，文生。

大宁监创筑天赐城记/（宋）徐宗武. ——清光绪《大宁县志》卷八《艺文志》。

龙川摩崖题名/（宋）李粹甫. ——《资州志》卷二十九。参见傅增湘编《宋代蜀文辑存》第 7 册，北京图书馆出版社，2005 年 9 月版，第 453 页。李粹甫，生卒年不详，重庆府人。

龙多山程公政事记碑/（宋）刘时行. ——民国《潼南县志》卷五《艺文志上·一文》。刘时行，生平不详。

罗睺东岩记/（宋）冯伩. ——清光绪《铜梁县志》卷十一《艺文志一》。冯伩，生平不详。

新修武侯祠堂记/（南宋）王十朋. ——清光绪《奉节县志》卷三十六《艺文·文汇上》。

移建武侯祠记/（南宋）王十朋. ——清光绪《奉节县志》卷三十六《艺文·文汇上》。

雄威庙记/（南宋）黄铎. ——清乾隆《合州志》卷十二。

云安橘官堂记/（南宋）李埴. ——又民国《云阳县志》卷四十三《文录下·杂文》。李埴（1161—1238），字季允，号悦斋，四川丹棱人，进士，后任夔州知州。

重修文庙绘像置田记/（元）贾元. ——元至元十八年（1281）后. ——清同治《忠州直隶州志》卷十二《艺文志·记》。又《全元文》第 58 册，凤凰出版社，2004 年版，第 276 页。贾元（约1283—约1373）字，长卿，号易岩，涪州人。

涂山古碑记／（元）贾元．——清同治重修《涪州志·艺文志》。又《重庆市南岸区文史资料选辑》第十辑第20页。

涪陵学宫碑亭记／（元）贾元．——民国《长寿县志》卷十四《金石》。

元加号大成碑／（元）元成宗铁木耳撰，韩友邻隶书．——元大德十一年（1307）．——《白帝城历代碑刻选》第17页。此碑高155厘米，宽95厘米。元成宗宣扬孔道，加号孔丘为大成至圣宣王，并撰文于各地孔庙刊碑记之。此碑原在奉节县原孔庙大成殿，今存字约120个。

元至顺三年买地券／[作者不详]．——元至顺三年（1332）七月二十九日．——《西南1·四川重庆》第98页．——1983年重庆合川县水产学校出土。现藏于重庆合川区文物管理所。

志聪买地券／[作者不详]．——元至正四年（1344）三月十三日．——《西南1·四川重庆》第99页．——1989年8月四川华蓥市阳和乡小学出土。现藏于四川华蓥市文物管理所。

创修怀忠堂记／（元）王崇简．——清光绪《忠州直隶州志》卷十二。民国《忠县志》卷二十《文录志·古碑记》。王崇简，生卒年不详，汾州（今山西汾阳）人，至正初期（1341—1368）曾任忠州（今重庆忠县）知州。

重修怀忠堂记／（元）苟斌．——清同治《忠州直隶州志》卷十二《艺文志·记》。民国《忠县志》卷二十《文录志·古碑记》。苟斌，重庆忠县人，生平不详。

重修鉴亭记／（元）陈夔仁．——民国《潼南县志》卷五《艺文志上·一文》，又见《潼南文史资料》第三辑第61页。陈夔仁，元顺帝时在世，生平不详。

重修旌忠庙记／（元）文礼恺．——民国《潼南县志》卷五《艺文志上·一文》。文礼恺，生卒年不详，重庆潼南人，诸生。

普泽庙天亭记／（元）史宝．——清同治《璧山县志》卷十《艺文志·记》。史宝，生卒年不详，元代医家，字国信，萧山（今浙江萧山）人，平时注意搜集禁方。

题涂山庙碑／（元）刘志道．——清同治《巴县志》卷四上《艺文志·记》。刘志道，生平不详。

明玉珍玄宫碑（大夏太祖钦文昭武皇帝玄宫碑）/（大夏）戴寿填讳，刘桢撰文并书丹，向大亨篆额. ——大夏天统四年（1366）九月六日. ——《考古与文物》1984年第4期：《重庆明玉珍墓出土〈玄宫之碑〉》；《新中国出土墓志·重庆卷》第46页；《西南1·四川重庆》第100页. ——1982年3月在重庆广安市江北织布厂出土。石现藏于重庆中国三峡博物馆。

徐孟起妻臧氏孺人墓志（大明处士郎号钓海翁徐公孟起配臧氏孺人之墓志）/（明）刘□. ——明宣德二年（1427）四月十五日. ——《新中国出土墓志·重庆卷》第47页. ——1978年在叙永县叙永镇东城出土。石现藏于叙永县文物管理所。

薛广及妻张氏墓志（武略将军管军千户薛公并室宜人张氏共窀铭）/（明）苏正. ——明正统元年（1436）十月. ——《新中国出土墓志·重庆卷》第48页. ——1987年在叙永县叙永镇九顶村出土。石现藏于叙永县文物管理所。

明刑部尚书月梧喻公墓碑/（明）杨慎. ——明正统年间（1436—1449）. ——清光绪《荣昌县志》卷二十一《艺文》。杨慎（1488—1559），字用修，号升庵，四川新都人，正德六年（1511）进士，文学家。

镇山券志/[作者不详]. ——明景泰元年（1450）. ——《西南1·四川重庆》第102页. ——1989年5月重庆市合川县出土。现藏于重庆市合川区文物管理所。

李祥故夫人柯氏墓志（故夫人柯氏墓志铭）/（明）江渊撰文，程南云书丹，萧维桢篆盖，杨春镌刻. ——明景泰六年（1455）正月六日. ——《新中国出土墓志·重庆卷》第49页；《西南1·四川重庆》第103页. ——1966年在合川县城郊出土，具体出土时间、地点不详。石现藏于重庆中国三峡博物馆。

明按察司佥事王公博德暨华宜人墓碑/（明）江朝宗. ——明景泰年间（1450—1456）. ——清光绪《荣昌县志》卷二十一《艺文》。江朝宗（1425—1507），字东之，号乐轩，巴县新市镇（今璧山县八塘乡）人，明景泰二年（1451）进士。

戴良石鱼诗/（明）肖鼎. ——明天顺三年（1459）. ——《西南1·四川重庆》第104页. ——重庆市涪陵白鹤梁。

李祥墓志（故封资善大夫都察院右都御史李公墓志铭）/（明）费广撰文，赵杰书丹，曹辅篆盖，杨春镌刻. ——明成化二年（1466）正月六日. ——《新中国出土墓志·重庆卷》第50页. ——1966年在合川县城郊出土，具体出土时间、地点不详。石现于藏重庆中国三峡博物馆。

地券文（金铿地券文）/［作者不详］. ——明成化十二年（1476）. ——《西南1·四川重庆》第106页. ——现藏于重庆中国三峡博物馆。

王瑄淑人丘少清墓志（赠永宁宣抚司同知王公淑人丘氏墓志铭）/（明）周洪谟撰文，刘怀经书丹，邵昱篆盖. ——明成化十四年（1478）十月三日. ——《新中国出土墓志·重庆卷》第51页. ——1978年在叙永县叙永镇东城出土，具体出土时间、地点不详。石现藏于叙永县文物管理所。

平坝妙音寺碑记/（明）邹鉴. ——明成化十五年（1479）. ——清道光《城口厅志》卷二十《艺文志》。邹鉴，生卒年不详，明成化十一年至十五年间（1475—1479）任达州教谕。

郑永珪买地券/［作者不详］. ——明成化十六年（1480）. ——《西南1·四川重庆》第108页. ——1989年8月重庆市江津县河坝乡出土。现藏于重庆市江津县文物管理所。

程氏墓志（处士何公俭何母程氏墓志）/（明）周洪谟撰，张纯篆. ——明成化十七年（1481）十二月二十一日. ——《新中国出土墓志·重庆卷》第52页；《西南1·四川重庆》第107页. ——1979年在铜梁县双山乡出土，具体出土时间、地点不详。石现藏于铜梁县文物管理所。

何氏考妣地券/［作者不详］. ——明成化十七年（1481）十二月十二日. ——《西南1·四川重庆》第109页. ——1979年5月重庆市铜梁县双山出土。

唐妙定墓志（故李母夫人唐氏墓志铭）/（明）李实撰文，刘根书丹，李翱篆盖，李贶立石. ——明成化二十一年（1485）正月二日. ——《新中国出土墓志·重庆卷》第53页；《西南1·四川重庆》第110页. ——1949年以后

出土，具体出土时间、地点不详。石现藏于重庆中国三峡博物馆。

贾奭继妻王氏墓志（大明嘉议大夫都察院右副都御史贾奭继妻王氏寿藏）/［作者不详］.——明弘治三年（1490）三月二十六日.——《新中国出土墓志·重庆卷》第 54 页；《西南 1·四川重庆》第 112 页.——1984 年 2 月在重庆市上清寺出土。石现藏于重庆中国三峡博物馆。

贾奭墓志（明故嘉议大夫都察院副都御史贾公墓志铭）/（明）江朝宗撰文，吴节书丹，刘岌篆盖.——明弘治七年（1494）十二月十七日.——《新中国出土墓志·重庆卷》第 55 页；《西南 1·四川重庆》第 113—114 页.——1984 年 2 月在重庆市上清寺出土。石现藏于重庆中国三峡博物馆。

陶永恕墓志（大明故义官陶公）墓志/（明）胡仕本撰文，蔡和书丹，袁实篆盖.——明弘治十年（1497）二月二十一日.——《新中国出土墓志·重庆卷》第 56 页；《西南 1·四川重庆》第 115 页.——1949 年以后在合川县出土，具体出土时间、地点不详。石现藏于合川区文物管理所。

杨氏买地券/［作者不详］.——明弘治十年（1497）十月十一日.——《西南 1·四川重庆》第 116 页.——现藏于重庆中国三峡博物馆

重修宝峰山温泉寺记/（明）江朝宗.——明弘治十年（1497）.——清同治《璧山县志》卷十《艺文志·记》。江朝宗（1425—1506），字东之，号乐轩，重庆府巴县（今重庆主城区）人。

重修学宫记/（明）江朝宗.——清道光《垫江县志》卷七《艺文志·记》。

石华寺碑记/（明）江朝宗.——清同治《璧山县志》卷十《艺文志·记》，又见《璧山县文史资料选集》第三辑第 107 页。

温泉寺碑记/（明）江朝宗.——清同治《巴县志》卷四上《艺文志·记》。

刘福墓志（嘉议大夫贵州提刑按察司按察使刘公墓志铭）/（明）张桢叔撰文，陆经书丹，蒋云汉篆盖.——明弘治十六年（1503）十二月十二日.——《新中国出土墓志·重庆卷》第 58 页；《西南 1·四川重庆》第 117 页.——1982 年 7 月在重庆市九龙坡区九龙乡茄子溪出土。石现藏于重庆中国三峡博物馆。

余氏墓志（刘安人余氏墓志铭）/（明）刘春撰文，张祯叔书丹，蒋云汉篆盖.——明弘治十六年（1503）十二月十二日.——《新中国出土墓志·重庆卷》第 57 页；《西南 1·四川重庆》第 119 页.——1981 年 3 月在重庆市九龙坡区建胜乡出土。石现藏于重庆三峡博物馆。

重修安居县入学记/（明）刘春.——清光绪《铜梁县志》卷十三《艺文志三》。刘春（？—1521），字仁仲，重庆巴县人。

翰林院侍读江东之学士墓表/（明）蒋云汉.——清同治《巴县志》卷四上《艺文志·墓表》，又见清同治《璧山县志》卷十《艺文志·墓表》。蒋云汉（1434—1506），字天章，号渝渚，重庆巴县人，天顺元年（1457）进士。

恩荣圣寿寺碑/（明）曹琼.——明弘治十六年（1503）.——《大足文史》第七辑第 41 页。曹琼，生卒年不详，富顺人，监察御史。

石鱼题刻/（明）黄寿.——明正德五年（1510）.——《西南 1·四川重庆》第 121 页.——重庆市涪陵白鹤梁。

王氏买地券/［作者不详］.——明正德五年（1510）十二月二十八日.——《西南 1·四川重庆》第 122—123 页.——1974 年 8 月四川南充永安乡共和村出土。现藏于四川南充文物管理所。

赠礼部尚书刘宏毅神道碑铭/（明）李东阳.——明正德十一年（1516）.——清同治《巴县志》卷四下《艺文志·碑铭》。李东阳（1447—1516），字宾之，号西涯，茶陵人，天顺八年（1464）进士，明中后期茶陵诗派的核心人物，诗人、书法家、政治家。

刘规墓志（赠资政大夫礼部尚书刘公墓表）/（明）杨廷和撰文，陆完书丹，石玠篆额.——明正德十二年（1517）.——《新中国出土墓志·重庆卷》第 60 页.——1987 年 7 月在重庆市九龙坡区华岩镇联合村响堂岩出土。石现藏于重庆市九龙坡区文物管理所。

合阳八景诗碑/［作者不详］.——明正德十四年（1519）一月.——《西南 1·四川重庆》第 126 页.——重庆市北温泉碑亭。

**刘春墓志（明故掌詹事府事资政大夫礼部尚书兼翰林院学士赠太子太保

谥文简东川刘公墓志铭）/（明）杨廷和撰文，毛纪书丹，蒋冕篆盖．——明嘉靖元年（1522）十一月三十日．——《新中国出土墓志·重庆卷》第183页．——1958年在重庆市巴南区六角乡万河村出土，1995年征集。石现藏于重庆市巴南区文物管理所。

陈孟弼与妻程氏合葬墓志（陈公孟弼孺人程氏合葬墓志铭） /（明）杨廷和．——清道光《垫江县志》卷九《艺文志·铭》。杨廷和（1459—1529），字介夫，号石斋，新都（今四川成都）人，成化十四年（1478）进士。

赠礼部尚书应乾刘公与邓夫人合葬墓表/（明）杨廷和．——清同治《巴县志》卷四上《艺文志·墓表》。

陪程侍御登白帝城诗碑/（明）刘文汉．——明嘉靖元年（1522）二月．——《西南1·四川重庆》第130页．——重庆市白帝城碑林。

李邦固墓志（明故义相李邦固墓志铭） /（明）舒表撰文，段威武书志，梁珠篆盖．——明嘉靖二年（1523）．——《西南1·四川重庆》第131页．——重庆市铜梁县出土。现藏于重庆市铜梁区文物管理所。

王好善墓志（大明故夫人李母王氏墓志铭） /（明）李觃撰文，阮成性篆，雷敬书．——明嘉靖六年（1527）四月二十一日．——《新中国出土墓志·重庆卷》第61页．——1949年以后出土，具体出土时间、地点不详。石现藏于重庆中国三峡博物馆。

郭珠墓志（明中宪大夫陕西行太侯寺少卿郭公墓志铭） /（明）[作者不详]．——明嘉靖九年（1530）九月二十日．——《新中国出土墓志·重庆卷》第62页．——1989年3月28日在富顺县牛佛区沱湾乡群力村出土。石现藏于富顺县文物管理所。注：原刻有撰书人题名，因原石泐蚀，已不可辨。

蹇氏墓志（诰封宜人刘母蹇氏墓志铭） /（明）刘台撰文，江中隆书丹，刘彭年篆盖．——明嘉靖十年（1531）十月十八日．——《西南1·四川重庆》第135页．——1958年重庆市巴县六角乡万河村出土。现藏于重庆巴南区文物管理所。

冉仪墓志（明故明威将军酉阳宣抚司宣抚使冉君墓志铭） /（明）夏邦谟撰文，安邦书丹，曹勃篆盖．——明嘉靖十二年（1533）四月二十五日．——

《新中国出土墓志·重庆卷》第 63 页. ——1981 年 11 月在酉阳县钟南乡出土。石现藏于酉阳县文物管理所。

官济桥碑记/（明）安邦. ——《江北县志》第二十二篇第二章《著述》。安邦，生平不详。

王彦奇墓志（明都察院右副都御史王彦奇墓志）/［作者不详］. ——明嘉靖十三年（1534）三月二十二日. ——《西南 1·四川重庆》第 138 页. ——重庆市云阳县故陵出土。现藏于重庆市云阳县文物管理所。

游岑公洞诗刻/［作者不详］. ——明嘉靖十三年（1534）. ——《西南 1·四川重庆》第 137 页. ——重庆市万州区五桥岑公洞附近农村刻。

任朝琏及夫人张氏合葬墓志（诰赠奉政大夫南京刑部郎中任公封太宜人张氏合葬墓志铭）/（明）刘台撰文，江玠书丹，刘彭年篆盖. ——明嘉靖十五年（1536）闰十二月三日. ——《新中国出土墓志·重庆卷》第 65 页. ——1949 年以后出土，具体出土时间、地点不详。石现藏于重庆中国三峡博物馆。

张公墓志（明故待封君南澴张公墓志铭）/［作者不详］. ——明嘉靖十五年（1536）二月七日. ——《西南 2·四川重庆》第 4 页. ——1982 年 2 月 7 日重庆市铜梁县城关出土。现藏于重庆市铜梁区文物管理所。

陈仲实及妻刘氏合葬墓志（明赠奉政大夫南京武选郎中一斋陈公封太宜人刘氏合葬墓志铭）/（明）毛衢撰文，朱良书丹，阮朝东篆盖. ——明嘉靖十六年（1537）十月十五日. ——《新中国出土墓志·重庆卷》第 66 页；《西南 1·四川重庆》第 120 页. ——1964 年在重庆市巴南区跳磴乡出土，具体出土时间、地点不详。石现于藏重庆中国三峡博物馆。

陈氏墓志（明故孺人刘母陈氏墓志铭）/（明）曹敕撰文，曹汴书丹并篆盖. ——明嘉靖十六年（1537）十月十六日. ——《新中国出土墓志·重庆卷》第 64 页；《西南 1·四川重庆》第 136 页. ——1949 年以后出土于重庆石桥里马氏山岗。石现藏于重庆中国三峡博物馆。

张格妻石氏墓志（明故显考妣张公石氏墓志铭）/（明）张儒臣撰文，张舜臣书丹，张武臣篆额. ——明嘉靖十八年（1539）二月二十日. ——《新中

国出土墓志·重庆卷》第 67 页. ——1992 年 5 月在垫江县白家乡永平村出土。石现藏于垫江县文物管理所。

王彦奇墓志／[作者不详]. ——明嘉靖十八年（1539）四月十二日. ——《新中国出土墓志·重庆卷》第 68 页. ——1983 年在云阳县故陵出土。石现藏于云阳县文物管理所。

明佚名墓志／（明）高□撰文. ——明嘉靖十九年（1540）. ——《新中国出土墓志·重庆卷》第 69 页. ——1949 年以后出土，具体出土时间、地点不详。石现藏于重庆中国三峡博物馆。

刘永年母蹇氏墓志（诰封宜人刘母蹇氏墓志铭）／（明）刘台撰文，江中跃书丹，刘彭年篆盖. ——明嘉靖二十二年（1543）十月十八日. ——《新中国出土墓志·重庆卷》第 69 页. ——1972 年 5 月在重庆市九龙坡区人和乡新政村出土。石现藏于重庆中国三峡博物馆。

龙岩墓志（巴陵主簿龙岩先生墓铭）／（明）李郁雪. ——明嘉靖二十三年（1544）正月二十九日. ——《新中国出土墓志·重庆卷》第 71 页. ——1990 年在重庆铜梁县白鹆乡出土。现藏于重庆铜梁区文物管理所。

龙床石题刻（明嘉靖丙午龙床石题刻）／（明）戴□. ——明嘉靖二十五年（1546）三月. ——《西南 1·四川重庆》第 145 页. ——重庆市丰都县长江江心龙床石上。

张模墓志（明阶奉直大夫云南晋宁州刺史张公墓志铭）／（明）夏邦谟撰文，夏国孝书丹，谭荣篆盖. ——明嘉靖二十七年（1548）五月四日. ——《新中国出土墓志·重庆卷》第 72 页；《西南 1·四川重庆》第 146 页. ——1988 年 6 月在垫江县白家乡云龙村出土。石现藏于垫江县文物管理所。

杨莲石先生墓志／（明）夏邦谟. ——清道光《垫江县志》卷九《艺文志·铭》。夏邦谟（1488—1566），字舜俞，号松泉，四川涪州（今重庆涪陵区）人，明正德元年（1506）进士，官至吏部尚书，人称夏天官，善文、工书。

李巡母丁氏墓志（明孺人李母丁氏墓志铭）／（明）杨慎撰文. ——明嘉靖二十九年（1550）九月十六日. ——《新中国出土墓志·重庆卷》第 73 页；《西南 1·四川重庆》第 147 页. ——1973 年 2 月在铜梁县农场出土。石现藏于重庆中国三峡博物馆。

罗汉寺诗碑／（明）吴皋．——明嘉靖三十一年（1552）．——《西南 1·四川重庆》第 148 页．——重庆市渝中区罗汉寺出土。

李第墓志（皇明奉训大夫云南阿迷州知州三溪李公墓志铭）／（明）舒拜芹撰书．——明嘉靖三十二年（1553）九月十五日．——《新中国出土墓志·重庆卷》第 74 页．——1973 年 2 月在铜梁县农场出土。石现藏于重庆中国三峡博物馆。

张秉墓志（明故邑庠生张篆溪墓志铭）／（明）冷文煜撰文．——明嘉靖三十二年（1553）八月十九日．——《新中国出土墓志·重庆卷》第 184 页；《西南 2·四川重庆》第 2 页．——1949 年以后出土，具体出土时间、地点不详。石现藏于铜梁县文物管理所。

陈何母王氏墓志／（明）谭思舟．——明嘉靖三十三年（1554）九月八日．——《新中国出土墓志·重庆卷》第 75 页；《西南 2·四川重庆》第 3 页．——1980 年 7 月在铜梁县丝厂出土。石现藏于重庆中国三峡博物馆。

刘台墓志（明大中大夫广东布政使司左参政是闲刘公墓志铭）／（明）江玠撰文，牟萋书丹，陈谟篆盖．——明嘉靖三十六年（1557）十二月十八日．——《新中国出土墓志·重庆卷》第 76 页．——1972 年 5 月在重庆市九龙坡区人和乡新政村出土。石现藏于重庆中国三峡博物馆。

重修学宫引／（清）陈谟．——清道光《垫江县志》卷七《艺文志·序》。陈谟，生卒年不详，字赓鹿，今重庆垫江城南乡人，学识渊博，曾任翰林院编修。

熊赐孺人朱氏合葬墓志（明故处士熊公孺人朱氏合葬墓志铭）／（明）周冕撰文，陈养直书丹，刘汶篆盖，王守荣刻字．——明嘉靖三十七年（1558）十一月十一日．——《新中国出土墓志·重庆卷》第 78 页；《西南 1·四川重庆》第 142 页．——1992 年 5 月在资中县归德镇出土，具体出土地点不详。石现藏于资中县文物管理所。

张文锦墓志（明故待封君南溧张公墓志铭）／（明）杨慎撰文并篆盖，张宗胤、佳胤刻石．——明嘉靖三十七年（1558）正月二十九日．——《新中国出土墓志·重庆卷》第 77 页；《文物》1986 年第 9 期. ——1982 年 2 月 7 日在铜梁县城关出土。石现藏于铜梁区文物管理所。

皇明勅谕祭文碑记/（明）嘉靖皇帝朱厚熜勒. ——明嘉靖三十八年（1559）. ——《新中国出土墓志·重庆卷》第 185 页. ——碑石现在西昌市郊区。

买地券/［作者不详］. ——明嘉靖四十一年（1562）十一月二十八日. ——《西南 2·四川重庆》第 7 页. ——四川省彭县出土。现藏于四川彭县文物管理所。

兵巡道题名记/（明）王乾章. ——明嘉靖四十五年（1566）之后. ——清乾隆《巴县志》卷十二《艺文》。王乾章，乾隆《巴县志》中明确记载于 1566 年任川东道，可断定该题名记应作于 1566 年后。参苟德仪著《川东道台与地方政治》，中华书局，2011.09，第 26 页。

重修计都寺碑记/（明）谭鼐. ——明隆庆元年（1567）. ——清光绪《铜梁县志》卷十一《艺文志一》。谭鼐，生卒年不详，一作谭士鼐，铜梁县人，明正德二年（1507）举人，曾任永宁知县。

郭禄墓志（明庭士松云郭公墓志铭）/（明）舒芹拜撰文，郭大德勒石. ——明隆庆三年（1569）四月十八日. ——《新中国出土墓志·重庆卷》第 79 页；《西南 2·四川重庆》第 9 页. ——1973 年 4 月在铜梁县东廓乡出土。石现藏于铜梁区文物管理所。

李朝买地券/［作者不详］. ——明隆庆三年（1569）四月二十四日. ——《西南 2·四川重庆》第 10 页. ——1954 年 9 月 16 日在四川省成都市永兴寺出土。现藏于重庆中国三峡博物馆。

李仕亨母李氏墓志（大明故李母李氏孺人墓志铭）/（明）舒芹拜撰文. ——明隆庆三年（1569）十二月. ——《新中国出土墓志·重庆卷》第 80 页；《西南 2·四川重庆》第 13 页. ——1985 年 1 月在铜梁县巴山镇出土。石现藏于铜梁区文物管理所。

李仕妻淑人淳氏墓志（大明故李配淑人淳氏墓志铭）/（明）李仕亨撰文. ——明隆庆三年（1569）十二月十六日. ——《新中国出土墓志·重庆卷》第 81 页；《西南 2·四川重庆》第 12 页. ——1985 年 1 月在铜梁县巴山镇

南门出土。石现藏于铜梁区文物管理所。

重修玉皇观记/（明）李仕亨. ——清光绪《铜梁县志》卷十一《艺文志一》。李仕亨，生卒年不详，号竹野，重庆铜梁人，明嘉靖四十年（1561）举人。

李仕亨与妻合葬墓志（明中宪大夫贵州按察司副使赠通政使竹野李公暨赠淑人原配淳氏封淑人继配程氏墓志铭）/［作者不详］. ——清光绪《铜梁县志》卷十一《艺文志一》。

刘仲祥买地券/［作者不详］. ——明隆庆三年（1569）十月八日. ——《西南2·四川重庆》第11页. ——1989年9月在重庆市巫山县北门坡出土。

孟养浩女荣姑墓志（孟女荣姑墓志铭）/（明）孟养浩撰文. ——明隆庆六年（1572）十二月□二日. ——《新中国出土墓志·重庆卷》第82页；《西南2·四川重庆》第17页. ——1985年3月在武隆县土坎乡狮子村出土。石现藏于武隆县文物管理所。

张氏买地券/［作者不详］. ——明隆庆六年（1572）二月一日. ——《西南2·四川重庆》第15页. ——1989年8月5日在四川南充医学院内出土。现藏于四川南充文物管理所。

陈邦教平洲先生墓志（明故逸民陈公平洲先生墓志铭）/（明）陈何、陈付、陈侁、陈勒石. ——明万历元年（1573）十月十六日. ——《新中国出土墓志·重庆卷》第83页；《西南2·四川重庆》第19页. ——1980年7月在铜梁县丝厂出土。石现藏于重庆中国三峡博物馆。

胡尧臣母朱氏墓志（明勅封太孺人胡母朱氏墓志铭）/（明）黄华撰文，胡尧臣等刻石. ——明万历元年（1573）十二月八日. ——《新中国出土墓志·重庆卷》第84页；《西南2·四川重庆》第14页. ——1983年3月在铜梁县安居镇出土。石现藏于铜梁文物管理所。

龙兴寺碑记/（明）胡尧臣. ——清光绪《铜梁县志》卷十三《艺文志三》。胡尧臣，生卒年不详，铜梁安居人，明嘉靖十七年（1538）进士，授大理寺评事，后辞官回乡，深居简出，待人以礼，人称"石壁先生"。

王孟昌墓志/［作者不详］. ——明万历元年（1573）十二月二十七

日. ——《新中国出土墓志·重庆卷》第85页；《西南2·四川重庆》第18页. ——1949年以后出土，具体出土时间、地点不详。石现藏于云阳县文物管理所。

刘彩墓志（明故诰命朝议大夫贵州布政司右参议原任蜀府教授龙谷刘公墓志铭）/（明）陆泰撰文，阴武卿书丹，何起鸣篆盖. ——明万历四年（1576）十二月二十七日. ——《新中国出土墓志·重庆卷》第86页. ——1992年10月在内江市东兴区胜利镇瓦房沟出土。石现藏于内江市东兴区文物管理所。

张文锦暨太恭人沈氏合葬墓志（皇明诰赠中宪大夫都察院右佥都御史南溧张公暨配封太恭人沈氏合葬墓志铭）/（明）陈以勤撰文，王世贞书丹，曾省吾篆盖. ——明万历五年（1577）十二月二十日. ——《新中国出土墓志·重庆卷》第87页；《文物》1986年第9期第23、25—26页. ——1982年2月7日在铜梁县城关出土。石现于藏铜梁文物管理所。

张宫保墓志/（明）王世贞. ——清光绪《铜梁县志》卷十一《艺文志一》。王世贞（1526—1590），字元美，号凤洲，又号弇州山人，太仓（今江苏）人，嘉靖二十六年（1547）进士。

李蓬内圹记（先君李公竹溪大人内圹记）/（明）李翰、李悌记立. ——明万历六年（1578）十一月一日. ——《新中国出土墓志·重庆卷》第88页；《西南2·四川重庆》第24页. ——1986年3月在泸州老窖酒厂出土。石现藏于泸州市文物管理所。

明都察院禁止早婚告示牌/［作者不详］. ——明万历九年（1581）十一月一日. ——《西南2·四川重庆》第25页. ——四川省广安县大良城出土。

张大宏妻石氏墓志（孺人墓志铭）/（明）郭之龙撰文，张为祥、张为祚、张为祯、张绅刻石. ——明万历十年（1582）三月十四日. ——《新中国出土墓志·重庆卷》第89页. ——1949年以后出土，具体出土时间、地点不详。石现藏于铜梁区文物管理所。

向惠泉墓志（迪功郎□□益阳县主簿惠泉向公墓志铭）/（明）张佳胤撰文. ——明万历十五年（1587）九月一日. ——《新中国出土墓志·重庆卷》

第 90 页；《西南 2·四川重庆》第 27 页．——墓志出土时间、地点不详，1983 年在铜梁县回笼乡征集。石现藏于铜梁文物管理所。

重修罗睺寺记 /（明）张佳胤．——清光绪《铜梁县志》卷十一《艺文志一》。张佳胤（1527—1588），字肖甫，号崌崃山人，重庆铜梁人，官至兵部尚书，授太子太保衔。

重修寿隆寺并补藏经记 /（明）张佳胤．——清光绪《铜梁县志》卷十一《艺文志一》。

重修望仙楼记 /（明）张佳胤．——清光绪《铜梁县志》卷十一《艺文志一》。

处士全前溪墓志 /（明）张佳胤．——清光绪《铜梁县志》卷十一《艺文志一》。

胡公祠堂碑记 /（明）张佳胤．——清光绪《铜梁县志》卷十一《艺文志一》。

留坝张良庙内题词 /（明）张佳胤．——《铜梁文史资料》第六辑第 120 页。

赞马道驿丞诗 /（明）张佳胤．——《铜梁文史资料》第六辑第 120 页。

阴武卿墓志铭盖（明资政大夫奉勅参赞机务南京兵部尚书诰赠太子少保月溪阴公墓志铭） /［作者不详］．——明万历十六年（1588）．——《新中国出土墓志·重庆卷》第 91 页．——1985 年 5 月在内江市白马乡司马村出土。石现藏于内江市文物管理所。

金国详石鱼题诗 /（明）金国详．——明万历十七年（1589）．——《西南 2·四川重庆》第 30 页．——重庆市涪陵白鹤梁。

杨氏买地券 /［作者不详］．——明万历十八年（1590）八月．——《西南 2·四川重庆》第 31 页．——1974 年在重庆市秀山县清溪出土。现藏于重庆市秀山县文物管理所。

陈邦瑞妻汪氏墓志（陈孺人汪氏万年墓志） /［作者不详］．——明万历十九年（1591）十月一日．——《新中国出土墓志·重庆卷》第 92 页；《西南 2·四川重庆》第 32 页．——1989 年 12 月 8 日在邻水县城南乡牌坊村出土。石

现藏于邻水县文物管理所。

阴钫母杨孺人墓志（阴母杨孺人墓志铭）／（明）马鲁卿撰文，郑壁书丹，张问达篆盖．——明万历十九年（1591）十二月二十二日．——《新中国出土墓志·重庆卷》第93页．——1985年5月在内江市白马乡司马村出土。石现藏于内江市文物管理所。

重修接引关房记／（明）朱顺道．——明万历二十年（1592）．——《荣昌文史资料》第5—6辑第273页。朱顺道，生平不详，明万历时在世。

登白帝城题诗碑（耿明府登白帝城二首）／（明）耿明府．——明万历二十二年（1594）十月．——《西南2·四川重庆》第33页．——重庆市奉节县白帝城碑林。

沈恩墓表（明承务郎云南府昆阳州同知乡饮大宾大川沈公墓表）／（明）徐卿撰文．——明万历二十二年（1594）三月六日．——《新中国出土墓志·重庆卷》第94页．——墓表现立于西昌市泸山。

燃灯记／（明）程宇鹿．——明万历二十三年（1595）十一月．——民国新修《合川县志》第17册《掌录十九》，卷三十六《金石》。程宇鹿，生卒年不详，字嵩华，号天宁山人，晚号天宁老人，重庆合川人，明万历二十八年（1600）举人，四十四年（1616）进士。

重修天宁万寿寺记／（明）程宇鹿．——民国新修《合川县志》第17册《掌录十九》，卷三十六《金石》。

万世灯碑记／[作者不详]．——明万历二十七年（1599）．——《西南2·四川重庆》第35页．——重庆市九龙坡区华岩寺。

陈之灵买地券／[作者不详]．——明万历三十年（1602）正月二十一日．——《西南2·四川重庆》第37页．——四川省成都永兴寺明墓出土。现藏于重庆中国三峡博物馆。

直指李公平险滩碑记／（明）黄辉．——明万历三十年（1602）．——清光绪《丰都县志》卷四《艺文志》。黄辉（1559—1620），字平倩，四川南充人，明万历十七年（1589）进士，授编修，工诗文和书法。

儒学建坊碑记／（明）黄辉．——清光绪《西充县志》卷十四《艺文志·下》。

黄元白墓志（明进士进三品阶大中大夫赞治尹陕西等处提刑按察司分巡西宁道副使前兵科右刑科左给事中八十翁少岷黄公墓志铭）/（明）王德完撰文，王毓宗书丹，冉德升篆额．——明万历三十五年（1607）三月八日．——《新中国出土墓志·重庆卷》第186页；《西南2·四川重庆》第36页．——1994年3月在达川市大树乡出土。石现藏于达州市文物管理所。

刘德华杜恭人合葬墓志/（明）王德完．——清光绪《西充县志》卷十四《艺文志·下》。

重修学宫及魁星楼记/（明）王德完．——清光绪《蓬州志》第十五《艺文篇》。

阴武卿妻刘氏墓志（明资政大夫奉敕参赞机务南京兵部尚书诰赠太子少保月溪阴公夫人刘氏墓志铭）/（明）萧云举撰文，刘四科书丹，□□篆额．——明万历三十七年（1609）十一月六日．——《新中国出土墓志·重庆卷》第95页；《文物》1987年第3期第74—75页．——1985年5月在内江市白马乡司马村出土。石现藏于内江市文物管理所。

巴子台铜佛记/（明）田一甲．——明万历四十一年（1613）．——清同治《忠州直隶州志》卷十二《艺文志·记》。田一甲，生卒年不详，字钟衡，重庆忠县人，明万历二十八年（1600）中举人，次年（1601）中进士。

复修旧学记/（明）田一甲．——清同治《忠州直隶州志》卷十二《艺文志·记》。

普照寺常住碑记/（明）田一甲．——清同治《忠州直隶州志》卷十二《艺文志·记》。

张蔡蒙墓志（明进士张公蔡蒙墓志铭）/（明）李自强撰文，安春鸣书．——明万历四十三年（1615）．——《西南2·四川重庆》第40页．——1973年1月在重庆市铜梁县土桥乡出土。现藏于重庆市铜梁区文物管理所。

巴国忠贞祠铭/（明）贺国桢．——明万历四十四年（1616）．——清同治《忠州直隶州志》卷十二《艺文志·铭》。贺国桢，生卒年不详，明代万历年间（1573—1620）任忠州知府。

王三锡暨王母胡氏合葬墓志（明亚中大夫福建都转运司运使华峦王公暨恭人王母胡氏合葬墓志铭）/（明）周嘉谟撰文，李光元书丹，徐良彦篆盖，王玉立刻石．——明万历四十五年（1617）十一月六日．——《新中国出土墓志·重庆卷》第96页．——1983年在内江市东兴乡红缨村出土。石现藏于内江市文物管理所。

沈思恭墓志（明显考乡学士沈公居庵讳思恭字惟收茔）/[作者不详]．——明万历四十六年（1618）五月九日．——《新中国出土墓志·重庆卷》第97页；《西南2·四川重庆》第39页．——1993年3月在奉节县幸福乡鱼腹村出土。石现藏于奉节县文物管理所。

席继光买地券/[作者不详]．——明万历四十六年（1618）二月十七日．——《西南2·四川重庆》第41页．——1953年在四川省成都市永兴寺出土。现藏于重庆中国三峡博物馆。

郑国辅墓志（高祖舍人郑公讳国辅墓志铭并累历叙）/[作者不详]．——明天启年间（1621—1627）．——《新中国出土墓志·重庆卷》第99页．——墓志现立于西昌市西溪乡。

陈时叙买地券/[作者不详]．——明天启四年（1624）四月六日．——《西南2·四川重庆》第43页．——现藏于重庆中国三峡博物馆。

王德完墓志（明光禄大夫户部尚书希泉王公墓志铭）/（明）叶向高撰文．——天启五年（1625）六月十九日．——《新中国出土墓志·重庆卷》第98页；《四川文物》1988年第6期第30—33页．——1974年4月10日在广安市明月乡出土。石现藏于重庆中国三峡博物馆。

朝贺大觉寺铜佛记/（明）释见初．——明崇祯元年（1628）．——清咸丰《开县志》卷二十七《艺文志》。释见初，生卒年不详，本名传复，字见初，号一笑头陀，重庆开县人，明代诗僧。参明焦竑大觉寺题记。

魏化麟母高氏墓志（明德寿□□魏母高氏墓志）/（明）魏化麟撰文，精赋、邦鼎等立石．——明崇祯四年（1631）十一月十七日．——《新中国出土墓志·重庆卷》第100页．——1949年以后出土，具体出土时间、地点不详。石现藏于西昌市西郊乡长安村。

冉土司墓志（冉跃龙继配白太夫人墓志铭）／（明）戴可彦撰文．——明崇祯五年（1632）十二月．——《新中国出土墓志·重庆卷》第 101 页；《西南 2·四川重庆》第 44 页．——1964 年 6 月在黔江县正谊乡鱼滩村出土。石现藏于黔江区文物管理所。

张叔佩墓志（皇明乡贡进士蔡蒙张老先生行三府君墓志铭）／（明）畲自强撰文，晏春鸣书丹，李长德篆盖．——明崇祯六年（1633）□月一日．——《新中国出土墓志·重庆卷》第 102 页；《文物》1989 年第 7 期第 45—47 页．——1973 年 1 月在铜梁县土桥乡出土。石现藏于铜梁文物管理所。

吊何承光诗碑／（明）刘汉儒撰，吕潜书，徐映春立石．——明崇祯八年（1635）立．——《白帝城历代碑刻选》第 22 页。参《黔东南人物 1368—1911·明清卷》，云南民族出版社，2013.06，第 85 页。

万年碑记／［作者不详］．——明崇祯十三年（1640）．——《西南 2·四川重庆》第 47 页．——重庆北温泉碑亭。

王德完配诰封太夫人古氏墓志（盖题：明故钦叙国本功第一户部尚书希泉王公配诰封太夫人古氏祔葬墓志铭）／（明）赵思清拜填讳，王询撰文并书丹．——明崇祯十四年（1641）四月二十日．——《新中国出土墓志·重庆卷》第 103 页；《西南 2·四川重庆》第 48 页；《四川文物》1988 年第 6 期第 30—33 页；《明户部尚书王德完墓志》．——1974 年 4 月 10 日在广安市明月乡出土。石现藏于重庆中国三峡博物馆。

罗以德墓志铭盖（明文林郎太常寺博士罗君以德墓志铭）／［作者不详］．——明崇祯十七年（1644）前．——《新中国出土墓志·重庆卷》第 104 页．——1949 年以后出土，具体出土时间、地点不详。石现藏于重庆中国三峡博物馆。

冉氏夫人墓志（题：冉□夫人墓）／［作者不详］．——明崇祯十七年（1644）前．——《新中国出土墓志·重庆卷》第 104 页．——1981 年 4 月在酉阳县钟南乡出土。石现藏于酉阳县文物管理所。

龙桂寺题刻／（明）陈德荣．——《璧山县文史资料选集》第三辑第 108 页。陈德荣，生卒年不详，元末明初人，名万三，号云山翁，璧山县人，隐士，笃志儒术，工诗画。

状元峰题刻/（明）陈德荣. ——《璧山县文史资料选集》第三辑第108页。

庐州府同知谢公墓志/（明）李时勉. ——清同治《忠州直隶州志》卷十二《艺文志·墓志铭》。李时勉（1374—1450），名懋，号古廉，江西吉安人，永乐二年（1404）进士，诗文家。

蹇忠定退思斋记/（明）黄淮. ——清同治《巴县志》卷四上《艺文志·记》。黄淮，生卒年不详，字宗豫，永嘉（今属浙江温州）人，洪武三十年（1397）举二甲进士。

高侯忠烈碑/（明）杨伸. ——清光绪《大宁县志》卷八《艺文志》。杨伸，生卒年不详，字孟舒（一作仲舒），今张家港市塘桥镇金村人，明永乐十年（1412）进士，官至瑞州府推官。

赠中宪大夫河间知府王公墓表/（明）李贤. ——清光绪《铜梁县志》卷十三《艺文志三》。李贤（1409—1467），字原德，邓县（今邓州市）人，举乡试第一，宣德八年（1433）进士。

重修平都山景德观记/（明）蒋夔. ——清光绪《丰都县志》卷四《艺文志》。蒋夔，生卒年不详，生活于明洪熙年间（1425年前后），华岩居士。

龙归山观音寺石刻记/（明）蒋夔. ——清光绪《铜梁县志》卷十三《艺文志三》。

大佛面造像/（明）张子铭. ——明天顺年间（1457—1464）. ——《丰都文史资料选辑》第十二辑《丰都文物专辑》第56页。位于丰都县名山镇仁艾村。

龙归山碑记/（明）曾昂. ——清光绪《铜梁县志》卷十三《艺文志三》。曾昂，生卒年不详，今重庆铜梁人，明正统七年（1442）进士。

赠中宪大夫河间府知府王公仲亨墓铭/（明）周洪谟. ——清光绪《铜梁县志》卷十三《艺文志三》。周洪谟（1420—1491），字尧弼，号箐斋，又号南皋子，正统十年（1445）进士，今四川长宁人。

祷雨即应碑/（明）冯俊. ——清光绪《蓬州志》第十五《艺文篇》。冯俊（1430—1496），字士彦，广西宜州人，明天顺四年（1460）进士，曾巡抚四川。

金盘山石堂记／（明）戴锦. ——民国《长寿县志》卷十四《金石》。戴锦（1447—1517），字伯绸，号纲庵，又号白斋，今重庆长寿人，明成化十一年（1475）进士。

制敕碑阴记／（明）王彦奇. ——民国《云阳县志》卷四十三《文录下·杂文》。王彦奇，生卒年不详，明弘治年间（1488—1505）进士，官至左金都御史。

平山书院记／（明）王守仁. ——清光绪《丰都县志》卷四《艺文志》。王守仁（1472—1528），字伯安，浙江余姚人，自号阳明子，世称阳明先生，明哲学家、教育家。

大建金钟寺记／（明）刘仁. ——清光绪《铜梁县志》卷十一《艺文志一》。刘仁（1479—1545），字养和，号松石，湖北麻城人。

重修峰顶大通秋月寺记／（明）陈端. ——清道光《垫江县志》卷七《艺文志·记》。陈端，生卒年不详，今重庆垫江人，明成化二十三年（1487）进士。

重建城隍庙记／（明）谭溥. ——清光绪《铜梁县志》卷十一《艺文志一》。谭溥，生卒年不详，今重庆铜梁人，明弘治三年（1490）进士。

重修圆通寺记／（明）谢表. ——清同治《忠州直隶州志》卷十二《艺文志·记》。谢表，生卒年不详，字季光，号被斋，今重庆忠县人，明弘治十四年（1501）举人。

重修寿隆寺记／（明）段威武. ——清光绪《铜梁县志》卷十一《艺文志一》。段威武，生卒年不详，今重庆铜梁人，明正德五年（1510）任陕西礼泉知县。

泮池铭／（明）黄景夔. ——清光绪《丰都县志》卷四《艺文志》。黄景夔，生卒年不详，今重庆丰都县人，正德九年（1514）进士，曾任户部主事兵部员外郎。

建观德堂记／（明）陈讲. ——民国《潼南县志》卷五《艺文志上·一文》。陈讲，生卒年不详，名子学，四川遂宁人，明正德十五年（1520）进士。

遂宁增修学宫记／（明）陈讲. ——民国《潼南县志》卷五《艺文志上·一文》。

佘侯重立知稼亭记／（明）夏国孝. ——清同治重修《涪州志》卷十四《艺文志上》。夏国孝，生卒年不详，号冠山，今重庆涪陵人，嘉靖二年（1523）进士。

改建天福寺记／（明）黄洄. ——清光绪《丰都县志》卷四《艺文志》。黄洄，生卒年不详，重庆丰都人，明嘉靖七年（1528）举人。

平蛮碑／（明）任瀚. ——民国《南充县志》卷十五《艺文志碑》。任瀚（1501—1592），字少海，四川南充人，嘉靖八年（1529）进士，历任吏部主事、考功郎中、翰林院检讨等职。任瀚为人正直，不适应当时的官场生活，四十岁即辞职归家，但其天资聪颖，才思过人，在文学上取得了巨大的成就，诗、文、联俱佳，为"嘉靖八才子"之一、"蜀中四大家"之一。《明史》有其传。

沃田先生墓志／（明）任瀚. ——民国《南充县志》卷十二《艺文志·铭》。

渐斋书中丞遗迹／（明）邹森. ——民国新修《合川县志》第17册《掌录十九》，卷三十六《金石》。邹森，号渐斋，蔚州人，嘉靖十年（1531）举人，未仕卒。

创修青阳县城记／（明）田登年. ——民国《忠县志》卷二十《文录志·古碑记》。田登年，生卒年不详，号小泉，忠州（今重庆忠县）人，嘉靖十四年（1535）进士，官至大理寺司正，书法家。

修文昌宫记／（明）田登年. ——清同治《忠州直隶州志》卷十二《艺文志·记》。

大昌重修城隍祠碑记／（明）崔奇勋. ——清光绪《巫山县志》卷三十二《艺文志·杂文、赋汇、诗汇》。崔奇勋，生卒年不详，重庆万州人，世宗嘉靖二十二年（1543）举人。

重修丰都县治记／（明）崔奇勋. ——清光绪《丰都县志》卷四《艺文志》。

重修陆宣公祠墓记／（明）赵贞吉. ——清同治《忠州直隶州志》卷十二

《艺文志·记》。赵贞吉（1508—1576），字孟静，号大洲，四川内江人。明代名臣、学者。工诗文，与杨慎、任翰、熊过并称"蜀中四大家"。

重修宣公祠墓记／（明）陆炳. ——清同治《忠州直隶州志》卷十二《艺文志·记》。陆炳（1510—1560），字文孚，平湖人，母为世宗皇帝的乳母，幼随母入宫，明朝将领，嘉靖八年（1529）举武会试。

重修相公桥记／（明）郭棐. ——清光绪《奉节县志》卷三十六《艺文·文汇上》。郭棐（1529—1605），字笃周，号梦兰，广东南海人。

新建泮宫记／（明）蹇达. ——清同治《璧山县志》卷十《艺文志·记》。蹇达（1542—1608），字汝上，号理庵，重庆巴县人，清嘉靖四十一年（1562）进士。

刘凤坪墓表／（明）蹇达. ——清同治《巴县志》卷四上《艺文志·墓表》。

西南平播碑／（明）蹇达. ——清乾隆《巴县志》卷十二《艺文》。

白帝城重修昭烈殿记／（明）蔡毓荣. ——清光绪《奉节县志》卷三十六《艺文·文汇上》。蔡毓荣（？—1599），字竹庵，奉天锦县（今辽宁锦州）人，后隶汉军正白旗，清康熙年间任四川湖广总督。

重修相公桥记／（明）蔡毓荣. ——清光绪《奉节县志》卷三十六《艺文·文汇上》。

修平都山二仙楼记／（明）蔡毓荣. ——清光绪《丰都县志》卷四《艺文志》。

重修鸣玉桥记／（明）罗青霄. ——清同治《忠州直隶州志》卷十二《艺文志·记》。罗青霄，生卒年不详，重庆忠县人，明嘉靖年间（1522—1566）国子生。

重修学宫记／（明）罗青霄. ——清同治《忠州直隶州志》卷十二《艺文志·记》。

玉峰山天台寺碑记／（明）高启愚. ——清光绪《铜梁县志》卷十一《艺文志一》。高启愚，生卒年不详，字敏甫，重庆铜梁县人，明嘉靖年间（1522—1566）进士，擅书法。

铜梁县重修公宇记/（明）高启愚. ——清光绪《铜梁县志》卷十一《艺文志一》。

重庆府重修庙学碑记/（明）曹汴. ——清乾隆《巴县志》卷十二《艺文》。曹汴，生卒年不详，字自山，重庆乡贤，嘉靖八年（1529）进士。

重建涂山禹庙碑记/（明）曹汴. ——清同治《巴县志》卷四上《艺文志·记》。

杨崑州大参墓志/（明）曹汴. ——清道光《垫江县志》卷九《艺文志·铭》、清同治《巴县志》卷四下《艺文志·碑铭》。

义正祠碑记/（明）张俭. ——清光绪《奉节县志》卷三十六《艺文·文汇上》。张俭，生卒年不详，明嘉靖十二年（1533）左右任四川地区按察司副使。

重修铜梁县儒学记/（明）彭谨. ——清光绪《铜梁县志》卷十一《艺文志一》。彭谨，生卒年不详，福建闽县人，明嘉靖二十年（1541）进士，曾任合州通判、铜梁知县等职。

胡忠菴墓志/（明）黎元. ——清道光《垫江县志》卷九《艺文志·铭》。黎元，生卒年不详，长寿人，嘉靖三十五年（1556）进士。

江都县主簿周敬斋公墓志/（明）欧阳一敬. ——清同治《忠州直隶州志》卷十二《艺文志·墓志铭》。欧阳一敬，生卒年不详，字司直，号柏庵，彭泽（今江西）人，嘉靖三十八年（1559）进士。

陈文烛诗碑/（明）陈文烛. ——《白帝城历代碑刻选》第20页。陈文烛（1542—1609），字玉斋，号五岳山人，今湖北沔阳人，明嘉靖四十四年（1565）进士，曾任四川提学副使。

重修瀼西草堂记/（明）陈文烛. ——清光绪《奉节县志》卷三十六《艺文·文汇上》。

吏部尚书夏松泉公墓志/（明）许国. ——清同治重修《涪州志》卷十四《艺文志上》。许国（？—1596），字维桢，歙县人，嘉靖四十四年（1565）中进士，在嘉靖、隆庆、万历三朝为官，谥文穆。

窦公生祠碑记/（明）詹贞吉. ——清光绪《丰都县志》卷四《艺文志》。

詹贞吉，生卒年不详，重庆巴县人，明隆庆二年（1568）进士。

铜柱铭/（明）李化龙. ——清乾隆《巴县志》卷十五《艺文》。李化龙（1554—1611），字于田，河南长垣人，万历二年（1574）进士。

显亲碑/（清）喻思慥. ——清光绪《荣昌县志》卷二十一《艺文》。喻思慥（1568—1650），字似枣，重庆荣昌人，明万历三十一年（1603）经魁。

袁公祠碑记/（明）戴君恩. ——清光绪《西充县志》卷十四《艺文志·下》。戴君恩（1570—1636），字紫宸，澧州人，曾任四川西充县令。

明万历灯碑记/（明）王绍旦. ——《铜梁文史资料》第八辑第97页。王绍旦，生卒年不详，明万历年间（1573—1620）铜梁人，举子。

明御制碑赞/［作者不详］. ——民国《巴县志》卷二《建置·庙宇表》。

明中宪大夫用吾侯公墓志/（清）吴羽英. ——清同治《营山县志》卷二十八《艺文志》。吴羽英，重庆江津人。

重庆府题名记/（明）张希召. ——清乾隆《巴县志》卷十二《艺文》。张希召，生卒年不详，明万历年间（1573—1620）任重庆知府。

改置土沱黔南白渡三驿碑记/（明）张希召. ——清同治《巴县志》卷四上《艺文志·记》。

铁桅杆题刻/（明）刘綎. ——《重庆市南岸区文史资料选辑》第一辑第41页。刘綎（？—1619），字省吾，南昌人，明代将领，抗倭将领刘显之子。

重修大禹庙记/（明）周希毕. ——清同治《忠州直隶州志》卷十二《艺文志·记》。周希毕，生卒年不详，重庆忠县人，明嘉靖四十四年（1565）进士。

重修接引碑记/（明）文界茂. ——《荣昌文史资料》第5—6辑第274页。文界茂，生卒年不详，万历三年（1575）儒生。

重修旧学记/（明）邹廷彦. ——清同治《忠州直隶州志》卷十二《艺文志·记》。邹廷彦，巴县人，明万历二十年（1592）进士。

安居县城隍庙碑记/（明）唐应运. ——清光绪《铜梁县志》卷十三《艺文志三》。唐应运，生卒年不详，万历年间（1573—1620）任铜梁知县。

启建文昌宫记/（明）戴文亨. ——清光绪《丰都县志》卷四《艺文志》。

戴文亨，生卒年不详，重庆丰都人，明万历元年（1573）举人。

题石龙场香炉山赞并序／（明）胡世赏．——民国新修《合川县志》第28册《文在三》，卷七十二《杂文三》。胡世赏，生卒年不详，重庆合川人，明万历二十八年（1601）进士，官至刑部侍郎，政绩斐然。

忠贞祠铭／（明）倪伯鲲．——清同治《忠州直隶州志》卷十二《艺文志·铭》。倪伯鲲，生卒年不详，号灵海，江苏常熟人，明万历三十二年（1604）任忠州知州。

宝和寺碑记／（明）陈幼学．——清道光《垫江县志》卷七《艺文志·记》。陈幼学，生卒年不详，今重庆垫江人，明万历三十二年（1604）进士，历官兵部郎中、常州知府，后擢太仆卿，不赴。

徐家庵新建经楼记／（明）李养德．——清光绪《铜梁县志》卷十一《艺文志一》。李养德，生卒年不详，字涵初，今重庆铜梁县东郭乡人，明万历四十七年（1619）进士。

大通寺重建正殿经楼大王殿碑／（明）李作舟．——民国新修《合川县志》第30册《文在九》，卷七十九《碑志九》。李作舟，生卒年不详，合川县人，明万历年间（1573—1620）进士，擅楷、草书。

高九功合墓墓表／（明）韩敬．——清同治《忠州直隶州志》卷十二《艺文志·艺文志十四·墓表》。韩敬，生卒年不详，字简与，号求仲，又号止修，乌程（今浙江湖州）人，万历年间（1573—1620）进士。

重修学宫记／（明）朱运昌．——明万历年间（1573—1620）．——清光绪《荣昌县志》卷二十《艺文》。朱运昌，生平不详。

大昌儒学记／（明）王鸣凤．——清光绪《巫山县志》卷三十二《艺文志·杂文、赋汇、诗汇》。王鸣凤，生卒年不详，云南大姚人，明万历年间（1573—1620）贡生。

修忠州公署记／（明）王谦．——清同治《忠州直隶州志》卷十二《艺文志·记》。王谦，生卒年不详，明万历年间（1573—1620）任忠州知州。

游涂山诗碑／（明）张稽古，吴礼嘉．——民国《巴县志》卷三《古迹》。吴礼嘉，生卒年不详，明代万历年间（1573—1620）诗人，浙江鄞县人。张稽古，生卒年不详，字仰尧，蒲城人，进士，上川东守道。

紫云宫玉音楼壁上题诗/（明）思宗朱由检.——《石柱文史资料》第三辑第 80 页；第十九辑第 123 页。明思宗朱由检（1611—1644），明朝末代皇帝，明光宗第五子，熹宗之弟，在位时间共十七年（1627—1644），年号崇祯。

歌乐山题刻"峰高五岳"、"渝西第一峰"/（明）王应熊.——《沙坪坝文史资料》第十八辑《巍巍歌乐山》第 179 页。王应熊（1589—1647），字非熊，一字春石，重庆巴县人，明万历四十一年（1613）进士。

蹇忠定公像赞/（明）王应熊.——清同治《巴县志》卷四下《艺文志·赞》。

解元刘东旭墓志/（明）王应熊.——清乾隆《巴县志》卷十四《艺文》。

桶井观音寺碑记/（明）王应熊.——《江北县志》第二十二篇第二章《著述》。

五福宫殿铭/（清）王应熊.——清同治《巴县志》卷四下《艺文志·铭》。

补修城垣记/（明）马易从.——清同治《忠州直隶州志》卷十二《艺文志·记》。马易从，生卒年不详，贵州人，解元，明天启六年至崇祯四年（1626—1631）任忠州知州。

重修学宫记/（明）李开先.——民国《长寿县志》卷十四《金石》。李开先，生卒年不详，字传一，重庆长寿人，明崇祯十二年（1639）举人。

白鹿观碑记/（明）[作者不详].——民国《潼南县志》卷五《艺文志上·一文》。

白曾璠词碑/（明）白曾璠.——《白帝城历代碑刻选》第 20 页。

梅国栋诗碑/（明）梅国栋.——《白帝城历代碑刻选》第 20 页。

沈庆瞿塘峡石壁诗刻/（明）沈庆.——《白帝城历代碑刻选》第 19 页。

朝阳洞记/（明）胡民仰.——清光绪《大宁县志》卷八《艺文志》。胡民仰，生卒年不详，重庆巫溪人，明代举人。

重修花林驿记/（明）田□□.——民国《忠县志》卷二十《文录志·古碑记》。

重修怀忠楼记/（明）邱梁. ——清同治《忠州直隶州志》卷十二《艺文志·记》。邱梁，生平不详。

忠州儒学科甲题名记/（明）邱梁. ——清同治《忠州直隶州志》卷十二《艺文志·记》。

重修计都寺记/（明）谭思. ——清光绪《铜梁县志》卷十一《艺文志一》。谭思，生卒年不详，重庆铜梁人，明贡生，曾任武昌府训导。

重修南部县衙记/（明）徐绍吉. ——清道光《南部县志》卷二十八《艺文志》。

重修县学碑记/（明）王廷稷. ——清同治《营山县志》卷二十八《艺文志》。王廷稷，曾任四川营山县令。

重修野猪岩路记/（明）陈计长. ——《江北县文史资料》第十五辑第74页。陈计长，生卒年不详，字三石，今重庆涪陵人。

重修预备仓记/（明）马公辅. ——清道光《南部县志》卷二十八《艺文志》。

重修重庆府鼓楼漏壶记/（明）张启明. ——清乾隆《巴县志》卷十二《艺文》。张启明，生平不详。

大通寺戒酒碑记/（明）袁应秋. ——清道光《垫江县志》卷七《艺文志·记》。袁应秋，生平不详。

灯田碑/（明）苟明时. ——民国新修《合川县志》第17册《掌录十九》，卷三十六《金石》。苟明时，生平不详。

杜孺人墓志/（明）郭子章. ——清光绪《西充县志》卷十四《艺文志·下》。

改建县学记/（明）黄常. ——清光绪《丰都县志》卷四《艺文志》。黄常，生平不详。

蹇忠定承恩堂记/（明）杨溥. ——清同治《巴县志》卷四上《艺文志·记》。杨溥，生卒年不详，字宏济，石首（今属湖北荆州）人。

九龙山祥云寺万年灯碑记/（明）徐元进. ——清乾隆《巴县志》卷十七《艺文补遗》。徐元进，生平不详。

科目题名碑记/（明）时庆. ——清道光《垫江县志》卷七《艺文志·记》。时庆，明湖广人。

李兆襄代陈副戎重建舞凤山文昌宫记/（明）陈良弼. ——民国《南充县志》卷十三《艺文志·记》。陈良弼，生平不详。

梁山县新建儒学记/（明）辽东巡抚. ——清光绪《梁山县志》卷十上《艺文上》。

刘公桥碑记/（明）李兆. ——清光绪《西充县志》卷十四《艺文下》。李兆，四川西充人。

渌水池题刻/（明）[作者不详]. ——《丰都文史资料选辑》第十二辑《丰都文物专辑》第57页。

明罗八极游龙脊石题诗/（明）罗八极. ——明代. ——《西南2·四川重庆》第58页. ——重庆市云阳县龙脊石。

南部县官联题名记/（明）王德一. ——清道光《南部县志》卷二十八《艺文志》。

南部县新置义塚记/（明）王献策. ——清道光《南部县志》卷二十八《艺文志》。

燃灯记碑/（明）程房. ——民国新修《合川县志》第17册《掌录十九》，卷三十六《金石》。程房，生平不详。

儒学科贡题名记/（明）余铎. ——清光绪《丰都县志》卷四《艺文志》。余铎，生平不详。

盛泉寺兴修坊殿记/（明）张一鲲. ——民国新修《合川县志》第17册《掌录十九》，卷三十六《金石》。张一鲲，生平不详。

随喜菴碑记/（明）李士昌. ——清道光《垫江县志》卷七《艺文志·记》。李士昌，生卒年不详，明代垫江县人，进士。

唐柳玭墓碑/（明）刘让玙. ——清光绪《铜梁县志》卷十三《艺文志三》。刘让玙，生平不详。

天竺寺碑记/（明）王钦. ——清同治《璧山县志》卷十《艺文志·记》。王钦，生卒年不详，明代璧山人，进士。

万寿寺上人德明重修桥新修路兼作功德记/（明）程宇铉. ——民国新修《合川县志》第17册《掌录十九》，卷三十六《金石》。程宇铉，生平不详。

西城楼记/（明）刘文琦. ——清光绪《西充县志》卷十四《艺文志·下》。刘文琦，四川西充人。

席崇禄买地券/［作者不详］. ——明代. ——《西南2·四川重庆》第51页. ——石现藏于重庆中国三峡博物馆。

席用杰买地券/［作者不详］. ——明代. ——《西南2·四川重庆》第50页. ——石现藏于重庆中国三峡博物馆。

向五峰先生墓志/（明）谭启. ——清光绪《巫山县志》卷三十二《艺文志·杂文、赋汇、诗汇》。谭启，生卒年不详，明四川夔州府大宁县人，进士。

新建璧山县记/（明）［作者不详］. ——清同治《璧山县志》卷十《艺文志·记》。

新修璧山县学宫记/（明）［作者不详］. ——清同治《璧山县志》卷十《艺文志·记》。

新修得胜堡重城记/（明）解起衷. ——清光绪《大宁县志》卷八《艺文志》。解起衷，生平不详。

新修泮池记/（明）赵时凤. ——清光绪《巫山县志》卷三十二《艺文志·杂文、赋汇、诗汇》。赵时凤，生卒年不详，明朝知县。

修城记/（明）陶璋. ——清同治《忠州直隶州志》卷十二《艺文志·记》。陶璋，生平不详。

修建圆通寺姓氏碑记/（明）谢表. ——清同治《忠州直隶州志》卷十二《艺文志·记》。

铜佛碑记/（明）李尚德. ——清光绪《铜梁县志》卷十三《艺文志三》。李尚德（1483—1545?），今重庆合川人。明正德年间（1506—1521）举人，嘉靖六年（1522）进士。历任翰林院庶吉士、散馆编修等职。曾于嘉靖元年赴京赶考之时作《将北上登钓鱼城》一首。

邑侯成公竹轩去思碑记/（明）［作者不详］. ——清同治《璧山县志》卷十《艺文志·记》。

永镇墓堂买地券／［作者不详］．——明代．——《西南2·四川重庆》第54页．——石现藏于重庆中国三峡博物馆。

增砌四门石城记／（明）刘振益．——清道光《南部县志》卷二十八《艺文志》。

赵义显买地券／［作者不详］．——明代．——《西南2·四川重庆》第49页．——石现藏于重庆中国三峡博物馆。

断香铭／（明）钟惺．——明代．——清光绪《荣昌县志》卷二十一《艺文》。钟惺（1574—1624），字伯敬，号退谷，竟陵（今湖北天门）人，万历三十八年（1610）进士。

鼎铭／（明）马易从．——清同治《忠州直隶州志》卷十二《艺文志·铭》。马易从，生卒年不详，贵州解元，明天启六年至崇祯四年（1626—1631）任忠州知州。

镇江寺碑记／（明）张慎．——清光绪《铜梁县志》卷十三《艺文志三》。张慎，生卒年不详，明代湖广安陆县（今湖北安陆北）人。

朱贤侯碑／（明）李春妍．——清光绪《大宁县志》卷八《艺文志》。李春妍，生卒年不详，贡生，官云南寻甸府教授。

资寿寺石梯记／（明）程惟杰．——民国新修《合川县志》第17册《掌录十九》，卷三十六《金石》。程惟杰，明代重庆合川人。

秀山古柏行诗刻／（清）阚祯兆．——清康熙十九年（1680）八月十五日．——《北图汇编》63—148．——重庆秀山。

桓侯庙诗刻／（清）张鹏翮．——清康熙二十年（1681）．——《北图汇编》63—169．——重庆云阳。张鹏翮（1649—1725），字运青，号宽宇，四川遂宁人。

张鹏翮墓碑／（清）张鹏翮．——《潼南文史资料》第三辑第115页。

御制墓碑文／（清）张鹏翮．——《潼南文史资料》第五辑118页。

重建大通寺碑记／（清）高之霖．——清康熙三十五年（1696）或稍后．——清道光《垫江县志》卷七《艺文志·记》。高之霖，生卒年不详，垫江人，清康熙二十三年（1684）解元，官广西南平知县。

宝源寺碑记／（清）谭谦吉．——清康熙四十二年（1703）．——清光绪《大宁县志》卷八《艺文志》。谭谦吉，生卒年不详，字六皆，巫溪人，清末贡生。

重修学宫碑记／（清）任兰枝．——清雍正五年（1727）．——清同治重修《涪州志》卷十四《艺文志下》。任兰枝，生卒年不详，字香谷，号随斋，江苏镇江府溧阳人，康熙五十二年（1713）进士。

高善登妻方氏墓志／（清）方苞．——清乾隆元年（1736）．——清光绪《梁山县志》卷十下《艺文下》。方苞（1668—1749），字凤九，号灵皋，晚号望溪，安徽桐城人，康熙四十五年（1706）进士，历仕康、雍、乾三朝，官至礼部右侍郎，桐城派创始人。

体仁堂碑记／（清）李厚望．——清乾隆六年（1741）．——清同治《巴县志》卷四上《艺文志·记》。李厚望，生卒年不详，字培园，蔚州李家庄（今蔚县吉家庄镇大蔡庄村）人，李振藻之孙，康熙四十五年（1706）进士，乾隆年间任重庆知府，捐资修渝州书院。

新建魁星楼尊经阁教学斋记／（清）何毓聪．——清乾隆十年（1745）．——清光绪《荣昌县志》卷二十《艺文》。何毓聪，生卒年不详，四川遂宁人。

旌表节孝吴孺人墓碑／（清）唐学海．——清乾隆十五年（1750）．——清光绪《荣昌县志》卷二十一《艺文》。唐学海，生卒年不详，清乾隆年间荣昌知县。

重修学宫记／（清）唐学海．——清乾隆十七年（1752）．——清光绪《荣昌县志》卷二十《艺文》。

巴县学清复后山碑记／（清）周开丰．——清乾隆二十一年（1756）．——清同治《巴县志》卷四上《艺文志·记》。周开丰，生卒年不详，字骏声，号悔厓，重庆巴县人，康熙庚子年（1720）中举，善诗文。

敦义堂碑记／（清）周开丰．——清同治《巴县志》卷四上《艺文志·记》。

堪复巴县学地碑／（清）周开丰．——清同治《巴县志》卷四上《艺文志·记》。

补修观音桥碑记/（清）李楒. ——清乾隆三十五年（1770）. ——清光绪《梁山县志》卷十上《艺文上》。李楒（？—1801），字方明，梁山（今梁平）县人，清乾隆二十七年（1762）举人，嘉庆五年（1800）进京考试时卒。

蔡兴文刻石/［作者不详］. ——清乾隆三十三年（1768）. ——民国新修《合川县志》第17册《掌录十九》，卷三十六《金石》。

重修学宫记/（清）朱毂. ——清乾隆五十年（1785）. ——清光绪《荣昌县志》卷二十《艺文》。朱毂，生平不详。

陈本墓志（府君近在陈公墓志）/（清）陈于畴. ——清乾隆五十一年（1786）八月一日. ——清道光《垫江县志》卷九《艺文志·铭》。陈于畴，生卒年不详，号福斋，乾隆二十六年（1761）进士。

叔殳量世陈公墓志/（清）陈于畴. ——清道光《垫江县志》卷九《艺文志·铭》。

文昌宫圣像碑记/（清）陈于畴. ——清道光《垫江县志》卷七《艺文志·记》。

先母余太孺人墓志/（清）陈于畴. ——清道光《垫江县志》卷九《艺文志·铭》。

新建龙王庙碑记/（清）陈于畴. ——清道光《垫江县志》卷七《艺文志·记》。

新修文庙记/（清）陈大文. ——清乾隆五十一年（1786）. ——清光绪《荣昌县志》卷二十《艺文》。陈大文，号研斋，江苏吴门人。曾任职合川。

董毓隆母黄氏墓志（董母黄太孺人墓志铭）/（清）石韫玉. ——清嘉庆三年（1798）. ——清道光《垫江县志》卷九《艺文志·墓志》。

龚近古妻（龚绍绪母）苟氏墓志（龚苟孺人墓志铭）/［作者不详］. ——清嘉庆三年（1798）. ——民国新修《合川县志》第30册《文在九》，卷七十九《碑志九》。

护国寺捐修山门碑记（清嘉庆六年护国寺捐修山门碑记）/［作者不详］. ——清嘉庆六年（1801）十月下浣之吉. ——《西南2·四川重庆》第75页. ——现藏于重庆合川钓鱼城博物馆。

洪水碑记／［作者不详］. ——清嘉庆十一年（1806）二月上浣. ——《西南2·四川重庆》第76页. ——重庆合川小沔溪黄桷湾。

吕世千内墓志（诰授奉政大夫晋朝议大夫显考吕世千字芝甫大人内墓志）／（清）潘铎撰文. ——清嘉庆十九年（1814）五月十二日. ——《新中国出土墓志·重庆卷》第106页. ——1982年3月在重庆市财政局原址出土。石现藏于重庆中国三峡博物馆。

重修奎文阁碑记／（清）沈西序. ——清道光五年（1825）六月十三日. ——清咸丰《开县志》卷二十七《艺文志》。沈西序，生卒年不详，四川开县人，道光二十四年（1844）进士，曾任贵州普安县知县。

陈公暨太恭人合葬墓志／（清）王泉之撰并书丹、篆盖. ——清道光十年（1830）四月. ——《新中国出土墓志·重庆卷》第107页. ——1949年以后出土，具体出土时间、地点不详。石现藏于重庆市涪陵文物管理所。

（重修）明李贞人碑志（江口上溪梨子堡李贞人之墓）／（清）邵美璠撰文，申文衡书丹，苏恒章、杨肇文立石. ——清道光十一年（1831）二月上旬. ——《新中国出土墓志·重庆卷》第107页. ——碑石现立于武隆县江口镇四平一社。

先师孔子庙堂记／（清）甘雨施. ——清道光十六年（1836）. ——清光绪《荣昌县志》卷二十《艺文》。甘雨施（？—1850），字百生，号岱云，四川昌元（今重庆荣昌）人，嘉庆十三年（1808）举人。

鱼嘴修路碑记／（清）胡月永等. ——清道光十六年（1836）. ——《江北县文史资料》第十五辑第75页。胡月永，生卒年不详，江北贤士，清道光十六年（1836）发起募捐，在鱼嘴上游的南砣子顺石岩凿修二百米石道。

钁梁滩碑文之一·钁梁虬门二滩碑记／（清）强望泰. ——清道光十七年（1837）. ——民国新修《合川县志》第30册《文在九》，卷七十九《碑志九》。《合川文史资料选辑》第四辑第141—144页，夏代军：《疏濬钁梁滩始末》一文。强望泰（1793—1866），字尊匋，陕西韩城人，赐进士出身，自道光七年至二十四年（1827—1844）曾八次任成都府水利同知，对维修都江堰建立了功勋。钁梁滩原在合川县下游约30里的沙溪和盐井之间。

镬梁滩碑文之二·镬梁碑文／（清）强望泰. ——《合川文史资料选辑》第四辑第 141—144 页，夏代军：《疏濬镬梁滩始末》一文。

清重修明万鎏碑记／（清）首事重镌立. ——清道光十七年（1837）八月下旬. ——《新中国出土墓志·重庆卷》第 108 页. ——碑石现存渠县三汇镇劳动街，属于渠县第二批文物保护单位。

杨遇春谕旨碑／[作者不详]. ——清道光十七年（1837）. ——《北图汇编》80—148. ——重庆出土。

杨府张孺人墓志／（清）李裕栋撰志文，周地畲、杨肇文撰铭文. ——清道光二十年（1840）十二月一日. ——《新中国出土墓志·重庆卷》第 109 页. ——1983 年 7 月在武隆县江口镇罗州坝出土。石现存武隆县江口镇罗州坝。

培修学宫记／（清）徐先琅. ——清道光二十一年（1841）. ——清光绪《荣昌县志》卷二十《艺文》。徐先琅，生平不详。

陈晓峰墓志（皇清诰授朝议大夫安徽安庆府知府陈公号晓峰大人墓志铭）／（清）[作者不详]. ——清道光二十三年（1843）二月十日. ——《新中国出土墓志·重庆卷》第 110 页. ——1993 年 5 月在重庆市涪陵出土，具体出土时间、地点不详。石现藏于涪陵文物管理所。注：原刻有撰文人和书丹人，因石面剥泐，无法辨认。

县大堂石碑／[作者不详]. ——清道光年间（1821—1850）. ——《彭水文史资料》第十辑第 192 页。

姚履祥妣姚母张氏墓志（清德寿妣考姚公讳履祥母讳张氏之佳城）／（清）姚德慎、姚怀孙撰文. ——清咸丰二年（1852）三月二日. ——《新中国出土墓志·重庆卷》第 111 页. ——碑石现存西昌市地震碑林。

重修明良殿碑／（清）恩成. ——清咸丰二年（1852）. ——《白帝城历代碑刻选》第 27 页。恩成，咸丰年间曾任夔州府知府。

"羽葆神风"题匾／（清）恩成. ——《白帝城历代碑刻选》第 24 页。

宋世玉妣徐氏大双寿墓志（清时仙逝考宋世玉妣徐氏大双寿墓前位）／（清）李忠龙立. ——清咸丰三年（1853）十月一日. ——《新中国出土墓

志·重庆卷》第112页.——1987年文物普查时在綦江县打通镇发现,石现存綦江县打通镇青杠村。

沈忠举墓志（清例赠武毅都尉显考沈公忠举佳城）/（清）沈本乂撰文,杨复新书丹.——清咸丰八年（1858）正月二十日.——《新中国出土墓志·重庆卷》第113页.——碑石现存西昌市郊区。

邱导岷墓志（皇清诰授奉直大夫济若故府君墓志铭）/（清）翁祯字沉竹撰文,王庆云字汀雁篆额.——清咸丰八年（1858）九月.——《新中国出土墓志·重庆卷》第115页.——1993年10月在重庆市渝北区人民医院旧址出土。石现藏于渝北区文物管理所。

沈光廷墓志（清赐世袭正六品忠勇校尉沈公讳光廷字勷臣墓）/（清）沈厚泽撰文.——清咸丰八年（1858）五月二十二日.——《新中国出土墓志·重庆卷》第114页.——1949年以后出土,具体出土时间、地点不详。石现存西昌市郊区。

张延文母余氏之墓碑（清谨厚张母余氏之墓）/（清）张钦撰文.——清咸丰十年（1860）三月七日——《新中国出土墓志·重庆卷》第116页.——石现存西昌市大兴乡大堡子。

船帮《永定章程》碑/（清）［作者不详］.——清咸丰元年（1860）十一月十二日立.——《重庆渝中区文史资料》14辑第256—261页：朱俊：《解读船帮〈永定章程〉碑》。

□彦和墓志（皇清勅授文林郎山西长治县知县显□□公讳彦和老大人之墓）/（清）□树本撰文并书丹.——清咸丰十一年（1861）十月九日.——《新中国出土墓志·重庆卷》第117页.——1984年在长寿县排花乡出土。石现藏于长寿区文物管理所。

方老孺人墓志/［作者不详］.——清同治元年（1862）三月.——《新中国出土墓志·重庆卷》第119卷.——1984年4月在武隆县土坎乡出土。石现存武隆县纸厂。

费志大、杨吉顺、邝成选、吕润周四人阵亡之墓志（清故费君志大、杨君吉顺、邝君成选、吕君润周四人阵亡之墓）/［作者不详］.——清同治元年（1862）十二月二十日. ——《新中国出土墓志·重庆卷》第118页. ——1992年在梁平县水电局旧址出土。石现藏梁平县文物管理所。

李存寿母冯氏墓志碑（清淑德寿慈惠李母冯氏墓）/（清）李培根题字，李存寿、李崇有立. ——清同治二年（1863）十月二十二日. ——《新中国出土墓志·重庆卷》第120页. ——碑石现存西昌市九龙乡李家山。

李兴启母赵氏墓志（清淑德上寿李母赵氏佳城）/（清）李邦藩书并叙. ——清同治三年（1864）十月三日. ——《新中国出土墓志·重庆卷》第121页. ——碑石现存西昌市。

重修圣庙记/（清）谢金元. ——清同治三年（1864）. ——清光绪《荣昌县志》卷二十《艺文》。谢金元，生卒年不详，字乾初，四川乐山人，清代廪贡生，后任荣昌县教谕。

石泉庵重建观音殿碑文/（清）释寂崑，刘景夔. ——清同治六年（1867）十一月. ——《合川文史资料选辑》第五辑第169页，廖开忠：《石泉庵访古》一文。

宋鸿绶墓碑铭（贞惠廪膳生宋公鸿绶墓）/（清）吴大光撰文. ——清同治六年（1867）十二月十八日. ——《新中国出土墓志·重庆卷》第122页. ——碑石现存西昌市太和乡。

杨文穆墓志（皇清例赠登仕佐郎杨公西臣墓志铭）/（清）周地金撰文. ——清同治七年（1868）四月下旬. ——《新中国出土墓志·重庆卷》第123页. ——1974年8月在武隆县江口镇罗州坝出土。石现存武隆县江口镇罗州坝。

希夷先生十字卷碑/（北宋）陈抟书，（清释）智水摹勒上石. ——清同治七年（1868）上石. ——碑现存河南洛阳龙门石窟潜溪寺希夷阁。陈抟（871—989），字图南，自号扶摇子，普州崇龛（今属重庆潼南区崇龛镇）人，一说亳州真源（今属河南鹿邑县）人。北宋初著名道士，宋太宗赐号"希夷先生"。

陈方璋母张太君墓铭（清例授宜人陈母张太君墓）/（清）许国琮撰文，杨复新书丹，李锦堂题联，张雨田题额. ——清同治九年（1870）闰十月二十

二日下旬．——《新中国出土墓志·重庆卷》第 124 页．——碑石现存西昌市郊区。

刘贵才墓碑（清硕德寿刘公讳贵才佳城）／（清）刘拜撰文，（清）李联芳书丹．——清同治十一年（1872）正月十七日．——《新中国出土墓志·重庆卷》第 125 页．——碑石现存西昌市樟木乡刘家坟。

马英华母郑氏之墓碑（清淑德慈妣马母郑氏之墓）／（清）马正国撰文，胡绍基题字．——清同治十一年（1872）十一月二十一日．——《新中国出土墓志·重庆卷》第 127 页．——碑石现存西昌市西溪乡大草坝。

宋健图墓碑（清正学宋公健图之墓）／（清）宋焕图撰文．——清同治十一年（1872）正月．——《新中国出土墓志·重庆卷》第 126 页．——碑石现存西昌市郊区。

李朝兴母杨氏之墓碑（清淑德勤慎李母杨氏之墓）／［作者不详］．——清同治十三年（1874）十一月二十一日．——《新中国出土墓志·重庆卷》第 128 页．——碑石现存西昌市九龙乡李家山。

飞龙塔建塔碑／［作者不详］．——清光绪二年（1876）七月六日．——《西南 2·四川重庆》第 117 页．——重庆万盛区青年乡飞龙塔。

沈福宁墓碑（皇清诰封三品正议大夫沈公讳福宁墓）／［作者不详］．——清光绪二年（1876）二月八日．——《新中国出土墓志·重庆卷》第 129 页．——碑石现存西昌市郊区。

姚光贤墓碑（清武德骑尉姚公讳光贤字得胜墓）／（清）吴联贞撰文，冒干中书丹．——清光绪三年（1877）一月九日．——《新中国出土墓志·重庆卷》第 130 页．——碑石现存西昌市郊区。

周守正墓志（皇清诰授资政大夫二品顶戴赏戴花翎贵州补用道周公墓志铭）／（清）徐昌绪撰文并书丹，姚觐元篆．——清光绪三年（1877）正月十一日．——《新中国出土墓志·重庆卷》第 131 页．——1993 年 3 月在重庆市涪陵区酒店乡麻堆村出土。石现藏于涪陵区酒店乡麻堆村。

重修三星桥碑序／（清）冉隆纪．——清光绪三年（1877）仲夏月中浣．——《酉阳文史资料选辑》第八辑第 32 页。冉隆纪，生卒年不详，同治十二年（1873）进士。

李毓根墓碑（清处士显考李公毓根之墓）／（清）李生芳撰文．——清光绪四年（1878）十一月二日．——《新中国出土墓志·重庆卷》第132页．——碑石现存西昌市九龙乡李家山。

万寿宫建宫碑／［作者不详］．——清光绪五年（1879）八月上浣．——《西南2·四川重庆》第121页．——重庆万盛区青年乡万寿宫。

断石跋／（清）谢金元．——清光绪六年（1880）．——清光绪《荣昌县志》卷二十一《艺文》。谢金元，生卒年不详，乐山人，清代荣昌县教谕。

培修圣庙记／何钟相．——清光绪六年（1880）．——清光绪《荣昌县志》卷二十《艺文》。何钟相，生卒年不详，贵州遵义人。

张文惠墓碑（清硕德显考张公讳文惠墓）／（清）戴恩华撰文，孙联芳书丹．——清光绪七年（1881）十月八日．——《新中国出土墓志·重庆卷》第133页．——碑石现存西昌市西郊北山乡。

周守诚墓志（皇清诰授通议大夫按察使衔云南补用道周公墓志铭）／（清）张之洞撰文，戴彬元篆盖，曹贻孙书丹．——清光绪七年（1881）．——《新中国出土墓志·重庆卷》第134页．——1989年8月在重庆市涪陵丝绸厂旧址出土。石现藏于涪陵文物管理所。

德泉禅师重建古佛岩道场记略／（清）何元普．——清光绪七年（1881）．——《巴蜀佛教碑文集成》第844页。何元普，字芝亭，四川金堂人，诸生，官甘肃巡道。

增祀节孝祠碑序／（清）施学煌．——清光绪七年（1881）．——清光绪《荣昌县志》卷二十一《艺文》。施学煌，生卒年不详，字秀峰，浙江会稽县（今绍兴市）籍，顺天大兴县人，监生，清光绪六年（1880）署荣昌县知县，增修《荣昌县志》。

刘华兴墓碑／（清）林用材撰文．——清光绪八年（1882）六月二十九日．——《新中国出土墓志·重庆卷》第135页．——碑石现存西昌市樟木乡麻柳村。

沈光岳墓碑（清故颖和处士沈公光岳墓）／（清）张体仁撰文，黄献瀛书

丹．——清光绪九年（1883）某月六日．——《新中国出土墓志·重庆卷》第137页．——墓碑现存西昌市郊区。

心顺老和尚之禅墓志（慈化弟卅五世圆寂恩师上闻下卿号心顺老和尚之禅墓）／[作者不详]．——清光绪九年（1883）六月二十五日．——《新中国出土墓志·重庆卷》第136页．——1949年以后在綦江县赶水镇东岳庙出土。石现藏于綦江文物管理所。

李蟠根墓志（清例赠文林郎李讳蟠根寿域）／（清）李联芳、李灿芳赞并书丹．——清光绪十一年（1885）十月十八日．——《新中国出土墓志·重庆卷》第138页．——墓碑现存西昌市九龙乡。

太宜人张氏墓志／（清）张琴撰文．——清光绪十一年（1885）冬月二日．——《新中国出土墓志·重庆卷》第139页．——碑石现存西昌市樟木乡麻柳村。

张淳墓志（清故诰封奉政大夫张公讳淳字素风墓志铭）／（清）刘行道撰文．——清光绪十三年（1887）十二月二日．——《新中国出土墓志·重庆卷》第140页．——1986年6月在达川市水电局旧址出土。石现藏于达川市文物管理所。

何得龙诰封淑人何母冯氏墓位（皇清钦赐都司何公印得龙诰封淑人何母冯氏晚享祀千秋墓位）／（清）冯开国撰文，匠师彭元山监修．——清光绪十六年（1890）九月．——《新中国出土墓志·重庆卷》第143页．——1983年在綦江县石壕仙女洞发现。石现存綦江石壕仙女洞。

黄河麟墓碑（钦赐花翎尽先都阃府特授西溪汛黄公河麟墓）／（清）胡绍基撰文．——清光绪十六年（1890）闰二月十六日．——《新中国出土墓志·重庆卷》第141页．——墓碑现存西昌市西溪乡大草坝。

余学魁墓碑（清例赠武信郎余公学魁墓）／（清）张体仁撰文并书丹．——清光绪十六年（1890）三月二十八日．——《新中国出土墓志·重庆卷》第142页．——墓碑现存西昌市郊区。

余学源墓碑（清例赠迪功郎余公学源墓）／（清）张体仁撰文并书丹．——清光绪十八年（1892）四月九日．——《新中国出土墓志·重庆卷》

第 144 页.——墓碑现存西昌市郊区。

冒干中墓碑（皇清诰授武翼将军冒公讳干中字正三墓）/（清）刘□□撰文，李维芳书丹，杨炳、唐桂芳、周械、张联芳分别又赞语.——清光绪十九年（1893）八月一日.——《新中国出土墓志·重庆卷》第 145—147 页.——墓碑现存西昌市郊区。

钁梁碑文之三：张熙穀续凿钁梁石刻/赖鹤年.——清光绪二十三年（1897）二月.——民国新修《合川县志》第 30 册《文在九》，卷七十九《碑志九》。《合川文史资料选辑》第四辑第 141—144 页，夏代军：《疏濬钁梁滩始末》一文。赖鹤年，生卒年不详，广西人，光绪二十三年（1897）任职巴县，创建致用书院。

钁梁滩碑文之四·碑文/（清）胡培森.——清光绪二十三年（1897）二月.——《合川文史资料选辑》第四辑第 141—144 页，夏代军：《疏濬钁梁滩始末》一文。胡培森，生卒年不详，字芗林，合州永里沙溪庙人，父玉堂，承担公局建设。

周君墓志（清新繁周君墓志铭）/（清）林进思撰文，沈悫书.——清光绪二十三年（1897）十月五日.——《西南2·四川重庆》第 132 页.——拓片现为成都私人收藏。

刘华兴太封翁淑慎宜人刘母张氏太宜人墓碑（题：皇清诰授奉政大夫刘公华兴太封翁淑慎宜人刘母张氏太宜人之墓）/（清）杨春寅撰文，杨春申、杨春辰等十余人赞语.——清光绪二十六年（1900）十一月四日.——《新中国出土墓志·重庆卷》第 148—149 页.——墓碑现存西昌市樟木乡麻柳村。

竹禅和尚墓志碑/（清）方炳南撰文，程清书丹.——清光绪二十七年（1901）二月一日.——《新中国出土墓志·重庆卷》第 150 页.——碑石现立梁平县双桂堂。

竹禅返川前后碑刻/（清）方炳南.——《梁平县志》。方炳南（1841—1911）又名绍廉，自号种菊轩主，重庆梁平县人，善画。

黄麟元墓志（先汉川府君墓志铭并序）/（清）黄秉湘撰文并书丹，张正桂书讳并篆盖，杜天堉刻石.——清光绪二十七年（1901）八月四日.——

《新中国出土墓志·重庆卷》第 151 页. ——1989 年出土，现藏于永川区文物管理所。

鲍祖龄墓志（题"皇清诰授光禄大夫头品顶戴承袭一等子爵加一云骑尉世职原任浙江金衢严道鲍公祖龄之墓志"）／（清）岑春萱撰文，潘效肃书丹. ——清光绪二十九年（1903）三月四日. ——《新中国出土墓志·重庆卷》第 152 页. ——1969 年在奉节县冉家坪出土。现藏于奉节县文物管理所。

李吴氏墓志碑（清淑德耋寿慈妣李吴氏墓）／（清）李因培撰文并书丹. ——清光绪二十九年（1903）十一月十六日. ——《新中国出土墓志·重庆卷》第 153 页. ——墓碑现存西昌市九龙乡李家山。

边肇林墓志（清例赠登仕郎边公肇林之墓）／（清）冯炳阳撰文并书丹. ——清光绪三十年（1904）十一月十八日. ——《新中国出土墓志·重庆卷》第 154 页. ——墓碑现存西昌市礼州镇新城外。

龙驹乡严禁宰杀耕牛石刻／（清）徐赵. ——清光绪二十八年（1902）十二月. ——《涪陵文史资料选辑》1988 年第 1 辑，总第 6 辑，第 140 页。原在涪陵市龙驹乡马颈子场长江北岸石岩上。位于洪水线以下。戴家琮 1985 年 2 月 19 日抄录。

龙驹乡盐运石刻／（清）天泰正、德兴仁. ——清光绪三十二年（1906）五月. ——《涪陵文史资料选辑》1988 年第 1 辑，总第 6 辑，第 141 页。天泰正，丰都人；德兴仁，涪陵人。原在涪陵市龙驹乡马颈子场长江北岸石岩上，戴家琮 1985 年 2 月 19 日抄录。

诰封宜人郭太君墓志／［作者不详］. ——清光绪三十三（1907）十一月九日. ——《新中国出土墓志·重庆卷》第 155 页. ——1973 年文物普查时在綦江发现。石现藏于綦江区郭扶镇桥坝。

程世模母秦夫人墓碑铭（皇赠一品夫人程母秦夫人墓碑铭）／（清）李稷勋撰文，赵世骏书丹. ——清宣统二年（1910）四月. ——《新中国出土墓志·重庆卷》第 156—157 页. ——1949 年以后出土，具体出土时间、地点不详。石现藏于云阳县文物管理所。李稷勋，生卒年不详，字姚琴，秀山人，光绪二十四年（1898）进士。

程母秦夫人墓碑铭/（清）李稷勋. ——民国《云阳县志》卷四十三《文录下·杂文》。

胡母龙太宜人墓志（胡母龙太宜人墓志铭）/（清）马士仪、彭保拿撰文，杨春□书丹. ——清宣统三年（1911）前. ——《新中国出土墓志·重庆卷》第158页. ——墓碑现存西昌市礼州镇街村。

马千乘墓铭/（清）吴与俦. ——清道光《补辑石砫厅新志·艺文志上》。吴与俦，生卒年不详，明末清初江西金溪人，清初游历石柱，为土司使马千乘（秦良玉丈夫）撰写了此墓铭。

新建十方堂碑记/（清）向鼎. ——清同治重修《涪州志》卷十四《艺文志上》。向鼎，生卒年不详，字六神，明天启五年（1625）进士。

龙洞庵碑记/（清）罗若彦. ——清同治重修《涪州志》卷十四《艺文志上》。罗若彦，生卒年不详，涪陵人，崇祯三年（1630）举人。

太蓬景福寺碑记/（清）陈周政. ——清同治《营山县志》卷二十八《艺文志》。陈周政，崇祯四年（1631）进士，四川营山县人。

白云庵万年灯碑记/（清）柳寅东. ——清同治《仪陇县志》卷六《艺文志》。柳寅东，生卒年不详，四川梓潼人，崇祯四年（1631）进士，授广东巡按御史，崇祯十六年（1643）巡按顺天府，清顺治十四年（1657）致仕。

重修平都山记/（清）林明俊. ——清光绪《丰都县志》卷四《艺文志》，又见《丰都文史资料选辑》第一辑第93页。林明俊，生卒年不详，字位旃，重庆丰都县人，明末岁贡生。

创建藏经寺玉皇殿记/（清）释净石. ——清道光《补辑石砫厅新志·艺文志上》。释净石，生卒年不详，原名高作霖，江苏镇江人，明末贡生，后出家为僧，法名净石，避居重庆石柱。

碑记/（清）刘道开. ——民国《巴县志》卷二《建置·庙宇表》。刘道开，字非眼，号了庵居士，重庆巴县人。明崇祯六年（1633）举人。曾任夔府教授，监纪推官。著有《各梦草》。

崇福山智明寺万年灯记/（清）陈琯. ——民国新修《合川县志》第17册《掌录十九》，卷三十六《金石》。陈琯，明末清初之人，曾任授黔提督、汉土

官兵参将。

牧牛颂碑／（清）释破山和尚. ——《梁平县志》。海明（1597—1666），原名蹇栋宇，字万峰、懒愚，号旭东，生于四川大竹，19岁出家，法号海明，人称破山和尚。

奉节县复学碑记／（清）周灿. ——清光绪《奉节县志》卷三十六《艺文·文汇上》。周灿（1604—1673），字光甫，又字阐昭，江苏吴江人，崇祯四年（1631）进士。

建修鹿鸣书院记／（清）湛露清. ——清光绪《丰都县志》卷四《艺文志》。湛露清，生卒年不详，字珠明，重庆丰都人，明末选贡生，清初移居石柱。

邑令张公德政碑记／（清）白不淄. ——清同治《营山县志》卷二十八《艺文志》。白不淄，字锦山，四川营山县人。顺治十一年（1654）举人。任河南扶沟县知县。治民有方，多惠政。告归后，读书自娱，徜徉于山水间，吟诗著述，年八十卒。有《萍游草》《偶园集》《景阳随笔》《营山县志》等。

刘了菴与妻袁氏合葬墓志（封太常寺少卿刘了菴与袁淑人合葬志铭）／（清）李仙根. ——清同治《巴县志》卷四下《艺文志·碑铭》。李仙根（1620—1690），名之钦，字子静，号南津，榜名仙根，遂宁县城南人，顺治十八年（1661）进士。

刘了菴先生像赞／（清）李仙根. ——清同治《巴县志》卷四下《艺文志·赞》。

罗母苟孺人墓志／（清）蔡启樽. ——清同治《营山县志》卷二十八《艺文志》。蔡启樽，清康熙九年（1670）进士。

罗母覃孺人墓志／（清）蔡启樽. ——清同治《营山县志》卷二十八《艺文志》。

赵行健墓志／（清）王士祯. ——清光绪《西充县志》卷十四《艺文志·下》。王士祯（1634—1711），原名王士禛，字子真，一字贻上，又字士正，号阮亭，又号渔洋山人，世称王渔洋，谥文简。山东新城（今桓台县）人，常自称济南人。清顺治十五年（1658）进士，康熙四十三年（1704）官至刑部尚书，颇有政声。清初杰出诗人、文学家。赵行健，曾任枣强县丞。

胥宗儒墓志／（清）朱绶．——清光绪《蓬州志》第十五《艺文篇》。朱绶（1639—1710），字莱褥，号瞿宁，高唐人，康熙十二年（1673）进士。

重修旧学记／（清）杜永宁．——清同治《忠州直隶州志》卷十二《艺文志·记》。杜永宁，生卒年不详，清康熙四年（1665）署忠州知州。

庆云寺灯田蠲税碑记／（清）杜永宁．——清同治《忠州直隶州志》卷十二《艺文志·记》。

重修圣寿菴碑记／（清）刘肇孔．——清同治《忠州直隶州志》卷十二《艺文志·记》。刘肇孔，生卒年不详，阳曲人，清康熙五年至十九年（1666—1680）任忠州知州。

清张烺墓碑／（清）张烺．——《潼南文史资料》第三辑第115页。张烺（1627—1715），字冲寰，号松龄，四川蓬溪县人，张鹏翮之父。

海氏庙记／（清）唐甄．——沈粹芬等编，《国朝文汇》甲集卷十三，第12页，宣统元年国学扶轮社石印本。唐甄（1630—1704），初名大陶，字铸万，号圃亭。四川达州人。中国明末清初的思想家和政论家，与王夫之、黄宗羲、顾炎武同称"四大著名启蒙思想家"。被中宣部、国家教委列为亘古以来包括孔子、孟子、鲁迅在内的一百位影响中国历史进程的杰出思想家之一。

唐阶泰墓表／（清）唐甄．——费经虞撰、费密补撰《剑阁芳华集》卷十四，四川大学图书馆藏手抄本。

重建流盃桥碑记／（清）李先复．——清道光《南部县志》卷二十八《艺文志》。李先复（1651—1728），字曲江，四川南部县人，康熙十一年（1672）举人，初任山东曹县知县，官至工部尚书。

重修文昌宫碑记／（清）林坚本．——清光绪《丰都县志》卷四《艺文志》。林坚本，生卒年不详，丰都人，清康熙十一年（1672）举人，林明携子，世其家学，王渔洋门下士。

郡司马毛公书院记／（清）傅作楫．——清光绪《奉节县志》卷三十六《艺文·文汇上》。傅作楫（1661—1727），又名傅恒，字济庵，号雪堂，重庆奉节人，清康熙二十六年（1687）举人。

重修崇因寺三圣殿序/（清）王升. ——民国《南充县志》卷十四《艺文志·序》。王升，字南征，号方山，王瑞凤曾孙，今四川南充市人，康熙二十六年（1687）举人，次年进士，官山西寿阳县知县，升吏部主事，历文选司掌印郎中。

梁山县学碑记/（清）高人龙. ——清光绪《梁山县志》卷十上《艺文上》。高人龙，生卒年不详，字惕庵，梁山（今梁平县）人，康熙二十七年（1688）进士，后退职归里，潜心研究濂、洛、关、闽四家理学。

大仑山显教寺碑记/（清）陈愚. ——民国《潼南县志》卷五《艺文志上·一文》。陈愚，生卒年不详，湖北兴国州举人，康熙三十年（1691）至三十六年（1697）为遂宁知县。

忠贞祠铭/（清）成文运. ——清同治《忠州直隶州志》卷十二《艺文志·铭》。成文运，生卒年不详，字在东（一作在翁），号白邻，忠州人，康熙三十六年（1697）进士。

补修鹿鸣亭碑记/（清）李黻枢. ——《丰都文史资料选辑》第八辑第45页。李黻枢，生卒年不详，丰都人，清康熙三十八年（1699）举人，曾任广安学正。

重修九蟒神亭碑记/（清）李黻枢. ——清光绪《丰都县志》卷四《艺文志》。

分巡广西右江道张公墓志/（清）龙为霖. ——清同治《巴县志》卷四下《艺文志·碑铭》。龙为霖（1689—1756），字雨苍，号鹤坪，重庆巴县人，康熙四十五年（1706）进士。

重修重庆府学泮池记/（清）龙为霖. ——清乾隆《巴县志》卷十三《艺文》。

重修重庆府学记/（清）龙为霖. ——清乾隆《巴县志》卷十二《艺文》。

雍熙碑记跋/（清）龙为霖. ——清同治《巴县志》卷四下《艺文志·题跋》。

周墨潭公墓志/（清）俞长策. ——清同治重修《涪州志》卷十四《艺文志下》。俞长策，生卒年不详，字御世，号檀溪，桐乡人，之炎长子，康熙四十五年（1706）进士，授翰林院编修，充讲官。

安东桥记／（清）李忆. ——清嘉庆《四川通志·津梁·垫江县》；清道光《垫江县志》卷七《艺文志·记》。李忆，雍正《四川通志》卷三十六《选举·举人》康熙戊子科（康熙四十七年，1708年）举人有"李亿，重庆府人"。

重修缙云山崇教寺碑记／（清）冯经. ——清同治《璧山县志》卷十《艺文志·记》。冯经，生卒年不详，巴县人，康熙五十年（1711）举人。

修元天宫真武殿记／（清）高承元. ——清光绪《铜梁县志》卷十一《艺文志一》。高承元，重庆铜梁人，清康熙五十六年（1717）解元。

重修华藏寺碑记／（清）胡宗夏. ——清光绪《铜梁县志》卷十三《艺文志三》。胡宗夏，生卒年不详，铜梁县贡生，顺治、康熙年间（1644—1722）人。

重修宣公祠记／（清）武烈. ——清同治《忠州直隶州志》卷十二《艺文志·记》。武烈，生卒年不详，清康熙年间（1662—1722）任忠州知州。

重修文庙碑记／（清）向登元. ——清光绪《巫山县志》卷三十二《艺文志·杂文、赋汇、诗汇》。向登元，生卒年不详，康熙年间（1662—1722）任夔州府知府。

重修关帝庙前殿碑记／（清）罗其昌. ——清光绪《丰都县志》卷四《艺文志》。罗其昌，生平不详，雍正年间（1723—1735）人。

重修文庙记／（清）杜薰. ——民国《忠县志》卷二十《文录志·清碑记》。杜薰，生卒年不详，重庆人，进士，雍正年间（1723—1735）曾任永吉州知州。

重建九连桥记／（清）王恕. ——清同治《忠州直隶州志》卷十二《艺文志·记》。王恕（1682—1742），字中安，又字瑟斋，重庆铜梁人。

万寿桥记／（清）王恕. ——清同治《忠州直隶州志》卷十二《艺文志·记》。

周南梁先生墓志／（清）陈兆仑. ——清同治重修《涪州志》卷十四《艺文志下》。陈兆仑（1700—1771），字星斋，号勾山（亦作句山），雍正八年（1730）进士，工诗，精六书之学，尤长经义。

巴石铭/（清）王尔鉴. ——清同治《巴县志》卷四下《艺文志·铭》。王尔鉴（1703—1766），字在兹，号熊峰，生卒年不详，河南卢氏人，清乾隆年间任巴县知县。

丰年碑铭/（清）王尔鉴. ——清同治《巴县志》卷四下《艺文志·铭》。

募修文昌祠引/（清）王尔鉴. ——清乾隆《巴县志》卷十一《艺文》。

重建凤山文昌阁记/（清）刘彝. ——清道光《垫江县志》卷七《艺文志·记》。刘彝，生卒年不详，山西安邑人，监生，清雍正九年（1731）任垫江知县。

重建华光楼记/（清）刘彝. ——清道光《垫江县志》卷七《艺文志·记》。

创修黄龙桥记/（清）彭宗古. ——清同治《忠州直隶州志》卷十二《艺文志·记》。彭宗古，生卒年不详，今重庆忠县人，清雍正十年（1732）举人。

创修万寿桥记/（清）彭宗古. ——清同治《忠州直隶州志》卷十二《艺文志·记》。

土主庙常住记/（清）吴世彦. ——民国《忠县志》卷二十《文录志·清碑记》。吴世彦，生卒年不详，今重庆忠县人，雍正十年（1732）举人。

重修观音寺记/（清）熊文夔. ——清同治《忠州直隶州志》卷十二《艺文志·记》。熊文夔，生卒年不详，字作九，重庆忠县人，清雍正十三年（1735）任直隶宁津知县。

多子山慈云寺记/（清）李为栋. ——清乾隆《巴县志》卷十三《艺文》。李为栋，生卒年不详，重庆巴县人，清雍正十年（1732）举人，乾隆元年（1736）进士，曾任蒲州知府。

重修涪州学宫碑记/（清）周煌. ——清同治重修《涪州志》卷十四《艺文志下》。周煌（1714—1785），字景桓，号绪楚，涪州人，乾隆二年（1737）进士。

周煌墓碑（恩纶晋赠太子太傅原任左都御史加兵部尚书谥文恭周煌碑文）/［作者不详］. ——清同治重修《涪州志》卷十四《艺文志下》。

重修华藏寺记/（清）谭洪儒. ——清光绪《铜梁县志》卷十二《艺文志

二》。谭洪儒，生卒年不详，重庆铜梁人，清乾隆三年（1738）举人。

重修学宫碑记／（清）罗憎．——清光绪《梁山县志》卷十上《艺文上》。罗憎，生卒年不详，字式昭，重庆贤士，乾隆四年（1739）进士。

重修武庙记／（清）罗憎．——清同治《忠州直隶州志》卷十二《艺文志·记》。

新建懋修书院碑记／（清）刘慥．——民国《南充县志》卷十三《艺文志·记》。刘慥，生卒年不详，乾隆十年（1745）任顺庆府知府。

重修观音寺碑记／（清）张一载．——清同治重修《涪州志》卷十四《艺文志下》。张一载，生卒年不详，涪陵人，乾隆十二年（1747）举人。

重修古宗堂碑记／（清）熊文稷．——清同治《忠州直隶州志》卷十二《艺文志·记》。熊文稷，生卒年不详，字艺九，今重庆忠县人，乾隆二十一年（1756）举人。

慎轩史公墓志／（清）杜秉直．——清光绪《巫山县志》卷三十二《艺文志·杂文、赋汇、诗汇》。杜秉直，生卒年不详，乾隆二十七年（1762）贡生，任蓬州训尊。

大禹庙碑记／（清）王紫绪．——清道光《补辑石砫厅新志·艺文志上》。王紫绪，生卒年不详，山东诸城人，清乾隆二十二年（1757）进士，乾隆三十二年（1767）任丰都知县，后升石柱厅长官。

创修萧曹庙志／（清）王紫绪．——清道光《补辑石砫厅新志·艺文志上》。

龙神庙碑记／（清）王紫绪．——清道光《补辑石砫厅新志·艺文志上》。

秦宫保庙碑记／（清）王紫绪．——清道光《补辑石砫厅新志·艺文志上》。

移建火神庙记／（清）王紫绪．——清道光《补辑石砫厅新志·艺文志上》。

移建文昌庙碑记／（清）王紫绪．——清道光《补辑石砫厅新志·艺文志上》。

增修文庙戟门泮池记／（清）王紫绪．——清道光《补辑石砫厅新志·艺

文志上》。

兵部尚书太子太傅周公墓志/（清）彭元瑞. ——清同治重修《涪州志》卷十四《艺文志下》。彭元瑞（1731—1803），字掌仍，一字辑五，号芸楣。江西南昌人，赞善彭廷训之子，乾隆二十二年（1757）中进士，历工、户、兵、吏诸部。

蜀碑记/（清）李调元. ——清光绪《巫山县志》卷三十《古迹志·金石》。李调元（1734—1802），字雨村，号童山，四川绵州（今绵阳）人，清代戏曲理论家、诗人。

中宪大夫永定河道辊山陈公墓志铭/（清）李调元. ——清道光《南部县志》卷二十九《艺文志》。

新建赤牛山文昌阁记/（清）李榃. ——清光绪《梁山县志》卷十上《艺文上》。李榃，生卒年不详，字方明，梁山（今重庆梁平）县人，清乾隆二十七年（1762）举人。

新建龙神祠移建诸葛忠武侯祠记/（清）瞿颉. ——清光绪《丰都县志》卷四《艺文志》。瞿颉（1742—？），字孚若，号菊亭，别署琴川兰亭居士、琴川苍山子、秋水阁主人，常熟人，乾隆三十三年（1768）举人，曾任四川丰都知县，嘉庆年间修《丰都县志》。

重修鹫台寺记/（清）奚继徽. ——民国《潼南县志》卷五《艺文志上·一文》。奚继徽（1744—1821），字慎典，生卒年不详，自号琴轩，重庆潼南人。

李宁一墓表/（清）吴锡麒. ——民国《长寿县志》卷十四《金石》。吴锡麒（1746—1818），字圣徵，号穀人，别署东皋生，钱塘（今杭州）人，乾隆四十年（1775）进士。

大佛桥记/（清）吴锡庶. ——民国《潼南县志》卷五《艺文志上·一文》。吴锡庶，生卒年不详，重庆潼南人。

文昌宫碑记/（清）赵来震. ——清同治《忠州直隶州志》卷十二《艺文志·记》。赵来震，生卒年不详，号篁墅，清乾隆三十六年（1771）恩科进士，授兵部主事，曾任忠州知州。

重修圣庙记/（清）冉广燏，（清）陈盛佩. ——《酉阳文史资料选辑》第四辑第 101 页。冉广燏，生卒年不详，字炯庵，号栎溪，巴县（一作酉阳）人，乾隆三十七年（1772）进士。陈盛佩，生卒年不详，嘉庆年间酉阳州人，贡生。

杜工部祠碑记/（清）江权. ——清光绪《奉节县志》卷三十六《艺文·文汇上》。江权，生卒年不详，乾隆三十八年（1773）前后任夔州知府。

渝州觉林寺碑记/（清）沈青任. ——《重庆市南岸区文史资料选辑》第三辑第 85 页。沈青任，生卒年不详，乾隆四十九年（1784）左右任川东兵备道。

重刻花蕊夫人宫词碑序/（清）周石兰. ——《涪陵文史资料选辑》第 3 辑附第 2 辑目录。周石兰，生卒年不详，原名立摆，以号为名，南川人，乾隆六十年（1795）孝廉，改号佛山，晚号佛坡，松詹先生长子。

周衡墓志/（清）周石兰. ——《涪陵文史资料选辑》第 3 辑附第 2 辑目录。

周润之墓志/（清）周石兰. ——《涪陵文史资料选辑》第 3 辑附第 2 辑目录。

重修侣俸场总神庙记/（清）戴健行. ——清光绪《铜梁县志》卷十二《艺文志二》。戴健行，生卒年不详，字乾夫，重庆铜梁人，清乾隆四十五年（1780）举人。

六赢寺关帝像记/（清）戴健行. ——清光绪《铜梁县志》卷十二《艺文志二》。

新建觉庵记/（清）戴健行. ——清光绪《铜梁县志》卷十二《艺文志二》。

重修圣庙碑记代清溪令曹式堂作/（清）冯镇峦. ——民国新修《合川县志》第 30 册《文在九》，卷七十九《碑志九》。冯镇峦（1760—1830），号远村，今重庆涪陵人，清乾隆五十七年（1792）举人。

苟荫宽妻（苟文辉母）蒋氏墓志（苟蒋孺人墓志铭）/（清）冯镇峦. ——清乾隆五十九年（1794）十月. ——民国新修《合川县志》第 30 册

《文在九》，卷七十九《碑志九》。

苟荫宽先生墓志/（清）冯镇峦.——民国新修《合川县志》第30册《文在九》，卷七十九《碑志九》。

修考棚记/（清）吴庭辉.——清同治重修《涪州志》卷十四《艺文志下》。吴庭辉（1764—1847），字振行，号蝠山，安徽桐城人，清嘉庆十六年（1811）进士，曾任合州、涪州知州。

重修凌云书院记/（清）俞廷举.——清道光《垫江县志》卷七《艺文志·记》。俞廷举，生卒年不详，广西全州人，清乾隆五十七年（1792）任垫江知县。

大觉寺铜佛像记/（清）张有本.——清咸丰《开县志》卷二十七《艺文志》。张有本，生卒年不详，云南河西县人，清乾隆五十七年（1792）任开县知县。

重修学宫碑记/（清）吴大勋.——《酉阳文史资料选辑》第四辑第101页。吴大勋，生卒年不详，字建猷，号有亭，江苏青浦人，乾隆年间（1736—1795）举人，官于云南。

古市井宴义桥记/（清）秦之翰.——清同治《忠州直隶州志》卷十二《艺文志·记》。秦之翰，生卒年不详，今重庆忠县人，清乾隆年间（1736—1795）监生。

汉高祖庙碑记/（清）袁闻性.——民国《云阳县志》卷四十三《文录下·杂文》。袁闻性，生卒年不详，云阳人，乾隆年间（1736—1795）举人。

培修文昌庙碑记/（清）史钦义.——清道光《补辑石砫厅新志·艺文志中》。史钦义，生卒年不详，浙江余姚人，清代乾隆年间副贡生，乾隆五十七年（1792）署石柱厅同知，续补《石柱厅志》。

重修圣庙记/（清）董储.——清道光《垫江县志》卷七《艺文志·记》。董储，生卒年不详，重庆垫江人，举人，清嘉庆五年（1800）任兴安知县。

修建明伦堂学署书院记/（清）郭南英.——清光绪《大宁县志》卷八《艺文志》。郭南英，生卒年不详，福建闽县副贡生，清嘉庆八年（1803）任大宁知县。

何节妇唐氏墓志/（清）朱有绂. ——清光绪《巫山县志》卷三十二《艺文志·杂文、赋汇、诗汇》。朱有绂，生卒年不详，今四川大竹县人，清嘉庆九年（1804）举人，嘉庆十四年（1809）任夔州府教授。

创修教场碑记/（清）王世焘. ——清道光《补辑石砫厅新志·艺文志中》。王世焘，生卒年不详，嘉庆十二年（1807）石柱厅同知。

重修常乐寺记/（清）奚大壮. ——民国《潼南县志》卷五《艺文志上·一文》。奚大壮（1775—1829），字安止，号雨谷，四川省蓬溪县人，嘉庆十年（1805）进士。

新修乾峰塔记/（清）何增元. ——清同治《璧山县志》卷十《艺文志·记》。何增元（1776—1862），别名调谱，字申畬，重庆璧山人，进士。

重建昭忠祠碑记/（清）高学濂. ——清咸丰《开县志》卷二十七《艺文志》。高学濂，生卒年不详，字孔受，号希之，清嘉庆十二年（1807）举人，历任四川江安、巴县、华阳知县。

创修江北城记/（清）高学濂. ——《江北县志》第二十二篇第二章《著述》。

景福山安宁寺装补诸佛圣像序/（清）青文典. ——民国《南充县志》卷十四《艺文志·序》。青文典，清嘉庆十二年（1807）举人，曾任云南知县。

铜梁县移建文庙记/（清）吴乃赓. ——清光绪《铜梁县志》卷十二《艺文志二》。吴乃赓，生卒年不详，字补云，嘉庆十三年（1808）副贡生。

重修东岳庙碑记/（清）孔昭焜. ——清咸丰《开县志》卷二十七《艺文志》。孔昭焜，生卒年不详，字董生，曲阜人，嘉庆十五年（1810）举人，官开县知县。

白鹿书院增设膏火碑记/（清）熊履青. ——民国《忠县志》卷二十《文录志·清碑记》。熊履青，生卒年不详，字耳山，忠州人，清嘉庆十五年（1810）举人，撰《忠州志》。该记为道光年间撰写。

卢莹亭刺史墓志/（清）王怀孟. ——清道光《垫江县志》卷九《艺文志·铭》。王怀孟，生卒年不详，字小云，四川大竹人，嘉庆十五年（1810）举人。

张晴湖祠碑记（州牧晴湖张公祠碑记）/（清）陈廷璠. ——清同治重修《涪州志》卷十四《艺文志下》。陈廷璠，生平不详。张晴湖，阳湖人（今江苏武进人），嘉庆十六年（1811）除知涪州。

江光两省义冢碑记/（清）李存周. ——清光绪《丰都县志》卷四《艺文志》。李存周，生卒年不详，丰都人，清乾隆六十年（1795）举人，嘉庆十六年（1811）进士，官授安徽舒城县知县。

城隍庙重修募引碑/（清）汤贻湄. ——清同治《璧山县志》卷十《艺文志·碑》。汤贻湄，生卒年不详，字葭村，武进县人，嘉庆十七年（1812）任璧山知县，为官清廉，重视教育。

新修南北郭碑序/（清）李敷荣. ——清同治《仪陇县志》卷六《艺文志》。李敷荣，字春晖，济南历城人，岁贡生，清嘉庆十八年（1813）举人。

修建嘉陵书院碑记/（清）翟凤翱. ——《江北县志》第二十二篇第二章《著述》。翟凤翱，生卒年不详，清嘉庆二十年（1815）前后任江北厅同知。

重修南部县文庙碑记/（清）李云栋. ——清道光《南部县志》卷二十八《艺文志》。李云栋，字楣生，宝山人，嘉庆二十一年（1816）举人。官四川知县，工写意花鸟。

板桥场创建复亨桥记/（清）周定南. ——清光绪《铜梁县志》卷十二《艺文志二》。周定南（1784—1856），号可轩，重庆铜梁人，清嘉庆二十三年（1818）举人。

向忠武公墓志/（清）许乃钊. ——清光绪《大宁县志》卷八《艺文志》。许乃钊（1787—1870），字贞恒，号信臣，又号讯臣，晚号邃翁，钱塘（今杭州）人，道光十五年（1835）进士。

重修平山书院记/（清）李谦. ——清光绪《丰都县志》卷四《艺文志》。李谦，生卒年不详，山东泰安人，清嘉庆二十五年（1820）进士，后任丰都知县。

重修学宫碑记/（清）陈序乐. ——《酉阳文史资料选辑》第七辑第31页。陈序乐，生卒年不详，酉阳人，清嘉庆年间（1796—1820）举人。

重修小溪桥记/（清）邓洪愿. ——清同治《忠州直隶州志》卷十二《艺

文志·记》。邓洪愿，生卒年不详，重庆忠县人，清嘉庆年间（1796—1820）贡生。

重修西圣寺碑记／（清）陈预. ——清嘉庆《达县志》卷四十六《艺文志》。陈预，生卒年不详，清嘉庆年间（1796—1820）担任福建巡抚。

创修义学碑记／（清）刘大经. ——清道光《补辑石砫厅新志·艺文志中》。刘大经，生卒年不详，嘉庆年间（1796—1820）石柱同知。

附龙神祠碑记／（清）图敏. ——清道光《綦江县志》卷三《祠祀》。图敏，生卒年不详，字醇斋，嘉庆年间（1786—1820）綦江知县。

老相寺碑记／（清）杨居义. ——民国《潼南县志》卷五《艺文志上·一文》。杨居义，生卒年不详，潼南人，清嘉庆、道光年间（1796—1850）岁贡生，曾任南江县学正。

龙亭培修碑记／（清）陈大溶. ——清道光《补辑石砫厅新志·艺文志中》。陈大溶，生卒年不详，字春舫，江苏娄县附监生，嘉庆年间（1796—1820）任石柱同知。

宋南平军教授刘观堂先生之墓碑题／（清）罗星. ——清道光《綦江县志》卷九《古迹》。罗星，生卒年不详，字春堂，重庆綦江县人，清道光元年（1821）举人。

重修魁星阁碑记／（清）于蔚华. ——清道光《补辑石砫厅新志·艺文志中》。于蔚华，生卒年不详，字萼楼，江苏江都人，清道光二年（1822）进士，曾为四川秀山知县。

重修大井记／（清）曾毓璜. ——清光绪《铜梁县志》卷十二《艺文志二》。曾毓璜，生卒年不详，原名闻省，字小坪，重庆铜梁人，清道光三年（1823）进士。

苟景星墓志／罗衡. ——民国新修《合川县志》第30册《文在九》，卷七十九《碑志九》。罗衡，生卒年不详，清道光六年（1826）进士。

重修关圣庙记／（清）柏守贞. ——清光绪《大宁县志》卷八《艺文志》。柏守贞，生卒年不详，字柬堂，陕西长安人，清道光三年（1823）任大宁（今重庆巫溪）知县。

大觉寺瘗稿铭/（清）罗珍. ——清咸丰《开县志》卷二十七《艺文志》。罗珍，生卒年不详，字佛崖，威远县（今属四川内江）人，清道光年间（1821—1850）进士，清道光四年（1824）前后任开县盛山书院山长。

温汤井诸洞记/（清）罗珍. ——清咸丰《开县志》卷二十七《艺文志》。

太学桥碑记/（清）罗珍. ——清咸丰《开县志》卷二十七《艺文志》。

建修考棚碑记/（清）夏文臻. ——清同治《营山县志》卷二十八《艺文志》。夏文臻，清道光六年（1826）任营山县令。

建修书院碑记/（清）夏文臻. ——清同治《营山县志》卷二十八《艺文志》。

金城山观音阁碑记/（清）陆成本. ——清同治《仪陇县志》卷六《艺文志》。陆成本，字画村，浙江萧山人，清道光七年（1827）任巴州知州，曾任四川仪陇县令。

金粟书院膏火碑记/（清）陆成本. ——清同治《仪陇县志》卷六《艺文志》。

创修江北城记/（清）福珠朗阿. ——《江北县志》第二十二篇第二章《著述》。福珠朗阿，生卒年不详，字润田，内务府正白旗人，清道光八年（1828）任江北厅同知。

夏元吉墓表/（清）冯靖文. ——民国《潼南县志》卷五《艺文志上·一文》。冯靖文，生卒年不详，字云岩，安岳人，道光十一年（1831）举人。

桥坝河廛肆石碑/（清）邓仁堃. ——《綦江县文史资料》第3辑第47页。邓仁堃，生卒年不详，曾任綦江知县。

重修蓬州学记/（清）洪运开. ——清光绪《蓬州志》第十五《艺文篇》。洪运开（？—1847），字芰塘，安徽合肥人，进士，道光十三年（1833）任蓬州知州。能文善书。

创修棚号碑记/（清）洪运开. ——清光绪《蓬州志》第十五《艺文篇》。

吕仙祠碑文/（清）洪运开. ——清光绪《蓬州志》第十五《艺文篇》。

前学正王玑墓志/（清）洪运开. ——清光绪《蓬州志》第十五《艺文篇》。

养济院碑文／（清）洪运开. ——清光绪《蓬州志》第十五《艺文篇》。

凿平八字脑险滩碑铭／（清）洪运开. ——清光绪《蓬州志》第十五《艺文篇》。

游罗睺山铭／（清）张澍. ——清光绪《铜梁县志》卷十二《艺文志二》。张澍（1782—1847），字百瀹，又字寿谷，号介侯，又号鸠民，甘肃武威人，嘉庆二十四年（1819）进士。

重修文庙碑记／（清）李惺. ——清道光《垫江县志》卷七《艺文志·记》。李惺（1785—1863），字伯子，号西沤，晚号拙修老人，今重庆忠县人。

季可周公墓表／（清）李惺. ——清光绪《铜梁县志》卷十三《艺文志三》。

刘恭人墓志／（清）李惺. ——清道光《垫江县志》卷九《艺文志·铭》。

双桂堂重建禅堂记／（清）李惺. ——《垫江县文史资料》第三辑第124页。

重修安居乡儒学记／（清）潘光藻. ——清光绪《铜梁县志》卷十三《艺文志三》。潘光藻（1787—1852），字观藻、滨石，湖北阳新人，曾任四川学政。

补修文明阁碑记／（清）白玉楷. ——清光绪《铜梁县志》卷十二《艺文志二》，又见《铜梁文史资料》第八辑第148页。白玉楷，生卒年不详，后更名豫恺，字小裴，嘉庆年间（1796—1820）任铜梁县学教谕，营山举人，曾编《铜梁县志》，后主巴川书院。

泰菴周公墓铭／（清）朱锡谷. ——清光绪《铜梁县志》卷十三《艺文志三》。朱锡谷，生卒年不详，字菽原，祖籍侯官（今福州市）人，清道光年间（1821—1850）进士。

补修圣庙落成记／（清）余遂生. ——清光绪《铜梁县志》卷十二《艺文志二》。余遂生（？—1843），原名曜蕤，字兰谷，崇义县人，清道光十六年（1836）进士，任重庆铜梁知县，道光二十二年（1842）任酉阳知州。

子安黄公德教碑序／（清）王思曾. ——清光绪《巫山县志》卷三十二《艺文志·杂文、赋汇、诗汇》。王思曾，生卒年不详，号小沂，道光十九年

（1839）举人，任浙江青邑游县知县。

重修武庙碑记／（清）刘绍文．——清道光《城口厅志》卷二十《艺文志》。刘绍文，生卒年不详，江苏武进县人，监生，清道光二十二年（1842）任城口厅通判，曾编《城口厅志》。

培修文庙记／（清）刘绍文．——清道光《城口厅志》卷二十《艺文志》。

培修城隍庙碑志／（清）刘绍文．——清道光《城口厅志》卷二十《艺文志》。

培修祖师观记／（清）刘绍文．——清道光《城口厅志》卷二十《艺文志》。

新修魁星阁记／（清）刘绍文．——清道光《城口厅志》卷二十《艺文志》。

重修吴氏川主庙碑序／（清）敖册贤．——清光绪《荣昌县志》卷二十一《艺文》。敖册贤，生卒年不详，今重庆荣昌人，清道光二十三年（1843）举人。

重修吴氏文昌宫碑序／（清）敖册贤．——清光绪《荣昌县志》卷二十一《艺文》。

重修綦江试院碑／（清）邓仁堃．——清道光《綦江县志》卷三《学校》。邓仁堃，生卒年不详，道光年间（1821—1850）綦江知县。

重修綦江县城碑／（清）邓仁堃．——清道光《綦江县志》卷一《城池》。

建綦江魁星阁碑／（清）邓仁堃．——清道光《綦江县志》卷三《学校》。

重修社稷坛记／（清）吴友篪．——民国《忠县志》卷二十《文录志·清碑记》。吴友篪，生卒年不详，字编山，江苏吴县人，监生，道光年间（1821—1850）忠州刺史、知州，曾编修《忠州直隶州志》。

重修怀忠堂记／（清）吴友篪．——清同治《忠州直隶州志》卷十二《艺文志·记》。

重修奎星阁记／（清）吴友篪．——清同治《忠州直隶州志》卷十二《艺文志·记》。

重修蹑云楼记／（清）吴友篪．——清同治《忠州直隶州志》卷十二《艺文志·记》。

重修学宫记／（清）吴友篪．——民国《忠县志》卷二十《文录志·清碑记》。

重修严将军墓记／（清）吴友篪．——清同治《忠州直隶州志》卷十二《艺文志·记》。

新建铁蜡桥记／（清）吴友篪．——清同治《忠州直隶州志》卷十二《艺文志·记》。

新建万福塔记／（清）吴友篪．——清同治《忠州直隶州志》卷十二《艺文志·记》。

新建文峰亭记／（清）吴友篪．——清同治《忠州直隶州志》卷十二《艺文志·记》。

修建文昌宫碑记／（清）黄云衢．——《江北县志》第二十二篇第二章《著述》。黄云衢，生卒年不详，字霁亭，江北厅人，道光年间（1821—1850）贡生，协助编辑《江北厅志》。

种福会碑记／（清）张绍龄．——清光绪《丰都县志》卷四《艺文志》。张绍龄，生卒年不详，直隶天津县人，清嘉庆十三年（1808）举人，咸丰元年（1851）调任黔江县令。

四照楼碑记／（清）赖朝举．——清光绪《梁山县志》卷十上《艺文上》。赖朝举，生卒年不详，梁山人，咸丰年间（1851—1861）举人，任刑部主事。

新城书院碑记／（清）吴秀良．——清道光《城口厅志》卷二十《艺文志》。吴秀良，生卒年不详，清道光年间（1821—1850）城口同知。

义渡会碑／（清）冯卓怀．——《万州文史资料》第三辑（总第七辑）第80—82页。冯卓怀，生卒年不详，字树堂，长沙人，道光十九年（1839）举人，曾任万县知县。

新修火药局记／（清）张香海．——清光绪《丰都县志》卷四《艺文志》。张香海，生卒年不详，字车子，山东省蓬莱县人，咸丰三年（1853）担任梓潼知县，纂修《梓潼县志》。

烈女岩石刻／（清）姚宝．——《武隆文史资料》第四辑第100页。姚宝，生卒年不详，咸丰十一年（1861）涪州刺史。

宗元禅师宝塔铭/（清）何映辰．——清同治《忠州直隶州志》卷十二《艺文志·墓志铭》。何映辰，生卒年不详，约生活于嘉庆末年至光绪年间，字晓垣，号勋伟，忠州人，咸丰年间（1851—1861）举人。

重修武庙记/（清）向时鸣．——清光绪《铜梁县志》卷十二《艺文志二》。向时鸣，生卒年不详，字鹿芩，铜梁县人，同治四年（1865）三甲进士。

彭义士墓志/（清）向时鸣．——清光绪《铜梁县志》卷十二《艺文志二》。

修黎市桥碑记/（清）向时鸣．——清光绪《铜梁县志》卷十二《艺文志二》。

重修渌水桥序/（清）胡辑瑞．——清同治《仪陇县志》卷六《艺文志》。胡辑瑞，生卒年不详，四川仪陇人，同治四年（1865）进士。

重修文昌宫记/（清）胡辑瑞．——清同治《仪陇县志》卷六《艺文志》。

培修仪陇县试院记/（清）胡辑瑞．——清同治《仪陇县志》卷六《艺文志》。

土门铺新修万寿宫序/（清）胡辑瑞．——清同治《仪陇县志》卷六《艺文志》。

创修考棚记/（清）田秀栗．——清光绪《丰都县志》卷四《艺文志》。田秀栗，生卒年不详，号子实，陕西城固县人，增贡生，清同治五年（1866）任丰都县知县，与徐昌绪、徐睿镛合修《丰都县志》四卷。

射圃碑记/（清）田秀栗．——清光绪《丰都县志》卷四《艺文志》。

重修骆市桥碑记/（清）濮文昇．——清同治《营山县志》卷二十八《艺文志》。濮文昇，清同治年间（1862—1874）曾任涪州知府。

蔡文钰墓表（例赠文林郎蔡府君墓表铭）/（清）濮文暹．——清同治《营山县志》卷二十八《艺文志》。濮文暹，生卒年不详，咸丰年间（1851—1861）进士。

陈选章先生墓志/（清）陈炳煊．——民国新修《合川县志》第30册《文在九》，卷七十九《碑志九》。陈炳煊（1838—1899），原名用仪，字春午，又字春庭，今重庆合川人，道光年间（1821—1850）进士。

重修白帝寺碑/（清）鲍康. ——清光绪《奉节县志》卷三十六《艺文·文汇下》。鲍康（1810—1881），字子年，清道光年间歙县岩镇人，同治年间仕至夔州知府，精钱币学。

重修东胜寺记/（清）金元音. ——清光绪《铜梁县志》卷十二《艺文志二》。金元音，生卒年不详，字鹤林，号省轩，重庆铜梁人，清道光年间（1821—1850）岁贡生。

节妇赵刘氏墓志/（清）金元音. ——清光绪《铜梁县志》卷十二《艺文志二》。

旧县场增修禹王宫后殿及乐楼记/（清）金元音. ——清光绪《铜梁县志》卷十二《艺文志二》。

武穆岳王石像记/（清）金元音. ——清光绪《铜梁县志》卷十二《艺文志二》。

侣俸寺灵官神像碑记/（清）曾廷钦. ——清光绪《铜梁县志》卷十二《艺文志二》。曾廷钦，生卒年不详，道光年间（1821—1850）铜梁人，贡生。

向子英墓志/（清）王拯. ——清光绪《大宁县志》卷八《艺文志》。王拯（1815—1876），原名锡振，字定甫，号少鹤，又号龙璧山人，别署茂陵秋雨词人，广西马平人，道光二十一年（1841）恩科进士。

川东蚕神祠碑铭/（清）徐昌绪. ——《重庆渝中区文史资料》第6辑第71—72页。徐昌绪（1816—1884），字琴舫，号遁溪，四川丰都人，清道光二十九年（1849）拔贡，咸丰六年（1856）进士。

文昌帝君阴骘文/（清）徐昌绪. ——《重庆渝中区文史资料》第6辑第71—72页。

"瞿塘"题刻/（清）鄂芳. ——《白帝城历代碑刻选》第35页。

碑联/（清）鲍超. ——《白帝城历代碑刻选》第42页。鲍超（1828—1886），初字春亭，后改春霆。今重庆奉节人，行伍出身，湘军将领，所部号"霆军"，为湘军主干之一。1885年率部驻云南马白关（今马关）外，旋撤防回籍。卒赠太子少保。

题凤凰碑/（清）鲍超. ——《白帝城历代碑刻选》第42页。

三溪题词/（清）石达开. ——《綦江县文史资料》第 2 辑第 37 页。石达开（1831—1863），小名亚达，绰号石敢当，广西贵县（今贵港）客家人，民族英雄，太平天国名将，中国近代著名的军事家、政治家、武学名家。

石壕题壁/（清）石达开. ——《綦江县文史资料》第 4 辑第 38 页。

大庙场平桑碑/（清）宗正邦. ——清光绪《铜梁县志》卷十二《艺文志二》。宗正邦，生卒年不详，蜀文生，咸丰、同治年间（1851—1874）人。

酉阳州创设屯田碑记/（清）凌树堂. ——《酉阳文史资料选辑》第二十五辑第 26 页。凌树堂，生卒年不详，字棣生，咸丰、同治年间（1851—1874）人，安徽凤阳人，曾任酉阳知州。

柳锦堂墓志/（清）石会昌. ——清同治《忠州直隶州志》卷十二《艺文志·墓志铭》。石会昌，生卒年不详，湖北兴国州（今阳新）人，同治元年（1862）进士，工于书法。

城工碑记/（清）蒯德模. ——清光绪《奉节县志》卷三十六《艺文·文汇下》。蒯德模，生卒年不详，字子范，安徽合肥人，同治年间（1862—1874）由江苏太仓州知州擢夔州府知府。

重修火神庙碑记/（清）杨利川. ——清光绪《铜梁县志》卷十二《艺文志二》。杨利川，生卒年不详，湖北人，同治年间（1862—1874）任铜梁知县。

重修全德桥碑记/（清）杨利川. ——清光绪《铜梁县志》卷十二《艺文志二》。

创修少陵书院碑记/（清）吕辉. ——清《奉节县志》卷三十六《艺文·文汇下》。吕辉，字扉青，别号宋郡，河南永城人，拔贡，同治九年（1870）任奉节知县。

诗碑/（清）吕辉. ——《白帝城历代碑刻选》第 31 页。

石佛题名/（清）吕辉. ——《奉节文史资料》第八辑第 89 页。

重修水府宫碑记/（清）庆征. ——清同治《忠州直隶州志》卷十二《艺文志·记》。庆征，生卒年不详，满洲镶红旗人，清同治十二年（1873）左右任忠州知州，曾修同治《忠州直隶州志》。

重修三忠祠记/潘清荫. ——民国《巴县志》卷二十三《文征》。潘清荫

(1851—1912)，字季约，重庆巴县人，同治十二年（1873）举人，曾任忠州（今重庆忠县）白鹿书院山长。

改修明月桥记／（清）陈昌．——清光绪《铜梁县志》卷十二《艺文志二》。陈昌，生卒年不详，字禹门，今重庆铜梁人，同治十三年（1874）进士。

徒沟子纪事碑／（清）陈昌．——清光绪《铜梁县志》卷十二《艺文志二》。

合建仓圣宫张公祠碑记／（清）陈昌．——清光绪《铜梁县志》卷十二《艺文志二》。

秦荐香墓志／（清）蒋璧芳．——民国新修《合川县志》第30册《文在九》，卷七十九《碑志九》。蒋璧芳（1830—1884），字辅亭，初名道成，又字集廷，今重庆合川人，咸丰九年（1859）中举，后主讲合州书院。

江云荪大令去思碑／（清）任国铨．——民国《忠县志》卷十八《金石志》。任国铨，生卒年不详，字篆甫，一字箕甫，忠州（今重庆忠县）人，廪生，光绪五年（1879）举人。

既济会碑记／（清）潘树申．——清光绪《奉节县志》卷三十六《艺文·文汇下》。潘树申，生卒年不详，今重庆奉节人，光绪十一年（1885）拔贡。

任学乾墓志／（清）吴开南．——民国《忠县志》卷十八《金石志》。吴开南，忠州附生，光绪十一年（1885）举人。

题刘节母艾太孺人墓／（清）吴开南．——民国《忠县志》卷十八《金石志》。

创修重庆云贵公所碑记／（清）黎庶昌．——第291页，孟继：《重庆九大会馆始末》一文。黎庶昌（1837—1896），字莼斋，贵州遵义人，晚清著名外交家和散文家。

清拔贡生李士荣墓志／（清）黎庶昌．——民国《忠县志》卷十八《金石志》。

云贵公所楹联／（清）黎庶昌．——《重庆市南岸区文史资料选辑》第十辑第52页。

虎峰场禹庙碑记／（清）韩清桂．——清光绪《铜梁县志》卷十二《艺文志二》。韩清桂，生卒年不详，江苏人，同治年间（1862—1874）任铜梁县知县。

保固关、天师门、钧安门等题字/（清）杨建庭. ——《綦江县文史资料》第5辑第22页。杨建庭，生卒年不详，字材选，清同治光绪年间（1862—1908）綦江人，曾知贵州。

刘光岐妻张孺人碑序/（清）黄应霖. ——民国《忠县志》卷十八《金石志》。黄应霖，生卒年不详，训导，光绪年间（1875—1908）主讲忠州白鹿书院附设师范传习所。

张刘安人墓表/冯煦. ——民国新修《合川县志》第30册《文在九》，卷七十九《碑志九》。冯煦（1843—1927），字梦华，号蒿盦，金坛人，清光绪十二年（1886）进士，授翰林院编修，历四川按察使，后自号蒿隐公，善诗词骈文书法。

"云行雨施"碑/潘炳年. ——《白帝城历代碑刻选》第35页。潘炳年（1844—1919），字耀如，自号退庵，福建长乐县三溪村人。曾祖潘孝安，祖父潘友盛。清同治十年（1871）进士。

题刘节母艾太孺人墓/（清）牟庚先. ——民国《忠县志》卷十八《金石志》。牟庚先（1847—1911），字笈珊，忠州城马路口人，清光绪十一年（1885）拔贡，工诗文，长律赋。

忠州秦家祠碑记（明故太子太保忠贞侯都督佥事总兵官一品夫人秦夫人忠州家祠碑记）/杨鼎昌. ——《石柱文史资料》第九辑《吟秦良玉诗词联辑》第95页。杨鼎昌（？—1912），字种珊，晚号槐市遗民，长安人，原籍江苏阳湖，同治十三年（1874）进士，曾任四川候补道。

"甘雨亭"题刻/刘心源. ——《白帝城历代碑刻选》第50页。刘心源（1848—1915），字亚甫，号冰若，又号幼丹，另号幼丹，自号夔叟，晚号龙江先生。湖北嘉鱼人，光绪二年（1876）进士，曾任夔州知府。清末民初著名金石学家、文字学家、书法家。

"夔门"题刻/刘心源. ——《白帝城历代碑刻选》第48页。

"柳湾"题刻/刘心源. ——《白帝城历代碑刻选》第50页。

"瞿塘"题刻/刘心源. ——《白帝城历代碑刻选》第 49 页。

夔州赈务碑记/刘心源. ——《奉节文史资料》第八辑第 75 页。

联语碑/刘心源. ——《白帝城历代碑刻选》第 46 页。

谭龙氏墓志/陈品全. ——民国《潼南县志》卷五《艺文志上·一文》。陈品全（1851—？），字敦甫，今四川中江县悦来乡人，同治十二年（1873）举人，总纂《中江县志》。

任国铨墓表（清孝廉任国铨墓表）/施纪云. ——民国《忠县志》卷十八《金石志》。施纪云（1852—1929），原名缙云，字鹤笙，涪陵珍溪人，清光绪九年（1883）进士，授翰林院编修，命督办川汉铁路，纂《涪陵县续修涪州志》27 卷。

秦家槭墓表（清通议大夫直隶知府秦家槭墓表）/张謇. ——民国《忠县志》卷十八《金石志》。张謇（1853—1926），字季直，号啬庵，江苏南通人，清末状元，授翰林院修撰，民国曾任实业总长。

莫高山墓志/彭聚星. ——民国新修《合川县志》第 30 册《文在九》，卷七十九《碑志九》。彭聚星（1854—1922），字文伯、云石，号筠庵居士、云道人、莲花峰樵，祖籍湖南湘江，生于重庆奉节，后迁居云阳，光绪十四年（1888）中举，近代著名书画家。

王耀堂墓志/冯承泽. ——民国《忠县志》卷十八《金石志》。冯承泽（1856—1928），字笏轩，忠州九莽岭人，光绪十四年（1888）举人。

节孝李华孺人灵表并铭/张森楷. ——民国新修《合川县志》第 30 册《文在九》，卷七十九《碑志九》。张森楷（1858—1928），原名家楷，字元翰，号式卿，今重庆合川人，历史学家。

仁寿桥记/张森楷. ——民国新修《合川县志》第 30 册《文在八》，卷七十八《记八》。

丁树诚墓表/张森楷. ——民国新修《合川县志》第 30 册《文在九》，卷七十九《碑志九》。

三学和尚墓志/周本一. ——民国《长寿县志》卷十四《金石》。周本一，生卒年不详，字伯贞，长寿县人，世居城北十里红岩子，攻理学，精《易经》，曾主讲于凤山书院。

杨肯堂墓志/王昌龄. ——民国《潼南县志》卷五《艺文志上·一文》。王昌龄（1862—1918），字瑞徵，灌县柳街孙家船人，清举人。

封宜人彭母秦宜人茔志铭/（清）秦家穆. ——民国《忠县志》卷十八《金石志》。秦家穆（1863—1922），字肇北、少伯，忠州城人，光绪十六年（1890）进士。

尚行先生墓表/叶尔恺. ——民国《云阳县志》卷四十三《文录下·杂文》。叶尔恺（1864—1937），字柏皋，号涕臣、涕君，杭县（今杭州）人，清光绪十八年（1892）进士。

蒋季堃墓志/夏璜. ——民国《潼南县志》卷五《艺文志上·一文》。夏璜（1864—1940），字士奇，潼南县大佛乡人，举人，曾在潼南鉴亭书院执教。

"涂山"题刻/陈竹坡. ——《重庆市南岸区文史资料选辑》第一辑第33页。陈竹坡，生卒年不详，重庆城人，书法家，人称小扫把。

重修四照楼碑记/曾传潜. ——清光绪《梁山县志》卷十上《艺文上》。曾传潜，生卒年不详，清光绪年间（1875—1908）梁平县令。

盖星阶德政碑记/（清）陈以谟. ——清同治《仪陇县志》卷六《艺文志》。陈以谟，清光绪年间（1875—1908）任仪陇县知县。

黔蜀门屏界碑/郎承谟. ——《武隆文史资料》第四辑第101页。郎承谟（1870—1918），字定斋，号希辅，四川省丰都县人。19岁中举，20岁中进士，22岁入翰林院为庶吉士，授户部主事，清光绪二十七年（1901）任贵州省遵义府正安州事，以睦邻为重，立川贵边界碑。

张陈氏墓志/蒲明发. ——民国《潼南县志》卷五《艺文志上·一文》。蒲明发，生卒年不详，四川南充人，光绪二十年（1894）进士。

彭母郭孺人墓表/郭文珍. ——民国《云阳县志》卷四十三《文录下·杂文》。郭文珍，生卒年不详，曾名启儒，字聘初，四川云阳人，县学生，光绪二十八年（1902）举人。

张桓侯庙碑/郭文珍. ——民国《云阳县志》卷四十三《文录下·杂文》。

张鼎新墓志/梁荣祖. ——民国《潼南县志》卷五《艺文志上·一文》。梁荣祖，生卒年不详，字子彦，光绪二十八年（1902）恩科副贡。

重修道路记/余上卿. ——民国《忠县志》卷十八《金石志》。余上卿，生卒年不详，忠县花桥乡人。光绪二十九年（1903）恩科，曾在北京任交通部主事。

余上卿墓志/余上卿. ——民国《忠县志》卷十八《金石志》。

大包墓表/（清）涂凤书. ——民国《云阳县志》卷四十三《文录下·杂文》。涂凤书，生卒年不详，字子厚，四川云阳人，光绪二十九年（1903）举人。

邓焕遹墓志/（清）涂凤书. ——民国《云阳县志》卷四十三《文录下·杂文》。

旷琢章墓志/（清）涂凤书. ——民国《云阳县志》卷四十三《文录下·杂文》。

涂海泉墓志/（清）涂凤书. ——民国《云阳县志》卷四十三《文录下·杂文》。

修磐石城记/（清）涂凤书. ——民国《云阳县志》卷四十三《文录下·杂文》。

丁问三墓志/李肇律. ——民国《云阳县志》卷四十三《文录下·杂文》。李肇律，生卒年不详，重庆云阳人，光绪二十九年（1903）进士，擅长书法，有名于乡。

唐丛山墓志/曾世礼. ——民国《潼南县志》卷五《艺文志上·一文》。曾世礼（1867—1928），字修五，大英县象山镇人，曾在成都尊经书院深造，涪江三名士之一，光绪三十二年（1906）优贡。

联语碑/侯昌镇. ——《白帝城历代碑刻选》第54页。侯昌镇（？—1928），字桐初，湖南大庸人，因慕杜甫，遂定居奉节草堂乡杜甫草堂遗址侧。清朝拔贡，光绪年间任奉节、开县知县。民国初年为奉节问官，受理诉讼，判案严明。

洪恭人墓表/梅际郁. ——民国《巴县志》卷二十三《文征》。梅际郁（1873—1934），字黍雨，巴县人。

陈登元妻王氏墓碑（清旌表节孝陈登元之妻王氏墓碑）/龚秉权. ——民国《忠县志》卷十八《金石志》。龚秉权（1876—1951），字春岩，巴县龙凤乡人，龚秉枢三弟，留学日本，民国时修《巴县志》，善文工诗。

钟灵书院碑记/张素. ——《酉阳文史资料选辑》第二十五辑第22页。张素（1877—1945），字挥孙，又字穆如，号婴公，江苏丹阳人，清末举人，曾任四川巡抚都御史，南社社员，诗词家。

重修石佛寺记/闵永濂. ——民国《长寿县志》卷十四《金石》。闵永濂（1877—1961），字绍岩，贵州瓮安人，曾任重庆铜梁、万州等地县长。

石鱼记/李宽. ——清同治重修《涪州志》卷十四《艺文志上》。李宽（1884—?），又名月楼，字裕如。

陈宏图墓表/熊福田. ——民国《忠县志》卷十八《金石志》。熊福田（1889—1964），号兰陵，四川石柱县人，宣统年间寄寓忠县，后入同盟会，留学日本。

巴县儒学贡举题名记/孙贞. ——清同治《巴县志》卷四上《艺文志·记》。孙贞，字丰城，生平不详。

巴县田烈女碑记/李鼎禧. ——民国《长寿县志》卷十六《拾遗·附近事见闻录》。李鼎禧，生卒年不详，字峙青，长寿县人，清末岁贡生，民国初期任蜀军政府文书局局长。

清旌表节孝陈登元之妻王氏墓碑/李鼎禧. ——民国《忠县志》卷十八《金石志》。

白石岩记/王书生. ——清同治《璧山县志》卷十《艺文志·记》。王书生，重庆江津人，清末举人。

补缉学宫碑记/（清）张玉璘. ——清同治《营山县志》卷二十八《艺文志》。张玉璘，曾任四川营山县令。

补修北岩寺碑记/（清）李霨峰. ——清嘉庆《达县志》卷四十六《艺文志》。李霨峰，四川达州人。

补修殿宇沿壁碑记/[作者不详]. ——民国新修《合川县志》第17册《掌录十九》，卷三十六《金石》。

补修甘露寺碑记/（清）贾廷辑． ——民国《南充县志》卷十三《艺文志·记》。

补修孔庙宫墙记/易全斐． ——清光绪《铜梁县志》卷十三《艺文志三》。易全斐，生平不详。

补修凌云书院记/（清）孔继纲． ——清道光《垫江县志》卷七《艺文志·记》。孔继纲，生卒年不详，字正三，重庆垫江人，清末廪生。

补修南门城垣暨增修水城炮台各工记/（清）杨铭． ——清道光《綦江县志》卷一《城池》。杨铭，生卒年不详，字鉴堂，山西灵石县人，清同治年间任綦江知县。

补修穹江书院碑记/（清）吴燮熙． ——清光绪《铜梁县志》卷十三《艺文志三》。吴燮熙，生卒年不详，字庶堂，铜梁县人，贡生，任石泉训尊。

补修圣庙碑记/［作者不详］． ——清光绪《丰都县志》卷四《艺文志》。

补修文庙碑记/何文元． ——清道光《补辑石砫厅新志·艺文志中》。何文元，生平不详。

补修学署记/邓焘． ——清光绪《铜梁县志》卷十二《艺文志二》。邓焘，字普田，生平不详。

补修昭忠祠碑记/王世勋． ——清同治《忠州直隶州志》卷十二《艺文志·记》。王世勋，生卒年不详，曾任忠州刺史。

补重修新学大成殿戟门记/陈衍邹． ——民国《忠县志》卷二十《文录志·清碑记》。陈衍邹，生平不详。

藏经山华岩寺记/［作者不详］． ——清光绪《铜梁县志》卷十三《艺文志三》。

柴家庵灯记/瞿缵会． ——清道光《垫江县志》卷七《艺文志·记》。瞿缵会，生平不详。

朝议大夫饶州府知府鲁瞻曲公墓志/（清）王应诏． ——清道光《南部县志》卷二十九《艺文志》。

陈母刘太安人墓志/沈树槐． ——民国《忠县志》卷十八《金石志》。沈树槐，生卒年不详，清末民初忠县拔山举人。

陈母夏安人墓志/吴伟. ——清同治重修《涪州志》卷十四《艺文志下》。吴伟，生平不详。

陈燮殉难纪念碑/谭麟. ——民国《长寿县志》卷十四《金石》。谭麟，字群逸，生平不详。

陈滋生桂生二弟子合厝墓志/［作者不详］. ——民国新修《合川县志》第 30 册《文在九》，卷七十九《碑志九》。

赤水县修学记/［作者不详］. ——民国新修《合川县志》第 17 册《掌录十九》，卷三十六《金石》。

敕赠文林郎子健曲公墓志/（清）嘉玉振. ——清道光《南部县志》卷二十九《艺文志》。

重建蔡家桥记/（清）于腾. ——清光绪《铜梁县志》卷十二《艺文志二》。

重建城隍庙碑记/（清）周建屏. ——清同治《仪陇县志》卷六《艺文志》。周建屏，曾任四川仪陇县令。

重建大成殿碑记/李竑邺. ——清道光《垫江县志》卷七《艺文志·记》。李竑邺，生卒年不详，进士。

重建关圣庙碑记/（清）毛鸣岐. ——清同治《营山县志》卷二十八《艺文志》。毛鸣岐，曾任四川营山县令。

创建学宫碑记/（清）毛鸣岐. ——清同治《营山县志》卷二十八《艺文志》。

重建戛云楼记/（清）郑成基. ——清嘉庆《达县志》卷四十六《艺文志》。

总理川东军需局题壁记/（清）郑成基. ——清嘉庆《达县志》卷四十六《艺文志》。

重建奎星阁记/陈九经. ——清光绪《丰都县志》卷四《艺文志》。陈九经，生平不详。

重建六相祠碑记/（清）余永宁. ——清嘉庆《达县志》卷四十六《艺文志》。余永宁，曾任四川达州知事。

重建养济院碑记/（清）余永宁. ——清嘉庆《达县志》卷四十六《艺文志》。

重修东岳庙碑记/（清）余永宁. ——清嘉庆《达县志》卷四十六《艺文志》。

重建泰岳行祠记/（清）胡仕本. ——清光绪《铜梁县志》卷十一《艺文志一》；《四川通志·选举志》。胡仕本，生卒年不详，重庆铜梁人。

重建文昌宫记/（清）王觐光. ——清光绪《蓬州志》第十五《艺文篇》。王觐光，生平不详。

重建文庙记/（清）刘如汉. ——清光绪《丰都县志》卷四《艺文志》。刘如汉，生平不详。

重修安定桥记/（清）刘俊章. ——清光绪《铜梁县志》卷十三《艺文志三》。刘俊章，生平不详。

重修安居乡城隍庙碑记/（清）沈庆安. ——清光绪《铜梁县志》卷十三《艺文志三》。沈庆安，字金门，生平不详。

重修安庆堤盐关记/（清）姜雯. ——民国《潼南县志》卷五《艺文志上·一文》。姜雯，生卒年不详，重庆潼南人，清道光年间任潼南县丞。

重修白马寺碑记/（清）沈维垣. ——清嘉庆《达县志》卷四十六《艺文志》。沈维垣，曾任四川达州同知。

重修白云山宝光寺记/（清）黄貋. ——清同治《忠州直隶州志》卷十二《艺文志·记》。黄貋，生卒年不详，重庆忠县人，清末贡生。

重修大觉寺路碑记/（清）张湜. ——清咸丰《开县志》卷二十七《艺文志》。张湜，生平不详。

重修丰都县学碑记/（清）刘谦. ——清光绪《丰都县志》卷四《艺文志》。刘谦，生平不详。

夔州府教授李锦江墓志/（清）刘谦. ——清光绪《西充县志》卷十四《艺文志·下》。

重修凤羊桥记/（清）苏璋. ——清光绪《铜梁县志》卷十三《艺文志三》。苏璋，字兰亭，生平不详。

重修奉节县学文庙碑记/（清）赵钟嵋. ——清光绪《奉节县志》卷三十六《艺文·文汇上》。赵钟嵋，生平不详。

重修阁溪桥碑记/（清）宋名立. ——清嘉庆《达县志》卷四十六《艺文志》。宋名立，曾任四川达州知州。

重修学宫记/（清）宋名立. ——清嘉庆《达县志》卷四十六《艺文志》。

重修州署记/（清）宋名立. ——清嘉庆《达县志》卷四十六《艺文志》。

重修观音阁碑记/（清）罗大魁. ——清道光《綦江县志》卷九《古迹》。罗大魁，生平不详。

重修桂花桥记/（清）刘以瑜. ——清同治《忠州直隶州志》卷十二《艺文志·记》。刘以瑜，生卒年不详，字素亭，重庆忠县人，清代举人。

重修弥陀洞碑记/（清）刘以瑜. ——清同治《忠州直隶州志》卷十二《艺文志·记》。

重修韩文公祠记/（清）高培穀. ——清光绪《西充县志》卷十四《艺文志·下》。高培穀，曾任四川西充县令。

新修汇龙桥记/（清）高培穀. ——清光绪《西充县志》卷十四《艺文志·下》。

养济院碑记/（清）高培穀. ——清光绪《西充县志》卷十四《艺文志·下》。

重修黉宫泮池记/（清）余有光. ——清光绪《大宁县志》卷八《艺文志》。余有光，生卒年不详，字光宇，福建宁化人。

重修节孝祠碑记/（清）窦扬曾. ——清同治《营山县志》补卷二十八《艺文志》。窦扬曾，曾任四川营山邑令。

重修聚云寺记/（清）周光禧. ——清同治《忠州直隶州志》卷十二《艺文志·记》。周光禧，生卒年不详，重庆忠县人，岁贡生。

重修梁山县学碑记/（清）王缵修. ——清光绪《梁山县志》卷十上《艺文上》。王缵修，生平不详。注：此文作者或作唐安国。

重修梁滩桥记/李复初. ——清同治《巴县志》卷四上《艺文志·记》。李复初，生平不详。

重修龙翔寺碑记/（清）任士徽. ——清同治《忠州直隶州志》卷十二《艺文志·记》。任士徽，生卒年不详，忠县人，清诸生。

重修鹿岩书院记/（清）高士玉. ——清光绪《西充县志》卷十四《艺文志·下》。高士玉，曾任四川西充县令。

重修瀑布桥记/（清）罗中. ——清同治《忠州直隶州志》卷十二《艺文志·记》。罗中，生平不详。

重修启圣祠记/黄道旭. ——民国《忠县志》卷二十《文录志·清碑记》。黄道旭，生平不详。

重修启圣祠记/王潜奇. ——民国《长寿县志》卷十四《金石》。王潜奇，生平不详。

重修千手眼大士像记/（清）张瑜. ——民国《潼南县志》卷五《艺文志上·一文》。张瑜，生平不详，曾任潼南知县（一说遂宁知县）。

重修润泽池碑记/（清）李仲良. ——清光绪《奉节县志》卷三十六《艺文·文汇上》。李仲良，生卒年不详，清奉节知府。

重修圣庙碑记/（清）[作者不详]. ——清同治《营山县志》补卷二十八《艺文志》。

重修圣庙记/（清）杜伯宣. ——清光绪《西充县志》卷十四《艺文志·下》。

重修文昌宫记/（清）李凯. ——清同治《忠州直隶州志》卷十二《艺文志·记》。李凯，生平不详。

重修文庙碑序/（清）卫赓飏. ——清道光《南部县志》卷二十九《艺文志》。

重修文庙记/[作者不详]. ——清光绪《丰都县志》卷四《艺文志》。

重修文庙学宫碑记/（清）杜文明. ——清道光《南部县志》卷二十八《艺文志》。

重修武庙碑记/冉裕垕. ——清道光《补辑石砫厅新志·艺文志中》。冉裕垕，生平不详。

创建南宾考院碑记/冉裕垕. ——清道光《补辑石砫厅新志·艺文志中》。

重修谢文节公叠山先生祠记/（清）周培. ——清光绪《铜梁县志》卷十三《艺文志三》。周培，字莜峰，生卒年不详。

重修廨宇记/［作者不详］. ——清光绪《丰都县志》卷四《艺文志》。

重修宣公祠记/（清）张煦. ——清同治《忠州直隶州志》卷十二《艺文志·记》。张煦，生平不详。

重修玄真祠记/（明）黄元白. ——清嘉庆《达县志》卷四十六《艺文志》。黄元白，四川达州人。

重修学宫碑记/（清）李徽典. ——《酉阳文史资料选辑》第七辑第31页。李徽典，生卒年不详，道光年间酉阳州牧。

重修学宫记/（清）黄贞泰. ——清道光《南部县志》卷二十八《艺文志》。

重修雁渡桥记/（清）单铎. ——清光绪《铜梁县志》卷十一《艺文志一》。单铎，生平不详。

重修营山县碑记/（清）王昮. ——清同治《营山县志》卷二十八《艺文志》。

重修禹王宫碑记/［作者不详］. ——清光绪《丰都县志》卷四《艺文志》。

重修育婴公社碑记/（清）刘廷桢. ——清同治《营山县志》卷二十八《艺文志》。刘廷桢，曾任四川营山知县。

重修圆通寺功德碑/（清）徐学儒. ——民国《潼南县志》卷五《艺文志上·一文》。徐学儒，生平不详，潼南人。

重修中江县儒学记/［作者不详］. ——民国新修《合川县志》第30册《文在八》，卷七十八《记八》。

重制巴川书院义田碑记/冉广燏. ——清光绪《铜梁县志》卷十二《艺文志二》。冉广燏，生平不详，巴县人。

崇德书院碑记/张塈. ——清光绪《铜梁县志》卷十三《艺文志三》。张塈，生平不详，铜梁县人。

创建义学记/（清）王鹤. ——民国《南充县志》卷十三《艺文志·记》。

创建尊贤阁记/（清）王鹤. ——民国《南充县志》卷十三《艺文志·记》。

创修会通桥记/（清）瞿曾. ——清同治《忠州直隶州志》卷十二《艺文志·记》。瞿曾，生平不详。

创修夔巫峡路题刻/［作者不详］. ——《白帝城历代碑刻选》第44页。

创修双忠祠记/（清）任惟贤. ——清道光《南部县志》卷二十八《艺文志》。

慈恩塔寺记/王祚昌. ——民国新修《合川县志》第17册《掌录十九》，卷三十六《金石》。

慈印师遗诫碑/［作者不详］. ——民国《巴县志》卷三《古迹》。

赐书楼纪念碑/韩鼎普. ——民国《长寿县志》卷十四《金石》。韩鼎普，生平不详。

崔允烝墓志/马天爵. ——清同治《忠州直隶州志》卷十二《艺文志·墓志铭》。马天爵，生平不详。

寸滩石鱼洪水题刻/［作者不详］. ——《江北县文史资料》第十五辑第77页。

大成殿鼎/［作者不详］. ——民国《忠县志》卷十八《金石志》。

大觉寺重铸钟赞/［作者不详］. ——清咸丰《开县志》卷二十七《艺文志》。

大隐崖石刻/［作者不详］. ——民国《忠县志》卷十八《金石志》。

大足白塔"海棠香国"题刻/［作者不详］. ——《重庆市南岸区文史资料选辑》第十辑第29页。

大足道教摩崖造像记/［作者不详］. ——《大足文史》资料第五辑。

丹青正气图碑/［作者不详］. ——《白帝城历代碑刻选》第40页。

定远县清平镇黎氏三元桥碑叙/［作者不详］. ——民国新修《合川县志》第29册《文在六》，卷七十六《序跋六下》。

东狱殿鼎/［作者不详］. ——民国《忠县志》卷十八《金石志》。

东岳庙碑/（清）彭光远. ——民国《长寿县志》卷十四《金石》。彭光

远，生卒年不详，号凤和，长寿县举人，博闻强记，工制艺，尤长骈文。

钟母袁孺人墓表/（清）彭光远. ——民国《长寿县志》卷十四《金石》。

钟正品墓志/（清）彭光远. ——民国《长寿县志》卷十四《金石》。

杜甫瀼西草堂碑/［作者不详］. ——《白帝城历代碑刻选》第59页。

杜学大墓志/（清）李公选. ——清光绪《蓬州志》第十五《艺文篇》。

麟凤桥记/（清）李公选. ——清光绪《蓬州志》第十五《艺文篇》。

恩贡生吴公墓志/游履安. ——清光绪《铜梁县志》卷十二《艺文志二》。游履安，字静轩，生平不详。

方进士怀乐暨宜人义粮碑记/王用子. ——民国《潼南县志》卷五《艺文志上·一文》。王用子，生平不详。

匪塚记/毛锦文. ——民国《忠县志》卷十八《金石志》。毛锦文，生平不详。注：塚在治城南岸。

飞轮宝藏记/（清）［作者不详］. ——民国新修《合川县志》第17册《掌录十九》，卷三十六《金石》。

分学改棚碑记/（清）石柱厅人士公立. ——清道光《补辑石砫厅新志·艺文志中》。

丰邑鹿鸣寺募化装塑碑文/［作者不详］. ——《丰都文史资料选辑》第八辑第45页。

冯远村墓志/陶凤占. ——民国新修《合川县志》第30册《文在九》，卷七十九《碑志九》。陶凤占，生平不详。

复修公议山序/杨迓衡. ——民国《忠县志》卷十八《金石志》。杨迓衡，生平不详。

复修井主庙碑记/吕濬. ——清同治《忠州直隶州志》卷十二《艺文志·记》。吕濬，生平不详。

傅公享堂记碑/方旭. ——《白帝城历代碑刻选》第52页。

改建考棚碑记/（清）罗觉祥庆. ——清同治《营山县志》卷二十八《艺文志》。

改修陈家沟沿溪径路桥梁碑记/（清）罗焕云. ——民国《忠县志》卷二

十《文录志·清碑记》。罗焕云，生卒年不详，忠州人，晚清廪生，能诗。

改修贤良祠坼设公园并陈公生祠碑记/［作者不详］.——民国新修《合川县志》第 30 册《文在九》，卷七十九《碑志九》。

给孤寺乐楼碑记/（清）张廷贤.——清道光《南部县志》卷二十八《艺文志》。

关口摩崖造像/（清）［作者不详］.——《丰都文史资料选辑》第十二辑《丰都文物专辑》第 59 页：吴天清：《题刻及摩崖造像》。现存丰都县龙河镇文庙村。

观石鱼记/陶侍卿.——清同治重修《涪州志》卷十四《艺文志上》。陶侍卿，生平不详。

观音滩石刻/（清）［作者不详］.——陶永贤：《观音滩石刻及摩崖造像》，《四川文物》1989 年第 3 期。又《丰都文史资料选辑》第十二辑《丰都文物专辑》第 57 页。又，国务院三峡工程建设委员会办公室国家文物局编，长江三峡工程淹没及迁建区文物古迹保护规划报告综合卷，中国三峡出版社，2010.03，第 157 页。现存丰都县新城乡白沙村一组东南方 50 米。

桂阳郡守张汭碑/［作者不详］.——清乾隆《巴县志》卷九《人物志·勋业》。

海长老塔铭记/黄觉先.——民国新修《合川县志》第 17 册《掌录十九》，卷三十六《金石》。黄觉先，生卒年不详，重庆合川人。

合州重修夫子庙碑记/［作者不详］.——民国新修《合川县志》第 30 册《文在九》，卷七十九《碑志九》。

胡生墓碣/［作者不详］.——民国新修《合川县志》第 30 册《文在九》，卷七十九《碑志九》。

户部侍郎李兆墓志/（清）潘绂.——清光绪《西充县志》卷十四《艺文志·下》。

华伯琴墓表/［作者不详］.——民国新修《合川县志》第 30 册《文在九》，卷七十九《碑志九》。

华岩洞庙题刻"有龙则灵"/（清）长白觉.——《九龙坡区文史资料》

第二辑第 83 页。长白觉,生平不详。

化龙池印剑石记/刘澋. ——清光绪《铜梁县志》卷十二《艺文志二》。刘澋,字岳菴,生平不详。

皇华城石刻/[作者不详]. ——民国《忠县志》卷十八《金石志》。

皇清敕授修职郎候选儒学教谕映垣曲生墓志/(清)孙宗承. ——道光《南部县志》卷二十九《艺文志》。

黄葛树铭/[作者不详]. ——清光绪《巫山县志》卷三十《古迹志·金石》。

黄公克显德政碑记/(清)石柱厅士民公立. ——清道光《补辑石砫厅新志·艺文志上》。

黄节母但孺人碑/韩光碧. ——民国《长寿县志》卷十四《金石》。韩光碧,生平不详。

季可周公墓表/(清)李悝. ——清光绪《铜梁县志》卷十三《艺文志三》。

嘉祐岩记/(清)程德隆. ——清光绪《蓬州志》第十五《艺文篇》。

建培元塔碑记/(清)朱有章. ——清光绪《丰都县志》卷四《艺文志》。朱有章,生卒年不详,字文焕,清代人,曾任重庆丰都、奉节、梁山等县知县。

建世祀菴碑记/刘世会. ——清光绪《丰都县志》卷四《艺文志》。刘世会,生平不详。

建修楚楠桥碑记/彭尽忠. ——清光绪《铜梁县志》卷十三《艺文志三》。彭尽忠,字端笏,生平不详。

金榜山新地记/[作者不详]. ——民国新修《合川县志》第 17 册《掌录十九》,卷三十六《金石》。

金榜山新名记/[作者不详]. ——民国新修《合川县志》第 17 册《掌录十九》,卷三十六《金石》。

金城山朝阳洞记/(清)吴翔凤. ——清同治《仪陇县志》卷六《艺文志》。

禁卖发水米碑/[作者不详]. ——《江津文史资料选辑》第二十辑第

28 页。

景仙洞碑记/张兴仪. ——民国新修《合川县志》第 30 册《文在八》,卷七十八《记八》。张兴仪,生平不详。

九共山义冢碑序/(清)刘观瀚. ——清同治《璧山县志》卷十《艺文志·序》。刘观瀚,生卒年不详,合川人,举人。

旧奎星阁碑记/(清)马湘. ——清同治《仪陇县志》卷六《艺文志》。马湘,曾任四川仪陇县令。

捐建南沱石堤记/彭旭初. ——清道光《綦江县志》卷二上《山川》。彭旭初,生平不详。

捐修学宫碑记/雷携. ——清光绪《大宁县志》卷八《艺文志》。雷携,生卒年不详,大宁县邑训导。

捐增白鹿书院膏火记/李清宴. ——清同治《忠州直隶州志》卷十二《艺文志·记》。李清宴,生卒年不详,甘肃人。

奎星阁碑序/(清)盖星阶. ——清同治《仪陇县志》卷六《艺文志》。盖星阶,曾任四川仪陇县令。

老君洞建碑记/[作者不详]. ——《重庆市南岸区文史资料选辑》第一辑第 65 页。

老君洞木刻家规/[作者不详]. ——《重庆市南岸区文史资料选辑》第一辑第 63 页。

老龙洞碑记/(清)彭震. ——清光绪《巫山县志》卷三十二《艺文志·杂文、赋汇、诗汇》。彭震,生平不详。

黎姬墓志/冉慈. ——民国《巴县志》卷二十三《文征》。冉慈,生卒年不详,即冉方倩,重庆巴县人,清末举人,早年受维新思想激励而入重庆川东书院习新学。

李宝士李氏三烈妇赞/李宝士. ——民国《长寿县志》卷十五《文征上》。李宝士,生平不详。

李静菴封君墓志/[作者不详]. ——民国新修《合川县志》第 30 册《文在九》,卷七十九《碑志九》。

李麟生墓志/（清）曲阜昌．——清道光《南部县志》卷二十九《艺文志》。

李滋然墓表并铭/张鋆衡．——民国《长寿县志》卷十四《金石》。张鋆衡，生平不详。

刘其政墓志/（清）邵景澐．——清同治《忠州直隶州志》卷十二《艺文志·墓志铭》。邵景澐，生平不详。

龙洞寺修丹墀记/［作者不详］．——清同治重修《涪州志》卷十四《艺文志上》。

罗汉诗碑/［作者不详］．——民国《巴县志》卷三《古迹·华岩洞》。

骆贞女碑/杨之大．——民国《潼南县志》卷五《艺文志上·一文》。杨之大，生平不详。

弥勒变相记/［作者不详］．——民国新修《合川县志》第17册《掌录十九》，卷三十六《金石》。

拟陆佐公石阙铭并序/［作者不详］．——民国新修《合川县志》第28册《文在三》，卷七十二《杂文三》。

暖雪窝铭/［作者不详］．——民国新修《合川县志》第28册《文在三》，卷七十二《杂文三》。

培修某寺碑序/（清）唐文炳．——民国《南充县志》卷十四《艺文志·序》。

培修文庙碑记/（清）史钦义．——清道光《补辑石砫厅新志·艺文志中》。

培修五宝山大雄殿碑/雷耳山．——民国《长寿县志》卷十四《金石》。雷耳山，生平不详，长寿人。

培修学宫记/（清）福润田．——《江北县志》第二十二篇第二章《著述》。福润田，生平不详。

彭泽读书岩题名/（清）李士棻．——民国《忠县志》卷二十一《文征志·杂文汇》。

蒲麻院建修奎阁碑序/（清）何兆熊．——民国《南充县志》卷十四《艺文志·序》。

祈雨碑/牛仙蔚. ——民国新修《合川县志》第 17 册《掌录十九》，卷三十六《金石》。

乞佛人造像镌记、石刻匠师题名/［作者不详］. ——重庆大足石刻艺术博物馆和重庆市社会科学院大足石刻艺术研究所编《大足石刻铭文录》，重庆出版社 1999 年 8 月版。

黔江县修造堤桥记/（清）邵陆. ——《酉阳文史资料选辑》第二十五辑第 24 页。邵陆，生卒年不详，字东行，号元圃，浙江宁波鄞县（今鄞州区）人。

墙公琼墓志/［作者不详］. ——清道光《垫江县志》卷九《艺文志·铭》。

青羊宫井/［作者不详］. ——《万州文史资料》第三辑（总第七辑）第 78—79 页。

青云石石刻/［作者不详］. ——民国《忠县志》卷十八《金石志》。

青云塔记/（清）刘敬临. ——清光绪《蓬州志》第十五《艺文篇》。

清溪龙洞题名/［作者不详］. ——《江津文史资料选辑》第二十辑第 33 页。

清溪桥功德碑/［作者不详］. ——《江津文史资料选辑》第二十辑第 29 页。

庆林观铜钟表/马德. ——民国新修《合川县志》第 17 册《掌录十九》，卷三十六《金石》。马德，生平不详。

曲江士民共建井生苟公生祠碑记/李式准. ——民国新修《合川县志》第 30 册《文在九》，卷七十九《碑志九》。李式准，生平不详。

仁模滩禁止毒鱼碑序/徐上达. ——《江北县志》第二十二篇第二章《著述》。徐上达，生平不详。

荣昌县拓扇业颖风公所会碑/［作者不详］. ——《荣昌文史资料》第 5—6 辑第 310 页。

三教寺秦良玉墓联/［作者不详］. ——《石柱文史资料》第九辑《吟秦

良玉诗词联辑》第 71 页。

三身佛龛记碑/［作者不详］. ——民国新修《合川县志》第 17 册《掌录十九》,卷三十六《金石》。

三义阁碑序/（清）吴映白. ——清同治《仪陇县志》卷六《艺文志》。吴映白,曾任四川仪陇县令。

沈汝一等纪游刻石/（南宋）沈汝一等. ——南宋淳熙十一年（1185）. ——民国新修《合川县志》第 17 册《掌录十九》,卷三十六《金石》。

生生堂碑记/陈启后. ——清光绪《铜梁县志》卷十三《艺文志三》。陈启后,生平不详。

圣像碑/［作者不详］. ——民国《忠县志》卷十八《金石志》。

盛泉寺立亘古然灯记/［作者不详］. ——明万历四十四年（1616）. ——民国新修《合川县志》第 17 册《掌录十九》,卷三十六《金石》。

石门关石刻/［作者不详］. ——民国《忠县志》卷十八《金石志》。

石门弥陀像碑/［作者不详］. ——民国新修《合川县志》第 17 册《掌录十九》,卷三十六《金石》。

石泉庵云集洞碑联/［作者不详］. ——《合川文史资料选辑》第五辑第 170 页,廖开忠：《石泉庵访古》一文。

石鱼记/朱永裔. ——清同治重修《涪州志》卷十四《艺文志上》。朱永裔,生卒年不详,字光叔,小名信哥,小字冠先,阆州阆中县新安里人。

石柱古城坝马氏宗祠门联/［作者不详］. ——《石柱文史资料》第九辑《吟秦良玉诗词联辑》第 74 页。

石柱太保祠楹联/［作者不详］. ——《石柱文史资料》第九辑《吟秦良玉诗词联辑》第 71 页。

石柱万寿山寨门联/［作者不详］. ——《石柱文史资料》第九辑《吟秦良玉诗词联辑》第 75 页。

寿字碑/［作者不详］. ——清光绪《巫山县志》卷三十《古迹志·金石》。

瘦木遗诗碑/刘玉璋. ——《白帝城历代碑刻选》第 36 页。

双桂堂舍利塔记/（清）沈芝林. ——清光绪《梁山县志》卷十上《艺文

上》。沈芝林，生卒年不详，清安徽芜湖县监生。

双景寺碑记／［作者不详］．——《江津文史资料选辑》第二十辑第32页。

水调歌刻石／（宋）张祥．——民国新修《合川县志》第17册《掌录十九》，卷三十六《金石》。

宋陈鹏飞碑碣／（清）［作者不详］．——《永川文史资料选辑》第19辑第159页。

宋灵成侯庙碑／［作者不详］．——民国《巴县志》卷一《疆域·山脉》。

塔坪寺石塔铸文／［作者不详］．——《江北县文史资料》第一辑第184页。

塔院记／朱帜．——民国《忠县志》卷二十《文录志·清碑记》。朱帜，生平不详。

太平寨月课碑记／秦文思．——清同治《忠州直隶州志》卷十二《艺文志·记》。秦文思，生平不详。

题老君洞壁／陈早．——清同治《巴县志》卷四下《艺文志·题跋》。陈早，生平不详。

题英王庙记／（清）马宗大．——清道光《补辑石砫厅新志·艺文志上》。马宗大，生卒年不详，字应侯，号南岩，明末著名女将秦良玉玄孙，石柱第十五世土司，应袭石柱宣慰司宣慰使。

题渝州书院匾后／（清）张仕遇．——清乾隆《巴县志》卷十四《艺文》。张仕遇，生平不详。

添建考棚记／（清）张星炜．——清同治《忠州直隶州志》卷十二《艺文志·记》。张星炜，生平不详。

铁佛寺碑文／［作者不详］．——《南川文史资料选辑》第13辑第116页。

铜鼎铭／［作者不详］．——清同治《巴县志》卷四下《艺文志·铭》。

铜塔文／［作者不详］．——民国《江津县志》卷13—16《金石》。

涂孺人墓志／（清）侯尔垣．——清光绪《梁山县志》卷十下《艺文下》。侯尔垣，生卒年不详，字汉上，清梁山县令。

涂山宴集诗刻／［作者不详］．——《重庆市南岸区文史资料选辑》第一辑

第 44 页。

涂山袁氏节孝碑／［作者不详］. ——《重庆市南岸区文史资料选辑》第一辑第 35 页。

万福台摩岩／［作者不详］. ——民国《忠县志》卷十八《金石志》。

王春舫去思碑记／（清）曹世珍. ——清同治《仪陇县志》卷六《艺文志》。

王建寅墓志／（清）丁显元. ——清光绪《铜梁县志》卷十二《艺文志二》。丁显元，生卒年不详，字韵泉，清铜梁县贡生。

王芹村先生墓志／（清）丁显元. ——清光绪《铜梁县志》卷十二《艺文志二》。

王公祠碑记／（清）魏鼎. ——清光绪《蓬州志》第十五《艺文篇》。

王氏孝义碑铭／郭伟人. ——清光绪《铜梁县志》卷十一《艺文志一》。郭伟人，生平不详。

文昌碑记／任其旋. ——清光绪《铜梁县志》卷十二《艺文志二》。任其旋，生卒年不详，字吉斋，重庆铜梁人。

文昌书院三善宫碑记／张习. ——清光绪《铜梁县志》卷十二《艺文志二》。张习，生平不详，铜梁县人。

文庙重修碑记／龙德. ——清光绪《巫山县志》卷三十二《艺文志·杂文、赋汇、诗汇》。龙德，生卒年不详，字中亭，又字玉峰，号龙山，甘肃古浪人，才性至慧，潜心研究性理，居安徽枞阳浮山，近代佛教学者。

文庙重修记（代邑侯刘言钧台作）／王基浩. ——清同治《巴县志》卷四上《艺文志·记》。王基浩，生卒年不详，巴县（今属重庆主城区）举人。

吴母方孺人墓志／（清）刘梦兰. ——清同治《忠州直隶州志》卷十二《艺文志·墓志铭》。刘梦兰，生卒年不详，清忠州郡拔贡生。

先妣刘孺人墓碣铭／［作者不详］. ——民国新修《合川县志》第 30 册《文在九》，卷七十九《碑志九》。

仙泉龙君亭记／（清）文熙之. ——民国新修《合川县志》第 17 册《掌录十九》，卷三十六《金石》。文熙之，生平不详。

向潜等纪游题名/［作者不详］. ——民国新修《合川县志》第 17 册《掌录十九》，卷三十六《金石》。

孝子周公墓表/［作者不详］. ——民国《南川县志》卷十二《艺文志·骈散文》。

新蔡县玉成寨碑记/［作者不详］. ——民国《潼南县志》卷五《艺文志上·一文》。

新建广东德庆州试院碑记/［作者不详］. ——民国新修《合川县志》第 30 册《文在九》，卷七十九《碑志九》。

新建龙神祠移建诸葛忠武侯祠记/［作者不详］. ——清光绪《丰都县志》卷四《艺文志》。

新建王张二公祠堂记/何悌顺、费愿真. ——民国新修《合川县志》第 17 册《掌录十九》，卷三十六《金石》。何悌顺，生卒年不详，四川合州（今重庆合川）人。

新设酉阳州碑记/（清）耿寿平. ——《酉阳文史资料选辑》第二十五辑第 20 页。耿寿平，生卒年不详，山东馆陶人（今河北馆陶县），由廪生保举孝廉方正。

新修风文桥碑记/（清）刘翀. ——清同治《璧山县志》卷十《艺文志·记》。刘翀，生卒年不详，字霞轩，华阳人。

新修黉宫桥碑记/（清）李庄. ——清光绪《西充县志》卷十四《艺文志·下》。

新修护城寨记/（清）杨之亭. ——清光绪《西充县志》卷十四《艺文志·下》。杨之亭，四川西充人。

新修开江堤记/彭士超. ——清咸丰《开县志》卷二十七《艺文志》。

新修雁鸣塔碑记/（清）杨芝兰. ——清道光《綦江县志》卷三《学校》。杨芝兰，生卒年不详，清代人，曾任綦江教谕。

新修振德书院记/（清）姜宝. ——清光绪《蓬州志》第十五《艺文篇》。

新置灯田记/（清）贺廷栻. ——清同治《忠州直隶州志》卷十二《艺文志·记》。贺廷栻，生平不详。

修红雁桥碑记/朱修诚. ——清光绪《铜梁县志》卷十二《艺文志二》。朱修诚，字二云，铜梁县廪生。

修学宫路碑记/胡韶善. ——清道光《垫江县志》卷七《艺文志·记》。胡韶善，生卒年不详，教谕，井研人。

修学记/（清）陈汝德. ——清光绪《蓬州志》第十五《艺文篇》。

修养济院记/［作者不详］. ——清光绪《丰都县志》卷四《艺文志》。

徐给事纲碑记/［作者不详］. ——清同治《巴县志》卷四下《艺文志·传》，《刘了菴先生传》提及。

徐上升、杨名时诗记/［作者不详］. ——《甲午抗日名将徐邦道》第179页。

续修双峰寺碑记/［作者不详］. ——《江津文史资料选辑》第二十辑第31页。

学钟铭/［作者不详］. ——清光绪《丰都县志》卷四《艺文志》。

杨百川墓碣铭/［作者不详］. ——民国新修《合川县志》第30册《文在九》，卷七十九《碑志九》。

杨浩游山记/［作者不详］. ——民国新修《合川县志》第17册《掌录十九》，卷三十六《金石》。

杨信碑/［作者不详］. ——民国《忠县志》卷十八《金石志》。

杨忠愍公遗属重刻题词/（清）黄启愚. ——清光绪《铜梁县志》卷十三《艺文志三》。黄启愚，生卒年不详，重庆铜梁县人。

杨子崖石刻/［作者不详］. ——民国《忠县志》卷十八《金石志》。

移修文庙儒学并新建奎阁碑记/（清）陈榕. ——民国《南充县志》卷十三《艺文志·记》。陈榕，今重庆长寿人。

邑侯傅公德政碑记/（清）［作者不详］. ——清同治《营山县志》卷二十八《艺文志》。

营山县经费公局碑记/（清）李玉台. ——清同治《营山县志》卷二十八《艺文志》。

雍熙碑（丰年碑）/［作者不详］. ——《蜀碑记》卷二。又清同治《巴县志》卷四下《艺文志·赋》,《涂山赋》中提及。

永川鼓楼石壁对联/［作者不详］.——《永川文史资料选辑》第 14 辑第 198 页。

永兴菴碑记/（清）刘毓严.——清同治《忠州直隶州志》卷十二《艺文志·记》。刘毓严，生平不详。

余价碑记/［作者不详］.——民国《巴县志》卷三《古迹》。余价，字君维，号瞿塘山人，巫山县人。

余文熘雷公生祠碑记/余文熘.——民国《长寿县志》卷十五《文征上》。余文熘，生平不详。

雨华寺碑记/（清）柳天植.——清同治《仪陇县志》卷六《艺文志》。柳天植，曾任四川仪陇县令。

禹庙碑/［作者不详］.——清同治《巴县志》卷四下《艺文志·附杂记》。

喻启庆墓碑（明诰赠资政大夫刑部尚书喻启庆墓碑）/［作者不详］.——清光绪《荣昌县志》卷二十一《艺文》。

御题诗碑/（清）爱新觉罗·玄烨.——《白帝城历代碑刻选》第 25 页。

增修碑记/罗尚庆.——民国《巴县志》卷二《建置·庙宇表》。

增修石涧引水记/（清）汪志敏.——清光绪《奉节县志》卷三十六《艺文·文汇上》。汪志敏，生平不详。

张陈氏墓铭/蒲长泽.——民国《潼南县志》卷五《艺文志上·一文》。蒲长泽，生平不详。

张大理诗碑/张大理.——《丰都文史资料选辑》第四辑第 5 页。

张夫人梦佛记/［作者不详］.——民国新修《合川县志》第 17 册《掌录十九》，卷三十六《金石》。

张桓侯庙碑/樊秉璋.——民国《云阳县志》卷四十三《文录下·杂文》。樊秉璋，生平不详。

张晴川墓志/邓昶.——民国《潼南县志》卷五《艺文志上·一文》。邓昶，生卒年不详，盐亭举人，光禄寺署正议员。

张式之墓志/（清）何绂荣. ——清光绪《西充县志》卷十四《艺文志·下》。何绂荣，四川西充人。

张叔佩夫妇墓志/［作者不详］. ——《铜梁文史资料》第六辑第 122 页，又参第五辑第 63 页。

张文锦夫妇合葬墓志/［作者不详］. ——《铜梁文史资料》第六辑第 121 页，第五辑第 65 页。

张文贞公庙碑/陈云逵. ——民国新修《合川县志》第 30 册《文在九》，卷七十九《碑志九》。陈云逵（1889—1961），又名时熙，今重庆合川人，贡生。

赵炳等留题/［作者不详］. ——民国新修《合川县志》第 17 册《掌录十九》，卷三十六《金石》。

赵伯振等纪游石刻/［作者不详］. ——民国新修《合川县志》第 17 册《掌录十九》，卷三十六《金石》。

赵孺人墓志/（清）费锡璜. ——清光绪《西充县志》卷十四《艺文志·下》。

贞女闻氏碑记/（清）程绍洙. ——清光绪《奉节县志》卷三十六《艺文·文汇上》。程绍洙，生卒年不详，奉节人，贡生。

镇江王庙碑/［作者不详］. ——《白帝城历代碑刻选》第 55 页。

郑瑞庭墓志/苏明订. ——民国《潼南县志》卷五《艺文志上·一文》。苏明订，生平不详。

知县程公政事碑记/［作者不详］. ——民国新修《合川县志》第 17 册《掌录十九》，卷三十六《金石》。

忠县清乡司令许绍宗去思碑/何尔灯. ——民国《忠县志》卷十八《金石志》。何尔灯，生平不详。

忠县知事吴金相去思碑/何尔灯. ——民国《忠县志》卷十八《金石志》。

忠州太保祠楹联/［作者不详］. ——《石柱文史资料》第九辑《吟秦良玉诗词联辑》第 74 页。

周氏牌坊/［作者不详］. ——《九龙文史》第十二辑《旅游专辑》第 150 页。

朱柏庐治家格言碑/朱柏庐. ——《白帝城历代碑刻选》第 33 页。

左辖铁索桥记/（清）汪文渊. ——清嘉庆《达县志》卷四十六《艺文志》。汪文渊，曾任四川达州同知。

序跋赠题类

盛山十二景诗序/（唐）韩愈. ——清咸丰《开县志》卷二十七《艺文志》。韩愈（768—824），字退之，河阳（今河南孟州）人，世称韩昌黎，贞元八年（792）进士，"唐宋八大家"之一。

送祖评事赴黔府李中丞使幕序/（唐）任华. ——《彭水县志》第927页。任华，生卒年不详，青州乐安（今山东）人，玄宗开元中任秘书省校书郎。

易龙图序/（北宋）陈抟. ——清光绪《铜梁县志》卷十三《艺文志三》。陈抟（871—989），字图南，自号扶摇子，普州崇龛（今属重庆潼南区崇龛镇）人，一说亳州真源（今属河南鹿邑县）人。北宋初著名道士，宋太宗赐号"希夷先生"。

彭推官渝州温泉寺诗序/（北宋）周敦颐. ——清同治《巴县志》卷四上《艺文志·序》，又见清同治《璧山县志》卷十《艺文志·序》。周敦颐（1017—1073），字茂叔，道州营道（今湖南道县）人，北宋著名哲学家，理学开山之祖，人称濂溪先生。

跋自作草后/（北宋）黄庭坚. ——《彭水县志》第960页。黄庭坚（1045—1105），即黄山谷，字曹直，号山谷道人、涪翁，分宁（今修水）人，治平年间进士，北宋诗人，书法家。

摩围阁跋自作草书/（北宋）黄庭坚. ——《彭水县志》第961页。

书自作苦笋赋后/（北宋）黄庭坚. ——《彭水县志》第961页。

书画眉/（北宋）黄庭坚. ——《彭水县志》第961页。

书阴真君诗后/（北宋）黄庭坚. ——《山谷别集》卷十《题跋》，清文渊阁四库全书本。

跋西路宪使冯公诗后／（北宋）王随. ——民国《潼南县志》卷五《艺文志上·一文》。王随（973—1039），字子正，北宋河南府（今洛阳）人，成平年间进士，官至御史中丞，翰林学士。

汉巴郡太守樊敏碑跋／（南宋）赵明诚. ——清乾隆《巴县志》卷十四《艺文》。赵明诚（1081—1129），字德甫（又作德父），密州诸城（今诸城）人，父亲是宋徽宗崇宁年间宰相赵挺之，妻子是南宋著名婉约派词人李清照，南宋著名金石学家。

汉车骑将军冯绲碑跋／（南宋）赵明诚. ——民国《南充县志》卷十四《艺文志·跋》。

钓鱼山回禅师语录叙／（南宋）冯时行. ——《感山卧云纪谈》。冯时行（1100—1163），字当可，号缙云，重庆北碚人（一说祖籍浙江诸暨，一说重庆璧山人），宣和六年（1124）进士。

梅林分韵诗序／（南宋）冯时行. ——《四川通志》卷四十九、清同治《璧山县志》卷十《艺文志·序》。

资治通鉴释文序／（南宋）冯时行. ——《宋代蜀文辑存》第三册第308页。

陈氏族谱序／（南宋）樊光远. ——清道光《南部县志》卷二十九《艺文志》。樊光远（1102—1164），字茂实，钱塘（今杭州）人，绍兴五年（1135）进士，因积极主张抗击金兵，批评以秦桧为首的妥协派，被秦桧贬为阆州教授。

石经考异序／（南宋）晁公武. ——民国新修《合川县志》第29册《文在六》，卷七十五《序跋六上》。晁公武（1105—1180），字子止，号昭德先生，祖籍澶州清丰（今属河南），为晁说之侄，曾任潼川府路转运判官。

陈氏族谱序／（南宋）陆九渊. ——清道光《南部县志》卷二十九《艺文志》。陆九渊（1139—1193），字子静，自号存斋，抚州金溪（今属江西）人，孝宗乾道八年（1172）进士。南宋哲学家。因曾在江西贵溪象山讲学，学者称象山先生。曾任靖安、崇安主簿，国子正，出知荆门军。其著作，死后由其子陆持之编为《象山先生全集》，现有中华书局出版的《陆九渊集》。陆九渊是

"心学"的创始人，与其兄陆九韶、陆九龄并称"三陆子之学"。

跋傅耆同人卦说/（南宋）度正.——《经义考》卷六十九。度正（1166—1235），字周卿，号性善、乐活，合州人。

跋太极图说/（南宋）度正.——《经义考》卷七十一。

春秋集义序/（南宋）度正.——《经义考》卷七十一。

陈氏族谱序/（南宋）魏了翁.——清道光《南部县志》卷二十九《艺文志》。魏了翁（1178—1237），字华夫，号鹤山，邛州蒲江（今四川蒲江）人，宁宗庆元五年（1199）进士，南宋著名的理学家，《宋史》有其传。著有《鹤山全集》一百零九卷。

鹤山师友雅言序/（南宋）游似.——民国《南充县志》卷十四《艺文志·序》。游似（？—1252），字景仁，号克斋，四川南充人（一说岳池人）。似勤奋好学，师事刘光祖，嘉定十四年（1221）进士，官大理寺司直。理宗嘉熙三年（1239）为端明殿学士，签枢密院事，封南充县伯，后拜参知政事。

跋刘均国卧龙行记/（南宋）王行谨.——清同治重修《涪州志》卷十四《艺文志上》。王行谨，生卒年不详，建炎年间人，曾任夔州奉节县令，主管劝农公事。

合州垫江志序/（南宋）任逢.——清乾隆《合州志》卷十二。任逢，生卒年不详，字千载，眉州眉山人，宋高宗绍兴年间进士，授西充县丞。

鹤山师友雅言序/（南宋）税与权.——《全蜀艺文志》卷三十一、民国新修《合川县志》第29册《文在六》，卷七十五《序跋六上》。税与权，生卒年不详，字巽甫，巴县人，魏了翁门人，通经学，尤精于《易》，世称儒宗。

易学启蒙小传序/（南宋）税与权.——《全蜀艺文志》卷三十一。

周礼折衷后序/（南宋）税与权.——《全蜀艺文志》卷三十一。

嗣韵石鱼诗序/（南宋）刘叔子.——清同治重修《涪州志》卷十四《艺文志上》。刘叔子，生卒年不详，字君举，长宁人，理宗宝祐年间知巴县。

云安监劝学诗序/（南宋）王日羣.——《四川通志》卷七十八。王日羣，生卒年不详，潼川（今四川三台）人，高宗绍兴二十九年（1159）因官事至云安。

杨氏祠观法题词／（南宋）黄度．——民国新修《合川县志》第30册《文在十一》，卷八十一《杂著十一》。黄度（1138—1213），字文叔，号遂初，新昌（今属浙江绍兴）人，隆兴元年（1163）进士。

跋张敬夫与冯公帖／（宋）朱熹．——清同治《璧山县志》卷十《艺文志·跋》。

送舒容荣归序／（明）刘习之．——民国《忠县志》卷二十《文录志·序跋类》。舒容，生卒年不详，字仲和，忠州人，明永乐六年（1408）举人。

送太子少保涪陵刘公致仕序／（明）邱濬．——清同治重修《涪州志》卷十四《艺文志上》。邱濬（1418—1495），字仲深，号琼台，广东琼台（今琼山）人，景泰五年（1454）进士，选庶吉士，官至文渊阁大学士，卒谥文庄。

游钓鱼山诗序／（明）谢士元．——民国新修《合川县志》第29册《文在六》，卷七十六《序跋六下》。谢士元（1425—1494），字仲仁，福建长乐人，景泰五年（1454）进士，曾巡按四川。

刘氏族谱序／（明）吴宽．——清同治《巴县志》卷四上《艺文志·序》。吴宽（1435—1504），字原博，号匏庵，玉亭主，直隶长州（今苏州）人，成化八年（1472）进士。

送萧建中令綦江序／（明）杨廷和．——清道光《綦江县志》卷十一《艺文上》。杨廷和（1459—1529），字介夫，号石斋，新都（今成都）人，成化十四年（1478）进士。

丰都志序／（明）邵宝．——载氏著《容春堂集》前集卷十三，明正德刻本，收录在《原国立北平图书馆甲库善本丛书》第725册。邵宝（1460—1527），字国贤，号二泉，无锡人，成化二十年（1484）进士。

芦山县樊敏碑跋／（明）李一本．——清同治《忠州直隶州志》卷十二《艺文志·跋》。李一本，生卒年不详，忠州人，成化二十二年（1486）举人。

钓鱼城志后跋／（明）邹智．——民国新修《合川县志》第29册《文在六》，卷七十五《序跋六上》。邹智（1466—1491），字汝愚，号立斋，合州（今重庆合川）人，明诗文家。

赏雪诗序／（明）邹智．——《立斋遗文》卷二。

跋杨升庵临涪翁与人帖/（明）刘大谟. ——清同治重修《涪州志》卷十四《艺文志上》。刘大谟（1476—1543），字远夫，号东阜，明河南仪封人，正德三年（1508）进士，曾任四川巡抚，主修《四川总志》。

丰都志目录序/（明）杨孟瑛. ——清光绪《丰都县志》卷四《艺文志》。杨孟瑛，生卒年不详，字温甫，号平山，丰都人，明弘治十六年（1503）出任杭州知州。

代安汉父老诸生为太守王公寿序/（明）任瀚. ——民国《南充县志》卷十四《艺文志·序》。任瀚（1501—1592），字少海，四川南充人，嘉靖八年（1529）进士，历任吏部主事、考功郎中、翰林院检讨等职。任瀚为人正直，不适应当时的官场生活，四十岁即辞职归家，但其天资聪颖，才思过人，在文学上取得了巨大的成就，诗、文、联俱佳，为"嘉靖八才子"之一、"蜀中四大家"之一。《明史》有其传。

韩石谿七十寿序/（明）任瀚. ——民国《南充县志》卷十四《艺文志·序》。

鹿应期诗序/（明）任瀚. ——民国《南充县志》卷十四《艺文志·序》。

顺庆府志序/（明）任瀚. ——民国《南充县志》卷十四《艺文志·序》。

送周耿西太守考绩序/（明）任瀚. ——民国《南充县志》卷十四《艺文志·序》。

题陈图南睡像复孙山甫/（明）任瀚. ——民国《南充县志》卷十四《艺文志·跋》。

易统序/（明）任瀚. ——民国《南充县志》卷十四《艺文志·序》。

刘文简文集序/（明）赵贞吉. ——清同治《巴县志》卷四上《艺文志·序》。赵贞吉（1508—1576），字孟静，号大洲，内江（今属四川）人，明学者，嘉靖年间进士。

格物诸图引/（明）来知德. ——清光绪《梁山县志》卷十下《艺文下》。来知德（1525—1604），字矣鲜，号瞿塘，梁山县（今重庆市梁平县）人，明代著名理学家。

太学古本释序/（明）来知德. ——清光绪《梁山县志》卷十上《艺

文上》。

易注自序/（明）来知德. ——清光绪《梁山县志》卷十上《艺文上》。

铜梁县志序/（明）张佳胤. ——清光绪《铜梁县志》卷十一《艺文志一》。张佳胤（1526—1588），字肖甫，铜梁县人，明嘉靖二十九年（1550）进士，工吟咏，善书。

张侯嘉禾瑞应册序/（明）张佳胤. ——清光绪《铜梁县志》卷十一《艺文志一》。

来瞿塘先生日录序/（明）郭棐. ——清光绪《梁山县志》卷十上《艺文上》。郭棐（1529—1605），字笃周，号梦兰，明广东南海人。

张岷峡先生集序/（明）李维桢. ——清光绪《铜梁县志》卷十一《艺文志一》。李维桢，生卒年不详，字本宁，京山（今湖北荆门）人，明隆庆二年（1568）进士。

重刻日录序/（明）黄汝亨. ——清光绪《梁山县志》卷十上《艺文上》。黄汝亨（1558—1626），字贞父，号泊玄居士、寓林居士，浙江杭州人，万历年间进士，官至江西布政司参议。

跋眉庵记后/（明）黄辉. ——民国《南充县志》卷十四《艺文志·跋》。黄辉（1559—1620），字平倩，四川南充人，明万历十七年（1589）进士，授编修，工诗文和书法。

管郡伯考绩序/（明）黄辉. ——民国《南充县志》卷十四《艺文志·序》。

贺饶映垣公祖考绩序/（明）黄辉. ——民国《南充县志》卷十四《艺文志·序》。

九畹刘公擢宗伯大夫序/（明）黄辉. ——民国《南充县志》卷十四《艺文志·序》。

书刑泽宇卷/（明）黄辉. ——民国《南充县志》卷十四《艺文志·跋》。

送刘南充序（刘公名兰，号九畹）/（明）黄辉. ——民国《南充县志》卷十四《艺文志·序》。

题旌义李长者册/（明）黄辉. ——民国《南充县志》卷十四《艺文

志·跋》。

昝鸣宇公祖首荐序/（明）黄辉．——民国《南充县志》卷十四《艺文志·序》。

重刻来瞿塘先生日录引/（明）傅时望．——清光绪《梁山县志》卷十下《艺文下》。傅时望，生卒年不详，四川万县（今重庆万州）人，进士，明万历五年（1577）任桂林府知府。

怀仙吟序/（明）吴用先．——清光绪《丰都县志》卷四《艺文志》。吴用先，字体中，桐城（今安徽桐城）人，明万历二十年（1592）进士，佛教居士。

邹刘合刻序/（明）倪斯蕙．——清同治《巴县志》卷四上《艺文志·序》、清同治重修《涪州志》卷十四《艺文志上》。倪斯蕙，生卒年不详，字尔澹，别号禹同，重庆卫军籍，神宗万历二十年（1592）进士。

青忠惠集序/（清）陆钺．——清光绪《大宁县志》卷八《艺文志》。陆钺（1587—？），字仲威，号巽庵，常熟人，性好读书，少羸疾，弃举子业，与钱谦益等联社吟咏，与兄铣齐名，人谓之"大小陆"，顺治十一年（1654）尚在世。

刘氏科第志序/（明）王应熊．——清同治《巴县志》卷四上《艺文志·序》。王应熊（1589—1647），字非熊，一字春石，重庆巴县人，明万历四十一年（1613）进士。

来瞿唐先生日录序/（明）张子功．——清光绪《梁山县志》卷十上《艺文上》。张子功，生平不详，万历年间（1573—1620）进士。

冯氏历乱纪跋/（明）涂有祜．——清光绪《梁山县志》卷十下《艺文下》。涂有祜，生卒年不详，重庆梁山人，天启五年（1625）进士，曾任贵州省布政使司。工书法，小楷绝佳。

入圣功夫字义序/（明）王必薛．——清光绪《梁山县志》卷十上《艺文上》。王必薛，字豫章，生平不详，与来知德同时代人。

周公平播肤功序/（明）杨为栋．——清道光《綦江县志》卷十一《艺文上》。杨为栋，生平不详，明选贡。

周易集注序／（明）郭子章．——清光绪《梁山县志》卷十上《艺文上》。郭子章，生卒年不详，字相奎，江西泰和人，万历年间（1573—1620）任贵州巡抚，精著述、书法。

更修灵官祠小引／（明）李兆．——清光绪《西充县志》卷十四《艺文志·下》。李兆，四川西充人。

开汉志序／（明）朱繁．——民国《南充县志》卷十四《艺文志·序》。朱繁，生卒年不详，曾任开汉郡守。

刻任少海稿序／（明）王九德．——明万历十八年（1590）季夏．——民国《南充县志》卷十四《艺文志·序》。

两汉书钞书后／（明）王廷．——民国《南充县志》卷十四《艺文志·跋》。

任少海文集序／（明）王振奇．——民国《南充县志》卷十四《艺文志·序》。

梦寻纪事序／（清）龚懋熙．——清同治《巴县志》卷四上《艺文志·序》。龚懋熙，生卒年不详，字孟章，号笋湄，江津人，崇祯十三年（1640）进士，入清不仕。

高惕菴语录序／（清）吕潜．——清光绪《梁山县志》卷十上《艺文上》、民国《潼南县志》卷五《艺文志上·一文》。吕潜（1621—1706），字孔昭，又字石山，号半隐、耘叟，晚号石山农，四川遂宁人，崇祯十六年（1643）进士，清初诗人。

唐山人诗序／（清）吕潜．——民国新修《合川县志》第29册《文在六》，卷七十五《序跋六上》、民国《潼南县志》卷五《艺文志上·一文》。

文肃公诗跋／（清）吕潜．——民国《潼南县志》卷五《艺文志上·一文》。

吕文肃诗序／（清）费密．——民国《潼南县志》卷五《艺文志上·一文》。费密（1625—1701），字此度，又字燕峰，四川新繁人，明末曾参加抗清斗争致残，明亡后以授徒卖文为生。

沧湄诗钞序／（清）唐甄．——尤珍著《沧湄诗钞》，卷首。唐甄（1630—

1704），初名大陶，字铸万，号圃亭。四川达州人。中国明末清初的思想家和政论家，与王夫之、黄宗羲、顾炎武同称"四大著名启蒙思想家"。被中宣部、国家教委列为亘古以来包括孔子、孟子、鲁迅在内的一百位影响中国历史进程的杰出思想家之一。

刘氏科第志序／（清）徐元文．——清同治《巴县志》卷四上《艺文志·序》。徐元文（1634—1691），字公肃，号立斋，江苏昆山人，顾炎武外甥，顺治十六年（1659）状元。

司寇李公崇祀河南名宦序／（清）李先复．——清道光《南部县志》卷二十九《艺文志》。李先复（1651—1728），字曲江，四川南部县人，康熙十一年（1672）举人，初任山东曹县知县，官至工部尚书。

醵金重树雁塔引／（清）赵心抃．——清光绪《西充县志》卷十四《艺文志·下》。赵心抃（1652—1714），字清章，四川西充人，二十岁中举人，除山西太平县知县，擢兵科给事中，卒年六十三。著有《清章疏稿》。

成文运当涂德政诗序／（清）曹寅．——民国《忠县志》卷二十《文录志·序跋类》。曹寅（1659—1712），字子清，号荔轩，又号楝亭，清代诗人，曹雪芹祖父，善诗词。

重修胡公祠序／（清）王廷献．——清光绪《丰都县志》卷四《艺文志》。王廷献，生卒年不详，浙江省海宁县人。康熙十五年（1676）任丰都县知县。

冷月潭诗集序／（清）王廷献．——清道光《垫江县志》卷七《艺文志·序》。

书内江教谕陈方壶死事传后／（清）王廷献．——清光绪《丰都县志》卷四《艺文志》。

雪堂诗序（为傅作楫作）／（清）许汝霖．——清光绪《奉节县志》卷三十六《艺文·文汇上》。许汝霖（？—1720），字时庵，号且然，浙江海宁人，康熙二十一年（1682）进士。

素园寓集自序／（清）苟金薇．——民国新修《合川县志》第29册《文在六》，卷七十五《序跋六上》。苟金薇（约1664—1717），字井深，合州（今合川）人，清康熙二十年（1681）举人。

王贞女序／（清）余德中．——清同治《巴县志》卷四上《艺文志·序》。余德中，生卒年不详，重庆奉节人，清康熙二十年（1681）举人。

橘园诗序／（清）董佩笈．——清同治《巴县志》卷四上《艺文志·序》。董佩笈，生卒年不详，字岵瞻，江苏武进人，清康熙二十一年（1682）进士，历官四川川东道。

冯氏历乱纪跋／（清）高人龙．——清光绪《梁山县志》卷十下《艺文下》。高人龙，生卒年不详，字惕庵，梁山（今梁平县）人，康熙二十七年（1688）进士，后退职归里，潜心研究濂、洛、关、闽四家理学。

萧东谷小草诗序／（清）方觐．——清道光《垫江县志》卷七《艺文志·序》。方觐，生卒年不详，字近雯，江都（今扬州市）人，康熙四十八年（1709）进士。

楼山诗集原序／（清）黄之隽．——清光绪《铜梁县志》卷十三《艺文志三》。黄之隽（1668—1748），字石牧，号唐堂，江苏华亭（今上海松江）人，清康熙六十年（1721）进士。

节妇涂孺人寿序／（清）龙为霖．——清乾隆《巴县志》卷十一《艺文》。龙为霖（1689—1756），字雨苍，号鹤坪，江北县人，康熙四十五年（1706）进士。

募修藏经阁引／（清）龙为霖．——清乾隆《巴县志》卷十一《艺文》。

王贞女诗集跋／（清）龙为霖．——清同治《巴县志》卷四下《艺文志·题跋》。

罗岳峰诗集序／（清）李为栋．——清乾隆《巴县志》卷十一《艺文》。李为栋（？—1752），字粲宸，巴县人，乾隆元年（1736）进士，蒲州知府。

本韵一得叙／（清）彭端淑．——民国《巴县志》卷二十三《文征》。彭端淑（1699—1779），字乐斋，号仪一，丹棱县人，清诗人。

楼山省身录序／（清）沈大成．——清光绪《铜梁县志》卷十三《艺文志三》。沈大成（1700—1771），字学子，号沃田，江苏华亭（今上海松江）人，诸生，博闻强识。

楼山诗集序／（清）沈大成．——清光绪《铜梁县志》卷十三《艺文志三》。

送天一和尚住持华岩寺序（二篇）/（清）王尔鉴. ——清乾隆《巴县志》卷十一《艺文》。

查永万六旬寿序/（清）彭浚. ——民国新修《合川县志》第29册《文在六》，卷七十六《序跋六下》。彭浚（1707—1835），字映旟，号宝臣，衡山人，嘉庆三年（1798）考优贡，嘉庆十年（1805）状元。

石砫厅志跋/（清）曹秀先. ——清道光《补辑石砫厅新志·艺文志中》。曹秀先（1708—1784），字恒所，一字冰持，号地山，江西新建人，清文学家，乾隆元年（1736）进士。

试院学坡题跋/（清）吴省钦. ——清同治《忠州直隶州志》卷十二《艺文志·跋》。吴省钦（1730—1803），一作仲止，号白华，清南汇县（今上海市东南部）人，乾隆二十八年（1763）进士。

寿冉觐扎七十序/（清）吴省钦. ——清道光《补辑石砫厅新志·艺文志中》。

灼龟遗编注释序/（清）李调元. ——清光绪《梁山县志》卷十上《艺文上》。李调元（1734—1802），字雨村，号童山，四川绵州（今绵阳）人，清代戏曲理论家、诗人。

丰都县旧志序/（清）瞿颉. ——清光绪《丰都县志》卷四《艺文志》。瞿颉（1742—?），字孚若，号菊亭，别署琴川兰亭居士、琴川苍山子、秋水阁主人，常熟人，乾隆三十三年（1768）举人，曾任四川丰都知县，嘉庆年间修《丰都县志》。

董朴园明府五十有一寿序/（清）张乃孚. ——民国新修《合川县志》第29册《文在六》，卷七十六《序跋六下》。张乃孚（1759—1825），字西村，合州（今合川）人，乾隆四十八年（1783）举人。

铜梁六寅山八景唱和诗序/（清）张乃孚. ——清光绪《铜梁县志》卷十二《艺文志二》。

晓园诗选序/（清）张乃孚. ——民国新修《合川县志》第29册《文在六》，卷七十五《序跋六上》。

刘鹤坪砚农诗序/（清）冯镇峦．——民国新修《合川县志》第29册《文在六》，卷七十五《序跋六上》。冯镇峦（1760—1830），号远村，重庆涪陵人，清乾隆五十七年（1792）举人。

送外翰指泉伍先生叙/（清）冯镇峦．——民国新修《合川县志》第29册《文在六》，卷七十六《序跋六下》。

吏治书目录序/（清）伍绍曾．——清道光《綦江县志》卷十一《艺文上》。伍绍曾（1763—？），字燕堂，自号率真子，四川綦江人。

苟汉昭七十寿序/（清）聂铣敏．——民国新修《合川县志》第29册《文在六》，卷七十六《序跋六下》。聂铣敏（1775—1828），字晋光，号蓉峰，衡山人，嘉庆十年（1805）进士。

试院公生明题跋/（清）聂铣敏．——清同治《忠州直隶州志》卷十二《艺文志·跋》。

试院瞰江轩跋（清）/聂铣敏．——清同治《忠州直隶州志》卷十二《艺文志·跋》。

试院咫尺蓬莱跋/（清）聂铣敏．——清同治《忠州直隶州志》卷十二《艺文志·跋》。

送云居寺冲潭上人序/（清）何增元．——清同治《璧山县志》卷十《艺文志·序》。何增元（1776—1862），别名调谱，字申畬，璧山县人，进士。

醉饮阁跋/（清）苏廷玉．——清同治《忠州直隶州志》卷十二《艺文志·跋》。苏廷玉（1783—1852），字韫山，号鳌石，晚号退叟，翔凤里澳头（今新店镇澳头村）人，嘉庆十九年（1814）进士。

刘氏族谱序/（清）石彦恬．——清同治重修《涪州志》卷十四《艺文志下》。石彦恬（1790—1861），字麟士，晚号素翁，清代侠士、书法家、诗人。

邹氏族谱序/（清）强望泰．——民国新修《合川县志》第29册《文在六》，卷七十五《序跋六上》。强望泰（1793—1866），字尊圃，陕西韩城人，赐进士出身，自道光七年至二十四年（1827—1844）曾八次任成都府水利同知，对维修都江堰建立了功勋。

见山楼跋/（清）何绍基．——清同治《忠州直隶州志》卷十二《艺文志·跋》。何绍基（1793—1873），字子贞，号东洲，晚年号暖叟，道州（今湖南道县）人，道光十六年（1836）进士，授编修，官四川学政，晚清著名诗人、书法家。

忠州直隶州志序／（清）吴棠. ——民国《忠县志》卷二十《文录志·序跋类》。吴棠（1813—1875），字棣华，号仲仙或仲宣、春亭，江苏盱眙人，道光十五年（1835）举人，终四川总督。

题岷峡吴氏家塾楷模／（清）李鸿藻. ——清光绪《铜梁县志》卷十二《艺文志二》。李鸿藻（1820—1897），字季云，号兰孙，直隶高阳人，咸丰年间进士，授编修，信守程朱理学。

廪生杜海云五十寿联／（清）李士棻. ——《忠县志》卷二十二《丛谈志》。李士棻（1821—1885），字芋仙，忠县人，道光二十九年（1849）拔贡。

云藏书屋跋／（清）李士棻. ——民国《忠县志》卷二十一《文征志·杂文汇》。

新修李氏族谱序／（清）李二文. ——民国新修《合川县志》第29册《文在六》，卷七十五《序跋六上》。李二文（1824—1871），字华国，应试不利，绝意科举，善相地。

画人物类弁言／（清）释竹禅. ——《梁平县志》。竹禅（1825—1901），俗姓王氏，号熹公，梁山县仁贤镇（今梁平县）人，住锡上海龙华寺，擅长书画、金石雕刻，绘画自成一格，其水墨人物、山水、竹石，人谓别成一派，题画诗亦佳。

吴井田先生六旬双寿序（代吴昆田作）／（清）赵用修. ——民国新修《合川县志》第29册《文在六》，卷七十六《序跋六下》。赵用修（1830—1879），字芝小，号省齐，今重庆合川人，同治九年（1870）进士。

蒋孺人邓氏八十寿序乙亥／（清）蒋璧方. ——民国新修《合川县志》第29册《文在六》，卷七十六《序跋六下》。蒋璧方（1830—1884），字辑亭，初名道成，又字集廷，今重庆合川人，咸丰九年（1859）中举，后主讲合州书院。

史论弁言／（清）蒋璧方. ——民国新修《合川县志》第29册《文在六》，卷七十五《序跋六上》。

读史纪要序/（清）王文在. ——清光绪《梁山县志》卷十上《艺文上》。王文在（1834—1889），字念堂，号杏坞，稷山人，探花，授编修，任湖北学政，主讲河东书院、晋阳书院，工书。

见所见斋文集序/（清）丁树诚. ——民国新修《合川县志》第29册《文在六》，卷七十五《序跋六上》。丁树诚（1837—1902），字治棠，合川云门镇丁家沟人。

教学半斋诗序/（清）丁树诚. ——民国新修《合川县志》第29册《文在六》，卷七十五《序跋六上》。

曾翁敏斋六十寿序/（清）丁树诚. ——民国新修《合川县志》第29册《文在六》，卷七十六《序跋六下》。

姜警堂先生六旬寿序/王世煃. ——民国新修《合川县志》第29册《文在六》，卷七十六《序跋六下》。王世煃（1856—1916），字聚五，号星恒，四川合州（今合川）人，同治三年（1864）设私馆以授徒，后入县学，学成复设私馆于州城濂溪祠，光绪二十年（1894）始中举，会试不第归里，主讲越秀书院和瑞山书院。

张刘孺人七十寿序/宋育仁. ——民国新修《合川县志》第29册《文在六》，卷七十六《序跋六下》。宋育仁（1857—1931），字芸芝，又作芸子，四川富顺人，光绪十二年（1886）进士，工诗画。

二十四史校勘记序例/张森楷. ——民国新修《合川县志》第29册《文在六》，卷七十五《序跋六上》。张森楷（1858—1928），原名家楷，字元翰，号式卿，今重庆合川人，历史学家。

九老会序/杜光昀. ——民国《忠县志》卷二十一《文征志·杂文汇》。杜光昀（1861—1912），字旭初，忠州城人，清光绪时廪膳生。

增置学租序/（清）余英. ——清嘉庆二年（1797）. ——清光绪《荣昌县志》卷二十一《艺文》。余英（1874—1910），原名余俊英，字竟成，四川泸州人，早年加入哥老会，近代民主革命者。

刘鹭溪日记序/（清）徐旋. ——清乾隆《巴县志》卷十一《艺文》。徐旋，生平不详。

篆山人诗序/（清）徐旋. ——清同治《巴县志》卷四上《艺文志·序》。

募修地藏菴引/（清）周开丰. ——清乾隆《巴县志》卷十一《艺文》。周开丰，生卒年不详，字骏声，号悔厘，重庆巴县人，康熙五十九年（1720）中举，善诗文。

诗铄序/（清）周开丰. ——清乾隆《巴县志》卷十一《艺文》。

诗影自序/（清）周开丰. ——清乾隆《巴县志》卷十一《艺文》。

题恢复重庆纪略/（清）周开丰. ——清乾隆《巴县志》卷十四《艺文》。

自书法华经序/（清）周开丰. ——清乾隆《巴县志》卷十一《艺文》。

王熊峰明府巴吟集诗序/（清）姜会照. ——清乾隆《巴县志》卷十一《艺文》。姜会照，生卒年不详，字南园，如皋人，乾隆六年（1741）顺天乡试中副榜，后任奉节知县。

重刻来先生易经图注全解序/（清）周大璋. ——清光绪《梁山县志》卷十上《艺文上》。周大璋，生卒年不详，字聘侯，桐城人，雍正二年（1742）进士，著作家。

教养山蚕说序/（清）王縈绪. ——清道光《补辑石砫厅新志·艺文志上》。王縈绪，生卒年不详，山东诸城人，清乾隆二十二年（1757）进士，乾隆三十二年（1767）任丰都知县，后升石柱厅长官。

题马宗大画像/（清）王縈绪. ——清道光《补辑石砫厅新志·艺文志上》。

治丰都礼略序/（清）王縈绪. ——清道光《补辑石砫厅新志·艺文志上》。

自题画像词/（清）王縈绪. ——清道光《补辑石砫厅新志·艺文志上》。

城口士民捐修圣庙、文昌宫及祠宇学署序/（清）吴秀良. ——清道光《城口厅志》卷二十《艺文志》。吴秀良，生卒年不详，道光年间（1821—1850）任城口同知。

新城书院跋/（清）吴秀良. ——清道光《城口厅志》卷二十《艺文志》。

重修宝顶南京堂光相寺叙/（清）墙士进. ——清道光《垫江县志》卷七《艺文志·序》。墙士进，生卒年不详，字琼先，垫江人，清乾隆三十九年

(1774) 举人，射洪县教谕。

邓邑侯修綦江城堤工竣实序/（清）伍潛祥. ——清道光《綦江县志》卷一《城池》。伍潛祥，生卒年不详，綦江人，道光十六年（1836）进士，官户部郎中，曾编纂道光同治《綦江县志》。

李鹤期诗集序/（清）涂珪. ——清道光《垫江县志》卷七《艺文志·序》。

乾隆甲辰改修学宫课序/（清）危毓琳. ——清道光《綦江县志》卷三《学校》。危毓琳，生平不详。

冉氏族谱序/（清）邵陆. ——《酉阳文史资料选辑》第二十五辑第24页。邵陆，生卒年不详，字东行，号元圃，浙江宁波鄞县（今鄞州区）人，曾任酉州知州。

邵牧酉阳州志序/（清）邵陆. ——《酉阳文史资料选辑》第二十五辑第24页。

石砫厅志序/（清）邵陆. ——清道光《补辑石砫厅新志·艺文志中》。

送周公守遵义序/（清）杨炜. ——清道光《綦江县志》卷十一《艺文上》。杨炜，生卒年不详，字槐占，号星园，武进人，乾隆四十三年（1778）进士，官广东候补道。

太保祠汇刻名诗甲记/（清）马光仁. ——清道光《补辑石砫厅新志·艺文志中》。马光仁，生卒年不详，字次云，乾隆年间（1736—1795）人，石柱土司使马宗大次子，土司马光裕之弟，贡生，诗人。

续补厅志弁言/（清）史钦义. ——清道光《补辑石砫厅新志·艺文志中》。史钦义，生卒年不详，浙江余姚人，乾隆五十七年（1792）署石柱厅同知，续补《石柱厅志》。

旧志原序/（清）胡邦盛. ——清咸丰《开县志》卷二十七《艺文志》。胡邦盛，生卒年不详，浙江汤溪人，进士，清乾隆年间（1736—1795）任开县知县。

开县原志序/（清）魏煜. ——清咸丰《开县志》卷二十七《艺文志》。魏煜，生卒年不详，清直隶蔚县举人，道光年间（1821—1850）曾任开县知县。

书胡孝女传后/（清）刘翀. ——清同治《璧山县志》卷十《艺文志·跋》。刘翀，生卒年不详，字霞轩，华阳人。

宴陈氏园序/（清）吴质存. ——清同治《璧山县志》卷十《艺文志·序》。吴质存，生卒年不详，字健齐，江苏武进县人。

宝轮堂诗稿叙/（清）李炳灵. ——清光绪《梁山县志》卷十上《艺文上》。李炳灵，生卒年不详，字可渔或守愚，垫江人，举人，曾任德阳府温江县教谕、忠州高等小学堂堂长等。

重刻日录序/（清）张惟任. ——清光绪《梁山县志》卷十上《艺文上》。张惟任，生卒年不详，字仲衡，关中人，进士，曾任巫山县令，与来知德交往甚厚。

骢马导舆图序/（清）敖册贤. ——清光绪《铜梁县志》卷十三《艺文志三》。

冯氏历乱纪跋/（清）涂戴霍. ——清光绪《梁山县志》卷十下《艺文下》。涂戴霍，生卒年不详，清代人，曾任南部县训导。

省觉录序/（清）王廷章. ——清光绪《梁山县志》卷十上《艺文上》。王廷章，生卒年不详，字朝炳，常熟人，戏曲作家，清嘉庆十八年（1813）作《昭代箫韶》。

题六寅诗集/（清）龚有融. ——清光绪《铜梁县志》卷十二《艺文志二》。龚有融，生卒年不详，字晴皋，清乾隆年间举人，巴县人，擅书画。

铜梁山人诗集序/（清）李如筠. ——清光绪《铜梁县志》卷十三《艺文志三》。李如筠，生卒年不详，号虚谷，江西大庚人，乾隆年间（1736—1795）进士，授编修。

铜梁县志叙/（清）徐瀛. ——清光绪《铜梁县志》卷十二《艺文志二》。徐瀛，生卒年不详，字洲士，号笔珊，浙江海宁州举人，清道光元年（1821）任铜梁县知县。

香山祀孔子先师序/（清）郭和熙. ——清光绪《铜梁县志》卷十二《艺文志二》。郭和熙，生卒年不详，字伯融（或琴舟），铜梁县人，清道光年间举人。

乡学序/（清）龙翔. ——清光绪《荣昌县志》卷二十一《艺文》。龙翔，字云岚，桃源人，清乾隆五十一年（1786）举人，曾任荣昌知县。

新建文场序/（清）曾灿奎. ——清道光十三年（1833）. ——清光绪《荣昌县志》卷二十一《艺文》。曾灿奎，生卒年不详，字聚五，号星垣，祖籍江西，徙贵筑（今贵阳），嘉庆十八年（1813）中举，曾任职于四川。

应制诗韵编次家训序/（清）鲁庆. ——清光绪《梁山县志》卷十上《艺文上》。鲁庆，生卒年不详，清代梁山县令。

本韵一得叙/（清）蔡时田. ——民国《巴县志》卷二十三《文征》。蔡时田，生卒年不详，字修莱，号雪南，时豫之弟，雍正十三年（1735）举人，乾隆七年（1742）进士，选翰林院庶吉士。

补修县志旧序/（清）方宗敬. ——清光绪《丰都县志》卷四《艺文志》。方宗敬，生卒年不详，字恪庭，巴陵（今岳阳）人，方应元子，清嘉庆三年（1798）举人，曾任丰都知县。

陈氏族谱序/（清）蔡永庆. ——民国新修《合川县志》第29册《文在六》，卷七十五《序跋六上》。蔡永庆，生卒年不详，合川人，清道光时期举人。

陈裕斋先生七旬双寿序/（清）张鼎生. ——民国新修《合川县志》第29册《文在六》，卷七十六《序跋六下》。张鼎生，生卒年不详，原名荣，字铭甫，清末江苏宝山真如（今属上海市）人，道光十七年（1837）举人，曾任职垫江等县。

潘莹台六十寿序/（清）张鼎生. ——民国新修《合川县志》第29册《文在六》，卷七十六《序跋六下》。

程雨琴观察集唐诗序/（清）彭定仁. ——民国新修《合川县志》第29册《文在六》，卷七十五《序跋六上》。彭定仁，合州（今合川）人，清道光元年（1821）举人，工骈文诗词经史。

合州士民恭送恒公行旌序/（清）彭定仁. ——民国新修《合川县志》第29册《文在六》，卷七十六《序跋六下》。

侯杨孺人九秩寿序/（清）彭定仁. ——民国新修《合川县志》第29册《文在六》，卷七十六《序跋六下》。

蔡节母谢孺人六十节寿序/（清）李德仪. ——清同治《营山县志》卷二十八《艺文志》。

参修族谱序/（清）王家镐. ——民国《南充县志》卷十四《艺文志·序》。

重修忠州直隶州志序/（清）英详. ——民国《忠县志》卷二十《文录志·序跋类》。英详，生平不详。

重修忠州直隶州志序/（清）庆征. ——民国《忠县志》卷二十《文录志·序跋类》。庆征，生卒年不详，满洲镶红旗人，清同治十二年（1873）左右任忠州知州，曾修同治《忠州直隶州志》。

春暮与友论诗序/（清）朱圻. ——民国新修《合川县志》第29册《文在六》，卷七十五《序跋六上》。朱圻，生卒年不详，清康熙四十年（1701）贡生。

丰都县旧志序/（清）朱象鼎. ——清光绪《丰都县志》卷四《艺文志》。朱象鼎，生卒年不详，浙江秀水县（今嘉兴市）人，清康熙十七年（1678）举人，四十四年（1705）任丰都知县。

学庸图说序/（清）朱象鼎. ——清光绪《丰都县志》卷四《艺文志》。

丰都县旧志序/（清）刘德芳. ——清光绪《丰都县志》卷四《艺文志》。刘德芳，生卒年不详，字纯庵，辽阳（今辽宁辽南市）人，康熙四十年（1701）任四川按察使，在成都创建锦江书院。

和邑侯林公劝农赈饥诗序/（清）王椿年. ——民国《江津县志》卷七之一《人物志》。王椿年，生卒年不详，字仙芝，号玉峰，乾隆十七年（1752）举人。

苟氏宗谱纪略序/（清）苟桓. ——民国新修《合川县志》第29册《文在六》，卷七十五《序跋六上》。苟桓，生卒年不详，合川人，清乾隆三十六年（1771）举人。

胡尊五六十双寿序/（清）萧望崧. ——民国新修《合川县志》第29册《文在六》，卷七十六《序跋六下》。萧望崧，生卒年不详，合州（今重庆合川）举人。

旧塾诗序／（清）萧望崧. ——民国新修《合川县志》第29册《文在六》，卷七十五《序跋六上》。

见所见斋文集序／（清）杨益豫. ——民国新修《合川县志》第29册《文在六》，卷七十五《序跋六上》。杨益豫，生卒年不详，字立生，号建侯，四川新繁人，咸丰年间举人，同治元年（1862）进士，工诗文，善书画。

留题诗序／（清）罗芳城. ——《大足文史》第七辑第41页。罗芳城，生卒年不详，清光绪壬午（1882）举人。

吕文肃公史传跋／（清）周彭年. ——民国《潼南县志》卷五《艺文志上·一文》。周彭年，生卒年不详，曾参与修纂乾隆《遂宁县志》。

祈山弟六十寿序／（清）潘一仓. ——民国新修《合川县志》第29册《文在六》，卷七十六《序跋六下》。潘一仓，生平不详，合川人。

劝捐宾兴会小引／（清）罗升榕. ——《酉阳文史资料选辑》第二十五辑第25页。罗升榕，生卒年不详，字次垣，广东肇庆人。

双桂堂铜钟序／（清）明禅. ——《重庆宗教》重庆出版社2000年版。明禅（？—1833），亦作明善、明产，清将领、僧人，达斡尔郭贝尔氏，隶布特哈镶黄旗。光绪二十五年（1899）曾任双桂堂寺院书记。

夏氏支谱跋／（清）蒲光宝. ——民国《潼南县志》卷五《艺文志上·一文》。蒲光宝，生卒年不详，西充举人。

夜雨寺募修两廊引／（清）周澄. ——民国新修《合川县志》第29册《文在六》，卷七十六《序跋六下》。周澄，生卒年不详，字静斋，江宁县人，以监生加捐知州，乾隆五十年（1785）至五十四年（1789）任合州知州。此碑文撰于乾隆五十一年（1786）后之一二年。

赠旷超凡序／（清）梁庆远. ——民国新修《合川县志》第29册《文在六》，卷七十六《序跋六下》。梁庆远，生卒年不详，大足人，道光十七年（1831）举人。

杜氏族谱序／（清）罗为赓. ——民国《南充县志》卷十四《艺文志·序》。罗为赓，字西溪，举人，四川南充人。

谯氏族谱序／（清）罗为赓. ——民国《南充县志》卷十四《艺文

志·序》。

任氏世系序/（清）罗为赓.——民国《南充县志》卷十四《艺文志·序》。

王氏族谱序/（清）罗为赓.——民国《南充县志》卷十四《艺文志·序》。

一韩先生族谱序/（清）罗为赓.——民国《南充县志》卷十四《艺文志·序》。

张刘孺人七十寿序/（清）王闿运.——民国新修《合川县志》第29册《文在六》，卷七十六《序跋六下》。王闿运，生卒年不详，字壬秋，一字壬父，晚号湘绮，时称湘绮老人，湖南湘潭人，咸丰二年（1852）举人。

张母杨孺人九旬寿序/（清）程祖润.——民国新修《合川县志》第29册《文在六》，卷七十六《序跋六下》。程祖润，生卒年不详，道光年间任合州知州。

忠州直隶州志序/（清）吴友箎.——民国《忠县志》卷二十《文录志·序跋类》》。吴友箎，生卒年不详，字编山，江苏吴县人，监生，道光年间任忠州刺史、知州，编修《忠州直隶州志》。

韩氏族谱跋/（清）张有光.——民国《南充县志》卷十四《艺文志·跋》。

杨氏慕庐图题词/何荣楠.——民国《忠县志》卷二十一《文征志·杂文汇》。何荣楠，生卒年不详，重庆忠县人，光绪年间进士。

金宝场奎星会序/（清）张本清.——民国《南充县志》卷十四《艺文志·序》。

马夫人诗序/（清）阎式矿.——清光绪《西充县志》卷十四《艺文志·下》。阎式矿，河南人。

曲江李公磜水清讴序/（清）胡梦发.——清道光《南部县志》卷二十九《艺文志》。

曲江李公磜水清讴序/（清）余国柱.——清道光《南部县志》卷二十九《艺文志》。

曲江李公礵水清讴序／（清）朱大任. ——清道光《南部县志》卷二十九《艺文志》。

送杜邑侯月峰先生序／（清）赵紫来. ——清道光《南部县志》卷二十九《艺文志》。

送曲太守解组归田序／（清）周作孚. ——清道光《南部县志》卷二十九《艺文志》。

送邑宰盖公星阶调署岳池序／（清）蒋山. ——清同治《仪陇县志》卷六《艺文志》。

续纂石桥王氏谱题辞叙／（清）王葆善. ——民国《南充县志》卷十四《艺文志·序》。王葆善，四川西充人。

玉映阁诗叙／（清）白不淄. ——清同治《营山县志》卷二十八《艺文志》。白不淄，字锦山，四川营山县人。

岳斋李公崇祠乡贤名宦录序／（清）王新命. ——清道光《南部县志》卷二十九《艺文志》。

毓秀山庄慕庐诗存书后／陈光绩. ——民国《忠县志》卷二十一《文征志·杂文汇》。陈光绩（1862—1921），字庶成，重庆忠县人，光绪十五年（1889）举人。

书郡志陈抟传后／邱建安. ——民国《潼南县志》卷五《艺文志上·一文》。邱建安，生卒年不详，字甸之。

题荀渠江册页十二幅之一／李式准. ——民国新修《合川县志》第30册《文在十一》，卷八十一《杂著十一》。李式准，生平不详。

辨善琐言序／许廷陛. ——民国《南川县志》卷十二《艺文志·骈散文》。许廷陛，生平不详。

长寿县团练养成所同学录序／[作者不详]. ——民国《长寿县志》卷十五《文征上》。

长邑傅氏族谱序／[作者不详]. ——民国《长寿县志》卷十五《文征上》。

重刻来先生易经图注全解序／（清）高映. ——清光绪《梁山县志》卷十

上《艺文上》。高映，生卒年不详，号雪君，云南姚安知府，博学能文，曾增订明季梁山来知德所著《来氏易注》。

重刻日录序/（清）冯仕仁. ——清光绪《梁山县志》卷十上《艺文上》。冯仕仁，生卒年不详，梁山人，崇祯七年（1634）进士，官吏部郎中，瞿唐先生曾外孙。

重修明伦堂序/（清）林明俊. ——清光绪《丰都县志》卷四《艺文志》。林明俊，生卒年不详，字位旃，明末岁贡生，丰都县人，工文辞。

旧志小序/（清）林明俊. ——清光绪《丰都县志》卷四《艺文志》。

船山诗注序/（清）吴洪恩. ——清光绪《铜梁县志》卷十三《艺文志三》。吴洪恩，字春海，生卒年不详，铜梁县人。

创修韦氏前贤谱言行合纂世系序/韦葆初. ——民国《南川县志》卷十二《艺文志·骈散文》。韦葆初，生平不详。

从兄茂森双寿序/［作者不详］. ——民国新修《合川县志》第29册《文在六》，卷七十六《序跋六下》。

读史纪要序/秦印煌. ——清光绪《梁山县志》卷十上《艺文上》。秦印煌，生平不详。

历史地理类

江水 /（北魏）郦道元注. ——《水经注》卷三十四。郦道元（约466—527），字善长，范阳涿州（今河北涿州）人。南北朝时期北魏官员、地理学家。按：此卷有部分内容涉及到长江三峡和重庆。

黔州观察使 /（唐）李吉甫. ——《元和郡县志》卷三十。李吉甫（758—814），字弘宪，赵郡赞皇（今河北赞皇）人，唐代政治家、地理学家。按：此卷之中有部分内容涉及到现在重庆的涪陵、黔江、彭水等地。

恭州 /（北宋）乐史. ——《太平寰宇记》卷八十《剑南道第九》。乐史（930—1007），字子正，宜黄霍源村（今属江西）人，北宋文学家、地理学家。按：恭州是重庆古称。北宋崇宁元年（1102），渝州（今重庆）改名为恭州。公元1189年，宋光宗先封恭王，后登帝位，自诩"双重喜庆"，遂升恭州为重庆府。

梓州路 /（北宋）王存主编，（北宋）曾肇、（北宋）李德刍修. ——《元丰九域志》卷七。王存（1023—1101），字正仲，丹阳（今属江苏）人。曾肇（1047—1107），字子开，南丰（今属江西）人，曾巩胞弟。李德刍，生卒年不详，邯郸（今属河北）人，北宋光禄寺丞，长于地理学。按：宋咸平四年（1001），朝廷分奉节峡路置奉节夔州路、三台梓州路，其中梓州路领梓州、遂州、果州、资州、普州、昌州、叙州、泸州、合州、荣州、渠州、怀安军、广安军和富顺监等地，地理范围涵盖了今天重庆的大足、合川等地。

夔州路 /（北宋）王存主编，（北宋）曾肇、（北宋）李德刍修. ——《元丰九域志》卷八。按：夔州路治所在夔州（今重庆市奉节县），其管辖范围包括大宁监（今巫溪）、梁山军（今梁平）、夔州（今奉节）、涪州（今涪陵）等地。

夔州路/（北宋）欧阳忞. ——《舆地广记》卷三十三《夔州路》。欧阳忞，生卒年不详，吉州庐陵（今江西吉安）人，欧阳修族孙，北宋末人，地理学家。按：此卷内容记载夔州、万州、忠州、恭州等地的地理概况。

合州/（南宋）王象之. ——《舆地纪胜》卷一五九。王象之（1163—1230），字仪父，一作肖父，婺州金华（今属浙江磐安）人，南宋著名地理学家。按：合州，治今重庆合川区。

昌州/（南宋）王象之. ——《舆地纪胜》卷一六一。按：昌州，治今重庆大足区。

涪州/（南宋）王象之. ——《舆地纪胜》卷一七四。按：涪州，治今重庆涪陵区。

重庆府/（南宋）王象之. ——《舆地纪胜》卷一七。按：重庆府，治今重庆渝中区。

黔州/（南宋）王象之. ——《舆地纪胜》卷一七六。按：黔州，治今重庆黔江区。

万州/（南宋）王象之. ——《舆地纪胜》卷一七七。按：万州，治今重庆万州区。

梁山军/（南宋）王象之. ——《舆地纪胜》卷一七九。按：梁山军，治今重庆梁平县。

南平军/（南宋）王象之. ——《舆地纪胜》卷一八□。按：南平军，治今重庆南川区。

大宁军/（南宋）王象之. ——《舆地纪胜》卷一八一。按：大宁军，治今重庆巫溪县。

云安军/（南宋）王象之. ——《舆地纪胜》卷一八二。按：云安军，治今重庆云阳县。

夔州路/（南宋）祝穆. ——《方舆胜览》卷五十七。祝穆（？—1255），字和甫，初名丙，祖籍新安（今安徽歙县），徙居崇安（今属福建）。按：夔州路下辖十六个州。

夔州/（南宋）祝穆. ——《方舆胜览》卷五十七。按：一名宁江军节度，下辖二县：奉节、巫山。

云安军/（南宋）祝穆. ——《方舆胜览》卷五十八。按：下辖云安县。

大宁监/（南宋）祝穆. ——《方舆胜览》卷五十八。按：下辖大昌县。

开州/（南宋）祝穆. ——《方舆胜览》卷五十九。按：下辖开江、清水二县。

达州/（南宋）祝穆. ——《方舆胜览》卷五十九。按：达州即古通州，下辖通川、巴渠、永睦、新宁、东乡、明通六县。

万州/（南宋）祝穆. ——《方舆胜览》卷五十九。按：下辖南浦、武宁二县。

梁山军/（南宋）祝穆. ——《方舆胜览》卷六十。按：下辖梁山县。

绍庆府/（南宋）祝穆. ——《方舆胜览》卷六十。按：绍庆府即古黔州，下辖黔江、彭水二县。

重庆府/（南宋）祝穆. ——《方舆胜览》卷六十。按：重庆府即古渝州，下辖巴县、江津、璧山三县。

南平军/（南宋）祝穆. ——《方舆胜览》卷六十。按：下辖南川、隆化二县。

涪州/（南宋）祝穆. ——《方舆胜览》卷六十一。按：下辖涪陵、乐温、武龙三县。

咸淳府/（南宋）祝穆. ——《方舆胜览》卷六十一。按：下辖临江、垫江、丰都、南宾、龙渠五县。

古梁州/（唐）杜佑. ——《通典》卷一七五《州郡五》。杜佑（735—812），字君卿，京兆万年（今陕西西安）人，唐代政治家、史学家。按：梁州，《尚书·禹贡》中的"九州"之一，指商周时期的四川盆地和汉中地区。本卷内容涉及涪陵郡（今涪州一带）、南平郡（今南川一带）、巴川郡（今合川一带）等地。

古梁州/（元）马端临. ——《文献通考》卷三二一《舆地七》。马端临

(1254—1323），字贵舆，号竹洲，饶州乐平（今江西乐平）人。按：本卷载有重庆府、涪州（今涪陵一带）、万州、忠州（今忠县一带）、梁山军（今梁平一带）等地的地理情况。

四川南道宣慰司／（元）刘应李编. ——《大元混一方舆胜览》卷中《四川等处行中书省》。刘应李（？—1311），初名荣，字希泌，号省轩，建阳（今属福建）人。宋度宗咸淳十年（1274）进士，调建阳主簿。入元不仕。本卷载有重庆路、夔州路等，下面详述忠州、合州、涪州、梁山州、万州等地的地理概况，如"县名"、"沿革"、"郡名"、"风土"、"形胜"、"景致"、"名宦"、"人物"、"题咏"等。

重庆府／（明）李贤等修纂. ——《大明一统志》卷六十九。李贤（1409—1467），字原德，河南邓州人，明代名臣。

夔州府／（明）李贤等修纂. ——《大明一统志》卷七十。

夔州府／（清）顾祖禹. ——《读史方舆纪要》卷六十九。顾祖禹（1631—1692），字复初，一字景范（一作：字瑞五，号景范），江苏无锡人。清初地理学家。

重庆府／（清）顾祖禹. ——《读史方舆纪要》卷六十九。

重庆府／（清）穆彰阿等修纂. ——《嘉庆重修一统志》卷三百八十七至三百八十九。郭佳·穆彰阿（1782—1856），字子朴，号鹤舫，别号云浆山人，满洲镶蓝旗人，清朝大臣。

夔州府／（清）穆彰阿等修纂. ——《嘉庆重修一统志》卷三百九十七至三百九十八。

杂记综合类

杂记

黄陵庙记/（三国蜀）诸葛亮. ——清光绪《巫山县志》卷三十二《艺文志》。诸葛亮（181—234），字孔明，琅琊阳都（今山东沂南）人。

龙多山记/（唐）孙樵. ——民国《潼南县志》卷五《艺文志上·一文》。孙樵，生卒年不详，字可之、隐之，关东人，唐代散文家，被清人列入"唐宋十大家"。

梓潼移江记/（唐）孙樵. ——民国新修《合川县志》第30册《文在八》，卷七十八《记八》。

请减繁费增设学校奏记/（唐）刘禹锡. ——清光绪《奉节县志》卷三十六《艺文·文汇上》。刘禹锡（772—842），字梦得，祖籍洛阳，后迁彭城（今徐州市），唐德宗贞元九年（793）进士。

录要记/（五代）杜光庭. ——清咸丰《开县志》卷二十七《艺文志》。杜光庭（850—933），字宾圣（一作宾至），京兆杜陵（今西安东南）人，应举不中，入天台山为道士，后隐青城山白云溪，号青城道士，自称东瀛子。

陈氏祠堂记/（北宋）司马光. ——清道光《南部县志》卷二十八《艺文志》。司马光（1019—1086），字君实，号迂叟，仁宗进士，英宗时进龙图阁直学士，陕州夏县（今山西夏县）涑水乡人，世称涑水先生，北宋政治家、史学家、文学家，卒赠太师、温国公，谥文正。司马光主持编纂了中国历史上第一部编年体通史《资治通鉴》。生平著作甚多，主要有史学巨著《资治通鉴》《温国文正司马公文集》《稽古录》《涑水记闻》《潜虚》等。

南山泉记/（北宋）钱治. ——清同治《巴县志》卷四下《艺文志·铭·金堂南山泉铭》。钱治，生卒年不详，兰陵（今山东苍山县）人。

愚斋记/（北宋）唐庚. ——清道光《南部县志》卷二十八《艺文志》。

名张子养心亭记/（北宋）周敦颐. ——民国新修《合川县志》第30册《文在七》，卷七十七《书说七》。周敦颐（1017—1073），字茂叔，道州营道（今湖南道县）人，北宋著名哲学家，理学开山之祖，人称濂溪先生。

八阵图记/（南宋）刘昉. ——清光绪《奉节县志》卷三十六《艺文·文汇上》。刘昉（？—1150），广东潮州人，南宋绍兴十七年（1147）任夔州知州。

北岩李氏思洛亭记/（南宋）游桂. ——民国新修《合川县志》第30册《文在八》，卷七十八《记八》。游桂，生卒年不详，字元发，号畏斋，宋孝宗隆兴元年（1163）进士。

报恩寺行记/（南宋）唐文若. ——《蜀艺文志》卷六十四。唐文若（1105—1165），字立夫，四川眉山人，宋高宗时官至中书舍人。

东屯高斋记/（南宋）陆游. ——清光绪《奉节县志》卷三十六《艺文·文汇上》。陆游（1125—1210），字务观，号放翁，越州山阴（今浙江绍兴）人，南宋诗人，孝宗时赐进士出身，中年曾入蜀为官。

入蜀记/（南宋）陆游. ——清光绪《巫山县志》卷三十二《艺文志·杂文、赋汇、诗汇》。

朐忍记/（南宋）李焘. ——南宋乾道九年（1173）. ——《全蜀艺文志》卷四十。李焘（1115—1184），字仁甫，一字子真，号巽岩。眉州丹棱人，唐宗室曹王之后，编《续资治通鉴长编》等。

巴川社仓记/（南宋）度正. ——《全蜀艺文志》卷三十四下、民国《新修合川县志》第30册《文在八》，卷七十八《记八》、清光绪《铜梁县志》卷十一《艺文志一》。度正（1166—1235），字周卿，号性善、乐活，合州人。

漕司高斋堂记/（南宋）费士戣. ——《全蜀艺文志》卷三十四。费士戣，生卒年不详，字达可，成都（今双流县）人，南宋宁宗嘉定时期（1208—

1224）中任夔州知州。

心丹亭记／（南宋）冉木.——《四川通志》卷五十。

三峡堂行记／（宋）吕商隐.——《全蜀艺文志》卷六十四。吕商隐，生卒年不详，字周辅，一作义父，四川成都人。

瞿唐关行记／（南宋）关耆孙.——《全蜀艺文志》卷六十四。

东屯少陵故居记／（南宋）于衡.——清光绪《奉节县志》卷三十六《艺文·文汇上》。于衡，生卒年不详，南宋庆元年间曾任夔州通判。

绍庆府治记／（元）王师能.——《彭水县志》第929页。王师能，生卒年不详，河南祥符县人，进士，万州安抚使，元代绍庆府（彭水）第一任总管，后遂居于彭水。

刘公泉记／（明）王琬.——清同治《忠州直隶州志》卷十二《艺文志·记》。王琬（1481—1503），字朝用，一字以行，苏州东山陆巷人，以贡士授湖广襄阳府光化县知县。

刘文简公记／（明）雷礼.——清同治《巴县志》卷四上《艺文志·记》。雷礼（1505—1581），字必进，号古和，江西省丰城县秀才埠乡雷坊村人，明世宗嘉靖十一年（1532）进士。

大觉寺记／（明）焦竑.——清咸丰《开县志》卷二十七《艺文志》。焦竑（1540—1620），字弱侯，号漪园、澹园，江陵人，明万历十七年（1589）进士。

竹雪菴记／（明）古心.——清光绪《丰都县志》卷四《艺文志》。古心（1541—1615），俗姓杨，南京溧水人，厌世，赴栖霞寺出家，法号如馨，专研佛法，兴律宗。

恢复重庆记略／（明）朱燮元.——清乾隆《巴县志》卷十二《艺文》。朱燮元（1566—1636），字懋和，浙江山阴（今浙江绍兴）人，万历二十年（1592）进士，明末将领。

奢寅叛重庆记略／（明）朱燮元.——清乾隆《巴县志》卷十二《艺文》。

白云书院记／（明）刘蒞.——清同治重修《涪州志》卷十四《艺文志上》。刘蒞，字惟馨、秋佩，今重庆涪陵人，明弘治十二年（1499）进士。

通州射圃记/（明）刘春. ——民国《巴县志》卷二十三《文征》。刘春，生平不详。

学田记/（明）罗青霄. ——清同治《忠州直隶州志》卷十二《艺文志·记》。

何侯祷雨记/（明）张佳胤. ——清光绪《铜梁县志》卷十一《艺文志一》。张佳胤，生卒年不详，字肖甫，重庆铜梁人，明嘉靖二十九年（1550）进士。

禁止土主赛会记/（明）陈秉彝. ——清同治《忠州直隶州志》卷十二《艺文志·记》。陈秉彝，生平不详。

经阁记/（明）龙文运. ——清同治《忠州直隶州志》卷十二《艺文志·记》。龙文运，生卒年不详，重庆长寿人。

开禧寺祇园垂训记/（明）释三山. ——清同治《忠州直隶州志》卷十二《艺文志·记》。释三山，生平不详。

瞿塘峡记/（明）王嘉言. ——清光绪《奉节县志》卷三十六《艺文·文汇上》。王嘉言，生卒年不详，字孔彰，河北东光县人，嘉靖四十四年（1565）进士。

松石书斋记/（明）陈计长. ——清同治重修《涪州志》卷十四《艺文志上》。陈计长，生卒年不详，字三石，四川涪州（今重庆涪陵）举人，善属文，官江西松江府同知，湖南长沙知府。

圣水寺灵异记/（明）胡尧臣. ——清光绪《铜梁县志》卷十三《艺文志三》。胡尧臣，生卒年不详，重庆铜梁安居人，明嘉靖十七年（1538）进士，授大理寺评事，后辞官回乡，深居简出，待人以礼，人称"石壁先生"。

读易记/（明）任瀚. ——民国《南充县志》卷十三《艺文志·记》。任瀚（1501—1592），字少海，四川南充人，嘉靖八年（1529）进士，历任吏部主事、考功郎中、翰林院检讨等职。任瀚为人正直，不适应当时的官场生活，四十岁即辞职归家，但其天资聪颖，才思过人，在文学上取得了巨大的成就，诗、文、联俱佳，为"嘉靖八才子"之一、"蜀中四大家"之一。《明史》有其传。

浮梁记/（明）任瀚. ——清光绪《西充县志》卷十四《艺文志·下》。

岳池学田记／（明）任瀚．——民国《南充县志》卷十三《艺文志·记》。

岳池社学记／（明）张升．——民国《南充县志》卷十三《艺文志·记》。

梁山县新城记／（明）潘璋．——明成化十四年（1487）二月．——清光绪《梁山县志》卷十上《艺文上》。

儒学记／（明）陈良弼．——民国《南充县志》卷十三《艺文志·记》。

邑侯欧阳公政绩纪／（明）王献策．——清道光《南部县志》卷二十八《艺文志》。

名胜记／（明）曹学佺．——民国《巴县志》卷一《疆域下·水道》。曹学佺（1574—1646），字能始，号石仓，侯官（今福州）人，万历二十三年（1595）进士，历官四川按察史。

南平记／（明）曹学佺．——清乾隆《巴县志》卷十二《艺文》。

石灵舟引／（明）光时亨．——明崇祯十年（1637）．——清光绪《荣昌县志》卷二十一《艺文》。光时亨，生平不详。

都天子殿钟鼓楼板联／（清）破山和尚．——《丰都文史资料选辑》第一辑第100页。破山和尚（1597—1666），原名蹇栋宇，字万峰、懒愚，号旭东，四川大竹人，19岁出家，法号海明，人称破山和尚。

破山致秦良玉信／（清）破山和尚．——《石柱文史资料》第十九辑第132页。

石柱三星乡三圣庙题联／（清）破山和尚．——《石柱文史资料》第十九辑第131页。

正法寺题匾题联／（清）破山和尚．——《石柱文史资料》第十九辑第131页。

营西苑记／（清）唐甄．——（清）吴翌凤编，《国朝文征》。

蜀道驿程记／（清）王士祯．——清康熙十一年（1672）十月．——清同治《巴县志》卷四上《艺文志·记》。王士祯（1634—1711），字贻上，号阮亭，别号渔洋山人，又名王士禛、王士正，山东新城（今桓台）人，清代诗人、诗论家。

募修鹰舞寺引／（清）周儼．——清同治重修《涪州志》卷十四《艺文志下》。周俨（1649—1703），涪陵人，祖籍湖南营道县，周敦颐第十七世孙，清康熙二十九年（1690）举人。

泊舨山为寺僧舆若记／（清）宋衡．——清乾隆《巴县志》卷十二《艺文》。宋衡，生卒年不详，字伊乎，号嵩南，庐江人，清康熙二十四年（1685）进士。

丰瑞楼记／（清）陈邦器．——清乾隆《巴县志》卷十二《艺文》。陈邦器，生卒年不详，字允匡，清康熙四十年（1701）官至重庆知府，信佛，自称三宝弟子。

柳边驿免解逃人记／（清）李先复．——清道光《南部县志》卷二十八《艺文志》。李先复（1651—1728），字曲江，四川南部县人，康熙十一年（1672）举人，初任山东曹县知县，官至工部尚书。见清道光《南部县志》卷十五、《全蜀诗钞》卷五。

重修夫子庙赞／（清）王廷献．——清光绪《丰都县志》卷四《艺文志》。王廷献，生卒年不详，浙江省海宁县人，康熙十五年（1676）任丰都县知县。

秋山拾遗记／（清）王廷献．——清光绪《丰都县志》卷四《艺文志》。

即沧浪亭记／（清）沈德潜．——清光绪《梁山县志》卷十上《艺文上》。沈德潜（1673—1769），字确士，号归愚，长洲（今江苏苏州）人，乾隆四年（1739）进士。

便民枧井制产记／（清）杜枢．——清光绪《奉节县志》卷三十六《艺文·文汇上》。杜枢，生卒年不详，清乾隆五年至十三年（1740—1748）两任夔州太守。

前游宝顶山记／（清）张澍．——《大足文史》第七辑第36页。张澍（1782—？），字百瀹，又寿谷，号介侯，又号鸠民，甘肃武威人，嘉庆二十四年（1819）进士。

游罗睺山记／（清）张澍．——清光绪《铜梁县志》卷十二《艺文志二》。

桂香坪记／（清）陈攀凤．——民国《忠县志》卷二十一《文征志·杂文汇》。陈攀凤（1819—1879），字仪廷，忠州（今重庆忠县）人，清道光拔贡。

桃花潭记／（清）陈攀凤．——民国《忠县志》卷二十一《文征志·杂文汇》。

梦记/（清）蒋璧方. ——民国新修《合川县志》第30册《文在八》，卷七十八《记八》。蒋璧方（1830—1884），字辑亭，四川合州（今重庆合川）人，咸丰九年（1859）中举，后主讲合州书院。

白鹿书院藏书记/柳福培. ——民国《忠县志》卷二十一《文征志》，目一八七《杂文汇》。柳福培（1830—1919），字位侯，别号存愚山人，忠州（今重庆忠县）人，工诗文，专治易经学。

存愚山房记/柳福培. ——民国《忠县志》卷二十一《文征志·杂文汇》。

安居乡增修孔庙记/（清）于腾. ——清光绪《铜梁县志》卷十三《艺文志三》。于腾（1832—1890），字飞卿，山东苍山人。

借园记/（清）牟庚先. ——民国《忠县志》卷二十一《文征志·杂文汇》。牟庚先（1847—1911），字笈珊，忠州城马路口（今属重庆忠县）人，清光绪十一年（1885）拔贡。

小南海游记/（清）张九章. ——《黔江县志》。张九章，生卒年不详，名山右，号衮甫，山西平定州人，进士，清光绪十五年至二十五年（1889—1899）任黔江知县，主修县志。

云阳东城公园记/（清）涂凤书. ——民国《云阳县志》卷四十三《文录下·杂文》。涂凤书，生卒年不详，字子厚，四川云阳人，光绪二十九年（1903）举人。

任渝州觉林寺记/（清）沈青. ——民国《巴县志》卷三《古迹》。沈青（1903—1928），原名沈厚塈，原籍浙江省绍兴，在广州出生。

游华蓥山记/（清）周开丰. ——《江北县志》第二十二篇第二章《著述》。

元天宫重修募引/（清）周开丰. ——清乾隆《巴县志》卷十七《艺文补遗》。

上谕坊志/（清）王紫绪. ——清道光《补辑石砫厅新志·艺文志上》。

九日万安山宴游记/（清）张洲. ——清道光《补辑石砫厅新志·艺文志中》。张洲，生卒年不详，字来峰，号南林，陕西武功人，乾隆年间进士，作为石柱厅长官王萦绪的朋友曾到石柱访问游历。

凌云书院记/（清）丁涟. ——清道光《垫江县志》卷七《艺文志·记》。丁涟，生卒年不详，山东人，乾隆年间任知县。

童试义卷记/（清）罗星. ——清道光《綦江县志》卷三《学校》。罗星，生卒年不详，字春堂，重庆綦江人，清道光元年（1821）举人。

神溪渡义田记/（清）张凤诰. ——清同治《忠州直隶州志》卷十二《艺文志·记》。张凤诰，生卒年不详，乾隆年间忠州刺史。

桃花鱼记/（清）熊文稷. ——清同治《忠州直隶州志》卷十二《艺文志·记》。熊文稷，生卒年不详，字艺九，忠州（今重庆忠县）人，乾隆二十一年（1756）举人。

巴川书院藏书记/（清）刘泰春. ——清光绪《铜梁县志》卷十二《艺文志二》。刘泰春，生卒年不详，字寅谷，重庆铜梁人，清末举人。

巴川书院记/（清）全于天. ——清光绪《铜梁县志》卷十一《艺文志一》。全于天，生平不详。

巴川书院记/（清）陈大文. ——清光绪《铜梁县志》卷十一《艺文志一》。陈大文，生卒年不详，字简亭，号研斋，曾任合州知州、重庆知府、四川布政使等职。

明月舫记/（清）陈大文. ——清光绪《铜梁县志》卷十二《艺文志二》。

巴岳初游记/（清）王我师. ——清光绪《铜梁县志》卷十一《艺文志一》。王我师，生卒年不详，字文若，重庆铜梁人，清康熙年间贡生。

补修学宫记（道光十年）/（清）寇宗. ——清光绪《荣昌县志》卷二十《艺文》。寇宗，生卒年不详，字万川，四川渠县名儒，清嘉庆十三年（1808）举人，后任荣昌县教谕、成都教授，晚年更嗜诸学，尤精研医理。

东坛万坛合记/（清）田秀栗. ——清光绪《梁山县志》卷十上《艺文上》。

红梅村记/（清）敖京友. ——清光绪《荣昌县志》卷二十一《艺文》。敖京友（？—1875），原名甸臣，字苟蒜，今重庆荣昌县人，清同治元年（1862）恩贡，后任贵州仁怀直隶厅同知。

金城山记/（清）邵钧. ——清光绪《梁山县志》卷十上《艺文上》。邵钧，生卒年不详，字鹤汀，浙江鄞县（今宁波市）人，寄籍四川梁山，嘉庆五年（1800）举人。

梁山县酌减夫马经费记/（清）葛起鹏. ——清光绪《梁山县志》卷十上《艺文上》。葛起鹏，生卒年不详，字飞千，又字味荃，晚号倦翁，江苏嘉定（今属上海市）人，同治元年（1862）举人。

神女记/（清）朱斐然. ——清光绪《巫山县志》卷三十二《艺文志·杂文、赋汇、诗汇》。朱斐然，生平不详。

神女记/（清）余廷勋. ——清光绪《巫山县志》卷三十二《艺文志·杂文、赋汇、诗汇》。余廷勋，生卒年不详，字瓒黄，四明人。

陶克斋广文树柏记/（清）白玉楷. ——清光绪《铜梁县志》卷十二《艺文志二》。白玉楷，生卒年不详，后更名豫恺，字小裴，嘉庆年间（796—1820）任铜梁县学教谕，营山举人，曾编《铜梁县志》，后主巴川书院。

县学记/（清）涂庆安. ——清光绪《梁山县志》卷十上《艺文上》。涂庆安，生卒年不详，清全州儒学学正。

育婴堂记/（清）张其干. ——清光绪《梁山县志》卷十上《艺文上》。张其干，生卒年不详，今重庆梁平人，清道光二十年（1840）举人，后任湖北知县。

张松斋捐置义田记/（清）吴云程. ——清光绪《铜梁县志》卷十二《艺文志二》。吴云程，生卒年不详，字达庵，湖北人，清乾隆时期曾任重庆璧山知县。

重装财神记/（清）杜茂材. ——民国《达县志》卷末《诗存》。杜茂材，字森圃，乾隆四十二年（1777）拔贡生。

莱羹记/（清）潘治. ——《清代蜀人著述总目》第221页。潘治，生卒年不详，字子政，重庆江津人，清雍正年间举人。

龙洞觅水记/（清）柏守贞. ——清光绪《大宁县志》卷八《艺文志》。

甲辰扫墓记/（清）林明俊. ——清光绪《丰都县志》卷四《艺文志》。

磁塘记/（清）刘泽洋. ——民国《潼南县志》卷五《艺文志上·一文》。

刘泽洋，生卒年不详，字佰思，重庆潼南人，清末副贡生。

鹿鸣寨记／（清）刘泽洋．——民国《潼南县志》卷五《艺文志上·一文》。

观心亭记／（清）任学乾．——民国《忠县志》卷二十一《文征志》，目一八七《杂文汇》。任学乾，生平不详。

洪岩山庄记／（清）黄锡策．——清光绪《丰都县志》卷四《艺文志》。黄锡策，生卒年不详，康熙二十三年（1684）举人，曾任丰都教谕。

后游金佛山记／（清）周伯寅．——《南川县志》。周伯寅，字鹤田，生卒年不详。

前游金佛山记／（清）周伯寅．——《南川县志》。

环溪书院并义学记／（清）悉大壮．——民国《潼南县志》卷五《艺文志上·一文》。悉大壮，重庆潼南县人。

旌善亭记／（清）李孟修．——清光绪《丰都县志》卷四《艺文志》。李孟修，生卒年不详，清康熙四十七年（1708）举人。

联珠洞记／（清）黄道中．——民国新修《合川县志》第30册《文在八》，卷七十八《记八》。黄道中（？—约1786），字斗南，四川合州（今重庆合川）人，乾隆二十四年（1759）举人。

申明亭记／（清）曾德升．——清光绪《丰都县志》卷四《艺文志》。曾德升，生卒年不详，字侣恒，今重庆丰都人，清乾隆年间（1736—1795）贡生。

望大仪山记／（清）丁树诚．——民国新修《合川县志》第30册《文在八》，卷七十八《记八》。丁树诚（1837—1902），字治棠，合川云门镇丁家沟人。

仙人洞记／（清）谭谦吉．——清光绪《大宁县志》卷八《艺文志》。谭谦吉，生卒年不详，字六皆，重庆巫溪人，清代贡生。

县署古井记／（清）林敬修．——清光绪《丰都县志》卷四《艺文志》。林敬修，生卒年不详，重庆丰都人，清康熙四十四年（1705）举人，曾任盐亭县教谕。

义冢古柏记／（清）佘起鸿．——清光绪《丰都县志》卷四《艺文志》。

佘起鸿，生卒年不详，重庆丰都人，清末岁贡生。

云峰寨记/（清）卓思顺. ——民国《潼南县志》卷五《艺文志上·一文》。卓思顺，生卒年不详，重庆潼南人，清光绪六年（1880）与同乡王泽溥等人创办登云书院。

周张氏节孝坊记/（清）潘先珍. ——民国《潼南县志》卷五《艺文志上·一文》。潘先珍，生卒年不详，江西星子人，清咸丰优贡，官宜宾同知、蓬溪知县，主事白鹿、秀峰书院。

龙潭书院记/（清）李庄. ——清光绪《西充县志》卷十四《艺文志·下》。

鹿岩书院记/（清）李庄. ——清光绪《西充县志》卷十四《艺文志·下》。

三费局记/（清）高培穀. ——清光绪《西充县志》卷十四《艺文志·下》。

大仪山记/（清）王之槐. ——清同治《仪陇县志》卷六《艺文志》。王之槐，生卒年不详，字与山，清仪陇县人。

大仪山记/（清）张耀辰. ——清同治《仪陇县志》卷六《艺文志》。张耀辰，生卒年不详，清仪陇县人，曾于清咸丰六年纂修《张氏宗谱》一卷。

凤凰山诛张献忠记/（清）李昭治. ——清光绪《西充县志》卷十四《艺文志·下》。

三峰记/（清）王之楠. ——清同治《仪陇县志》卷六《艺文志》。

卧云亭记/（清）徐浩. ——清道光《南部县志》卷二十八《艺文志》。

燕山书舍记/（清）杨庚. ——清道光《南部县志》卷二十八《艺文志》。

养寿井泉记/（清）陶明德. ——清道光《南部县志》卷二十八《艺文志》。

游朝阳洞记/（清）马良眉. ——清同治《仪陇县志》卷六《艺文志》。

游金城山记/（清）邵鸣喈. ——清同治《仪陇县志》卷六《艺文志》。

游石神河记/（清）白玉屏. ——清同治《仪陇县志》卷六《艺文志》。

游阳山记/（清）蒋炤. ——清同治《仪陇县志》卷六《艺文志》。

云安场记/（清）邓希明. ——民国《云阳县志》卷四十三《文录下·杂文》。邓希明，生平不详。

于思记/（清）王秉三. ——民国《南充县志》卷十三《艺文志·记》。王秉三，字奉斋，清道光二年（1822）举人，任湖南安乡知县，后改官教职，在家候补，教授生徒。

振德书院记/（清）潘时宜. ——清光绪《蓬州志》第十五《艺文篇》。

云龙书院记/夏璜. ——民国《潼南县志》卷五《艺文志上·一文》。夏璜（1864—1940），字士奇，重庆潼南县大佛乡人，清末举人，曾在潼南鉴亭书院执教。

南温泉修禊会记/周文钦. ——《重庆文史资料选辑》第十四辑第131页。周文钦（1882—1929），字家桢，笔名贞，1920年后别号莲居士，重庆巴县人。

巴中记/（清）[作者不详]. ——民国《巴县志》卷三《古迹》，《舆地纪胜》引。

丁丑除日自记/（清）[作者不详]. ——民国新修《合川县志》第30册《文在八》，卷七十八《记八》。

槐清乡学记/（清）沈廷贵. ——清光绪《铜梁县志》卷十二《艺文志二》。沈廷贵，生卒年不详，字辅卿，安徽人。

还金记/（清）李御. ——清光绪《梁山县志》卷十上《艺文上》。李御，生卒年不详，字琴夫，号萝村，晚号小花樵长，江苏丹徒人。

九蟠亭记/（清）周廷甲. ——清光绪《丰都县志》卷四《艺文志》。周廷甲，生平不详。

灵雨亭记/（清）单铎. ——清光绪《铜梁县志》卷十一《艺文志一》。单铎，生卒年不详，山东人。

龙君亭记/（清）[作者不详]. ——民国《潼南县志》卷五《艺文志上·一文》。

鹿鸣山记/（清）谭明善. ——清光绪《丰都县志》卷四《艺文志》。谭明善，生平不详。

凝香霏阁记／（清）敖馨祖. ——清乾隆年间. ——清光绪《荣昌县志》卷二十一《艺文》。敖馨祖，生卒年不详，重庆荣昌人。

琼江书院记／（清）程日宪. ——清光绪《铜梁县志》卷十三《艺文志三》。程日宪，生平不详。

权渝州事都管宋构藏经记／（清）[作者不详]. ——民国《巴县志》卷三《古迹》。

荣黎山亭记／（清）鲁清. ——《四川通志》卷五十五。参见傅增湘编《宋代蜀文辑存》，北京图书馆出版社，2005年9月版，第597页。鲁清，生卒年不详，荣州（今四川荣县）人。

赏暑菊记／（清）朱毂. ——清乾隆五十年（1785）. ——清光绪《荣昌县志》卷二十一《艺文》。朱毂，生平不详。

听春楼记／（清）朱毂. ——清乾隆五十年（1785）. ——清光绪《荣昌县志》卷二十一《艺文》。

圣庙得大木记／（清）[作者不详]. ——民国新修《合川县志》第30册《文在八》，卷七十八《记八》。

游滴翠寺记／（清）程理权. ——民国《云阳县志》卷四十三《文录下·杂文》。程理权，生卒年不详，字雪楼，重庆云阳县人。

游滴翠寺记／（清）彭元慎. ——民国《云阳县志》卷四十三《文录下·杂文》。彭元慎，生平不详。

试院射圃记／（清）于腾. ——清光绪《铜梁县志》卷十二《艺文志二》。于腾，生卒年不详，山东人。

寿隆寺常住田记／（清）周达. ——清光绪《铜梁县志》卷十一《艺文志一》。周达，生卒年不详，字遹少，重庆铜梁人。

寿隆寺记／（清）陈恬. ——清光绪《铜梁县志》卷十一《艺文志一》。陈恬，生卒年不详，字汝静，重庆铜梁人。

双桂堂赠名金带寺／（清）李正东. ——清光绪《梁山县志》卷十上《艺文上》。李正东，生平不详。

宿云洞记／（清）潘履. ——清同治重修《涪州志》卷十四《艺文志下》。

潘履，生卒年不详，谦州人。

腾蛟洞记／（清）陈于铭．——清同治重修《涪州志》卷十四《艺文志下》。陈于铭，生卒年不详，涪州（今重庆涪陵）人。

提灯会记／（清）[作者不详]．——民国《南川县志》卷十二《艺文志·骈散文》。

听鹿轩记／（清）朱应熊．——清光绪《丰都县志》卷四《艺文志》。朱应熊，生平不详。

铜梁孙公办团记／（清）李怀桢．——清光绪《铜梁县志》卷十二《艺文志二》。李怀桢，生卒年不详，字巽斋。

铜梁县守城记／（清）吴洪恩．——清光绪《铜梁县志》卷十二《艺文志二》。吴洪恩，生卒年不详，字春海。

万石楼记／（清）温于浚．——清光绪《梁山县志》卷十上《艺文上》。温于浚，字距川，生平不详。

王长德西宁风土记／（清）王长德．——民国《长寿县志》卷十五《文征上》。

王峰山瑞云寺记／（清）张纯．——清光绪《铜梁县志》卷十一《艺文志一》。张纯，生卒年不详，重庆铜梁人。

西门关帝像灵显记／（清）夏道硕．——清同治重修《涪州志》卷十四《艺文志上》。夏道硕，生卒年不详，号华仙，涪州（今重庆涪陵）人，岁贡，工书能文。

奚氏割股记／（清）吴正纶．——民国《潼南县志》卷五《艺文志上·一文》。吴正纶，重庆潼南人。

仙桥观记／（清）程礼．——民国《云阳县志》卷四十三《文录下·杂文》。程礼，生平不详。

乡试宾兴记／（清）罗星．——清道光《綦江县志》卷三《学校》。罗星，字春堂，重庆綦江人，清道光元年（1821）举人。

吟风楼记／（清）潘开铣．——民国新修《合川县志》第30册《文在八》，卷七十八《记八》。潘开铣，生平不详。

游太皇山记/（清）［作者不详］.——民国新修《合川县志》第 30 册《文在八》，卷七十八《记八》。

游天生寨记/（清）胡绍果.——民国新修《合川县志》第 30 册《文在八》，卷七十八《记八》。胡绍果，生平不详。

游瓦屋山记/（清）［作者不详］.——民国新修《合川县志》第 30 册《文在八》，卷七十八《记八》。

云林寺记/（清）夏光鼎.——民国《潼南县志》卷五《艺文志上·一文》。夏光鼎，生卒年不详，字德卿，名重潼，重庆潼南人，清末拔贡，长于文。

中秋夜游记/（清）［作者不详］.——民国新修《合川县志》第 30 册《文在八》，卷七十八《记八》。

大义祠引/（清）李映庚.——清光绪《西充县志》卷十四《艺文志·下》。李映庚，四川西充人。

募修南京堂接引殿引/（清）涂珪.——清道光《垫江县志》卷七《艺文志·序》。涂珪，生平不详。

重修头渡桥募赀序/李天柱.——民国《南川县志》卷十二《艺文志·骈散文》。李天柱（1899—1935），又名李振五，湖南耒阳人，黄埔军官学校第四期成员，曾参加国民革命。

创修龙神祠序/（清）姚莹.——清光绪《蓬州志》第十五《艺文篇》。

创修育婴堂序/（清）李德迪.——清光绪《蓬州志》第十五《艺文篇》。李德迪，生平不详。

建节孝祠坊序/（清）李德迪.——清光绪《蓬州志》第十五《艺文篇》。

募修纪公庙序/（清）戴民凯.——清光绪《西充县志》卷十四《艺文志·下》。

重修城隍庙序/（清）徐浩.——清光绪《蓬州志》第十五《艺文篇》。

重修光明寺铁瓦殿序/（清）陈令德.——民国新修《合川县志》第 29 册《文在六》，卷七十六《序跋六下》。陈令德，生卒年不详，咸丰末（1860 年前后）任合川知县。

重修县署序/（清）朱毅. ——清乾隆五十年（1785）. ——清光绪《荣昌县志》卷二十一《艺文》。朱毅，生平不详。

重修玉屏书院序/（清）朱毅. ——清乾隆五十一年（1786）. ——清光绪《荣昌县志》卷二十一《艺文》。

谒孔林记/（清）甘雨施. ——清道光十六年（1836）. ——清光绪《荣昌县志》卷二十一《艺文》。

重修文昌宫序/（清）寇宗. ——清道光十九年（1839）. ——清光绪《荣昌县志》卷二十一《艺文》。寇宗，生卒年不详，字万川，四川渠县名儒，清嘉庆十三年（1808）举人，后任荣昌县教谕、成都教授，晚年更嗜诸学，尤精研医理。

重修城垣衙署序/（清）饶宪章. ——清咸丰十一年（1861）. ——清光绪《荣昌县志》卷二十一《艺文》。饶宪章，生卒年不详，清咸丰十一年（1861）左右荣昌知县。

昭宗节烈祠序/（清）谢金元. ——清同治二年（1863）. ——清光绪《荣昌县志》卷二十一《艺文》。谢金元，生卒年不详，乐山人，清代荣昌县教谕。

重修巫山奎阁序/（清）许尧文. ——清光绪《巫山县志》卷三十二《艺文志·杂文、赋汇、诗汇》。许尧文，生平不详。

斜溪大桥序/（清）高士魁. ——清光绪《蓬州志》第十五《艺文篇》。

新文昌帝君像序/（清）张克. ——清同治重修《涪州志》卷十四《艺文志下》。张克，生卒年不详，镇州人。

综合

请分巴疏/（东汉）但望. ——清乾隆《巴县志》卷十一《艺文》。但望，生卒年不详，字伯阖，泰山（今山东泰安）人，桓帝时，由并州刺史迁巴郡太守。

弹巴郡太守廖立表/（三国蜀）诸葛亮. ——清乾隆《巴县志》卷十一《艺文》。诸葛亮（181—234），字孔明，琅琊阳都（今山东沂南）人。

弹前江州都督李平表/（三国蜀）诸葛亮.——清乾隆《巴县志》卷十一《艺文》。

与董允书/（三国蜀）诸葛亮——清乾隆《巴县志》卷十一《艺文》。

仇国论/（西晋）谯周.——《全上古三代秦汉三国六朝文》第四册《全晋文》（上），卷六十九。谯周（201—270），字允南，巴西西充国（今四川阆中）人，蜀汉地区著名的儒学大师和史学家，精研六经。曾任劝学从事、中散大夫、光禄大夫，公元263年力劝蜀主降魏，被魏封为阳城亭侯，入晋任骑都尉、散骑常侍。著有《巴蜀异物志》《古史考》等，今佚。

法训/（西晋）谯周.——民国《南充县志》卷十五《艺文志·训》。

上后主疏/（西晋）谯周.——民国《南充县志》卷十二《艺文志·疏》。

文章草赞/（西晋）谯周.——民国《南充县志》卷十二《艺文志·赞》。

五经然否论/（西晋）谯周.——民国《南充县志》卷十五《艺文志·论》。

进诸葛氏集疏/（西晋）陈寿.——民国《南充县志》卷十二《艺文志·疏》。陈寿（233—297），字承祚，巴西安汉（今四川南充）人，著名史学家，著有《三国志》《古国志》《益部耆旧传》等若干卷篇。

上言请叙故蜀大官及死者子孙/（西晋）文立.——《全晋文》卷七十。文立（？—279），字广休，巴郡临江（今重庆忠县）人。

上疏辞散骑常侍/（西晋）文立.——《全晋文》卷七十。

上疏辞太子中庶子/（西晋）文立.——《全晋文》卷七十。

荐谯秀表/（东晋）桓温.——清道光《南部县志》卷二十八《艺文志》。桓温，东晋军事家、政治家。

吊纪信文/（唐）卢藏用.——清光绪《西充县志》卷十四《艺文志·下》。

代渝州王使君进论巴蜀安危表/（唐）杜甫.——清乾隆《巴县志》卷十一《艺文》。杜甫（712—770），字子美，祖籍襄阳，生于河南巩县，自号少陵野老，世称杜少陵、杜工部，唐代现实主义诗人，晚年弃官入川。

优赐黔府将士敕/（唐）宪宗李淳.——《彭水县志》第927页。唐宪宗

李淳（778—820），长安（今陕西西安）人，805—820年在位。

黔中道朝贺牂牁大酋长等十六人授官制/（唐）杜牧.——《彭水县志》第928页。杜牧（803—853），字牧之，京兆万年（今陕西西安）人，晚唐著名诗人。

黔中道朝贺训州昆明等十三人授官制/（唐）杜牧.——《彭水县志》第929页。

黔州刺史谢上表/（唐）吕颂.——《彭水县志》第928页。吕颂，生平不详。

答使者辞不赴召/（北宋）陈抟.——《潼南文史资料》第三辑第98页。陈抟（871—989），字图南，自号"扶摇子"，赐号"希夷先生"，今重庆潼南人，善易学、老学和内丹学，人称"陈抟老祖"。

谢诏表/（北宋）陈抟.——《潼南文史资料》第三辑第98页。

乞推恩故知陈州鲜于侁子孙状/（北宋）苏辙.——清道光《南部县志》卷二十八《艺文志》。苏辙（1039—1112），字子由，自号颍滨遗老，眉州眉山（今属四川）人，嘉祐二年（1057）进士。

答曹使君伯达谱书/（北宋）黄庭坚.——《彭水县志》第959页。黄庭坚（1045—1105），即黄山谷，字曹直，号山谷道人、涪翁，分宁（今修水）人，治平年间进士，北宋诗人，书法家。

答从圣使君书/（北宋）黄庭坚.——《彭水县志》第958页。

答黎晦叔/（北宋）黄庭坚.——清同治重修《涪州志》卷十四《艺文志上》。

答黎晦叔暹/（北宋）黄庭坚.——清同治重修《涪州志》卷十四《艺文志上》。

答李林书/（北宋）黄庭坚.——《彭水县志》第958页。

答泸州安抚王补之书/（北宋）黄庭坚.——《彭水县志》第959页。

答孟易道傅通判/（北宋）黄庭坚.——清同治重修《涪州志》卷十四《艺文志上》。

答南京君瑞连勾书/（北宋）黄庭坚.——《彭水县志》第958页。

答黔州彭水令田师闵书/（北宋）黄庭坚. ——《彭水县志》第959页。

答戎州新守/（北宋）黄庭坚. ——清同治重修《涪州志》卷十四《艺文志上》。

答宋子茂书/（北宋）黄庭坚. ——《彭水县志》第959页。

答唐彦道书/（北宋）黄庭坚. ——《彭水县志》第960页。

答王观复/（北宋）黄庭坚. ——清同治重修《涪州志》卷十四《艺文志上》。

答王太虚书/（北宋）黄庭坚. ——《彭水县志》第960页。

答雍熙光禅师书/（北宋）黄庭坚. ——《彭水县志》第959页。

与逢兴文判官/（北宋）黄庭坚. ——《彭水县志》第960页。

与敬叔通直书/（北宋）黄庭坚. ——《彭水县志》第960页。

与秦世章书/（北宋）黄庭坚. ——《彭水县志》第957页。

与秦世章文思/（北宋）黄庭坚. ——清同治重修《涪州志》卷十四《艺文志上》。

与人书/（北宋）黄庭坚. ——《彭水县志》第959页。

与张叔和通判书/（北宋）黄庭坚. ——《彭水县志》第960页。

述贤亭赋并序/（北宋）阎苑. ——四库全书本《历代赋汇》卷一百一十、《诸葛孔明全集·附录》。阎苑，生卒年不详，魏陵人，北宋末年在世。

文一篇/（北宋）幸夤逊. ——《全蜀艺文志》卷二十八。幸夤逊，生卒年不详，一作幸寅逊，夔州云安（今云阳）人，一作成都人，仕五代后蜀，善诗文。

文一篇/（北宋）刘公仪. ——《宋代蜀文辑存》卷二十五。刘公仪，生卒年不详，合州（今重庆合川）人，北宋皇祐五年（1053）进士。

答李悦之橘云安尉厅后小堂回冯公书/（南宋）冯时行. ——清同治《璧山县志》卷十《艺文志·书》。冯时行（1100—1163），字当可，号缙云，重庆北碚人（一说祖籍浙江诸暨，一说重庆璧山人），宣和六年（1124）进士。

答李悦之书/（南宋）冯时行. ——《璧山县志》卷十。

贺光尧皇帝逊位表/（南宋）冯时行. ——《播芳大全》卷一上。

贺皇帝登极表/（南宋）冯时行.——《播芳大全》卷一上。

祭三家兄正臣文/（南宋）冯时行.——《永乐大典》卷一万四千零五十一。

论范宽/（南宋）冯时行.——《璧山县文史资料选集》第三辑第 106 页。

论守令铨选疏/（南宋）冯时行.——《名臣奏议》卷一百四十三。

论苏轼/（南宋）冯时行.——《璧山县文史资料选集》第三辑第 106 页。

论苏洵/（南宋）冯时行.——《璧山县文史资料选集》第三辑第 106 页。

论易田师中用张浚刘锜疏/（南宋）冯时行.——《名臣奏议》卷九十一、《江北县志》第二十二篇第二章《著述》。

请分重兵以镇荆襄疏/（南宋）冯时行.——《名臣奏议》卷三百三十五。

请九顶长老茶榜/（南宋）冯时行.——《播芳大全》卷七十九。

请立德行事以古为法疏/（南宋）冯时行.——《名臣奏议》卷四十八。

请严老茶榜/（南宋）冯时行.——《播芳大全》卷七十九。

山神祭文/（南宋）冯时行.——《永乐大典》卷二千九百五十。

上丞相小简/（南宋）冯时行.——《播芳大全》卷四十五。

上太师诗文札子/（南宋）冯时行.——《永乐大典》卷九百十七。

上太子札子/（南宋）冯时行.——《播芳大全》卷五十一。

上王帅札子/（南宋）冯时行.——《播芳大全》卷五十二。

文三十四篇/（南宋）冯时行.——《宋代蜀文辑存》卷四十六、续补。

叙复谢宰执启/（南宋）冯时行.——《播芳大全》卷四十。

与程侍讲小简/（南宋）冯时行.——《播芳大全》卷四十七。

论义役差役二事疏/（南宋）谢谔.——《宋代蜀文辑存》第 6 册第 138 页。谢谔（1121—1194），字昌国，号艮斋，新喻（今江西新余）人，宋代经学家。

文四篇/（南宋）谢谔.——《宋代蜀文辑存》卷七十三、卷九十六。

糖霜谱略/（南宋）洪迈.——民国《潼南县志》卷五《艺文志上·一文》。洪迈（1123—1202），字景卢，号容斋，鄱阳（今江西波阳）人，绍兴十五年（1145）进士。

恭州考/（南宋）王明清.——清同治《巴县志》卷四下《艺文志·考》。

王明清（1127—约 1214），字仲言，颍州汝阴（今安徽阜阳）人，宋代著名学者、笔记小说家。

伊川先生像赞／（南宋）朱熹．——清同治重修《涪州志》卷十四《艺文志上》。朱熹（1130—1200），字元晦，号晦庵，福建尤溪人，宋代著名理学家。

与周卿教授学士书／（南宋）朱熹．——清同治重修《涪州志》卷十四《艺文志上》。

祭通运使养民赵开／（南宋）张栻．——清光绪《铜梁县志》卷十三《艺文志三》。张栻（1133—1180），字敬夫，又字钦夫，一字乐斋，号南轩，绵竹人，赐谥宣，后人尊称张宣公。

请于夔路行保甲疏／（南宋）虞刚简．——《宋会要稿》兵二之四十八。虞刚简（1163—1226），字仲易，一字子韶，四川仁寿人。

上宗庙二说疏／（南宋）度正．——《历代名臣奏议》卷二十二。度正（1166—1235），字周卿，号性善、乐活，合州人。

太极图说／（南宋）度正．——《铜梁县志·艺文卷》。

文七篇／（南宋）度正．——《周子全书》卷十七及《周濂溪先生全集》卷九。

蜀山考／（南宋）王象之．——清光绪《巫山县志》卷三十二《艺文志·杂文、赋汇、诗汇》。王象之（约 1166—1236），字仪夫，浙江金华人，庆元二年（1196）进士。

答苏伯起书／（南宋）魏了翁．——民国新修《合川县志》第 30 册《文在七》，卷七十七《书说七》。魏了翁（1178—1237），字华父，号鹤山，邛州蒲江（今属四川）人，南宋庆元五年（1199）进士。

合州杨醇三勿斋铭／（南宋）魏了翁．——民国新修《合川县志》第 28 册《文在三》，卷七十二《杂文三》。

贺张舍人震启／（南宋）晁公溯．——民国《潼南县志》卷五《艺文志上·一文》。

古富乐山移文／（南宋）冉木．——《绵州志》卷十八。冉木，生卒年不详，字震甫，合州人，宋宁宗嘉泰二年（1202）进士。

文五篇/（南宋）冉木. ——《宋代蜀文辑存》卷七十八。

合州非濮地辩/（南宋）任逢. ——《合州志》卷七十三、民国新修《合川县志》第 28 册《文在四》，卷七十三《论辩四》。任逢，生卒年不详，字千载，眉州眉山人，宋高宗绍兴年间进士，授西充县丞。

论韩氏易系辞注/（南宋）税与权. ——《经义考》卷六十九。税与权，生卒年不详，字巽甫，重庆巴县人。

文四篇/（南宋）税与权. ——《宋代蜀文辑存》卷九十五。

黔州叙州天水各地屯戍状/（南宋）安丙. ——《宋会要稿》兵六之七。安丙，生卒年不详，字子文，广安人，宋孝宗淳熙五年（1178）进士。

文二篇/（南宋）黄铎. ——《宋代蜀文辑存》卷七十三。黄铎，生卒年不详，孝宗时合州（今重庆合川）人。

文一篇/（南宋）谯定. ——《新编事文类聚翰墨全书》辛集卷二。谯定，生卒年不详，字天授，涪陵人，宋代隐士。

文一篇/（南宋）安刚中. ——《宋代蜀文辑存》卷六十一。安刚中，生卒年不详，绍兴年间（1131—1162）合州（今重庆合川）人，进士。

张桓侯庙记/（南宋）安刚中. ——民国《云阳县志》卷四十三《文录下·杂文》。

文一篇/（南宋）蒲国宝. ——《宋代蜀文辑存》卷七十八。蒲国宝，重庆璧山县人，宋代开禧年间状元，擅榜书。

本路关隘宜添差都监一员状/（宋）冯康国. ——《宋会要稿》方域十二之七。冯康国，生卒年不详，字元通，本名轓，遂宁府人，太学生。

涪翁问/（宋）杨叔兰. ——清同治《绵州志》卷四十九。杨叔兰，生卒年不详，临邛人。

解合州任谢监司启/（宋）何祺. ——《播芳大全》卷三十二。何祺，生平不详，安岳人。

濮岩铭并序/（宋）刘象功. ——民国新修《合川县志》第 28 册《文在三》，卷七十二《杂文三》。刘象功，生卒年不详，合川知州，宋代进士。

文一篇/（宋）范器. ——《宋代蜀文辑存》卷七十二。范器，生平不详。

文一篇/（宋）崔子方. ——《宋代蜀文辑存》卷三十二。崔子方，生卒年不详，字彦直、伯直，号西畴居士，重庆涪陵人。

文一篇/（宋）窦敷. ——《宋代蜀文辑存》卷六十一。窦敷，生卒年不详，重庆彭水人。

文一篇/（宋）何光震. ——《宋代蜀文辑存》卷九十四。何光震，生卒年不详，字华甫，今重庆大足人。

文一篇/（宋）李元信. ——《宋诗纪事补遗》卷七十三。李元信，生卒年不详，合州（今重庆合川）人。

文一篇/（宋）李明复. ——《宋代蜀文辑存》卷九十二。李明复，生卒年不详，一名俞，字伯勇。

文一篇/（宋）文复之. ——《宋代蜀文辑存》卷九十四。文复之，生平不详。

谕祭吏部尚书蹇义父源斌文/（明）成祖朱棣. ——清同治《巴县志》卷四上《艺文志·宸翰》。明成祖朱棣（1360—1424），年号永乐，应天（今江苏南京）人，1402—1424年在位。

封马应祥为奉直大夫户部员外郎诰/（明）仁宗朱高炽. ——清乾隆《巴县志》卷十七《艺文补遗》。明仁宗朱高炽（1378—1425），年号洪熙，中都凤阳人，1424—1425年在位。

明仁宗赐少师吏部尚书蹇义敕/（明）仁宗朱高炽. ——清同治《巴县志》卷四上《艺文志·宸翰》。

明仁宗为太子时祭封尚书蹇源斌文/（明）仁宗朱高炽. ——清乾隆《巴县志》卷十七《艺文补遗》。

祭邹立斋先生文/（明）陈宪章. ——民国新修《合川县志》第28册《文在三》，卷七十二《杂文三》。陈宪章，生卒年不详，字公甫，世称白沙先生，新会人，明英宗正统十二年（1447）举人，理学家。

祭封学士刘省斋文/（明）谢迁. ——清乾隆《巴县志》卷十四《艺文》。谢迁（1449—1531），字于乔，号木斋，余姚人，成化十一年（1475）进士。

祭封学士刘省斋文/（明）王鏊. ——清乾隆《巴县志》卷十四《艺文》。

王鏊（1450—1524），字济之，吴县（今苏州）人。

封李实父李祥制/［作者不详］. ——明景泰二年（1451）六月. ——民国新修《合川县志》第30册《文在十二》，卷八十二《官文书十二》。

封李实母柯氏制/［作者不详］. ——明景泰二年（1451）六月. ——民国新修《合川县志》第30册《文在十二》，卷八十二《官文书十二》。

祭诰赠夫人刘母邓氏文/（明）杨一清. ——清乾隆《巴县志》卷十四《艺文》。杨一清（1454—1530），字应宁，号邃庵，人称石淙先生，云南安宁人。少能文，以奇童荐为翰林秀才，成化八年（1472）进士，历南京太常寺卿，晚年号"三南居士"。

赐祭李实母柯氏文/［作者不详］. ——明景泰二年（1451）六月. ——民国新修《合川县志》第30册《文在十二》，卷八十二《官文书十二》。

祭封学士刘省斋文/（明）杨廷和. ——清乾隆《巴县志》卷十四《艺文》。杨廷和（1459—1529），字介夫，号石斋，新都（今成都）人，成化十四年（1478）进士。

谕祭翰林院侍读学士江朝宗文/（明）孝宗朱祐樘. ——清同治《巴县志》卷四上《艺文志·宸翰》。明孝宗朱祐樘（1470—1505），年号弘治，北京人，1488—1505年在位。

劾逆珰刘瑾疏/（明）刘蕴. ——清同治重修《涪州志》卷十四《艺文志上》。刘蕴，字惟馨、秋佩，重庆涪陵人，明弘治十二年（1499）进士。

荐兵部尚书刘大夏疏/（明）刘蕴. ——清同治重修《涪州志》卷十四《艺文志上》。

论祭/（明）刘蕴. ——清同治重修《涪州志》卷十四《艺文志上》。

乞谥宋景濂先生疏/（明）刘蕴. ——清同治重修《涪州志》卷十四《艺文志上》。

祭宫保刘文简公文/（明）杨慎. ——清乾隆《巴县志》卷十四《艺文》。杨慎（1488—1559），字用修，号升庵，四川新都人，正德六年（1511）进士，文学家。

答重庆太守刘嵩阳书/（明）杨慎. ——清乾隆《巴县志》卷十

一《艺文》。

胸肋辨／（明）杨慎. ——民国《云阳县志》卷四十三《文录下·杂文》。

太子太保礼部尚书东阁学士刘春赐谥诰／（明）武宗朱厚照. ——清乾隆《巴县志》卷十七《艺文补遗》。明武宗朱厚照（1491—1521），年号正德，北京人，1506—1521年在位。

赠礼部尚书刘刚诰／（明）武宗朱厚照. ——清乾隆《巴县志》卷十七《艺文补遗》。

赠礼部尚书刘规诰／（明）武宗朱厚照. ——清乾隆《巴县志》卷十七《艺文补遗》。

吊屈原文／（明）许应元. ——清光绪《巫山县志》卷三十二《艺文志·杂文、赋汇、诗汇》。许应元（1500—?），字子春，浙江钱塘人，嘉靖十一年（1532）进士，授泰安知州，官至广西布政使。

答胡庐山太极图辨／（明）任瀚. ——民国《南充县志》卷十四《艺文志·辨》。任瀚（1501—1592），字少海，四川南充人，嘉靖八年（1529）进士，历任吏部主事、考功郎中、翰林院检讨等职。为人正直，早岁辞职归家，诗、文、联俱佳，名列"嘉靖八才子"、"蜀中四大家"。《明史》有其传。

复渭厓霍詹事书／（明）任瀚. ——民国《南充县志》卷十五《艺文志·书》。

复甬川张学士书／（明）任瀚. ——民国《南充县志》卷十五《艺文志·书》。

己丑廷试策／（明）任瀚. ——民国《南充县志》卷十二《艺文志·策》。

祭亡甥杜谏议文／（明）任瀚. ——民国《南充县志》卷十五《艺文志·祭文》。

七引七引／（明）任瀚. ——民国《南充县志》卷十六《艺文志·外纪》。

祈文昌文／（明）任瀚. ——清光绪《西充县志》卷十四《艺文志·下》。

寿卦／（明）任瀚. ——民国《南充县志》卷十六《艺文志·外纪》。

乙未会试策／（明）任瀚. ——民国《南充县志》卷十二《艺文志·策》。

与杜翼所给事书／（明）任瀚. ——民国《南充县志》卷十五《艺文

志·书》。

自祭文/（明）李开先. ——《长寿县志》。李开先（1502—1568），字伯华，号中麓，别署中麓子、中麓山人、中麓放客，世称中麓先生，山东济南章丘人，嘉靖八年（1529）进士。

克己篇/（明）何朝宗. ——民国《长寿县志》卷十五《文征上》。何朝宗（1502—1582），又名何来、来福、来佛，德化县浔中镇后所村人，明代德化窑瓷塑大师。

明嘉靖二十九年己酉三月望日追恩谕祭聂荣襄文/（明）世宗朱厚熜. ——民国《长寿县志》卷十五《文征上》。明世宗朱厚熜（1507—1567），年号嘉靖，1522—1566年在位。

祭陆宣公文/（明）黄光升. ——清同治《忠州直隶州志》卷十二《艺文志·祭文》。黄光升（1507—1586），字明举，号葵峰，福建晋江人，明嘉靖年间进士，历任浙江都指挥佥事。

赠衣契/（明）赵贞吉. ——清道光《綦江县志》卷十一《艺文上》。赵贞吉（1508—1576），字孟静，号大洲，四川内江人。

祭列祖唐宣公文/（明）陆炳. ——清同治《忠州直隶州志》卷十二《艺文志·祭文》。陆炳（1510—1560），字文孚，平湖人，母为世宗皇帝乳母，幼随母入宫，明朝将领，嘉靖八年（1529）举武会试。

祭先宣公文/（明）陆炳. ——《忠县志丛谈志》第687页。

辞韩林待诏疏/（明）来知德. ——清光绪《梁山县志》卷十上《艺文上》。来知德（1525—1604），字矣鲜，号瞿塘，梁山县（今重庆市梁平县）人，明代著名理学家。

河图洛书论/（明）来知德. ——《来瞿塘先生日录·内篇》。

客问/（明）来知德. ——清光绪《梁山县志》卷十下《艺文下》。

弄圆篇/（明）来知德. ——《来瞿塘先生日录·内篇》。

省觉录/（明）来知德. ——《来瞿塘先生日录·内篇》。

祭敕封翰林院检讨陈公文/（明）张居正. ——民国《南充县志》卷十五《艺文志·祭文》。张居正（1525—1582），字叔大，号太岳，湖广荆州府江陵县（今湖北江陵）人，嘉靖二十六年（1547）进士，任内阁首辅期间，曾大刀阔斧地改革，史称"张居正改革"。

清饬群臣和衷疏／（明）陈讲. ——民国《潼南县志》卷五《艺文志上·一文》。

宣公祠种树说／（明）陆道乾. ——清同治《忠州直隶州志》卷十二《艺文志·记》。陆道乾，嘉善（今浙江省北部）人，生平不详。

渝城功罪纪略／（明）刘时俊. ——清乾隆《巴县志》卷十二《艺文》。刘时俊（？—1629），子恒甫，字勿所，四川隆昌人，明万历二十六年（1598）进士。

祀张桓侯文／（明）罗瑶. ——民国《云阳县志》卷四十三《文录下·杂文》。罗瑶（1527—？），字国华，号野应，任遂宁县令，巴陵（今岳阳）人，嘉靖二十九年（1550）进士，隆庆后期曾任四川巡抚。

乞采群言疏／（明）谭启. ——明隆庆元年（1567）四月. ——清光绪《大宁县志》卷八《艺文志》。谭启（1528—？），四川大宁县（今重庆市巫溪县）人，明朝进士。

乞念民穷疏／（明）谭启. ——明隆庆元年（1567）四月. ——清光绪《大宁县志》卷八《艺文志》。

祭陈夫人文／（明）王世贞. ——民国《南充县志》卷十五《艺文志·祭文》。王世贞（1526—1590），字元美，号凤洲，又号弇州山人，太仓（今属江苏）人，明世宗嘉靖二十六年（1547）举进士。

谒义正祠赋并序／（明）郭棐. ——清光绪《奉节县志》卷三十六《艺文·赋汇》。

道术辨／（明）陈于陛. ——民国《南充县志》卷十四《艺文志·辨》。陈于陛（1544—1597），字元忠（一说符忠），号玉垒山人，明南充曲周县堤上村（今四川南充）人，隆庆年间首辅大学士陈以勤之子。隆庆二年（1568年）进士，选庶吉士，授编修。万历年间以礼部尚书兼东阁大学士入阁，参与机务，累进太子少保，卒于官，赠少保，谥文宪。

庆成宴致语／（明）陈于陛. ——民国《南充县志》卷十六《艺文志·

外纪》。

日方升赋/（明）陈于陛．——民国《南充县志》卷十二《艺文志·赋》。

祭张房二将文/（明）李化龙．——清道光《綦江县志》卷十一《艺文上》。李化龙（1554—1611），字于田，河南长垣人，万历二年（1574）进士。

祭张监军文/（明）李化龙．——清乾隆《巴县志》卷十四《艺文》。

平播疏/（明）李化龙．——清乾隆《巴县志》卷十七《艺文补遗》。

誓师文节录/（明）李化龙．——清道光《綦江县志》卷十一《艺文上》。

道统策/（明）黄辉．——民国《南充县志》卷十二《艺文志·策》。黄辉（1559—1620），字平倩，四川南充人，明万历十七年（1589）进士，授编修，工诗文和书法。

候气说/（明）黄辉．——民国《南充县志》卷十四《艺文志·说》。

祭李棠轩宗伯文/（明）黄辉．——民国《南充县志》卷十五《艺文志·祭文》。

家报/（明）黄辉．——民国《南充县志》卷十五《艺文志·书》。

丽泽轩相勉箴/（明）黄辉．——民国《南充县志》卷十二《艺文志·箴》。

日重光赋/（明）黄辉．——民国《南充县志》卷十二《艺文志·赋》。

上莲池大师书（四封）/（明）黄辉．——民国《南充县志》卷十五《艺文志·书》。

修杨家滩疏/（明）黄辉．——民国《南充县志》卷十二《艺文志·疏》。

学术策/（明）黄辉．——民国《南充县志》卷十二《艺文志·策》。

因旱修省陈言时政疏/（明）黄辉．——民国《南充县志》卷十二《艺文志·疏》。

与潘云松别言/（明）黄辉．——民国《南充县志》卷十五《艺文志·书》。

正人心以定国事疏/（明）黄辉．——民国《南充县志》卷十二《艺文志·疏》。

胡存蓼先生像赞/（明）朱之蕃．——民国新修《合川县志》第28册《文在三》，卷七十二《杂文三》。朱之蕃（1561—1626），字元升，一作元介，号兰蜗，山东茌平人，万历二十三年（1595）状元。

建文亡臣赞／（明）［作者不详］．——清同治《巴县志》卷四下《艺文志·赞》。

累封一品夫人向氏诰命／（明）神宗朱翊钧．——明万历年间（1573—1620）．——清光绪《铜梁县志》卷十五《附刻》。明神宗朱翊钧（1563—1620），年号万历，北京人，1572—1620年在位。

御祭少保兵部尚书张佳胤妻一品夫人向氏／（明）神宗朱翊钧．——明万历年间．——清光绪《铜梁县志》卷十五《附刻》。

赐奖宣府巡抚张佳胤敕制／（明）神宗朱翊钧．——明万历七年（1579）．——清光绪《铜梁县志》卷十五《附刻》。

封浙江巡抚张佳胤诰命／（明）神宗朱翊钧．——明万历十年（1582）十二月．——清光绪《铜梁县志》卷十五《附刻》。

封蓟辽总督张佳胤诰命／（明）神宗朱翊钧．——明万历十二年（1584）二月．——清光绪《铜梁县志》卷十五《附刻》。

封蓟辽总督兵部尚书张佳胤诰命／（明）神宗朱翊钧．——明万历十三年（1585）十月．——清光绪《铜梁县志》卷十五《附刻》。

谕祭少保张佳胤九坛／（明）神宗朱翊钧．——明万历十六年（1588）．——清光绪《铜梁县志》卷十五《附刻》。

授永明县知县胥从化文林郎敕／（明）神宗朱翊钧．——清乾隆《巴县志》卷十七《艺文补遗》。

封王凤鸣为征仕郎翰林院检讨敕／（明）光宗朱常洛．——清乾隆《巴县志》卷十七《艺文补遗》。明光宗朱常洛（1582—1620），年号泰昌，明代第十四位皇帝，明神宗朱翊钧长子，在位仅一个月，因病后服红丸而死，终年三十八岁，葬于庆陵。

翰林院检讨王应熊授征仕郎敕／（明）光宗朱常洛．——清乾隆《巴县志》卷十七《艺文补遗》。

日讲官詹事府少詹事兼翰林院侍读学士王应熊授中宪大夫诰／（明）光宗

朱常洛. ——清乾隆《巴县志》卷十七《艺文补遗》。

辨刘时俊冤疏／（明）周宗建. ——清乾隆《巴县志》卷十一《艺文》。周宗建（1582—1626），字季侯，吴江人，尚书周用曾孙，万历四十一年（1613）进士。

谕祭王凤鸣并妻颜氏文／（明）熹宗朱由校. ——清同治《巴县志》卷四上《艺文志·宸翰》。明熹宗朱由校（1605—1627），年号天启，凤阳人，1621—1627年在位。

赠王凤鸣为中宪大夫詹事府少詹事诰／（明）熹宗朱由校. ——清乾隆《巴县志》卷十七《艺文补遗》。

赐礼部尚书兼东阁大学士王应熊充经筵讲官敕／（明）思宗朱由检. ——清同治《巴县志》卷四上《艺文志·宸翰》。明思宗朱由检（1611—1644），年号崇祯，1627—1644年在位。

赠兵部尚书刘时俊诰／（明）思宗朱由检. ——清乾隆《巴县志》卷十一《艺文》。

明穆宗谕祭陈讲文／（明）穆宗朱载垕. ——民国《潼南县志》卷五《艺文志上·一文》。

荐死难兵民疏／（明）周作乐. ——清道光《綦江县志》卷十一《艺文上》。周作乐，生卒年不详，今云南昆明人，万历十年（1582）举人。

候曾三尹启采居官水镜／（明）刘时俊. ——清光绪《荣昌县志》卷二十一《艺文》。刘时俊（？—1629），子恒甫，一字勿所，四川隆昌人，明万历二十六年（1598）进士。

礼送诸贤士牒采居官水镜／（明）刘时俊. ——清光绪《荣昌县志》卷二十一《艺文》。

候朱仓使大经书采居官水镜／（明）刘时俊. ——清光绪《荣昌县志》卷二十一《艺文》。

丰均役说采居官水镜／（明）刘时俊. ——清光绪《荣昌县志》卷二十一《艺文》。

明崇节辨贤说居官水镜／（明）刘时俊. ——清光绪《荣昌县志》卷二十

一《艺文》。

祛邪反正说居官水镜/（明）刘时俊.——清光绪《荣昌县志》卷二十一《艺文》。

权使过居官水镜/（明）刘时俊.——清光绪《荣昌县志》卷二十一《艺文》。

搜根窟说居官水镜/（明）刘时俊.——清光绪《荣昌县志》卷二十一《艺文》。

与耆老平宰书采居官水镜/（明）刘时俊.——清光绪《荣昌县志》卷二十一《艺文》。

与耆儒皇甫炤书采居官水镜/（明）刘时俊.——清光绪《荣昌县志》卷二十一《艺文》。

造庐躬候张耆儒采居官水镜/（明）刘时俊.——清光绪《荣昌县志》卷二十一《艺文》。

致敬汝上舍帖采居官水镜/（明）刘时俊.——清光绪《荣昌县志》卷二十一《艺文》。

代太仆刘时俊讼冤疏/（明）尹伸.——清光绪《荣昌县志》卷二十《艺文》。尹伸（？—1644），字子求，宜宾人，万历二十六年（1598）进士。

罢权奸以励臣节疏/（明）王廷.——民国《南充县志》卷十二《艺文志·疏》。

乞重究内臣纠众阙下殴打朝臣疏/（明）王廷.——民国《南充县志》卷十二《艺文志·疏》。

保邦十策/（明）陈新甲.——《长寿县志》。陈新甲，生卒年不详，重庆长寿人，万历时举于乡，为定州知州。此为陈写给崇祯帝的奏章。

枢政四要及兵事四失/（明）陈新甲.——《长寿县志》。

保蜀援黔疏/（明）倪斯蕙.——清同治《巴县志》卷四上《艺文志·奏疏》。倪斯蕙，生卒年不详，字尔澹，别号禺同，重庆卫军籍，神宗万历二十年（1592）进士。

兵部覆巡抚徐可求应恤疏/（明）兵部.——清同治《巴县志》卷四上

《艺文志·奏疏》。

陈时政十条疏/（明）李兆.——清光绪《西充县志》卷十四《艺文志·下》。李兆，四川西充人。

敕修纪庙奏疏/（明）斯美.——清光绪《西充县志》卷十四《艺文志·下》。斯美，明嘉靖年间任工部历事监生。

告示/（明）朝廷.——清同治《忠州直隶州志》卷十二《艺文志·告示》。

劾权珰魏忠贤疏/（明）喻思恂.——清光绪《荣昌县志》卷二十《艺文》。喻思恂，生卒年不详，字醒拙，号石川，荣昌人，明万历四十四年（1616）进士。

祭先宣公文/（明）陆道乾.——清同治《忠州直隶州志》卷十二《艺文志·祭文》。陆道乾，生平不详，嘉善（今浙江省北部）人。

荐来知德疏/（明）王象乾，（明）郭子章.——清光绪《梁山县志》卷十上《艺文上》。王象乾，生平不详。郭子章，生卒年不详，字相奎，江西泰和人，万历年间任贵州巡抚，精著述、书法。

纠马士英荐非其人疏/（清）吕大器.——民国《潼南县志》卷五《艺文志上·一文》。吕大器，生卒年不详，字俨若，重庆潼南人，明崇祯元年（1628）进士。

来知德从祀疏/（明）刘之勃.——清光绪《梁山县志》卷十上《艺文上》。刘之勃（？—1644），字安侯，陕西凤翔人，明崇祯七年（1634）进士。

吕文肃公别传书后/（明）陆廷抡.——民国《潼南县志》卷五《艺文志上·一文》。陆廷抡，字悬圃，生卒年不详，兴化人，明代诗人。

请旌乡官保城殉难疏/（明）欧阳调律.——清同治《巴县志》卷四上《艺文志·奏疏》。欧阳调律，生卒年不详，重庆合川人，明万历年间进士。

答总督李尔然书/（明）陈计长.——清同治重修《涪州志》卷十四《艺文志上》。陈计长，生卒年不详，字三石，四川涪州（今重庆涪陵）举人，善属文，官江西松江府同知，湖南长沙知府，后解职归涪，年已七十，张献忠破蜀时，避难黔中婺县。

上马抚台书/（明）陈计长. ——清同治重修《涪州志》卷十四《艺文志上》。

神女考/（明）范守道. ——清光绪《巫山县志》卷三十二《艺文志·杂文、赋汇、诗汇》。范守道，生平不详。

孝弟文行己篇/（明）喻守先. ——民国《长寿县志》卷十五《文征上》。喻守先，生平不详。

引藤考/（明）黎尧卿. ——清同治《忠州直隶州志》卷十二《艺文志·考》。黎尧卿，生平不详。

思修身不可以不事亲/（清）龙在田. ——民国新修《合川县志》第30册《文在十三》，卷八十三《制艺十三》。龙在田（？—1646），云南石屏土官舍人，明末将领。

固守石柱檄文/（清）秦良玉. ——《石柱文史资料》第九辑《吟秦良玉诗词联辑》第94页。秦良玉（1574—1648），字贞素，四川忠州（今属重庆忠县）人，明朝末期战功卓著的民族英雄、女将军、军事家、抗清名将。

祭川督李太保文/（清）刘道开. ——清乾隆《巴县志》卷十四《艺文》。刘道开（1601—1681），一名远鹏，字非眼，号了庵居士，巴县人，崇祯六年（1633）举人。

蹇忠定公辨诬/（清）刘道开. ——《江北县志》第二十二篇第二章《著述》。

救荒策/（清）魏禧. ——清光绪《永川县志》卷四《赋役志·备荒》。魏禧（1624—1681），字叔子，一字冰叔，号裕斋，世称勺庭先生，江西宁都人，明末诸生，明亡后隐居翠微峰，与兄际瑞、弟礼等研读经史，均以古文见长，时人谓之"宁都三魏"，入清后不出仕，工文。

训士条约/（清）简上. ——清乾隆《巴县志》卷十四《艺文·条约》。简上，生卒年不详，字谦居，号石潭，巴县（今属重庆主城区）人，顺治八年（1651）举人。

荐军功各员详文/（清）王孙蔚. ——清乾隆《巴县志》卷十四《艺文》。王孙蔚，字茂衍，陕西临潼人，顺治九年（1652）进士。

贺浙省李中丞文进新任启/（清）许虬. ——清乾隆《巴县志》卷十一《艺文》。许虬，生卒年不详，字竹隐，长洲（今吴县）人，居甫里，顺治十五年（1658）进士，清朝官吏、诗人。

丰都御史/（清）蒲松龄. ——《丰都文史资料选辑》第二辑第 118 页；又载于《聊斋志异》。蒲松龄（1640—1715），字留仙，又字剑臣，别号柳泉居士，自称异史氏，书室聊斋，世称聊斋先生，淄川（今淄博市）人。

楚民寓蜀疏/（清）李先复. ——清道光《南部县志》卷二十八《艺文志》。李先复（1651—1728），字曲江，四川南部县人，康熙十一年（1672）举人，曾任山东曹县知县，官至工部尚书。

楚省五县南粮疏/（清）李先复. ——清道光《南部县志》卷二十八《艺文志》。

打箭炉设镇疏/（清）李先复. ——清道光《南部县志》卷二十八《艺文志》。

河防疆界疏/（清）李先复. ——清道光《南部县志》卷二十八《艺文志》。

敬陈管见疏/（清）李先复. ——清道光《南部县志》卷二十八《艺文志》。

请复设内帘监试疏/（清）李先复. ——清道光《南部县志》卷二十八《艺文志》。

王贞女征诗文启/（清）李以宁. ——清乾隆《巴县志》卷十一《艺文》。李以宁，生卒年不详，字朗仙，号雪樵，巴县人，康熙十一年（1672）举人。

陈蜀省利弊疏/（清）赵心抃. ——清光绪《西充县志》卷十四《艺文志·下》。赵心抃（1652—1714），字清章，四川西充人，二十岁中举人，除山西太平县知县，擢兵科给事中，卒年六十三。著有《清章疏稿》。

陈言官执掌疏/（清）赵心抃. ——清光绪《西充县志》卷十四《艺文志·下》。

封重庆镇总兵加荣禄大夫韩成诰/（清）圣祖爱新觉罗·玄烨. ——清乾隆《巴县志》卷十一《艺文》。清圣祖爱新觉罗·玄烨（1654—1722），帝号康熙，在位六十一年（1661—1722）。

授吏部郎中简上朝议大夫诰／（清）圣祖爱新觉罗·玄烨．——清乾隆《巴县志》卷十七《艺文补遗》。

授张光禧为昭勇将军江南兴武卫都司签书诰／（清）圣祖爱新觉罗·玄烨．——清乾隆《巴县志》卷十七《艺文补遗》。

谕祭韩成文／（清）圣祖爱新觉罗·玄烨．——清康熙五十六年（1717）十二月．——民国新修《合川县志》第30册《文在十二》，卷八十二《官文书十二》。

谕祭江西宁州殉难州同李成芳文／（清）圣祖爱新觉罗·玄烨．——清同治《巴县志》卷四上《艺文志·宸翰》。

谕祭江西巡抚刘如汉文／（清）圣祖爱新觉罗·玄烨．——清同治《巴县志》卷四上《艺文志·宸翰》。

赠龙英为文林郎太和县知县敕／（清）圣祖爱新觉罗·玄烨．——清乾隆《巴县志》卷十七《艺文补遗》。

赠张迪为昭勇将军江南兴武卫都司签书诰／（清）圣祖爱新觉罗·玄烨．——清乾隆《巴县志》卷十七《艺文补遗》。

赠张曰诚为昭勇将军江南兴武卫都司签书诰／（清）圣祖爱新觉罗·玄烨．——清乾隆《巴县志》卷十七《艺文补遗》。

封李芳述妻马氏制／［作者不详］．——清康熙二十三年（1684）九月．——民国新修《合川县志》第30册《文在十二》，卷八十二《官文书十二》。

封李芳述三代考妣制／［作者不详］．——清康熙二十三年（1684）九月．——民国新修《合川县志》第30册《文在十二》，卷八十二《官文书十二》。

封李芳述制／［作者不详］．——清康熙二十三年（1684）九月．——民国新修《合川县志》第30册《文在十二》，卷八十二《官文书十二》。

赠雷霖为登仕郎巫山县训导敕／（清）世宗爱新觉罗·胤禛．——清乾隆《巴县志》卷十七《艺文补遗》。清世宗爱新觉罗·胤禛（1678—1735），帝号雍正，北京人，1723—1735年在位。

赠广西巡抚韩良辅诰/（清）世宗爱新觉罗·胤禛.——清乾隆《巴县志》卷十一《艺文》。

淡交论/（清）朱圻.——民国新修《合川县志》第28册《文在四》，卷七十三《论辩四》。朱圻，生卒年不详，清康熙四十年（1701）贡生。

与友论学书/（清）朱圻.——民国新修《合川县志》第30册《文在七》，卷七十七《书说七》。

奏请南台贮谷疏/（清）王恕.——清光绪《铜梁县志》卷十三《艺文志三》。王恕（1682—1742），字中安，又字瑟斋，今重庆铜梁人。

群猪滩辩/（清）夏景宣.——清同治重修《涪州志》卷十四《艺文志下》。夏景宣，生卒年不详，涪州人，康熙四十七年（1708）举人。

荐举刘仕伟疏/（清）岳钟琪.——清光绪《梁山县志》卷十上《艺文上》。岳钟琪（1686—1754），字东美，四川成都人，祖籍临洮（今甘肃岷县），四川提督岳升龙之子，累官拜陕甘总督。

巴县士民祈雨表/（清）周开丰.——清乾隆《巴县志》卷十一《艺文》。周开丰，生卒年不详，字骏声，号悔厘，重庆巴县人，康熙五十九年（1720）中举，善诗文。

建文自焚辨/（清）周开丰.——清乾隆《巴县志》卷十四《艺文》。

体仁会缘起/（清）周开丰.——清乾隆《巴县志》卷十三《艺文》。

谢雨表/（清）周开丰.——清乾隆《巴县志》卷十一《艺文》。

愚孝论/（清）宋在诗.——清道光《垫江县志》卷七《艺文志·序》。宋在诗，生卒年不详，字稚伯，号野柏，山西安邑（今山西省运城市）人，康熙六十年（1721）进士。

戏奏弹黄耳犬文/（清）刘彝.——《江北县志》第二十二篇第二章《著述》。刘彝，生卒年不详，山西安邑（今山西省运城市）人，监生，清雍正九年（1731）任垫江知县。

备荒管见/（清）鲁仕骥.——清光绪《永川县志》卷四《赋役志·备荒》。鲁仕骥，生卒年不详，原名九皋，号絮非，江西新城人，乾隆十年

(1745) 进士，官夏县知县。

集解引晋崇俭条约 / （清）熊文稷. ——民国《忠县志》卷二十《文录志·杂著类》。熊文稷，生卒年不详，字艺九，忠州人，乾隆二十一年（1756）举人。

宾兴武科小启 / （清）王尔鉴. ——清乾隆《巴县志》卷十一《艺文》。王尔鉴（1703—1766），字在兹，号熊峰，河南卢氏人，清乾隆年间（1736—1795）任巴县知县。

宾兴小启 / （清）王尔鉴. ——清乾隆《巴县志》卷十一《艺文》。

属周梅厓选巴吟人志启 / （清）王尔鉴. ——清乾隆《巴县志》卷十一《艺文》。

封刘广宴为文林郎宁远县知县敕 / （清）高宗爱新觉罗·弘历. ——清乾隆《巴县志》卷十七《艺文补遗》。清高宗爱新觉罗·弘历（1711—1799），年号乾隆，北京人，1735—1795年在位。

授阆中县儒学训导周开历修职佐郎敕 / （清）高宗爱新觉罗·弘历. ——清乾隆《巴县志》卷十七《艺文补遗》。

授刘价为登仕佐郎敕 / （清）高宗爱新觉罗·弘历. ——清乾隆《巴县志》卷十七《艺文补遗》。

谕祭贵州提督韩勋文 / （清）高宗爱新觉罗·弘历. ——清乾隆《巴县志》卷十一《艺文》。

赠贵州提督加左都督韩勋诰 / （清）高宗爱新觉罗·弘历. ——清乾隆《巴县志》卷十一《艺文》。

赠翰林院庶吉士李初复诰 / （清）高宗爱新觉罗·弘历. ——清乾隆《巴县志》卷十一《艺文》。

赠翰林院庶吉士李光夏诰 / （清）高宗爱新觉罗·弘历. ——清乾隆《巴县志》卷十一《艺文》。

赠江西沿山知县王应春诰 / （清）高宗爱新觉罗·弘历. ——清乾隆《巴县志》卷十一《艺文》。

赠刘朝佐为文林郎宁远县知县敕 / （清）高宗爱新觉罗·弘历. ——清乾

隆《巴县志》卷十七《艺文补遗》。

李母吴孺人赞/（清）鲁克让. ——清乾隆十三年（1748）. ——清光绪《荣昌县志》卷二十一《艺文》。鲁克让，生平不详。

封刁宏勤暨妻张氏敕/[作者不详]. ——清乾隆五十五年（1790）. ——民国新修《合川县志》第 30 册《文在十二》，卷八十二《官文书十二》。

封刁念贵暨妻何氏敕/[作者不详]. ——清乾隆五十五年（1790）. ——民国新修《合川县志》第 30 册《文在十二》，卷八十二《官文书十二》。

巫山解/（清）吴省钦. ——清光绪《巫山县志》卷三十二《艺文志·杂文、赋汇、诗汇》。吴省钦（1730—1803），一作仲止，号白华，南汇县（今上海市东南部）人，乾隆二十八年（1763）进士。

答龚叙亭求仙书/（清）冯镇峦. ——民国新修《合川县志》第 30 册《文在七》，卷七十七《书说七》。冯镇峦（1760—1830），号远村，重庆涪陵人，清乾隆五十七年（1792）举人。

答西疃王司马书/（清）冯镇峦. ——民国新修《合川县志》第 30 册《文在七》，卷七十七《书说七》。

答徐十樵书/（清）冯镇峦. ——民国新修《合川县志》第 30 册《文在七》，卷七十七《书说七》。

论刘项/（清）冯镇峦. ——民国新修《合川县志》第 28 册《文在四》，卷七十三《论辩四》。

小桄榔林赞/（清）冯镇峦. ——民国新修《合川县志》第 28 册《文在三》，卷七十二《杂文三》。

与白沙中表苟景星兄弟书/（清）冯镇峦. ——民国新修《合川县志》第 30 册《文在七》，卷七十七《书说七》。

下车首政三十二条/（清）伍绍曾. ——清道光《綦江县志》卷十一《艺文上》。伍绍曾（1763—?），字燕堂，自号率真子，重庆綦江人。

书成都望江楼对联/（清）何增元. ——《璧山县文史资料选集》第三辑第 109 页。何增元（1776—1862），别名调谱，字申畬，重庆璧山县人，清进士。

游大小瓮塘寄谢李太学书/（清）蹇滋善. ——民国《江津县志》卷七之

一《人物志》。蹇滋善，生卒年不详，字廉山，重庆江津人，嘉庆四年（1799）进士。

摩云书院联／（清）陶澍. ——《彭水县志》第982页。陶澍（1779—1839），字子霖、子云，号云汀、髯樵，湖南安化县小淹镇人，嘉庆七年（1802）进士。

秦良玉逸事／（清）吴炽昌. ——《客窗闲话续集》卷四。吴炽昌（1780—?），字炳勋，号南皋，浙江盐官人。

周王氏节孝赞有序／（清）张澍. ——清光绪《铜梁县志》卷十二《艺文志二》。张澍（1782—?），字百瀹，又寿谷，号介侯，又号鸠民，甘肃武威人，嘉庆二十四年（1819）进士。

书明都督总兵秦良玉轶事／（清）何曰愈. ——王葆心《虞初支志·甲编》卷四，商务印书馆1922年版，第2—4页。何曰愈（1793—1872），字云陔（一作云畡），号退庵，广东香山人。

请人祀名宦疏／（清）何桂清. ——清光绪《大宁县志》卷八《艺文志》。何桂清（1816—1862），字根云，自号五华山房主人，云南昆明人，道光十五年（1835）进士。

祭忠烈黄公文／（清）刘蓉. ——民国新修《合川县志》第28册《文在三》，卷七十二《杂文三》。刘蓉（1816—1873），一作刘容，字孟蓉，号霞仙，湖南湘乡人，清文学家，诸生出身，曾与太平天国军作战，同治元年（1862）任四州布政使，石达开军入川，奉命督战。

祭追赠布政使黄公子春文／（清）刘蓉. ——民国《南充县志》卷十五《艺文志·祭文》。

由京师寄忠州白鹿书院山长陈攀凤联／（清）李士棻. ——《忠县志》卷二十二《丛谈志》。

与张式卿论通史人表书／（清）俞樾. ——民国新修《合川县志》第30册《文在七》，卷七十七《书说七》。俞樾（1821—1907），字荫甫，自号曲园居士，浙江湖州府德清县城关乡南埭村人，清末著名学者、文学家、经学家、古文字学家、书法家。

疏陈筹备东征并报到籍折折子／（清）鲍超．——清光绪《奉节县志》卷三十六《艺文·文汇下》。鲍超（1828—1886），字春霆，今重庆奉节人，行伍出身，湘军将领，所部号"霆军"，为湘军主干之一，卒赠太子少保。

疏陈筹备入卫折折子／（清）鲍超．——清光绪《奉节县志》卷三十六《艺文·文汇下》。

疏陈预备战守以顾根本折折子／（清）鲍超．——清光绪《奉节县志》卷三十六《艺文·文汇下》。

与张式卿论通史人表书／（清）李慈铭．——民国新修《合川县志》第30册《文在七》，卷七十七《书说七》。李慈铭（1829—1894），字爱伯，浙江会稽（今绍兴市）人，光绪六年（1880）进士。

吊蚯蚓文／（清）蒋璧方．——民国新修《合川县志》第28册《文在三》，卷七十二《杂文三》。蒋璧方（1830—1884），字辑亭，初名道成，又字集廷，今重庆合川人，咸丰九年（1859）中举，后主讲合州书院。

上密奏疏／（清）蒋璧方．——民国新修《合川县志》卷七十二。

义利辨／（清）蒋璧方．——民国新修《合川县志》第28册《文在四》，卷七十三《论辩四》。

与某前辈论文／（清）蒋璧方．——民国新修《合川县志》第30册《文在七》，卷七十七《书说七》。

笔批汉四史、昭明文选、杜诗镜铨／（清）丁树诚．——《合川文史资料选辑》第五辑，丁树诚（1837—1902），字治棠，合川云门镇丁家沟人。

代汤莹阁赠张芝宇真交说／（清）丁树诚．——民国新修《合川县志》第30册《文在七》，卷七十七《书说七》。

补三国名臣赞／（清）丁树诚．——民国新修《合川县志》第28册《文在三》，卷七十二《杂文三》。

请留知州李忠清署任公呈／（清）丁树诚．——清同治十一年（1872）．——民国新修《合川县志》第30册《文在十二》，卷八十二《官文书十二》。

秋禊赋／（清）丁树诚．——民国新修《合川县志》第28册《文在二》，卷七十一《赋二》。

神思/（清）丁树诚.——民国新修《合川县志》第 30 册《文在十一》，卷八十一《杂著十一》。

潜水考/（清）丁树诚.——民国新修《合川县志》第 28 册《文在五》，卷七十四《解考五》。

拟关外大军收复伊黎贺表/［作者不详］.——清光绪五年（1879）.——民国新修《合川县志》第 30 册《文在十二》，卷八十二《官文书十二》。

仪陇到任观风季课传单/［作者不详］.——清光绪十年（1884）.——民国新修《合川县志》第 30 册《文在十二》，卷八十二《官文书十二》。

赐张玉良祭一坛行知/［作者不详］.——清光绪十五年（1889）.——民国新修《合川县志》第 30 册《文在十二》，卷八十二《官文书十二》。

周吴氏旌表节孝执照/［作者不详］.——清光绪二十二年（1896）.——民国新修《合川县志》第 30 册《文在十二》，卷八十二《官文书十二》。

无逸论/（清）陈炳煊.——民国新修《合川县志》第 28 册《文在四》，卷七十三《论辩四》。陈炳煊（1838—1899），原名用仪，字春午，又字春庭，今重庆合川人，道光年间（1821—1850）进士。

修己以安百姓/（清）陈炳煊.——民国新修《合川县志》第 30 册《文在十三》，卷八十三《制艺十三》。

巴蜀药品赞并序/戴光.——民国新修《合川县志》第 28 册《文在三》，卷七十二《杂文三》。戴光（1840—1919），字子和，号蹇叟，合州（今重庆合川）人，光绪二十一年（1895）进士，工诗词，称"合川四俊"、"蜀中文学八家"之一。

阪尹解/戴光.——民国新修《合川县志》第 28 册《文在五》，卷七十四《解考五》。

古今榷盐便利论/戴光.——民国新修《合川县志》第 28 册《文在四》，卷七十三《论辩四》。

问王曰王若曰周公曰周公若曰各有分别而或加若或不加若/戴光.——民国新修《合川县志》第 28 册《文在五》，卷七十四《解考五》。

与式卿书/戴光. ——民国新修《合川县志》第 30 册《文在七》，卷七十七《书说七》。

备荒说摘录/（清）赵元益. ——清光绪《永川县志》卷四《赋役志·备荒》。赵元益（1840—1902），字静涵，江苏省昆山县人，光绪十四年（1888）举人，精通医学，兼通音韵训诂。

芙蓉出水（扇面一幅）/（清）方炳南. ——《梁平县志》。方炳南（1841—1911），又名绍廉，自号种菊轩主，梁平县人，善画。

行保甲说/（清）甘雨施. ——清光绪《荣昌县志》卷二十一《艺文》。甘雨施（？—1850），字百生，号岱云，四川昌元（今重庆荣昌）人，嘉庆十三年（1808）举人。

谕祭黄淳熙文/（清）穆宗爱新觉罗·载淳. ——清同治元年（1862）. ——民国新修《合川县志》第 30 册《文在十二》，卷八十二《官文书十二》。清穆宗爱新觉罗·载淳（1856—1875），年号同治，北京人，1862—1875 年在位。

原烈/刘光谟. ——清光绪七年（1881）. ——清光绪《荣昌县志》卷二十一《艺文》。刘光谟（1846—1916），字文卿，射洪（今属四川遂宁）人。

夔灾说/张朝墉. ——《奉节文史资料》第十辑第 36 页。张朝墉（1860—1942），字北墙、白翔（一作伯翔），号半园，四川省奉节县人，世称夔门才子，清廪生。

故天降大任于是人也/（清）周作孚. ——民国新修《合川县志》第 30 册《文在十三》，卷八十三《制艺十三》。周作孚（？—1865），原名远视，字明德、子蕙，号峻庵、十元，合州（今重庆合川）人，咸丰时期举人。

子产论/（清）周作孚. ——民国新修《合川县志》第 28 册《文在四》，卷七十三《论辩四》。

子曰听讼吾优人也必也使无讼乎/（清）周作孚. ——民国新修《合川县志》第 30 册《文在十三》，卷八十三《制艺十三》。

王氏牌坊楹联/（清）德宗爱新觉罗·载湉. ——《重庆文史资料》第七辑第 282 页，曹庞沛：《王家沱与王氏家族》一文。清德宗爱新觉罗·载湉（1871—1908），年号光绪，1875—1908 年在位。

敖烈女征诗启/（清）敖册贤. ——清光绪七年（1881）. ——清光绪《荣昌县志》卷二十一《艺文》。敖册贤，生卒年不详，重庆荣昌人，清道光二十三年（1843）举人。

敖烈女殉夫议/（清）施学煌. ——清光绪七年（1881）. ——清光绪《荣昌县志》卷二十一《艺文》。施学煌，生卒年不详，字秀峰，浙江会稽县（今绍兴市）籍，顺天大兴县人，监生，清光绪六年（1880）署荣昌县知县，增修《荣昌县志》。

欧阳节妇郭氏坊表志/（清）敖册贤. ——清光绪《荣昌县志》卷二十一《艺文》。

八阵图说（附八阵图考）/范荪. ——清光绪《奉节县志》卷三十六《艺文·文汇上》。范荪，生平不详，眉山人。

巴曼子像赞/（清）柳枝茂. ——清同治《忠州直隶州志》卷十二《艺文志·赞》。柳枝茂，生卒年不详，字本立，清代诸生。

补修奎星楼/（清）陈怀玉. ——清同治《营山县志》卷二十八《艺文志》。

备荒议/陈廷经. ——清光绪《永川县志》卷四《赋役志·备荒》。陈廷经，生平不详。

财主辨/（清）邓仁堃. ——清道光《綦江县志》卷九《古迹》。邓仁堃，生卒年不详，道光年间綦江知县。

重建修溪坝/（清）洪锡畴. ——清道光《城口厅志》卷二十《艺文志》。洪锡畴，生卒年不详，城口县人，廪膳生，道光二十四年（1844）纂修《城口厅志》。

重庆府试院联/（清）蔡振武. ——《巴蜀名胜楹联大会》，四川人民出版社，1992年版。蔡振武，生平不详，清代学者。

答赵中丞论韵书/（清）龙为霖. ——民国《巴县志》卷二十三《文征》。龙为霖，生卒年不详，字雨苍，号鹤坪，江北县人，康熙四十五年（1706）进士。

代高祖喻茂坚请谥疏/（清）喻符庆. ——清光绪《荣昌县志》卷二十

《艺文》。喻符庆，生平不详。

祷睡魔文/（清）管凤翔.——民国《忠县志》卷二十《文录志》，目一八三《文·哀祭类》。管凤翔，生卒年不详，逸其字，江苏武进人，清代书法家。

祷雨文/（清）王萦绪.——清道光《补辑石砫厅新志·艺文志上》。

牒城隍神文/（清）王萦绪.——清道光《补辑石砫厅新志·艺文志上》。

各庙祭期议/（清）王萦绪.——清道光《补辑石砫厅新志·艺文志上》。

都中寄张善充书/（清）罗为赓.——民国《南充县志》卷十五《艺文志·书》。

寄刘可南书/（清）罗为赓.——民国《南充县志》卷十五《艺文志·书》。

与陈秀才书/（清）罗为赓.——民国《南充县志》卷十五《艺文志·书》。

杂著/（清）罗为赓.——民国《南充县志》卷十六《艺文志·外纪》。

吊艾芷二姑文/林明俊.——清同治《巴县志》卷四下《艺文志·碑铭》。林明俊，生卒年不详，字位旗，清末岁贡生，丰都县人，工文辞。

先师圣诞列入祀典书/（清）谢金元.——清光绪《荣昌县志》卷二十《艺文》。

封韩世伟为登仕郎涪州训导敕/（清）［作者不详］.——清乾隆《巴县志》卷十七《艺文补遗》。

封翰林院庶吉士刘道开敕/（清）［作者不详］.——清乾隆《巴县志》卷十七《艺文补遗》。

复别文卿书/（清）释昌言.——民国新修《合川县志》第30册《文在七》，卷七十七《书说七》。昌言，生卒年不详，字虎溪，长寿人，俗姓万，岳池伏虎寺僧。

改朝天白市两驿丞设荣昌南川两典史详文/（清）陈邦器.——清乾隆《巴县志》卷十四《艺文》。陈邦器，生卒年不详，字允匡，清康熙四十年（1701）官至重庆知府，信佛，自称三宝弟子。

告祖文/（清）陆登荣. ——清同治《忠州直隶州志》卷十二《艺文志·祭文》。陆登荣，生平不详。

祭祖文/（清）陆登荣. ——清同治《忠州直隶州志》卷十二《艺文志·祭文》。

故天降大任于是人也/（清）蔡新周. ——民国新修《合川县志》第30册《文在十三》，卷八十三《制艺十三》。蔡新周，生卒年不详，合州（今重庆合川）人，曾以举人出仕，累官县学训导、主簿、知县等职。

始吾于人也/（清）蔡新周. ——民国新修《合川县志》第30册《文在十三》，卷八十三《制艺十三》。

郭才士还金歌/（清）易简. ——《丰都文史资料选辑》第二辑第50页。易简，生卒年不详，字位中，号丰山，丰都人。

华离说/（清）张九章. ——《黔江县志》。张九章，生卒年不详，名山右，号衮甫，山西平定州人，进士，清光绪十五年至二十五年（1889—1899）任黔江知县，主修县志。

柳敏辨/（清）张九章. ——《黔江县志》。

柳林湖屯田图说/（清）潘治. ——民国《江津县志》卷七之一《人物志》。

毁佛文/（清）王廷稷. ——清同治《营山县志》卷二十八《艺文志》。

记观禹碑考辨/（清）甘雨施. ——清光绪《荣昌县志》卷二十一《艺文》。甘雨施（？—1850），字百生，号岱云，四川昌元（今荣昌）人，嘉庆十三年（1808）举人。

祭赵烈妇熊氏文/（清）虞兆清. ——民国《忠县志》卷二十《文录志》，目一八三《文·哀祭类》。虞兆清，生卒年不详，秀水人，清代进士，曾任綦江知县、忠州知州。

旌表节孝李母吴孺人赞/（清）李夏. ——清光绪《荣昌县志》卷二十一《艺文》。李夏，生平不详。

旌善亭楹联/（清）毛辉凤. ——《綦江县志》。毛辉凤，生卒年不详，字梧生，江西举人，道光年间曾任巴县知县，编道光《丰城县志》。

敬府彭太孺人百有二岁寿/（清）林澍. ——清道光《南部县志》卷二十九《艺文志》。林澍，生平不详。

联三首/哈锐. ——《璧山文史》第十一辑第 34 页。哈锐，生卒年不详，字蜕庵，甘肃天水人，光绪十六年（1890）进士。曾历任刑部四川司主事，璧山、宜宾拿地知县知事。辛亥革命后卸任乐山县知事，返回故里。曾自书年谱。

关帝庙楹联一副/（清）鄢九如. ——《璧山文史》第十一辑第 33 页。鄢九如，生卒年不详，璧山县人，清光绪十八年（1892）进士。

留别巴县王明府熊峰启/（清）姜会照. ——清乾隆《巴县志》卷十一《艺文》。姜会照，生卒年不详，字南园，如皋（今属江苏南通）人，清代奉节知县。

上重庆书太守启/（清）姜会照. ——清乾隆《巴县志》卷十一《艺文》。

壬寅春仲归家□山世父述及先事命余为诗即席赋呈/（清）张焱. ——清道光《南部县志》卷二十九《艺文志》。张焱，四川南部县人，进士。

律赋说/（清）江含春. ——《楞园赋说》。江含春，生卒年不详，字海平，清代人。

论修山寨书/（清）江含春. ——民国《江津县志》卷七十三《文学》。

请将刘衡历任政绩宣付史馆编入循吏列传疏/（清）杨秉璋. ——清光绪《梁山县志》卷十上《艺文上》。杨秉璋，生卒年不详，字礼南，浙江人，清朝进士。

劝盗说一篇/（清）孙宗瑛. ——清光绪《秀山县志》卷第十《士女志》第八之二《孙周吴列传》。孙宗瑛，生卒年不详，字竹屿。

神女辨/（清）杨学启. ——清光绪《巫山县志》卷三十二《艺文志·杂文、赋汇、诗汇》。杨学启，生平不详。

神女考/（清）王闿运. ——清光绪《巫山县志》卷三十二《艺文志·杂文、赋汇、诗汇》。王闿运，生卒年不详，字壬秋，一字壬父，晚号湘绮，时称湘绮老人，湖南湘潭人，咸丰二年（1852）举人。

授翰林院庶吉士刘如汉为征仕郎敕/（清）[作者不详]. ——清乾隆《巴

县志》卷十七《艺文补遗》。

祀王立论／（清）朱奂.——民国新修《合川县志》第28册《文在四》，卷七十三《论辩四》。朱奂，生卒年不详，字文游，江苏吴县人，清乾隆年间人。

例利／（清）王秉三.——民国《南充县志》卷十六《艺文志·外纪》。王秉三，字奉斋，四川南充人，道光二年（1822）举人，任湖南安乡知县，后改官教职，在家候补，教授生徒。

贫富／（清）王秉三.——民国《南充县志》卷十六《艺文志·外纪》。

劝世四箴／（清）杨重雅.——民国《南充县志》卷十二《艺文志·箴》。杨重雅，曾任顺庆知府（府治今四川南充）。

自省四箴／（清）杨重雅.——民国《南充县志》卷十二《艺文志·箴》。

送女训言／潘清荫.——民国《巴县志》卷二十三《文征》。潘清荫（1851—1912），字季约，重庆巴县人，同治十二年（1873）举人，曾任忠州（今重庆忠县）白鹿书院山长，与宋育仁合办《渝报》。

天下归仁焉／（清）何淮.——《忠县志》卷二十二《丛谈志》。何淮，生平不详。

条陈时宜八事／（清）蒋璧芳.——民国新修《合川县志》第30册《文在十一》，卷八十一《杂著十一》。蒋璧芳（1830—1884），字辅亭，初名道成，又字集廷，今重庆合川人，咸丰九年（1859）中举，后主讲合州书院。

蓝逆之乱上杨府尊条陈／（清）王家镐.——清同治元年.——民国《南充县志》卷十二《艺文志·策》。

涂监二溪辩／（清）熊宣.——清同治《忠州直隶州志》卷十二《艺文志·辩》。熊宣，生平不详。

毡毛草说／（清）熊宣.——清同治《忠州直隶州志》卷十二《艺文志·说》。

王公死节赞集文选／（清）黄倬.——清同治《忠州直隶州志》卷十二《艺文志·赞》。黄倬，生卒年不详，字恕阶，湖南善化人，道光二十年

（1840）进士。

向道说/（清）汪志渊.——《江北县志》第二十二篇第二章《著述》。汪志渊，生平不详。

谢广文兼摄县务立保危城论/（清）石会昌.——清同治十三年（1874）.——清光绪《荣昌县志》卷二十一《艺文》。石会昌，生卒年不详，湖北兴国州（今阳新）人，同治元年（1862）进士，工于书法，书法家。

心湖李公治蓬御寇纪略/（清）悉大壮.——民国《潼南县志》卷五《艺文志上·一文》。悉大壮，生卒年不详，今重庆潼南县人。

修学宫上梁文/（清）洪运开.——清光绪《蓬州志》第十五《艺文篇》。

寻石说/（清）孙廷钧.——清道光《补辑石砫厅新志·艺文志中》。孙廷钧，生平不详。

阳台高唐解/（清）周宪斌.——清光绪《巫山县志》卷三十二《艺文志·杂文、赋汇、诗汇》。周宪斌，生卒年不详，号晴塘，别号爱莲居士。

夜郎考/（清）覃思谟.——清光绪《铜梁县志》卷十三《艺文志三》。覃思谟，生卒年不详，字云浦。

仪溪说/（清）胡辑瑞.——清同治《仪陇县志》卷六《艺文志》。

与王东山共事志/（清）蹇滋善.——民国《江津县志》卷七之一《人物志》。

与何使君论祈雨书/（清）易简.——清光绪《丰都县志》卷四《艺文志》。易简，生卒年不详，字位中，号丰山，丰都人。

于李氏传赞/（清）徐子来.——清光绪《荣昌县志》卷二十一《艺文》。徐子来，生卒年不详，郫县人，清荣昌县教谕。

于王氏传赞/（清）徐子来.——清光绪《荣昌县志》卷二十一《艺文》。

与张县圃书/（清）萧望崧.——民国新修《合川县志》第30册《文在七》，卷七十七《书说七》。萧望崧，生卒年不详，字钟岳，号子高，一号翰双，清代道光年间合川人。

记吴氏两节母事/（清）涂凤书.——民国《云阳县志》卷四十三《文录下·杂文》。

赵母尹太君九秩正诗启／（清）敖册贤. ——清光绪《荣昌县志》卷二十一《艺文》。敖册贤，生卒年不详，重庆荣昌人，清道光二十三年（1843）举人。

祝俊民孙公百岁启／（清）郭和熙. ——清光绪《铜梁县志》卷十二《艺文志二》。郭和熙，生卒年不详，字伯融（或琴舟），今重庆铜梁县人，清道光举人。

子曰听讼吾优人也必也使无讼乎／（清）王启霖. ——民国新修《合川县志》第30册《文在十三》，卷八十三《制艺十三》。王启霖，生卒年不详，合川人，咸丰年间贡生。

论风俗／（清）[作者不详]. ——清乾隆《巴县志》卷十四《艺文》。

论积贮／（清）[作者不详]. ——清乾隆《巴县志》卷十四《艺文》。

论士习／（清）[作者不详]. ——清乾隆《巴县志》卷十四《艺文》。

论祭夏邦谟文／（清）[作者不详]. ——清同治重修《涪州志》卷十四《艺文志上》。

旌陈母赵夫人节孝疏／（清）[作者不详]. ——清同治重修《涪州志》卷十四《艺文志上》。

邪教说／（清）[作者不详]. ——清道光《城口厅志》卷二十《艺文志·辰章》。

正月初四日奉／（清）[作者不详]. ——清光绪《梁山县志》卷十上《艺文上》。

借园铭／柳福培. ——民国《忠县志》卷二十一《文征志·杂文汇》。柳福培（1830—1919），字位侯，别号存愚山人，忠州人，工诗文，专治易经学。

劝民息讼篇／张华庭. ——《綦江县文史资料》第5辑第24页。张华庭（1839—1922），字济辉，别号星楣，重庆綦江正自乡青杠沟人。

起义军告示／余栋臣. ——民国《大足县志》卷五。余栋臣（1851—1912），重庆大足人，清反洋教起义领袖。

起义军檄文／余栋臣. ——民国《大足县志》卷五。

余栋臣檄文／余栋臣. ——《大足文史》第七辑第1页。

蚕丝团体组织法/杜用选. ——清光绪三十四年（1908）. ——《酉阳县志》。杜用选（1865—1940），重庆酉阳人。

蚕丝改良策/杜用选. ——《酉阳县志》第641页. 又见《商务官报》1909年第35—35期。

致萨镇冰书/程德全. ——《民国报》1911年第2期第3—4页。程德全（1860—1930），字纯如，号雪楼，晚号无智，素园居士，今重庆云阳人。

本国之部：重庆法官尊重法权. ——《法政杂志（上海）》1911年第1卷第4期，第26页。

出兵讨伐公告/张培爵. ——《荣昌县志》。张培爵（1876—1915），字列五，号智涵、志韩，重庆荣昌人。

督抚宪批商号永集公司禀为自置四合川分局山林应由银号收买俾卫利权而清公款文. ——《吉林官报》1911年第2期，第55—56页。

广西巡抚沈秉堃奏请以胡景伊试充混成协统领片. ——《政治官报》1911年第1305期，第12页。胡景伊（1878—1950），重庆巴县人。

护理四川总督王人文奏戡定黔江匪乱出力人员请奖并失守县治之王炽昌请革职折. ——《政治官报》1911年第1288期，第14—16页。

江津同志之爱国热/邓鹤翔. ——《辛亥先贤诗文集》。约写于1911年左右。

卖国邮传部！卖国盛宣怀！/邓孝可. ——《奉节县志》第837页。1911年，全川最早的争路檄文。邓孝可（1869—1950），重庆奉节人。

求言公告/张培爵. ——《荣昌县志》，1911年，军政府成立后。

四川总督赵尔巽奏请以屏山令黄堃与垫江令宋嘉俊互相调补折. ——《政治官报》1911年第1193期，第12—13页。

又奏重庆川北两镇应如何录用片. ——《政治官报》1911年第1230期，第14页。

子曰必也正名乎/张森楷. ——民国新修《合川县志》第30册《文在十三》，卷八十三《制艺十三》。

吊陆宣公文/陈鹤年. ——民国《忠县志》卷二十一《文征志·杂文汇》。

陈鹤年（1870—1927），原名宏图，字乾安、虔安，别号冰鹤老人，忠州城内人。

关雎诗辨/刘明昭. ——民国《南川县志》卷十二《艺文志·骈散文》。刘明昭（约1870—?），字德宣，今重庆南川人，两次入成都尊经书院肄业，光绪二十三年（1897）拔贡。

蜀军政府设置地方司令官施行细则6章41条/曾吉芝. ——《重庆文史资料选辑》第三十六辑第134页，彭伯通：《辛亥老人曾吉芝》一文。曾吉芝（1872—?），名纪瑞，重庆巴县人。

先府君行状/秦嵩年. ——民国《忠县志》卷二十一《文征志·杂文汇》。秦嵩年（1886—1946），字山高，民初忠州人，曾编有《秦良玉传汇编初集》。

为留学官费事给清廷驻日使馆信稿/吴玉章. ——《重庆文史资料选辑》第十九辑第148—149页，《吴玉章传》写作组：《吴玉章作品系年》一文。吴玉章（1878—1966），原名永珊，字树人，四川荣县双石乡蔡家堰人。

致宫崎寅藏书/吴玉章. ——《重庆文史资料选辑》第十九辑第149页，《吴玉章传》写作组：《吴玉章作品系年》一文。

欲当大任，须是笃实论/周文钦. ——《重庆文史资料选辑》第十四辑第134—135页。周文钦（1882—1929），字家桢，笔名贞，1920年后别号莲居士，重庆巴县人。

子贡货殖论/周文钦. ——《重庆文史资料选辑》第十四辑第134—135页。

黄山游草/戴正诚. ——《江北县志》第二十二篇第二章《著述》。戴正诚（1883—1975），字亮吉，江北县人，民国二十年（1931）由重庆府中学堂出资送日本留学，毕业于三口高等商业学校。

前后游峨百咏/戴正诚. ——《江北县志》第二十二篇第二章《著述》。

郑叔问先生年谱/戴正诚. ——《江北县志》第二十二篇第二章《著述》。

告全国父老书/陈炳光. ——《重庆文史资料选辑》第三十六辑第208—209页，陈典：《辛亥革命在大足》一文。陈炳光（1886—1964），名孝焯，大足县人，入同盟会，成立大足县保路同志协会，后加入中华革命党，创办《国难三日刊》。

绝笔书/（清）饶国梁. ——《大足县志》第 163 页。饶国梁（1888—1911），字作霖，号绍锋，重庆大足人。

拟李德昂发板楯军平泸水夷颂/陈云逵. ——民国新修《合川县志》第 28 册《文在三》，卷七十二《杂文三》。陈云逵（1889—1961），又名时熙，今重庆合川人，贡生。

叙日俄战史/吴宓. ——《重庆文史资料》第一辑第 68 页，孙法理：《亦狂亦侠亦温文》一文。吴宓（1894—1978），原名玉衡，后改陀曼，1910 年改名吴宓，原字雨生，后改字雨僧，陕西省泾阳县西北乡人。

祭邹立斋先生文/杨廉. ——民国新修《合川县志》第 28 册《文在三》，卷七十二《杂文三》。杨廉（1896—1939），字光宾，号思默，安岳县人。

游桓侯庙记/张仲雅. ——民国《云阳县志》卷四十三《文录下·杂文》。张仲雅（1896—1972），灌南自皂人。

呈报志书局经费决算书/张晓清. ——民国新修《合川县志》第 30 册《文在十二》，卷八十二《官文书十二》。张晓清，生平不详。

合州接龙义学大成会至圣诞日祭祀典礼辩/杨士镙. ——民国新修《合川县志》第 28 册《文在四》，卷七十三《论辩四》。

读史界说/杨士钦. ——民国《江津县志》卷七十三《文学》。杨士钦，生平不详，字鲁丞。

论语界说/杨士钦. ——民国《江津县志》卷七十三《文学》。

父顽辨/严灿章. ——民国《南川县志》卷十二《艺文志·骈散文》。严灿章，生平不详。

观风启/贺懋春. ——《江北县志》第二十二篇第二章《著述》。贺懋春，生平不详。

会剿璧虱檄文/（清）刘彝. ——《江北县志》第二十二篇第二章《著述》。刘彝，生平不详。

集福山桓侯庙记/谭兆蓝. ——民国《云阳县志》卷四十三《文录下·杂文》。谭兆蓝，生卒年不详，字柳堂，云阳县高阳乡人，端方颖悟，补县学廪生。

甲午岁资州直隶州艺风书院讲学纪/吕翼文. ——《江北县志》第二十二篇第二章《著述》。吕翼文，生卒年不详，字雪堂，四川华阳（今成都双流）人，光绪二十三年（1897）举人。

江北旱灾捐募启/汪肽犀. ——《江北县志》第二十二篇第二章《著述》。汪肽犀，生平不详。

举百岁寿公呈并谕旨/周之兴. ——民国新修《合川县志》第30册《文在十二》，卷八十二《官文书十二》。周之兴，合州人。

"可以仕则仕"至"乃所愿"/苏守闇. ——民国新修《合川县志》第30册《文在十三》，卷八十三《制艺十三》。苏守闇，生平不详。

"可以兴"至"女为周南召南矣乎"/彭用霖. ——民国新修《合川县志》第30册《文在十三》，卷八十三《制艺十三》。彭用霖，生平不详。注：制艺，指八股文，是古代在考试时所作的文章，文体有明确规定。

赵孟能贱之诗云既醉以酒/彭用霖. ——民国新修《合川县志》第30册《文在十三》，卷八十三《制艺十三》。

枯禾入城行/向小波. ——《南川县志》。向小波，生平不详。

龙多山志例言/秦宗汉. ——民国新修《合川县志》第30册《文在十一》，卷八十一《杂著十一》。秦宗汉，生平不详。

论风骚之风骨体质/吕翼文. ——《江北县志》第二十二篇第二章《著述》。吕翼文，生卒年不详，字雪堂，四川华阳（今成都双流）人，早年肄业于尊经书院，为山长王闿运高足，清光绪二十三年（1897）举人。

民怀篇/易笏山. ——《綦江县文史资料》第5辑第19页。易笏山，生平不详。

名实未加于上下而去之/萧其音. ——民国新修《合川县志》第30册《文在十三》，卷八十三《制艺十三》。萧其音，生平不详。

募狱囚棺木启/汪肽犀. ——《江北县志》第二十二篇第二章《著述》。汪肽犀，生平不详。

拟大招/韦述苏. ——民国《南川县志》卷十二《艺文志·骈散文》。韦述苏，生平不详。

入其疆土地辟田野治养老尊贤俊杰在位/陈光宗、朱常洛. ——民国新修《合川县志》第 30 册《文在十三》，卷八十三《制艺十三》。陈光宗，生平不详。

石泉庵白云和尚赞/王白瑜. ——民国新修《合川县志》第 28 册《文在三》，卷七十二《杂文三》。王白瑜，生平不详。

特举贤能疏/哈瞻. ——清同治《巴县志》卷四上《艺文志·奏疏》。哈瞻，生平不详。

挽黄忠壮公辞并序/吴洪筠. ——民国新修《合川县志》第 28 册《文在三》，卷七十二《杂文三》。吴洪筠，生平不详。

惟土为能若民/刘景恬. ——民国新修《合川县志》第 30 册《文在十三》，卷八十三《制艺十三》。刘景恬，生平不详。

慰唐君达夫院试小覆屈遗书/韦登峰. ——民国《南川县志》卷十二《艺文志·骈散文》。韦登峰，生平不详。

我在四川被囚禁的经过/［法］华芳济. ——《大足文史》第七辑第 21 页。华芳济，生卒年不详，法国传教士。

五权宪法与世界宪法之比较研究/孔庆东. ——民国《长寿县志》卷十五《文征上》。孔庆东，生平不详。

孝典义例弁言附义例十一则/杨福琼. ——民国《南川县志》卷十二《艺文志·骈散文》。杨福琼，生平不详。

叙录/刘贞安. ——民国《云阳县志》卷四十四。刘贞安，生卒年不详，字守恭，一字问竹，重庆云阳人，晚清进士、诗人、学者。

杨守鲁先生六秩寿文/江浣. ——民国《潼南县志》卷五《艺文志上·一文》。江浣，生卒年不详，字叔海。

予将以斯道觉斯民也/刘景城. ——民国新修《合川县志》第 30 册《文在十三》，卷八十三《制艺十三》。刘景城，生平不详。

与驹如禅友书/释可学. ——民国新修《合川县志》第 30 册《文在七》，卷七十七《书说七》。释可学，生平不详。

与张式卿论通史人表书/易顺豫. ——民国新修《合川县志》第 30 册《文

在七》，卷七十七《书说七》。易顺豫，生卒年不详，字由甫，湖南汉寿人，清光绪年间进士。

鸢飞鱼跃赋/张中榜. ——民国新修《合川县志》第28册《文在二》，卷七十一《赋二》。张中榜，生平不详。

张石亲先生六十寿言/高显祚. ——民国新修《合川县志》第29册《文在六》，卷七十六《序跋六下》。高显祚，生平不详。

封建论/（清）柳稷. ——民国《南充县志》卷十四《艺文志·论》。柳稷，四川南充人。

韩鼎晋奏陈西川应除积弊六条疏/韩鼎晋. ——民国《长寿县志》卷十五《文征上》。

李滋然查覆南海举人康祖诒新学伪经考文/李滋然. ——民国《长寿县志》卷十五《文征上》。

梁启超复李滋然书/梁启超. ——民国《长寿县志》卷十五《文征上》。

彭光远李贞烈女征文启/（清）彭光远. ——民国《长寿县志》卷十五《文征上》。

汪叙畴奏陈巩固海防以御倭寇疏/汪叙畴. ——民国《长寿县志》卷十五《文征上》。

征张衡九先生七十寿言启/夏鸥. ——民国《潼南县志》卷五《艺文志上·一文》。夏鸥，潼南县人。

八督笺拟扬子云九牧有序（直隶、两江、湖广、陕甘）/[作者不详]. ——民国新修《合川县志》第28册《文在三》，卷七十二《杂文三》。

报廖季平书/[作者不详]. ——民国新修《合川县志》第30册《文在七》，卷七十七《书说七》。

报王壬秋师书/[作者不详]. ——民国新修《合川县志》第30册《文在七》，卷七十七《书说七》。

报益谦上人书/[作者不详]. ——民国新修《合川县志》第30册《文在七》，卷七十七《书说七》。

备夷论/[作者不详]. ——民国新修《合川县志》第28册《文在四》，卷

七十三《论辩四》。

驳邱濬赵翼和议论/［作者不详］.——民国新修《合川县志》第 28 册《文在四》，卷七十三《论辩四》。

驳袁枚孟子桃应问章论/［作者不详］.——民国新修《合川县志》第 28 册《文在四》，卷七十三《论辩四》。

驳袁枚书羑里操后/［作者不详］.——民国新修《合川县志》第 29 册《文在六》，卷七十五《序跋六上》。

驳袁子才辨良知论/［作者不详］.——民国新修《合川县志》第 28 册《文在四》，卷七十三《论辩四》。

陈廷泽报损训导执照/［作者不详］.——民国新修《合川县志》第 30 册《文在十二》，卷八十二《官文书十二》。

慈禧皇太后五旬万寿贺表/［作者不详］.——民国新修《合川县志》第 30 册《文在十二》，卷八十二《官文书十二》。

表忠记略/［作者不详］.——清同治《巴县志》卷四上《艺文志·记》。

答徐十樵札/［作者不详］.——民国新修《合川县志》第 30 册《文在七》，卷七十七《书说七》。

答雅安学博王天行健书/［作者不详］.——民国新修《合川县志》第 30 册《文在七》，卷七十七《书说七》。

读考信录质疑上篇/［作者不详］.——民国新修《合川县志》第 29 册《文在六》，卷七十五《序跋六上》。

读熊子半月诗说/［作者不详］.——民国新修《合川县志》第 30 册《文在七》，卷七十七《书说七》。

法团辟谬/［作者不详］.——民国《南川县志》卷十二《艺文志·骈散文》。

负阪衰适形制考/［作者不详］.——民国新修《合川县志》第 28 册《文在五》，卷七十四《解考五》。

复十樵札/［作者不详］.——民国新修《合川县志》第 30 册《文在七》，卷七十七《书说七》。

复王天行书/［作者不详］.——民国新修《合川县志》第30册《文在七》，卷七十七《书说七》。

覆别文卿书/［作者不详］.——民国新修《合川县志》第30册《文在七》，卷七十七《书说七》。

公徒三万说/［作者不详］.——民国新修《合川县志》第28册《文在五》，卷七十四《解考五》。

公子宗道解/［作者不详］.——民国新修《合川县志》第28册《文在五》，卷七十四《解考五》。

韩诗亡于何时说/［作者不详］.——民国新修《合川县志》第28册《文在五》，卷七十四《解考五》。

和夷后论/［作者不详］.——民国新修《合川县志》第28册《文在四》，卷七十三《论辩四》。

寄刘鹤坪书/［作者不详］.——民国新修《合川县志》第30册《文在七》，卷七十七《书说七》。

祭三弟文/［作者不详］.——民国《南川县志》卷十二《艺文志·骈散文》。

祭岳翁郑星岳文/［作者不详］.——民国新修《合川县志》第28册《文在三》，卷七十二《杂文三》。

祭张辉汉文/［作者不详］.——民国《南川县志》卷十二《艺文志·骈散文》。

秬秠穈芑解/［作者不详］.——民国新修《合川县志》第28册《文在五》，卷七十四《解考五》。

蜡祭八神考/［作者不详］.——民国新修《合川县志》第28册《文在五》，卷七十四《解考五》。

刘戮瞿锐说/［作者不详］.——民国新修《合川县志》第28册《文在五》，卷七十四《解考五》。

潞琴铭/［作者不详］.——民国新修《合川县志》第28册《文在三》，卷七十二《杂文三》。

论语正名说/［作者不详］.——民国新修《合川县志》第 28 册《文在五》,卷七十四《解考五》。

孟子年寿考表/［作者不详］.——民国新修《合川县志》第 28 册《文在五》,卷七十四《解考五》。

庙祧坛墠与五庙异制说/［作者不详］.——民国新修《合川县志》第 28 册《文在五》,卷七十四《解考五》。

募修复龙山海天寺疏/［作者不详］.——民国《长寿县志》卷十五《文征上》。

寝室侧室群室下室考/［作者不详］.——民国新修《合川县志》第 28 册《文在五》,卷七十四《解考五》。

请疏靖水蔺疏/［作者不详］.——民国《长寿县志》卷十五《文征上》。

去奢崇俭议/［作者不详］.——民国新修《合川县志》第 28 册《文在四》,卷七十三《论辩四》。

食/［作者不详］.——民国新修《合川县志》第 30 册《文在十三》,卷八十三《制艺十三》。

时弊论三·四/［作者不详］.——民国新修《合川县志》第 28 册《文在四》,卷七十三《论辩四》。

史论/［作者不详］.——民国新修《合川县志》第 28 册《文在四》,卷七十三《论辩四》。

释告/［作者不详］.——民国新修《合川县志》第 28 册《文在五》,卷七十四《解考五》。

释朋/［作者不详］.——民国新修《合川县志》第 28 册《文在五》,卷七十四《解考五》。

释正/［作者不详］.——民国新修《合川县志》第 28 册《文在五》,卷七十四《解考五》。

释走/［作者不详］.——民国新修《合川县志》第 28 册《文在五》,卷七十四《解考五》。

说士一首赠治棠/［作者不详］.——民国新修《合川县志》第 30 册《文

在七》，卷七十七《书说七》。

说文所引古文皆尚书古文考／［作者不详］．——民国新修《合川县志》第 28 册《文在五》，卷七十四《解考五》。

陶孝子刲肝俞亲说／［作者不详］．——清光绪《丰都县志》卷四《艺文志》。

庭廇考／［作者不详］．——民国新修《合川县志》第 28 册《文在五》，卷七十四《解考五》。

万灵寺联／［作者不详］．——《彭水县志》第 985 页。

亡室陈孺人诔／［作者不详］．——民国新修《合川县志》第 28 册《文在三》，卷七十二《杂文三》。

维鸠方之解／［作者不详］．——民国新修《合川县志》第 28 册《文在五》，卷七十四《解考五》。

武庙联／［作者不详］．——《彭水县志》第 986 页。

西倾因桓是来解／［作者不详］．——民国新修《合川县志》第 28 册《文在五》，卷七十四《解考五》。

许君称书孔氏非安国原本考／［作者不详］．——民国《南川县志》卷十二《艺文志·骈散文》。

许君说水部深字不及深浅之谊辨／［作者不详］．——民国《南川县志》卷十二《艺文志·骈散文》。

仪礼解／（清）罗为赓．——民国《南充县志》卷十四《艺文志·解》。

诸家图说／（清）罗为赓．——民国《南充县志》卷十四《艺文志·说》。

以国服为之息解／［作者不详］．——民国新修《合川县志》第 28 册《文在五》，卷七十四《解考五》。

以燕翼子解／［作者不详］．——民国新修《合川县志》第 28 册《文在五》，卷七十四《解考五》。

禋于六宗解／［作者不详］．——民国新修《合川县志》第 28 册《文在五》，卷七十四《解考五》。

燕有功与燕喜礼同事异兼及所燕者为宾为苟敬考／［作者不详］．——民国新修《合川县志》第 28 册《文在五》，卷七十四《解考五》。

禹贡和夷考／［作者不详］．——民国新修《合川县志》第 28 册《文在五》，卷七十四《解考五》。

禹贡嶓冢导漾与汉志不同说／［作者不详］．——民国新修《合川县志》第 28 册《文在五》，卷七十四《解考五》。

与李麟洲同年书／［作者不详］．——民国《南川县志》卷十二《艺文志·骈散文》。

与玉泉书／［作者不详］．——民国新修《合川县志》第 30 册《文在七》，卷七十七《书说七》。

谕祭聂荣襄公文／［作者不详］．——民国《长寿县志》卷十五《文征上》。

原吏／［作者不详］．——民国新修《合川县志》第 28 册《文在四》，卷七十三《论辩四》。

原贪／［作者不详］．——民国新修《合川县志》第 28 册《文在四》，卷七十三《论辩四》。

澡身浴德赋／［作者不详］．——民国新修《合川县志》第 28 册《文在二》，卷七十一《赋二》。

曾雨三诔文并序／［作者不详］．——民国新修《合川县志》第 28 册《文在三》，卷七十二《杂文三》。

张宜人诔／［作者不详］．——民国新修《合川县志》第 28 册《文在三》，卷七十二《杂文三》。

箴张式卿药言／［作者不详］．——民国新修《合川县志》第 30 册《文在十一》，卷八十一《杂著十一》。

知非跋／［作者不详］．——民国新修《合川县志》第 30 册《文在十一》，卷八十一《杂著十一》。

致杨沧白书／［作者不详］．——民国新修《合川县志》第 30 册《文在七》，卷七十七《书说七》。

中秋寄梁山沙河二尹张安溪书／［作者不详］．——民国新修《合川县志》

第 30 册《文在七》，卷七十七《书说七》。

忠厚跋/［作者不详］. ——民国新修《合川县志》第 30 册《文在十一》，卷八十一《杂著十一》。

灼语/［作者不详］. ——民国《巴县志》卷五《礼俗·方言》。

周官孟子王制五等封疆说/［作者不详］. ——民国新修《合川县志》第 28 册《文在五》，卷七十四《解考五》。

周礼孟冬祀司民考上下篇/［作者不详］. ——民国新修《合川县志》第 28 册《文在五》，卷七十四《解考五》。

子曰君子贞而不谅子曰事君敬其事而后其食/［作者不详］. ——民国新修《合川县志》第 30 册《文在十三》，卷八十三《制艺十三》。

梓材篇中异文训释/［作者不详］. ——民国新修《合川县志》第 28 册《文在五》，卷七十四《解考五》。

作雒卜河朔黎水说并考黎水所在/［作者不详］. ——民国新修《合川县志》第 28 册《文在五》，卷七十四《解考五》。

后记

记载巴渝历史文化典籍，从未得到系统整理。《巴渝文献总目》的收集整理，是重庆有史以来的第一次，对摸清重庆历史文献的家底，传承重庆历史文脉，有着不可估量的重要作用。这项工作的开展，也切合了习近平总书记在《中共中央关于繁荣发展社会主义文艺的意见》和《中共中央关于制定国民经济和社会发展第十三个五年规划的建议》中关于"构建中华优秀传统文化传承体系，加强文化遗产保护，振兴传统工艺，实施中华典籍整理工程"的讲话。

重庆图书馆近年先后开展了全市古籍与民国文献的普查登记，走访调查了市内各公共图书馆、学校图书馆、博物馆、档案馆及私人收藏家，编撰出版了《重庆市古籍普查目录》《中国抗战大后方历史文献联合目录》，这均为《巴渝文献总目》的成功编撰打下了坚实基础。

自2011年起，重庆图书馆承担了重庆市《巴渝文库》这套大型丛书中《巴渝文献总目》的编撰工作。为做好《巴渝文献总目》资料的收集与编撰，重庆图书馆任竞馆长亲自主持编制大纲及审阅定稿，王志昆制定详细规划及体例，袁佳红负责具体工作的组织落实。

其他具体分工为：曾妍、谭小华、袁佳红、陈桂香、袁志鹏、刘威、李腾达、张海艳、谭翠、国晖、张丁、张保强、周兴伟等，负责全部目录的收集整理编撰；杨红友、傅晓岚、景卫红、李冬凌、许彤、周建红等，负责部分目录格式的调整；万华英、唐伯友、王兆辉、许静、熊定富等参加了小部分民国目录的收集工作。钟静、姚敏、周丽娟、林远红参与了民国单篇文献的分类审校。总目编制完成后，一审统稿：袁志鹏、曾妍、张海艳、刘威、谭翠、谭小华、陈桂香。二审统稿：袁佳红、曾妍。三审统稿：王志昆。索引编制：曾妍、谭小华、张海艳、袁志鹏。

在文献的收录过程中，由于对"在巴渝写"，分歧较大。有专家认为，非巴渝籍人士所写与巴渝文化无关的作品收录进总目，冲淡了巴渝文献的地方特色；也有专家认为，重庆由于抗战时期是民国陪都，其特殊性为其他地方所无，如果忽视这一时期文献，难以反映巴渝文献全貌。为此，重庆图书馆参与编撰的人员几易其稿。2014年，《巴渝文库》出版工程成立专家委员会，经过专家委员会的多次磋商讨论，最终决定尽量收录非巴渝籍人士"在巴渝写"的著作和单篇文献，而不是选择性的收录其代表作，才使总目得以顺利完成。

经过图书馆众多同仁六年多的努力，在数十位专家三年多的悉心指导下，《巴渝文献总目》终于定稿。在梳理自上古起、下至重庆解放前的历史文献的基础上，《巴渝文献总目》共收集"籍在巴渝"、"在巴渝写"、"为巴渝写"的著作7212种，单篇文献29479条。

《巴渝文献总目》即将付梓出版，在此，衷心感谢重庆市委市政府、市委宣传部、市文化委员会、重庆出版集团及各界专家学者的大力支持，特别是市文化委员会原汪俊主任、原郭翔书记、王增恂副主任和新闻出版处聂昌红处长的全力推动，使得《巴渝文库》各项工作按部就班开展。

《巴渝文献总目》的编撰，得到市文联原党组书记蓝锡麟先生的积极策划和推动，以黎小龙教授担任组长的《巴渝文库》专家委员会全体专家对全书的收录原则进行了多次讨论并提出了建设性意见，特别是杨恩芳、黎小龙、蓝锡麟、周勇、刘明华、傅德岷、舒大刚、段渝等专家还参与了全部书稿的审阅，并提出详细修改意见，在此表示感谢。其中，特别要感谢刚谢世的原清华大学中文系教授，博士生导师，清华大学古典文献研究中心主任傅璇琮先生，傅先生以一贯精益求精的精神，对《巴渝文献总目》提出不少宝贵意见。再者，四川大学历史文化学院副院长兼古籍所所长，教授、博士生导师，《巴蜀全书》总编舒大刚先生；四川省社会科学院研究员，四川师范大学巴蜀文化研究中心教授、博士生导师，四川省有突出贡献的优秀专家，中国先秦史学会副会长段渝先生，不仅亲自指导《巴渝文献总目》的编撰，而且对编撰细节，提出了许多具体的可操作的建设性意见，在此，特表谢忱！

在《巴渝文献总目》的编撰过程中，得到重庆各行各业重要专家的指导，并进行过三次审稿，他们是：

王本朝、王志昆、朱丕智、刘志平、刘明华、杨清明、杨新涯、李禹阶、李彭元、张凤琦、张荣祥、张颖超、周勇、段渝、黄晓东、龚义龙、常云平、韩云波、舒大刚、蒋登科、傅德岷、道坚、靳明全、蓝勇、蓝锡麟、熊笃、潘洵、薛新力、黎小龙（按姓氏笔画排列）

2016年11－12月，专家分别对书稿终审，其分工为：

曾代伟负责民国卷马克思主义、列宁主义、毛泽东思想、邓小平理论、哲学、宗教、社会科学总论、政治、法律、经济。唐润明负责民国卷军事。李茂康负责民国卷文化、科学、教育、体育、语言、文字。潘洵负责民国卷历史、地理。何兵负责民国卷自然科学总论、数理科学和化学、天文学、地球科学、生物科学、农业科学、工业技术、交通运输、航空、航天、环境科学、安全科学、综合性图书及古代卷科技。蓝锡麟、周晓风负责民国卷文学、艺术。曹文富负责民国卷医药、卫生。黎小龙、马强负责史志政经、语文哲理、传记综合等部分。熊宪光负责诗词艺文等部分。徐立负责碑刻文献部分。

此外，重庆图书馆参与此项编撰工作的各位工作人员，他们以高度负责的精神，在重庆图书馆馆藏文献的基础上，走访并广泛查阅了国家图书馆、南京图书馆、上海图书馆、浙江省图书馆、云南省图书馆、云南大学图书馆、广西壮族自治区图书馆、广西壮族自治区桂林图书馆、贵州省图书馆及四川大学图书馆等单位所藏文献，并得到这些单位的支持，在此也一并表示感谢。

巴渝文化，源远流长。虽然我们竭尽所能，但由于各种因素的限制，加上时间紧迫，《巴渝文献总目》尚存在许多不尽如人意的地方。如古籍著述部分，因年代久远，很多都无从查考版本情况，只有书名和著者信息。再如民国文献部分，抗战时期来渝寓居的文人学者，如恒河沙数，我们学识所限，在收录时难免会挂一漏万。域外汉籍也因种种限制未能悉数收录。这些缺憾，只能俟诸来哲了。

编者

2016年12月31日

作者索引

□树本	490	巴峡鬼	43
艾彩云	267	白丙	398
爱新觉罗·弘历	607	白不淄	424、498、565
爱新觉罗·玄烨	156、541、604、605	白曾璠	481
		白舫	362
爱新觉罗·胤禛	605、606	白行简	37
爱新觉罗·载淳	612	白居易	30、31、32、33、34、35、36、37
爱新觉罗·载湉	612		
爱竹主人	370	白澍	350
安邦	463	白巽	81
安保全	452	白玉楷	273、511、579
安丙	592	柏守贞	509、579
安刚中	448、592	班固	409
安盘	109	宝容邃	333
安如山	86	鲍超	213、515、610
敖册贤	212、422、512、560、613、619	鲍康	515
		贝青乔	210、211
敖京友	422、578	贝琼	96
敖时模	265、266	本武孟	142
敖时赞	324	卞小吾	227
敖馨祖	583	伯受中	347

635

伯维祺	347	曹学佺	143、575
蔡惇	444	曹勋	57
蔡从事	445	曹彦时	448
蔡光绪	321	曹因培	399
蔡穆	435	曹寅	552
蔡启樽	498	曹愈参	127
蔡汝楠	117	曹珍贵	377
蔡时田	561	岑春萱	496
蔡世佑	211	岑象求	54
蔡维镇	236	查龠	78
蔡希斋	354	常建	9
蔡新周	615	常明	377
蔡永庆	561	常璩	410
蔡毓荣	477	常廷旌	422
蔡振武	613	晁冲之	54
蔡中	339	晁公溯	69、70、404、591
蔡宗克	342	晁公武	545
曹汴	478	巢近中	400
曹秉心	446	车申田	338、339
曹敕	463	陈昂	121、122
曹坤	451	陈柏年	70
曹龙文	363	陈邦器	358、576、614
曹琼	461	陈本	370
曹生	43	陈本谟	351
曹世珍	538	陈秉彝	574
曹恕	357	陈炳光	621
曹松	41	陈炳煊	225、514、611
曹秀先	170、554	陈策	335

陈昌	517	陈篯龄	225
陈昌智	376、377	陈讲	114、475、476、597
陈大溶	509	陈觐光	355
陈大文	255、487、578	陈九经	524
陈德荣	473、474	陈锔	365
陈登凤	322	陈钧	140
陈端	475	陈浚	212
陈昉	320	陈孔彰	306
陈傅良	80	陈宽	396
陈恭尹	153	陈夔仁	457
陈光绩	385、565	陈昆	353
陈光宗	624	陈堃	343
陈广文	323	陈锟	378
陈桂元	434	陈良弼	483、575
陈珀	497	陈令德	585
陈瀚	342、407	陈懋修	336
陈何	467	陈铭	257、258
陈鹤年	387、408、620	陈谟	136、465
陈宏谋	419	陈乃志	339
陈洪谟	106	陈南宾	95
陈洪图	362	陈攀凤	212、576
陈洪宪	127	陈鹏飞	325
陈洪猷	322	陈品全	519
陈洪箴	355	陈瑾卿	228
陈怀玉	613	陈启后	536
陈计长	131、424、482、574、602、603	陈契嵩	425
		陈谦	81、82
陈嘉猷	395、396	陈榕	540

陈汝德	540	陈我志	329
陈汝秋	360	陈晰	136
陈汝燮	215	陈爔	357
陈瑞	100	陈宪	437
陈师道	53	陈宪章	101、593
陈时范	118	陈献	139
陈士琮	340	陈祥凤	347
陈士璠	163	陈祥裔	244
陈似	54	陈新甲	601
陈似龙	443	陈杏昌	266
陈寿	409、410、587	陈序乐	508
陈叔宝	5	陈昫	359
陈述	141	陈衍邹	523
陈树菱	215、216	陈巘	344
陈树棠	215	陈尧	117
陈思典	339	陈一之	316
陈陶	39	陈以谟	520
陈恬	583	陈以勤	415、468
陈廷璠	508	陈益襄	349
陈廷经	613	陈翼飞	129
陈廷瑞	132	陈翠咸	325
陈廷阎	314	陈应元	129
陈抟	45、491、544、588	陈邕	83
陈为言	356	陈永图	199
陈维	209	陈用宾	310
陈文中	395	陈幼学	480
陈文烛	124、478	陈于陛	597、598
陈我愚	288、289、424	陈于畴	274、487

陈于铭	584	程春翔	155、156
陈愚	368、500	程德隆	532
陈禹谟	125	程德全	384、620
陈预	337、509	程房	483
陈云达	400	程诰	103、104
陈云逵	390、542、622	程公许	85、86
陈蕴辉	310	程衡	321
陈在德	321、322	程宏垣	398
陈在宽	311、312	程嘉燧	127
陈在镁	312	程九鹏	369
陈早	537	程可则	151
陈造	80	程礼	584
陈泽民	400	程理权	583
陈兆仑	501	程敏政	102
陈镇	171	程启允	110
陈正学	385、386	程日宪	583
陈志冰	340	程尚濂	331
陈贽	100	程绍洙	542
陈中	419	程太虚	29
陈仲仁	133	程惟杰	485
陈周政	497	程颐	413
陈竹坡	520	程宇鹿	470
陈卓	340	程宇铉	484
陈鼐	284、285	程遇孙	89
陈子昂	6	程远	338
陈祚瞠	303、304	程祖润	564
成文运	366、500	崇德	89、413、456
程伯鎏	200	种审能	438

传作楫	421	戴樱	243
吹万老人	137	戴正诚	621
崔鳌	344	单铎	528
崔奇勋	476	单行举	345
崔涂	42	亶珍贵	304
崔铣	415	但尚炎	369
崔昭象	438	但望	586
崔仲方	5	淡泊居士	372
崔子方	53、593	德克进布	353
大拟山人	372	邓昶	541
带月山樵	370	邓迪	267
戴□	464	邓刚	453
戴琛	420	邓鹤翔	620
戴恩华	493	邓洪愿	508
戴光	225、406、611、612	邓谏从	88
戴健行	505	邓屏藩	333
戴锦	103、475	邓仁堃	211、510、512、613
戴君恩	479	邓深	70、71
戴可彦	473	邓树极	332
戴纶喆	367	邓焘	523
戴民凯	333、585	邓希明	582
戴寿填	458	邓孝可	620
戴叔伦	26	邓永松	377
戴文亨	125、479	邓重光	342
戴文星	136	邓宗藩	360、361
戴锡畴	371	刁观岱	372
戴兴哗	400	刁思卓	422
戴缨	366	丁逢	81

丁鹤年	97、98	窦扬曾	526
丁景森	375	杜秉直	503
丁涟	578	杜炳	376
丁树诚	216、217、218、219、220、221、222、223、224、225、406、557、580、610、611	杜伯宣	527
		杜曾	47
		杜东之	91
丁谓	46	杜甫	9、10、11、12、13、14、15、16、17、18、19、20、21、22、23、24、25、587
丁尉侯	91		
丁显元	294、538		
丁芝润	365	杜光庭	41、42、438、571
董伯高	450	杜光昀	384、385、557
董承熙	198、420、421	杜鹤翱	336
董储	365、506	杜兰	304
董光宏	131、415	杜茂材（才）	378、579
董国绅	320	杜牧	588
董沆	343	杜如箎	91
董佩笈	553	杜绍唐	337
董榕	170	杜世东	90
董若愚	376	杜枢	576
董淑昌	320	杜文明	527
董说	149	杜薰	501
董维祺	251	杜一经	135
董湘	309	杜应芳	129
董新策	161	杜永宁	499
董之驿	346	杜用选	620
窦常	27	杜佑	412、569
窦敷	448、593	杜毓英	359
窦群	28	杜允贤	299

杜允贞	363	范荪	613
杜长春	368	范文光	145
度正	84、546、572、591	范晔	410、411
段朝伟	254	范永銮	108
段成式	437	范云	4
段寿慈	398	范仲武	455
段威武	475	范祖禹	451
段文昌	435、436	方苞	486
段作	450	方炳南	495、612
顿锐	111	方回	92
鄂芳	515	方积	247、248
恩成	332、489	方觐	553
尔朱迈人	94	方麟	368
尔朱先生	45	方若洙	129
樊秉璋	541	方廷桂	307
樊昌	102	方象瑛	316
樊光远	545	方孝孺	98
樊汉炳	59、60	方信孺	85
樊泽达	352	方旭	530
繁知一	43	方瀛	213
范成大	76、77、78	方曰定	266
范府	140	方岳	87
范涞	123	方运熙	142
范濂	377	方宗敬	561
范麟	365	房玄龄	411、412
范器	592	费昶	4
范谦	416	费广	459
范守道	603	费宏	415

费秘	416		589、590
费密	151、551	冯世瀛	370
费勉中	89	冯仕仁	566
费尚伊	125	冯叔靖	451
费士癸	84、451、452、572	冯天培	290
费锡璜	310、542	冯天枢	373
封嘉蕴	368	冯文愿	279
冯炳阳	496	冯侠	83
冯成文	296	冯贤	139
冯承泽	382、519	冯煦	518
冯大观	213	冯涯	437
冯和叔	450	冯俊	456
冯衡	104	冯誉聪	283
冯楫	446、448	冯镇峦	186、187、188、189、190、
冯经	501		191、192、419、505、506、
冯景	156		555、608
冯靖文	510	冯正笏	378
冯俊	474	冯之瑾	283
冯开国	494	冯之柱	331
冯康国	592	冯卓怀	513
冯兰亭	330	符德成	450
冯礼	133	符永培	336
冯璞	271	符诏	442
冯渠	347	福润田	534
冯镕	90	福珠朗阿	510
冯山	49	傅城江	313
冯善征	386	傅大夏	327
冯时行	57、58、59、448、545、	傅大贞	358

傅公溥	388	高联岳	354
傅光宅	124、125	高凌霄	388
傅金铨	196、197、198	高培榖	319、526、581
傅峤	337	高沛源	365
傅汝和	335	高鹏	139
傅若金	94	高其倬	363
傅绳勋	343	高启	98
傅时望	550	高启愚	477、478
傅维乾	394	高人龙	351、500、553
傅应绍	140	高士魁	586
傅增湘	387	高士玉	527
傅执中	136、137	高适	7
傅作楫	157、158、499	高叔骥	435
盖方泌	318、319	高为阜	276
盖星阶	533	高武	436
甘继登	416	高显祚	625
甘家斌	363	高学濂	353、507
甘来朝	428	高应乾	88
甘来旬	426	高映	565
甘为霖	115	高振志	354
甘雨施	201、488、586、612、615	高之霖	485
甘运源	171	高作霖	148
高□	464	葛起鹏	579
高层云	153	耿明府	470
高承元	501	耿士伟	380
高浣花	370	耿寿平	539
高继苯	352	公孙长子	390
高科	228	龚秉权	522

龚珪	239	顾宗煃	397、398
龚懋熙	148、423、551	顾祖禹	570
龚维翰	290	关耆孙	71、454、573
龚有融	324、325、560	观成	372
龚子杰	267	观堂老人	90
龚自珍	203	管凤翔	351、614
贡师泰	94	贯休	40
勾龙试	443	光时亨	575
苟斌	457	广师书	336
苟桓	562	郭炳忠	427
苟金薇	158、159、160、552	郭棐	121、405、477、549、597
苟明时	482	郭和熙	330、560、619
苟申	451	郭嘉文	138
苟文爌	331	郭明复	80
古德懋	125	郭南英	506
古森庭	332	郭屏山	243
古心	124、573	郭荣炎	395
古养敬	115	郭尚先	201
古隐道者	372	郭绍芳	379
谷际岐	175	郭维键	314
谷容	241	郭伟人	538
顾非熊	37	郭文珍	349、408、520
顾光旭	172、173	郭益寿	450
顾奭世	343	郭印	55、56
顾况	26	郭用楫	401
顾璘	107	郭肇林	362
顾汝修	170	郭正笏	278
顾瑛	96	郭之龙	468

郭子章	482、551	何浩如	326、327
国栋	340	何淮	617
国魂	373	何景明	110、111
哈锐	616	何炯	43
哈瞻	624	何奎	443
韩鼎晋	625	何明礼	170
韩鼎普	529	何平仲	48
韩复性	337	何耆仲	451
韩光碧	532	何祺	592
韩鹤寿	360	何麒	56、404、445
（清）韩敬	407	何其徽	425
（明）韩敬	480	何启昌	267
韩清桂	517	何群	90
韩太冲	433	何人鹤	341
韩文炳	378	何日愈	609
韩愈	544	何荣爵	309
何白	127	何荣楠	564
何朝宗	596	何绍基	555
何承天	3	何涉	440
何楚	117	何盛斯	341
何大成	129	何师亮	79
何尔灯	542	何钺	350
何绂荣	542	何仕昌	303
何光远	44	何泰然	90
何光震	454、593	何悌顺	539
何桂清	609	何彤云	211
何行先	162	何维棣	320
何浩	427	何文元	523

何以让	126	胡安铨	226
何异	78	胡邦盛	330、559
何异控	132	胡曾	41
何映辰	270、422、514	胡超	200、201
何预	455	胡乘	134
何毓聪	486	胡大成	296
何元普	493	胡德琳	364
何增元	199、507、555、608	胡藩	3
何兆熊	373、534	胡皓	7
何震午	454	胡辑瑞	514、618
何钟相	493	胡开仕	355
贺复征	138	胡开先	398
贺国桢	471	胡珪	139
贺懋春	622	胡梦发	564
贺青连	337	胡民仰	481
贺廷栻	539	胡培森	495
贺治平	372	胡期恒	370
洪成鼎	269、270	胡韶善	540
洪迈	590	胡绍果	585
洪锡畴	421、424、613	胡绍基	494
洪运开	510、511、618	胡世赏	129、480
洪钟	102	胡仕本	460、525
洪咨夔	84、85	胡庭	140
侯昌镇	521	胡希颜	104
侯尔垣	331、537	胡尧臣	467、574
侯克中	92	胡益之	328
侯若源	271、272	胡濙	99
侯天章	374	胡应麟	125

胡佑	134	黄极	375
胡月永	488	黄觉先	531
胡子昭	99	黄进	349
胡宗夏	501	黄近朱	376
胡作荃	426	黄京双	133
[法]华芳济	624	黄景夔	114、475
华宗智	377	黄来谐	367
桓温	3、587	黄履泰	271
皇甫汸	115	黄履中	377
皇甫冉	25	黄启心	303
皇甫松	44	黄启愚	540
黄𤴓	366、525	黄人杰	82
黄榜	141	黄仁杰	90
黄秉湘	495	黄汝亨	549
黄常	482	黄汝舟	449
黄常德	127	黄善燨	375
黄淳熙	352、353	黄世修	117
黄道旭	527	黄寿	97、461
黄道中	580	黄嗣拭	375
黄度	547	黄倜	374
黄敦礼	90	黄廷元	329
黄铎	455、456、592	黄庭坚	51、52、403、441、544、588、589
黄光升	596		
黄河清	333	黄维翰	386
黄华	467	黄锡策	580
黄淮	474	黄先猷	427
黄辉	126、470、549、550、598	黄勋	361
黄基	170	黄洵	116、476

黄翼圣	145	假师文	136
黄应霖	518	简上	603
黄幼藻	374	蹇材望	454
黄元白	136、528	蹇达	123、477
黄云衢	513	蹇驹	449
黄在中	267、268	蹇义	99
黄贞泰	528	蹇滋善	304、608、618
黄之骥	271、407、424	蹇宗儒	437
黄之玖	421	江朝宗	458、460
黄之隽	553	江国霖	248
黄中瑜	309	江含春	616
黄钟吕	269	江宏道	313
黄衷	107	江怀庭	269
黄仲武	447	江浣	624
黄仲昭	102	江玠	465
黄铸	369	江九有	372
黄倬	617	江权	316、505
霍雨霖	344	江维斗	232
箕仙	301	江渊	101、458
吉颐贞	355	姜宝	539
家诚之	55	姜复基	322
嘉玉振	524	姜会照	241、558、616
贾似道	454	姜嘉佑	350
贾思诚	445	姜雯	525
贾思谟	344	蒋璧方（芳）	214、215、406、420、517、556、610、617
贾廷辑	523		
贾元	456、457	蒋德馨	359
假谏	368	蒋景松	371、372

蒋夔	474	寇宗	201、578、586
蒋山	565	蒯德模	516
蒋上卿	344	来象坤	346
蒋士铨	171	来知德	119、120、548、549、596
蒋云汉	461	来梓	80
蒋焰	581	赖朝举	513
焦竑	573	赖鹤年	495
焦懋熙	353、423	赖汝弼	362
金国详	469	赖松云	398、399
金辉生	347、348	蓝选青	378
金俊明	147	郎承谟	520
金沙	351	郎士元	26
金元音	515	劳堪	120
靳学颜	116、117	乐史	567
敬德科	307	雷耳山	534
敬骞	435	雷汉宾	397
阚祯兆	485	雷礼	573
康昭远	434	雷调鼎	362
康子玉	403	雷携	533
柯相	315	冷文煜	465
孔继纲	322、323、523	黎惇	446
孔继坤	307	黎芳	444
孔庆东	624	黎拱	118
孔毓忠	362	黎庶昌	517
孔昭焜	315、507	黎恂	202
孔致远	360	黎尧卿	603
寇泚	7	黎元	478
寇准	45、46	李□	374

李昂	354	李东阳	103、461
李鳌	401	李端	26、27
李白	8、9	李端然	397
李邦藩	491	李二文	556
李宝士	533	李凤	130
李本	102	李敷荣	508
李壁	83	李黻枢	500
李霜峰	522	李复	53
李炳麟	343	李复初	526
李炳灵	343、560	李复发	296
李曾伯	87	李公麟	52
李昌一	377	李公选	530
李昌运	426	李桂垣	273
李畅	174、175	李国桢	335
李超群	226	李翰	468
李沈	82	李航莲	356
李成芳	269	李贺	38
李春芳	416	李宏	51
李春妍	485	李洪	79
李淳	587	李洪昕	342
李慈铭	610	李鸿裔	215、420
李粹甫	456	李鸿藻	556
李存周	508	李竑邺	305、524
李大川	447	李厚望	486
李丹生	300、425、426	李化龙	479、598
李德迪	585	李化南	295
李德仪	562	李怀桢	338、584
李鼎禧	395、427、522	李徽典	528

李吉甫	435、567	李念慈	153
李楫	280	李培根	491
李稷勋	496	李培业	352
李嘉谋	83	李频	40
李嘉佑	25	李其椅	420
李兼	351	李谦	508
李景嗣	445	李虔之	433
李苣	375	李乾德	135
李珏	319	李清宴	533
李爵	232	李群玉	39、40
李开	404	李如筠	560
李开先	115、116、426、481、596	李瑞	453
李凯	527	李善登	300
李宽	522	李商隐	39
李觃	462	李尚德	484
李揆	444	李涉	28
李岚翔	342	李伸	370
李联芳	494	李绅	37
李琳	296	李沈次	142
李流谦	71	李生芳	493
李隆基	434	李石	60
李梅村	364	李时华	126
李孟修	580	李时勉	474
李梦铃	453	李实	101、415、459
李樒	487、504	李士昌	483
李明复	593	李士棻	212、534、556、609
李模	135	李士临	445
李默	114	李士震	131

李世燕	338、407	李秀华	139
李仕亨	466、467	李勋	140
李式准	535、565	李壎	280
李嗣元	316	李珣	44
李汤冰	435	李延寿	412
李棠	344、345	李沇	41
李焘	70、454、572	李养德	130、480
李天鹏	267	李晔	43
李天英	173、174	李一本	547
李天柱	346、585	李贻孙	437
李调元	175、504、554	李以宁	260、405、424、604
李廷馪	400	李亿	412
李为栋	407、502、553	李忆	501
李维芳	495	李益	27
李维祯	549	李因培	496
李慰	329	李应发	319、320
李文山	400	李映棻	210
李炆	337	李映庚	155、585
李禧鸿	363	李于村	43
李夏	615	李玉台	540
李仙根	498	李郁雪	464
李先复	156、499、552、576、604	李御	582
李贤	474、570	李裕栋	489
李香圃	274	李毓璜	332
李象乾	422	李元操	5
李星沅	209	李元信	453、593
李惺	201、202、511、532	李远	39、403
李兴宗	84	李云栋	508

李载宽	130	李作舟	122、480
李在文	342	郦道元	567
李长祥	147、148	梁国林	296
李长仲	358	梁启超	625
李昭汉	349	梁庆远	563
李昭济	325	梁荣祖	520
李昭治	289、405、581	梁寅	96
李兆	138、483、551、602	梁震	296
李肇律	521	廖赓谟	244、245、427
李征涛	358	廖时琛	306
李正东	583	廖先达	287、288
李正华	382	廖显廷	287
李芝	354	林坚本	499
李埴	83、84、452、456	林进思	495
李治	26	林敬修	580
李鸷	54	林俊	104
李中	108	林明（鸣）俊	370、405、423、426、497、566、579、614
李忠龙	489		
李钟璜	319	林确	244
李仲良	527	林澍	616
李重华	424	林兴泗	330、331
李竹	416	林一元	373
李庄	304、423、539、581	林用材	493
李滋然	388、625	林有孚	247
李自强	471	林元凤	353
李宗本	141	林中麟	419
李宗焘	426	蔺希夔	137
李作梅	296	凌树堂	516

654

令狐德棻	412	刘方平	26
令狐庆誉	91	刘昉	572
刘蓓	573、594	刘馘	87
刘□	458	刘干	443
刘拜	492	刘高培	361
刘邦柄	341	刘公仪	440、441、589
刘斌	327	刘观瀚	533
刘丙	105	刘光第	226、227
刘秉堃	297	刘光谟	612
刘炳	95	刘光祖	455
刘沧	40	刘规	102
刘常	142	刘国瑜	359
刘敞	48	刘海鳌	304
刘成德	111	刘汉儒	120、121、473
刘承稷	394	刘行道	494
刘承尧	373	刘浩	321
刘翀	539、560	刘鸿材	396
刘春	104、461、574	刘会	268、269
刘慈	162	（南朝齐）刘绘	3
刘存重	394	（明）刘绘	116
刘大经	509	刘基	96
刘大谟	107、548	刘济川	454
刘大儒	140	刘驾	40
刘道开	146、147、416、417、497、603	刘节	107
		刘进	451
刘德芳	562	刘景城	624
刘德嘉	323	刘景恬	624
刘笃胜	375	刘敬临	535

655

刘俊章	525	刘时俊	128、597、600、601
刘康蔚	346	刘士衡	335
刘连惠	377	刘士季	89
刘麟瑞	93	刘士奎	316
刘龙霖	351	刘士逵	116
刘纶述	438	刘世达	142
刘孟桓	138	刘世会	532
刘梦兰	538	刘世仪	397
刘泌	137	刘仕伟	298、299
刘明晙	247	刘侍臣	360
刘明昭	621	刘叔子	546
刘启周	416	刘淑慧	374
刘谦	525	刘署	365
（明）刘乾	117	刘硕辅	293
（清）刘乾	316	刘台	462、463、464
刘让	431	刘泰春	578
刘让玙	483	刘泰三	232、233、234、235
刘仁	475	刘天民	111
刘容经	385	刘綎	126、127、479
刘蓉	609	刘廷桢	528
刘如汉	155、525	刘桐	323
刘瑞	106	刘湾	25
刘善复	135	刘万荣	342
刘商	27	刘望之	76、404、447
刘绍文	512	刘温	436
刘绳祖	275	刘文汉	462
刘师文	450	刘文谟	139
刘时行	456	刘文琦	484

刘文治	374	刘泽嘉	396
刘希夷	6	刘泽洋	580
刘锡煅	373	刘长卿	9
刘习之	547	刘肇孔	499
刘象功	441、592	刘贞安	624
刘心源	381、518、519	刘臻理	327
刘昫	412、413	刘振益	485
刘学榜	361	刘之勃	602
刘埙	93	刘志	314
刘言史	26	刘志道	457
刘扬	369	刘治传	334
刘仪凤	454	刘宗沛	371
刘彝	502、606、622	刘作孚	362
刘以瑜	241、242、526	刘祚昌	408
刘隐辞	44	刘祚涛	232
刘应李	570	柳福培	379、577、619
刘泳之	210	柳稷	625
刘瑜	442	柳梦弼	455
刘宇昌	313	柳骈	437
刘禹锡	29、30、436、571	柳天植	541
刘玉铨	247	柳亚子	390
刘玉璋	380、381、536	柳寅东	497
刘毓榘	269	柳英	142
刘毓严	541	柳枝茂	254、613
刘媛	43	柳宗元	436
刘澋	532	六观堂老人	92
刘在荣	343	龙德	538
刘恺	503	龙泾	345

龙明迁	359	陆炳	477、596
龙女	45	陆成本	510
龙庭三	346	陆道乾	141、597、602
龙为霖	285、286、287、500、553、613	陆登荣	283、615
		陆敷荣	137
龙文运	574	陆光祖	416
龙翔	561	陆龟蒙	40
龙在田	603	陆玑	357
垄泽霖	360	陆敬	5
卢宝田	337	陆九渊	545
卢藏用	587	陆厥	4
卢尔秋	366	陆深	107、108、404
卢瀚	348	陆泰	468
卢纶	27	陆廷抡	602
卢谦	142	陆维祺	372
卢棠	449	陆游	72、73、74、75、76、572
卢象	7	陆钺	550
卢雍	108	路朝霖	349
卢雔	106	路朝銮	389
卢照邻	6	栾为栋	139
卢肇	40	罗八极	483
卢专	436	罗弼	351
鲁岱	317	罗炳伦	375
鲁淦	257	罗醇仁	281
鲁克让	608	罗大魁	526
鲁清	583	罗芳城	563
鲁庆	322、561	罗衡	509
鲁仕骥	606	罗宏备	367

罗洪先	415	骆成骧	386
罗焕云	271、530	骆应斌	332
罗籍	326	闾邛均	43
罗觉祥庆	530	吕大器	143、144、145、602
罗奎	125	吕皓	440
罗泮光	421	吕辉	283、516
罗其昌	501	吕柳文	355
罗青霄	477、574	吕溥	277
罗茹	134	吕其樽	287
罗若彦	497	吕潜	149、150、419、551
罗尚庆	541	吕商隐	573
罗升棓	563	吕颂	588
罗士琥	405	吕温	29
罗守仁	306	吕潚	530
罗天锦	347	吕翼文	623
罗廷唯	415	吕譂	455
罗为赓	327、328、424、563、564、614、629	吕元锡	455
		马戴	38
罗为治	365	马德	535
罗文蔚	134、405	马斗彗	155
罗星	229、230、231、232、509、578、584	马端临	569
		马公辅	482
罗学源	345	马光裁	373
罗瑶	120、597	马光仁	367、559
罗愔	277、406、503	马孔昭	367
罗隐	40、41	马良眉	581
罗珍	362、510	马鲁卿	470
罗中	527	马冉	43

马士琪	326	孟浩然	7
马士仪	497	孟淮	95
马世奇	416	孟郊	27
马提干	88	孟养浩	467
马天爵	529	孟易吉	344
马维翰	163	米芾	52
马维颖	333	苗发	26
马文约	436	苗济	338
马湘	533	妙鉴禅师	135
马易从	481、485	闵文钊	374
马又良	332	闵永濂	522
马正国	492	明禅	563
马致远	93	明真	369
马宗大	339、537	缪书勋	423
毛澄	368	缪宗周	114
毛辉凤	305、615	莫琚	349
毛锦文	530	牟庚先	226、407、518、577
毛鸣岐	524	牟虚心	91
毛奇龄	151	牟之鹏	140
毛衢	463	牟知猷	438
毛如德	141	穆彰阿	570
毛剔之	393、394	纳兰性德	156
毛文锡	44	奈起鸿	361
毛之麟	134	南范和尚	275
梅国栋	122、481	南卓	436
梅际郇	388、521	倪伯麟	133
梅娘	340	倪伯鲯	127、480
梅尧臣	47	倪朝宾	129

倪斯蕙	405、550、601	潘世恩	198
倪应观	359	潘树申	517
倪组	113	潘嵩	309
聂鸣镌和	357	潘皖	243
聂铣敏	198、555	潘先珍	581
聂贤	113	潘一仑	354、563
牛峤	41	潘瑜	345
牛希济	44	潘元音	423、424
牛仙蔚	535	潘璋	575
欧阳铎	109	潘之彪	347、419
欧阳某	274	潘治	579、615
欧阳鹏	140	庞鼎文	355
欧阳调律	602	庞鑫溶	389
欧阳悫	568	庞泽新	310
欧阳修	47	彭定仁	309、310、561
欧阳一敬	478	彭端淑	166、553
潘炳年	518	彭光昫	400
潘铎	488	彭光远	308、309、529、530、625
潘恩	102	彭鹤龄	408
潘绂	325、531	彭谨	478
潘光藻	511	彭尽忠	532
潘亨识	141	彭景行	90
潘开铣	584	彭聚星	381、519
潘履	583	彭浚	554
潘母音	369	彭龙	140
潘清荫	381、516、617	彭辂	118
潘时镶	350	彭懋琪	288
潘时宜	582	彭梦琪	342

彭梦麒	401	綦毋潜	7
彭绳韶	426	钱福	104
彭时清	316	钱林	352
彭士超	426、539	钱枚	193
彭世仪	178、179	钱鏊	83
彭述古	387	钱世贵	366
彭旭初	533	钱治	572
彭应求	54	钱子义	132
彭应祥	354	强望泰	488、489、555
彭用霖	623	墙士进	558
彭元瑞	504	乔和之	44
彭元慎	583	谯定	83、413、592
彭长泰	326	谯周	3、587
彭震	533	秦大恒	315
彭宗古	502	秦代馨	226
破山和尚	145、146、498、575	秦淮月	379
蒲毂	355、356	秦辉庭	362
蒲光宝	563	秦家穆	385、520
蒲国宝	440、592	秦焜	332
蒲明发	520	秦良玉	603
蒲松龄	604	秦时英	209
蒲长泽	541	秦士选	396
濮文昇	514	秦嵩年	390、621
濮文暹	514	秦文思	537
溥惠	359	秦印煃	566
栖蟾	43	秦之翰	506
齐继祖	319	秦宗汉	623
綦冕	99	青文典	507

青杨楷	44	冉居常	88
庆征	516、562	冉隆纪	492
穹窿	375	冉木	85、452、573、591、592
丘玄素	438	冉瑞岱	272、273
邱道隆	113	冉舜武	448
邱建安	565	冉天拱	373
邱景迟	354	冉天育	131、132
邱梁	482	冉永涵	350
邱濬	547	冉永焘	358、406、421
邱志广	379	冉永燮	315
秋瑾	227	冉裕垦	527
仇凤翀	419	冉正维	315、316
屈原	1	冉正岳	317、318
瞿鏊	333	饶国梁	227、228、622
瞿曾	529	饶履丰	374
瞿颉	178、504、554	饶宪章	586
瞿缵会	523	饶有成	265
曲阜昌	352、534	任□	327
曲曜	316	任秉南	329、330
曲瀛	363	任端书	166
权德舆	28、435	任逢	454、456、546、592
全于天	578	任国铨	517
冉崇治	314	任瀚	115、405、476、548、574、575、595
冉慈	533		
冉存异	336	任宏	138
冉广燏	504、528	任华	544
冉果	133	任吉辉	280、281
冉怀璋	400	任兰枝	486

任立相	307、308	沈安义	90
任其旋	538	沈宝昌	344
任士徽	527	沈本义	490
任思培	343	沈朝焕	126
任惟贤	529	沈大成	553
任宣	367	沈德潜	164、576
任学乾	580	沈恩培	359
任应阶	400	沈刚中	378
任应沅	255	沈鸿逵	365
任之杰	395	沈厚泽	490
戎昱	27	沈继祖	82
荣祥	357	沈良才	117
邵宝	104、547	沈梦麟	96
邵博	55、443	沈启	139
邵墩	301、302、406	沈青	577
邵经济	110	沈青任	505
邵景澐	534	沈庆	481
邵钧	199、579	沈庆安	374、525
邵陆	535、559	沈佺期	6
邵美璠	376、488	沈汝一	536
邵鸣喈	581	沈钛	375
邵升远	95	沈寿榕	377
邵为鉴	350	沈树槐	523
邵雍	47	沈廷芳	163
畲自强	473	沈廷贵	582
佘起鸿	580	沈维垣	525
申步衢	345	沈西序	488
申于泗	273	沈琇	427

沈延广	209、210	史钦义	297、298、506、534、559
沈以叔	390	史锡永	396
沈镛	376	史元	443
沈约	4	史子申	452
沈云汉	343	释昌言	252、253、254、614
沈增	348、349	释大圭	94
沈芝林	536	释大朗	147
盛锦	163	释道隆	87
盛景献	454	释道智	96、97
施纪云	519	释德玉	152
施敬	133	释海华	367
施仁爵	336	释寂崇	275
施闰章	148	释寂崑	334、491
施山	334	释见初	472
施天经	139	释净石	497
施学煌	493、613	释可学	265、624
施义爵	326	释了惠	87
施玉立	346	释隆昂	281、282、283
石崇正	369	释慕幽	43
石达开	516	释齐己	42、43
石会昌	516、618	释清纯	295
石如金	314	释三空	358
石彦恬	202、203、555	释三山	574
石韫玉	178、487	释实性	334
时庆	483	释瘦木	213、214
拾翠山人	372	释天一	293
史宝	457	释万松	394、395
史谨	97	释显嵩	54

释义光	400	宋锦	169
释照朗	371	宋京	443
释真空	353	宋濂	96、414
释竹禅	556	宋名立	526
释宗泐	96	宋泮	379
释宗衍	94	宋祁	47、413
首事重	489	宋启传	378
舒表	462	宋书	377
舒国珍	357	宋输	89
舒其文	378	宋琬	148
舒芹拜	465、466	宋文	349
舒容	100	宋煊	376
舒位	196	宋永孚	91
舒兴铨	394	宋育仁	382、557
税与权	546、592	宋在诗	421、606
司空曙	25	宋肇	53、444
司马光	571	宋子虚	374
司马迁	409	苏本洁	376
司为善	289	苏大山	387
斯美	602	苏恒	3
宋安远	336	苏泂	84
宋宝械	423	苏明订	542
宋广	100	苏南女史	288
宋翰	57	苏轼	49、50、403
宋灏	370	苏守闇	623
宋衡	244、576	苏廷玉	555
宋焕图	492	苏洵	47
宋家蒸	299	苏祐	113

苏璋	525	孙宗承	532
苏辙	50、51、403、588	孙宗瑛	616
苏正	458	太痴	373
苏植	84	谈昌达	228、229
孙澈	287	覃思谟	618
孙承恩	111	谭道	427
孙定	43	谭度	442
孙蕡	98	谭洪儒	502
孙复初	357	谭良相	141
孙光宪	45	谭麟	524
孙鹤仙	136	谭履谦	348
孙宏	320	谭明善	582
孙家醇	309	谭鼐	466
孙建极	355	谭溥	475
孙蕡发	142	谭启	484、597
孙濂	284	谭谦吉	486、580
孙樵	571	谭仁职	346
孙仁宅	454	谭镕	400
孙锐	87	谭思	482
孙侁	443	谭思舟	465
孙嵩	92	谭祥麟	394
孙太钧	279	谭言蔼	423
孙廷钧	618	谭兆蓝	622
孙桐生	212、213	谭仲乙	453
孙应时	82、83	谭作霖	271
孙元恒	351	汤斌	417
孙贞	522	汤贻湄	508
孙芝	110	汤珍	138

唐庚	90、442、572	陶璋	484
唐懋宽	330	腾宾	93
唐求	42	滕之伦	361
唐顺之	137	天泰正	496
唐思	376	田□□	481
唐耜	54	田登年	476
唐文炳	534	田经畲	284
唐文若	572	田雯	355
唐学海	486	田秀栗	514、578
唐尧官	123	田一甲	471
唐应运	479	铁壁禅师	360
唐有勋	274	铁木耳	457
唐甄	152、153、417、499、551、575	童轩	136
		图敏	302、509
唐榛	335	涂戴霍	256、560
陶成	363	涂凤书	256、521、577、618
陶大年	271	涂珪	294、427、559、585
陶凤占	397、530	涂宁舒	379
陶宏景	403	涂卿云	378
陶凯	96	涂庆安	579
陶孟恺	95	涂山女	1
陶明德	581	涂有祜	550
陶侍卿	531	脱脱	413、414
陶淑李	370、423	万朝举	296
陶澍	199、200、609	万谷	138
陶斯咏	343	万恪	141
陶文彬	352	万时森	398
陶先畹	302	万武	100

汪安宅	141	王昌龄	520
汪澜	425	王朝佐	415
汪世椿	304	王陈锡	248、249
汪松承	297	王承志	359
汪肽犀	623	王崇简	457
汪文渊	543	王崇文	105
汪叙畴	625	王椿年	562
汪元量	93	王从道	90
汪志敏	541	王存	567
汪志渊	618	王德完	471
汪仲洋	246	王德一	483
汪灼	178	王敦夫	450
汪祖培	397	王尔鉴	166、167、168、169、406、502、554、607
王安石	48、49	王夫之	148
王鏊	103、593	王绂	99
王白瑜	624	王刚中	59
王白云	140	王格	103
王百原	397	王庚	422
王柏	86	王宫午	216
王邦镜	295	王恭	98
王宝年	349	王行	89
王葆善	565	王行俭	131
王必诚	378	王行谨	546
王必薛	550	王鹤	423、528、529
王汴	244	王洪	99
王秉三	582、617	王后	374
王步瀛	381	王后槐	310
王采珍	371		

王怀曾	248	王明选	427
王怀孟	246、421、507	王鸣凤	480
王徽	362	王泮	110
王基浩	538	王辟之	444
王稽	350	王启鳌	359
王家昌	297	王启霖	312、313、406、619
王家镐	562、617	王棨	41
王家驹	347	王谦	480
王嘉言	103、123、574	王乾章	466
王坚	87	王潜奇	527
王俭	101	王钦	483
王江源	370	王清远	293、294
王劼	301	王蘷	288
王觐光	525	王泉之	488
王靖	135	王日翚	71、546
王靖远	338	王融	4
王九德	551	王汝璧	175、176、177、178
王俊三	203	王汝嘉	317
王闿运	306、564、616	王汝梅	330
王亢	449	王汝舟	347
王廉	276	王三善	129
王良佐	374	王尚彬	300
王履吉	312	王绍旦	479
王梦赓	239、240、241	王绅	98、99
王冕	93	王升	405、500
王名符	157、422	王师能	94、573
王明诚	367	王十朋	60、61、62、63、64、65、66、67、68、69、413、456
王明清	590		

王士贞	118	王琬	573
王士禛	153、154、155、498、575	王维	8
王世煃	557	王文选	323
王世焘	507	王文在	557
王世勋	523	王我师	362、578
王世贞	468、597	王无兢	7
王守仁	106、475	王五桂	407
王书	358	王五总	277
王书生	522	王献策	483、575
王枢	137	王向氏	213
王叔承	123	（清）王象乾	268
王树枏	381	（明）王象乾	602
王树桐	341	王象之	568、591
王恕	162、163、501、606	王新命	565
王庶	54	王恂	92
王思曾	511	王雅言	299
王随	545	王延禧	49
王璲	274	王彦奇	104、105、475
王孙蔚	334、603	王垚	453
王台卿	5	王怡	379
王泰	4	王奕鸿	340
王体复	124	王萦绪	306、307、503、558、577、614
王铁洲	346		
王廷	551、601	王应熊	129、405、416、481、550
王廷稷	482、615	王应诏	523
王廷献	552、576	王映东	341
王廷相	106、107	王永庆	314
王廷章	560	王用仪	372

671

王用子	530	韦处厚	37
王元会	305	韦登嵯	396、397、624
王元兆	366	韦华黻	301
王再咸	213	韦建	434
王藻鉴	310	韦杰生	323
王长德	346、584	韦起文	344
王肇璨	345	韦述苏	623
王振	97	韦同	397
王振奇	551	韦骧	49
王拯	515	韦庄	41
王正策	251	卫赓飏	527
王之槐	581	魏安	142
王之楠	581	魏俑	142
王之鹏	320	魏初	92
王知人	256、257	魏鼎	538
王稚登	123	魏凤仪	357
王舟	352	魏光烈	370
王周	46	魏光勋	365
王倬	213	魏澣	92
王灼	55	魏瀚	329
王宗藩	366	魏化麟	472
王昺	528	魏了翁	85、452、546、591
王缵修	526	魏汝功	88
王祚昌	529	魏收	411
王祚垣	339	魏禧	603
危毓琳	559	魏煜	559
韦葆初	566	魏征	412
韦灿	423	温朝钟	389

温从	436	吴承礼	342
温润	351	吴炽昌	609
温梦达	438	吴崇	362
温廷筠	39	吴大光	491
温于浚	584	吴大勋	506
文安之	140	吴鼎	113
文邦从	339	吴鼎元	274
文焯	314	吴皋	110、465
文复之	593	吴皋阳	140
文和道人	350	吴洪（鸿）恩	321、566、584
文界茂	479	吴洪筠	624
文可茹	427	吴淮	346
文珂	358	吴简言	353
文礼恺	457	吴杰	114
文立	587	吴开南	517
文思敬	85	吴康年	447
文天祥	88	吴伉	2
文同	48	吴可玉	325
文熙之	538	吴克英	356
文现瑞	336、356	吴宽	547
文征明	105	吴礼嘉	122
翁若梅	297	吴联贞	492
翁祯	490	吴美秀	150、151
翁霖霖	242、243	吴宓	622
乌拉灵寿	289	吴敏道	125
无名道士	341	吴乃赓	345、507
毋邱恪	59	吴潜	105
吴炳奎	296	吴融	42

吴商浩	44	吴云程	579
吴省钦	172、554、608	吴缜	441
吴士奇	127	吴正纶	584
吴世贤	347	吴质存	351、560
吴世延	91	吴宗衍	326
吴世彦	502	五尔卿格	305
吴树萱	173	五峰先生	345
吴思泰	321	五岳山人	113
吴棠	556	伍辅祥	359
吴廷佐	361	伍煌	357
吴庭辉	506	伍奎祥	211、212、420
吴彤	141	伍绍曾	193、555、608
吴伟	524	伍潆祥	354、559
吴雯	156	武烈	501
吴锡麒	504	武元衡	27
吴锡庶	504	奚大壮	198、507
吴翔凤	532	奚继徽	504
吴燮熙	355、523	奚玉麟	321
吴秀良	302、303、513、558	悉大壮	580、618
吴秀美	321	席春	398
吴学凤	171	席和	399
吴映白	536	席上珍	299
吴泳	86	席书	398
吴用先	127、550	席象	398
吴友篪	361、512、513、564	夏邦杰	395
吴与俦	497	夏邦谟	113、462、464
吴羽英	479	夏炳	442
吴玉章	389、621	夏道硕	134、584

夏光鼎	331、585	肖鼎	459
夏国孝	476	肖学旬	400
夏宏	400	萧德一	313
夏璜	385、520、582	萧方骏	349
夏景宣	327、606	萧纲	4
夏鸥	372、625	萧鹏吉	363
夏世雄	318	萧其音	623
夏宛林	377	萧诠	5
夏文臻	510	萧盛昱	158
夏原吉	99	萧树棠	358
夏祖锡	398	萧望崧	249、250、562、563、618
鲜与尚	274、275	萧湘	425
向登元	422、501	萧秀棠	209、419
向鼎	497	萧学旬	251、252
向靖修	390	萧绎	4
向名显	394	萧云	145
向培元	259	萧云举	471
向日升	129	萧子显	411
向时鸣	226、514	谢表	475、484
向氏	340	谢昌瑜	439
向舞凤	94	谢东山	118
向希敏	427	谢谔	71、590
向小波	623	谢慧卿	90
向洋	446	谢家驹	393
向增元	258、259	谢金元	275、491、493、586、614
项安世	79	谢遴	131
项德	89	谢迁	103、593
项斯	38	谢士元	547

谢士章	130	徐緘	365
谢永龄	235、236	徐久道	372
解缙	99	徐念高	309
解起衷	484	徐启后	161
幸夤逊	45、589	徐卿	470
熊赐履	379	徐上达	535
熊福田	522	徐绍吉	482
熊化	133	徐士俊	147
熊履青	507	徐泰	336
熊孺登	26	徐煋	129
熊文稷	305、306、503、578、607	徐惟贤	110
熊文举	146	徐渭	118
熊文夔	502	徐先琅	489
熊宣	254、617	徐翔	349
熊学壦	294	徐筱帆	389
熊应雄	366	徐旋	557、558
熊永昌	138	徐学儒	528
熊宇栋	377	徐瀛	203、560
熊月崖	141	徐映台	406
修仁	289	徐元进	482
徐安贞	9	徐元文	552
徐昌绪	492、515	徐赵	496
徐朝纲	129	徐照	81
徐大昌	392、393	徐祯卿	108
徐端	142	徐振基	366、367
徐行德	228	徐正儒	358
徐浩	581、585	徐中行	118
徐纪	362	徐子来	368、369、618

徐宗武	452、456	延鸿	359
徐作式	373	严灿章	622
许光树	315	严简	351
许国	478	严杰	416
许国琮	491	严浚	434
许国棠	370	严遂成	164
许浑	38	严真	375
许及之	80	阎伯敏	83
许景樊	123	阎苍舒	80
许琳	26	阎立本	5
许乃钊	508	阎式矿	564
许虬	604	阎选	44
许汝霖	552	阎禹锡	102
许汝龙	365	阎苑	589
许嗣印	373	颜绍绪	376
许棠	40	颜真卿	434
许廷陞	565	颜卓	408
许尧文	586	晏殊	440
许应元	595	羊谷子封	345
薛绂	404	羊士谔	28
薛镜一	433	阳伯高	88
薛涛	28	阳枋	86
薛滕霄	372	阳景春	59
薛文煊	271	杨蔼如	330
薛瑄	100	杨安诚	82
薛肇龄	363	杨本仁	118
雪菴	134	杨秉春	337
鄢九如	616	杨秉璋	616

杨超	378	杨节	142
杨潮观	170	杨晋	142
杨崇	339	杨炯	6
杨春	375	杨居义	509
杨春寅	495	杨珂	367
杨大荣	102	杨澧枡	401
杨岱	248	杨利川	516
杨德坤	277	杨荔	444
杨鼎昌	518	杨廉	622
杨东山	110	杨凌	43
杨端	349	杨凌斗	350
杨端清	364	杨凌云	136
杨谔	446	杨鸾	138
杨芳	198	杨履	375
杨霏玉	375	杨迈	91
杨福琼	624	杨孟瑛	105、548
杨辅	450	杨名	116
杨庚	581	杨明	141
杨贡	137	杨明智	295
杨皓	53	杨铭	523
杨宏绪	348	杨凭	26
杨基	97	杨溥	482
杨济	82	杨仁煦	439
杨济之	371	杨荣	368
杨继生	299	杨绍时	255
杨继盛	117	杨伸	474
杨柬	350	杨慎	111、112、458、464、465、594、595
杨建庭	518		

杨士镁	254、407、622	杨瞻	109、110
杨士钦	622	杨昭	320
杨叔兰	592	杨正依	362
杨树菜	371	杨之大	534
杨庶堪	389	杨之亭	539
杨苏	368	杨芝兰	539
杨太明	134、135	杨忠远	367
杨堂	173	杨重雅	327、617
杨棠	161、425	姚宝	513
杨廷和	104、461、462、547、594	姚诚	375
杨万里	78	姚椿	199
杨为栋	135、550	姚德慎	489
杨维桢	404	姚季习	450
杨炜	173、559	姚夔	101
杨咸亨	76	姚孺	85
杨垍	345	姚文儒	91
杨学海	370	姚莹	585
杨学启	616	姚志敏	374
杨迓衡	530	叶尔恺	520
杨延春	136	叶贵鼎	133
杨一清	594	叶适	82
杨彝	416	叶释唐	289
杨亿	46	叶向高	472
杨昇悚	88	易笏山	623
杨益豫	563	易简	259、260、615、618
杨应午	455	易全斐	523
杨运昌	374	易顺鼎	382、383
杨泽溥	319	易顺豫	624

易体中	365	余栋臣	619
易显珩	321	余铎	483
易赞元	333	余光	140
殷成恪	371	余国柱	564
尹廉	278	余价	321
尹青鸾	277、278	余涧	236
尹纫兰	139	余玠	86
尹伸	415、601	余启志	246
尹煌	445	余上卿	521
印山	333	余尚慎	416
英贵	375	余少珍	376
英详	562	余书	357
应承	2	余遂生	511
应均	388	余涛	396
雍陶	39	余廷勋	579
雍陟	431	余文熠	541
游桂	572	余湜	124
游和	134	余象斗	123
游履安	530	余俨	421
游似	546	余砚田	398
于衡	573	余英	557
于鹄	28	余永宁	524、525
于渍	40	余有光	526
于叔向	89	俞陛云	386、387
于腾	524、577、583	俞德修	339
于蔚华	509	俞恒泽	356
于之辐	424	俞廷举	506
余德中	156、157、553	俞樾	609

俞长策	500	袁桷	93
虞大博	46	袁凯	95
虞刚简	591	袁茂英	125
虞羲	3	袁说友	81
虞元枋	355	袁闻性	506
虞兆清	325、615	袁锡衮	334
宇文绍庄	89	袁锡夔	371
禹湛	203、204、205、206、207、208	袁应秋	482
		岳珂	86
喻椿年	141	岳钟琪	606
喻符庆	613	云梦	140
喻良能	80	翟凤翱	508
喻茂坚	107	翟槐	422
喻汝砺	55、454	詹宫	345
喻时	398	詹勤国	91
喻守先	603	詹同	96
喻思超	132	詹仰	297
喻思炜	131	詹贞吉	478
喻思恂	602	湛露清	329、498
喻思憽	143、479	张鉴	136
元勋	60	张缤	79
元稹	38	张安弦	318
员兴宗	79	张邦衡	139
袁蔼如	278	张葆彬	336
袁昂青	324	张葆琛	401
袁黄	121	张葆吉	394
袁家龙	344	张本敬	290
袁嘉保	297	张本谦	407

张本清	564	张焕祚	288
张璧	111	张稽古	135、480
张表臣	59	张楫	133
张昞	350	张籍	28
张昌龄	433	张霁	453
张朝墉	384、612	张佳胤	120、405、468、469、549、574
张楚民	444		
张春	136	张俭	478
张纯	584	张謇	519
张大鉴	299	张谨度	295
张大理	541	张晋	90
张鼎生	561	张九龄	7
张兑和	279	张九一	121
张兑利	399	张九镒	328
张凤诰	578	张九钺	171
张凤翥	246、247	张九章	351、420、577、615
张桴	449	张居正	596
张福标	317	张开丰	371
张顾瀛	334	张楷	101
张贯居	365	张克	586
张国宾	273	张克镇	316、317
张海	137	张孔修	395
张含	108	张孔毓	359
张汉	334	张堃	528
张祜	38	张烺	151、499
张华庭	619	张临	350
张怀湉	350	张懋龄	161
张怀溥	360	张孟	437

张乃孚	179、180、181、182、183、184、185、186、554	张仕遇	537
		张栻	591
张能鳞	151	张守刚	141
张嵲	56、57	张守愚	378
张培本	356	张受谦	273
张培爵	620	张曙	403
张鹏翮	156、417、485	张澍	198、199、511、576、609
张蜸	41	张说	7
张其干	579	张四知	115
张启明	139、482	张松孙	357
张乔	41	张素	522
张钦	490	张荄	328、616
张琴	494	张焘	426
张清夜	161	张体仁	493、494
张人鉴	354	张天禄	336
张人龙	278	张天湜	346
张日晸	419	张廷贤	375、531
张儒臣	463	张廷玉	417、418
张瑞麟	344	张惟任	560
张三丰	95	张伟	300
张森楷	383、384、408、519、557、620	张谓	25
		张文光	390
张绍龄	513	张问安	179
张慎	133、485	张问陶	193、194、195、196
张升	575	张武	438
张师范	266、267	张希召	479
张湜	525	张习	538
张士环	92	张先	46

张香	347	张銮衡	534
张香海	513	张瓒	102
张祥	82、537	张桢叔	460
张晓清	622	张震	91、455、456
张星炜	537	张之洞	225、493
张星曜	289	张中榜	625
张兴仪	533	张仲雅	622
张熊	433	张洲	328、329、577
张煦	528	张子功	550
张恂	438	张子铭	474
张循之	6	张子容	7
张延祖	447	张宗世	245、246
张俨	29	张宗蔚	295
张衍懿	338	章宝箴	310
张耀辰	581	章炳麟	387
张一鲲	483	章凤来	351
张一载	503	章甫	378
张以谷	293	章文烈	350
张应麟	138	章绪	342
张映垣	255	长白觉	531
张有本	506	赵汴	47
张有光	564	赵秉渊	178
张俞	54	赵城	357
张瑜	527	赵蕃	81
张玉璘	522	赵公硕	449
张玉成	400	赵光荣	363
张昱	95	赵夔	88
张云翼	139	赵来震	352、504

赵连城	335	赵紫来	333、565
赵良云	356	赵遵素	341
赵卯发	88	郑秉恒	361
赵楸	450	郑成基	367、524
赵孟頫	93	郑刚中	55
赵明诚	545	郑谷	42
赵佩湘	327	郑国楹	422、426
赵汝楳	447	郑洛	115
赵善赣	84	郑日奎	153
赵时凤	484	郑善夫	111
赵奭之	404	郑世翼	5
赵思清	473	支承祜	340
赵维城	398	支承绪	374
赵文楷	193	支季云	348
赵文喆	171	支家霖	365
赵渥	88	支香荪	358
赵熙	386、420	支仲雯	346
赵心抃	299、552、604	钟惺	128、485
赵心鼎	334	钟云舫	226
赵延之	9	周包荒	116
赵翼	171	周本一	338、519
赵用修	214、556	周炳	360
赵遇	91	周伯寅	270、580
赵元益	612	周灿	147、498
赵源治	257	周澄	563
赵贞吉	476、548、596	周达	583
赵钟峒	526	周大璋	558
赵紫华	298、423	周德立	294

周地金	491	周士孝	303
周定南	508	周士岳	363、364
周敦礼	276	周士沄	327
周敦颐	47、48、544、572	周是修	98
周复俊	114	周澍章	364
周光镐	123	周思陶	268
周光烈	399	周思禹	331
周光禧	526	周泗	335
周洪谟	101、459、474	周廷甲	582
周厚辕	276	周廷用	111
周煌	170、171、502	周桐	396
周际同	228	周维新	355
周嘉谟	472	周炜	369
周建屏	524	周文璞	85
周钧	396	周文钦	582、621
周骏声	357	周悟贤	353
周开丰	164、165、166、405、421、486、558、577、606	周希毕	479
		周宪斌	618
周立椿	364	周骧	364
周立恭	280	周巽	94
周立矩	278	周俨	575
周立纶	397	周彦邦	371
周冕	465	周繇	41
周培	269、528	周永错	396
周彭年	563	周原骆	343
周尚文	107	周贞亮	349
周绍缙	244	周之兴	623
周石兰	505	周准	372

周紫芝	55	朱怀琼	138
周宗建	600	朱奂	290、291、292、293、617
周宗泰	327	朱焕	92
周宗蓘	401	朱家炘	335
周作孚	211、565、612	朱嘉征	339
周作乐	126、600	朱锦	355
朱昂	439	朱毂	275、276、426、487、583、586
朱柏庐	543		
朱炳章	363	朱雷	276
朱绹	499	朱澧	318
朱常洛	599	朱鹿田	373
朱朝正	313	朱孟震	124
朱诚泳	104	朱圻	236、237、238、239、407、562、606
朱椿	330		
朱大任	565	朱世恩	364
朱德宝	390、391、392	朱顺道	470
朱棣	593	朱廷立	113
朱尔迈	279	朱锡谷	511
朱繁	551	朱熹	79、547、591
朱芳柏	356	朱象鼎	562
朱斐然	579	朱燮元	573
朱高炽	593	朱修诚	356、540
朱钩直	235	朱翊钧	599
朱厚熜	466、596	朱应熊	584
朱厚照	595	朱永裔	450、536
朱迨光	295	朱由检	131、481、600
朱虎臣	260、261、262、263、264、265、408	朱由榔	151
		朱由校	600

朱友垓	100	曾德升	364、423、580
朱有燉	99	曾鼎	134
朱有𤩽	201、507	曾光祖	283
朱有章	352、532	曾国藩	420
朱祐樘	594	曾吉芝	621
朱钰	202	曾继先	123
朱愿	90	曾继贤	365
朱运昌	480	曾省三	271
朱载垕	600	曾世礼	521
朱樟	161、162	曾松	44
朱之臣	129	曾廷钦	515
朱之蕃	598	曾镒	97
朱枝青	361	曾佑	136
朱帜	537	曾毓璜	509
诸葛鲸	376	曾在衡	377、407
诸葛亮	571、586、587	曾愷	59
［日本］竹添进一郎	381	宗臣	118
祝穆	568、569	宗泽	403
卓秉恬	201	宗正邦	516
卓思顺	581	邹登龙	91
子贤	95	邹珩	362
曾安世	309	邹鉴	459
曾昂	101、474	邹容	227
曾邦彦	255	邹森	476
曾灿奎	561	邹廷彦	479
曾朝柱	354	邹锡礼	309
曾崇德	301	邹沚宁	304
曾传潜	520	邹仪	379

邹英	347	左廷辅	269
邹智	105、547	左锡嘉	215
左昌华	355	左荫槭	426